Collection Gestion
dirigée par Jean-Pierre Helfer et Jacques Orsoni

Jean-Pierre Helfer
Professeur à l'IAE de Paris 1
– Université de Paris
Panthéon-Sorbonne

Jacques Orsoni
Professeur émérite
à l'université de Corse

Avec la collaboration de **Ouidade Sabri**
Professeur à l'université Paris-Est Créteil Val-de-Marne

Marketing

13e édition

Vuibert

ISBN : 978-2-311-40047-2

Avant-propos

Le « Helfer-Orsoni » a plus de trente ans ! Aussi est-ce une version entièrement rénovée de ce classique du marketing que nous offrons à tous ceux et celles qui s'intéressent au marketing. Comme nous l'avons toujours souhaité, cette dernière édition a pour ambition de répondre aux attentes de nombreux lecteurs.

Nos objectifs

Pour comprendre et ensuite appliquer la démarche marketing, il convient de disposer d'une base solide de connaissances particulières dans tous les domaines où s'exerce la fonction commerciale : les études, les stratégies, les applications opérationnelles. C'est un tel outil pédagogique que nous présentons. Il récapitule l'ensemble des connaissances disponibles.

Immense apparaît donc le territoire d'une discipline qui se transforme et s'enrichit au fil du temps. Aussi, voulons-nous, d'une part, pénétrer le domaine marketing dans toute son extension et, d'autre part, en explorer chaque recoin dans le détail pour ouvrir la voie aux spécialisations indispensables.

Les cibles

Deux segments sont particulièrement intéressés par notre projet : à la fois les « étudiants » en apprentissage initial ou en formation continue, à la fois les managers soucieux de se perfectionner ou d'élargir leur domaine d'intervention. Par conséquent, nos cibles sont composées d'étudiants en sciences de gestion (BTS, IUT, licences, masters), d'élèves d'écoles de management et de praticiens en formation.

Mais il est aussi un autre public que nous n'oublions pas. Cette cible est constituée par toutes les personnes qui cherchent à mieux comprendre la réalité contemporaine : le commerce de détail ou le commerce en ligne et qui plus largement s'intéressent à tous les moyens orientant le comportement des consommateurs.

Le positionnement

Deux préoccupations n'ont cessé de nous animer.

La première consiste en la recherche d'une voie moyenne, celle située entre les développements théoriques d'un côté et les recettes empiriques de l'autre. On trouvera ici des constructions formalisées et abstraites qui éclairent la pratique, mais nous présenterons aussi les instruments concrets qui conduisent à prendre des décisions.

Notre seconde préoccupation est pédagogique : nous voulons offrir un véritable outil de travail utilisable tant pour comprendre les notions du cours que pour les appliquer. Voilà pourquoi les tableaux chiffrés, les exemples, les graphiques sont fournis en abondance, afin d'inciter à la discussion de groupe ou à la réflexion personnelle. De plus, nous présentons à la fin de chaque chapitre de nombreuses questions ou des thèmes de réflexion assortis de batteries d'exercices. Outre les pistes de réflexion proposées dans l'ouvrage, des compléments numériques permettent de prolonger ces applications.

Remarques

Construire un ouvrage, c'est toujours opérer des choix. Nous n'avons pas failli à cet impératif de sélection :

– divers thèmes, comme le marketing international, le marketing des PME ou encore le marketing industriel, n'ont pas été traités car, à nos yeux, ils ne constituaient qu'une application de la formation de base ;

– le marketing opérationnel forme le cœur de l'ouvrage car nous estimons que la préparation à la décision doit toujours prévaloir ;

– l'ouvrage est issu de nombreux cours et séminaires que nous avons dispensés auprès de divers groupes d'étudiants et de stagiaires (professionnels en formation continue). Nous leur sommes reconnaissants d'avoir supporté avec indulgence les « essais-erreurs » que nous avons pu commettre, car c'est ainsi que l'on progresse.

Ressources complémentaires

Pour un cours toujours plus interactif, des ressources sont proposées aux enseignants sur le site Vuibert [1].

Remerciements

Nous tenons à remercier Ouidade Sabri, de l'université Paris-Est Créteil Val-de-Marne, qui a accepté de renouveler sa contribution à l'actualisation de l'ouvrage.

Jean-Pierre Helfer, Jacques Orsoni

1. www.vuibert.fr/manuel-0472

Introduction

Importé, le terme « marketing » s'est imposé dans le monde entier. Il désigne, dans une première acception, tout simplement les activités de gestion commerciale. Mais cette définition est trop étroite. L'emploi du terme anglo-saxon a pris un sens plus large qui correspond à de nouvelles conceptions que les managers se font de la pratique commerciale. De telles visions évoluent au cours du temps. Elles résultent des transformations, des bouleversements que le monde connaît dans tous les domaines : économique, politique, social, culturel, technologique. Pendant les trente années qui ont suivi la Seconde Guerre mondiale, on est passé, dans les pays occidentaux, d'une économie de pénurie à la société de consommation. Et voilà que, depuis, ce processus semble s'étendre à de nombreux cantons de la planète. Avant d'étudier les méthodes et les pratiques concrètes dans les trois parties qui constituent cet ouvrage, nous allons d'abord éclairer le concept de marketing dans cette introduction. Après une définition du concept et de la politique marketing, nous observerons qu'en raison de la marche de l'histoire et de l'évolution de l'environnement notamment, des questions ne cessent de surgir à propos du marketing dont le domaine d'application n'a de cesse de s'étendre.

I. Qu'est-ce que le marketing ?

Lorsque le mot apparaît, il y a une cinquantaine d'années, il désigne une manière rénovée d'effectuer des **actes de gestion commerciale**.

A. La fonction commerciale et le marketing

Dans toute entreprise, quel que soit son domaine d'activité, quelle que soit sa taille, une partie des activités est commerciale. Il existe donc une **fonction** regroupant les opérations commerciales permettant de toucher des clients éventuels, de mieux connaître leurs besoins et d'adapter les produits et les services à leurs attentes, à leurs revenus, et de vendre en vue de réaliser un bénéfice.

La fonction commerciale de l'entreprise

C'est vendre les produits et/ou services élaborés dans l'entreprise de manière à réaliser un profit. Pour cela, il convient d'accomplir un certain nombre de tâches :

– chercher parmi les consommateurs possibles des clients solvables ;
– participer à la création de produits et/ou de services ;
– déterminer les prix des produits ;
– promouvoir l'entreprise et ses produits ;
– trouver des intermédiaires qui distribueront les produits ;
– animer une équipe de vendeurs ;
– entretenir des liaisons étroites avec d'autres fonctions : la production, la recherche-développement, l'achat, la logistique, etc.

On a longtemps défini le marketing comme l'**exercice de la fonction commerciale** assorti d'un certain nombre de nouveautés résultant du passage d'une économie centrée sur la production à la société de consommation que connaissent les pays occidentaux. Lorsque, au virage de la deuxième moitié du XXe siècle, apparaît le marketing, on l'oppose à la fonction commerciale traditionnelle axée sur la production et sur la vente forcée. Ce qui caractérise le nouveau venu, c'est la prise en compte systématique des attentes des consommateurs. Le marketing est alors davantage envisagé comme un esprit que comme un ensemble de techniques. Pareille pratique rénovée de la fonction commerciale se fonde cependant sur des études, sur des apports scientifiques divers (psychologie, statistiques, informatique, etc.) et sur des méthodes rationnelles (tests de produits, contrôles des résultats, etc.). Nous tenterons de mieux cerner l'idée même impliquée par ces différentes pratiques.

B. Le concept de marketing et son évolution

Il existe de nombreuses définitions du marketing. Certaines sont limitées dans leur extension au monde des firmes, d'autres plus ambitieuses considèrent le marketing comme un mécanisme s'appliquant aux individus comme aux organisations. Une autre analyse oppose les définitions orientées vers le marketing vu comme une technique ou un ensemble de techniques à celles plus larges considérant la matière comme un état d'esprit, une sorte de philosophie.

Le marketing se situe entre deux extrêmes :

– une vision limitée à la sphère marchande ;

– une fonction sociale plus large fondée sur l'échange.

Nous, nous adoptons ici une perspective essentiellement fondée sur la **gestion des organisations** et, plus spécifiquement, sur le management des entreprises.

1. La définition du marketing

Le marketing est un **processus**, un ensemble de décisions et d'actes de gestion, reposant sur l'étude méthodique des consommateurs et plus largement du marché. Tout en satisfaisant à la réalisation d'objectifs de rentabilité, le marketing permet à l'entreprise d'offrir, à une ou plusieurs cibles de clients visés, un produit ou un service convenant à leurs attentes.

Une telle démarche consiste concrètement à prendre des **décisions** qui s'appliquent à plusieurs variables. La figure ci-après recense les choix dont le périmètre n'a cessé de croître et d'évoluer. Pour comprendre le sens du schéma, il faut partir du centre, de ces consommateurs, clients potentiels (prospects) dont il convient de prendre les attentes en considération, afin qu'ils deviennent des clients réels.

La démarche marketing

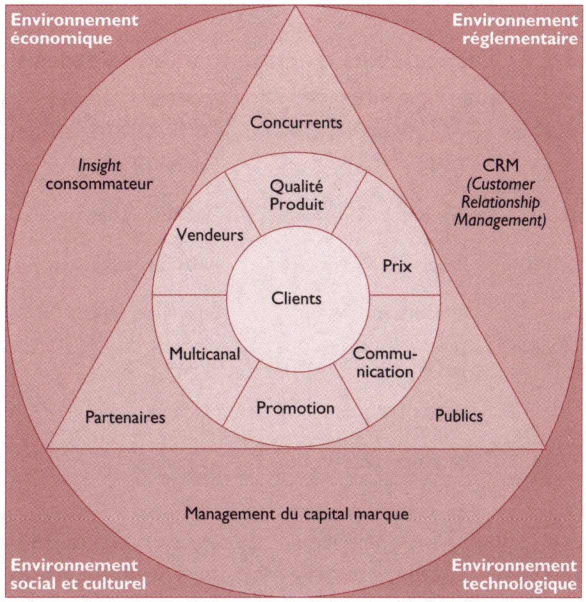

Source : d'après KOTLER P., KELLER K. et MANCEAU D., *Marketing Management*, Pearson Education, 14e édition, 2012.

La figure précédente, adaptée des divers ouvrages de Ph. Kotler, mentionne notamment un ***insight* consommateur** qui va au-delà de l'étude de marché. Il s'agit de comprendre au mieux les comportements des consommateurs et leur évolution afin de dégager des recommandations pertinentes formulées pour les producteurs.

2. La politique marketing

a. *Le* marketing mix

Le premier cercle regroupe les différents moyens qui s'offrent aux responsables des entreprises pour mener à son terme l'action commerciale. Il s'agit là de **variables contrôlables**.

La liste des variables de marketing, que nous représentons dans le premier cercle, n'est pas close. On pourrait assurément l'étendre en ajoutant par exemple :

– la marque ;
– le conditionnement ;
– les services ;
– les méthodes de vente ;
– le déstockage et la livraison des produits ;
– les remises de prix ;
– les actions de marketing direct ;
– les promotions, etc.

On désigne par le terme anglo-saxon ***marketing mix*** le choix, puis le dosage aussi cohérent que possible, que les gestionnaires effectuent parmi l'ensemble des variables commerciales. L'habitude a d'ailleurs été prise de regrouper sous quatre rubriques principales ces moyens d'action. C'est ainsi qu'à la suite de l'Américain Mac Carthy, on assimile le *marketing mix* à la combinaison de quatre éléments – les **« 4 P »** –, soit en anglais : *« product »*, *« price »*, *« promotion »* et *« place »* (mise en place ou distribution).

Les variables d'action marketing et les « 4 P »

Product	Price	Promotion	Place
Qualité	Tarif	Publicité	Canaux de distribution
Caractéristiques	Remises	Promotion des ventes	Détaillants
Gamme de produits	Rabais	Relations publiques	Entrepôts et stockage
Style et marque	Ristournes	Équipe de vente	Mode de livraison
Conditionnement	Conditions de paiement	Sponsoring	Technique de vente
Garanties	Crédit accordé	Mécénat	Merchandising
Service après-vente	Barèmes d'écarts	Lobbying	Internet et marketing direct

Cette vision, quelque peu schématique, est aujourd'hui dépassée, même si elle conserve une évidente vertu pédagogique. On sait que la performance de l'entreprise ne s'explique pas par la brillante réussite soit d'une campagne de publicité, soit d'une politique tarifaire, mais repose tout au contraire sur la cohérence durable d'un **mix global** : cohérence entre tous les éléments du mix, cohérence du mix avec l'image de l'entreprise, avec son savoir-faire, cohérence dans le calendrier de la mise en application.

La **planification marketing** telle qu'elle a été conçue est remise en cause.

Le processus traditionnel respectait plusieurs phases :

– sélection et définition des objectifs ;
– études des opportunités commerciales et des ressources de la firme ;
– choix de voies stratégiques ;
– mise en œuvre des options ;
– contrôle.

Un **plan de marketing** structuré selon ces étapes décrivait les choix stratégiques (cible, positionnement, etc.) et les conséquences de ces choix sur le *marketing mix*, sur les « 4 P ». Une telle procédure apparaît aujourd'hui très lourde, trop lente pour répondre aux besoins de rapidité de l'action *(time based competition)*, mais aussi trop simpliste pour gérer une réalité complexe. De fait, l'environnement s'élargit et devient de moins en moins saisissable tandis que les comportements des consommateurs évoluent plus rapidement. La technoscience multiplie les innovations, la poussée technologique *(technology push)* prenant souvent le pas sur l'attraction du marché *(market pull)*.

Le marché du téléphone mobile

Plus de 85 % des Français possèdent un téléphone mobile. Ce sont l'innovation permanente et l'apparition régulière de nouvelles fonctionnalités (augmentation continue de la définition en photographie numérique, système de localisation par GPS, etc.), de nouvelles utilisations (le téléphone comme instrument de paiement, etc.) qui soutiennent ce qui est maintenant un marché saturé, essentiellement de renouvellement.

Dans certaines branches, les producteurs subissent le pouvoir discrétionnaire croissant des grands distributeurs. Enfin, la pratique des alliances et des partenariats pour mener des projets éphémères bouleverse les habitudes de planification et remet en cause les frontières mêmes de la firme.

L'organigramme d'une société de lingerie féminine

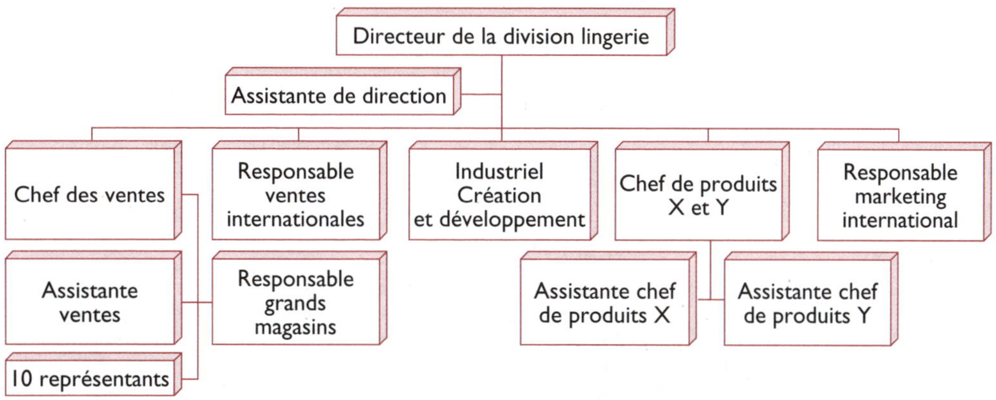

b. La démarche stratégique du marketing

Au-delà de la nécessaire liaison entre les actions commerciales de l'entreprise et ses clients ou prospects, il convient d'intégrer les autres acteurs que sont les concurrents, les distributeurs et plus généralement l'opinion publique.

Exemple

Les entreprises produisant et vendant généralement des produits de grande consommation (PGC) savent bien qu'elles sont sans doute davantage devenues un élément du mix des grands distributeurs qu'elles ne peuvent elles-mêmes intégrer ces grands distributeurs parmi les éléments de leur propre mix.

c. Les ressources : le marketing organisationnel

Pour renforcer l'efficacité des actions du premier cercle (le *marketing mix*), il est hautement souhaitable d'entourer la **démarche marketing** d'une couronne de ressources tenant à l'information, la finalisation (vers quoi ? comment ?), l'organisation et le contrôle. Les grandes entreprises ont mesuré tous les gains obtenus en offrant aux actions de marketing opérationnel des supports performants.

Exemples

Les outils de mobilité, les fichiers qualifiés, la veille stratégique, les objectifs à moyen terme ou encore la flexibilité des équipes de vente constituent des « outils » au service du marketing opérationnel.

L'organisation classique des services de marketing, telle qu'elle figure sur les organigrammes présentés précédemment, est remise en cause par ce que l'on nomme « l'orientation du marché ». Cette expression, qui désigne la fine pointe de l'esprit du marketing, signifie que tous les employés, toutes les divisions, toutes les fonctions et tous les services sont au service du **client**.

Un organigramme dans le secteur des produits de grande consommation

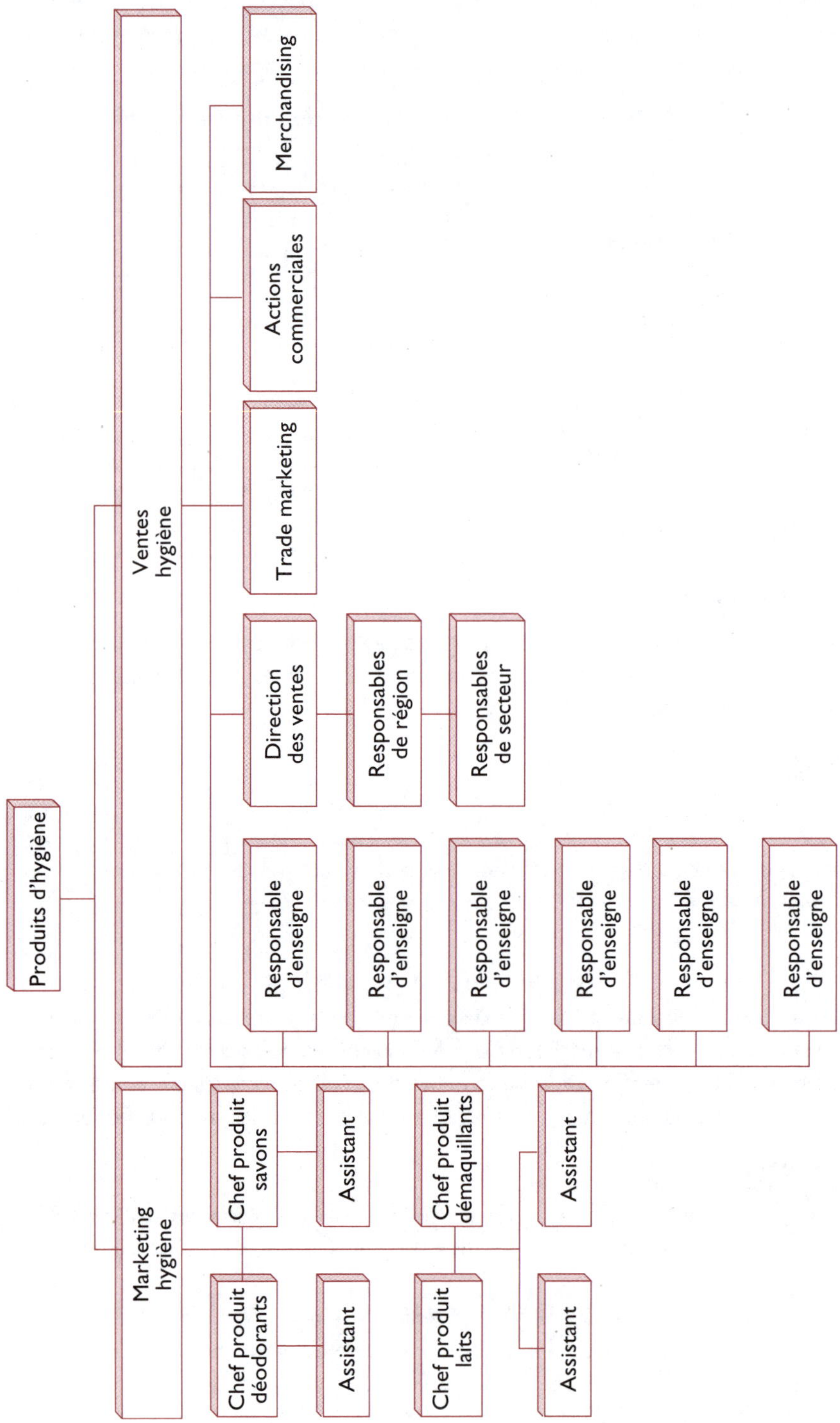

Une telle orientation conduit à mettre en place, de plus en plus fréquemment, des structures transversales, des structures matricielles mais aussi des structures par projet, au sein desquelles coopèrent, pour un temps, des managers appartenant à tous les services de la firme[1].

Quant aux marketeurs proprement dits, on ne les regroupe plus par produits ou par marchés, on réunit les responsables par segments de clientèles (jeunes, familles, seniors... par exemple, chez un tour opérateur).

L'organisation par segment de marché

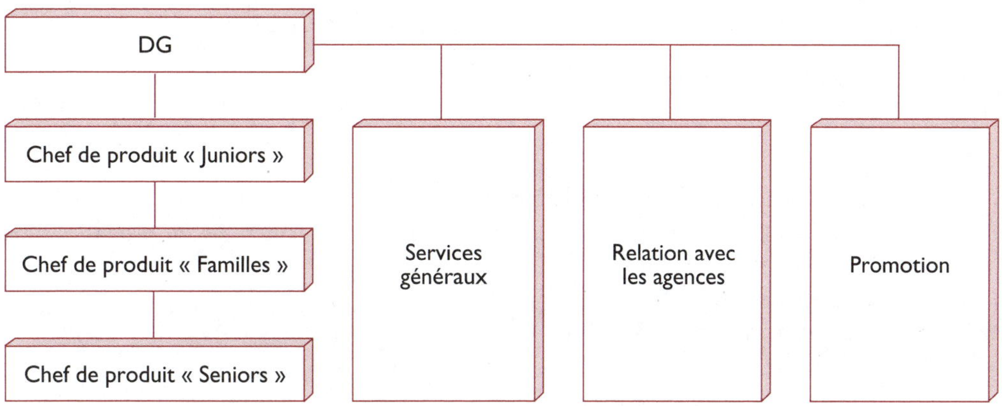

d. Les environnements : le marketing total

La **démarche marketing** se met en place dans des environnements très spécifiés. La démographie d'un pays conditionne en bonne partie la demande de logements qui, elle-même, impose le nombre de grues qui seront nécessaires, mais en tenant compte des habitudes techniques de construction.

> **Exemple**
>
> La réglementation des permis bateau conditionne les gammes de moteurs hors-bord (puissance à la limite du sans-permis !), quand l'avènement de la nouvelle norme 3G pour les téléphones mobiles périme les téléphones de la première génération.

En bref, le marketing n'est pas figé ; ses pratiques évoluent, ses principes mêmes s'adaptent. Les gestionnaires sont en effet contraints de prendre en compte un environnement plus vaste, un milieu plus rapidement changeant et plus concurrentiel. Certes, il convient de rester toujours attentif aux **attentes des consommateurs**, mais celles-ci semblent parfois en retrait par rapport aux possibilités d'application commerciale qui ne cessent de se multiplier.

1. Pour toutes ces questions, voir HELFER J.-P., KALIKA M., ORSONI J., *Management stratégique*, 9e édition, Vuibert, 2013.

Portrait-robot du marketeur de demain

Principales qualités*	Aptitudes professionnelles*
Curiosité : 54 %	Connaissance de la voix du client : 75 %
Capacité d'innovation : 48 %	Connaissance des tendances de la concurrence : 58 %
Adaptabilité : 43 %	Collaboration avec les équipes de direction : 55 %
Rigueur : 35 %	Expertise des médias sociaux : 32 %

* pourcentage des répondants à l'enquête

Source : Étude IBM, *Les Échos*, septembre 2011.

Le marketeur d'aujourd'hui (déjà) de demain *(a fortiori)* est résolument connecté. Une récente enquête EBG Infosys[2] a montré que, dans la majorité des entreprises, le **digital** est intégré à la direction marketing qui inclut alors :

– les études ;
– la communication ;
– le digital ;
– le marketing opérationnel ;
– le CRM et les *data*.

Une faible proportion d'entreprises conserve une direction digital à part.

Les concepts de produits ou services proposés aux consommateurs sont tellement innovants et relèvent de technologies tellement différentes que le futur client éventuel ne parvient pas à imaginer à quels **besoins précis** son achat pourrait répondre. Dès lors, il devient très délicat, voire inutile, de tenter d'interroger le consommateur avant de lancer le produit. Les réponses obtenues auraient toutes les chances d'être peu crédibles. Dans ce cas, la seule solution est d'« oser » un **lancement** (tout en s'entourant des informations existantes) et d'espérer que l'offre créera sa propre demande.

Exemple

Les liseuses Kindle ou Kobo ont été lancées dans cette logique.

Les études de marché classiques peinent à découvrir l'intérêt que les consommateurs porteront au produit. Ainsi, le marketing ne disparaît pas, mais se transforme ; il oblige les marketeurs à se poser de nouvelles questions.

Exemple

Comment concilier deux orientations en apparence contradictoires : un marketing qui réagit aux sollicitations de l'environnement *(market driven)* et un marketing proactif, le marché se créant nécessairement grâce à une offre innovante et séduisante *(product driven)* ? Voilà une question devenue récurrente.

2. *Stratégies*, n° 1708, janvier 2013.

Les deux branches de l'alternative

Marketing « market driven »	Marketing « product driven »
L'entreprise s'adapte à la demande	L'entreprise propose une offre (un autre produit)
↓	↓
On effectue des études de marché	Le consommateur voit son intérêt dans la nouveauté
↓	↓
On élabore un produit proche de ceux qui existent déjà	Le nouveau produit « révolutionne le marché »
↓	↓
Le nouveau produit répond à des attentes très précises centrées sur le prospect	Le nouveau produit est innovant. Il est centré sur les caractéristiques inédites qu'il apporte

Schéma inspiré de Hetzel P., « Planète conso », *Marketing expérientiel et nouveaux univers de consommation*, Les Éditions d'Organisation, 2002, p. 333.

Une synthèse possible conciliant ces deux options serait envisageable et se présenterait de la manière suivante :

La troisième voie

L'entreprise interroge la société
↓
Elle définit une attente universelle
↓
Elle propose une offre qui « révolutionne le marché », mais qui correspond à cette attente de universelle
↓
Le marketing a pour rôle d'innover en injectant de l'intelligence dans l'offre

Schéma inspiré de Hetzel P., *op. cit.*, p. 334.

II. Des questions en suspens

L'apparition du marketing a engendré, depuis plus d'un demi-siècle, des controverses et des débats. Il suscite des interrogations et il est souvent très hasardeux d'apporter une réponse définitive à ces questions.

A. Le marketing est-il bon pour la société ?

Le marketing a parfois été présenté comme l'application pratique de la théorie économique néoclassique selon laquelle c'est le point de vue du consommateur qui l'emporte sur celui du producteur. En respectant les désirs des prospects, les entreprises rendent le meilleur service possible à la société et atteignent la rentabilité.

Or de nombreux observateurs démontrent que ce postulat n'est pas conforme à la réalité. Pour les marketeurs, les attentes des consommateurs ne sont qu'**un des éléments du choix**, que l'on respecte si le projet semble rentable. Dans le cas contraire, on peut tenter de modifier, par les instruments de communication, par la publicité et la promotion des ventes, la demande des consommateurs. En définitive, la naissance des produits nouveaux est tributaire de ce que l'entreprise peut fabriquer et de ce qu'elle reste en mesure de faire accepter. Il n'y a donc pas d'harmonie entre le point de vue du consommateur et celui du producteur, entre les attentes constatées et les produits offerts, d'où de nombreuses dérives qui ont conduit à deux types de critiques :

– en premier lieu, la critique radicale de la société de consommation qu'enfantent les pratiques du marketing ;

– en second lieu, une critique moins vive, celle du consumérisme, qui dénonce les nombreux abus (produits nocifs, manque d'information des clients, mensonge publicitaire, manipulation du prix, etc.) et oblige les entreprises à remédier aux défauts. Le marketing est composé d'instruments, de méthodes, de procédures... au service des intérêts de l'entreprise. C'est un **outil** et, comme tout outil, il peut être bien ou mal utilisé.

La crise actuelle et les tendances à l'hyperconsommation ne sont pas contradictoires ; elles posent d'autres problèmes, car il semblerait que les consommateurs aient modifié leurs comportements.

B. Le marketing a-t-il affaire à un nouveau consommateur ?

Certains spécialistes estiment que depuis quelque temps les consommateurs ont évolué. Un **nouveau consommateur** est né. Il achète en fonction des circonstances et de son humeur. Il est plus prudent, mieux informé, en quête de nouveautés, versatile donc moins fiable, exigeant sur la qualité des produits et des services et à tout instant sensible au prix. C'est ainsi que le nouveau consommateur recherche de plus en plus la traçabilité du produit, une labellisation, une certification de la qualité. Ce client plus soucieux de ses intérêts et surtout mieux à même de les défendre peut être considéré comme un expert dont les entreprises doivent intégrer les aptitudes nouvelles dans leur politique de marketing. Internet offre une source inépuisable d'informations. Le client, devenu un expert, va jusqu'à « résister » aux efforts commerciaux déployés par les entreprises.

1. Le marketing relationnel

Le client est considéré comme un partenaire, un coproducteur qui participe à l'élaboration des produits et des services et qui oblige à envisager des adaptations organisationnelles dans l'entreprise. Cette idée de client coproducteur qui caractérise les relations commerciales d'entreprise *(business to business)* engendre de nouvelles relations ; les rapports entre les entreprises de production, le distributeur et le consommateur s'entremêlent de plus en plus.

Deux caractéristiques sont à noter :

– le distributeur (les grandes enseignes telles Carrefour et Auchan) est considéré par son fournisseur, Danone par exemple, comme un client. Les responsables de Danone mettent en place un marketing particulier adapté à une enseigne. On parle alors de *trade marketing* : il s'agit d'offres communes élaborées en partenariat étroit entre le producteur et le distributeur *(category management)* ;

– le client, qu'il s'agisse d'un consommateur ou d'une organisation, devient un partenaire, mieux encore une personne avec laquelle on n'effectue pas des transactions anonymes et épisodiques, mais avec qui on s'efforce de construire une relation privilégiée. Le marketing *one to one* désigne ce passage d'un **marketing transactionnel** à un **marketing relationnel**.

Pour nouer des liens plus étroits, plus constants, plus personnels entre l'entreprise et ses clients, voire plus largement entre la firme et son personnel, on s'efforce de développer la **confiance** que ceux-ci (les partenaires de la firme) éprouvent pour celle-là (la firme). On définit la confiance comme un sentiment de sécurité, comme l'assurance psychologique ferme de celui qui se fie aux produits, aux services, aux marques, aux promesses des responsables du marketing d'une entreprise. C'est sur la confiance que devrait reposer le succès d'un marketing relationnel performant. Les relations de confiance que les responsables du marketing vont établir avec leurs clients incitent à des pratiques plus vertueuses, donc moins opportunistes. Ainsi résistera-t-on à la tentation douteuse de réaliser une belle affaire à court terme sans mesurer ses effets néfastes à long terme. Dans le cadre de partenariats (*B to B*, *trade marketing*), on montera avec le partenaire des opérations d'autant plus ambitieuses et prometteuses qu'on a foi en la solidité de ses engagements.

Comme le management stratégique prône une gestion plus morale *(business ethics)*, le marketing cherche à instaurer des pratiques plus vertueuses, car la confiance se perd lorsqu'elle est déçue. À une époque où l'on se réfère d'autant plus à l'éthique que fleurissent les « affaires », on ne peut que formuler le vœu suivant : que le marketing parvienne à développer des relations effectives de confiance, de sécurité, s'appuyant sur des promesses fermes et solides. À défaut le consommateur ne pourrait avoir « foi » en l'entreprise et nul ne s'étonnerait alors de son infidélité. L'opportunisme reproché au consommateur provient souvent de pratiques douteuses qui, sous couvert de recherche d'efficacité, conduisent à un **anti-marketing**.

Au-delà des considérations générales sur les liens entre **marketing et éthique** – qui portent prioritairement sur la politique publicitaire – on voit se développer la notion de commerce équitable. Elle consiste en la promotion de la vente de produits, généralement alimentaires, garantissant la protection de l'environnement, une juste rémunération pour les producteurs et des conditions de fabrication protégeant les personnes démunies.

Exemple

Monoprix référence certains cafés sous le label de commerce équitable Max Havelaar.

Le marketing et la question de la valeur

Depuis quelques années, les spécialistes du marketing recourent à une notion que les économistes placent, depuis des siècles, au cœur de leur réflexion : la valeur. La valeur est ce caractère des produits ou des services, offerts par l'entreprise, consistant en ce qu'ils sont plus ou moins désirés ou estimés par les consommateurs. La valeur d'un produit correspond à l'importance que le consommateur attribue à cet objet. Il est donc clair que chaque entreprise déploie tout son talent afin que sa clientèle potentielle fasse davantage cas de ses propres produits que de ceux des concurrents. Une telle orientation, que l'on nomme le marketing de la valeur, consiste à affecter un supplément de satisfaction au client pour le conquérir et/ou le fidéliser. L'ambition est légitime mais l'examen de la valeur, face à la demande des consommateurs et face aux offres concurrentes, est compliqué. L'appréciation de la valeur ne peut pas – ou peut difficilement – s'effectuer dans l'absolu. En revanche, on peut tenter de la déterminer de manière relative. Une analyse multicritère constitue un bon outil pratique. On commence par déterminer les critères inhérents à la valeur, les critères objectifs (performance, fiabilité, esthétique et, bien entendu, prix, etc.) et les critères subjectifs (image, attitude positive ou négative, etc.). On évalue les facteurs et on les pondère en fonction du poids accordé par les clients à chacun d'entre eux. On note le produit et ceux des concurrents et l'on calcule la note pondérée. On fait apparaître les écarts pour chacun des critères afin de préparer les décisions. La valeur totale pour le client s'exprime – en théorie – par la différence entre ce qu'il espère recevoir et ce qu'il pense donner. Le client est au cœur d'un équilibre entre revenu espéré (gains) et sacrifice consenti (coûts).

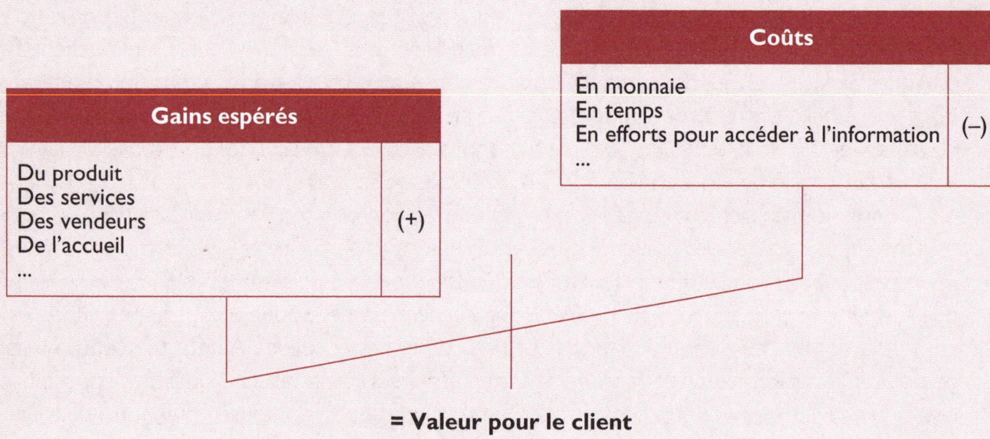

2. Le marketing expérientiel ou marketing de l'expérience

Jusqu'à la fin des années 1980, les spécialistes du marketing ont considéré le consommateur comme un être rationnel. Leurs études portaient sur le **comportement du consommateur** *(consumer behavior)* qui mène ce dernier à un choix raisonné entre plusieurs produits. Une telle approche du problème posé par la décision a conduit à la construction de modèles très (trop ?) sophistiqués. Toutefois restaient occultées les composantes émotionnelles et affectives du consommateur. Aujourd'hui, les marketeurs n'ignorent plus que le consommateur possède un cœur, des sens, qu'il rêve, qu'il peine dans un monde que certains qualifient de désenchanté[3]. Aussi va-t-on chercher à déchiffrer l'expérience personnelle vécue par le client potentiel que l'on ne considère pas comme un calculateur froid de ses intérêts, mais comme un homme attaché à sa famille, à son groupe, à sa tribu, à sa communauté, bref un homme total, qui agit dans le cadre de situations variables et contingentes. La consommation ne se limite pas à l'achat, elle s'inscrit dans un contexte plus large.

Pour **personnaliser le contact** (marketing relationnel), les responsables marketing disposent d'outils de communication de plus en plus performants. Les grandes entreprises constituent des bases de données, réunissant une multitude de renseignements sur chaque client potentiel.

3. Voir HETZEL P., « Planète conso », *Marketing expérientiel et nouveaux univers de consommation*, *op. cit.*

3. Le marketing « post-moderne »

Les transformations dans la société, les progrès des outils numériques et des moyens de communication ont conduit quelques observateurs à penser qu'un nouveau monde naissait et qu'en conséquence un **marketing « post-moderne »** devait prendre la place d'un marketing révolu. On a donc vu certains auteurs critiquer le modernisme rassis et dessiner les contours de l'âge futur. Toutefois, les vues des uns et des autres divergent.

Certains prétendent que les consommateurs post-modernes seront caractérisés par l'individualisme et cultiveront la recherche de l'originalité forcenée. D'autres spécialistes considèrent que l'individualisme sera passager et qu'au contraire la société évoluera vers des communautés à la recherche d'émotions collectives. Société froide fondée sur des comportements individuels ou société chaude dans laquelle s'ébroueront de multiples tribus ? Le débat n'est pas tranché.

L'avenir, source d'imprévisibles nouveautés, reste à vrai dire insondable. Mais le mur opaque du temps n'empêche pas les spécialistes du marketing de se poser une dernière question.

C. Le marketing est-il une science ?

À cette interrogation certains chercheurs, généralement issus du monde universitaire, apportent une réponse positive. Ils pensent qu'il est possible de fonder une véritable science du consommateur et plus généralement des comportements d'échanges qui caractérisent le marketing. Ils pensent que l'on peut décrire cet univers et qu'on y relève des régularités, sinon des lois. Ils estiment enfin que les méthodes scientifiques s'appliquent à toute la matière commerciale. Comme l'unanimité n'est pas réalisée au sujet des méthodes dans le domaine des sciences humaines, quelques chercheurs partent en quête de nouvelles méthodes « post-positivistes » qui permettraient d'échapper au piège des méthodologies trop restrictives. Ils légitiment ainsi l'accès du marketing à l'empire des vraies disciplines scientifiques.

Ce souci académique de scientificité ne touche guère les professionnels des entreprises. Pour ces derniers, le marketing est plus un art ou une « technique » qu'une science. Le but poursuivi est de gouverner l'entreprise, plus précisément de vendre de manière rentable lorsqu'il s'agit des commerciaux. Le marketing développe des connaissances, des procédures, des méthodes ; il suppose aussi de décider, de s'engager dans l'action. Dans le cadre des opérations menées dans une entreprise, ou plus largement dans une organisation, le marketing est donc pratique et théorique à la fois. La théorie n'est, dans ce domaine, nullement opposée à la pratique, mais l'une et l'autre se fécondent, quels que soient les domaines multiples où s'exerce le marketing.

III. Les domaines du marketing

Le marketing est apparu dans les entreprises de production de biens de consommation. Rapidement, les managers d'autres firmes, appartenant à d'autres branches et à d'autres secteurs économiques, ont mis en œuvre des démarches commerciales rigoureuses inspirées par les méthodes du marketing naissant. Ce sont maintenant les décideurs appartenant à des activités éloignées des strictes préoccupations économiques qui pratiquent le marketing.

A. Les domaines marchands

Trois cas peuvent être distingués.

1. Le marketing par secteur économique

Le **marketing moderne** est né aux États-Unis dans des entreprises qui, tel Procter & Gamble, mettent sur le marché des produits courants et banals comme des lessives et des dentifrices par exemple. En France, dès les années 1960, les firmes comme Danone, L'Oréal, Renault ont transposé à la commercialisation d'autres produits (biens alimentaires, produits de beauté, voitures) les enseignements puisés chez les lessiviers. Le marketing touche donc depuis plusieurs décennies tous les produits de grande consommation. L'expression **« B to C »** *(business to consumer)* recouvre de nos jours ce champ d'application. Cependant ce marketing, le B to C, se diffuse aussi dans les entreprises qui offrent des services à des consommateurs, par exemple dans les chaînes de restauration ou dans les banques. Enfin, hors de la sphère du B to C, le marketing concerne les produits ou les services vendus à d'autres entreprises ou à d'autres organisations. Ce marketing à caractère industriel est désigné par l'expression **« B to B »** *(business to busines)*. S'y ajoute le **« C to C »** *(consumer to consumer)*. Le développement de l'économie de partage *(sharing economy)* est remarquable : nul besoin de posséder pour son seul usage personnel, louer et partager (son parking, sa voiture, son appartement, sa maison, ses logiciels, voire ses vêtements de cérémonie) sont plus efficaces.

Le tableau ci-après récapitule tous ces rapports.

Les applications sectorielles du marketing

Type de marketing	Secteur	Type de relation
Marketing de produit	Produits de grande consommation	B to C
Marketing de service	Services vendus au consommateur : banques, distribution, tourisme, etc.	B to C
Marketing industriel	Produits industriels, services vendus à des organisations	B to B
Marketing de partage	Tous produits et services	C to C

Quelques particularités du marketing des services

L'offre repose sur une immatérialité.
Le service n'est pas stockable.
Le réseau de contact avec le client revêt une importance capitale.
Le client participe à la production du service.
Le respect des normes de qualité est essentiel.

Un modèle : le marketing des services

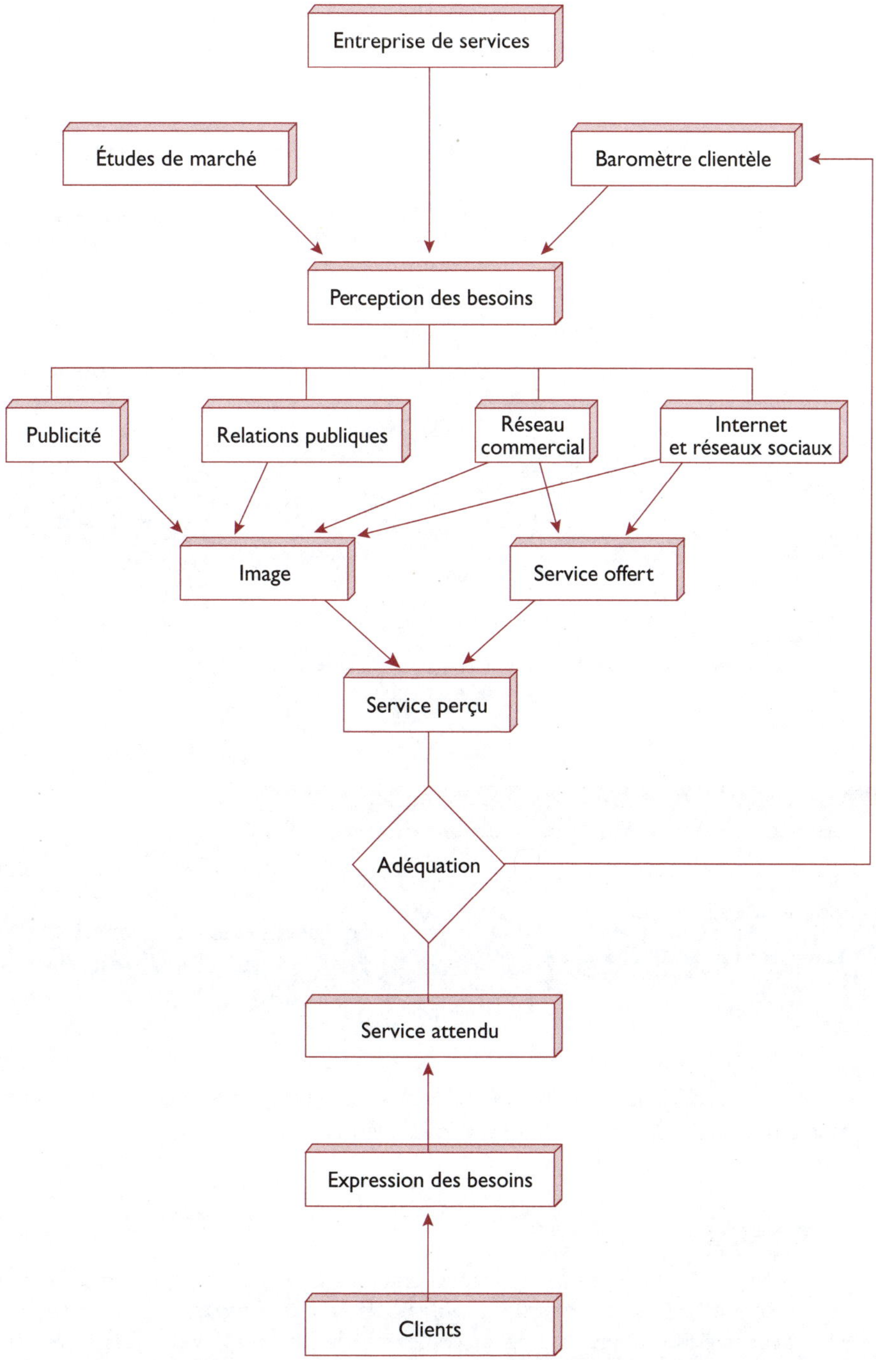

Source : adapté de ZEITHAML, PARASURAMAN et BERRY, « A conceptual model of service quality and its implications for future research », *Journal of Marketing*, automne 1985. D.R.

2. Le marketing dans la filière

Une filière de production comporte différents niveaux de spécialisation. Ainsi, par exemple, pour la filière des composants électroniques, on distingue les activités présentées dans la figure ci-après.

Un modèle en marketing B to B : une filière et sa demande dérivée

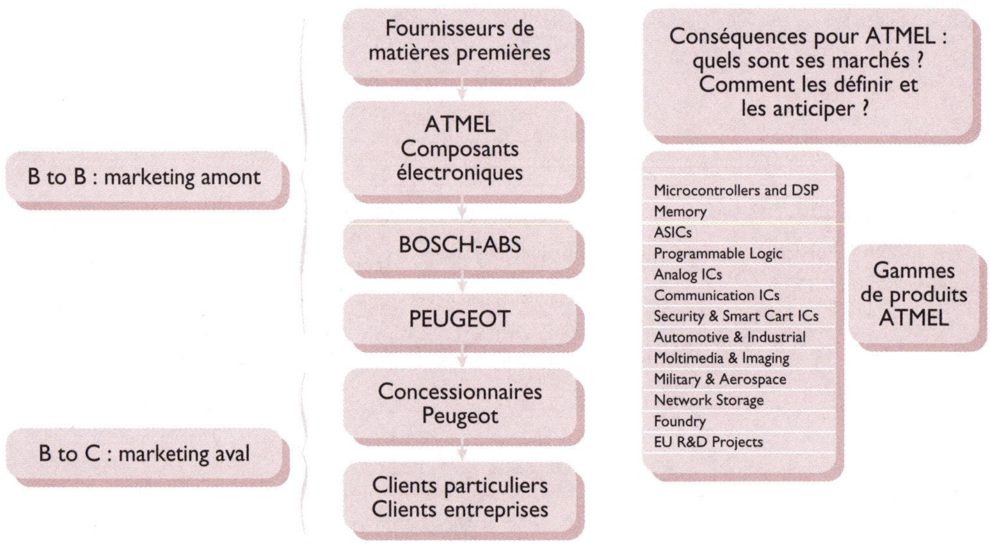

Quelques particularités du marketing B to B

La décision d'achat est collective.

Le processus d'achat est complexe.

Une forme de « collaboration » existe entre l'acheteur et le vendeur.

L'acheteur vise une rentabilité nécessaire dans son achat.

Le client est très bien informé.

Le processus d'achat est en toute logique « rationnel ».

Dans le cas d'ATMEL[4], la stratégie marketing est à la fois dirigée vers les consommateurs et vers les intermédiaires. Les consommateurs finaux peuvent être de simples particuliers ou des entreprises.

Exemple

Si l'on file l'exemple de l'équipementier automobile, le consommateur final peut être soit un automobiliste, soit un constructeur comme Peugeot ou Renault. En effet, un consommateur peut souhaiter acheter une option contenant des composants ATMEL, lors de l'achat de sa

4. http://www.atmel.com

voiture si l'option doit être intégrée lors de la fabrication du véhicule (système de projection sur le pare-brise des informations relatives à la conduite...) ou, plus tard, chez un distributeur d'accessoires si le système est susceptible d'être ajouté au véhicule après construction.

Dans nombre de situations, le consommateur devient en quelque sorte le prescripteur de l'équipement contenant un composant ATMEL. La frontière B to B / B to C est donc parfois difficile à cerner.

3. Le marketing international

Le **processus de mondialisation** des échanges contraint les entreprises, les grandes mais aussi les petites, à s'insérer dans des marchés internationaux. Cela suppose que le marketing des entreprises prenne en compte les spécificités culturelles dues au franchissement des frontières (marketing interculturel), puis ajuste ses options aux caractéristiques économiques, juridiques ou sociales des marchés. On voit ainsi apparaître un marketing européen ou chinois auquel se conforment, par exemple, des entreprises comme Danone ou Carrefour.

B. Les domaines non marchands

Au fil du temps, la notion de produit et de service s'est élargie, elle s'applique aussi bien :
– à des organisations (partis politiques, syndicats, collectivités territoriales, Églises, etc.) ;
– à des personnes (hommes politiques, vedettes du spectacle, sportifs, etc.) ;
– à des idées (lutte pour protéger la santé, campagne de charité, défense du consommateur).
On emploie des moyens « marketing » pour **promouvoir** ces produits non marchands.

Notons enfin que les responsables des ressources humaines dans les organisations ont de plus en plus recours aux méthodes du marketing pour améliorer les performances du personnel : c'est le **marketing interne**.

Exemple

Il est possible de découper les effectifs d'une entreprise en groupes homogènes de salariés présentant des caractéristiques communes. Puis on formule et on applique des politiques sociales adaptées à chacun des segments identifiés. On repère ainsi les *« brand champions »* en interne pour leur faire porter haut et fort les valeurs de la marque.

On distingue différents champs d'activité au sein desquels le marketing trouve sa place. La liste de ces domaines n'est pas figée, d'autres exemples pouvant se révéler fructueux sur le marché du travail, sur celui des capitaux comme dans le cadre des politiques locales visant à attirer les investisseurs ou les touristes.

Les marketings non marchands

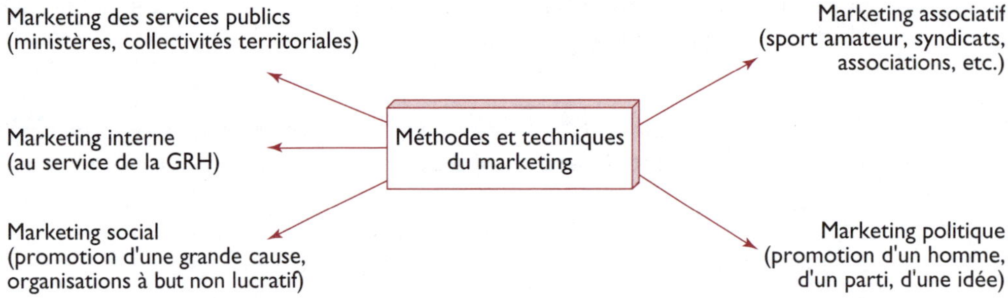

Même si les domaines d'application du marketing se sont diversifiés, entraînant parfois des pratiques différentes, les **méthodes** et les **processus de décision** sont suffisamment généraux pour qu'on s'en tienne, dans cet ouvrage, à une présentation globale du marketing et non pas à une exposition des applications particulières. Cependant, nous soulignerons les spécificités lorsqu'elles éclairent la compréhension.

Enfin, l'action commerciale se situe dans un monde contingent dans lequel l'avenir est indéterminé. Pour faire de bons choix, autant qu'il est possible, l'homme de marketing doit s'informer puis interpréter les connaissances acquises, afin de diminuer l'ambiguïté et de prendre une décision. S'informer, délibérer et choisir, telles sont les étapes du processus qui permet de prendre les décisions d'orientation et les décisions de mise en œuvre. L'ouvrage aborde, en conséquence, successivement l'**information marketing**, le **marketing stratégique** et le **marketing opérationnel**.

Première partie

L'information marketing

L'information est la matière première à partir de laquelle se prennent les décisions marketing. C'est cette information, collectée auprès des marchés (clients, consommateurs, prospects, experts), qui permettra aux sociétés spécialisées de comprendre les comportements actuels, puis de prévoir les tendances pour demain et, enfin, de formuler des recommandations vendues aux producteurs de biens et de services. C'est cette démarche que l'on appelle l'*insight* consommateur. On verra dans les chapitres qui suivent comment recueillir les données, les traiter et les transformer en informations utiles afin de mieux comprendre le comportement d'achat des acheteurs potentiels.

L'organisation de l'information

Les compétences clés à acquérir :

- Maîtriser les étapes d'une recherche en marketing (méthodologie).
- Connaître la nature des diverses sources d'information.
- Apprécier le recours à l'une ou l'autre de ces sources, du point de vue du coût, de la collecte et de la fiabilité des résultats.
- Savoir comment se prépare une recherche en marketing.
- Comprendre la nécessité d'organiser la production d'informations au travers d'un système d'information marketing.

Tout acte de gestion comporte les trois séquences suivantes : **information – décision – contrôle**. La collecte des informations constitue dans le domaine du marketing, mais c'est également vrai dans les autres secteurs de la vie de l'entreprise, une étape essentielle du processus de résolution des problèmes. Dès lors qu'une difficulté a été perçue, il faut recueillir des informations, puis les traiter, afin de prendre une décision qui ensuite sera mise en œuvre. Une erreur commise lors du recueil des données se répercutera tout au long du processus. L'entreprise peut recueillir ses informations commerciales auprès de **trois sources différentes** : internes, documentaires et externes. Chacune présente de multiples avantages et inconvénients.

I. Les étapes d'une étude marketing

Le processus d'élaboration d'une recherche marketing se compose de trois étapes successives.

A. Définition de la problématique marketing et de la problématique d'étude

La première étape, essentielle, de toute recherche en marketing est la **définition du problème**. Ce problème marketing peut être lié au potentiel de marché, à l'image de la marque ou à un élément du *marketing mix* (produit, marque, distribution, communication, prix). Cela suppose une bonne connaissance de l'environnement marketing et concurrentiel de la marque et de ses performances.

Exemple

Face à une baisse significative de sa part de marché, l'entreprise peut être amenée à se demander si le problème est lié au prix, à la qualité du produit ou à une communication publicitaire peu efficace. La problématique qui en découle peut être : baisser le prix du produit ? Modifier le produit ? Changer la campagne de communication ?

À partir de là, l'entreprise est en mesure de définir la **nature de l'étude à mener**. Celle-ci permet de déterminer les informations nécessaires pour répondre aux questions posées.

Exemple

Si la question marketing retenue est : « Faut-il baisser le prix du produit pour augmenter les ventes de la marque ? », la problématique d'étude qui en découle est la suivante : « Quelle est l'élasticité de la demande par rapport à une variation potentielle du prix et quels sont les impacts sur les ventes et les profits à différents niveaux de prix ? »

B. Établissement du design de recherche

L'établissement d'un design de recherche comprend la définition du cadre méthodologique et des données à collecter, le choix du traitement des données et l'établissement du budget alloué à la recherche.

On distingue **trois grandes options méthodologiques** : les approches exploratoire, descriptive et causale. Chacune de ces approches impose de collecter des données et de développer des techniques spécifiques de traitement.

1. L'approche exploratoire

Elle est appropriée lorsque le chargé d'études dispose de peu de connaissances du problème auquel il est confronté et cherche à développer une **compréhension profonde** sur le sujet. Pour ce faire, des entretiens individuels ou de groupe avec des experts et/ou des clients potentiels (étude qualitative) sont souvent préconisés pour être ensuite traités au moyen d'analyses de contenu.

L'échantillon est restreint et non représentatif de la population étudiée. Une étude exploratoire est très souvent suivie d'études supplémentaires d'ordre descriptif et/ou causal.

2. L'approche descriptive

Elle a pour objet la **description d'un phénomène** et suppose de définir clairement la nature des informations recherchées. Une étude descriptive peut avoir comme objectif, par exemple, de connaître le profil des consommateurs d'une marque, de définir les habitudes d'utilisation des médias publicitaires des consommateurs cibles ou encore d'identifier les types de perception d'une marque. Elle repose le plus souvent sur la conduite d'études documentaires, de sondages et/ou l'analyse de données de panels. Les techniques de traitement des données consistent souvent en des tris à plat ou croisés ou en l'exploitation d'analyses factorielles.

3. L'approche causale

Elle vise à établir une **relation de cause à effet** entre deux phénomènes. Il s'agit de définir les variables à l'origine du phénomène et celles qui en sont la résultante. Par exemple, un chargé d'études peut se poser la question de savoir si la baisse du prix du produit explique la hausse de la demande de ce même produit (*i.e.* la résultante). Une approche causale nécessite la conduite de sondages ou d'une expérimentation dont les résultats seront traités au moyen de régressions ou de comparaisons de moyennes selon la nature des variables considérées.

Une fois le design de recherche établi, la société d'études sollicitée est en mesure de déterminer le budget de l'ensemble de la recherche.

C. Réalisation de la recherche et préparation du rapport

La réalisation de la recherche n'est que l'**exécution du design** de recherche préalablement déterminé. Selon l'approche choisie et le type d'étude défini (sondages, entretiens, etc.), le chargé d'études devra opérer des choix en termes de mesure des variables observées et d'analyses des données.

La réalisation de la recherche se conclura par la rédaction du rapport. Ce dernier comprend les points suivants :

- sommaire ;
- résumé ;
- introduction ;
- présentation de la méthodologie ;
- analyse des résultats ;
- conclusion ;
- annexes.

II. Les sources d'information

Les sources d'information peuvent être de trois types :

- internes ;
- documentaires ;
- externes.

Il est utile de noter que les informations collectées sur Internet (blogs, forums de discussion, etc.) ne sont pas documentaires à proprement parler : elles peuvent avoir une origine soit interne (intranet), soit externe (achat d'études consultables sur intranet).

Figure 1.1. Les trois sources d'information

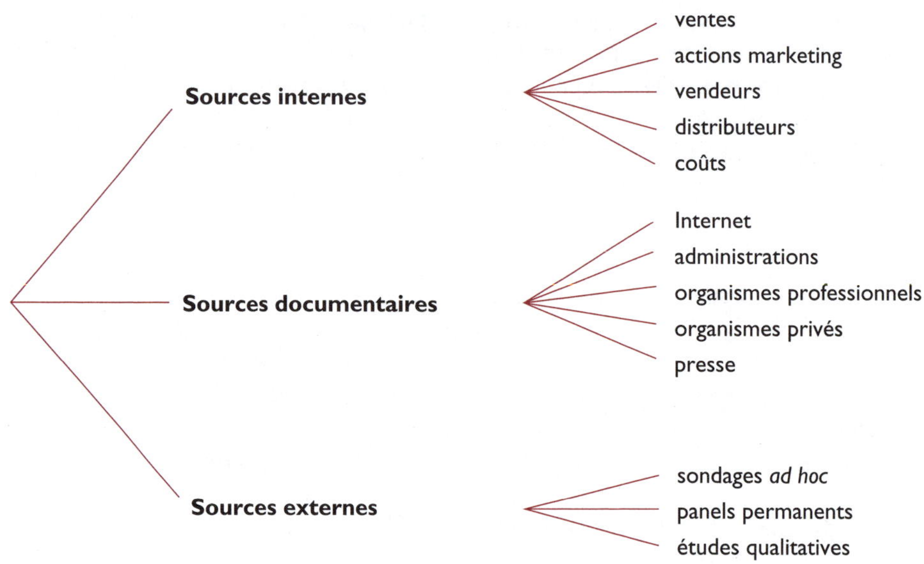

A. Les sources internes

La première source d'information est l'**entreprise elle-même**.

Dans de nombreux domaines, l'entreprise collecte des données essentielles pour le marketing et un flux d'informations est ainsi créé. Les informations recueillies concernent aussi bien l'entreprise elle-même que son environnement.

Exemples

L'évolution de l'activité des représentants, le montant et la répartition par média des dépenses de publicité engagées ou encore le taux de mise au rebut lors de la fabrication se rapportent à l'entreprise elle-même alors que l'analyse des réclamations envoyées par les clients, les rapports des représentants sur les désirs des clients, etc. relèvent de l'environnement.

L'information la plus importante a trait aux **ventes**. La première donnée dont un directeur marketing a besoin pour orienter son action est l'analyse du chiffre d'affaires. Cette analyse s'accompagne d'une recherche d'informations internes.

Exemple

Le montant des ventes est, selon les besoins, décomposé par produit, secteur de vente, type de clientèle, représentant, etc. Tout cela en nombre et en valeur, et en comparant avec les prévisions. L'analyse des réclamations adressées à l'entreprise s'inscrit également dans ce cadre.

Les informations d'origine interne présentent l'avantage d'être obtenues à un **coût nul** ou **quasi nul**. Mais la contrepartie est que, par définition, elles ne touchent qu'au domaine propre à l'entreprise.

Exemple

L'attitude des concurrents ne peut être connue au vu des seules informations internes.

Le processus de recueil des données et de traitement des informations peut être décomposé en huit étapes principales (figure 1.2).

Figure 1.2. Le processus de recueil des données et de traitement des informations

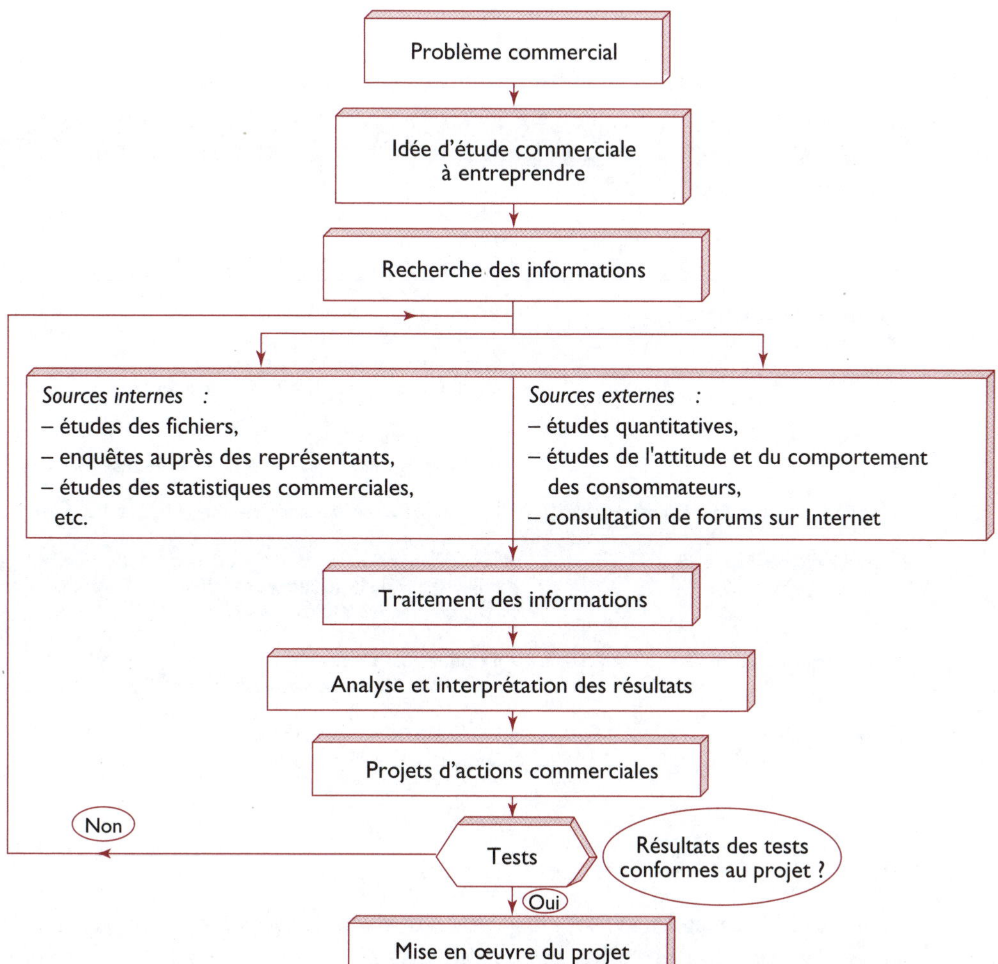

Une **bonne organisation** doit être mise en place pour augmenter l'efficacité de cette source d'information. Un service central de statistiques, bien équipé en moyens de traitement, sera un point de passage de tous les documents. Les informations seront conservées, puis ordonnées dans le but d'être analysées. Tous les supports de l'information seront élaborés avec le plus grand soin.

Exemples

Les factures, bons de commande, comptes rendus des représentants ou des prospections nécessitent une attention particulière.

C'est sur cette source d'information interne que s'appuie au quotidien le directeur marketing. Pour mettre en œuvre la « gestion de la relation client » (GRC ou CRM), il sait que la qualité des informations qu'il collecte, comme le soin apporté au traitement et à la « visualisation » des résultats, seront pour lui les meilleurs atouts lorsqu'il sera confronté aussi bien au réseau des vendeurs qu'à la direction générale.

Tableau 1.1. Les différentes sources internes et leur contenu

Sources internes	Informations
Les statistiques de vente	• Évolution globale du chiffre d'affaires. • Répartition des ventes par critères (zone géographique, produit, vendeur). • Contribution des produits... à la réalisation du résultat final.
Les avis échangés entre clients sur Internet	• Attentes non satisfaites. • Points positifs (clubs de fans). • Propositions d'amélioration. • Comparaison avec les offres concurrentes.
Le fichier clients	• Ventilation des clients par critères. • Nombre et qualité des clients nouveaux, perdus et fidèles.
La bibliothèque des études antérieures	• Informations préalablement recherchées et analysées.
Les rapports des vendeurs	• Sujets de satisfaction et d'insatisfaction des clients à l'égard du *marketing mix* de la société et de celui des sociétés concurrentes. • Avis des vendeurs concurrents.
Les réclamations et suggestions des clients	• Critiques des clients. • Attentes à l'égard du *marketing mix* de l'entreprise.
Les membres de l'entreprise	• Informations sur l'entreprise. • Informations sur la concurrence.

B. Les sources documentaires

On les rencontre également sous l'appellation de **données secondaires**, dans la mesure où elles ont été commandées par d'autres personnes ou d'autres institutions que l'entreprise elle-même. C'est vers elles que se tournent les responsables marketing s'ils ne possèdent pas, en interne, les informations désirées.

Les informations documentaires sont peu onéreuses, et même bien souvent gratuites, mais elles sont banalisées, elles sont connues de tous ceux qui s'intéressent au problème. Leur hétérogénéité est également un inconvénient : même si elles portent sur le même sujet, les renseignements qu'elles procurent concordent rarement, en raison de la diversité des désirs des commanditaires ou du producteur de l'information. De plus, Internet peut cacher des informations fausses diffusées sciemment *(hoaxes)*.

Exemple

Pour connaître le marché français potentiel des tondeuses à gazon électriques de moyenne puissance, on recense, dans l'Hexagone, des statistiques professionnelles datant de trois ans, une étude actuelle sur ce même marché, alors qu'au Royaume-Uni seules quelques indications sur les sites Internet des deux principaux fabricants et un article de presse sur « les Français et leur pelouse » sont disponibles.

Plusieurs types de sources documentaires sont habituellement distingués :

- **Internet**. C'est la première des sources puisque, en un instant, on y trouve des informations sur la totalité des sujets ainsi que des renvois vers d'autres sources vers lesquelles on pourra alors se tourner. La simplicité de la diffusion sur le Web fait que de nombreuses données externes (payantes) deviennent consultables (gratuites) après quelques mois, lorsque l'acquéreur ou les acquéreurs de l'étude ont pu profiter d'une exclusivité temporaire.
- **Les administrations et les organismes parapublics** (Insee, Crédoc, ministère de l'Économie et des Finances, chambres de commerce, etc.).
- **Les organismes professionnels** (syndicats patronaux, bureaux d'études affiliés à une profession, etc.).
- **Les organismes privés** (sociétés éditant des statistiques, des annuaires, des listes, etc.).
- **Diverses autres sources** (presse spécialisée, catalogues de concurrents, etc.).

Tableau 1.2. Les avantages et inconvénients des études documentaires

Avantages	Inconvénients
Coût modéré de la collecte et du traitement	Informations parfois trop larges, imprécises ou inadaptées
Rapidité de la collecte	Contradictions parmi les informations recueillies
Multiplicité des informations	Obligation de vérifier la validité des informations
Facilité d'accès aux sources en ligne	Données partagées par tous

C. Les sources externes

Si, et seulement si, l'information n'a pu être recueillie auprès de sources internes ou documentaires, l'entreprise doit recourir à une source externe, c'est-à-dire qu'elle va commander à un spécialiste une étude particulière sur un sujet déterminé. Ces sources sont également appelées **données primaires**, car l'entreprise est ici le maître d'œuvre.

Pour savoir si son produit est accepté, pour connaître sa part de marché ou les motivations de ses clients, l'entreprise doit procéder à une étude de marché. Dans la pratique, l'entreprise peut faire ou faire faire. Si le service d'études marketing est suffisamment développé, il est à même de prendre en charge la réalisation de l'enquête ; dans le cas contraire, de loin le plus fréquent, il se contentera de définir l'objet de l'étude et sous-traitera l'opération auprès d'une entreprise spécialisée.

Exemples

Il existe pléthore d'agences de publicité, de sociétés d'études de motivation et de cabinets de recherche.

Quelques grandes sociétés d'études offrent un service complet ; la plupart sont spécialisées dans un secteur, une méthode, un type d'étude.

La caractéristique principale des informations recueillies est qu'elles appartiennent à l'entreprise et à elle seule. Elles correspondent et répondent avec précision au problème posé. En revanche, et c'est leur inconvénient majeur, elles sont coûteuses. Le recours à une **étude de marché** se révèle nécessaire pour diverses raisons qui vont de la simple connaissance indispensable de la situation au besoin de prévoir les résultats d'une action commerciale à venir.

Au-delà des strictes informations commerciales et des études de marché, c'est la notion de veille concurrentielle qui est mise en avant. Les entreprises se dotent de véritables observatoires qui ont pour mission de suivre pas à pas l'évolution des marchés, les changements des goûts et comportements des consommateurs, les modifications de la technologie, les stratégies visibles des concurrents ainsi que leurs gammes de produits. C'est un ***knowledge management***, véritable orientation stratégique, qui est promu.

On oppose parfois les études portant sur des **biens de production** à celles ayant trait aux **biens de consommation**. Il est vrai que les recherches dans le domaine industriel font preuve de certaines spécificités. Les clients potentiels sont souvent peu nombreux et il est alors possible de tous les interroger ; ce sont moins les individus que les entreprises qui sont questionnés ; les aspects techniques, les implications financières sont renforcées, car les produits s'intègrent dans un processus de production. Ces particularités sont réelles et ne doivent pas être négligées. Cependant, il semble plus efficace d'analyser l'ensemble des études avec leurs caractéristiques propres, plutôt que d'isoler les études industrielles d'une part et celles portant sur les biens de consommation d'autre part. C'est ainsi que l'on distinguera **trois grandes familles d'études** qui, tout en ayant le même objet – à savoir collecter des informations sur le marché –, relèvent d'états d'esprit profondément différents : les sondages, les panels et les études qualitatives [1]. Chaque famille fera l'objet d'un chapitre, puis le comportement du consommateur sera analysé.

1. Les sondages et les panels recouvrent le domaine des études quantitatives (le « quanti »), les études de motivation étant des études qualitatives (le « quali »). Cette distinction est couramment utilisée par les professionnels. On relèvera toutefois que la stricte opposition s'estompe quelque peu aujourd'hui ; il n'est pas rare de tester un produit avec des entretiens semi-directifs auprès de 100 personnes et de traiter les déclarations des répondants grâce à un logiciel d'analyse textuelle. S'agit-il, dans ce cas, de « quanti » ou de « quali » ?

D. Le *big data*

Internet et la mobilité (smartphones, tablettes, cartes de fidélité et de paiement) engendrent une **croissance exponentielle des données** recueillies et susceptibles d'être traitées. Le consommateur comme le *shopper* laissent des traces partout et à tout instant.

Exemples

Il est possible de tracer les produits achetés, leur lieu d'achat ou encore de reconstituer le parcours du consommateur (pages visitées, clics sur les bannières et autres offres promotionnelles...).

Les **applications sur smartphones** proposées par les enseignes de distribution permettent au client de retrouver, en une seconde, tous les produits qu'il a achetés au cours du mois précédent et de déterminer le lieu où se trouvent les offres les plus intéressantes. Grâce à des étiquettes interactives (FR ou QR codes ou puces *near field contact* – NFC – le passe Navigo, par exemple), le client peut accéder à la fiche descriptive d'un produit.

Au-delà de la simple question de l'éthique (existe-t-il une limite à ne pas dépasser en matière de connaissance intime du consommateur ?), le problème est de savoir passer de l'information brute à l'information pertinente pour les décisions marketing. C'est ici qu'entrent en jeu des sociétés comme Oracle, IBM ou SAS. Le défi est de franchir le pas entre le ***big data*** et le ***smart data*** : les données de qualité, vérifiées et utiles.

D'une certaine manière, la question s'est déjà posée en ces termes lors des premiers développements du CRM.

Questions et thèmes de réflexion

Outils et concepts

1. Vous êtes chef de produit chez Ferrero et, au moment de lancer un nouveau produit de la gamme Kinder destiné aux adultes, vous envisagez de faire une étude pour en mesurer les chances de succès du nouveau venu. Préparez sa réalisation.
2. À partir de quelles informations peut-on formuler des hypothèses, afin de savoir s'il est recommandé – ou non – d'apposer « Made in France » sur des machines-outils vendues en Allemagne ?
3. Vous souhaitez ouvrir un magasin de vêtements dans une ville de 80 000 habitants. Quelles sources documentaires pouvez-vous consulter ?

Pour aller plus loin...

1. Analysez les conséquences de l'outil Internet sur l'information marketing.
2. L'information marketing est-elle à la recherche de la vérité ?
3. En quoi Internet modifie-t-il le paysage des études de marché ?

4. À partir d'une consultation de sites appropriés sur Internet, déterminez les tendances de la mode féminine pour la prochaine saison.

5. Quels sont les différents supports (ouvrages, annuaires, périodiques, Internet) permettant de se documenter sur l'avenir des fruits « bio » ? Prévoyez l'augmentation globale de la consommation pour les cinq années à venir.

6. Quel système d'information marketing pourrait convenir :

– à une coopérative viticole produisant du côte du Rhône ;
– à un détaillant en vêtements d'une ville de 80 000 habitants ;
– à un chef de produits de lotion after-shave chez Gillette ;
– à un directeur d'hypermarché É. Leclerc à Nantes ;
– au chef de vente de la région Provence chez Ricard ?

EXERCICE : METTRE EN PLACE UNE ÉTUDE MARKETING

1. La marque Alpha, qui commercialise des chaussures de course à pied, accuse une perte de part de marché de cinq points en un an. Durant cette année, aucun nouveau concurrent direct ni indirect n'a pénétré le marché. Après analyse de l'ensemble des éléments du mix et de l'offre concurrentielle, l'équipe marketing conclut que le design des chaussures laisse à désirer.
2. Connéto, société de services, sait que la satisfaction des clients est une variable clé de la fidélité des consommateurs. Elle se demande comment faire pour accroître la satisfaction de ses clients.
3. La société Cosméto souhaite se lancer sur le marché du maquillage pour homme en France. Elle se demande cependant quel est le public masculin susceptible d'être intéressé par la consommation de maquillage.
4. Epic, *business school* (BS) post-bac récemment créée, ambitionne de se lancer sur le marché français. Elle dispose d'une connaissance très limitée du marché et souhaite par conséquent comprendre le processus de choix d'une BS par les étudiants français.

Question

Pour chacune des situations présentées, définissez le problème marketing posé, la nature de l'étude ainsi que l'approche méthodologique à adopter.

Les sondages

Les compétences clés à acquérir :

- Savoir pourquoi la préparation de l'enquête, par l'utilisateur, doit être minutieuse.
- Connaître les principales méthodes d'échantillonnage.
- Élaborer un questionnaire.
- Juger quelle est la méthode de collecte des réponses qui convient le mieux, selon les contraintes de budget ou de fiabilité rencontrées.
- Apprécier les principales techniques de traitement et d'analyse des résultats.

Les sondages ressortissent à la méthode inductive, à l'inférence statistique. À partir des observations effectuées sur un échantillon tiré d'une population déterminée, le chargé d'études induit les caractéristiques de la population tout entière. On n'abordera pas ici les considérations purement statistiques ; on se limitera aux aspects marketing. Les premières sont toutefois essentielles, car elles conditionnent en grande partie la qualité des seconds, mais il n'en demeure pas moins que l'observateur marketing est confronté d'abord aux problèmes de coût, de fiabilité, de rapidité ; c'est à ceux-là que nous nous attacherons en priorité. Plusieurs étapes doivent être distinguées : la première consiste à préparer le sondage, la deuxième à définir l'échantillon, la troisième à élaborer le questionnaire, la quatrième à l'administrer, la cinquième à dépouiller puis à analyser les résultats. Nous envisagerons successivement ces différentes phases.

Figure 2.1. Les étapes d'un sondage

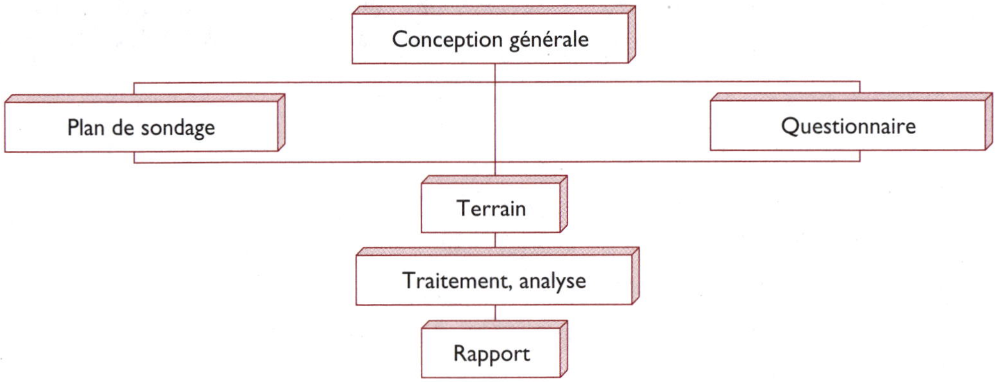

I. La préparation de l'enquête

Cette étape est importante car il en résulte la réussite ou l'échec du sondage.

Avant tout, il convient de définir avec précision l'**objet** même de l'étude. À cet égard, les responsables de sociétés d'études se plaignent de voir trop souvent pénétrer dans leurs bureaux des directeurs de vente ou des directeurs généraux qui leur posent une seule question : « Pourquoi notre chiffre d'affaires diminue-t-il ? » Des interrogations aussi générales conduisent directement au « sondage alibi », à l'étude manquée. Bien au contraire, le demandeur doit analyser le problème posé (introduction d'un nouveau produit, politique de prix mal ajustée, réseau de distribution à restructurer, etc.), puis établir une liste des informations utiles et opératoires. Après avoir pris l'élémentaire précaution de chercher si les informations sont disponibles par ailleurs (sources documentaires), le **donneur d'ordre**, aidé en cela par le responsable de l'étude dans la société d'études – s'il est fait appel à une société spécialisée – définit les informations souhaitées, mais en prenant bien garde que celles-ci soient utiles (une information inutile coûte aussi cher qu'une information utile et n'apporte rien) et opératoires (les informations recueillies doivent être mesurables ; elles doivent permettre d'agir, de prendre des décisions).

Exemple

Si le responsable marketing d'un fabricant d'automobiles détermine que 27 % des Français considèrent que la voiture est un moyen de transport qui doit être le plus économique possible, sans savoir quels sont ces Français, quelles sont leurs habitudes de fréquentation des médias, leurs lieux d'habitation ou à quelles catégories socioprofessionnelles ils appartiennent, l'information n'est pas opératoire, car l'entreprise ne peut appliquer une politique commerciale spécifique à ces 27 % de Français.

Dans le même ordre d'idées, les résultats possibles – ou tout au moins la grille d'analyse des résultats – doivent être prévus. L'oubli d'un critère essentiel peut réduire à néant la qualité d'un sondage, car il n'est alors plus possible de « croiser » les réponses pour déterminer des regroupements significatifs et calculer des moyennes pertinentes. Il est souvent indispensable de tester l'enquête elle-même en procédant à une **étude préliminaire** pour déterminer si l'objet est bien saisi par la population cible, si des incidences importantes n'ont pas été oubliées.

Exemple

Il serait maladroit de prévoir un doublement des ventes en deux ans, alors que les responsables de la production estiment ne pas pouvoir répondre à cette augmentation. C'est la période au cours de laquelle la qualité des rapports entre la société d'études et l'entreprise joue un grand rôle.

C'est ici qu'intervient le **brief client**, c'est-à-dire le document qui récapitule les discussions et les résultant des rencontres entre l'annonceur et la société d'études.

Les questions abordées dans un brief client

Huit points doivent impérativement être traités :

- Le cadre de l'étude, par exemple lancer un nouveau produit.
- Le problème à résoudre (tester les réponses de nos principaux clients.
- Les objectifs poursuivis (décider du lancement et du choix des canaux de distribution adoptés.
- Les méthodes utilisées (recours à des études qualitatives et/ou quantitatives).
- L'organisation de l'étude, le nombre de questionnaires utilisés, le mode de recueil des informations (*on-line*, *off-line*), etc.
- Le nombre de réponses attendues.
- Les délais (date de remise de l'étude).
- Le coût (établissement d'un budget prévisionnel).

Nombre de sociétés proposent des sondages à leurs clients (IPSOS, Opinionway, IFOP). TNS Sofres est la plus importante, c'est pourquoi diverses informations issues de TNS Sofres seront utilisées à titre d'illustration dans le présent chapitre.

Dans une situation donnée, tous les sondages ne sont pas également possibles. Deux considérations sont prioritaires à ce stade :

- Le budget. Selon la somme allouée par l'entreprise, il sera envisageable de procéder à un sondage lourd ou au contraire à une courte étude.
- Le délai. La date impérative de remise des résultats commande la nature du sondage à effectuer.

Tableau 2.1. Un exemple de formulation de questions allant du général au particulier

Projet	Questions générales	Questions particulières
Lancer un nouveau produit original : un jus de clémentines	Comment relancer nos ventes de jus à base d'agrumes, face à une concurrence de plus en plus vive ?	Les consommateurs apprécient-ils les clémentines ? Quelles cibles viser ? – CSP – âge Quel usage en feront les consommateurs ? – petit déjeuner en famille – apéritif – boisson du sportif À quel prix seraient-ils disposés à payer le litre ? Nature du conditionnement ? – verre – carton Quel canal de distribution sélectionner ? – gros – épiceries fines – magasins « bio » – magasins de sport – Internet

II. La constitution de l'échantillon

Dès que l'objet de l'enquête a été défini, il est possible de constituer l'échantillon. Deux étapes distinctes doivent être respectées : d'abord la détermination de la **base de sondage**, ensuite le choix de l'**échantillon à proprement parler**.

A. La base du sondage

La détermination de la population mère, à partir de laquelle va être choisi l'échantillon, est une entreprise très délicate. La base de sondage correspond à la population que l'on veut étudier. Si l'enquête doit porter sur les motivations des acheteurs potentiels d'un safari photos en Tanzanie, l'échantillon ne peut être dégagé de l'ensemble de la population, mais de la seule clientèle potentielle.

Exemple

Seuls les cadres supérieurs et les membres des professions libérales ayant au moins deux enfants et habitant des villes de plus de 200 000 habitants constituaient, au début des années 2000, le cœur de la clientèle potentielle du marché du home cinéma. Ce produit s'est depuis démocratisé : il est maintenant accessible à la plupart des consommateurs.

Toute la difficulté réside dans la **définition** de cette clientèle potentielle. Il n'existe aucune liste des Français répondant aux trois critères indiqués ; la solution consiste à utiliser une liste nominative (nous verrons plus loin que ce n'est vrai que pour les sondages probabilistes), la plus proche possible de cette clientèle. Pour ce faire, un fichier est acheté à une entreprise spécialisée ; le plus souvent, ces sociétés sont des émanations des magazines qui possèdent, grâce à leur fichier d'abonnements, de telles listes. Si la clientèle visée est plus large, des listes telles que celles des abonnés au téléphone ou à l'électricité ou encore des électeurs peuvent être utilisées.

Une erreur commise lors de la détermination de la base de sondage (existence d'un décalage entre la clientèle potentielle visée et la population mère du sondage) peut entraîner un **biais** [1]. Le cas le plus célèbre est sans doute celui de l'élection à la présidence des États-Unis en 1936 : un institut avait prédit l'élection du candidat républicain alors que c'est le démocrate F. D. Roosevelt qui l'a emporté. L'échantillon avait été déterminé non pas à partir de la liste des électeurs, mais à partir de la liste des abonnés au téléphone. Or les possesseurs de téléphone, ordinairement plus aisés, votaient plutôt républicain, alors que les non-abonnés, moins aisés, votaient de préférence démocrate.

Les erreurs commises sont d'autant plus dommageables qu'elles passent inaperçues. La figure ci-après permet de comprendre les différents biais.

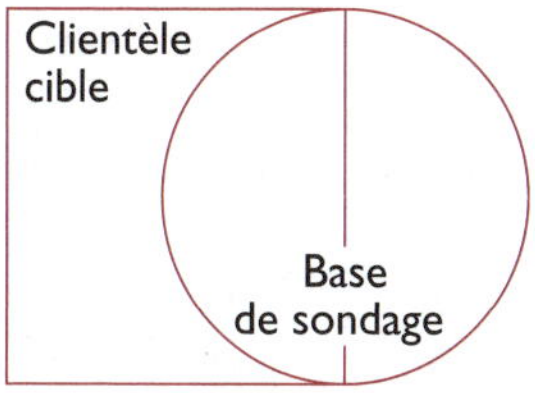

Tout échantillon prélevé à partir du cercle peut ou non être représentatif de la population cible :

• Hypothèse 1. Le comportement des individus appartenant au cercle est voisin de celui des individus appartenant au carré et alors le sondage est excellent.

• Hypothèse 2. Le comportement des deux sous-populations est sensiblement différent et les résultats sont erronés.

Le seul moyen pour déterminer l'hypothèse vraie est de procéder à une contre-enquête auprès de la population cible.

Exemple

L'institut américain précédemment cité aurait dû pratiquer un bref sondage en sortie d'urnes auprès de quelques centaines de votants.

B. La méthode d'échantillonnage

Lorsque la population est définie, l'échantillon peut être constitué ; deux familles de méthodes peuvent être envisagées (les méthodes probabilistes et les méthodes non probabilistes).

1. Les méthodes probabilistes

Elles consistent à choisir au hasard certains éléments de la population de base ; chaque élément a été préalablement numéroté et les numéros sont ensuite tirés au sort.

1. Le terme « biais » est lié à la notion de fidélité de la méthode de recherche. Celle-ci réside dans la concordance de mesures pratiquées par des observateurs différents sur les mêmes sujets. Elle constitue une garantie d'exactitude des résultats. Si une erreur, qu'elle soit due à l'enquêteur ou au choix des enquêtés, est toujours commise de surcroît dans le même sens elle entraîne un biais. De nombreux facteurs de personnalité (stéréotypes, expérience personnelle, etc.) peuvent jouer d'un côté comme de l'autre.

Si les éléments ont, à l'origine, exactement la même chance d'être choisis, ce procédé est le plus rigoureux d'un point de vue scientifique. La marge d'erreur est définie avec précision. L'observateur sait quel est l'intervalle de confiance dans lequel les résultats se situent.

La **taille de l'échantillon** dépend de trois facteurs :

- La précision désirée. La taille requise augmente avec le carré de la précision voulue.
- L'homogénéité de la population. Pour sonder une population parfaitement homogène, il suffit d'interroger une seule personne.
- La sécurité dans la représentativité de l'échantillon. La sécurité augmente avec la taille de l'échantillon.

Des abaques[2] permettent ainsi de calculer la taille d'un échantillon à partir d'une précision souhaitée ou, au contraire, de définir un intervalle de confiance des résultats en fonction d'une taille donnée d'échantillon.

Pour une sécurité de 95 % (toujours retenue en marketing), la formule de calcul est la suivante :

$$n \geq \frac{4\,pq}{\varepsilon^2} \text{ ou } \varepsilon = \pm\, 2\sqrt{\frac{pq}{n}}$$

Avec :
n = taille de l'échantillon,
p = proportion observée dans l'échantillon,
$q = 1 - p$,
ε = erreur acceptée (intervalle de confiance).

En pratique, les contraintes de budget et de délai – de même que les possibilités de redressement des résultats à partir de sous-échantillons – font que le chargé d'études ajuste toutes les variables (taille de l'échantillon, méthode, erreur) dans une même démarche.

Tableau 2.2. La taille des échantillons (pour une sécurité à 95 %) en fonction de la fréquence observée dans l'échantillon (p) et de la précision voulue (ε)

ε \ p	0,05	0,2	0,5
1 %	1 900	6 400	10 000
2 %	475	1 600	2 500
3 %	211	711	1 111
5 %	76	256	400
10 %	19	64	100
20 %	5	16	25
30 %	2	7	11

2. Diagramme, graphique donnant par simple lecture la solution approchée d'un problème numérique (définition du *Petit Larousse*).

Si l'échantillon comporte 2 500 individus, si une personne sur deux présente un caractère donné ($p = 0{,}5$), il y a 95 % de chances pour que, dans la population, la proportion réelle soit comprise entre 0,48 et 0,52 ($\varepsilon = 2\,\%$).

La connaissance de la valeur de p (qui, logiquement, devrait résulter du sondage) peut être approchée par la lecture d'enquêtes similaires. À défaut on retient $p = 0{,}5$, valeur pour laquelle n est maximal. Pour estimer une moyenne, la formule est la même. L'erreur est donnée en valeur absolue, q étant l'écart type supposé. Par exemple, si l'on veut estimer à 1 € près le panier moyen d'un supermarché en sachant que l'écart type des paniers est de 10 €, on devra interroger $4 \times 10^2/1^2$, soit 400 personnes.

Le **hasard**, dans la pratique, ne se laisse approcher qu'avec les plus extrêmes difficultés. Les listes nominatives sont corrélées.

Exemple

Telle initiale du nom patronymique se rencontre plus fréquemment dans tel ou tel pays.

Au sein des sondages probabilistes, deux sous-familles peuvent à nouveau être distinguées.

a. Les sondages tirés directement à partir de la population de base

Ce sont les sondages dits **systématiques**. Ils sont onéreux, car les éléments de l'échantillon ont toutes les chances d'être dispersés sur le plan géographique et il s'ensuit que le recueil des informations coûte cher s'il est décidé de mener l'enquête en face-à-face naturellement.

b. Les sondages qui ne sont pas issus directement de la population de base

Ce sont par exemple les **sondages en grappes** et les **sondages stratifiés** :

- Pour les premiers, on définit des grappes (villes, immeubles, familles, etc.). On tire au sort une grappe de chaque niveau et on enquête systématiquement auprès de l'ensemble de la grappe.
- Pour les seconds, on divise la population en strates homogènes (par âge, catégorie socioprofessionnelle, habitat, etc.). On constitue alors au hasard l'échantillon dans chaque strate.

Ces sondages coûtent moins cher que les sondages systématiques, car ils sont, par définition, plus concentrés sur le plan géographique, mais ils présentent un risque en contrepartie. Si un **biais** s'introduit dans la stratification ou dans la constitution des grappes, les résultats sont faussés.

Exemple

Une strate peut être homogène selon l'âge, la catégorie socioprofessionnelle et l'habitat, mais ne pas l'être selon la taille de la famille.

Ces sondages sont souvent définis comme étant quasi aléatoires.

Figure 2.2. Les méthodes d'échantillonnage

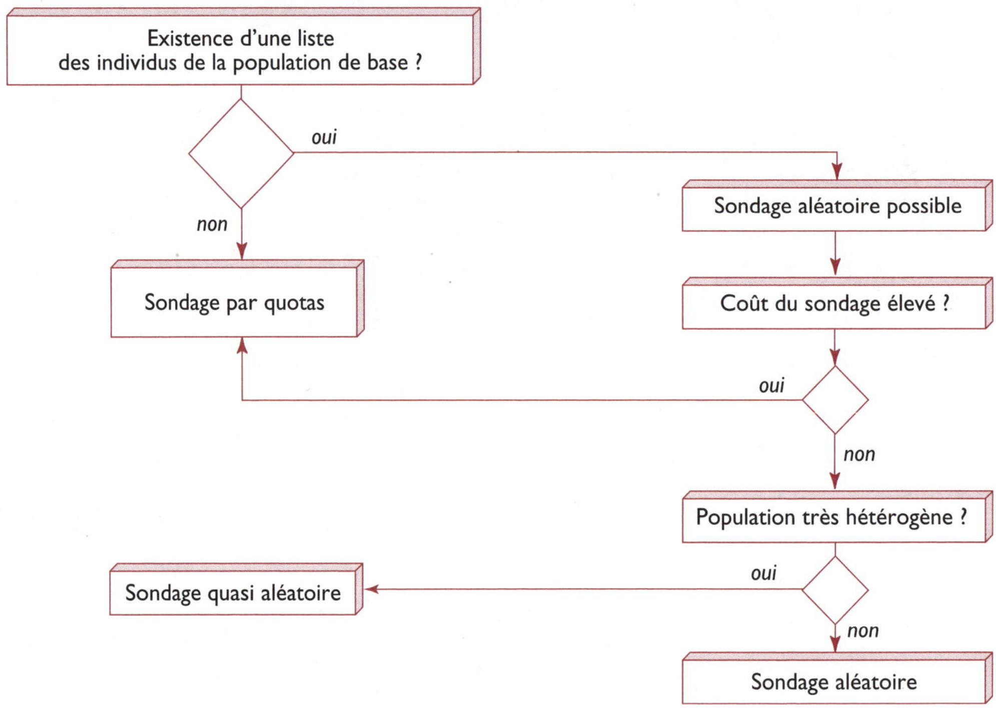

2. Les méthodes non probabilistes

Le hasard est exclu de ces méthodes. L'échantillon est constitué d'après un **choix raisonné** et un **plan de sondage** est établi.

a. La méthode des quotas

Un échantillon défini par la méthode des quotas est représentatif de la population mère, selon les critères qui ont été choisis ; il est proportionnel à la population.

Exemple

On sait que la clientèle visée est ainsi constituée :

• Hommes	75 %
• Femmes	25 %
• 20/30 ans	20 %
• 31/40 ans	50 %
• 41/50 ans	30 %
• Patrons de l'industrie et du commerce	10 %
• Cadres supérieurs et professions libérales	50 %
• Cadres moyens	40 %

Ainsi, un échantillon de 1 000 personnes sera choisi de façon à ce qu'il comprenne 750 hommes et 250 femmes ; 200 personnes ayant entre 20 et 30 ans, 500 ayant entre 31 et 40 ans, 300 ayant de 41 à 50 ans, 100 patrons de l'industrie et du commerce ; 500 cadres supérieurs et membres des professions libérales et 500 cadres moyens. Il pourrait s'agir, par exemple, de l'étude du marché potentiel d'une nouvelle voiture familiale de 9 ou 10 chevaux.

Il s'agit, dans notre exemple, de **quotas dits à la marge**, mais si, en plus, nous voulons respecter les proportions de chacune des sous-catégories (les hommes cadres moyens de 20 à 30 ans, etc.) – encore convient-il d'avoir l'information – on peut naturellement recourir à des **quotas dits croisés** (ici, 18 cases ou sous-univers dont on définit le volume). Cette méthode est plus rigoureuse mais renforce aussi les difficultés de l'enquête.

Une fois le plan de sondage défini, chaque quota est peu à peu rempli de sorte qu'à la fin de l'enquête les proportions attendues sont respectées.

Le problème des quotas tient à l'existence éventuelle d'un lien passé inaperçu entre un critère non pris en compte et les réponses possibles. L'échantillon est représentatif de la population pour ce qui est des critères choisis, mais il n'a aucune raison de l'être pour d'autres critères.

En pratique, pour les enquêtes *on-line*, des questions d'identification du répondant permettent de savoir si les quotas sont atteints. Pour les enquêtes en face-à-face, l'ordinateur édite des feuilles telles que dans l'exemple ci-après. Ici, l'enquêteur doit interviewer seize personnes. Après chaque entretien, il coche les étoiles correspondantes. Il apparaît qu'il en a déjà rencontré trois.

Exemple

Feuille de route Omniface – TNS Sofres

Régions UDA	B.P. Ouest
Habitat	UCA 5
Feuille de quota N-066	2 000 à
16 interviews à réaliser	20 000 Ha
Sexe de l'interviewé	8 × ×
Homme	8 ×
Femme	
Âge de l'interviewé	4 ×
15 à 24 ans	4 ×
25 à 34 ans	3
35 à 49 ans	3
50 à 64 ans	2 ×
65 ans et plus	
CSP du chef de ménage	1
Agriculteurs et salariés agricoles	2
Artisans et petits commerçants	2
Industriels, gros commerçants, professions libérales, cadres supérieurs	3 × ×
Cadres moyens employés + divers	5
Ouvriers, personnel service	3 ×
Inactifs, retraités	
Enquêteur = ...	
Feuille de quota = no 066 – Département = 58 – Cat. agglo. = 1	
Commune = Château-Chinon	

Un **plan de sondage** – c'est-à-dire des quotas – n'est valable que pour un produit ou une catégorie de produits. Tous les critères susceptibles d'influencer les réponses doivent figurer parmi les quotas.

La **méthode des quotas** est la plus largement utilisée par les sociétés spécialisées et cela pour les raisons suivantes :

- Les quotas pertinents, pour l'immense majorité des produits, sont toujours les mêmes. Il s'agit du sexe, de l'âge, de CSP de la personne ou du ménage, de la situation familiale et de l'habitat.
- Par définition, une enquête ne donne des résultats que sur une partie – c'est l'échantillon – de la population globale. Pour remédier à cet effet, on utilise la **technique du redressement** (on dit aussi calage) qui va permettre d'améliorer la précision de l'enquête en calant les proportions et les chiffres globaux relevés dans l'enquête sur des critères connus de façon sûre. Un redressement n'est évidemment jamais une manipulation des données.

Exemple

Une étude d'offre est menée sur la clientèle d'une entreprise comportant naturellement 10 % de clients « gros utilisateurs » et 90 % de « petits utilisateurs ». Si le client veut pouvoir analyser les résultats sur les deux segments de clients, puis avoir une vue globale d'ensemble de ses clients, on propose de réaliser 200 interviews sur les « gros utilisateurs » (28,6 %) et 500 sur les « petits utilisateurs » (71,4 %). Ces deux tailles permettent une analyse satisfaisante par segment de clients compte tenu de l'homogénéité de chaque cible et de leur coût. Une fois ces analyses faites, on ramène chaque segment à son poids dans la population en effectuant un redressement qui consiste simplement en deux « règles de 3 » sur les deux segments.

b. Les échantillons de convenance

Lorsque les conditions d'enquête sont difficiles (impossibilité de joindre certaines personnes), lorsque la population est rare, lorsque le temps presse, il est envisageable de recourir à un échantillon de convenance : collecte au gré des efforts et des capacités de l'enquêteur. La rigueur scientifique est naturellement entachée et les traitements statistiques ainsi que l'analyse doivent être menés en conséquence. Nous sommes ici plus dans le cadre de simples enquêtes que de véritables sondages. Toutefois, la possibilité de redresser l'échantillon obtenu en fonction des proportions sur des critères connus permet d'améliorer la **qualité du sondage**.

III. L'élaboration des questionnaires

L'élaboration d'un questionnaire peut être longue et parsemée d'embûches. En pratique, tout dépend de l'objet de l'enquête. Si celle-ci porte sur des faits, les questions seront relativement faciles à formuler. En revanche, si l'enquête tente de cerner des intentions ou des opinions, la forme des questions sera étudiée avec une beaucoup plus grande attention. Il arrive que le répondant introduise des **biais** dans ses réponses, ou bien volontairement (souci de masquer une attitude, de ne pas révéler une intention, de minorer une consommation, etc.), ou bien involontairement (manque d'informations pour répondre, réponse hésitante, etc.).

A. Les types de questions

Deux catégories de questions peuvent être posées : des **questions fermées** et des **questions ouvertes**.

1. Les questions fermées

Ce sont les questions qui offrent le choix entre un nombre limité de réponses.

Exemple

– Allez-vous au cinéma plus d'une fois par mois ?
oui ☐ non ☐
– Regardez-vous la télévision ?
tous les jours ☐ rarement ☐ souvent ☐ jamais ☐

La question peut porter sur une **échelle d'attitude**, encore appelée **échelle de Likert** et, le cas échéant, faire appel à un classement.

Exemple

– Les vacances à la mer sont plus reposantes que les vacances à la montagne ? Êtes-vous :
tout à fait d'accord ☐
d'accord ☐
indifférent ☐
pas d'accord ☐
pas du tout d'accord ☐
– Voici cinq opinions sur la nouvelle lessive Amax, classez-les de « tout à fait d'accord » à « pas du tout d'accord ».
Amax dégraisse mieux que les autres lessives ☐
Amax est économique ☐
Avec Amax on lave la vaisselle plus rapidement ☐
Amax sent bon ☐
Amax est un peu moins cher ☐

Pour les études d'image de marque, on fait volontiers appel à des **systèmes de notation**, autorisant ainsi des exploitations plus précises (moyenne des notes attribuées et écart type).

Exemple

Quelle note de 0 à 10 donneriez-vous à la Golf de Volkswagen pour sa nervosité ? 0 si vous l'estimez pas du tout nerveuse, 10 si vous l'estimez très nerveuse.

Les questions fermées présentent l'avantage d'autoriser une **codification facile** et donc un dépouillement simple et peu onéreux. En contrepartie, elles masquent fréquemment des biais (une réponse possible peut avoir été oubliée dans les propositions ou la réponse « autres » est souvent peu utilisée) et procurent, de ce fait, une information relativement pauvre.

2. Les questions ouvertes

Elles laissent au répondant une certaine **liberté** pour formuler ses réponses.

Exemples

- Quelles sont vos habitudes de fréquentation du cinéma ?
- Où prenez-vous vos vacances ?
- Que pensez-vous de la nouvelle lessive Amax ?

L'**analyse** des réponses est, ici, infiniment plus difficile. Il n'est plus possible de les coder, sinon en les interprétant à l'intérieur d'une grille. Mais l'information obtenue est plus riche. Des éléments auxquels l'enquêteur ne pensait pas, *a priori*, apparaissent.

Dans la pratique, une enquête peut fort bien recourir aux deux types de questions. Certaines, factuelles, sont fermées. D'autres, portant davantage sur des intentions, sont ouvertes. Les questions ouvertes sont utilisées lors de la **pré-enquête** pour définir les questions fermées, qui seront ensuite posées lors de l'enquête proprement dite.

B. L'ordre des questions

Les différentes questions ne doivent pas être présentées au hasard. Un **ordre précis** doit être respecté. Cet ordonnancement est plus ou moins important, selon la méthode de collecte des réponses qui est utilisée ; plus le répondant est livré à lui-même (enquête auto-administrée), plus un certain ordre est nécessaire. Le responsable de l'étude doit être attentif à quelques contraintes.

1. Les questions « amorces »

Les premières questions doivent être simples et porter sur des éléments bien connus du répondant de manière à le familiariser avec le questionnaire, à le mettre à l'aise, etc.

Exemple

Lors d'une enquête en entreprise, une bonne question de départ consiste à faire raconter, en quelques minutes, l'itinéraire professionnel de l'interviewé ou l'historique de l'entreprise. Les réponses fournies ont peu d'importance, mais elles établissent un climat de confiance entre l'enquêteur et l'enquêté.

2. Les questions taboues

Embarrassantes pour l'enquêté (items portant sur les revenus, l'intimité, les opinions politiques, etc.), ces questions doivent être posées en fin d'enquête, lorsque le contact est déjà bien établi. Si le répondant est heurté au point qu'il ne souhaite plus poursuivre l'entretien, le début du questionnaire demeure néanmoins utilisable.

3. Les questions-filtres

Elles sont placées à plusieurs endroits du questionnaire pour tester la sincérité des réponses.

Exemple

Des questions sur l'exposition aux médias sont recoupées avec des questions portant sur certaines émissions télévisées ou sur le contenu d'articles de magazines.

Après que le questionnaire a été élaboré, il doit être testé auprès d'un échantillon réduit et c'est seulement lorsque la qualité du questionnaire et l'absence d'ambiguïté des questions sont certaines que l'enquête peut être lancée à plus grande échelle.

Figure 2.3. Les étapes du processus d'administration d'un questionnaire

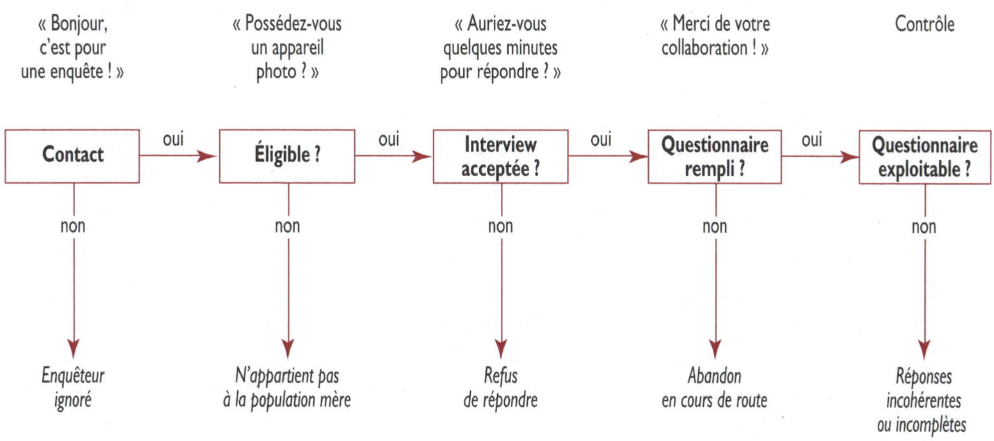

Source : É. Vernette, Techniques d'études de marché, *Vuibert, 2011.*

C. Les biais à éviter

Les questions posées doivent répondre à une série de caractéristiques bien définies au risque d'introduire certains biais dans le questionnaire. Elles doivent être :

- **Facilement compréhensibles.** Des questions jargonneuses sont parfois posées à un consommateur désemparé. Même si le domaine de l'enquête est très technique, chaque question doit être formulée dans un langage qui lui est accessible. Ainsi, on parlera de goût, d'apparence, etc., pour un produit alimentaire et non de ses qualités organoleptiques.
- **Stimulantes.** La question doit porter en elle-même une incitation à la réponse. C'est particulièrement vrai pour les questionnaires auto-administrés. Le taux de réponse en dépend.
- **Précises.** Cela suscite des réponses plus fiables et permet un bon traitement des résultats. Une question appelant des interprétations multiples est à bannir, car elle n'autorise pas une analyse objective des résultats. Par exemple, l'utilisation de certains adverbes rend très imprécise une question : « Allez-vous souvent chez le dentiste ? » Le terme « souvent » peut recouvrir en effet différentes réalités selon les individus (une fois par mois, une fois par an, etc.). De même, on

proposera des intervalles, des fourchettes (de prix, de revenus, etc.) plutôt que des réponses approximatives et soumises au jugement de chacun (un peu, beaucoup, fréquemment, etc.).

• **Pas trop longues.** Il convient d'être attentif à ne pas inclure deux questions en une. Dans cet exemple : « Pensez-vous que la lessive Amax lave bien le linge et en préserve les couleurs ? », la personne interrogée peut répondre seulement au premier membre de la question « Amax lave bien le linge » ou au second membre « Amax préserve les couleurs ».

• **Neutres.** Une question posée ne doit pas suggérer ou influencer la nature des réponses : « Pensez-vous qu'il faille autoriser la consommation de cannabis au risque de voir le nombre d'overdoses augmenter ? » En introduisant la seconde partie de la question « au risque de voir le nombre d'overdoses augmenter », l'interviewer oriente les réponses des personnes interrogées. Celles-ci auront, en effet, tendance à répondre par la négative à la question.

D. La nature des questions et le type d'échelle de mesure

Selon la nature de la question posée, différentes catégories d'échelle de mesure sont utilisables :

• **Les échelles de ratio.** Elles possèdent une unité de mesure définie. Un zéro correspond à l'absence du phénomène étudié. Des exemples d'échelles de ratio dans un questionnaire visent notamment à mesurer l'âge, le revenu, le volume des ventes ou encore le chiffre d'affaires.

• **Les échelles d'intervalle.** À la différence des échelles de ratio, le zéro ne signifie pas l'absence du phénomène ; il est dans ce cas arbitraire. Néanmoins, on peut comparer les différents objets étudiés en fonction de l'unité d'intervalle définie et constante. Par exemple, des échelles d'intervalle vont mesurer la température ou les dates du calendrier. En marketing, des échelles d'intervalle sont exploitées lorsque sont posées des questions basées sur une échelle d'attitude dont les modalités vont de « tout à fait d'accord » à « pas du tout d'accord ».

• **Les échelles ordinales.** Les réponses à une échelle ordinale mesurent une position relative et d'ordre entre deux objets. Par exemple, lorsque l'on mesure une fréquence de visite, une fréquence de 4 est considérée comme plus importante qu'une fréquence de visite réduite à 3.

• **Les échelles nominales.** Les réponses aux questions reposant sur une échelle nominale permettent uniquement d'identifier l'appartenance d'un objet à une classe. L'exploitation d'échelles nominales est fréquente, notamment lorsqu'il s'agit de questions relatives au sexe, à la CSP, à la région d'habitation.

IV. La collecte des réponses

La collecte des informations incite logiquement à agir sous la forme d'une interrogation d'un groupe de personnes – c'est ce que nous verrons ci-après – mais il convient de s'arrêter un instant sur les autres modes de collecte de l'information que sont l'**observation** et l'**expérimentation** :

• Comme son nom l'indique, l'observation consiste à observer le **comportement d'un consommateur** à son insu ou en l'informant, soit dans une situation réelle d'achat, soit dans une situation de laboratoire. L'enquêteur apprend alors mille choses sans le moindre biais dû à l'interrogation : par exemple une caméra cachée dans une grande surface en apprend bien davantage sur le comportement des acheteurs que des milliers de questionnaires administrés patiemment. Au surplus, cette méthode est indispensable pour interroger des individus qui ne s'exprimeraient qu'avec peine (des enfants devant des jouets) ou pas du tout (on fait le test de l'écuelle pour mesurer l'attrait des *pet foods* auprès des animaux).

• L'**expérimentation** consiste à faire varier volontairement une variable commerciale et à mesurer l'effet de ce changement sur les ventes, par exemple. La méthode est délicate car, pour que le résultat soit fiable, tous les autres paramètres commerciaux doivent être maintenus constants. C'est dans ce cadre que l'on recourt à la méthode des plans d'expérience (le carré latin est le plus connu) pour tester différentes valeurs d'une variable dans des terrains différents : par exemple, plusieurs longueurs de linéaire attribuées à un produit dans plusieurs hypermarchés.

Deux familles de méthode, deux médias peuvent être utilisés pour recueillir les informations lors d'un sondage. On oppose les enquêtes administrées par enquêteur et les enquêtes auto-administrées. Le choix de l'une ou l'autre méthode dépend de nombreux facteurs mais, en toute hypothèse, la technique utilisée doit répondre à des contraintes :

• **De coût.** Le budget attribué à l'enquête ne permet pas nécessairement de recourir à n'importe quelle méthode.

• **De contenu et d'accessibilité.** Selon l'objet de l'enquête (faits, opinions, intentions) une méthode peut être préférée à une autre ; selon la population visée, un média peut être écarté (une partie de la population n'est pas connectée à Internet).

• **De délai.** Une enquête *on-line* est rapide à mettre en place ; une enquête en face-à-face requiert plus de temps.

A. Les enquêtes administrées par un enquêteur

Ces enquêtes peuvent être menées soit en face-à-face, soit par téléphone.

1. Les caractéristiques

Un contact direct est établi entre l'enquêteur et l'enquêté ; le rôle des enquêteurs devient majeur et c'est pourquoi ceux-ci doivent être recrutés avec la plus grande attention. Les qualités recherchées chez les enquêteurs sont l'allure extérieure (pour se faire accepter), la faculté d'empathie, c'est-à-dire le don de « se mettre à la place de l'autre » (pour bien poser les questions), la conscience professionnelle (une réponse trop sollicitée équivaut à une réponse biaisée).

Les lieux d'interviews sont divers :

• **À domicile.** L'intimité renforce la sincérité des réponses.

• **Dans la rue.** Les enquêtes doivent être très brèves pour ne pas importuner les interviewés (risque de non-représentativité...).

• **Sur les lieux d'achat.** Il faut l'accord du magasin ; l'agitation ambiante nuit à la qualité des réponses.

• **En unité mobile.** Elle se déroule dans un endroit clos installé près des lieux d'achat. On combine ainsi les avantages du domicile et des lieux d'achat sans en rencontrer les inconvénients.

• **Par téléphone.** L'enquête téléphonique est une enquête par interview un peu particulière. Un lien direct existe bien entre l'enquêteur et l'enquêté, mais ce lien est différent. Toutefois, le coût de ces interviews est très réduit. Leur rapidité, leur souplesse font qu'elles connaissent un engouement évident.

2. Les conditions d'utilisation

Cette méthode est particulièrement appropriée lorsque les questionnaires sont longs ou recourent à des présentations (sauf pour le téléphone).

Exemples

Pour tester un nouveau yaourt ou choisir entre deux annonces publicitaires, on aura souvent recours aux enquêtes administrées.

L'enquêteur peut mentionner les hésitations, les commentaires et les initiatives du répondant. Le questionnaire est infiniment vivant et fournit d'amples informations. Toutes les questions qui réclament impérativement un contact avec l'enquêté peuvent être posées : elles portent sur des couleurs, des parfums, des sons, des conditionnements, etc. De façon générale, il est beaucoup plus commode de faire s'exprimer les gens par la parole que par l'écrit. Le recours à la saisie électronique est généralisé : CATI (*Computer Assisted Telephone Interview*) pour le téléphone, CAPI (*Computer Assisted Personal Interview*) pour le face-à-face. TNS Sofres équipe ses 400 enquêteurs à domicile d'un CAPI qui leur assure fiabilité et rendement. En outre, il s'agit d'un CAPI multimédia qui permet de visionner des films, d'écouter des messages radio, etc., directement depuis l'ordinateur de l'enquêteur.

L'éventuel inconvénient tient au risque de comportement inadéquat de l'enquêteur. On y remédie avec des méthodes simples mais efficaces :

- un recrutement judicieux des enquêteurs ;
- la mise en place de contrôles ;
- l'élimination des questions qui sont gênantes pour l'enquêteur comme pour l'enquêté ;
- une rémunération des enquêteurs non liée au nombre d'enquêtes réalisées.

B. Les enquêtes auto-administrées

Ces enquêtes peuvent donner lieu à plusieurs méthodes de collecte : *on-line* par Internet, par voie postale ou encore en face-à-face lorsque l'enquêteur se borne à donner le questionnaire au répondant, dans une salle d'enquête, par exemple.

1. Les caractéristiques

L'**enquête *on-line*** nécessite la connaissance préalable de l'adresse mail des répondants potentiels. Celles-ci proviennent d'un fichier procuré par l'entreprise cliente de l'enquête (elle connaît bien sa cible), d'un fichier acheté à une société dont c'est le métier de gérer des bases d'adresses ou encore d'une liste de personnes figurant dans un panel et qui ont donné leur accord pour être questionnées. Il est également possible de poster le questionnaire sur un site Internet (en liaison ou pas avec le sujet de l'enquête) et les visiteurs du site sont invités à répondre.

C'est sensiblement la même chose pour les enquêtes par voie postale.

Si la société d'études dispose d'un **fichier nominatif**, elle adresse les questionnaires par voie postale aux membres de l'échantillon. Dans le cas contraire, les questionnaires sont simplement déposés dans les boîtes à lettres.

En raison de l'absence de contact entre enquêteur et enquêté, le questionnaire doit être d'une grande qualité.

Exemple

Par présentation, on entend rédaction des questions, emplacement pour les réponses, etc. Une lettre explicative accompagne le questionnaire ; elle expose l'origine de l'enquête, son objet et son utilité. Il est préférable de faire appel au sens civique des enquêtés plutôt qu'à un souci lucratif pour accroître le taux des réponses. La signature d'un institut connu ou de tout organisme à but social ou économique très général sera recherchée. Une enveloppe timbrée pour la réponse permet d'éliminer toute dépense pour le répondant. Une animation de type points, loterie ou cadeau ponctuel peut soutenir la participation mais une rémunération directe est à proscrire afin de préserver la sincérité des réponses.

2. Les conditions d'utilisation

La **première condition** est de pouvoir disposer d'adresses (sauf lorsque le questionnaire est sur un site) afin de joindre les répondants potentiels. On comprend toute l'importance que les entreprises, au-delà de leur utilisation pour les actions de vente proprement dites, mettent à tenir à jour leurs fichiers d'adresses clientèle et prospects, adresses mail ou postales.

Le taux de réponse dépend de la nature de l'adresse utilisée : le taux est plus élevé si la personne figure dans un panel (elle est davantage concernée), moins élevé si l'adresse provient d'une méga-base d'adresses.

Le principal avantage des enquêtes auto-administrées tient à la qualité des réponses, à leur sincérité. Le répondant dispose de tout le temps nécessaire pour ajuster ses réponses ; il peut procéder à une recherche d'information avant de répondre. L'anonymat assure une protection relative contre des réponses biaisées.

Le questionnaire peut être d'une assez grande ampleur ; il est rempli par l'enquêté pour une durée qu'il fixe librement.

Il est possible d'envoyer des questionnaires à un échantillon géographiquement dispersé, ce qui garantit la qualité de la représentativité. L'enquête *on-line* ou postale est la technique d'étude la plus économique pour des produits à faible pénétration ou à rotation lente : plus la cible est étroite, plus le coût au contact utile est faible.

Il est important de faire la différence entre des bases de sondage qui font l'objet d'un recrutement et d'une maintenance spécifiques, et d'autres types de fichiers, qui peuvent être consultés, mais sans acceptation préalable des personnes qui les constituent.

De ce fait, les taux de réponse peuvent être très variables : de quelques pour cent dans une enquête à partir d'une méga-base de données à 70 % pour un panel comme Métascope de TNS Sofres.

Le niveau de taux de réponse a deux conséquences :

– la gestion statistique de répondants par rapport à la structure de référence (si la notion de représentativité est importante), ce qui implique une grande finesse des redressements ;

– le calcul du coût final au contact utile en raison de l'impact économique de la déperdition entre les effectifs de départ et les effectifs utiles à l'analyse.

De la qualité du questionnaire dépend une grande part de la qualité des réponses et donc de l'étude.

De même que certaines personnes n'ouvrent jamais leur porte à un enquêteur ou que certains foyers ne disposent pas d'Internet, il existe un biais relatif lié au fait de répondre à une étude.

Il est important, en fonction du sujet abordé, de prendre en compte des éléments spécifiques complémentaires pour en minimiser l'effet dans la lecture des résultats (par exemple, cerner un indice de mobilité pour des études ayant trait aux déplacements, prendre en compte la possession de certains biens d'équipement pour appréhender un niveau de vie, etc.).

Exemple

Une enquête sur les lieux de vacances pourrait comporter un biais : les adeptes des voyages lointains, de l'aventure et de l'imprévu n'ont peut-être aucune appétence pour répondre à des questionnaires qu'ils jugent dépourvus d'intérêt.

Metascope ou l'enquête périodique (postale) multiclients sur la base panélisée de TNS Sofres

• 20 000 foyers représentatifs répartis par région de résidence, habitat, âge, profession du chef de ménage, nombre de personnes au foyer ; représentativité foyers 75 000 individus dont 61 000 de 15 ans et plus.

• Recrutement sur le terrain (personnes ayant déjà répondu à une autre enquête et acceptant de répondre à nouveau) ou par mailing ; échantillon renouvelé environ pour un tiers chaque année ; données personnelles de chaque foyer actualisées régulièrement.

• Interrogation multi-sujet tous les mois par voie postale.

• Quelques exemples de tarif TNS Sofres :

– une question par téléphone auprès de 500 personnes : 847 € (auprès de 1 000 personnes : 1 398 €) ;

– une question fermée en face-à-face auprès de 1 000 personnes : 1 500 € (auprès de 2 000 personnes : 2 500 €) ;

– une enquête de 15 minutes environ *ad hoc on-line* (analyse comprise), sur adresses puisées dans un panel, auprès de 1 000 personnes : 20 000 € (par téléphone : 29 000 €, en face-à-face : 50 000 €).

V. Le traitement et l'analyse

Lorsque les questionnaires sont retournés, la première tâche consiste à procéder à une vérification simple : toutes les réponses ont-elles été fournies ? Y at-il des réponses aberrantes ? C'est à ce stade que sont éventuellement codées les questions ouvertes.

Ensuite, vient l'opération de saisie informatique. Au préalable, un **programme** a été élaboré : il permet à l'opérateur de voir défiler les différentes questions.

Enfin, le fichier comportant les questionnaires est édité. Il ne s'agit que du **comptage** du nombre de répondants ayant choisi chaque modalité de chaque question. L'analyse proprement dite peut alors commencer.

De nombreux programmes de traitement des sondages existent sur le marché. La plupart des programmes ajoutent, sur chaque tableau de sortie, des tests indiquant le caractère significatif ou non de l'analyse effectuée.

L'interprétation de tous les traitements repose sur les capacités du chargé d'études. Les correspondances les plus simples réclament peu d'efforts ; elles sont visibles à « l'œil nu ». Les corrélations, les ressemblances et différences plus complexes ne se découvrent que peu à peu.

Très régulièrement, les sondages sur lesquels reposent les études de marché sont contestés. C'est notamment le cas pour les sondages en période électorale.

On distingue traditionnellement **trois sources d'erreur** dont les effets se multiplient :

- **L'erreur d'échantillonnage.** Une population cible différente de la population de base.
- **L'erreur de non-réponse.** Les non-répondants auraient répondu différemment des répondants.
- **L'erreur de réponse.** Par exemple, les répondants masquent la réalité. D'où la nécessité d'être le plus attentif possible tout au long de la chaîne de production du sondage.

Globalement, on conviendra que les techniques sont fort bien maîtrisées.

Le **traitement** consiste à lire et à donner du sens aux données collectées. Selon le nombre de variables incluses dans le traitement et leurs propriétés (types d'échelle de mesure des variables exploitées), différentes méthodes de traitement statistique seront préconisées. On distingue deux principales méthodes d'analyse : les **analyses univariées**, qui visent à décrire une seule variable, et les **analyses bivariées** qui visent à établir une relation entre deux variables.

A. Les analyses univariées

Les analyses univariées sont des méthodes de statistiques descriptives. Le choix de l'une ou l'autre d'entre elles dépend de la nature de l'échelle de mesure, comme le souligne le tableau 2.3.

Tableau 2.3. Les analyses univariées selon le type d'échelle de mesure considéré

Type d'échelle de mesure	Statistiques descriptives
Nominal	Mode, fréquence
Ordinal	Médianes, fractiles
Intervalle	Moyenne, écart-type
Ratio	Moyenne, écart-type

Les analyses univariées permettent d'effectuer des tris à plats ou de calculer la moyenne des réponses à une question, dans le cadre d'une échelle d'intervalle ou de ratio.

Exemples

- Le tri à plat

Sur les 736 personnes interrogées, 31 ne possèdent aucun poste de TV, 440 en possèdent un et 265 deux.

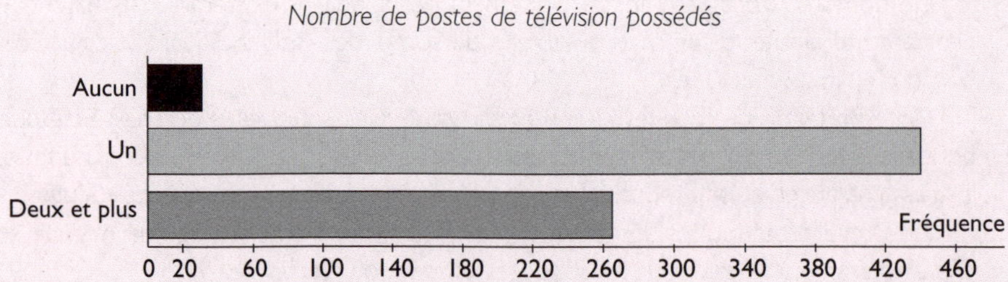

• L'estimation d'une moyenne

On veut savoir quelle est l'appréciation portée sur les horaires d'ouverture par les clients d'un hypermarché. Sur les 500 personnes interrogées, 267 expriment un avis favorable au maintien de la situation actuelle. Peut-on affirmer que la majorité des clients préfère le statu quo ? 267 personnes sur 500 représentent 53,4 %. L'intervalle de confiance (à 95 % de chances) est de deux écarts-types. La proportion réelle se calcule donc comme suit :

$$0{,}534 \pm 2\sqrt{\frac{p \times q}{n}} = 0{,}534 \pm 2\sqrt{\frac{0{,}534 \times 0{,}466}{500}} = 0{,}534 \pm 0{,}445$$

La proportion réelle est comprise entre 48,95 % et 57,85 %. On ne peut donc pas affirmer que la majorité des clients est favorable au statu quo, puisque qu'on n'atteint pas la barre des 50 %.

B. Les analyses bivariées

Les analyses bivariées visent à établir une inférence ou une association entre deux variables. Selon le type d'échelle exploitée, la méthode de traitement statistique diffère (voir le tableau 2.4).

Tableau 2.4. Les analyses bivariées et le type d'échelle de mesure exploité

		Type de mesure de la seconde variable	
		Nominal ou ordinal	**Intervalle on ration**
Type de mesure de la première variable	Nominal ou ordinal	Tableau croisé (test du Khi^2)	Comparaison de moyennes
	Intervalle on ration	Comparaison de moyennes	Corrélation ou régression simple

1. Les tableaux ou tris croisés

Les réponses sont classées selon **deux variables**.

Exemple

Sur les 697 répondants appartenant aux zones 1, 2 et 3, respectivement 27, 5 et 11 n'ont pas répondu à la question ; 60, 6 et 21 disposent d'un système d'alarme ; 328, 113 et 169 n'en disposent pas. Le test du χ^2 (khi-deux ou khi carré) est significatif (probabilité < 0,01), donc l'appartenance à une zone géographique est un facteur significatif pour la possession ou non d'un système d'alarme à domicile.

Possession d'un système d'alarme

	Zone 1	Zone 2	Zone 3	Total
Non-réponse	27	5	11	
Oui %	60 15,46	6 5,04	21 11,05	87
Non %	328 84,54	113 94,96	169 88,95	610
Total	388	119	190	697

khi carré calculé : 9,543 pour DF = 2.
Le test est significatif : probabilité exacte calculée sous Excel : (9,543 : 2) = 0,00847.
Pour mémoire : seuils de signification calculés : 5,99 au seuil de 5 % et 9,21 au seuil de 1 % pour DF = 2.

Tous les logiciels de dépouillement d'enquête permettent d'établir des filtres avant d'effectuer un **tri croisé**.

Exemple

Le tri croisé sur la vidéocommunication peut porter sur les hommes seulement ou sur les femmes uniquement, ce qui équivaut à effectuer un croisement triple.

2. Les tests de différence de moyennes

Pour prendre une décision commerciale, on est souvent conduit à se fonder sur la différence observée entre les réponses moyennes obtenues sur deux échantillons, tirés de deux populations. La question est de savoir si la différence est ou non significative, par exemple entre les avis exprimés par les hommes et ceux donnés par les femmes. Si on obtient une différence significative entre les moyennes, on pourra dès lors attribuer la cause de cette différence à la nature différente des échantillons. Lorsque les échantillons considérés sont indépendants et suivent une loi normale, on peut conduire un test t (encore appelé **test de Student**), qui permet ensuite de déterminer si la différence observée entre les deux échantillons est ou non significative au seuil de 5 % (souvent notée p ; avec $p < 5\%$).

Exemple

Parmi les items relatifs à la sensibilité à la protection de l'environnement, figure la proposition : « Utiliser systématiquement les poubelles publiques ». On vérifie s'il existe une éventuelle différence d'évaluation de cet item entre la population féminine, supposée plus propre et disciplinée, et la population masculine.

Dans l'échantillon total de taille $n = 388$, on identifie les femmes ($n_F = 196$) et les hommes ($n_H = 192$), que l'on peut considérer comme deux échantillons issus de populations indépendantes. Les moyennes et écarts-types d'échantillons sont :
$\overline{X}_F = 5{,}3214$; $S_F = 1{,}107$ $\overline{X}_H = 5{,}2656$; $S_H = 1{,}037$
La valeur du $t_{calculé}$ et le seuil de signification associé seront égaux à :
$t_{calculé} = 0{,}512$, $p > 0{,}05$
Au regard des résultats, on constate que le test de différence de moyennes n'est pas significatif ($p > 5\,\%$). On en conclut qu'il n'y a pas de différence d'évaluation de l'item entre les deux populations hommes et femmes.

3. Les corrélations

La mesure de corrélation la plus connue et usitée est le **coefficient de corrélation linéaire de Pearson**. Son objectif est de mesurer si deux variables (d'intervalle ou de ratio) varient dans le même sens ou dans un sens opposé. Corrélation ne signifie pourtant pas causalité. Ce coefficient de corrélation varie de – 1 à + 1. Le signe du coefficient de corrélation indique le sens de la relation alors même que la valeur absolue du coefficient représente la force de l'association. Il est communément admis qu'une corrélation inférieure à 0,3 en valeur absolue est une corrélation faible alors qu'un coefficient supérieur à 0,6 en valeur absolue dénote une très forte corrélation entre deux variables. Par exemple, si le coefficient de corrélation entre le prix et la qualité du produit est de + 0,7, cela signifie que lorsque le prix d'un produit augmente, sa qualité augmente aussi. De plus, le prix et la qualité du produit sont fortement corrélés.

4. La régression simple

La régression simple permet d'établir une **relation de causalité entre deux variables d'intervalle ou de ratio**. La régression simple peut dès lors s'écrire sous la forme d'une équation mathématique, comme suit :

$Y = aX + b$ avec b qui représente l'ordonnée à l'origine de la droite et a la pente de la droite.

Dans cette régression, X est considérée comme la variable explicative et Y la variable à expliquer. Graphiquement, cette équation peut être représentée comme suit :

Figure 2.4. La représentation graphique d'une régression linéaire

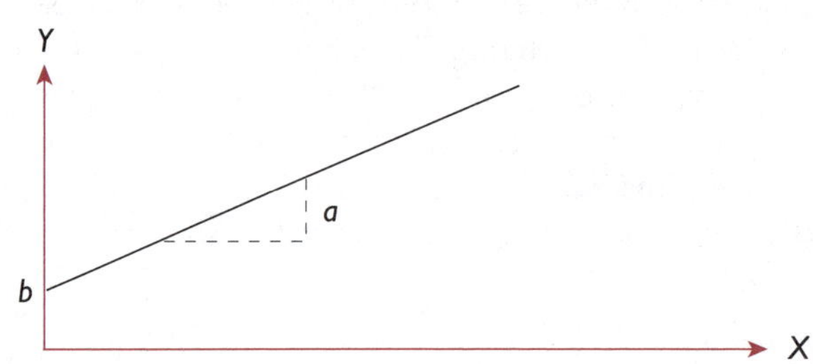

Cette équation cherche à montrer que la variable X influence significativement la variable Y. La régression estime ainsi la force et la significativité de la relation entre la variable à expliquer et la variable explicative. De plus, en fonction du signe associé à la valeur a, l'influence peut être positive ou négative. Si la valeur *a* est négative, cela signifie que lorsque *X* augmente, *Y* décroît. Si, au contraire, elle est positive, cela signifie que lorsque *X* augmente, *Y* augmente également.

Les logiciels de traitement de données, tels que SPSS, permettent d'interpréter plus finement les résultats d'une **analyse de régression**. Au niveau global de la relation entre les variables *X* et *Y*, le coefficient de détermination R^2 peut être interprété comme la part de la variance de *Y* expliquée par *X*. Au niveau de la variable explicative *X*, un test *t* de Student est mené sur le coefficient de régression *bêta* pour vérifier s'il existe une relation significative entre *X* et *Y* au seuil de signification de 5 %. Le seuil de signification (*p*) doit donc être inférieur à 0,05 (5 %) pour avérer une relation significative entre *X* et *Y*.

Douze conseils pratiques pour rater vos études

Dans un célèbre article de la *Revue française de marketing* (2002), Jean-Pierre Faivre liste, non sans dérision, les écueils dans lesquels un professionnel peu aguerri peut facilement tomber :

- Achetez la solution avant de bien formuler le problème.
- Faites des compromis (coût, délai) sur la méthode.
- Consultez beaucoup (trop) de cabinets d'études avant de choisir.
- Évaluez le projet d'étude à son épaisseur.
- Choisissez systématiquement le projet le moins cher, ou mieux, demandez ce que l'on peut vous faire pour tel prix.
- Diminuez par deux le délai qui vous est demandé.
- Soyez « distant » avec toutes les questions techniques d'échantillonnage.
- Essayez de faire des économies sur le terrain.
- Ajoutez encore et toujours des questions au questionnaire.
- Demandez toutes les analyses statistiques, surtout les plus complexes.
- N'acceptez que les résultats qui vous font plaisir.
- Demandez plusieurs dizaines d'exemplaires du rapport pour que tout le monde dans l'entreprise en ait un.

Questions et thèmes de réflexion

Outils et concepts

1. Pourquoi les méthodes probabilistes d'échantillonnage sont-elles rarement employées ?
2. Quelles raisons justifient que l'on puisse faire confiance à la méthode des quotas ?
3. À quoi sert un test de questionnaire ?
4. Critiquez et corrigez les questions suivantes :
   – Quels journaux lisez-vous habituellement ?
   – Ne pensez-vous pas que la marque A est moins chère que la marque B ?
   – À quelle catégorie socioprofessionnelle vous rattachez-vous ?
5. Quelles sont les questions difficiles à poser dans un questionnaire ?
6. Quelles difficultés rencontre-t-on pour traiter les réponses à une question ouverte ?
7. Le téléphone est un média excellent de collecte d'informations : pourquoi ?

Pour aller plus loin...

1. Les opérateurs de téléphonie mobile utilisent fréquemment les sondages. Précisez les modalités d'emploi de ces outils.

2. Établissez un argumentaire que vous pourriez défendre auprès du patron d'une PME qui serait sceptique quant à la précision obtenue lors des sondages.

3. Quels conseils donneriez-vous à un directeur marketing qui s'adresse à une société spécialisée pour acheter un sondage ?

4. Les enquêtes *on-line* présentent de nombreux avantages. Expliquez en quoi ces méthodes sont particulièrement adaptées pour des enquêtes portant sur :

– le choix d'un lieu de vacances ;

– les qualités attendues d'une nouvelle tablette tactile ;

– l'image d'une université.

EXERCICE : SE DÉMARQUER À TOUT PRIX

Shinto est une marque japonaise de jeans qui souhaite s'attaquer au marché européen, à commencer par le marché hexagonal. Elle est déterminée à concurrencer la marque Diesel.

Shinto sait pertinemment que le marché des jeans, en France, est un marché à forte intensité concurrentielle. Pour trouver sa place, il faut savoir se démarquer des concurrents. Pour atteindre cet objectif, Shinto souhaite mener une campagne de publicité très provocante destinée aux jeunes. À cet effet, l'entreprise a créé une affiche publicitaire qu'elle aimerait pré-tester. Cette affiche représente un homme pendu à un arbre qui semble mort. Le slogan de cette affiche publicitaire est : « Shinto perdure même après votre mort ! »

Shinto souhaite donc évaluer l'efficacité de cette publicité auprès de la population cible : les jeunes âgés de 14 à 21 ans. Plus précisément, Shinto se pose plusieurs questions.

– Quelle est l'attitude des jeunes vis-à-vis de cette publicité et de la marque Shinto ?

– Quelles émotions l'annonce suscite-t-elle ?

– Cette annonce peut-elle déclencher une intention d'achat positive vis-à-vis de la marque Shinto ?

Le directeur marketing de Shinto a contacté votre bureau d'études afin d'analyser les retombées potentielles de cette affiche publicitaire. Il met donc à votre disposition les ressources nécessaires afin de mener une étude quantitative permettant de répondre à ces interrogations. La société d'études décide de mener un sondage auprès de 1 000 jeunes répartis sur toute la France durant les mois de janvier et de février. Elle rédige donc un questionnaire destiné à mesurer la perception des jeunes à l'égard de l'annonce ci-dessous.

Bonjour,

Nous sommes la société d'études Fidex. Nous aimerions vous solliciter quelques minutes pour connaître votre perception à l'égard d'une publicité pour un jean. Il n'y a ni bonnes ni mauvaises réponses. Les réponses que vous allez apporter sont strictement anonymes et confidentielles. On vous remercie par avance pour votre aide.

Tout d'abord, voici l'annonce publicitaire dont nous parlions.

[L'annonce publicitaire et son descriptif, tels que présentés aux personnes interrogées, sont insérés ci-après.]

Questionnaire

1. En regardant cette publicité, qu'avez-vous ressenti ?

	← Pas du tout d'accord		Tout à fait d'accord →	
Une très forte irritation	1 □	2 □	3 □	4 □
De l'enthousiasme	1 □	2 □	3 □	4 □
Une très forte gêne	1 □	2 □	3 □	4 □
De la surprise agréable	1 □	2 □	3 □	4 □
De l'amusement	1 □	2 □	3 □	4 □
De la colère	1 □	2 □	3 □	4 □

2. Que pensez-vous de cette publicité ?

	Oui	Non
J'aime cette publicité	1 □	2 □
Je réagis favorablement à cette publicité	1 □	2 □

3. Achèterez-vous le jean promu sur cette publicité au cours des semaines à venir ?

	← Pas du tout d'accord		Ni d'accord / Ni pas d'accord		Tout à fait d'accord →
J'éprouve un fort intérêt pour l'achat du produit	1 □	2 □	3 □	4 □	5 □
Je l'achèterai	1 □	2 □	3 □	4 □	5 □

4. Pour mieux vous connaître
Je suis :
□ un homme
□ une femme
J'ai.................... ans
Dans quelle ville habitez-vous ?...

Question

1. Quelles remarques pouvez-vous formuler sur le questionnaire pour l'améliorer ?

Le questionnaire a été modifié : les questions ont toutes été posées au moyen d'une échelle de Likert en cinq points. Le questionnaire a ensuite été administré auprès de 1 000 jeunes dans toute la France. Des tests de comparaison de moyennes ont été menés afin de connaître la perception des jeunes à l'égard de l'annonce en fonction (1) de leur sexe, (2) de leur lieu d'habitation (petites *vs* grandes villes).

Tableau 1. Étude des différences de perception de l'annonce selon le sexe

	Moyenne femme*	Moyenne homme*	*p***
Effet de la publicité sur les émotions ressenties			
J'éprouve de l'irritation	4,1	1,9	0,000
J'éprouve de l'enthousiasme	2,0	4,1	0,001
J'éprouve de la gêne	4,7	3,3	0,21
J'éprouve de l'amusement	1,9	3,9	0,001

	Moyenne femme*	Moyenne homme*	p**
Attitude face à l'annonce et à la marque			
J'aime cette publicité	2,6	4,1	0,001
La marque est attirante	1,8	3,9	0,001
Intention d'achat de la marque			
Je l'achèterai	2,1	4,4	0,001

Tableau 2. Étude des différences de perception de l'annonce selon le lieu d'habitation

	Moyenne des répondants habitants dans des petites villes*	Moyenne des répondants habitants dans des grandes villes*	p*
Effet de la publicité sur les émotions ressenties			
J'éprouve de l'irritation	3,8	3,4	0,31
J'éprouve de l'enthousiasme	2,3	4,2	0,001
J'éprouve de la gêne	4,1	3,0	0,008
J'éprouve de l'amusement	4,3	1,9	0,001
Attitude face à l'annonce et à la marque			
J'aime cette publicité	3,4	4,5	0,001
La marque est attirante	1,8	4,0	0,001
Intention d'achat de la marque			
Je l'achèterai	2,2	4,3	0,001

* indique la moyenne obtenue à la question posée. Par exemple, les femmes (m = 4,1) jugent l'annonce comme plus irritante que les hommes (m = 1,9).

** p indique si le test de comparaison de moyennes est significatif. p < 0,05 signifie que pour une question donnée, les femmes réagissent différemment que les hommes. Par exemple, les hommes ont une intention d'achat de la marque plus forte que les femmes (p = 0,001).

Question

2. Que concluez-vous des résultats présentés ? Quelles recommandations pourriez-vous formuler ?

Les études standardisées : les panels

Les compétences clés à acquérir :

- Connaître les informations que procurent les panels.
- Savoir comment procéder pour obtenir ces informations.
- Apprécier les avantages et les inconvénients des différentes méthodes utilisées (panels de consommateurs, panels de distributeurs).
- Définir des concepts passés dans le domaine public : DN/DV.

Contrairement aux sondages, qui constituent une méthode d'observation ponctuelle et statique, il existe des études effectuées par des instituts spécialisés, qui visent à fournir périodiquement aux entreprises qui les achètent des informations sur les clients, sur la concurrence et sur les parts de marché. Au sein de cette catégorie d'études, on distingue :

• Les baromètres qui consistent à interroger régulièrement des clients en leur posant, d'une enquête à l'autre, des questions identiques et quelques questions spécifiques.

• Les études « omnibus » que l'institut d'études répète tous les mois auprès d'un échantillon national représentatif. Chaque entreprise cliente de l'institut sondeur achète un certain lot de questions, mais n'a pas accès à la totalité des informations.

• Les panels. Ils ont pour but de donner aux spécialistes de marketing une vision évolutive de leurs marchés. Le panel est un échantillon fixe, auprès duquel l'observateur recueille des informations selon une fréquence régulière – ou irrégulière, dans certains cas. Les panels sont anciens ; ils existent dans un grand nombre de domaines. On comprend aisément leur intérêt et le complément qu'ils apportent aux sondages : ils sont un peu comme des films par rapport aux simples photographies que constituent les sondages. Tout échantillon permanent, interrogé sur un sujet quelconque afin de définir son état à un moment donné, puis en raison de la répétition de l'observation ou de l'évolution de cet état, constitue un panel. Trois grands types de panel existent : les panels de consommateurs, les panels de distributeurs et les panels tests. Les principales sociétés de panels sont, en France, Kantar Worldpanel, Nielsen, GfK et IMS pour la santé. Nous allons les étudier en détail parce que les informations fournies par ces études sont devenues des critères d'analyse largement diffusés, c'est-à-dire dépassant la sphère des instituts qui les produisent : tout marketeur se doit de connaître le sens des sigles DN ou DV.

I. Les panels de consommateurs

Selon les pays, l'étendue du champ examiné et les sociétés d'études, les panels présentent des **caractéristiques variables**. En dépit des différences, les principes demeurent identiques ; c'est pourquoi, plutôt que de procéder à une énumération, nous analyserons le panel de consommateurs le plus important et le plus connu ; il s'agit de celui géré par Kantar Worldpanel.

Exemple

La société Kantar Worldpanel propose à sa clientèle des informations relatives aux achats de produits de grande consommation, de produits frais, de textile, de produits d'hygiène et de beauté, ou encore de carburant.

A. Les caractéristiques

1. La population de base

Kantar Worldpanel est constitué de plusieurs milliers de panélistes : 20 000 ménages ordinaires incluant les femmes seules et les hommes seuls ou 35 000 individus pour les produits de beauté.

2. La sélection

L'échantillon est sélectionné par un tirage au sort à deux degrés (communes et ménages), après une stratification effectuée selon les régions, à partir du recensement Insee.

Un ménage est recruté par téléphone ou par courriel. On vérifie qu'il répond bien aux **critères attendus**. Il est essentiel que sur les plans de l'âge, de la catégorie socioprofessionnelle, de la taille du ménage, de l'habitat, etc., le panel soit représentatif de la population de base.

3. Le renouvellement

Les ménages constituant le panel sont soumis à un **renouvellement assez fréquent** (un cinquième environ chaque année) pour plusieurs raisons :

– certains ménages cessent d'envoyer les informations et doivent donc être, par force, remplacés ;

– d'autres voient leurs caractéristiques personnelles évoluer (changement de CSP, naissance dans la famille) ; ils ne sont plus représentatifs de la catégorie pour laquelle ils avaient été recrutés ;

– d'autres, enfin, sont éliminés en raison de l'évolution des caractéristiques des ménages français ou encore parce qu'ils ne font pas leurs déclarations correctement ou sont tout simplement depuis trop longtemps panélistes.

B. Le fonctionnement

Kantar Worldpanel collecte l'information électroniquement puisque la société a équipé l'ensemble des foyers panélisés de terminaux portables appelés « scannettes » ou encore « palm ». La ménagère saisit l'information, et notamment le code-barres, quand c'est possible. Avec le clavier, elle saisit des informations complémentaires générales (jour et lieu d'achat, montant du panier total) puis par produit (quantité achetée, prix total ou à l'unité, utilisation dans le cas de produits d'hygiène-beauté).

Ensuite, les milliers de terminaux déversent leurs informations dans les ordinateurs centraux de Kantar Worldpanel, par Internet.

Les renseignements recueillis sont très précis. Ils dépendent des demandes formulées par les utilisateurs du panel, c'est-à-dire par les fabricants.

Exemple

Les informations collectées tournent notamment autour des produits, marques, variétés, conditionnement, quantités achetées, prix unitaire, lieu d'achat, etc.

Les réponses sont centralisées, contrôlées (recherche des incompatibilités flagrantes, par exemple entre un prix et une marque), puis traitées par ordinateur.

Les avantages de la lecture optique des achats sont doubles :

– meilleure identification des produits achetés, grâce à l'exhaustivité des listes de codes-barres ;

– rapidité accrue du traitement et de la livraison des résultats aux clients.

Pour les déclarations de textile ou de produits frais (viande, poisson, fruits et légumes), un livret est donné aux panélistes. Il contient des codes-barres créés par Kantar Worldpanel, permettant d'identifier l'article (par exemple, un pull homme à col roulé) ; les renseignements complémentaires (couleur, nature du tissu, etc.) sont indiqués au fur et à mesure que le panéliste suit le menu de la scannette.

L'utilisation des données de Kantar Worldpanel

Comment s'est construite ma clientèle

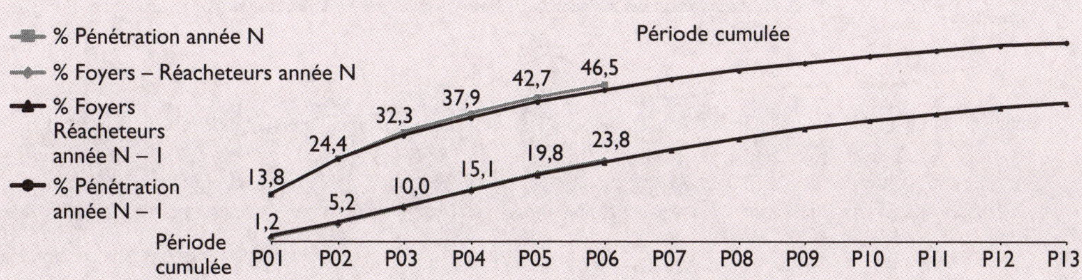

% Pénétration année N	13,8	24,4	32,3	37,9	42,7	46,5							
% Pénétration année N – 1	13,8	24,3	31,2	36,5	41,3	44,8	48,0	50,6	52,8	54,9	56,6	58,0	58,9
Pénétration qualifiée année N	13,8	24,4	32,3	37,9	42,7	46,5							
Pénétration qualifiée année N – 1	13,8	24,3	31,2	36,5	41,3	44,8	48,0	50,6	52,8	54,9	56,6	58,0	58,9
Taux de premier réachat année N	8,4	21,3	31,0	39,9	46,4	51,2							
Taux de premier réachat année N – 1	10,9	22,4	32,4	41,2	47,1	51,8	56,0	59,7	62,9	64,1	66,8	68,3	69,4
Quantités achetées par acheteur Unités année N	1,6	1,8	2,1	2,4	2,7	3,0							
Quantités achetées par acheteur Unités année N – 1	1,7	1,9	2,2	2,5	2,8	3,1	3,4	3,0	4,0	4,3	4,6	4,9	5,1

Source : Kantar Worldpanel.

Construction des achats

En construisant le cumul période après période, et en comparant par rapport à l'année précédente, où en sont :

– le recrutement ou la pénétration (part de la population qui a acheté au moins une fois le produit) ;

– les réacheteurs ? (part de la population qui a acheté au moins deux fois le produit) ;

– le taux de premier réachat qui ramène le nombre de réacheteurs précédent au nombre d'acheteurs du produit ?

– les achats par acheteur (quantité ou somme dépensée par acheteur : QA/NA ou Sd/NA) ?

CAMEMBERT – Total France

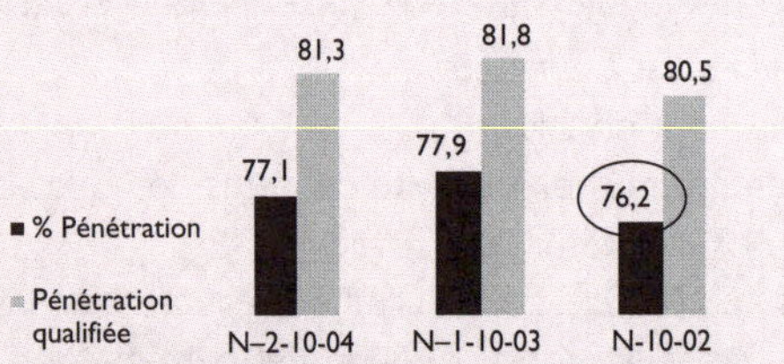

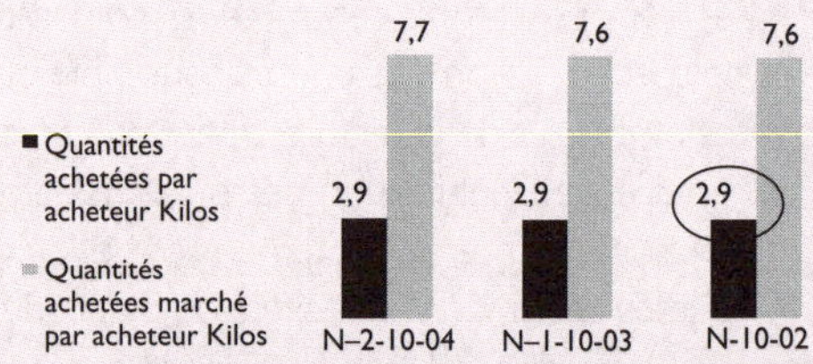

Taux de premier réachat	84,1	84,4	53,5
Taux de nourriture R en volume	37,9	38,0	39,7
Taux de choix attendu	45,0	44,9	44,7

Fréquence d'achat	9,8	9,6	9,5
Quantités demandées / Acte Kilos	0,3	0,3	0,3
Nombre moyen de marque	6,7	6,7	6,7

76,2 % des ménages achètent du camembert. Ils en achètent 2,9 kg par an, ce qui représente 37,9 % de leurs achats de pâtes molles.

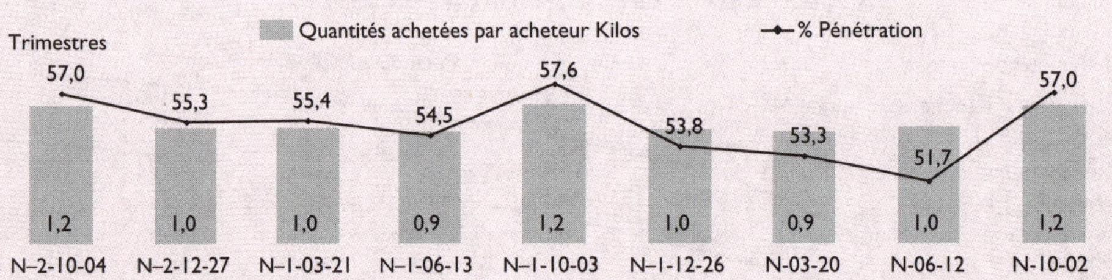

Source : Kantar Worldpanel.

• La taille de la clientèle est la pénétration sur une base annuelle.

• La pénétration qualifiée pondère la pénétration par l'indice de dépense sur le marché de référence.

• Cet indicateur permet de savoir si le produit touche de gros acheteurs du marché de référence, en le comparant à la pénétration. Marché de référence = marché base 100 % du graphique.

• Pour analyser la fidélité au produit :

– Le taux de nourriture, soit la part de marché du produit chez ses propres acheteurs. Il est calculé en volume ou en valeur, par rapport au marché de référence = la base 100 % du graphique.

– Le taux de choix attendu mesure la fidélité des acheteurs dans leurs choix successifs. C'est un taux de nourriture en actes d'achats où les achats les plus récents ont un poids plus important. Il est calculé par rapport au marché de référence = la base 100 % du graphique.

– Les quantités achetées du produit par acheteur (ou sommes dépensées), soit QA/NA ou Sd/NA

marque, sont le résultat d'une fréquence d'achat du produit mesurée par le nombre d'actes d'achats par acheteur et de la quantité achetée à chaque achat, soit le QA/Acte (ou Sd/acte si tableau exprimé en valeur).
Pour comprendre le comportement d'achat global de la clientèle du produit :
– Quelles quantités achètent-ils du marché de référence : QA/NA marché, calculé au niveau de la base 100 % du graphique (ou Sd/NA marché pour les sommes dépensées) ?
– Le nombre moyen de marques acheté au niveau du marché total, qui mesure le comportement zapping ou non de la clientèle du produit.

C. Les informations fournies

Les entreprises qui désirent bénéficier des services de Kantar Worldpanel souscrivent des abonnements annuels, par produit. Plus la classe du produit est étendue, plus le prix de l'abonnement est élevé. Par exemple, l'abonnement pour les sous-vêtements hommes et femmes est moins cher que celui pour l'ensemble des vêtements. Kantar Worldpanel fournit plusieurs catégories de renseignements :

– des résultats périodiques (à partir d'une période de quatre semaines) permettent de suivre régulièrement la situation de la marque ; la figure ci-après en constitue un exemple. QA, NA, QA/NA, Sd sont des indicateurs dont personne ne peut ignorer la signification : QA est la quantité achetée de la marque ; NA représente la pénétration, la conquête ; QA/NA sont les quantités achetées par foyer acheteur ; Sd représente la somme dépensée.

– des tableaux de bord de synthèse, des graphiques, des analyses pointues permettent à l'entreprise de mieux appréhender la concurrence intermarque, de connaître les lieux d'achat (par circuit, par enseigne, par région), la rotation et la fidélité des clients et de suivre pas à pas les performances d'un nouveau produit (pénétration, réachat).

Il faut ajouter un indicateur que l'on appelle le **« taux de nourriture »**, c'est-à-dire la part de marché d'une marque au sein des achats, pour un consommateur donné, de toute la classe des produits. L'abonnement annuel aux résultats du panel évolue de quelques milliers d'euros à environ 100 000 € selon la taille du marché, la fréquence des livraisons de base et les prestations de conseil.

La valeur de la marque

Part des acheteurs de la marque	Degré de fidélité à la marque des acheteurs de la marque	Potentiel de consommation par rapport au marché des acheteurs de la marque
NA relatif	**Taux de nourriture**	**Indice de consommation**
NA marque / NA du marché	Part de marché de la marque chez les acheteurs de la marque	QA/NA (ou SD/NA) marché des acheteurs de la marque / QA/NA (ou SD/NA) marché tous acheteurs

Un exemple : les jus de fruits

	NA/100	QA/NA	Nombre d'actes	QA actes	Prix moyen	Taux de nourriture
Marché total	27,8	26,9	5	4,8	3,97	100 %
Fruito	17,7	20,7	5	4,2	4,77	86 %
Pur Jus	1,4	29,1	6,5	4,5	6,12	57 %
Voilà	2,9	16,1	3,2	5	4	48 %
Autres marques	5,3	16,2	3,3	4,8	2,24	–
MDD	4,4	21	4	5,2	2,44	59 %
Hello	3,0	36,1	4,1	8,7	3,14	78 %

	NA relatif	Taux de nourriture	Indice de consommation
Calculs pour Fruito :	$\frac{17{,}7}{27{,}8} = 63{,}7$	86 %	= 76,9

D. La portée

Sans que les panels constituent un outil exclusif, ils sont, pour les entreprises offrant des biens de grande consommation, un instrument indispensable de **connaissance du marché**. Les volumes de vente, les parts de marché de chaque marque et de chaque variété, les conditionnements, la fidélité des acheteurs sont des informations qu'il faut impérativement connaître pour réussir la commercialisation des produits. L'évolution de toutes les grandeurs dans le temps ajoute encore à la qualité des indications recueillies. Les politiques de prix, de distribution, de produit, de communication, de gestion de la force de vente sont concernées.

Exemples

Répondre à la percée d'un concurrent, atténuer une trop forte saisonnalité des ventes, résoudre une disparité géographique, réaménager une gamme sont autant d'actions pour lesquelles la lecture d'un panel est profitable.

La contrepartie est de s'interroger sur la **représentativité du comportement** des panélistes.

Pour une ménagère, relever scrupuleusement toutes sortes d'informations est peut-être corrélé avec certains traits de caractère pouvant avoir une influence sur les achats : souci de l'ordre, grande attention portée au comportement d'achat. En d'autres termes, un lien pourrait exister entre l'appartenance à un panel et une « rationalité », qui serait fort éloignée de celle généralement rencontrée chez les ménagères. Kantar Worldpanel est conscient de ce phénomène et indique :

« En comparant les déclarations faites par des ménagères récemment recrutées dans le panel et d'autres plus anciennement recrutées, aucune différence significative n'a pu être mise en évidence. »

Pour terminer, n'oublions pas – c'est vrai surtout pour les produits alimentaires – que la population de base ne comprend pas les collectivités. L'œuf acheté chez le crémier est répertorié ; celui, dur, consommé au comptoir du café ne l'est pas.

Ces limites sont naturellement maîtrisées à partir du moment où les études portent sur un grand nombre de périodes. Les décalages éventuels entre les résultats lus dans le panel et la réalité des ventes du producteur sont stables et donc connus.

Exemple

On compare deux marques réalisant la même performance globale. Pur Jus souffre d'une mauvaise pénétration (taux d'essai) alors que Granito pèche par l'insuffisance du taux de réachat.

Marques	Taux de pénétration	QA/NA	QA/acte	Nombre d'actes
Granito	63,7 %	20,7 kg	4,2	5,0
Pur Jus	5 %	29,1 kg	4,5	6,5

II. Les panels de distributeurs

De même que les panels de consommateurs ont été présentés à partir du seul exemple de KantarWorldpanel, les panels de distributeurs seront analysés à partir d'un autre cas, celui de Nielsen. La société Nielsen, fondée en 1923 aux États-Unis et présente aujourd'hui dans plus de 100 pays, apporte de la clarté dans un monde de plus en plus difficile à déchiffrer. Nielsen collecte en continu sur les cinq continents des informations en provenance de plus de 18 millions de points de vente et suit les achats de plus de 250 000 foyers.

A. Les caractéristiques

En France, Nielsen ScanTrack suit à intervalles réguliers tous les magasins généralistes de plus de 400 mètres carrés de surface de vente et comportant un rayon alimentaire.

Chaque soir, la société reçoit la quasi-totalité des ventes (volume, valeur et prix) de l'ensemble des hypermarchés, supermarchés et hard-discounters en France. Ces informations issues des caisses lui sont envoyées par les différents distributeurs opérant sur le marché (près de 12 300 magasins). Les ventes réalisées en *drive* sont également intégrées au panel. Ce sont les **« données scanning »**.

En outre, des inspecteurs de Nielsen visitent chaque semaine un échantillon représentatif de magasins pour y relever toutes les promotions : têtes de gondoles et mises en avant (MEA), réductions de prix, prospectus et offres de produits gratuits. On les nomme les **« données causales »**, celles engendrées par les actions de l'entreprise.

Les clients reçoivent treize rapports par an. Les relevés peuvent également être hebdomadaires. L'analyse promotionnelle atteint une précision jamais atteinte.

Exemples

Les mises en avant peuvent être scrutées à la loupe (têtes de gondole, allée pénétrante...) et les mécaniques électroniques aisément identifiées (lots virtuels, remises immédiates...).

Les informations diffusées sont très nombreuses, à la fois par marque et par variété.

Exemples

Les ventes et parts de marché volume, les ventes et parts de marché valeur, la distribution numérique (dN), la distribution valeur (dV), la part de marché détenteur (PMd), les ruptures de stocks, le prix moyen, la part de linéaire, la part de l'activité promotionnelle – en séparant celle venant du distributeur de celles émanant du fabricant –, les ventes moyennes hebdomadaires (VMh), le linéaire moyen occupé par marque ou encore le nombre moyen de références constituent autant d'informations à exploiter.

Voici les principaux indicateurs :

- **Taux de dN (distribution numérique).** C'est le pourcentage des magasins détenteurs de la marque de façon habituelle.
- **Taux de dV (distribution valeur).** Il correspond au pourcentage du chiffre d'affaires total de la classe de produits réalisé par les magasins qui référencent la marque ; c'est une indication du potentiel de vente des magasins qui détiennent la marque.
- **Part de marché détenteur (PMd).** C'est la part de marché de la marque dans les magasins dans lesquels elle est présente [1].
- **VMh.** Il s'agit des ventes moyennes hebdomadaires par magasin distribuant le produit.

Toutes ces informations sont subdivisées ensuite par région et par type de commerce.

À ces informations régulières s'ajoutent, comme pour les panels de consommateurs, de nombreuses **enquêtes spécifiques** réalisées à la demande.

1. On trouve, avec ces taux, toute l'équation commerciale de la grande distribution et l'explication de la part de marché (PM). Si on observe que PM = dV × PMd, on se rend bien compte que les progrès de la part de marché d'une marque peuvent provenir de la dV (les référencements augmentent), de la PMd (le produit est plus attrayant), des deux réunies.

Exemple

Part de marché d'une marque

Part de marché d'une marque

	Année n	Année n+1
1er cas	DV : 50 % Part chez les détenteurs : 10 × 100 / 50 = 20 %	DV : 75 % 15 × 100 / 75 = 20 %
2e cas	DV : 50 % Part chez les détenteurs : 10 × 100 / 50 = 20 %	DV : 55 % 15 × 100 / 55 = 27,3 %

DV : distribution valeur, soit le poids en CA de magasins détenteurs de la marque.
Commentaire : dans le premier cas, la marque progresse par les efforts de référencement de la force de vente auprès des distributeurs tandis que, dans le deuxième cas, elle progresse par une accélération de la demande consommateurs due aux efforts marketing et merchandising.

Bien d'autres analyses peuvent être réalisées à partir du panel Nielsen. L'agence propose également des requêtes personnalisées systématiquement mises à jour.

Nielsen Answers Web : un accès direct à l'information *via* le Web

Les I-Sights
Le portail Answers de Nielsen permet au responsable marketing d'accéder directement aux principales analyses relatives à son marché et à ses produits et ce, sous plusieurs formats : Web, Excel, PDF, Power Point.

Tableau 3.1. Indicateurs clés de performance

	PDM Valeur (en %)			Ventes Valeurs (en Mio EUR)			DV Vendant			Nbre moy. de réf. vend. par magasin			CA moy. hebdo vendant pondéré (en 1 000 EUR)			Poids des ventes Valeur sous promo (en %)			Prix moy. UC (en EUR)		
	Préc.	Dernier	Écart en Points	Préc.	Dernier	% Évol.	Préc.	Dernier	Écart en Points	Préc.	Dernier	Écart en Points	Préc.	Dernier	% Évol.	Préc.	Dernier	Écart en Points	Préc.	Dernier	% Évol.
Beurre	6,6	6,6	– 0,1	473,0	850,9	79,9	100	100	0	47,4	47,0	– 0,4	2,2	2,2	– 0,8	13,3	11,3	– 2,0	1,57	1,61	2,2
Desserts frais	9,0	8,8	– 0,2	642,7	1 144,0	78,0	100	100	0	133,6	136,3	2,7	3,0	3,0	– 1,8	21,7	20,3	– 1,3	1,58	1,59	0,2
Lait longue conservation	12,7	12,6	– 0,1	905,1	1 629,4	80,0	100	100	0	62,0	63,3	1,3	4,3	4,3	– 0,7	17,0	16,2	– 0,8	1,51	1,68	10,9
Margarine	3,2	3,1	– 0,1	905,1	1 629,4	80,0	100	100	0	33,9	32,5	– 1,4	1,1	1,1	– 2,8	12,2	10,8	– 1,4	1,99	2,03	1,8
Œufs	6,2	6,3	0,1	445,9	817,1	83,3	100	100	0	20,2	20,5	0,3	2,1	2,1	1,0	18,8	7,4	– 1,3	1,93	1,93	– 0,1
Yaourts	14,4	14,0	– 0,4	1 028,6	1 815,7	76,5	100	100	0	184,9	190,2	5,4	4,9	4,7	– 2,7	23,2	21,6	– 1,6	1,98	1,97	– 0,5
Crème fraîche + UHT LS	4,3	4,3	– 0,1	310,2	552,9	78,3	100	100	0	43,9	44,1	0,2	1,5	1,4	– 1,7	19,2	16,9	– 2,7	1,40	1,41	0,5
Pâte pressée cuite	8,5	8,5	0,1	60,4	1 109,9	83,6	100	100	0	43,0	44,2	1,2	2,9	2,9	1,2	14,3	13,4	– 0,9	1,84	1,96	0,9
Chèvre LS	2,9	2,9	0,0	208,5	375,9	80,3	100	100	0	3,6	34,6	1,0	1,0	1,0	– 0,6	14,2	12,7	– 1,5	2,01	2,01	– 0,4

PDM vs Frais – Crèmerie
Pays : France Catégorie : PGC + FLS
Comparée à année n – 1 semaine finissant le 27 juin

Source : Nielsen

B. La portée

Les chiffres du panel de distributeurs rendent un **jugement impartial** aussi bien du passé que de l'avenir. Pour les produits de grande diffusion, le chiffre d'affaires est étroitement corrélé avec la part du linéaire occupée par le produit dans les grandes surfaces. Donc, si le chef de produit apprend que les ventes du mois précédent suivent les prévisions et que la part de linéaire accordée à son produit est supérieure à sa part de marché, quelques mois vont s'écouler dans une relative tranquillité. Tout au moins est-ce, pour le responsable, le signe que les vendeurs et les merchandisers ont agi pour le mieux. Dans le cas contraire, si la part de linéaire est inférieure à la part de marché, s'annoncent, sans aucun doute, des difficultés futures.

En somme, pour analyser le produit, le marché, les circuits de distribution et leurs évolutions respectives, pour comprendre la demande émanant des consommateurs et ses évolutions, le panel des détaillants est indispensable. Il offre des services dans **quatre domaines différents**.

1. La connaissance

– du poids des différents types de magasins dans le marché ;
– de l'évolution des parts de marché des concurrents ;
– des prix de vente des concurrents ;
– des stocks des détaillants ;
– des promotions réalisées par les concurrents.

2. Le contrôle

– de la mise en place, de la promotion, etc. ;
– des actions de la force de vente.

3. La prévision

– des ventes d'une nouvelle variété, d'un nouveau conditionnement ;
– du temps d'écoulement d'un stock d'anciens modèles.

4. L'action

– sur l'avenir de la gamme ;
– sur les faiblesses de référencement pour des articles spécifiques ;
– sur les prix ;
– sur les lancements futurs.

Dès lors que les relevés s'opèrent sur une base hebdomadaire, on peut connaître les effets des actions promotionnelles et ventiler les ventes entre :

– ventes de base : elles auraient été réalisées sans les promotions ;

– ventes incrémentales, générées par les promotions distributeurs. Un abonnement à une catégorie de produits peut aller de 10 000 € à 100 000 € ou plus selon les catégories concernées, la fréquence de livraison, les options, etc.

Nielsen propose, pour les distributeurs et les industriels, des offres sur mesure et des solutions associées allant bien au-delà du classique panel distributeur.

Exemples

SPECTRA est une analyse fine des points de vente qui permet à une marque de savoir quels sont les magasins le plus en adéquation avec elle et à un détaillant de connaître les produits qui vont répondre au mieux à la demande des consommateurs de la zone de chalandise.
DI@LOGUE, en suivant l'évolution des chiffres d'affaires et des parts de marché dans des micro-zones géographiques (secteurs des commerciaux...), il facilite le calcul des objectifs assignés à la force de vente afin de la stimuler dans les meilleures conditions.
Scan Track Consumer intègre les données du panel distributeur Nielsen ScanTrack et du panel consommateur Nielsen Homescan. Le fabricant peut ainsi directement savoir pourquoi ses ventes ont augmenté (amélioration de la fréquence d'achat, réussite de nouveaux formats, etc.).

III. Les panels tests

Outre les panels de consommateurs et de distributeurs, des panels tests (encore appelés panels mixtes) combinent les données consommateurs et détaillants. L'objectif est de mesurer les effets des actions marketing dans certaines zones tests.

Exemple

Le panel test le plus connu est MarketingScan, filiale de GfK et de Médiamétrie, qui offre six zones tests différentes : Château-Thierry, Sens, Brive-la-Gaillarde, Poitiers, Le Mans, Angers. En tout, le panel comporte 22 000 foyers.

Dans chaque zone test, un échantillon représentatif de détaillants est sélectionné. De la même façon, un échantillon représentatif de ménages de la zone est sollicité ; il est souvent recruté à partir des listes de porteurs de cartes de fidélité des enseignes du panel de détaillants. Outre ces données, ces panels permettent de collecter des données issues de tests publicitaires et de mieux comprendre les processus de navigation sur Internet. MarketingScan a notamment équipé une part significative des foyers dans chaque zone test d'audimètres à partir desquels les audiences des chaînes peuvent être déterminées. Ces foyers ont également été équipés du logiciel Netmeter permettant de suivre le processus de navigation des internautes et de mesurer leur exposition à la publicité sur le Web.

C'est peu dire que les études quantitatives connaissent des **évolutions lourdes**.

Les méga-bases de données dépassent 8 à 10 millions de foyers en stock pour répondre à toutes les demandes des fabricants. Les sociétés les plus importantes analysent les comportements des porteurs de cartes de fidélité des grandes enseignes de distribution.

Exemple

Dunnhumby, Emnos ou encore Consumer Zoom, qui pilote notamment MarketingScan, sont spécialisées dans l'analyse de l'attitude des détenteurs de cartes de fidélité.

Les **baromètres de satisfaction** mesurent à la loupe l'évolution de l'attitude de la clientèle pour permettre à l'entreprise de retenir les mécontents et d'encourager les fidèles.

La méthode du ***trade-off***, un peu lourde, permet de procéder à des arbitrages entre l'ensemble des éléments du mix en faisant comparer tous les attributs du produit dans des offres mises en concurrence. L'***access panel*** (plusieurs dizaines de milliers de personnes) autorise des enquêtes répétitives sur des bases fidèles, donc avec un taux de réponse élevé, pour cerner le comportement de cibles très spécifiques. Le ***tracking*** (suivi en continu de nombreux indicateurs tels que la présence en distribution, la pression publicitaire, l'agrément, le positionnement par rapport aux concurrents) s'apparente à un véritable tableau de bord marketing. Les marchés tests (réels ou simulés) peuvent rendre « certaines » les prévisions de taux de pénétration.

Les **panels *on-line*** sont des *access panels* qui suivent les achats de quelques milliers à des centaines de milliers d'individus avec un questionnement par Internet. La « relative » facilité de mise en œuvre de tels panels autorise l'analyse de marchés en général mais aussi de domaines ou publics très spécialisés comme les adolescents, les jeunes parents ou encore les *international travellers*.

Exemples

Direct Panel ou Harris Interactive sont autant de panels *on-line*.

IV. Les baromètres de satisfaction

Parce que le souci de la **relation au client** devient la préoccupation majeure des responsables de marketing, on constate que les baromètres de satisfaction sont de plus en plus utilisés par les responsables de marketing. De telles études partent du principe suivant : l'entreprise offre à ses clients un produit ou un service qui procure une satisfaction plus ou moins grande aux clients. Or du degré de satisfaction obtenu résulte une fidélité plus ou moins grande des clients ; plus l'indice est élevé, plus les chances de succès sont grandes.

La satisfaction mesure la **conformité** du service perçu par le client par rapport au service attendu. Autrement dit, le **niveau de satisfaction** qu'exprime un client reflète la différence entre la qualité perçue et ses attentes. Généralement, une enquête de satisfaction poursuit plusieurs objectifs :

– connaître la perception du produit ou du service par les clients afin de la comparer à leurs attentes ;

– déceler les motifs d'insatisfaction ;

– prévoir des mesures d'amélioration ;

– suivre l'évolution dans le temps de la satisfaction et apprécier la qualité des mesures correctrices effectuées.

Les techniques d'études utilisées pour mettre en place un tel baromètre restent tout à fait classiques.

Exemple

On aura recours à des études qualitatives pour connaître les attentes des clients et à des études quantitatives pour mesurer et classer les satisfactions.

Questions et thèmes de réflexion

Outils et concepts

1. Pour un producteur, s'il fallait choisir, conseilleriez-vous plutôt un abonnement à :
– un panel de consommateurs ?
– un panel de distributeurs ?

2. Carrefour pourrait-il vendre un panel à ses fournisseurs ?

3. Pourquoi les informations fournies par un panel permettent-elles d'améliorer l'ensemble du *marketing mix* ?

4. Quel type de panel utiliseriez-vous pour répondre à ces questions :
– Qui consomme quoi ?
– En quelle quantité ?
– À quel prix ?
– Où achète-t-il ?
– Quelle est l'efficacité d'une promotion ?
– Quels sont nos plus dangereux concurrents ?
– Notre nouveau produit améliore-t-il sa part de marché par rapport à celles des produits concurrents ?

Pour aller plus loin...

1. Peut-on mesurer la fidélité à une enseigne à l'aide d'un panel ?

2. Quels biais peuvent apparaître lors de l'élaboration d'un panel ? Comment y remédier ?

3. Un fabricant peut-il se passer des panels ? Dans quels cas ?

4. Peut-on imaginer des panels pour tous les produits et services ?

5. À quoi servent les panels *on-line* ?

EXERCICE 1 : EXPLOITER LES DONNÉES DE PANELS DE DISTRIBUTEURS

L'univers commercial étudié se compose de quinze magasins et de trois marques concurrentes de cola : Co-Cola, ColaChoc' et Colation. Le tableau ci-après indique le chiffre d'affaires de chacune des marques dans chacun des magasins, ainsi que le chiffre d'affaires du magasin pour les colas. Lorsque la marque n'est pas distribuée dans un magasin donné, aucun chiffre d'affaires n'est indiqué. Par exemple, Co-Cola est distribué dans le magasin 1, mais pas dans le magasin 2.

Magasin	CA de Co-Cola	CA de ColaChoc'	CA de Colation	CA total
1	200	100	200	500
2		120	200	320
3			400	400
4	500	300	300	1 100
5	600	400	300	1 300
6	Rupture de stock	300	150	450
7			170	170
8	700	100	180	980
9	100	300	250	650
10		200	370	570
11	150		420	570
12		460	370	830
13	300		100	400
14	300		400	700
15	410			410
CA Marque	**3 260**	**2 280**	**3 810**	**9 350**

Questions

1. Calculer la distribution numérique (DN), la distribution valeur (DV), la part de marché (PdM), la part de marché détenteur (PMD) pour chacune des marques Co-Cola, ColaChoc' et Colation.
2. Quelles conclusions pouvez-vous en tirer pour chacune des marques ? Quelles recommandations pourriez-vous formuler concernant les trois marques ?

EXERCICE 2 : LES DONNÉES DE PANELS

Le tableau ci-après recense l'évolution des trois marques de cola Co-Cola, ColaChoc' et Colation pendant trois années consécutives (2011, 2012 et 2013), en prenant en compte les principaux indicateurs issus des données de panels consommateurs et distributeurs.

	Année	Ventes en volume	PdM (%)	PMD (%)	DN	DV	VMH	LM (cm)	Volume promo./ Volume total Marque	Part de voix	PVC	Taux de pénétration absolue (%)	QA/ NA	Taux de premier réachat (%)	Taux de second réachat (%)
Marque Co-Cola	2011	300	30,0	42,9	55	70	4	31	20 %	26 %	0,87	6,0	2,9	55	50
	2012	389	36,1	42,4	70	85	8	35	20 %	28 %	0,88	8,0	3	58	55
	2013	410	37,6	41,3	80	91	11	35	20 %	25 %	0,88	12,0	4,3	60	55
Marque ColaChoc'	2011	500	50,0	51,5	95	97	16	45	30 %	40 %	0,91	17,0	4,1	40	30
	2012	450	41,7	43,0	95	97	12	45	36 %	42 %	0,9	15,0	3,7	31	33
	2013	400	36,7	37,8	95	97	11	40	41 %	44 %	0,9	10,0	3,6	38	30
Marque Colation	2011	200	20,0	30,8	45	65	7	23	15 %	34 %	1,1	5,0	3,1	32	36
	2012	240	22,2	30,9	50	72	7	25	20 %	30 %	1,2	5,4	3,1	40	60
	2013	280	25,7	35,2	50	73	7	23	15 %	31	1,2	5,5	3,2	45	55

Pour rappel :

- PdM : part de marché de la marque.
- PMD : part de marché détenteur qui représente la part de marché de la marque dans les magasins référençant le produit.
- DN : distribution numérique.
- DV : distribution valeur.
- VMH : ventes moyennes hebdomadaires.
- LM : longueur moyenne du linéaire consacré à la marque de cola.
- Volume promo./Volume total Marque : pourcentage des ventes réalisées en promo sur les ventes totales de la marque.
- Part de voix : part des dépenses publicitaires d'une marque sur les dépenses publicitaires totales du marché des colas.
- PVC : prix de vente consommateur (en euros).
- Taux de pénétration : pourcentage de foyers ayant acheté au moins une fois le produit au cours de la période.
- QA/NA : nombre de bouteilles de cola achetées par ménage acheteur.
- Taux de premier réachat : pourcentage de foyers acheteurs du produit ayant acheté au moins deux fois le produit au cours de la période.
- Taux de second réachat : pourcentage de foyers acheteurs du produit ayant acheté au moins trois fois le produit au cours de la période.

Question

Analysez la situation de ColaChoc' au cours de ces trois dernières années et proposez des pistes d'action.

Les études qualitatives

Les compétences clés à acquérir :

- Appréhender les enseignements issus des études dites quali.
- Maîtriser les techniques auxquelles il est possible de recourir, selon les cas, pour procéder à une étude qualitative.
- Connaître et maîtriser les techniques d'observation du comportement des clients potentiels.
- Apprécier les méthodes d'analyse des informations fournies par les études.

Les études qualitatives sont bien souvent complémentaires des études quantitatives abordées jusqu'ici ; parfois elles se suffisent à elles-mêmes. À leur propos, s'affrontent des thèses opposées : certains praticiens sont de farouches partisans du quantitatif, du grand nombre ; ils ne voient point de salut hors du calcul de moyennes. D'autres dénient tout intérêt au quantitatif et préfèrent le qualitatif et sa finesse à l'analyse touchant un grand nombre. Certains spécialistes vont même jusqu'à préconiser de faire preuve d'intuition et de créativité en recourant à la vision la plus profonde des attentes des consommateurs, et ce afin de mieux préparer les décisions commerciales.

I. L'utilité des études qualitatives

Le mois de décembre est, comme à l'accoutumée, l'occasion d'une sorte de razzia sur les produits « high tech » les plus récents.

Exemple

L'iPad mini ou l'iPad classique sont achetés en masse au moment des fêtes.

On connaît, grâce aux **études quantitatives**, le nombre exact d'unités vendues, à quel prix, dans quel magasin, mais quid des motivations des acheteurs : cadeau pour soi ou pour d'autres ? Désir effréné de communiquer toujours plus, volonté d'appartenir à la communauté des « geeks » ? Les études qualitatives vont permettre d'esquisser des éléments de réponse sur tous ces sujets.

A. Les limites des études quantitatives

Il serait injuste – et faux – d'opposer, sans nuance, le quantitatif et le qualitatif. Ils ont pour vocation à être **complémentaires** et c'est dans ce sens que les limites des études quantitatives doivent être comprises.

Quantifier ne signifie pas dénombrer, chiffrer, mais simplement déterminer une quantité. Les études quantitatives s'intéressent à la quantité de quelque chose ; les études qualitatives à la nature de cette même chose et, pour ce faire, elles peuvent recourir aux nombres.

Ces précisions sont utiles, car les deux termes, très fortement connotés dans diverses disciplines, sont utilisés davantage pour convaincre que pour expliquer et, dans le langage des prosélytes des deux bords, « quantitatif » rejoint « mathématique », « scientifique », en un mot rationnel, tandis que le qualitatif se voit adjoindre les attributs suivants : littéraire, sociologique, psychologique, bref irrationnel.

Cependant, les études qualitatives sont indispensables dès lors que l'observateur souhaite répondre à la question « pourquoi ? » puisque le quantitatif relève du domaine du « combien ? ». Nous voyons quel est le domaine réservé au qualitatif : lorsqu'un **besoin d'explication** se fait sentir, une étude qualitative doit être menée.

B. La complexité de l'individu

Aussi bien dans les sondages que dans les panels, les individus répondent à un petit nombre de questions simples et les réponses fournies sont acceptées au premier degré. Les gestes de la vie quotidienne, et également les achats les plus complexes, ne s'approchent pas aisément. L'individu est mû par des **pressions et freins multiples** avant de procéder à l'acte d'achat.

Exemple

Une question très banale peut consister en : « Pourquoi vous brossez-vous les dents deux fois par jour ? » La réponse le sera sans doute tout autant : « Pour éviter les caries. » Peut-être cette réponse masque-t-elle cependant une autre réalité, plus complexe à cerner...

Lors des études quantitatives, seule l'**ultime étape** du processus d'achat est repérée. En effet, c'est celle qui est visible, c'est l'achat proprement dit. Nous verrons ultérieurement toute l'importance de ce processus et les raisons pour lesquelles il doit impérativement être analysé dans son intégralité par l'entreprise, lorsqu'elle met en œuvre sa **politique de marché**. Il suffira ici d'admettre que l'acte d'achat est comparable à la partie émergée d'un iceberg dont la plus grande masse – la pression interne conduisant à la rupture de l'équilibre – est cachée aux yeux de l'observateur.

Les raisons qui ont déclenché l'achat sont au moins aussi précieuses à connaître que l'acte en lui-même.

Exemples

- L'achat d'un écran de télévision LCD 103 cm peut être dû à l'abaissement relatif du prix (diminution d'un frein) ou à la recherche d'une image plus agréable (augmentation d'une motivation). L'ensemble de la stratégie marketing découle de cette option.
- L'achat d'une bière légère en calories peut s'expliquer par son goût particulier ou, plus simplement, par le fait qu'elle évite des kilogrammes superflus.

La **connaissance des motivations des consommateurs** devient un complément pour définir une politique commerciale cohérente. Bien plus, l'étude des motivations doit souvent précéder l'étude quantitative car elle seule permet de formuler les bonnes questions et d'interroger les bonnes personnes.

II. Les méthodes qualitatives

Une question préalable se pose au spécialiste : combien de personnes interroger ?

Pour les études qualitatives, la **représentativité de l'échantillon** n'est pas une condition *sine qua non* de la fiabilité des résultats. Il s'agit d'interviewer en profondeur un certain nombre de personnes pour expliquer un phénomène et non pas d'induire les caractéristiques d'une population mère à partir de l'observation d'un groupe réduit. Ainsi, l'échantillon des études qualitatives va de dix à cent personnes. En dessous de dix, il est difficile d'avoir une idée précise, surtout si la population est hétérogène et le phénomène à expliquer complexe. Au-delà de cent, l'information supplémentaire recueillie sera infiniment trop réduite eu égard au coût d'une interview supplémentaire. C'est la **profondeur de l'interview** plus que la largeur de l'échantillon qui présente une importance. Prenons une image : l'étude qualitative agit comme un petit nombre de forages à moins mille mètres sur un champ déterminé ; l'enquête quantitative serait, si l'on utilise la même métaphore, représentée par le simple labourage en surface de tout le champ.

Une question supplémentaire tenant à l'échantillon doit être résolue ; il s'agit du choix entre l'entretien individuel et la réunion de groupe. Chaque technique présente des avantages et des inconvénients. Le premier est plus intime, plus proche du cas réel de consommation individuelle ; la réunion de groupe permet quant à elle un échange d'impressions, une confrontation des points de vue. Ils ne sont d'ailleurs pas alternatifs, mais très souvent successifs : l'enquête débute par des entretiens individuels et se poursuit par des réunions à cinq, puis dix, puis vingt personnes.

Examinons à présent les **familles de méthodes les plus utilisées** avant de décrire les moyens d'analyse des réponses auxquels on a recours.

A. Les entretiens

1. Les entretiens non directifs

Lors de ces entretiens, l'observateur se borne à ranimer la discussion, à faire préciser certains points obscurs, à rappeler des éléments énoncés antérieurement. Il s'agit, en fait, d'une **véritable psychanalyse**. L'interviewé doit se libérer complètement et indiquer tout ce qui, dans son esprit, a trait à la question posée.

Tout l'art de l'interviewer réside dans une conduite souple de l'entretien de sorte que le répondant, en même temps, puisse exprimer la totalité de ses idées et ne se sente pas jugé. Reformuler les idées sur un thème avant de relancer vers une autre piste, aider à l'éclaircissement des attitudes et motivations implicites, accepter les digressions utiles en évitant les bavardages superflus sont autant de préoccupations que le spécialiste doit maîtriser.

Les entretiens non directifs sont **exceptionnels** en marketing car ils supposent de ne faire aucune hypothèse de départ, ce qui est peu concevable pour un chef de produit ou un directeur marketing. Grâce aux progrès technologiques, des entretiens peuvent, à présent, avoir lieu à distance (visioconférences, Internet).

2. Les entretiens semi-directifs

Ils s'appuient sur un **guide d'entretien** recensant la liste des thèmes qui doivent être abordés lors de l'entretien. L'interviewer introduit le plus souvent un thème spécifique et laisse ensuite l'interviewé traiter le sujet le plus librement possible, tout en facilitant le discours par des relances et des demandes d'approfondissement.

Tableau 4.1. Les formes d'entretien en profondeur

Caractéristiques	Entretien non directif	Entretien semi-directif
Thèmes d'études privilégiés	Motivations, pulsions. Inhibitions. Représentations, symboles.	Motivations, freins. Recueil d'éléments d'image de marque. Usage réel d'un produit.
Attitude enquêteur	Compréhension. Écoute totale. Neutralité encourageante.	Bienveillance. Relance progressive. Orientation thématique.
Support d'interview	Magnétophone. Interrogations fondées sur un schéma « clinique ».	Magnétophone. Guide d'entretien. Observation d'un comportement d'achat à domicile.
Avantages	Fondations théoriques solides fournissant un cadre explicatif du discours.	Interview plus « maniable ». Bonne adaptation à un contexte marketing.
Inconvénients	Formation de « clinicien ». Adaptation à un contexte marketing ?	Formation spécifique des enquêteurs.

Source : GIANNELLONI J.-L. et VERNETTE É., *Les Études de marché*, Vuibert, 2012.

B. Les *focus groups*

Le nombre de participants est plus ou moins élevé, nous l'avons vu. Il en est de même pour les observateurs : en plus de l'animateur, du psychologue, du spécialiste de la conduite des réunions, on peut trouver un chargé d'études marketing, un graphologue, un sémiologue, etc., parfois même un psychanalyste. La discussion se déroule très simplement, à bâtons rompus, autour d'une table, avec enregistrement vidéo. Le *focus group*, d'application très large, est sans doute la **méthode la plus utilisée**.

Le nombre idéal est toujours fixé à 8-10 personnes. Toutefois, pour des sujets impliquant le moi profond, pour ne pas dire passionnés ou passionnels, comme la voiture ou encore les déodorants, certains instituts proposent des mini-focus de 4 à 5 personnes.

L'animateur, en accord avec le demandeur de l'étude, établit un guide d'entretien souvent passablement contraignant. De plus, une pause, au milieu de la réunion, est souvent prévue afin d'infléchir, éventuellement, les thèmes de la réunion.

Les ***on-line focus groups*** recourent à Internet. Chaque participant (on peut aller jusqu'à 20 ou 30), à un instant donné, installé devant son propre ordinateur, répond en temps réel à des questions posées par l'animateur. Les réponses des autres membres du groupe sont soit communiquées à tous, soit connues du seul répondant. L'avantage est clair : le coût réduit. L'inconvénient ne l'est pas moins : l'effet positif, stimulant pour la réflexion des échanges ouverts s'en trouve considérablement atténué.

C. Les techniques projectives

Trois catégories de techniques projectives sont utilisées : les **techniques de construction, d'association ou de complétion**.

Les techniques projectives de **construction** consistent à soumettre un individu ou un groupe d'individus à des figures et dessins qui sont commentés et à partir desquels une histoire est souvent racontée. Ces techniques partent de l'idée selon laquelle l'interviewé peut se projeter dans une situation qui lui est montrée. Les célèbres TAT *(Thematic Apperception Test)* ou tests de perception thématique reposent sur la présentation, sous forme de dessins ou de photographies, d'une situation donnée que l'enquêté doit commenter.

Exemple

Un dessin figure une mère tendant à son enfant un goûter à la sortie de l'école. On pose la question : « Selon vous, qu'y a-t-il dans le goûter ? » L'étude porte en fait sur l'attitude des mères de famille à l'égard du sucre.

Les tests de frustration de Rosenzweig vont un peu dans le même sens : des personnages placés dans des situations déterminées sont censés prononcer diverses paroles que l'interviewé doit imaginer. Les jeux de rôles consistent, pour un groupe, à décrire le plus fidèlement possible l'individu qui utilise un produit soumis à l'expérience.

Les **techniques projectives d'association** invitent les interviewés à associer des termes ou des images pris dans des listes ou qui lui sont suggérés par l'enquêteur, en cochant les mots qui font penser à tel produit ou en associant des images qui se marient bien avec un produit.

Exemple

Pour tester une nouvelle marque, Dulcia, on interroge cent personnes en leur demandant d'associer Dulcia avec une liste de produits : lingerie féminine, pommade cicatrisante, lessive, huile alimentaire, produit de beauté, poudre pour laver les lainages, lait de beauté, crème de jour, lotion adoucissante, etc.

Enfin, les **tests de complétion** consistent à compléter des phrases dont il manque une partie :
– « Lorsque je regarde la télévision, je... » ;
– « Laver sa voiture le dimanche matin, c'est... ».

En somme, tous ces tests ont pour objet de rechercher, dans l'inconscient, l'univers qui est, en général, attaché à un produit, à une attitude, à un trait de caractère, afin d'associer au mieux les éléments moteurs d'un produit ou, éventuellement, afin de repositionner celui-ci à l'égard d'éléments positifs qui étaient passés inaperçus.

D. Les techniques d'observation du comportement

Une autre famille de techniques qualitatives consiste à observer, puis à analyser dans le plus fin détail un **comportement d'achat ou d'utilisation d'un produit**. Ainsi, on placera une caméra cachée dans un linéaire de libre-service, puis on demandera à la personne filmée à son insu de commenter ses réactions. Ou bien encore une ménagère décrira, avec la plus grande précision, le moment d'utilisation du produit. De la même façon, un observateur peut suivre (méthode des itinéraires) un consommateur durant un processus d'achat (dans un magasin, dans une file d'attente, etc.).

Exemple

Racontez, sans rien omettre des gestes ni des sentiments, la façon dont vous vous maquillez chaque matin. Cette technique porte le nom très révélateur de « film-action ».

L'interview *in situ* compte d'ardents défenseurs. Elle consiste à pratiquer l'enquête en situation, lorsque l'enquêté est soumis au phénomène étudié.

Exemples

- L'enquêteur se trouve dans la salle de bains avec la ménagère qui se maquille et l'interroge.
- Un enquêteur fait de l'auto-stop et demande au conducteur de commenter la signalisation routière pour déterminer si les panneaux d'annonce des stations-service sont suffisamment explicites.

E. Les études ethnographiques

Les études ethnographiques visent à **comprendre les comportements humains dans leur contexte naturel** et impliquent très souvent l'observation des attitudes ainsi que la conduite d'entretiens en profondeur. Les entretiens en profondeur permettent de donner du sens aux observations réalisées. C'est une technique qui permet d'étudier un groupe de petite taille, voire un individu. Le chercheur noue des liens étroits avec une personne observée en s'immergeant dans sa vie. Le consommateur peut ainsi commenter les observations réalisées, indiquer les émotions ressenties et expliquer plus finement les raisons de ses actions. L'observateur récolte toutes les données sans *a priori*. Il vit avec le prospect en participant à un acte de consommation.

Exemple

L'enquêteur peut être amené à partager un repas avec le consommateur, à se rendre à son domicile ou à l'accompagner à l'occasion d'un achat en magasin.

L'outil de l'**observation participante** est un **tableau de bord** sur lequel l'enquêteur note, au fil du temps, tous les événements, toutes les indications et toutes les réflexions que suscite son expérience vécue avec le consommateur. Des photographies sont même parfois prises, avec l'accord de l'intéressé. Tout ce contenu écrit et illustré, tous les détails – même les plus anodins –, sont ensuite analysés avec le plus grand soin. On obtient ainsi une **vision intimiste** des attentes et/ou des comportements des prospects.

Exemples

- L'enquêteur souhaite comprendre l'usage des micro-ondes dans la préparation des repas.
- L'enquêteur peut également s'interroger sur l'utilisation d'un produit spécifique comme les chips. Plusieurs questions peuvent se poser : comment sont-elles consommées ? Le packaging permet-il de conserver le croquant des chips après ouverture ? Les saveurs proposées satisfont-elles le consommateur ? etc. En observant le comportement des consommateurs et l'usage des chips (en accompagnement d'un steak au déjeuner, à l'apéritif, au goûter pour les enfants, etc.), les marketeurs peuvent mieux répondre aux attentes des consommateurs et adapter le type de chips à ses modes d'usage.

F. Le recueil d'informations en ligne

Parce qu'elle est moins coûteuse et que les informations sont de bonnes qualités, la collecte *on-line* se développe sous **plusieurs formes** :

- **Entretiens individuels.** Ils peuvent consister en un échange immédiat ou décalé dans le temps ; leur durée est nécessairement brève.
- ***Focus groups*.** Les répondants sont installés devant leur écran et un animateur pilote la session.
- **Forums *(bulletin boards)*.** Un animateur organise une série de questions avec des limites de durée de réponse (de quelques heures à plusieurs jours) et peut faire évoluer le guide d'enquête au fil des réponses obtenues ; à l'évidence, le risque est de voir les participants se lasser.
- **Blogs.** Il est demandé à une personne – mais il est aussi possible d'animer plusieurs blogs en même temps – d'alimenter son blog personnel sur un thème déterminé pendant une durée qui peut être longue.
- **Communautés en ligne.** Les membres d'une communauté (les fans d'une marque, par exemple) échangent entre eux et avec l'entreprise sur un sujet choisi.

• **Nethnographie.** Il s'agit d'une technique d'observation (participante ou non) ; le chargé de l'étude s'immisce dans des forums, des chats (*a priori* sans se faire connaître), voire crée son propre forum et collecte toutes les opinions émises.

Toutes les techniques qui viennent d'être évoquées sont des techniques de recueil d'information. Voyons à présent comment les données sont analysées.

G. Les méthodes d'analyse

Elles se distinguent entre elles, selon que les données à traiter sont verbales ou écrites :

• Dans le premier cas, la méthode utilisée est l'analyse de contenu. On fait de l'interprétation. L'analyste repère les thèmes qui lui semblent importants dans le discours de l'enquêté (retranscrits au préalable) et tente d'expliquer la conduite de celui qui a été soumis à l'observation.

• Si les données sont écrites, la sémiologie peut s'appliquer. Elle consiste à analyser des signes. Les éléments distinctifs (notamment ceux intégrés dans une annonce publicitaire) sont découpés, replacés dans leur contexte, étudiés et enfin interprétés.

Grâce aux **logiciels d'analyse textuelle** (SPAD, N.VIVO, MODALISA, etc.), il est possible d'introduire beaucoup de quantitatif au sein des études qualitatives ; on peut ainsi définir des mots ou expressions, leur attribuer des valeurs (positives ou négatives) puis demander à l'ordinateur de compter les apparitions de chacun. Le discours est ainsi analysé scientifiquement.

Tableau 4.2. Les formes d'entretien en groupes

Types de groupe	Principes théoriques	Applications et objectifs	Taille – Durée
Groupe de discussion	Non-directivité de l'animateur. Projection de l'individu. Investigation non structurée.	Motivations et freins. Thérapie de groupe.	4 à 8 membres 3 à 4 heures
Groupe réflexion ou Focus group	Dynamique des groupes restreints. Investigation semi-structurée. Un seul thème familier au groupe. Groupe familier avec le thème.	Recueil d'éléments d'image. Identification des axes d'un problème. Apprentissage d'un vocabulaire.	6 à 12 membres 2 à 4 heures
Variante	Mini-focus. Alternance de phases non structurées et structurées. Groupe familier avec le thème.	Recherche d'idées et de solutions. Motivations et freins.	3 à 4 membres Demi-journée à journée complète
Groupe nominal	Dynamique des groupes restreints. Réduire la domination de l'individu. Investigation très structurée. Phases de groupes et individuelles. Un seul thème familier au groupe.	Génération de critères de choix d'un produit. Recueil d'éléments d'image. Recherche d'idées.	8 à 12 membres 1 à 2 heures
Groupe Delphi	Prévision par l'expertise. Recherche d'un consensus. Forte expertise des membres. Investigation très structurée.	Prévision à long ou à moyen terme (technologie). Évaluation d'image de marque et critères de choix.	8 à 12 membres 3 mois Plusieurs étapes

Source : GIANNELLONI J.-L. et VERNETTE É., *Études de marché*, Vuibert, 2012.

Dans les périodes de changements profonds que l'on connaît aujourd'hui, le « quali » trouve naturellement une place très en vue. Son objectif majeur – « comprendre pour anticiper » – lui procure la position que chaque décideur attend, celle qui consiste à découvrir les raisons profondes des choix des consommateurs et de leurs évolutions. Les **modifications** sont significatives dans le domaine. D'abord, les méthodes de collecte changent : on n'hésite pas à collecter de l'information par téléphone ou même en ligne (forum de discussion). Ensuite, on croise les diverses techniques d'analyse (sémiologie, ethnographie, études de tendance, créativité, études comportementales) pour parvenir à une analyse globale.

Questions et thèmes de réflexion

Outils et concepts

1. Un questionnaire est-il toujours nécessaire pour effectuer une étude « quali » ?
2. Qu'est-ce qu'un TAT ? Donnez des exemples.
3. Peut-on observer méthodiquement le comportement d'acheteurs industriels ?
4. Qu'est-ce qu'une interview *in situ* ?
5. Dans une étude qualitative, le nombre de personnes interrogées a-t-il de l'importance ?
6. Quels arguments développeriez-vous pour convaincre un adepte des méthodes quantitatives d'utiliser une méthode qualitative ?

Pour aller plus loin...

1. Comment un artisan chocolatier pourrait-il, avec des moyens simples et peu coûteux, connaître les motivations des clients éventuels ?
2. Établissez un protocole d'études pour enquêter sur l'usage d'un biscuit nappé de chocolat auprès d'enfants de 9 à 11 ans.
3. Un guide répertoire « recense la liste des points clés qu'un enquêteur doit aborder durant l'interview ». Établissez une telle liste afin de connaître les motivations de celles et ceux qui préfèrent la carte à l'abonnement pour leur téléphone portable. Durée moyenne de l'entretien : 40 minutes.
4. L'entreprise « Agir Bio » souhaite lancer un prêt à consommer biologique (PAC) dans le domaine de l'alimentation infantile (0-36 mois). Votre responsable marketing vous demande d'entreprendre, dans un premier temps, une démarche qualitative auprès des pédiatres afin de mieux comprendre le fonctionnement et les attentes liés au marché de l'alimentation infantile. Il vous demande alors d'établir le protocole d'études et de construire le guide d'entretien.
5. Le bracelet Power Balance : est-ce véritablement sérieux ? Qu'en pensent les consommateurs et, surtout, quelles sont leurs principales motivations d'achat ? Afin de mieux apprécier ces motivations, il convient de mettre en œuvre un protocole d'enquête sur ce sujet. Comment allez-vous procéder ?

6. Identifiez les caractéristiques propres à la réalisation d'entretiens qualitatifs en ligne puis présentez la démarche que vous préconisez de suivre dans ce contexte méthodologique.

7. Vous souhaitez effectuer une enquête *on-line* sur le tri sélectif des déchets. Comment feriez-vous pour faire connaître l'existence de votre projet aux internautes ?

EXERCICE : INVESTIR LE MARCHÉ DU MAQUILLAGE POUR HOMME

La société CosmétoHom souhaite se lancer sur le marché français des cosmétiques et du maquillage pour homme. Très bien implantée en Italie, elle se demande si la perception des Français à l'égard des cosmétiques et, plus particulièrement, du maquillage pour homme est moins positive que celle des Italiens, ce qui constituerait un frein certain à son implantation en France. Afin de répondre à ces interrogations et de réaliser une étude de marché, CosmétoHom recrute un prestataire « QualiConsultant », cabinet spécialisé dans les études qualitatives. Ce dernier opte pour une méthodologie qualitative basée sur des entretiens semi-directifs. Le sujet étant encore tabou en France, cette méthodologie est la mieux adaptée. Quinze hommes de CSP, d'âge et de lieux de résidence différents, ont été recrutés afin de livrer leur opinion sur les produits de beauté pour homme. Des extraits de ces entretiens semi-directifs sont exposés ci-dessous.

Jérôme (35 ans, trader, habitant à Paris)

Interviewer : Décrivez-moi les premiers gestes du matin au réveil.

Interviewé : Il faut savoir que je me lève très tôt le matin. Parfois à 4 heures ou 5 heures du matin pour le boulot. Je suis assez crevé et stressé par mon boulot au quotidien. Donc, dès le réveil, j'ai besoin d'un bon café pour bien me réveiller. Ensuite, je prends une douche et me fais présentable.

Interviewer : Qu'entendez-vous par « présentable » ?

Interviewé : Comme je vous le disais, j'ai un travail fatigant. Donc, pour paraître en forme, je mets une crème hydratante. Je crois que c'est Aquapower de Biotherm. Je me souviens de la marque, car c'est une vendeuse plutôt sympathique de Sephora qui me l'a recommandée. Mais parfois la crème hydratante ne suffit pas. J'ai les traits tellement tirés, que l'on m'a recommandé un fond de teint assez discret pour me donner bonne mine. Parfois, j'ai même recours à un anticerne.

Interviewer : Qui vous a recommandé le fond de teint ?

Interviewé : C'est toujours la vendeuse de Sephora. Elle m'a indiqué qu'aujourd'hui beaucoup d'hommes utilisent des cosmétiques et que cela permettait d'avoir bonne mine. Au début, j'étais un peu réticent. Le fond de teint c'est « pour les nanas », et je ne voulais surtout pas que mes collègues pensent que je suis efféminé. Elle m'a donc proposé de tester le produit en magasin pour voir ce que ça donne. Effectivement, j'étais satisfait. Ça donne un teint halé mais pas du tout féminin. Je l'ai très vite adopté. Depuis lors, j'achète souvent des cosmétiques pour homme. Mais je fais attention à la marque. Pas question de mettre une marque de seconde catégorie. Je ne prends que des marques dans lesquelles j'ai confiance et qui me permettent véritablement de prendre soin de moi et de ma peau... des marques sérieuses pour homme comme Biotherm ou Clarins.

Samuel (47 ans, fonctionnaire, habitant à Toulouse)

Interviewer : Décrivez-moi les premiers gestes du matin au réveil.

Interviewé : Au réveil, juste après le petit déjeuner, c'est la douche, le brossage des dents et je prends la voiture pour me rendre au boulot.

Interviewer : Vous ne vous mettez aucune crème le matin ?

Interviewé : Ça, ce sont des trucs de fille. Je vois très bien ce que les gens du marketing tentent de faire. Ils veulent que l'on achète toutes leurs crèmes et que l'on devienne un peu comme des nanas. J'ai vu plein de pubs de Nivéa avec un mec qui se met de la crème. Ce n'est pas pour moi. Ma compagne me dit toujours que je devrais prendre davantage soin de moi. Elle m'a même offert des séances d'UV et de massage en mai, pour préparer l'été. Je lui ai dit que je n'irai pas... que je n'étais pas une fille pour me faire passer de la crème pendant une heure dans un spa.

Interviewer : Vous n'utilisez jamais de crème, si je comprends bien.

Interviewé : Maintenant que vous me posez la question, j'en utilise de temps en temps quand j'ai des boutons qui apparaissent sur le visage suite à une exposition poussée au soleil. Du coup, mon médecin me recommande de limiter mes expositions et m'a prescrit une crème que j'achète en pharmacie. À vrai dire, je ne me souviens plus de la marque.

Interviewer : Vous achetez toujours votre crème en pharmacie ?

Interviewé : Bah oui... Mes boutons, c'est un problème médical. Donc, je vais en pharmacie. Ma compagne me dit qu'il y a de très bonnes crèmes en parfumerie. Mais, il est hors de question que j'y mette les pieds. Rien que l'odeur des parfums de femme dans ces boutiques me donne la nausée.

Nathan (22 ans, étudiant, habitant à Orléans)

Interviewer : Décrivez-moi les premiers gestes du matin au réveil.

Interviewé : Le matin, je passe près de 30 minutes dans ma salle de bains. J'aime bien être au top quand je me rends à la fac, sauf si je suis trop pressé après un réveil tardif suivant une bonne soirée la veille. Mais, la plupart du temps, je prends mon temps. À la fac, on m'appelle le « beau gosse » et ça rend les choses plus faciles avec les filles.

Interviewer : Quel(s) produit(s) cosmétique(s) utilisez-vous le matin ?

Interviewé : Suite aux conseils de ma mère qui dit que la peau doit être bien hydratée, et tout ça, j'ai pris l'habitude depuis mes 18 ans de mettre une crème hydratante. Ensuite, pour avoir bonne mine je mets « un sérum énergisant halé ». Ça me donne des couleurs, et j'ai l'impression d'être beaucoup plus frais le matin. Mais parfois, quand j'en ai marre de l'hiver, et que le soleil me manque, je mets un produit que ma mère m'a acheté : je mets une poudre bronzante. C'est vachement bien car une fois répartie sur le visage, c'est assez discret, uniforme et ça donne des couleurs. Je ne vous cache pas aussi que cette poudre bronzante met également bien en valeur mon visage et fait ressortir le bleu de mes yeux. Mais ça n'a rien à voir avec le blush qu'utilisent les filles. J'ai recommandé cette poudre bronzante à mes potes, et ils sont très contents.

Interviewer : Utilisez-vous d'autres produits cosmétiques ?

Interviewé : L'hiver, j'ai souvent les lèvres qui craquèlent. Je me mets une sorte de Labello, de stick pour les lèvres que ma mère m'a acheté. Au départ, avant d'essayer, j'ai dit à ma mère qu'elle me prenait pour une fille. Elle m'a dit seulement d'essayer et de voir, que ça ne donnait pas du tout un côté brillant aux lèvres et que c'était vraiment transparent et inodore. C'était juste pour hydrater les lèvres pendant l'hiver. Eh bien, quand je l'ai essayé, on ne voyait rien et mes lèvres ont été moins sèches, elles me tiraillaient moins. Ça m'a été vraiment utile.

Interviewer : De quelle marque sont les produits achetés par votre mère ?
Interviewé : Ça dépend. Elle va le plus souvent dans les grands magasins. Donc elle m'achète des marques comme Biotherm, Clarins. Des fois ce sont des marques comme Dior. Des trucs comme ça, des marques que tout le monde connaît.

Questions

1. Analysez le contenu des trois extraits.
2. À partir de cette analyse, quelles recommandations émettez-vous à l'attention de CosmétoHom concernant son éventuelle implantation en France ?

Le comportement du consommateur

Les compétences clés à acquérir :

- Apprécier la complexité des mécanismes de psychologie commerciale, celle de l'acheteur ou celle du consommateur.
- Juger les méthodes qui permettent de mieux comprendre cette psychologie.
- Maîtriser la différence entre l'approche psychologique d'un marché de consommation et celle d'un marché industriel.
- Connaître les principaux concepts, issus de cette psychologie, et auxquels recourt le spécialiste du marketing (motivations, besoins, attitudes, comportements, etc.).
- Comprendre les principes et les analyses qui fondent et guident les tentatives de modélisation des comportements de consommation en B to B.
- Apprécier le caractère plus ou moins opératoire de ces modèles.
- Distinguer les caractères de l'orientation vers le client dans le cadre du B to C et dans le contexte du B to B.

L'information relative au comportement du consommateur est essentielle pour retenir ensuite les décisions les plus appropriées. L'étude du comportement du consommateur a été menée en faisant appel aux enseignements de diverses disciplines : psychologie, sociologie, économie. Pour ce qui nous concerne, dans une approche pratique du marketing, la connaissance du comportement du consommateur ne constitue pas une fin en soi, mais simplement un outil, un moyen pour adapter les décisions commerciales à ceux qu'elles tentent de séduire. Un marché connaît un grand nombre d'intervenants : producteurs, distributeurs, intermédiaires, prescripteurs, acheteurs, consommateurs. Chacun y participe avec ses objectifs propres ; une analyse de chaque catégorie d'acheteurs pourrait être effectuée, mais il nous paraît plus utile d'examiner les processus d'achat, autrement dit les mécanismes des décisions.

Deux types de marchés seront examinés : le marché des biens de consommation et le marché des biens industriels. D'autres auraient pu être ajoutés – marché international, marché des services, marchés publics – mais, pour une grande part, ils se rapprochent des deux premières catégories.

I. Le consommateur « individu » : le B to C

A. Les facteurs explicatifs de l'achat

Deux grands groupes de facteurs peuvent être distingués :

- Le premier a trait à l'**environnement**, c'est-à-dire à tous les éléments sociaux qui ont une influence sur l'acheteur.
- Le second concerne tous les **facteurs individuels** qui font qu'aucun acheteur ne ressemble en tous points à un autre.

La vision d'un consommateur influencé exclusivement par des facteurs individuels et d'environnement est classique ; elle présente une grande qualité pédagogique. Mais on sait évidemment que le client, fort complexe, est davantage gouverné par son affect, par ses émotions (vision post-moderne) que conditionné par des facteurs de nature sociodémographique, un peu réducteurs.

Figure 5.1. Les facteurs explicatifs d'achat

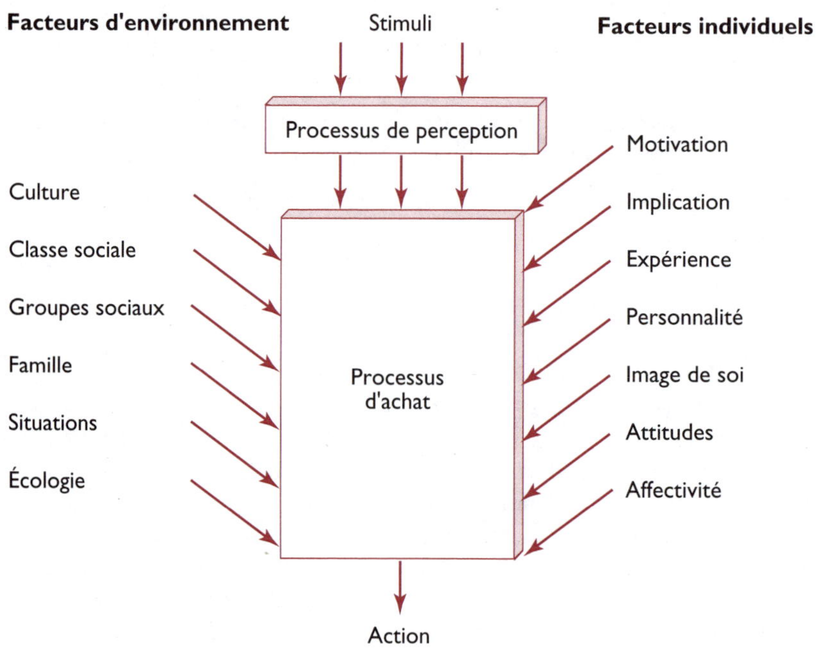

1. Les facteurs d'environnement

L'environnement de l'individu est large : il va de la famille, très proche, à la culture avec laquelle il entretient des rapports plus distants.

Il est possible d'illustrer les différents niveaux avec le schéma bien connu de Veblen qui comporte sept niveaux allant de l'individu lui-même à la culture (figure 5.2).

Figure 5.2. Les facteurs d'environnement

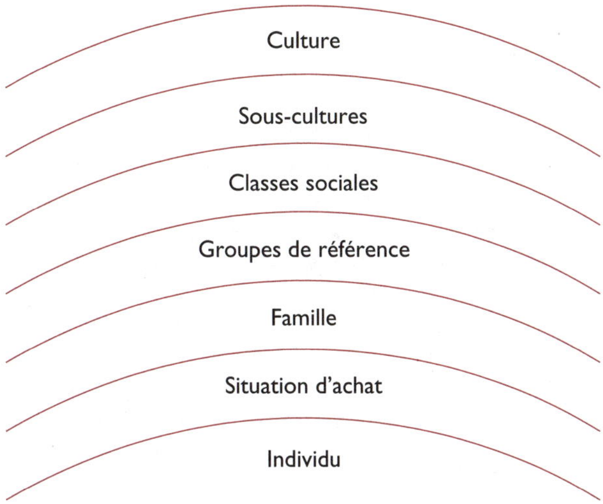

a. La culture

L'anthropologie nous apprend qu'un individu doit être situé par rapport à sa culture pour être bien compris. La culture, ou plus simplement le style de vie, d'un groupe de personnes résulte des comportements, des croyances, des modes d'organisation, de l'idéologie dominante. Les valeurs culturelles dont hérite chacun constituent de **puissants facteurs explicatifs** de l'achat ou du non-achat : individualisme, importance de la mère, matérialisme, convictions morales ou religieuses sont autant de traits culturels qui orientent la consommation.

La culture n'est pas figée une fois pour toutes et il serait très dommageable pour une firme de ne pas suivre les évolutions les plus notables.

Exemple

Les annonces publicitaires mettant en avant le naturel, le vrai, l'authentique, le non-chimique attestent de ces évolutions. On note aussi l'importance accordée à l'écologie (préservation de l'environnement, développement durable...).

Les cultures diffèrent surtout d'un pays à un autre et les firmes qui vendent à l'étranger doivent en tenir compte. Une appellation, une photographie peut choquer dans un pays et être fort bien adaptée dans un autre.

Exemples

- Les célèbres campagnes publicitaires Benetton ont été diversement appréciées d'un pays à l'autre.
- Pour 89 % des Américaines et pour seulement 53 % des Australiennes, « tout le monde devrait utiliser un déodorant ».

b. Les sous-cultures

La culture est entendue dans un sens très large; au sein d'un même groupe culturel, plusieurs **sous-groupes** relevant de sous-cultures différentes peuvent être distingués.

- **Les nationalités**

En France, de nombreuses nationalités se côtoient et, tout en appartenant à un même ensemble culturel, elles font preuve de caractéristiques qui leur sont propres. La question essentielle est de savoir si les sous-groupes sont assez importants en nombre pour qu'une offre particulière leur soit accordée. De telles études seraient utiles pour des produits ou services comme les restaurants, les agences de voyages, le cinéma, certains produits alimentaires.

- **Les religions**

Les sous-cultures existent, mais on peut se poser la question de savoir si elles constituent réellement des sources de différenciation importante dans la consommation. Évoquons toutefois les interdits alimentaires respectés par les personnes pratiquantes (nourriture casher ou halal, par exemple).

- **Les régions**

En France, les disparités régionales sont fortes et certains produits très typés franchissent mal les « frontières » : la bière est peu diffusée dans le Sud de la France; le pastis peine à s'imposer dans le Nord.

- **Les âges**

Les jeunes, les adultes, les personnes du troisième âge n'ont pas les mêmes habitudes de consommation ni d'écoute des médias. Ils recourent à des distributeurs différents, ne sont pas sensibles aux mêmes arguments. Rien d'étonnant à ce que chaque catégorie soit courtisée par des moyens spécifiques; le foisonnement de revues destinées spécialement aux jeunes en constitue un exemple.

c. Les classes sociales

Elles sont définies comme les groupes de personnes qui détiennent une position voisine, dans une société, sur les plans des comportements et des opinions. Elles sont un puissant facteur de différenciation au sein de nos sociétés. Un simple voyage dans les vingt arrondissements parisiens montre clairement que la capitale est constituée d'une série de sous-groupes, entre lesquels il y a peu de choses en commun, sinon la proximité géographique.

Les classes sociales ne se repèrent pas au moyen d'un indice unique, il convient de faire appel à de nombreux facteurs tels le revenu, la profession, le niveau d'éducation, etc. La typologie la plus connue est celle proposée par Warner qui distingue six classes : supérieure/supérieure ; supérieure/inférieure ; moyenne/supérieure ; moyenne/inférieure ; inférieure/supérieure ; inférieure/inférieure.

Ainsi, la classe supérieure/supérieure est la plus réduite (0,5 % de la population) et elle est constituée de vieilles familles (au moins trois générations dans la même classe) dont les lieux de résidence et les réseaux d'amitiés sont internationaux. Il s'agit, par exemple, de banquiers ou de gros industriels. Leur structure de consommation diffère très sensiblement de celle des autres classes. En fait, ils consomment peu de produits et se rattrapent sur le marché des services. Cela parce que les biens et le patrimoine sont transmis d'une génération à l'autre. En France, cette classification est peu utilisée. On lui préfère la distinction en quatre classes (A, B, C, D) de Kantar Worldpanel. Faute de mieux, on recourt parfois simplement aux différentes catégories socioprofessionnelles de l'Insee (les PCS, professions et catégories socioprofessionnelles).

La classification de l'Insee

L'Institut national de la statistique et des études économiques (Insee) distingue huit catégories socioprofessionnelles : agriculteurs exploitants ; artisans, commerçants et chefs d'entreprise ; cadres et professions intellectuelles supérieures ; professions intermédiaires ; employés ; ouvriers ; retraités ; autres personnes sans activité professionnelle.

La distinction de classes sociales constitue un critère essentiel de subdivision des marchés. Deux réserves doivent cependant être formulées :

– par manque de moyens de mesure, c'est souvent le niveau de revenus qui est retenu pour définir l'appartenance à une classe, ce qui peut conduire à masquer l'appartenance réelle ;

– les classes ne sont pas discontinues, bien au contraire, tous les individus sont rangés sur un axe et il n'y a aucune rupture d'une classe à l'autre. Certains éléments sont insensiblement modifiés ; dès lors on peut se demander si les différences à l'intérieur d'une classe ne l'emportent pas parfois sur les différences entre les classes.

Tableau 5.1. Répartition des classes socio-économiques (revenus bruts mensuels en 2014)

Nombre de personnes au foyer	Nombres d'unités de consommation	Aisée A	Moyenne supérieure B	Moyenne inférieure C	Modeste D
1	1,0	2 191 € et +	1 476 à 2 190 €	781 à 1 475 €	780 €
2	1,7	3 725 € et +	2 509 à 3 724 €	1 328 à 2 508 €	1 327 €
3	2,2	4 820 € et +	3 247 à 4 819 €	1 718 à 3 246 €	1 717 €
4	2,7	5 916 € et +	3 985 à 5 915 €	2 109 à 3 984 €	2 108 €
5	3,2	7 011 € et +	4 723 à 7 010 €	2 499 à 4 722 €	2 498 €
6	3,7	8 107 € et +	5 461 à 8 106 €	2 890 à 5 460 €	2 889 €
7	4,2	9 202 € et +	6 199 à 9 201 €	3 280 à 6 198 €	3 279 €
8	4,7	10 298 € et +	6 937 à 10 297 €	3 671 à 6 936 €	3 670 €
9 et +	5,2	11 393 € et +	7 675 à 11 392 €	4 061 à 7 674 €	4 060 €

Source : Kantar Worldpanel.

d. Les groupes sociaux

L'appartenance à divers groupes sociaux présente une influence sur le comportement du consommateur, que celui-ci soit en contact direct avec ceux-là ou non.

On distingue les groupes primaires (relations de travail, voisins, amis) et secondaires (membres d'une même association, d'un même parti politique) ou encore les groupes de pairs (groupes auxquels on appartient) et les groupes de référence (groupes auxquels on souhaiterait – ou on détesterait – appartenir). Les groupes de référence ont soit un pouvoir d'attirance, soit un pouvoir de répulsion.

L'influence des divers groupes est plus ou moins prononcée selon la proximité avec l'individu, selon la cohésion du groupe, etc. Plus le groupe est proche et cohérent, plus son pouvoir paraît fort.

Les attirances ou répulsions s'exercent différemment selon les produits. Les consommations de standing, les « consommations ostentatoires » d'après le terme de Veblen sont, par définition, les plus visées. On peut ainsi représenter l'influence des groupes de référence qui est plus ou moins forte à l'égard soit du produit, soit de la marque.

Figure 5.3. L'influence des groupes de référence

plus MARQUES	Vêtements Alcools	Barres chocolatées Ordinateurs
moins	Détergents	Smartphones Camescopes numériques
	moins PRODUIT	plus

La figure 5.3 se lit de la façon suivante :

- Vêtements. L'influence des groupes de référence est forte en ce qui concerne le choix de la marque et faible pour ce qui touche au choix du produit.
- Smartphones. L'influence des groupes de référence est faible en ce qui concerne le choix de la marque et forte pour ce qui est dû au choix du produit.

e. La famille

Elle constitue le groupe d'influence le plus immédiat et le plus durable relativement à chaque individu, au point que, pour de nombreux achats, c'est la famille, le ménage comme disent les statisticiens, qui doit être considérée comme unité consommatrice. Deux éléments sont pris en considération par les responsables du marketing.

- **Le rôle de chaque membre de la famille**

Lors de la décision d'achat, chaque membre de la famille pèse d'un certain poids, mais le rôle de chacun dépend des produits, du niveau social de la famille et de divers autres facteurs.

Quelques tendances se vérifient. Les enfants et les adolescents ont un rôle de conseil pour de nombreux produits : alimentation, lieux de vacances, automobiles. La mère de famille est la plus grosse consommatrice du foyer, car souvent elle gère le budget de tous les achats courants. Ces particularités sont susceptibles d'évoluer.

Exemples

Les jeunes disposent de plus en plus tôt d'un réel pouvoir d'achat ; les maris exercent leur autorité plus fréquemment pour des achats de produits très courants comme l'alimentation.

B. Rigaux-Bricmont[1] a analysé, à partir d'un échantillon de familles belges, l'influence de chaque époux dans les décisions d'achat de divers produits et services (figure 5.4). Sur l'axe des ordonnées est portée l'influence de l'épouse dans l'acte d'achat : elle est étalonnée de un à trois. Au niveau 2, la décision est conjointe, mais cela peut signifier que la décision est prise de concert dans 100 % des familles interrogées ou que la femme décide entièrement dans 50 % des familles et l'homme entièrement dans l'autre moitié. C'est la raison pour laquelle B. Rigaux-Bricmont utilise un autre axe sur lequel il porte le pourcentage de familles dans lesquelles la décision est prise conjointement. Tout cela signifie que les décisions relatives aux études des enfants sont réellement conjointes (2 en ordonnées, 80 % en abscisses) alors que celles relatives à l'habillement du mari ne le sont pas (niveau 2 mais 40 % seulement de décisions conjointes).

- **Le cycle de vie de la famille**

La famille est sujette à un cycle de vie et, à chaque stade, les comportements sont différents. On distingue, dans une vision traditionnelle, sept étapes :

- Célibataire jeune. Il dispose de peu de revenus, mais il a aussi peu de besoins.
- Couple de jeunes mariés. Les ressources augmentent et les dépenses s'orientent vers la voiture, les vêtements, les appareils ménagers.
- Couple avec enfants en bas âge. Les ressources diminuent car il est courant qu'un des parents réduise son activité, les besoins augmentent.
- Couple avec enfants âgés. Il est moins influencé par la publicité, car il dispose d'une expérience en matière d'achat. Les ressources augmentent grâce à l'avancement professionnel des parents.
- Couple âgé en activité mais sans enfant à charge. Il est généralement caractérisé par une forte aisance financière qui se traduit, entre autres, par une attirance pour le luxe (vacances, bijoux).
- Couple âgé retraité. Il voit ses revenus chuter. Ses dépenses sont essentiellement orientées vers la santé.
- Veuf âgé. S'il n'a pas exercé d'activité professionnelle, il doit faire face à une forte diminution de ses revenus.

Voilà exposées quelques caractéristiques – la liste est loin d'être exhaustive – attachées à chaque période de la vie qui peuvent intéresser le marketing.

Le cheminement « classique » de la famille au fil des années n'est qu'une moyenne statistique : les ménages monoparentaux, les divorces – et donc les remariages – sont en constante progression. Chaque année, le nombre moyen de personnes par ménage diminue et donc, à population constante, le nombre de ménages augmente.

1. RIGAUX-BRICMONT B., « Les mécanismes de la prise de décisions économiques dans les familles. Techniques commerciales », *Encyclopédie du marketing*, *op. cit.*, 124 A.

Figure 5.4. La décision d'achat dans les familles

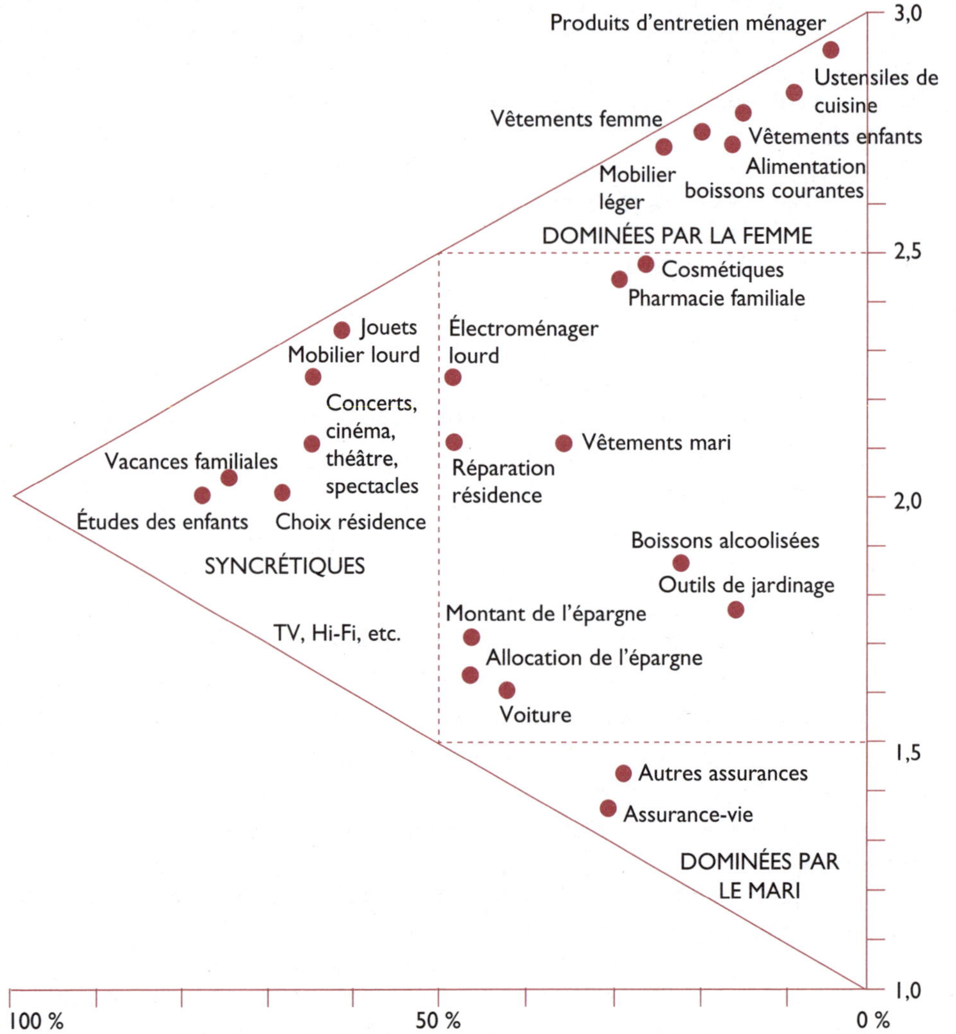

Figure 5.5. Les quatre étapes de la vie des 18-30 ans

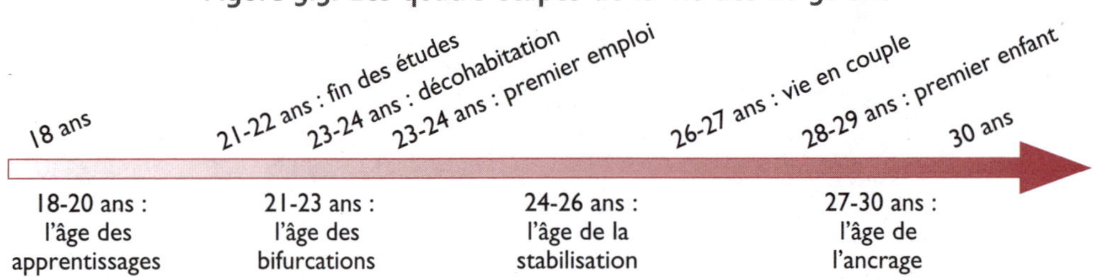

Source : d'après l'Observatoire des Caisses d'Épargne, 2005.

f. Les situations d'achat

On s'intéresse ici davantage au « *shopper behavior* » qu'au « *consumer behavior* » même si, au final, dans un magasin, l'acheteur du moment sera souvent le consommateur de demain.

Notre perception de la vie quotidienne et nos actes sont conditionnés par une multitude d'événements que l'on nomme « facteurs situationnels ». Ainsi, le processus d'achat sera différent selon que l'on achète un bouquet pour l'offrir à sa mère ou que l'on choisit des fleurs pour décorer un salon.

En marketing, la situation est définie comme un **ensemble de facteurs** liés à un moment et à un endroit donnés qui, sans trouver leur origine dans des caractéristiques stables des personnes ou des produits, exercent une influence manifeste sur le comportement.

Les facteurs influençant les situations d'achat

Ils sont fort nombreux :
– le milieu matériel (température, luminosité, fond sonore, odeurs, etc.) ;
– le temps disponible (achat après le travail ou plaisir du simple magasinage) ;
– les conditions psychologiques (humeurs, soucis, etc.) ;
– les circonstances sociales (parents ou amis qui accompagnent, densité de la foule, etc.) ;
– le moment (en semaine, le week-end ; le matin, le soir, etc.) ;
– les événements marquants (fêtes, anniversaires, etc.) ;
– la personnalité du vendeur, son art de persuader ;
– les occasions fortuites (promotion pour un bijou fantaisie sur Internet, tête de gondole séduisante en hypermarché...).

D'une telle multiplicité des facteurs, il résulte que la notion de situation est difficile à cerner tant elle s'applique à une infinité de cas.

Exemple

Le sentiment de la chaleur trop élevée éprouvé dans un magasin par un client correspond-il à un état réel ou à un état perçu par la personne ?

Aussi s'efforce-t-on de réduire les types de situations en distinguant deux grands cas :

- Les situations d'usage ou de consommation correspondent aux conditions dans lesquelles un consommateur envisage d'utiliser le produit. La sensibilité aux prix, la fidélité aux marques, le temps consacré à examiner le produit au moment du choix ou les attributs du produit seront très différents d'une situation à une autre. On ne choisit pas une robe pour aller à une cérémonie de la même façon qu'une robe pour les vacances d'été.

- Les situations d'achat, c'est-à-dire les caractéristiques de l'environnement du consommateur au moment de l'acquisition du produit qui agissent aussi sur le comportement. On acceptera mieux de faire la queue aux caisses d'un hypermarché le vendredi dans la soirée si l'on a du temps devant soi. On fera des comparaisons, on flânera, on se laissera séduire par des achats d'impulsion, alors que l'on se limitera au strict nécessaire pour passer aux caisses rapides si on doit aller chercher son enfant avant 18 heures 30 à la crèche.

Tous ces événements de la vie sont cependant trop nombreux pour que l'on puisse établir des catalogues situationnels facilement exploitables par les praticiens.

Figure 5.6. Le cycle de vie familiale à partir du recensement

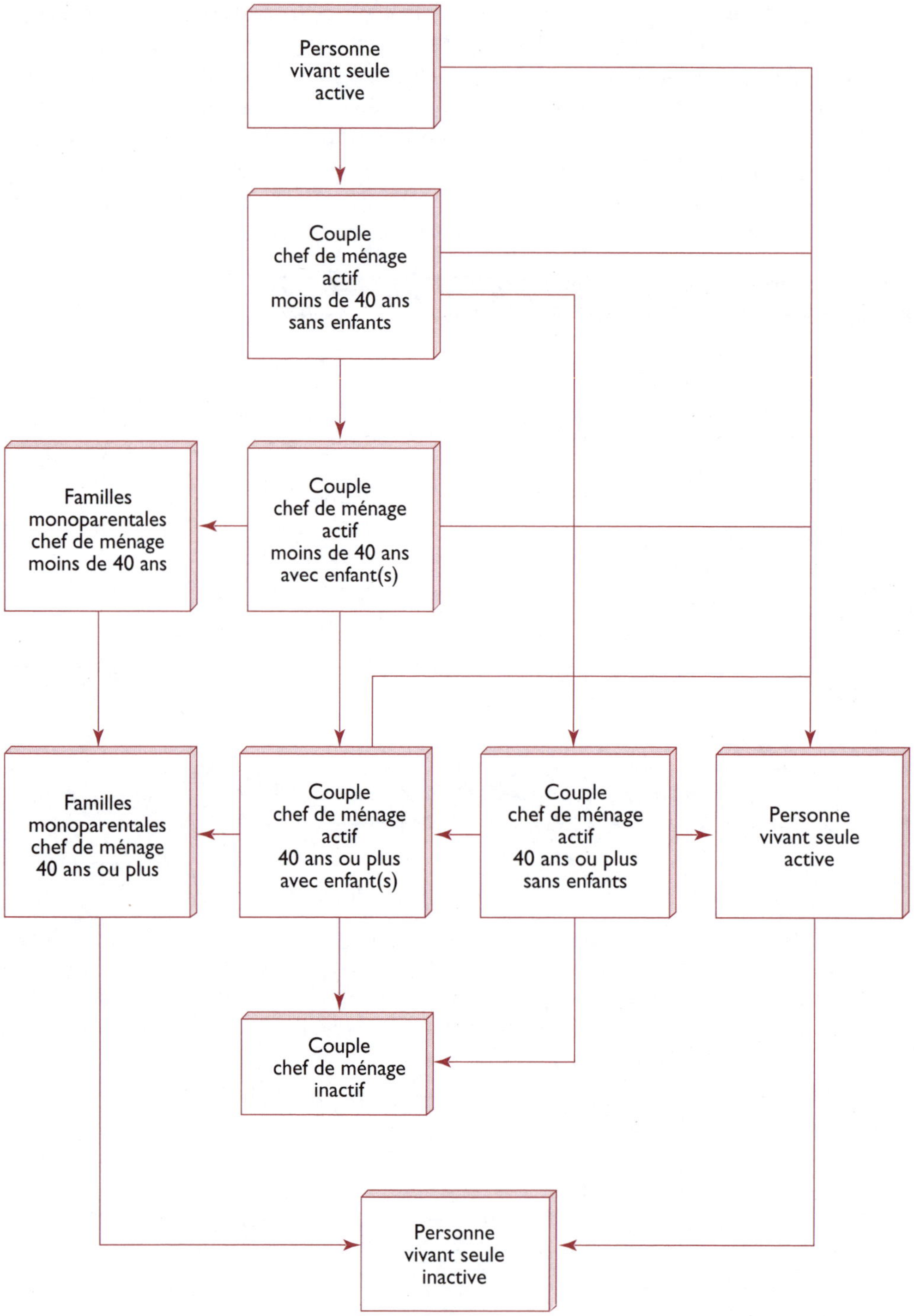

g. La conjoncture économique

Le comportement d'achat est intimement lié aux fluctuations de l'économie. Ainsi, constate-t-on qu'en cinquante ans, en France sur une longue période, le volume de la consommation a été multiplié par trois, comme l'ont été les revenus. Cependant, le rythme de croissance de la consommation n'a cessé de faiblir, passant d'une progression de plus de 7 % par an dans les années 1960 à un recul de 0,4 % en 2012, corrélatif à une baisse du revenu des ménages[2]. On a d'ailleurs constaté que les dépenses de consommation représentent un pourcentage stable des revenus, soit environ 55 %.

Au cours de la période de crise que nous traversons, les différents postes de consommation ne sont pas affectés par les difficultés rencontrées de manière identique. Si le marché de l'automobile neuve paraît très affaibli (– 14 %), les achats de produits issus des technologies de l'information enregistrent une croissance soutenue (+ 10 %). La voiture devient un simple moyen de transport pratique pour le commun des mortels, alors que la détention d'un produit high-tech paraît être le signe d'appartenance à la haute sphère des consommateurs postmodernes mondialisés.

D'une manière générale, la fièvre consommatrice n'a pas vraiment baissé au cours des cinq dernières années de vache maigre : elle s'est réorientée. D'un côté, le low cost pour satisfaire les besoins courants, peu importe la marque ou les différentes options ; seul compte le service rendu. De l'autre, les produits de luxe affichant des marques de prestige dont la clientèle ne se limite plus aux rares privilégiés.

Le consommateur se veut aussi plus rusé que précédemment ; il « achète malin », comparant les prix, marchandant et échangeant sur Internet les produits les plus variés.

L'évolution de la structure des dépenses de consommation

Est en baisse, la part de l'alimentation et de l'habillement.
Est en hausse, la part du logement, des transports, de l'hygiène-santé ainsi que les dépenses de communication et de loisirs.

2. Les facteurs individuels

Au même titre que les facteurs d'environnement, plusieurs facteurs individuels viennent agir sur l'acheteur pour déterminer son comportement.

a. Les motivations

Elles sont venues s'ajouter à – ou même remplacer – la notion, issue de l'économie, de **besoin**. En recherchant des explications relatives au comportement du consommateur, les psychologues ont trouvé que les motivations, bien qu'elles ne constituent pas l'ultime raison de l'achat, paraissaient toutefois essentielles.

La **définition** des motivations est parfois controversée, mais elle correspond toujours à un **état interne de l'individu**, qui suscite et oriente sélectivement sa réaction vers des buts spécifiques. La motivation, en un même temps, crée un déséquilibre, une tension, et donne les voies et moyens pour y remédier. On oppose plusieurs catégories de motivations :

– psychologiques/physiologiques ;

2. Alet C., Moati S., « Les métamorphoses du consommateur », *in Alternatives économiques*, n° 331, janvier 2014.

– rationnelles/émotionnelles ;
– conscientes/inconscientes ;
– positives/négatives.

Comme les besoins, les motivations sont infinies car elles sont stimulées par des gerbes de désirs. On peut comprendre, par l'emploi de cette image, que les motivations ont eu une tendance spontanée à dépasser ce qui est strictement nécessaire au bon fonctionnement d'ordre biologique. Pareille inclinaison ou dépassement résulte d'une double pression :

– la première a pour origine l'imagination qui engendre des besoins nouveaux ou des manières renouvelées de réactiver des besoins anciens ;

– la seconde provient de la concurrence des désirs, qui fait désirer à chacun ce que les autres désirent, de manière à combler son propre désir autant ou davantage que les autres.

Les motivations peuvent être hiérarchisées : elles ne se situent pas toutes au même niveau, certaines intervenant avant d'autres. Le niveau non satisfait oriente la conduite de l'individu. Il serait alors inopérant de vouloir assouvir des besoins d'un niveau supérieur, si les besoins des niveaux inférieurs ne sont pas satisfaits.

Une motivation toute particulière est soulignée, celle de la préservation de l'environnement. Un nombre croissant de consommateurs accorde de l'importance à la protection de l'environnement et à l'écologie. L'apparition d'un consumérisme vert est observable.

Exemple

Les consommateurs ont parfois concentré toutes leurs craintes sur les modes de conditionnement. En Grande-Bretagne, en quelques mois, les consommateurs ont appris à réclamer des lessives sans phosphate ou de la viande ne provenant pas de forêts tropicales dévastées à fin d'élevage. Dans le domaine alimentaire, les consommateurs se tournent également de plus en plus vers des produits qui préservent non seulement la santé mais aussi l'environnement.

b. L'implication

On définit l'implication comme un **état psychologique de l'individu**. Elle exprime l'intensité de la force engagée par la personne dans sa relation avec un objet commercial : le produit, la marque, le service, la situation d'achat, la publicité, le magasin, etc. Selon qu'elle est forte ou faible, l'implication renforce ou atténue la motivation.

Les origines de l'implication sont nombreuses :
– l'intérêt de l'individu porté à l'objet ;
– la valeur hédonique de cet objet ;
– sa valeur de signe ;
– l'importance des conséquences négatives d'un mauvais choix ;
– la probabilité de faire un mauvais choix, etc.

L'implication peut être durable (intérêt porté à une marque) ou éphémère (achat d'un cadeau pour une occasion précise). L'intensité de l'implication et sa nature, cognitive ou affective, influencent le **comportement du consommateur**. D'une façon générale, plus la personne se sentira impliquée, plus le processus de décision d'achat sera complexe, plus l'information traitée sera abondante, plus nombreuses seront les marques examinées. Le degré d'implication varie selon l'appréciation d'un produit ou d'un service. On le mesure en général à partir d'échelles (figure 5.7).

Figure 5.7. Une échelle de mesure de l'implication

Pour moi ce produit est :

	7	6	5	4	3	2	1	
Important								Pas important
Intéressant								Sans intérêt
Excitant								Fade
Il a du sens								Sans valeur
Il possède de la valeur								Inutile
Nécessaire								Insensé
Attirant								Plat

c. L'expérience

Le modèle le plus célèbre intégrant l'expérience est celui proposé par les behavioristes ; il est encore appelé **« modèle stimulus/réponse »**.

Plus généralement, l'expérience, ou encore selon un vocable plus moderne, l'apprentissage, comporte quatre éléments fondamentaux :

– une motivation qui engage l'individu à entrer dans un processus d'apprentissage ;

– des indicateurs : des stimuli de faible intensité, qui orientent le choix du consommateur ;

– une réponse, qui résulte d'un processus mental ou physique ;

– un renforcement, qui augmente la tendance à répondre de la même façon à un même stimulus.

La portée de cette démarche est grande. Afin de conserver un temps maximum pour traiter les problèmes importants et nouveaux, on suppose que chaque personne met en place, dans son esprit, des habitudes, des routines, qui déclenchent une réponse préétablie à un problème déjà connu. On imaginera aisément ce que deviendraient les achats de cigarettes, de dentifrice, de lessive, de café, s'il fallait à chaque fois mettre en œuvre un processus conscient et complet de choix entre les produits, les marques, les qualités, les conditionnements, les magasins, etc. Mais, si l'on tient pour vrai le schéma behavioriste, du temps et de l'énergie sont épargnés, et toutes les facultés disponibles peuvent être consacrées aux problèmes qui n'ont encore jamais été abordés. Les individus sont « programmés » – conditionnés, diront certains – pour réagir de manière uniforme à une certaine excitation. Les responsables de marketing – et surtout les publicitaires – mettent tout leur savoir en action pour parvenir à ce but suprême : faire réagir, dans un sens voulu par la firme, le consommateur, lorsque celui-ci est touché par un stimulus.

À l'inverse, si le pouvoir d'apprentissage n'est pas régulièrement stimulé, un phénomène d'oubli survient. La pratique publicitaire tente de remédier à ces défaillances de la mémoire.

Exemple

La schématisation à l'extrême, l'abondance de jingles et de bruitages, le recours à des logotypes très dépouillés sont des outils classiques auxquels recourt la promotion.

d. La personnalité

L'étude de la personnalité a, depuis fort longtemps, retenu l'attention, et cela de manière souvent polémique. La personnalité se définit comme l'**ensemble des traits d'un individu** qui le font penser ou agir dans un sens déterminé. La théorie la plus connue est la théorie psychanalytique de Freud qui distingue les trois composantes de la personnalité : le « ça », le « moi » et le « surmoi ». De la lutte entre les trois éléments, il résulte que certains désirs profonds de l'individu demeurent enfouis, mais sont cependant bien existants. Il est possible de les éveiller à l'aide d'un stimulus particulier. Les annonces publicitaires faisant appel à des pulsions sexuelles inconscientes appliquent les enseignements de cette théorie.

Reconnaissons très généralement que chacun d'entre nous dispose de caractéristiques personnelles (stabilité/instabilité – réflexion/impulsion – activité/passivité – calme/nervosité) qui ont une profonde influence sur les comportements d'achat. Mais il faut cependant ajouter que ces caractéristiques sont, pour la plupart, difficilement mesurables. En outre, les distinctions qu'elles font apparaître sont peu utiles pour l'entreprise : comment, en effet, adapter son produit à une catégorie de personnes peu définie, mal mesurée et inaccessible ? Il s'ensuit que la personnalité est fréquemment utilisée, en complément d'autres facteurs (de comportement, sociodémographiques, etc.) pour décrire des groupes d'acheteurs davantage que pour prévoir des influences. Tel est le problème des « styles de vie ».

Dans cet exposé sur l'influence de la personnalité on pourrait noter – pour montrer que les chercheurs ne sont jamais au repos – les développements sur les styles cognitifs (façon de traiter l'information par un individu, donc entraînant un comportement différencié) et sur les valeurs. L'Américain Rokeach s'est plu à relever les croyances fondamentales qui, au-delà des traits superficiels, guident l'individu dans ses achats de manière durable : la recherche d'une vie aisée, d'une vie passionnante, d'une sécurité familiale, du plaisir, etc. À la suite de quoi, grâce à la méthode des chaînages cognitifs (interrogation du consommateur par association d'idées puis traitement informatique), on peut tenter de passer des valeurs adoptées par le consommateur aux attributs des produits.

Tableau 5.2. Les valeurs de Rokeach

Valeurs terminales	Valeurs instrumentales
Une vie aisée (une vie prospère)	Ambitieux (travailleur, qui désire réussir)
Une vie passionnante (une vie stimulante et active)	Large d'esprit (à l'esprit ouvert)
Un sentiment d'accomplissement (contribution durable)	Capable (compétent, efficace)
Un monde en paix (sans guerre ni conflit)	Gai (enjoué, joyeux)
Un monde de beauté (de la nature et des arts)	Propre (bien tenu, soigneux)
L'égalité (fraternité, égalité des chances pour tous)	Courageux (prêt à défendre ses valeurs)
La sécurité familiale (en prenant soin de ceux qu'on aime)	Indulgent (qui accepte de pardonner à autrui)
La liberté (indépendance, libre choix)	Serviable (qui œuvre pour le bien des autres)
Le bonheur (la satisfaction)	Honnête (sincère, franc)

Valeurs terminales	Valeurs instrumentales
L'harmonie intime (absence de conflit intérieur)	Imaginatif (audacieux, créatif)
La plénitude amoureuse (intimité sexuelle et spirituelle)	Indépendant (sûr de soi, autonome)
La sécurité nationale (protection contre une attaque)	Intellectuel (intelligent, réfléchi)
Le plaisir (une vie agréable et menée sans hâte)	Logique (cohérent, rationnel)
Le salut (sauvé par la vie éternelle)	Aimant (affectueux, tendre)
Le respect de soi (estime de soi)	Obéissant (déférent, respectueux)
Un statut social reconnu (respect et admiration)	Poli (courtois, bien élevé)
L'amitié authentique (camaraderie étroite)	Responsable (sur qui on peut compter, fiable)
La sagesse (une compréhension réfléchie de la vie)	Maître de soi (mesuré, autodiscipliné)

e. L'image de soi

Un autre aspect du comportement est l'image de soi, c'est-à-dire la manière dont un individu se perçoit lui-même, tant sur le plan physique que sur le plan psychologique. On distingue l'**image de soi réelle** (telle que l'on se voit) et l'**image de soi idéale** (telle que l'on aimerait se voir). L'image de soi et sa formation dépendent de tous les autres facteurs mentionnés jusqu'ici : culture, groupes d'influence, expérience, motivations, etc.

Toute la question, sur le plan du marketing, se ramène au fait que les consommateurs souhaitent consommer des produits qui sont en accord avec l'image qu'ils se font d'eux-mêmes. Il s'agit de faire correspondre l'image du produit et l'image de soi. Tous les efforts déployés par les services marketing – et couronnés de réussite le plus souvent – pour façonner une image déterminée d'un produit vont dans ce sens.

Exemples

- L'image de l'iPad d'Apple n'est pas celle du Galaxy Tab de Samsung. Les images qu'ont d'eux-mêmes les possesseurs de ces deux tablettes sont-elles également différentes ?
- L'image donnée par les campagnes de publicité de Ryan Air est différente de celle d'Easy Jet. Faut-il en conclure que les clients de l'une ou de l'autre compagnie se perçoivent de manière dissemblable ?

Figure 5.8. L'image de soi

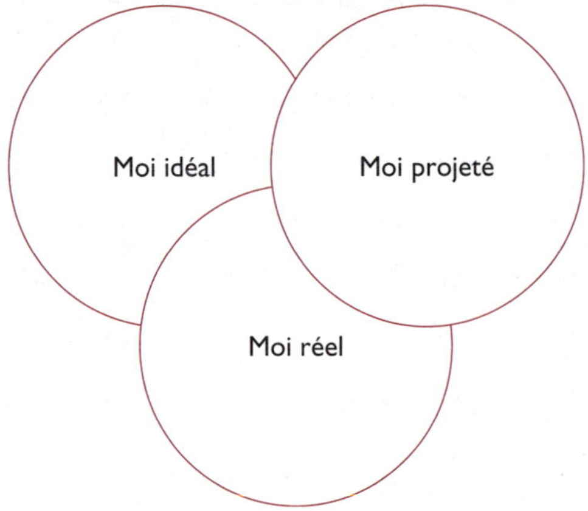

f. Les attitudes

Elles se définissent comme les prédispositions acquises par l'individu et qui l'amènent à réagir de telle ou telle façon à l'égard d'un objet ou d'un groupe d'objets.

Exemple

Aimer – et éventuellement acheter – le scooter Piaggio 3 roues, détester le Vespa 50 cm^3 sont autant d'exemples d'attitudes.

On comprend aisément toute l'importance que les attitudes ont sur le comportement d'achat.

Trois questions se posent : l'**origine** des attitudes, la **mesure** des attitudes et, surtout, l'**évolution** des attitudes.

- **L'origine des attitudes**

La source des attitudes doit être recherchée dans l'expérience personnelle, dans la connaissance que l'on peut avoir d'un produit et, plus généralement, dans tous les facteurs individuels (personnalité, image de soi, etc.) et les facteurs d'environnement. Les groupes de référence, pour ne prendre qu'un exemple, constituent un puissant facteur de formation des attitudes.

Exemple

La griffe du costume porté par un collègue de bureau particulièrement dynamique et sûr de lui fera naître une attitude favorable à l'égard de cette marque.

- **La mesure des attitudes**

Il s'agit d'une opération délicate qui est menée à bien au moyen de diverses échelles sur lesquelles le consommateur est appelé à placer ses propres réponses. Parmi les principales techniques, il convient de mentionner :

- La sémantique différentielle mise au point par Osgood.

Exemple

Pour tester le forfait mobile Orange Sosh, on demandera au consommateur de répondre à une question en cochant une case : « Le nom de Sosh pour un forfait vous paraît-il ? » Désuet/Moderne.

- L'échelle additive de Likert.

Exemple

« Sosh est un nom particulièrement moderne pour un forfait mobile – Êtes-vous ? »

Tout à fait d'accord	Plutôt d'accord	Sans opinion	Plutôt pas d'accord	Pas du tout d'accord
– 2	– 1	0	+ 1	+ 2

Et on additionne les scores obtenus sur chaque énoncé.

- L'échelle différentielle de Thurstone. Onze groupes d'énoncés sont choisis. On les range de l'énoncé le plus favorable au produit à l'énoncé le moins favorable. Le score d'attitude est la somme des énoncés (numérotés de 1 à 11) avec lesquels le répondant est d'accord.

- • **L'évolution des attitudes**

C'est le problème le plus important, car il touche de manière pressante les gestionnaires commerciaux. Un produit est acheté s'il rencontre une attitude favorable chez le consommateur. S'il n'est pas acheté, un décalage existe, qui peut être résolu de deux façons :

– en modifiant les caractéristiques du produit pour les rendre compatibles avec les attitudes du consommateur ;

– en faisant évoluer les attitudes du consommateur.

Exemple

Les campagnes publicitaires pour la norme 4G insistent sur la simplicité d'utilisation et tendent à rassurer l'utilisateur potentiel sur un service apparemment compliqué à maîtriser avec les terminaux existants.

L'attitude comporte **trois niveaux** que l'on peut influencer :

- **Cognitif.** Une information supplémentaire transforme l'attitude.

Exemple

« Darty rembourse la différence si vous trouvez moins cher ailleurs. »

- **Affectif.** Une forte contrainte exercée sur l'aspect émotionnel fait que le consommateur se prend à « aimer » le produit.

Exemple

« Nivéa : le soin c'est la vie. »

- **Conatif.** Un avantage exceptionnel au bon moment et au bon endroit emporte la décision, en dépit d'une attitude générale non spécialement favorable.

Exemple

Un coupon de réduction trouvé dans un autre produit.

L'examen de l'évolution des attitudes a fait naître une série de réflexions théoriques qui reposent toutes sur un point commun : l'individu n'aime pas les discordances. Dès lors, si une contradiction se fait jour entre certaines attitudes, une tension s'instaure, laquelle ne sera apaisée que lorsque la contradiction aura disparu. Deux de ces théories sont particulièrement connues : la **théorie de la congruence** et celle de la **dissonance cognitive**.

• • La théorie de la congruence

Elle expose que lorsque deux attitudes sont contradictoires – l'une favorable, l'autre défavorable –, l'individu a tendance à les faire évoluer l'une vers l'autre pour **éliminer la contradiction**.

Exemple

Alain Delon vante les mérites des lunettes Krys dans un jeu d'autodérision.

Une contradiction naît entre l'attitude favorable à l'égard de l'acteur et l'attitude défavorable à l'égard des lunettes. L'individu a tendance à chercher un point d'équilibre en révisant son attitude, soit sur l'acteur, soit sur les lunettes, soit sur les deux réunis.

Toute la question est de savoir quelle est l'attitude modifiée en priorité. On devine que plus les attitudes sont enracinées et plus la difficulté devient grande, si l'on veut les modifier. À la limite, la contradiction sera résolue en rejetant totalement un des deux aspects. C'est la raison pour laquelle il peut être parfaitement inutile de vouloir modifier une attitude trop profondément ancrée chez les consommateurs. Mieux vaut alors la contourner.

Exemple

Il est parfois souhaitable d'arrêter de fabriquer un produit pour le relancer sous une autre appellation.

Les publicitaires sont sensibles à la congruence, lorsqu'ils recourent, dans une annonce, à une personne ou un symbole qui détient un très fort capital de sympathie dans le public : un auteur connu, un présentateur de télévision ou de radio, des enfants, des animaux familiers.

• • La théorie de la dissonance cognitive

Elle a été élaborée, en 1957, par Léon Festinger. La dissonance cognitive est un **état psychologique** qui survient lorsqu'un individu perçoit (s'il ne perçoit pas, il n'y a pas de dissonance) que deux éléments d'information – éléments qu'il pense vrais tous les deux – sont en contradiction.

La dissonance peut se manifester à diverses occasions.

Exemples

Une attente considérée comme certaine est déçue, un comportement ne vérifie pas une attitude, deux comportements sont en opposition.

À partir du moment où une dissonance est perçue, le sujet concerné tente d'y remédier en vertu du principe général de refus de la discordance. L'inconfort doit être réduit au plus vite. Trois méthodes sont alors envisageables pour atténuer la dissonance :

– rationaliser, c'est-à-dire traiter à nouveau toutes les informations disponibles avec un œil plus objectif ;

– rechercher des informations supplémentaires qui renforcent le comportement adopté, bref qui rassurent ;

– éliminer, ou tout au moins atténuer, les informations qui viennent à l'encontre du comportement.

Exemple

L'acheteur d'une Mercedes classe A est soumis à une dissonance, car son véhicule connaît une forte panne de direction quelques mois après l'acquisition. Une dissonance est perçue, parce que l'achat a nécessité un long processus, dans lequel le consommateur a investi beaucoup de son temps. Dans ce cas, une contradiction existe entre une connaissance supposée (la classe A est une excellente voiture très robuste) et une expérience malheureuse. Pour surmonter la difficulté, l'acheteur peut adopter une (ou plusieurs) des trois méthodes évoquées :

- Estimer que la panne est due au hasard et qu'en toute hypothèse il est statistiquement normal d'avoir certaines pannes sur des voitures, même neuves.
- Se faire confirmer à toute occasion que la classe A est la voiture la plus confortable, la moins onéreuse à l'entretien, la plus élégante, etc.
- Changer d'attitude vis-à-vis de la classe A et considérer que l'achat a été une erreur.

La dissonance la plus courante est celle qui survient après un achat important. On note, par exemple, que les acheteurs récents sont infiniment plus attentifs aux annonces publicitaires du produit qu'ils viennent d'acheter que les non-acheteurs ; ils tentent, en effet, de confirmer la justesse de leur jugement, de réduire le risque éventuel de dissonance en accueillant le plus favorablement toutes les indications positives à l'égard du produit.

3. La dimension affective

L'étude de l'enchaînement des étapes au terme desquelles se forment les attitudes a montré aux spécialistes qu'une **préférence** (stade affectif) existait parfois avant même qu'une croyance ou qu'une opinion puisse se former (stade cognitif). Dès lors, s'est ouvert un vaste débat destiné à mieux situer la place respective de chaque dimension : la cognitive ou l'affective. L'affectif prend un poids déterminant dans l'analyse des processus de décisions du consommateur.

Les cognitivistes postulaient que la décision d'achat avait pour origine un calcul : la somme des bénéfices tirés de la connaissance des attributs d'un produit. Les tenants de la théorie fondée sur l'affectivité avancent que le comportement résulte de préférences issues de l'affectivité et non pas d'une opération de l'intellect.

Figure 5.9. Le débat

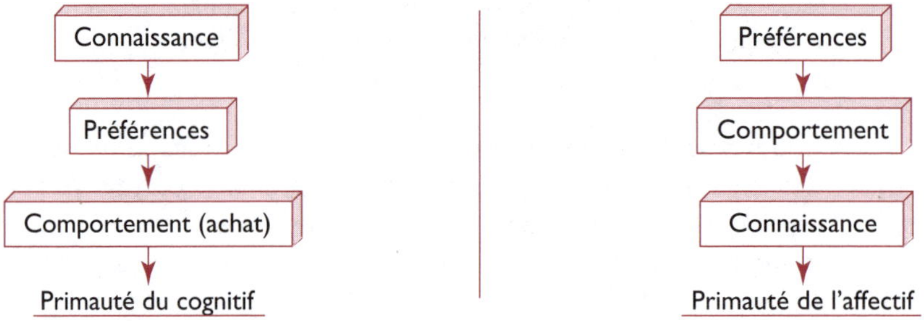

Certains vont même plus loin, comme le suggère la figure 5.10.

Figure 5.10. La formation des préférences par exposition

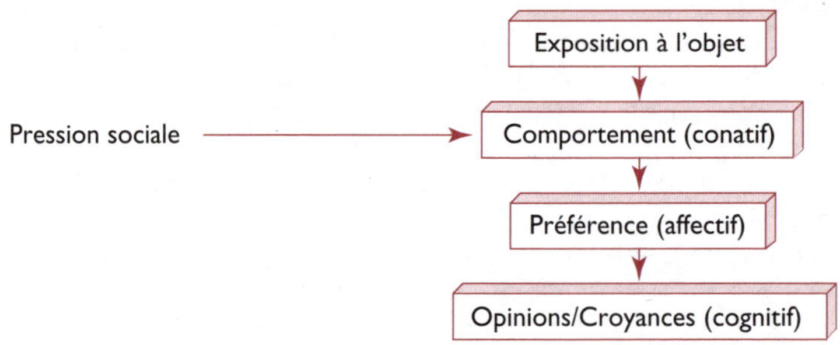

La pression du groupe conduit un individu à convoiter des produits qui lui ont été présentés. Il les achète et forme ses préférences. Celles-ci déterminent à leur tour des justifications rationnelles (opinions, croyances). Les modèles basés sur l'affectif ont une forte capacité explicative des comportements d'achat. Ils conduisent à minimiser le poids de l'explication cognitiviste trop dépendante de la théorie économique classique du consommateur qui calcule ses utilités. S'inspirant des sciences humaines, de la sémiotique par exemple, de nombreuses recherches s'orientent vers l'étude du vaste monde des sentiments, des émotions, de la sensibilité.

Exemples

- Chez Abercrombie & Fitch, une musique tonique destinée à évoquer une ambiance de fête doit avoir pour résultat de placer les clients dans un état d'esprit favorable à l'achat. Les responsables des magasins jouent, dans ce cas, sur l'affectivité et, plus précisément, sur l'humeur des visiteurs.
- De même, dans le métro de Marseille, la diffusion d'un parfum à la lavande n'a pas seulement comme objectif de lutter contre de mauvaises odeurs réelles, mais plus encore de donner aux voyageurs le sentiment que ce moyen de transport participe à la protection de l'environnement et doit être préféré à l'emploi de la voiture individuelle.

Pour conclure, il convient de remarquer que, dans certains cas, le consommateur, s'attachant à résoudre un problème bien identifié, mettra en œuvre un processus de type cognitiviste. Dans d'autres cas, la personne plus sensible à la découverte d'expériences nouvelles et de sensations inédites restera guidée, dans ses choix, par son affectivité, par la recherche d'émotions fortes.

L'approche expérientielle

Les travaux de R. Holbrook et E. Hirschman ont mis l'accent sur la nécessité, dans une logique expérientielle, d'offrir au consommateur des occasions de vivre des expériences. P. Hetzel propose aux décideurs de décomposer leur offre en agissant sur cinq leviers.

Les cinq facettes de la roue expérientielle

Surprendre	Proposer de l'« extraordinaire »
Répondre au besoin d'inattendu Repenser l'offre Faciliter le quotidien du consommateur Reconstruire les catégories de consommation	Le gigantisme Le fantastique L'authenticité L'historicisme et la nostalgie Le futurisme Le magique Le féerique
Stimuler les cinq sens du consommateur	**Créer du lien avec le consommateur**
Créer l'ambiance d'une maison Créer une ambiance intime Créer du « naturel » en milieu urbain Créer du ludique Créer du sacré Créer des mythes Créer de l'« ailleurs »	La connivence Le contact personnalisé L'éthique L'identité Le festif La proximité

Se servir de ce à quoi renvoie la marque
La marque au service du spectacle La marque « état d'esprit » La marque temple La marque existentielle La marque emblème d'amitié

4. La fidélité

Un des objectifs majeurs recherchés par les responsables de marketing consiste à gagner et à faire perdurer la fidélité des clients.

La fidélité est la constance manifestée par un consommateur pour acheter le même produit/service ou pour fréquenter régulièrement un magasin, quelles que soient les situations d'achat ou les tentatives effectuées par les concurrents pour gagner un nouveau client.

Les spécialistes distinguent deux types de fidélité :

- La fidélité comportementale. Elle conduit le consommateur à acheter toujours le même produit/service ou à fréquenter le même point de vente.

• La fidélité attitudinale. Elle résulte de l'attitude favorable du consommateur envers le produit/service ou le magasin.

L'**inertie du consommateur** désigne la fidélité à une marque ou à une enseigne sans qu'il existe d'attitude favorable envers l'une ou l'autre. L'inertie a pour origine fréquente les coûts financiers ou les pertes de temps que ne manquerait pas de provoquer le changement de marque ou d'enseigne.

Exemple

Le client de téléphonie mobile abonné à SFR hésitera à souscrire un nouveau contrat chez Orange pourtant plus avantageux, en raison du temps nécessaire pour effectuer les démarches d'abonnement et de résiliation de contrat.

La **recherche de variété** correspond au cas où le consommateur se révèle volage, sans qu'on puisse constater un changement d'attitude envers la marque ou l'enseigne abandonnée.

Exemple

Une acheteuse fidèle à la marque d'huile d'olive Puget achète une huile d'olive crétoise plus chère à l'occasion d'une promotion sur les huiles de table en hypermarché.

B. Le processus d'achat

Il est temps à présent de tenter de rassembler tous les éléments ayant une influence sur les comportements d'achat pour voir comment se déroule le processus. Nous examinerons ainsi les **différentes phases du phénomène d'achat**.

Admettre que l'achat résulte d'un processus comportant des étapes bien marquées relève d'une simplification qui peut paraître abusive dans certains cas. Il est évident que, par nature, l'achat impulsif échappe au cadre strict des stades multiples.

Exemple

Le fait de placer une tablette de chocolat dans le Caddie d'un hypermarché relève d'un processus à étapes pour le moins réduites.

De même, de nombreux achats interviennent dans le cadre d'habitudes, de décisions « programmées », qui deviennent routinières, et le processus semble alors très simplifié. Un **déclenchement du processus complet** ne survient que lorsqu'un événement exceptionnel se produit.

Exemple

Si un article habituellement consommé n'est plus disponible ou s'il ne procure plus la satisfaction attendue, le processus complet d'achat peut à nouveau être déclenché.

Il reste que la **décomposition en étapes** est extrêmement utile sur un plan explicatif. Nous l'adopterons donc en notant bien que toutes les phases n'apparaissent pas nécessairement à l'occasion de tous les achats de l'ensemble des produits.

Figure 5.11. Le processus d'achat

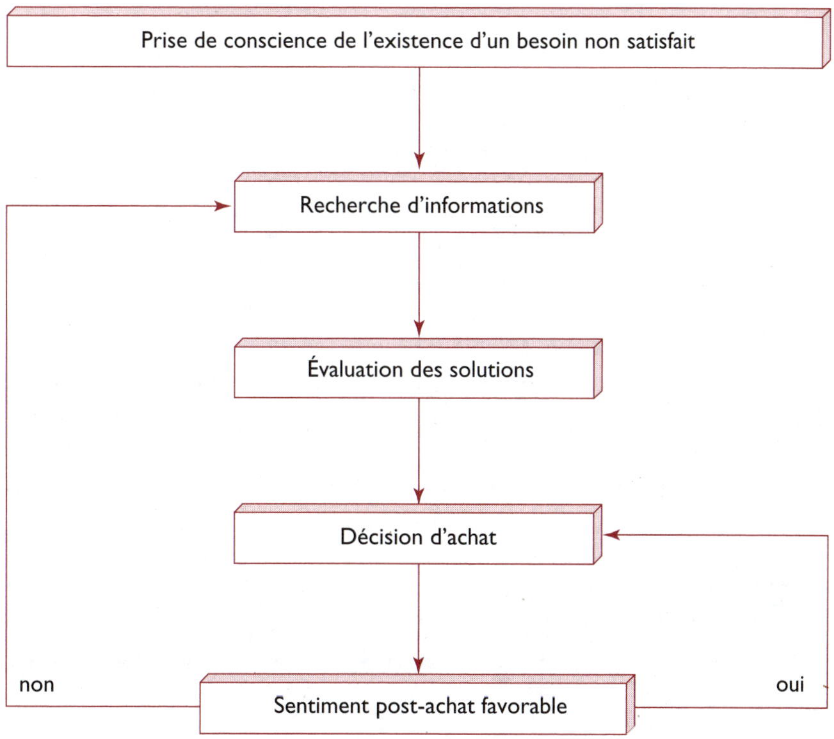

1. La prise de conscience du besoin

Le besoin est éveillé, ou réveillé, lorsque le sujet est mis sous tension, en raison d'un décalage entre ses propres souhaits et la situation qu'il subit. La tension est plus ou moins forte et incite l'individu à résoudre le problème plus ou moins rapidement. Le besoin peut exister à l'état latent et être réveillé par une annonce publicitaire. Plus généralement, la mise sous tension intervient lorsque :

– la nécessité de renouveler un stock se fait sentir ;
– des modifications sont intervenues dans l'environnement ;
– un facteur individuel a évolué ;
– la qualité du produit diminue ;
– un autre produit apparaît.

Pour aller un peu plus loin, on peut dire que le processus répond au classique **paradigme cognitiviste** qui juge que le consommateur est un être rationnel qui franchit des étapes successives avant de se décider à acheter. On sait que cette démarche n'est pas fausse mais qu'elle comporte des limites. Dans de nombreux cas, le consommateur achète pour faire une expérience de consommation plus que pour rechercher l'utilité procurée par un bien ou un service. La phase de recherche d'information est alors bien différente : c'est le paradigme expérientiel.

L'esprit humain procède au traitement des nombreuses informations recueillies, mais il accomplit cette opération selon le principe d'une « gestion par exception », qui consiste à ne tenir compte que des seules informations importantes, car la capacité du cerveau est limitée. La prise de conscience du besoin non satisfait s'accompagne d'une sous-étape, immédiatement postérieure, qui est celle de l'**appréciation du degré de nécessité** de l'achat.

Exemple

Si, de manière évidente, le besoin ne peut être satisfait, pour une raison financière entre autres, le processus est arrêté. Sinon, l'étape suivante est abordée et l'information reçue fait l'objet d'un traitement individuel. Un processus de perception se met en marche qui peut entraîner des distorsions par rapport au message initial.

2. La recherche d'information

Elle est plus ou moins active, plus ou moins approfondie. Dans un premier temps, le consommateur puise dans son **expérience** et dans ses **propres connaissances**. Ensuite, il recherche des informations externes diffusées par les entreprises, par des associations de consommateurs, par les pouvoirs publics. Internet est ainsi devenu la source principale et régulière d'information pour tous les consommateurs.

Exemples

Les sites des fabricants, avis et commentaires de clients, chats, forums, réseaux sociaux, comparateurs de prix sont régulièrement consultés pour se décider pour un produit ou un autre.

L'ampleur de cette quête d'information pour éclairer l'achat dépend de **plusieurs facteurs** dont :

- **La personnalité du consommateur lui-même.** Certains ne se décident qu'après s'être parfaitement et complètement informés, d'autres consacrent moins de temps à cette étape.
- **La nature du produit.** L'information est moins précieuse pour l'achat d'un Kinder Bueno que d'une paire de chaussures.
- **Le coût de l'information et l'avantage procuré.** Le coût de la recherche d'une maison d'habitation peut se monter à plusieurs dizaines, voire centaines d'heures, mais l'avantage corrélativement est grand (tout au moins l'espère-t-on).
- **Le risque encouru en cas d'erreur.** Le risque financier d'un mauvais achat d'un poste de télévision est très différent du risque psychologique que comporte l'achat d'un maillot de bain, et donc une information plus ou moins étendue est requise dans chacun des deux cas.

3. L'évaluation des solutions

Fort de toutes les informations recueillies, le consommateur va procéder à l'**estimation** de diverses solutions envisagées avant de se décider.

Le modèle de départ a été théorisé par Fishbein. Ce dernier a estimé que les trois composantes classiques de l'attitude (cognitive, affective, conative) revenaient en fait au même et que c'est plutôt d'un indicateur global qu'il était nécessaire de se doter. Fishbein propose un modèle d'arithmétique psychologique : l'évaluation globale d'une attitude à l'égard d'un produit, qui comporte plusieurs attributs, est égale à la somme pondérée de chaque attitude à l'égard de chaque attribut.

$$A_b = \sum_{i=1}^{n} w_i B_{ib}$$

A_b = attitude globale du consommateur à l'égard de la marque *(brand)* b ;
W_i = poids *(weight)* de l'attribut i dans l'esprit du consommateur ;
B_{ib} = évaluation de l'attribut i de la marque b ;
n = nombre d'attributs.

L'attitude d'un consommateur à l'égard d'un produit de consommation courante (le dentifrice)

L'attribut « protection des caries » est peu important, alors que « dents blanches » l'est davantage. L'attribut « haleine fraîche » est noté à 3 pour la marque a, à 8 pour la marque b.

Attribut	Pondération	Marque a		Marque b		Marque c	
(i)	(W_i)	B_i	B_{ia}	B_i	B_{ib}	B_i	B_{ic}
Protection des caries	1	9	9	3	3	3	3
Dents blanches	3	2	6	6	18	6	18
Haleine fraîche	2	3	6	8	16	7	14
Prix	1	6	6	5	5	5	5
			27		42		40

La marque b est choisie.

Le modèle multi-attributs de Fishbein est un modèle parmi d'autres. Le principe d'évaluation, tout en reposant sur l'idée fondamentale de l'existence de plusieurs attributs, peut être différent. On distingue quatre familles de modèles :

- Les modèles de compensation. Ils sont additifs et linéaires. L'exemple est celui exposé par Fishbein ; une mauvaise note donnée à un attribut compense une bonne notation donnée à une autre caractéristique.
- Les modèles de satisfaction conjonctifs. Le produit acheté est celui pour lequel l'estimation de chaque attribut dépasse un montant minimal défini par ailleurs. Tous les dentifrices qui sont évalués, par exemple, au moins à deux pour chaque attribut sont retenus. Ce modèle ne conduit pas véritablement à un choix, mais plutôt à la constitution des deux catégories, en fonction d'une exigence minimale préalablement définie : ceux qui franchissent la barre et ceux qui sont recalés ; le modèle peut également être disjonctif : un minimum existe pour

certains attributs seulement. On ajoutera à cela que le consommateur n'a pas en tête l'ensemble des produits et marques susceptibles d'être évalués. C'est au sein d'un univers plus restreint (l'ensemble des considérations ou *« evocated set »*) que les évaluations sont menées puis le choix opéré.

• Les modèles lexicographiques : on commence par ranger les attributs par ordre d'importance. Ici, les attributs « dents blanches » et « haleine fraîche » sont mieux classés : leurs poids sont supérieurs à ceux qui touchent à la protection des caries et au prix. Puis on compare les marques sur l'étalon de l'attribut prioritaire. Si l'une des marques dépasse les autres, elle est alors choisie. En cas de classement à égalité, on compare les marques *ex aequo* d'après le second attribut, et ainsi de suite. Dès qu'une marque se détache des autres, elle est retenue.

• Les modèles des attributs déterminants. Certains attributs peuvent être considérés comme extrêmement importants par le consommateur sans qu'ils jouent pour autant un rôle déterminant : c'est le cas d'un attribut qui est de qualité équivalente pour toutes les marques.

On calcule la « déterminance » des attributs qui est égale au produit de leur importance par leur score de variabilité d'une marque à l'autre.

Exemple

La sécurité est un attribut important pour le transport aérien, mais il n'est pas déterminant entre les grandes compagnies qui sont également sûres.

4. La décision d'achat

Elle n'est **pas unique** et s'étend à plusieurs aspects. Le consommateur doit choisir la marque, le conditionnement, le site Internet, le magasin, la quantité, etc. C'est à partir d'une situation d'équilibres et de déséquilibres successifs qu'intervient l'achat. Les choix définitifs sont influencés par :

• Les facteurs situationnels qui prévalent à ce moment-là (l'acheteur est-il seul, accompagné, fait-il beau ? etc.).

• Le niveau d'implication à l'égard du produit que connaît le consommateur. Il peut aller du complet détachement à la passion incoercible.

• Les risques perçus. Ils varient d'une personne à l'autre, ils sont également renforcés par de multiples situations d'achat en des temps où l'aversion envers les risques paraît croissante.

Les différents risques perçus

Ils peuvent être de nature :

• Financière. Le produit entraîne une perte d'argent (ex. : achat d'un vêtement inutilisable).

• Physique. Un risque pèse sur la santé (ex. : achat d'un plat cuisiné susceptible de contenir des allergènes).

• Qualitative. Le produit ne procure pas les services attendus (ex. : mauvaise définition des photos prises avec tel ou tel téléphone portable).

• Psychologique. Le produit ne correspond pas à l'image que j'ai de moi (ex. : vêtement trop classique, qui vieillit son porteur).

• Sociale. Le produit risque de me dévaluer socialement (ex. : achat d'une marque de distributeur).
• Temporelle. Le produit entraîne une perte de temps.
• Substituable. Un autre produit serait plus utile (ex. : achat d'un produit hi-fi high-tech *versus* remplacement d'un appareil électroménager usagé).

Figure 5.12. Le processus de choix du consommateur

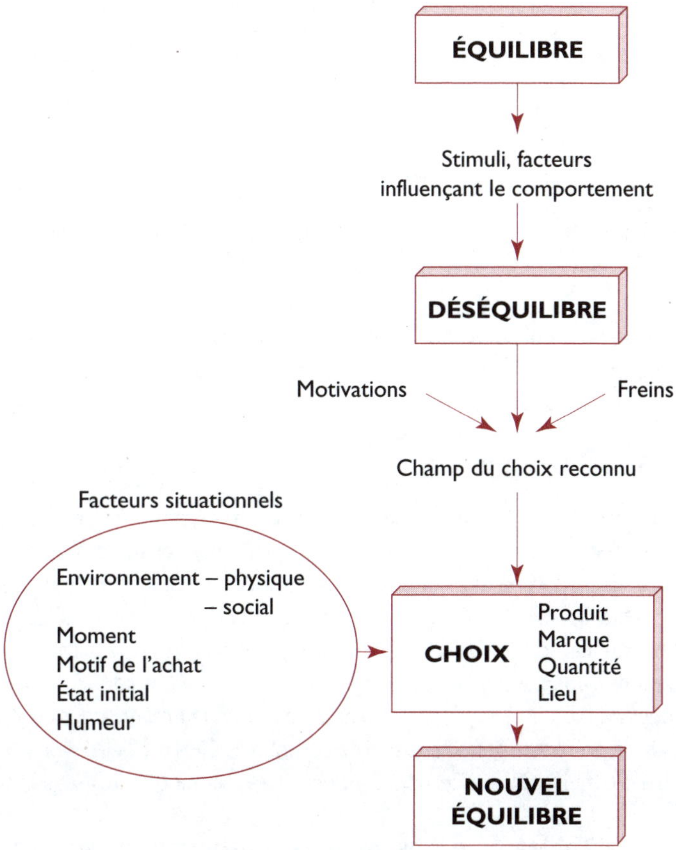

Une distinction peut être opérée entre les décisions prises avant l'achat proprement dit (quel site Internet, quel magasin, quel produit, quelles marques sont acceptables ?) et celles effectuées lors de l'achat (choix de la marque, de la quantité, etc.). Pour agir sur chacune de ces décisions, l'entreprise doit bien connaître les divers motifs qui interviennent à chaque stade. Les magasins ont des images différentes qu'ils construisent et entretiennent avec patience. La décision n'est pas la même selon le type de produit acheté. À cet égard, la célèbre **classification de Copeland** est toujours d'actualité :

- ***Convenience goods.*** Ce sont tous les produits couramment achetés.
- ***Shopping goods.*** Il s'agit de tous les produits relevant d'un achat réfléchi.
- ***Speciality goods.*** Ce sont tous les produits relevant d'un achat spécialisé.

Ces trois catégories de produits s'opposent sur le plan du marketing, d'où l'intérêt d'une classification (tableau 5.3).

Tableau 5.3. Les types d'achats et les types de produits

Caractéristiques de l'achat	Catégories d'achat		
	Achat courant	Achat réfléchi	Achat spécialisé
Exemples	Produits d'entretien Épicerie Boissons légères	Vêtements Meubles Électroménager	Automobiles Appareils photo Matériel informatique
Temps consacré à l'achat	très faible	important	très important
Fréquence d'achat	élevée	faible	faible
Prix	faible	élevé	élevé
Influence de la promotion et de la PLV	très forte	moyenne	faible
Marge unitaire	faible	élevée	élevée
Influence du détaillant	faible	importante	très importante

On comprend bien, au vu des quelques critères évoqués dans le tableau 5.3, que le processus d'achat n'est pas le même pour chaque catégorie et donc que les politiques de marketing souhaitables se ressemblent peu.

5. Le sentiment post-achat

C'est la dernière étape ; c'est d'elle que découlent les achats ultérieurs. Pour les produits d'achat courant, si les sentiments après l'achat entrent à peu près dans le cadre attendu, l'automatisation de la procédure est renforcée et elle ne sera remise en cause que si un élément nouveau survient. Pour les produits d'achat réfléchi, surtout pour les produits d'achat spécialisé, la tension, au lendemain de l'achat, est forte, car le consommateur craint d'avoir commis une erreur : une dissonance cognitive peut apparaître. Nous avons vu de quels moyens le consommateur disposait pour la réduire.

Le processus d'achat, tel qu'il a été ici analysé, est en fait relativement simplifié et les auteurs n'ont pas manqué de présenter des schémas plus complexes. Des modèles globaux – et pas seulement des modèles d'évaluation comme ceux que nous avons examinés – ont également été élaborés.

Tableau 5.4. Les produits consommés et les situations

	Implication minimale	Différenciation fonctionnelle	Risque dédramatisé	Petit plaisir	Achat conformiste
Piles	X	X	X		X
Robes				X	
	Implication sans risque	**Implication fonctionnelle**	**Implication de plaisir**	**Besoin de prise en charge**	**Implication maximale**
Piles	X				
Robes		X	X	X	X

Le sentiment post-achat peut aussi être mesuré à travers l'évaluation de la satisfaction du consommateur.

6. L'évaluation de la satisfaction

La satisfaction est un concept parent du **sentiment post-achat**. Elle est formée des impressions positives ou négatives ressenties par un acheteur ou par un consommateur, au terme du processus d'achat et de consommation. Elle résulte de la comparaison entre les attentes préexistantes à l'achat et le sentiment ressenti après l'acquisition et/ou l'usage du bien. La satisfaction s'exprime par degrés entre deux extrêmes : l'enthousiasme et le mécontentement. Elle reste une condition préalable de la fidélité du client envers le produit ou le service.

Plusieurs méthodes visant à mesurer la satisfaction existent.

a. Les suggestions et les réclamations

Des documents sont remis aux clients qui expriment leurs sentiments. Cette pratique est fréquente dans l'hôtellerie, après un voyage organisé ou même à la suite d'un séjour en clinique.

b. Les sites Internet spécialisés

Trip Advisor, par exemple, collecte les avis des clients de l'hôtellerie. D'innombrables avis circulent sur tous les produits et tous les services sur les réseaux sociaux, les blogs et les forums.

c. Les enquêtes de satisfaction

Ce sont des études de type qualitatif effectuées sur un échantillon représentatif de clients. Elles débouchent sur la constitution d'indices de satisfaction, proches des panels. Ceux-ci permettent d'effectuer des analyses à un moment donné, des comparaisons entre clients, ou des études réalisées au fil du temps.

Elles s'accompagnent généralement de questions visant à connaître l'intention de réachat, voire même le désir de recommander le produit aux amis et parents.

Ces études s'effectuent généralement à partir d'échelles à cinq points, chaque échelon étant considéré comme équidistant de ceux qui l'encadrent.

d. Le client mystère

Cette pratique est fréquente dans le commerce, l'hôtellerie ou la restauration. On demande à un client complice de l'entreprise d'évaluer la prestation sur plusieurs attributs : l'accueil ou la qualité du repas par exemple. Dans certains cas, on simulera un incident pour mieux savoir comment le problème est résolu par le personnel de l'entreprise.

II. Le consommateur « entreprise » : le B to B

L'examen des **marchés industriels** nous retiendra moins que l'étude **des marchés des biens de consommation**, non pas en raison d'une importance moindre – ce serait même le contraire, la moitié des produits manufacturés étant vendue sur les marchés industriels – mais, tout simplement, parce que les achats industriels sont pratiqués par des individus et, en tant que tels, ils présentent de nombreux points de ressemblance avec les achats personnels. Il est entendu que le directeur des achats d'une grande entreprise n'agit pas pour son propre compte : il n'est qu'un des rouages d'un ensemble plus vaste, néanmoins il agit avec ses motivations et sa personnalité propres. Ce sont donc plutôt les points spécifiques des marchés industriels que nous relèverons ici. Nous verrons ainsi les caractéristiques des marchés industriels ; puis nous tenterons de les classer en quelques catégories ; enfin nous étudierons le processus d'achat.

A. Les caractéristiques des marchés industriels

Les marchés industriels se définissent eu égard à la qualité des acheteurs : ceux-ci représentent des entreprises ou plus généralement des organisations. Sur ces marchés, s'échangent à la fois des biens de consommation, que les entreprises utilisent pour leur usage propre, et des biens de production, qui sont utilisés pour produire d'autres biens ou services. C'est le destinataire qui importe : la spécificité des marchés industriels tient au fait que le vendeur ne s'adresse plus à un individu, mais à une institution. Les caractéristiques de ces marchés sont au nombre de trois.

1. Le rôle primordial de la technique

Les produits industriels, pour la plupart, présentent un haut degré de technicité. Ils sont définis par des cahiers des charges très précis ; parfois, ils relèvent de spécifications nationales ou internationales. Ce n'est d'ailleurs pas le cas de tous les produits, car certains sont très proches, sur ce plan, des biens de consommation. Mais, en général, le dialogue qui s'engage entre vendeur et acheteur est un débat de techniciens. Un générateur, une pompe d'extraction, de l'acier fin, du tissu imprimé, un lingot d'aluminium font bien davantage appel, lors de la vente, à la technique qu'aux sentiments.

La conséquence, sur le plan du marketing, se retrouve dans l'acte d'achat. Le processus fait intervenir ordinairement plusieurs personnes dans l'organisation, car il est difficile d'être le spécialiste de toutes les techniques. Il serait préférable de parler de négociation d'achat, dans la mesure où l'acheteur est très bien informé des qualités des produits, de leurs avantages, de leurs inconvénients. L'aspect technique se manifeste à plusieurs niveaux, aussi bien chez le vendeur que chez l'acheteur.

2. La demande est une demande dérivée

Les biens industriels sont appelés à s'intégrer dans le processus de production d'autres produits ou d'autres services ou bien encore à concourir à cette production. Il s'ensuit qu'ils ne sont pas demandés pour eux-mêmes, mais que leur demande dépend, d'une manière ou d'une autre, d'une demande finale. Cela entraîne plusieurs conséquences.

a. La demande est rigide

La demande de biens industriels évolue peu lorsque le prix change. En effet, le prix des biens incorporés dans le produit final ne représente qu'une partie du coût total du produit ; par conséquent, une hausse – ou une baisse – de la valeur des approvisionnements n'a qu'une incidence relativement faible sur le prix de vente ou sur la marge dégagée. D'autant plus que, dans un assez grand nombre de cas, le volume des biens achetés est strictement défini par un coefficient fixe.

Exemple

Le prix des pneumatiques peut augmenter ou diminuer, le nombre de pneus vendus, en première monte, sera toujours égal au nombre de voitures multiplié par cinq.

Deux réserves doivent cependant être formulées :

- **D'abord, cela n'est valable qu'à court ou à moyen terme.** À plus long terme, aucun coefficient n'est fixe et le volume des produits achetés peut diminuer ou augmenter au gré des évolutions de prix.
- **Ensuite, il est impératif de bien distinguer la demande à la branche et la demande à l'entreprise.** Autant la première peut être inélastique, autant la seconde est nécessairement élastique.

Exemple

Le prix des pneumatiques a suffisamment augmenté pour que, compte tenu d'un risque statistique calculé de crevaison, la suppression de la roue de secours remplacée par un kit de gonflage soit décidée pour certains véhicules.

b. La demande est fluctuante

Les biens industriels sont achetés en fonction de la demande du produit final dans lequel ils s'incorporent, de telle sorte que toutes les variations de cette demande sont non seulement répercutées, mais encore amplifiées. Voilà l'effet du mécanisme dit de l'accélérateur : la demande de biens intermédiaires subit des fluctuations de plus grande ampleur que celles du produit de consommation correspondant. Par le jeu des stockages ou des déstockages, des anticipations ou des retards, la demande de biens industriels est soumise à des à-coups importants. Les difficultés de planification des ventes et de la production sont accrues d'autant chez le vendeur.

3. La demande est hétérogène

S'agissant des biens de consommation, les entreprises possèdent, en général, un assez grand nombre de petits clients ; pour les biens industriels, le nombre de clients, de taille fort différente, peut être très réduit : quelques clients – un seul parfois même –, réalisent 60 % ou 70 % du chiffre d'affaires. La négociation de vente est alors très différente dans chaque cas. Il arrive que le vendeur soit à la merci de l'acheteur, lorsque ce dernier représente une très forte part du chiffre d'affaires. On peut se demander, dans cette circonstance, si l'entreprise est encore indépendante.

De toutes ces particularités, il résulte que les vendeurs de biens industriels ont le souci de bien gérer leur portefeuille de clients pour ne pas dépendre trop directement d'un seul ou de quelques-uns d'entre eux. Une stratégie possible consiste à intervenir également sur le marché des biens de consommation, dans le but de mieux répartir les risques.

Exemples

- Un fabricant de peintures pour carrosseries automobiles décide de vendre ses peintures en bombes aérosols pour les particuliers.
- Un producteur de régulateurs de tension pour circuits électriques industriels inclut dans son catalogue un régulateur pour les micro-ordinateurs des particuliers.

B. La classification des produits industriels

La variété des produits industriels est grande et il serait erroné de penser que tous répondent aux mêmes exigences d'analyse. Plusieurs catégories doivent être distinguées.

1. Les matières premières

Il s'agit de ressources naturelles (bois, pétrole, etc.) et de produits agricoles (coton, fruits, lait, etc.).

L'offre de ressources naturelles est limitée et ne peut être augmentée à court terme. Les produits répondent à des normes précises et leur faible valeur au kilogramme fait que le problème du transport est primordial. La compétition entre les vendeurs repose ou bien sur le prix (lorsque la demande est faible), ou bien sur le délai de livraison (lorsque la demande est forte).

La demande dépend très fortement de la conjoncture économique. L'offre est très concentrée. En revanche, l'offre de produits agricoles est beaucoup plus atomisée, dispersée. De nombreux producteurs se partagent un marché également soumis à une forte standardisation. Le transport et le stockage constituent également deux éléments de toute première importance.

2. Les produits manufacturés et les pièces détachées

Ce sont les produits qui vont s'intégrer dans la fabrication d'un autre bien, mais qui, contrairement aux matières premières, ont déjà fait l'objet eux-mêmes d'une transformation. Il s'agit, par exemple, du fil et du ciment pour les produits manufacturés, d'un pare-chocs, d'une bobine électrique pour les pièces détachées. Ils sont vendus directement par le fabricant, sauf lorsque les utilisateurs sont nombreux.

Les relations entre fournisseurs et clients peuvent, à la limite, se modifier et devenir des rapports de domination ; des liens de donneur d'ordre à sous-traitant s'instaurent. Dès lors que le fabricant ne produit plus pour constituer un stock vendu grâce à un catalogue, mais exécute des commandes sur la base de spécifications qui lui sont imposées par le client, il y a sous-traitance.

Figure 5.13. Modèle d'une filière « chimie du shampooing » [3]

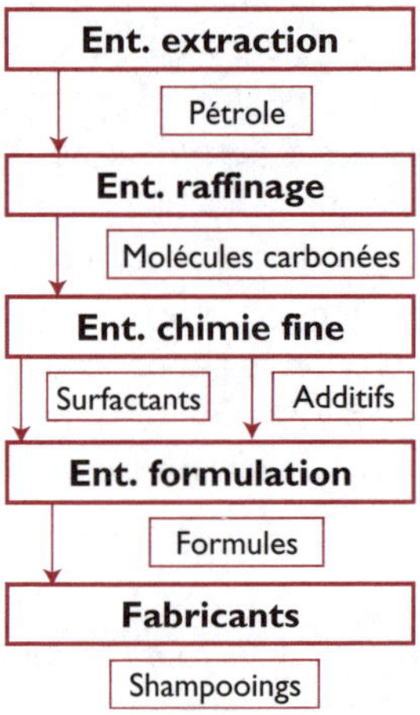

3. D'après DIVINÉ M., *Marketing B to B*, Vuibert, 2014.

Sur ce marché des produits manufacturés et des pièces détachées, la marque a peu d'importance. La compétition porte sur le prix et sur les délais de livraison.

Tableau 5.5. Analyse de la filière « chimie du shampooing »[4]

Acteurs	Pétroliers	Raffineurs	Chimistes	Formulateurs	Fabricants
Prix final (base 100)	35	45	55	80	100
Coûts des entrants	10	6	7	16	15
Valeur ajoutée (marge)	25	4	3	9	5
Valeur ajoutée (marge) en %	71 %	40 %	35 %	36 %	25 %
Nombre d'acteurs	dizaines	dizaines	centaines	dizaines	dizaines

3. Les biens d'équipement

Ils ne s'incorporent pas dans le produit fini, mais permettent sa production. Leur gamme est très étendue : elle comprend de grandes installations nécessaires à la production de la firme (bâtiments, machines) aussi bien que des équipements accessoires (mobilier ou système de gestion des documents).

Les grandes installations sont vendues sur commande ; en d'autres termes, la production n'est engagée que lorsque la vente a été conclue. Le fabricant doit entretenir une forte équipe de vente, constituée d'ingénieurs qui proposent des installations spécifiques pour chaque client et établissent des devis. Seule la réputation compte. Une négociation peut se dérouler sur plusieurs mois, voire plusieurs années.

Les équipements accessoires ne sont pas adaptés aux besoins très particuliers de chaque client ; ils sont produits pour le stock et vendus sur catalogue. La marque a de l'importance. Des grossistes ou des revendeurs s'intercalent souvent entre le producteur et l'utilisateur.

4. Les fournitures

Il s'agit de tous les biens qui concourent à la production sans y être intégrés et qui représentent une part très faible du coût de revient.Ces produits se rapprochent des biens de consommation. Leurs producteurs entretiennent souvent les deux catégories d'acheteurs (individus et entreprises). Leur distribution nécessite de gros efforts.

Exemples

La papeterie ou encore les peintures sont nécessaires à la production mais pas pour autant y être intégrés.

4. *Ibid.*

Les services achetés par des entreprises à d'autres entreprises n'ont pas été étudiés ici. En fait, ils trouvent leur place dans les quatre catégories précitées. D'autant plus que la distinction entre produit et service est parfois bien floue. C'est le cas lorsque l'acheteur a le choix entre pratiquer lui-même l'opération ou la sous-traiter : dans la première hypothèse, il achète des produits, dans la seconde des services.

Exemple

Le choix entre l'acquisition d'un ERP ou l'utilisation d'un service extérieur d'informatique s'intègre dans une même négociation.

C. L'achat industriel

L'achat industriel n'est généralement pas un achat décidé par une seule personne. Une telle opération implique en effet, dans un « centre d'achat », différents acteurs : des utilisateurs, des conseillers, des prescripteurs. Le tableau 5.6 permet de comprendre la complexité des interactions qui s'effectuent dans un centre d'achat.

Tableau 5.6. Le rôle des membres d'un centre d'achat

Rôle	Composition du centre d'achat	Tâches
Utilisateurs	• Le responsable du service après-vente • Le directeur des ventes	• Réduire les frais de garantie • Satisfaire la clientèle
Prescripteurs	• Le bureau d'études	• La qualité des produits • Les résultats de l'analyse des incidents en service
Acheteurs	• Le chef du service des achats • L'acheteur	• Limiter les risques dus aux produits et au prix • Maintenir ses relations privilégiées avec les fournisseurs habituels
Conseillers	• Le chef de fabrication • Le contrôleur de qualité • L'acheteur	• Affirmer ses compétences techniques • Tenir ses prix de revient • La qualité du produit • Limiter les risques dus au produit
Filtres	• Le contrôleur de qualité	• Maintenir ses relations avec telle ou telle société
Décideurs	• Le directeur technique • Le directeur des ventes	• Tenir les prix de revient • Limiter les risques associés aux prix • Satisfaire la clientèle • Limiter les risques associés aux produits • Réduire les frais de garantie

1. Les motivations des acheteurs

On a souvent tendance à estimer que les biens industriels donnent lieu à des achats particulièrement rationnels ; autrement dit, les acheteurs, parfaitement informés et compétents, se décideraient en toute occasion pour le produit qui offre la meilleure qualité, au meilleur prix et dans les meilleurs délais. En fait, les achats sont bien rationnels, mais rationnels au sens où ils sont effectués en fonction d'objectifs tout à la fois précis et doubles : l'acheteur vise, en effet, à atteindre les objectifs de l'entreprise, mais il possède aussi ses propres buts.

a. Les objectifs de l'entreprise

L'acheteur, dans une firme, tient compte des désirs que l'organisation exprime. C'est ainsi que les achats sont intégrés dans des calculs de rentabilité, de taux de panne, d'usure, d'évolution des coûts d'exploitation. En fonction de tous les éléments recueillis d'une part, en fonction de l'habitude, de la bonne réputation, de la qualité, des souhaits des utilisateurs, d'autre part, le technicien des approvisionnements choisit. L'obligation de procéder à des achats réciproques – l'entreprise achète à son propre client – entre dans ce cadre.

Exemples

- Lorsque Steelcase obtient le contrat des équipements de bureau du siège social d'IBM, il lui est difficile de choisir une autre maison qu'IBM pour l'achat d'une solution informatique.
- Les achats réciproques sont également très fréquents à l'intérieur des groupes industriels : les voitures de livraison de la société Peugeot Outillage sont, bien entendu, des fourgons Peugeot.

En conclusion, l'acheteur se conforme à des procédures et à des principes de choix qui lui sont dictés par le respect de l'intérêt de son entreprise.

b. Les objectifs de l'acheteur

L'acheteur a lui-même un certain nombre d'objectifs qui lui sont propres et un problème survient lorsque ceux-ci sont incompatibles avec les premiers. Ils se rapportent, en fait, à une seule idée : l'acheteur, ainsi que tout participant dans une organisation, souhaite minimiser les risques d'erreur et ce au détriment d'un coût éventuellement plus élevé qu'il ne supportera pas. Un acheteur est souvent beaucoup plus intransigeant devant un délai de livraison qui s'allonge (si la production s'arrête par manque d'approvisionnement, la situation lui est entièrement imputable) que lorsque le prix augmente (la diminution d'une marge est imputable à tous). De même, un acheteur peut avoir tendance à privilégier les fabricants à forte notoriété, même s'ils sont plus chers, car il pourra plus aisément justifier son choix si des difficultés se produisent.

Exemple

On ne saurait faire grief ultérieurement à un acheteur d'avoir acquis une machine à photocopier Konika, tandis que la panne d'une machine d'une marque moins célèbre sera plus délicate à justifier.

Ces motivations ne sont pas prioritaires dans tous les cas. Tout dépend de l'organisation de l'achat, mais elles devaient être évoquées.

Les motivations dépendent aussi du type de produit. Ainsi, il est possible de les représenter dans le tableau 5.7.

Tableau 5.7. Les paramètres de la décision

Rang	Matières premières	Pièces détachées	Biens d'équipement	Fournitures
1	Délai	Prix	Réponse aux besoins	Prix
2	Qualité	Zéro défaut	Service après-vente	Délai
3	Prix	Délai	Financement	Standardisation
4	Standardisation	Réputation	Prix	Facilité d'achat
5	Facilité d'achat	Spécifications techniques	Formation	Expérience réussie

2. L'organisation de l'achat

À l'instar des individus, les entreprises n'organisent pas leurs achats de manière identique pour tous les produits. Du papier pour une imprimante ou des tôles entrant dans la fabrication sont achetés très régulièrement. Un fournisseur a été sélectionné et il n'est pas chaque fois remis en cause. C'est seulement si un élément inhabituel intervient (baisse de qualité, sollicitation très forte par un concurrent) qu'une nouvelle négociation est entamée. Il est bon cependant, en toute hypothèse, de procéder de temps à autre à une mise en concurrence.

Si, en revanche, il s'agit de faire l'acquisition d'un nouvel équipement ou d'une simple fourniture qui, jusque-là, n'était pas nécessaire, une procédure d'approvisionnement appropriée est mise en route.

Il faut se garder de généraliser, mais il reste que, dans les entreprises, l'organisation de l'achat présente le double caractère d'être collective et complexe. Plusieurs personnes interviennent et, entre elles, se nouent des relations de consultation, d'information, de décision, d'autorisation. Une première personne note l'existence d'un besoin non satisfait ; puis la demande est transmise au décideur qui juge de l'opportunité de l'acquisition ; après consultation de l'utilisateur et avis du payeur, l'acheteur est averti ; celui-ci, compte tenu du cahier des charges qui lui a été fixé, recherche des offreurs et sélectionne l'un d'eux. L'offreur est payé par le financier et le produit est remis à l'utilisateur.

Exemple

Le directeur marketing d'une grande entreprise, informé au moyen de publicité directe à la suite de la visite de salons divers, estime que le rendement de toutes ses actions pourrait être sérieusement amélioré si un nouveau logiciel de CRM était acheté. Il chiffre approximativement le coût et les avantages de l'opération, puis il transmet la demande au directeur général. Celui-ci approuve. Le chef de service marketing, en accord avec le directeur des systèmes d'information, définit les caractéristiques que devra comporter le système : fonctionnalités, maintenance, puissance, souplesse d'utilisation, compatibilité avec l'ERP de l'entreprise. Après accord du directeur financier, la demande est transmise au responsable des achats qui retient trois marques (Siebel d'Oracle, Sage, SAP). Les trois fournisseurs potentiels font des offres. En fonction des diverses motivations précédemment mentionnées, l'acheteur arrête son choix.

On comprend facilement que les opérations, dans la réalité, ne sont pas toujours aussi schématiques : les variables et les relations, nous l'avons vu, sont en effet fort nombreuses. Par exemple, si les spécifications techniques souhaitées par l'utilisateur sont trop détaillées, l'acheteur ne peut plus exercer réellement un choix. L'utilisateur, par exemple, désirant pour des motifs avouables – ou inavouables – qu'une machine Xerox soit achetée, donne, dans le cahier des charges, des caractéristiques que seule la firme Xerox possède.

C'est, à l'inverse, un problème fondamental pour le vendeur que de définir avec précision quel est le maillon de la chaîne qui a la plus grande influence sur le choix.

Internet permet d'acheter en ligne *(e-procurement)* [5]. Déchargés d'un certain nombre de tâches, les acheteurs peuvent alors mieux négocier, voire envisager des partenariats plus nombreux avec les fournisseurs. Pour ce faire, on crée des « places de marché virtuelles » *(e-market places)*, lieux de rencontre des vendeurs et des acheteurs. Les premiers y gagnent en temps et en frais de prospection ; les seconds bénéficient des mêmes avantages. Ils peuvent aussi regrouper leurs activités ou bien choisir très rapidement de nouveaux fournisseurs. Les prix se forment à la suite des négociations menées entre les partenaires.

Aux places gérées par l'acheteur *(buyer site)* ou le vendeur *(seller site)* s'ajoutent celles qu'organisent des agents intermédiaires.

Exemple

Covisint est une importante place *buyer site* dans le domaine de l'automobile étendue ensuite à la santé et à l'énergie. Elle a été créée par Renault-Nissan, PSA, Ford, Daimler-Chrysler et General Motors.

Pour l'achat de biens courants, les acheteurs continuent de s'adresser aux fournisseurs qu'ils connaissent bien et en qui ils ont confiance.

5. Voir notamment Diviné M., *Marketing B to B*, Vuibert, 2014.

3. Les étapes du processus d'achat

De manière générale, la démarche s'exécute en sept ou huit étapes[6].

Figure 5.14. Le processus d'achat en B to B

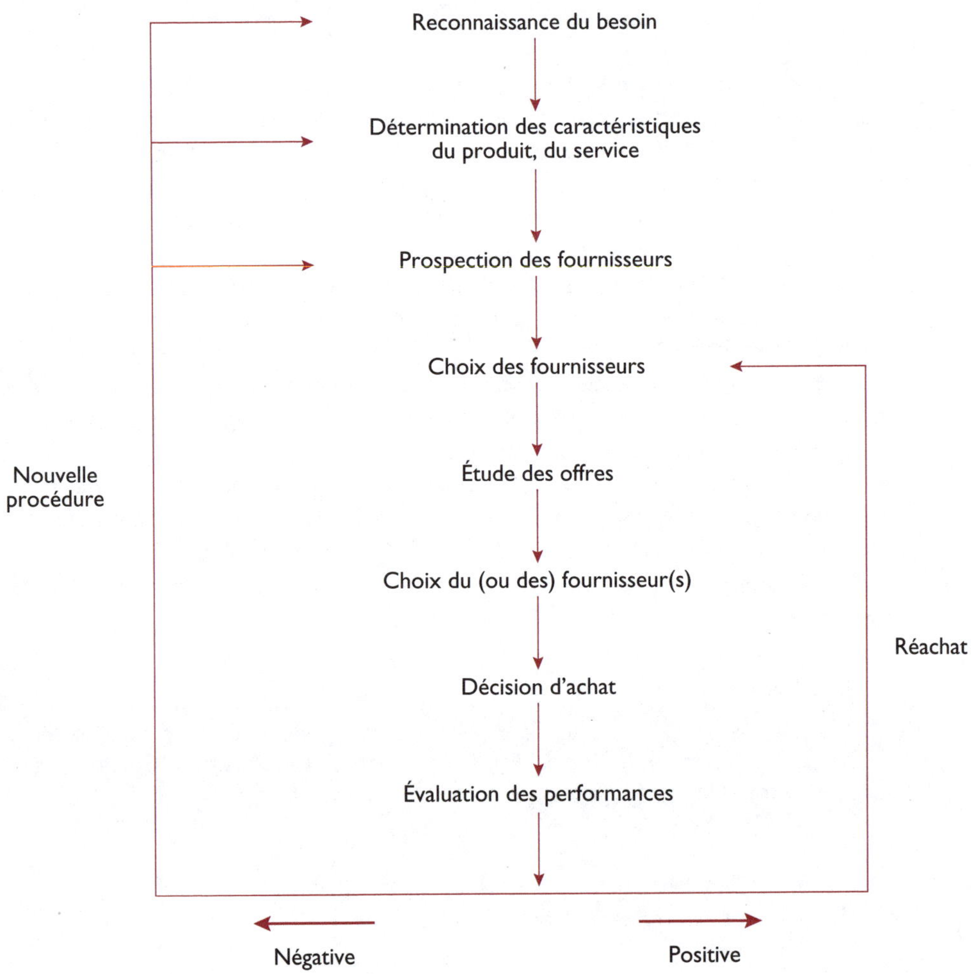

a. La reconnaissance du besoin

Lorsqu'un besoin surgit dans l'entreprise pour un produit/service que seul un fournisseur extérieur peut satisfaire, les utilisateurs directs de l'entreprise ou de l'équipementier sont invités aux réunions préalables, tout comme n'importe quel collaborateur. Souvent, même les fournisseurs potentiels participent aux réunions pour aider à trouver une solution, par exemple pour modifier le produit ou pour trouver de nouveaux marchés.

6. *Ibid.*

b. La détermination des caractéristiques du produit/service

À ce stade, il ne s'agit pas seulement d'établir les spécificités du produit/service qui permet de satisfaire le besoin défini précédemment, il convient encore de déterminer « comment » produire ce nouveau bien.

c. La prospection et l'étude des offres des fournisseurs

C'est au service d'achat de l'entreprise intéressée que, généralement, cette tâche incombe, mais d'autres parties prenantes, par exemple les vendeurs de l'entreprise, peuvent participer aux réunions. Pour ne pas s'en tenir aux fournisseurs habituels, il convient de solliciter tous les fournisseurs potentiels, afin de connaître leurs possibilités. Ceux-ci envoient des représentants ou distribuent de la documentation pour faire mieux connaître leurs offres.

d. Le choix du (ou des) fournisseur(s)

On examine les propositions, les modèles fournis et on entame des entretiens préliminaires avec les fournisseurs dont les propositions paraissent les plus intéressantes.

e. La décision d'achat

Si les fournisseurs proposent des produits/services substituables, celui dont le prix est le plus bas sera en principe retenu. De même, si des produits/services sensiblement équivalents entraînent des coûts d'utilisation différents, le critère du coût total minimal déterminera la sélection.

S'agissant de décisions de routine, sans appel d'offres, l'acheteur reste généralement fidèle à son fournisseur, même si le prix est légèrement supérieur.

En revanche, pour des produits/services non substituables, la préférence est d'abord donnée aux fournisseurs capables de satisfaire les spécifications, puis à ceux qui peuvent respecter le prix proposé.

f. L'évaluation des performances

En dehors du cas des achats de routine, les acheteurs cherchent à évaluer rapidement les performances de leur acquisition. Le fournisseur a donc un grand intérêt à soigner le produit livré, s'il veut continuer à être référencé.

g. La mesure des indicateurs d'utilisation

Une insatisfaction entraîne un retour aux phases initiales, jusqu'à l'examen critique du besoin ressenti (quelle est sa réalité ? A-t-il été correctement formulé ? Ne pourrait-on le satisfaire autrement ?).

Un tel processus d'achat en B to B est soumis à l'existence d'un centre d'achat et à la diversité des interactions qui s'exercent dans son sein. Son exécution plus ou moins complète dépend des situations d'achat, qu'il s'agisse de la nature des produits demandés ou de la fréquence de répétition de l'acte d'achat.

4. La construction du marketing relationnel en B to B

Les deux parties, l'acheteur et le vendeur (le fournisseur), sont intéressées par la formation d'une relation durable et productrice de valeur au bénéfice de l'une et de l'autre. Une telle relation s'étend, en moyenne dans l'industrie, sur une période de dix ans. Elle ne vise pas tant à réduire les coûts qu'à créer un climat de confiance réciproque.

L'acheteur est d'autant plus fidèle à son fournisseur que celui-ci, en partenaire attentif, apporte des solutions aux différents problèmes rencontrés et respecte ses engagements notamment en matière de délais de livraison. Pour ce faire, le vendeur distingue au sein de son portefeuille de clients des comptes-clés, c'est-à-dire des clients qui pèsent d'un poids jugé déterminant pour l'entreprise, auxquels il accorde une attention particulière en leur fournissant notamment des services individualisés, en partageant des informations stratégiques ou en mettant en œuvre une *supply chain* (un approvisionnement) rapide et sans rupture[7].

Questions et thèmes de réflexion

Outils et concepts

1. Quelle est la différence entre une attitude et un comportement ?
2. La culture, au sens ethnologique, influence-t-elle les conduites d'achat :
– des biens d'alimentation courante ;
– des produits de soin ;
– d'un acheteur professionnel de biens industriels ;
– d'un acheteur professionnel d'un grand magasin ?
3. Pourquoi le marketing doit-il faire un détour par la psychologie et la sociologie ?

Pour aller plus loin...

1. L'approche situationnelle ouvre de nouvelles perspectives dans les études portant sur le comportement du consommateur. On distingue :
– la situation d'achat (condition de l'achat, nature de l'achat) ;
– la situation de consommation (type d'usage du produit) ;
– la situation de communication (la situation du consommateur lorsqu'il reçoit le message).
2. Dans chacune de ces situations, faites une analyse détaillée des cas suivants relatifs à l'achat :
– d'un pyjama pour les bébés de 0 à 6 mois ;
– d'un jeu vidéo pour un enfant de plus de 10 ans ;
– d'une bouteille de champagne.
3. Peut-on recourir à une plateforme électronique collective pour des achats de fruits et légumes ?
4. Peut-on parler de l'émergence d'un « nouveau consommateur » ?

7. Voir notamment DORIOL D., SAUVAGE T., *Management des achats et de la supply chain*, Vuibert, 2012.

EXERCICE : INVESTIR DANS L'IMMOBILIER

Samy est diplômé d'un master 2 en marketing. Après plusieurs années d'expérience en tant que chef de produit pour une société fabriquant des micro-processeurs, le voici propulsé, en 2013, au rang de directeur commercial, avec un salaire annuel pouvant aller jusqu'à 70 000 euros selon les primes reçues en fin d'année. Fort de cette réussite professionnelle, Samy décide qu'il est grand temps de se marier et d'acheter un appartement où il pourrait s'épanouir. Avec sa femme, Annie, ils se mettent donc à la recherche du bien rare qui pourrait combler leurs attentes.

Après une première identification de leur besoin, ils aimeraient acheter un logement dans Paris *intra-muros*. Samy aime profiter des plaisirs de la vie parisienne, par exemple de la possibilité de se rendre rapidement au théâtre ou au musée dès que l'occasion se présente. 70 m^2 de surface habitable paraissent nécessaires à Samy pour vivre confortablement. Le père d'Annie leur a gentiment fait une avance sur héritage de 200 000 euros, ce qui leur permet de disposer d'un budget de 600 000 euros. Annie préférerait vivre en banlieue parisienne, peut-être même dans une maison avec jardin pour y élever ses futurs enfants ; mais elle ne veut surtout pas contrarier Samy. Connaissant bien Samy, elle sait pertinemment que la vie de banlieue lui pèserait. Samy est né en lointaine banlieue parisienne, turbulente socialement. Il ne veut surtout pas y retourner. Pour Samy, les apparences sociales ont de l'importance. Il a tellement travaillé pour devenir directeur commercial qu'il ne souhaiterait pas ternir cette réussite professionnelle en habitant dans une banlieue où il éprouverait le sentiment de dégrader son image. Tous ses collègues vivent dans Paris et, pour lui, ne pas acheter dans Paris devient impensable.

Annie est cependant consciente qu'avec un budget de 600 000 euros il sera difficile d'acheter un appartement de 70 m^2 dans Paris, dans un de ces arrondissements que Samy considère comme « sympa » : le 4e ou le 5e arrondissement. Mais pour Samy, il est important de réaliser cet achat. Ce projet lui vient de sa famille ; son père lui a toujours dit que la valeur et la richesse d'un homme ne se révèlent pas forcément par son emploi, mais par son patrimoine. Et l'investissement dans la pierre reste pour le père de Samy le seul moyen de rendre sûr le patrimoine d'une famille de génération en génération.

Samy commence par faire le tour des agences immobilières et effectue des recherches sur Internet. Après quelques tentatives, il comprend très vite que pour la surface demandée (70 m^2), dans ses deux arrondissements de prédilection, le 4e et le 5e, il ne peut pas obtenir l'appartement désiré, le prix du mètre carré avoisinant 11 000 euros. Déçu, il décide de demander conseil à un collègue de bureau : Michel. Ce dernier lui raconte ses propres déboires. Comme Samy, il a voulu acheter dans Paris. Il a donc investi dans un appartement de 60 m^2 dans le 5e arrondissement. Avec un crédit d'une valeur de 3 500 euros par mois, tout se passait bien tant qu'il était directeur marketing d'une société d'import-export. Mais son licenciement a bouleversé la donne. Son changement de travail, avec un salaire beaucoup moins élevé dans la société où travaille Samy, a rendu ses fins de mois difficiles et a compromis les sorties et les plaisirs de la vie parisienne. Pour Michel, avec la flambée des taux d'intérêt et des situations professionnelles instables, mieux vaut investir dans un appartement en banlieue parisienne. Samy n'avait pas considéré cette éventualité. Cela fait seulement trois mois qu'il est directeur commercial. Il n'a pas encore totalement fait ses preuves. Avec l'arrivée de futurs enfants, sera-t-il capable de tout assumer financièrement ?

De retour chez lui, un peu abattu, il en parle à son père. Son père le rassure en lui disant que sur le long terme un investissement immobilier est toujours gagnant. Cependant, il lui indique que s'obstiner à investir dans le 4e ou le 5e arrondissement n'est pas forcément le bon choix. Certaines villes de banlieue sont très bien, par exemple Montreuil, et elles connaissent une véritable expansion. Pour le père de Samy, il vaut mieux investir dans le neuf, car les frais de notaire sont moins élevés. Par ailleurs, en achetant du neuf, on rencontre moins de problèmes. Tout est aux normes, l'électricité par exemple. Et puis, les matériaux dans le neuf respectent les contraintes écologiques. Il en profite pour lui glisser des prospectus de programmes immobiliers neufs dans la commune de Montreuil à cinq minutes du métro. Il lui montre qu'avec son budget de 600 000 euros, il pourrait acquérir un appartement avec terrasse, trois chambres et une grande surface (120 m^2). Sachant qu'il vient de se marier et que sa femme et lui souhaitent avoir deux enfants, le fait de disposer de trois grandes chambres semble être un argument pertinent. Après de longues recherches sur la qualité de la vie à Montreuil, Samy se sent séduit par cette perspective. Il craint cependant que ses amis et collègues ne trouvent pas le quartier tout à fait « convenable ».

Samy sait qu'il doit faire un choix. Il décide finalement d'opter pour Montreuil. Et puis Montreuil, ce n'est pas une vraie banlieue. On est aux portes de Paris, avec un métro qui conduit en dix minutes au centre de la capitale. Il pourra toujours se rendre au théâtre ou ailleurs très rapidement.

Questions

1. Quel a été l'élément déclencheur du processus d'achat ?
2. Identifiez les différents risques perçus à la suite de l'achat des deux appartements envisagés : l'un dans le 5e arrondissement, l'autre à Montreuil ?
3. Décrivez et analysez chacune des étapes du processus d'achat en mettant en exergue les facteurs ayant influencé la décision de Samy.
4. Quels sont les différents rôles joués par les groupes de référence et d'appartenance dans ce processus d'achat ?
5. Quels arguments de vente un promoteur immobilier pourrait-il avancer pour convaincre Samy ?

L'information marketing au service des acteurs du marché du chocolat

Le marché du chocolat est un marché important. En France, pour l'année 2012[1], 258 661 tonnes de chocolat ont été vendues pour une valeur de 2,7 milliards d'euros. Les Français aiment le chocolat et lui consacraient en moyenne 110 euros par personne en 2012. Sur la scène européenne, les Français sont les septièmes plus gros consommateurs de chocolat, loin derrière la Suisse et la Belgique dont la tradition chocolatière est plus ancienne et davantage ancrée culturellement.

Des prévisions encourageantes

Les prévisions de consommation de cacao et confiseries à base de cacao sont prometteuses : la consommation en volume devrait progresser de 1,5 % en 2013 et de 2 % en 2014. Le marché du cacao a crû structurellement depuis les années 2000. Entre 2000 et 2012, la consommation des ménages en cacao, chocolat et produits de confiseries a augmenté de près de 20 % en volume et de 50 % en valeur.

Le marché du chocolat est également un marché saisonnier dont 50 % des ventes se font pendant la période des fêtes de Noël. Le marché du chocolat se structure autour de deux segments de marché : le premier relevant d'une logique B to C ; le second, d'une logique B to B :

- **Les produits relevant d'une logique B to C.** Il s'agit des produits grand public parmi lesquels les tablettes, confiseries, barres chocolatées et poudre pour le petit-déjeuner, vendus en grandes surfaces alimentaires et consommés en l'état par les consommateurs. Ce segment est un sous-marché concentré avec quelques grands acteurs tels que : Ferrero (Nutella, Kinder...), Mondelez International (Milka, Côte d'Or...), Lindt et Sprüngli (Lindt) ; Nestlé (Lion, Smarties...), Mars (Mars, Twix, Balisto...). Ces derniers assurent 80 % des ventes en valeur en grande surface.
- **Les produits relevant d'un logique B to B.** Ce sont les produits semi-finis (beurre de cacao, chocolat de couverture, etc.) servant d'ingrédients pour les industries agro-alimentaires et les artisans. Ce segment représentait 55 % des tonnages en 2011. Il est dominé par deux grands acteurs : le Suisse Barry Callebaut et le Français Cémoi.

La stratégie d'un nouvel entrant sur le marché du chocolat grand public : ChocSaveur (marque fictive)

Forte de cette connaissance fine du marché et de ses opportunités et menaces, l'entreprise ChocSaveur (entreprise mono-marque) décide de concurrencer les marques de chocolats grand public. Initialement spécialisée dans la vente et distribution de chocolat chez les artisans boulangers et pâtissiers, ChocSaveur constate que le segment des chocolats de grande consommation pour adultes est certes très fourni (Lindt, Suchard et Côte d'Or) mais que les attentes des consommatrices ne sont pas totalement comblées par l'offre actuelle. Une première étude exploratoire a été menée et a permis de faire émerger un concept de produit novateur, source de création de valeur pour les consommateurs.

Une étude exploratoire ethnographique[2]

En juin 2012, ChocSaveur a en effet mené une étude ethnographique permettant de suivre quinze consommateurs pendant une semaine pour étudier *in vivo* les usages et la consommation de tablettes de chocolat pour adultes. Ces participants, majoritairement des femmes, étaient âgés de 25 à 60 ans et habitaient dans différentes régions françaises. Avec l'accord écrit des participants, deux caméras ont été installées dans leur domicile : la première caméra a été introduite dans la cuisine, lieu privilégié de stockage des tablettes de chocolat ; la seconde fut placée dans le salon, lieu privilégié de sa consommation. Des enregistrements obtenus, on a sélectionné les moments de prise en main des tablettes de chocolat et leur consommation. Des entretiens qualitatifs avec les participants soumis au visionnage des scènes retenues leur ont permis de commenter leurs actions et de donner du sens aux scènes visionnées.

Plusieurs conclusions majeures ont pu être tirées de cette étude exploratoire :

- Des chocolats différents sont consommés tout au long de la journée. Au moment des pauses café, un carré de chocolat noir est dégusté. En fin de journée, pendant les moments de détente, après une journée de travail ou après le coucher des enfants, un produit, satisfaisant la gourmandise, est souvent dégusté. Il s'agira d'un cacao plus riche en calories, tel un rocher ou des carrés de chocolat aux saveurs différentes et exotiques (noisettes, pistache, vanille, caramel...).
- Les femmes, en majorité, prennent systématiquement un carré de chocolat le soir avant de se coucher alors que les pratiques de consommation des hommes sont plus aléatoires. Ces femmes alternent de soir en soir la saveur du carré de chocolat consommé. Elles disposent de plusieurs tablettes de chocolat dans leur placard, et y piochent un goût différent par soir. Les entretiens ont permis de donner un éclairage important à ces pratiques. Selon les propos des participantes femmes consultées, cela permet *« d'alterner les plaisirs, et de casser la routine du quotidien »*.
- Les participants indiquent également que le domicile n'est pas le seul lieu de consommation de chocolat. Au bureau, et secrètement, elle ont toujours une petite tablette de chocolat noir pour le café avec les collègues.
- Le renouvellement des stocks de tablettes de chocolat est réalisé un fois par semaine lors des courses familiales hebdomadaires.

L'émergence d'un nouveau concept-produit

De cette connaissance fine des pratiques de consommation des tablettes de chocolat, le directeur marketing de ChocSaveur a eu une idée de génie qu'il souhaite soumettre à sa direction avant de commercialiser le produit en grande distribution : une tablette de chocolat

1. Étude Xerfi, *La fabrication du chocolat*, septembre 2013.
2. L'étude et les résultats qui en découlent sont fictifs.

ce multi-saveurs pour tous les plaisirs gourmands de la journée (telle sera la signature apposée à nouveau lancement potentiel qui viendra compléter le portefeuille produits de Choc Saveur). Le concept-produit est décliné de la manière suivante :

- La tablette de chocolat se compose de 21 petits carrés de chocolat d'un poids total de 175 grammes : 14 carrés de chocolat noir (2 carrés par jour pendant 7 jours pour la prise avec le café) et 7 carrés saveurs pour le soir et les moments de détente. Les carrés saveurs comprennent 7 parfums différents considérés comme les plus achetés : noisette, amandes grillées, crème brûlée, gingembre-citron, rhum-raisin, chocolat au lait, pistache.
- Un pochoir sera inséré entre le packaging et la tablette permettant de transporter dans le sac des carrés de chocolat pour une prise en dehors du domicile, et le plus souvent au travail.

L'évaluation de l'attractivité et du potentiel de ventes de ChocSaveur en grande distribution (étude quantitative)

Le directeur de ChocSaveur est séduit par l'idée de son directeur marketing. Ce produit est véritablement innovant au regard de l'offre existante en grande consommation et il crée de la valeur pour le consommateur. Néanmoins, la grande question que le directeur se pose est de savoir si cette création de valeur supplémentaire sera vraiment perçue par les consommateurs et les séduira au point de les détourner des marques achetées habituellement ?

Le directeur invite son directeur marketing à pousser plus avant ses recherches et à lui démontrer que sa nouvelle tablette a bel et bien une place sur le marché du chocolat grand public. Il voudrait atteindre 2 % du marché français des tablettes de chocolat dès 2015 si ce dernier est commercialisé.

Ciblage et échantillonnage

Le directeur marketing décide alors de mener une étude quantitative à grande échelle. Il affine toutefois son marketing stratégique en précisant plus clairement sa cible. Il souhaite viser les femmes âgées de 25 à 65 ans consommatrices de tablettes pour adultes qui achètent au cours d'une semaine au moins trois tablettes aux saveurs différentes. Accédant aux panels de consommateurs tels ceux offerts par Nielsen, il constate que 20 % des femmes consommatrices de tablettes de chocolat pour adultes en achètent par semaine plus de trois types différents. En souhaitant obtenir une marge d'erreur de ses résultats inférieure à 5 %, il décide d'interroger un échantillon de 221 femmes en France, en utilisant une méthode d'échantillonnage non probabiliste par quota.

Test-produit et questionnaire

Le directeur marketing contacte une société spécialisée dans l'étude basée sur le test de produit et ayant accès à un panel représentatif de la population française. Le test-produit a été réalisé au domicile des 221 consommatrices. Le protocole d'étude était particulièrement bien adapté et se composait de quatre étapes :

– présentation de l'objet de l'étude ;

– prise en main de la tablette de chocolat par la consommatrice et essai du produit ;

– administration du questionnaire ;

– remerciements.

Le questionnaire et les résultats de l'étude quantitative sont présentés en annexe.

Annexes

Questionnaire

1. En prenant connaissance de la tablette de chocolat ChocSaveur, qu'avez-vous pensé ?

	← Pas du tout d'accord Tout à fait d'accord →				
Cette tablette de chocolat est pratique	1 □	2 □	3 □	4 □	5 □
C'est une idée intéressante	1 □	2 □	3 □	4 □	5 □
Je peux trouver toutes les saveurs que je recherche	1 □	2 □	3 □	4 □	5 □
Je n'ai plus besoin d'encombrer mes placards avec différents types de tablettes de chocolat	1 □	2 □	3 □	4 □	5 □
J'ai aimé les différents goûts proposés	1 □	2 □	3 □	4 □	5 □
Le pochoir annexé à la tablette est utile	1 □	2 □	3 □	4 □	4 □
J'aime ce produit	1 □	2 □	3 □	4 □	4 □
Autres idées, lesquelles					

2. Connaissez-vous la marque ChocSaveur ?

Oui	Non
1 □	2 □

3. Si oui à la question 2, que vous évoque la marque ChocSaveur ? (Question ouverte)

4. Par semaine, combien de tablettes de chocolat pour adultes achetez-vous ? (Question ouverte)

5. Quelles marques de tablettes de chocolat pour adultes achetez-vous habituellement ? (Question ouverte)

6. Achèterez-vous la tablette ChocSaveur ?

	← Pas du tout d'accord		Ni d'accord / Ni pas d'accord		Tout à fait d'accord →
J'éprouve un fort intérêt pour l'achat du produit	1 □	2 □	3 □	4 □	5 □
Je l'achèterai	1 □	2 □	3 □	4 □	5 □

7. Si oui, à quel prix ?

	< 1 euro	Entre 1 et 2 euros	Entre 2 et 3 euros	Entre 3 et 4 euros	Plus de 4 euros
Je l'achèterai à un prix...	1 □	2 □	3 □	4 □	5 □

8. Pour mieux vous connaître

Quel âge avez-vous ?...

Dans quelle ville habitez-vous ?...

Résultats de l'étude

Après avoir validé le questionnaire et le protocole de recherche, la société d'étude s'attèle à la tâche. Voici les principaux résultats fournis :

- Selon l'étude, la marque ChocSaveur est peu connue du grand public. Seules 30 % des personnes interrogées en avaient entendu parler.
- Les répondants trouvent l'idée intéressante et ont une intention d'achat positive comme l'attestent les résultats ci-après :

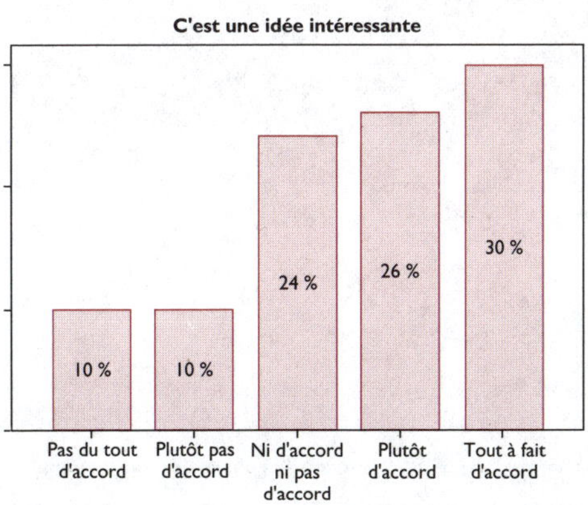

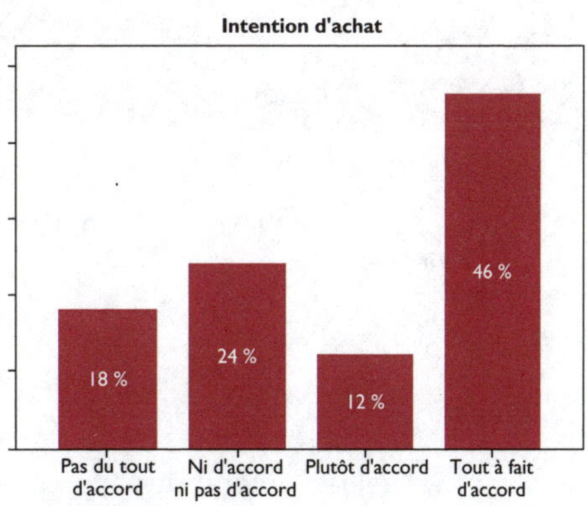

- Les personnes qui connaissent la marque ont une intention d'achat du nouveau produit plus élevée que les non-connaisseurs. Le traitement statistique des données livre les résultats ci-après. Ils confirment l'hypothèse précédemment posée.

Connaissez-vous ChocSaveur ?	Moyenne	Écart-type
Non	3,21	1,629
Oui	4,13	,806
Total	3,50	1,474

Test t		Somme des carrés	t	Signification (p)
Intention d'achat* Connaissez-vous ChocSaveur ?	Inter-groupes	9,191	4,534	0,038
	Intra-classe	97,309		
	Total	106,500		

• L'intérêt à l'égard du produit influence significativement et positivement l'intention d'achat, comme le montre les sorties statistiques fournies ci-dessous.

Récapitulatif des modèles[3]

Modèle	R	R-deux	R-deux ajusté	Erreur standard de l'estimation
1	0,889[a]	0,791	0,786	0,695

Coefficients[4]

Modèle		Coefficients non standardisés		Coefficients standardisés	t	Signification (p)
		A	Erreur standard	Bêta		
1	(Constante)	0,006	0,290		0,020	0,984
	C'est une idée intéressante	1,032	0,077	0,889	13,470	0,000

Questions

1. Évaluez l'intérêt des approches ethnographiques et leur utilité en marketing. En recourant à des sites Internet, identifiez d'autres exemples de marques qui ont utilisé une telle démarche qualitative. Comment expliquez-vous ce choix ?

2. Que pensez-vous de la taille de l'échantillon de l'étude quantitative (221 personnes) ? Qu'auriez-vous pu proposer ?

3. La méthode non probabiliste par quota que préconise le directeur marketing est-elle pertinente ?

3. Valeurs prédites (constantes)
4. Variable dépendante (intention d'achat).

4. Quels types de tests et d'analyses statistiques ont été utilisés ? Quels autres tests statistiques pourriez-vous préconiser au regard des objectifs assignés à l'étude et de la nature des questions posées ?

5. Selon les résultats fournis, que conseilleriez-vous au directeur marketing ?

Deuxième partie

Le marketing stratégique

Si l'enseignement du marketing devait se réduire à un seul de ses nombreux aspects, ce serait celui des politiques qui, sans aucun doute, serait retenu. Le recueil des informations et l'organisation sont certes d'une grande importance mais le marketing est d'abord orienté vers la décision et l'action. L'aspect décisionnel sera toujours privilégié au détriment du côté descriptif, même s'il est bien évident que les deux approches ne doivent pas être complètement dissociées.

Nous examinerons les deux grandes familles de décisions que le responsable marketing doit prendre. Dans cette perspective, nous opposerons :

– le marketing stratégique : décisions de long terme portant sur les produits, sur les domaines, sur les clients ;

– le marketing opérationnel : décisions de plus court terme en rapport avec le produit, le prix, la marque, la distribution, la communication, la force de vente, la promotion des ventes.

Le découpage retenu ici est plus pédagogique que pratique tant, dans la réalité, les décisions sont interdépendantes : la réussite repose sur une combinaison harmonieuse et performante (un mix) entre :

– un domaine bien défini ;
– un marché porteur ;
– un produit sans défaut ;
– un prix ajusté ;
– une communication savante ;
– une distribution adaptée ;
– des vendeurs motivés.

Le schéma d'ensemble du processus de planification montre bien qu'à des décisions stratégiques (long terme, ouverture sur l'environnement) viennent s'agréger des décisions d'un rang inférieur (court terme, davantage en rapport avec les problèmes internes).

Le premier niveau des décisions marketing (comprises dans le plan stratégique), celles qui orientent le devenir de l'entreprise sur une longue période, a trait aux questions de lancement de produit, de choix de marché et de sélection des clients. C'est à partir de ces grandes décisions que les éléments plus concrets seront ultérieurement décidés. Par simple souci de commodité – les choix sont interactifs – nous opposerons les décisions qui tiennent au produit, au marché et au client.

Les décisions en marketing

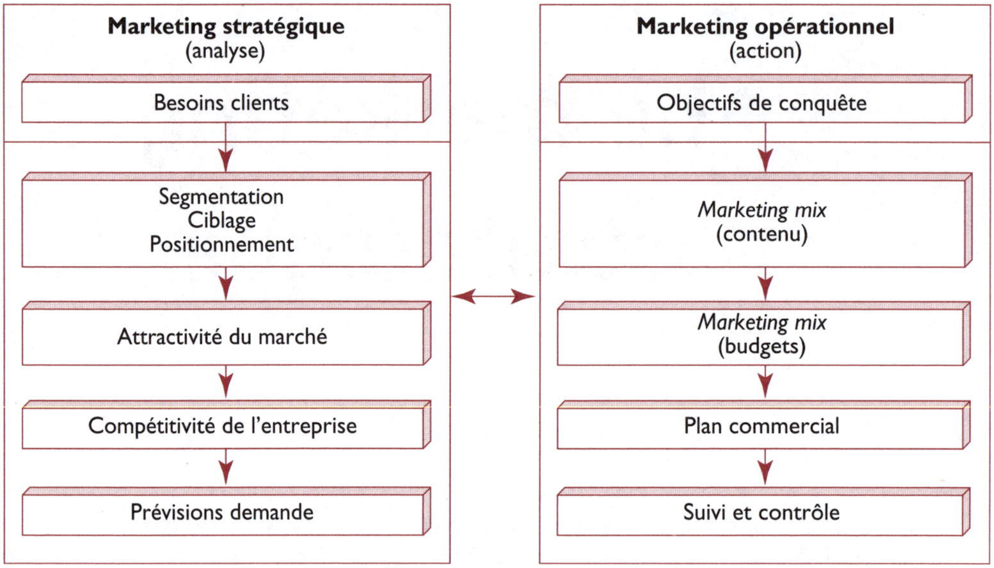

Source : d'après J.-J. LAMBIN, *Marketing stratégique et opérationnel. Du marketing à l'orientation marché*, Ediscience International, 4e édition, 1998.

La stratégie de lancement de produit

Les compétences clés à acquérir :

- Apprécier les opportunités les plus favorables en ce qui concerne les produits/domaines que l'entreprise exploite ou s'apprête à lancer.
- Interpréter la carrière d'un produit, ses chances de développement et le profit qu'il procure, grâce à une bonne lecture de sa courbe de vie.
- Analyser la composition du portefeuille de produits exploités afin de rectifier les déséquilibres constatés.
- Comprendre en quoi l'innovation constitue le principal facteur de succès dans un monde ouvert et mouvant.
- Connaître les techniques, les procédures et les structures qui permettent de mettre sur le marché un nouveau produit avec les plus grandes chances de succès.
- Savoir qu'un produit est mortel et qu'il importe donc de mettre en place des procédures, voire une organisation, qui aident à prendre une décision d'abandon souvent délicate.

Le (ou les) domaine(s) d'activité choisi(s) par l'entreprise constitue(nt) la pierre angulaire de sa stratégie. L'appartenance sectorielle qui en résulte engendre le facteur essentiel de ressemblance entre les firmes. On ne compare pas une entreprise sidérurgique et un fabricant de barres chocolatées, une banque et un vendeur de services touristiques. Les choix de produits, bien entendu, sont fortement contraints par le savoir-faire antérieur de l'entreprise, par son métier, ou par les aspirations et les compétences du dirigeant dans le cas d'une création. Il demeure que l'entreprise se définit d'abord par les décisions qu'elle prend sur ce plan. Deux notions viennent préciser et éclairer les choix ; il s'agit d'abord du cycle de vie et ensuite du portefeuille de produits.

I. Le cycle de vie des produits

Le concept de cycle de vie des produits est un de ceux parmi les plus utilisés en marketing ; il offre de grands avantages, mais nous verrons qu'il n'est pas sans présenter de limites.

A. Le concept de cycle de vie

Le concept repose sur une analogie avec la biologie : les produits connaîtraient une **succession d'étapes** les conduisant de la naissance à la mort.

1. Les différentes étapes

Selon les auteurs, un plus ou moins grand nombre de phases sont distinguées. En pratique, le plus souvent, **quatre étapes** sont retenues. Parfois, une cinquième étape, préliminaire, est ajoutée. Nous nous en tiendrons à quatre phases.

a. Phase 1 : le lancement

C'est la première étape de la vie du produit. Celui-ci est lancé sur le marché, mais il peut encore présenter quelques imperfections. La période de recherche n'est donc pas complètement terminée ; l'industrialisation, c'est-à-dire la fonction qui assure le passage entre le prototype et la série, est très importante. L'étape du lancement se révèle **cruciale** : de nombreux produits sont frappés de mortalité néo- ou périnatale.

Le coût de revient unitaire reste encore élevé car le coût de production ne peut s'imputer sur des séries très longues et certains coûts de marketing, surtout les frais de distribution, sont lourds à supporter. La concurrence est encore réduite, voire inexistante, à moins que plusieurs n'aient innové, au même moment, dans le même domaine.

b. Phase 2 : la croissance

Au cours de cette deuxième étape, le produit réussit ou échoue. Dans le premier cas, le marché s'élargit, les capacités de production se développent, le produit est amélioré et acquiert sa forme définitive. Le chiffre d'affaires qu'il permet de réaliser augmente rapidement et les bénéfices également, car le prix de revient unitaire a plutôt tendance à décroître. Des **concurrents plus nombreux** se présentent sur le marché ; ils sont attirés par les perspectives de réussite.

c. Phase 3 : la maturité

L'écoulement du produit atteint la saturation. Le marché potentiel a été satisfait et, à présent, seule la demande de remplacement offre quelques possibilités. Éventuellement, le marché peut s'ouvrir encore à quelques catégories nouvelles d'utilisateurs, grâce à la mise en œuvre de modifications ou d'améliorations mineures. La **pression des concurrents** devient très forte, car sont entrés sur le marché de nouveaux producteurs qui n'ont pas subi les coûts de démarrage ; ces rivaux profitent des améliorations techniques et peuvent offrir des prix relativement bas.

d. Phase 4 : le déclin

Le produit est vieux et ses ventes déclinent ; il est passé de mode ou est devenu obsolète à la suite de l'apparition d'un produit plus jeune et mieux adapté. Les capacités de production sont sous-utilisées. C'est l'époque du **désinvestissement** et de la **reconversion**.

Exemples

- Phase 1 : produits informatiques écologiques, liseuses, ultrabooks.
- Phase 2 : système de communication téléphonique 4G, TV full HD, tablettes tactiles, *cloud computing*.
- Phase 3 : laptops, écrans plats, smartphones.
- Phase 4 : téléphone mobile de base, PC de bureau.

2. L'évolution des grandeurs significatives

Compte tenu des indications données précédemment, on se rend compte que le chiffre d'affaires, le coût de revient unitaire, le prix de vente unitaire et le profit, bien qu'ils soient liés, n'évoluent pas de la même manière. Ordinairement, leurs évolutions sont voisines de celles représentées sur la figure 6.1.

Figure 6.1. L'évolution des ventes et des profits

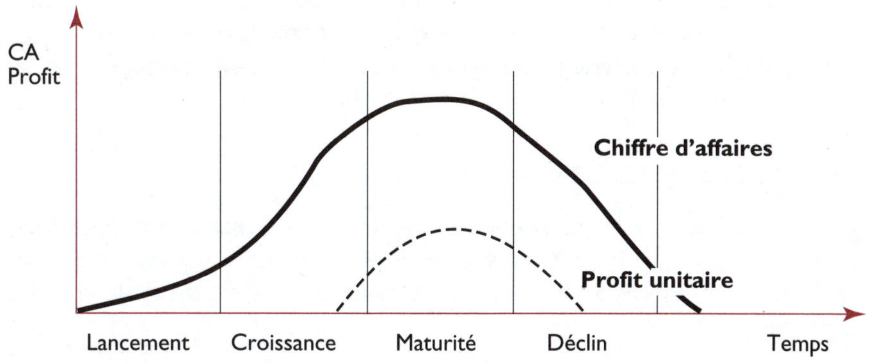

3. Les types de cycle de vie

Tous les produits ne connaissent pas un cycle de vie uniforme. Diverses circonstances font que certaines étapes peuvent être allongées, ou raccourcies, voire supprimées.

Les **cycles de vie des produits** semblent aujourd'hui tout à la fois s'accélérer (ils durent moins longtemps) et supporter davantage de risques (ils sont plus lourds).

Exemple

Aujourd'hui, les gammes de lecteurs MP3 ou de tablettes tactiles sont renouvelées au bout de quelques mois.

On dit souvent que la réussite ou l'échec d'un produit est programmé bien avant son lancement : pour un médicament, il peut s'écouler quinze ans entre le début de la recherche (qui dure de 2 à 4 ans), le développement (8 à 10 ans), la préparation de la naissance (1 à 2 ans) et enfin la commercialisation.

B. L'adaptation du marketing au cycle de vie

À chaque étape du cycle de vie correspondent des **choix stratégiques** précis.

1. La phase de lancement

Lors de cette phase, les ventes s'accroissent lentement en raison des réticences manifestées par le marché et de la limitation des capacités de production. L'adoption du produit n'intervient pas en une seule fois ; elle se produit au cours du temps, de façon **successive**. L'important est que les consommateurs potentiels ne soient pas freinés par la difficulté de trouver le produit. L'accent est mis sur les campagnes de publicité et de promotion sélectives qui s'adressent aux catégories de clientèles très réceptives aux innovations. Parallèlement, le produit est soigneusement mis en place dans le canal de distribution.

2. La phase de croissance

Le prix demeure élevé, sauf si des concurrents apparaissent ou si l'entreprise estime qu'il est souhaitable de mener une politique de pénétration. Le prix de revient commence à diminuer, car la **production en grande série** permet de bénéficier de lois d'apprentissage ; en outre, les coûts de promotion diminuent relativement.

3. La phase de maturité

Le prix baisse pour résister aux nouveaux concurrents. L'entreprise ne peut maintenir sa part de marché qu'en améliorant le produit et en intervenant sur des segments qui, jusque-là, étaient délaissés, parce que trop peu rentables. La gamme est resserrée et la qualité devient l'arme principale.

Exemples

Le développement de la qualité peut se traduire par de nouveaux conditionnements, l'amélioration de l'apparence ou encore de nouvelles fonctionnalités.

4. La phase de déclin

Tout diminue, à commencer par le chiffre d'affaires. Il faut savoir se dégager du marché au bon moment.

Une relance du produit peut être pratiquée, mais elle nécessite des coûts commerciaux élevés et précipite la **mort du produit**, lorsqu'elle cesse. Un strict diagnostic (audit marketing) est salutaire pour franchir cette étape dans les meilleures conditions.

C. La portée et les limites du concept de cycle de vie

Le concept de cycle de vie doit être mis en application avec la plus grande prudence.

1. Les risques de confusion

Le problème essentiel, soulevé par l'étude du cycle de vie, est de savoir de quel cycle on parle. Entre le cycle de la variété du produit, de la marque ou de la branche, de savantes confusions sont entretenues.

Exemple

Le Mac d'Apple est en légère croissance sur un marché de l'ordinateur personnel qui se réduit globalement.

Si l'on ajoute aux confusions suscitées par la multiplicité des cycles de vie différents, auxquels est soumise une variété d'un produit d'une seule marque, le fait que les cycles sont eux-mêmes très variables d'un produit à un autre et que les exceptions au cas général sont nombreuses, les enseignements tirés d'une telle analyse apparaissent peu sûrs.

2. Le caractère non normatif

Le cycle de vie est bien davantage une **variable dépendante**, sur laquelle l'entreprise peut agir, qu'une **variable indépendante** qui réglerait de manière inéluctable la vie de tous les produits. Il n'existe pas de cycle immanent, il n'y a que l'habileté, plus ou moins grande, des marketeurs à agir sur les bonnes variables, à adopter la bonne stratégie et à faire en sorte que le produit soit toujours en accord avec une clientèle potentielle. Dans ce sens, le cycle de vie ne permettrait en aucun cas de prévoir, ni sur quelle courbe le produit se situe, ni à quelle étape il se trouve.

Exemple

Le célèbre Post-it de 3M a connu un lancement difficile en 1980. La campagne de publicité ne parvenait pas à faire décoller les ventes. Il a suffi de substituer à la campagne de publicité un envoi massif d'échantillons (il faut utiliser le produit pour en comprendre l'intérêt !) pour que l'étape de croissance soit atteinte. Quarante ans après le lancement, le succès ne se dément pas (95 % du marché) et c'est à coup d'innovations successives (marque-page, etc.) que 3M défend sa position.

L'idée même de cycle de vie constitue parfois un stimulant beaucoup trop puissant à l'innovation en mettant l'accent sur les coûts et les difficultés entraînés par le déclin des produits. La mort, en apparence inéluctable, des produits fait que l'entreprise, pour survivre, se croit obligée d'inventer continuellement de nouveaux produits. La frénésie innovatrice ainsi suscitée peut être dommageable, dans la mesure où elle n'est plus raisonnée.

Alors, que retenir du concept de cycle de vie ? Celui-ci représente un **moyen d'analyse et de planification** pour l'entreprise. Bien connaître pour mieux comprendre puis faire preuve d'une attitude active vis-à-vis de l'environnement, voilà une démarche qui ne peut qu'être encouragée. Néanmoins, faire du cycle de vie un instrument de prévision destiné à gérer l'évolution du portefeuille de produits pourrait conduire à de grandes désillusions. Les produits qui réussissent le mieux sont précisément ceux qui mettent en échec le cycle de vie et qui savent prolonger les périodes de croissance et de maturité, en se transformant et en s'adaptant aux conditions changeantes du marché.

3. La particularité des services

La notion de cycle de vie dans le domaine des services s'applique à l'évidence, mais quelques particularités sont à souligner : l'idée de production est remplacée par celle de diffusion, les améliorations interviennent en continu au fil des avis donnés par les clients, l'opposition entre un service en général (la restauration) et un service particulier (les sandwicheries) est encore plus nette.

On ajoutera que de nombreux services du secteur de l'économie numérique sont peu concernés par la notion de cycle de vie : il n'y a aucun effet de volume sur les coûts et la montée en puissance de la **notoriété** est quasi instantanée.

Exemple

Snapchat, application de partage de photos avec destruction immédiate, naît en Californie en 2011. Ses fondateurs refusent une offre de rachat par Facebook de 3 milliards de dollars en 2013. Il demeure que le cycle de vie est pertinent pour comprendre l'évolution de sites comme Pixmania, Amazon ou Vente Privée.

II. Le portefeuille de produits

Nous sommes ici au confluent de la stratégie de l'entreprise en général et du marketing stratégique. Les outils classiques auxquels on recourt dans un des domaines peuvent être utilisés dans l'autre. La notion de **domaine d'activité stratégique** (DAS), classique en management stratégique, laisse place à l'idée de portefeuille de produits.

A. L'analyse stratégique

1. La construction du portefeuille

On se sert de deux critères pour apprécier les produits.

a. L'attractivité du marché

Il s'agit là d'une **variable relativement indépendante** pour la firme. Elle exprime un certain état du marché sur lequel l'entreprise n'a guère d'influence. L'attractivité peut être mesurée par le taux de croissance du marché ou par la phase du cycle de vie dans laquelle se trouve le produit. Un marché en croissance (les eaux minérales) offre de meilleures perspectives qu'un marché en déclin (les apéritifs à base de vin).

b. Les atouts de l'entreprise

On apprécie, comme la locution l'indique, la position de l'entreprise par rapport à celle de ses rivaux. Pour procéder à pareille évaluation, on peut calculer – ce n'est qu'un facteur parmi d'autres – la part de marché relative de l'entreprise :

- a_1 = Part de marché de l'entreprise / Part de marché du concurrent le plus proche.
- Si $a_1 > 1$, la situation est bonne.
- Si $a_1 < 1$, la position de l'entreprise est médiocre.

Puis on trace un schéma où figurent, en abscisses, l'avantage relatif; en ordonnées, l'attractivité du marché.

Tableau 6.1. Le portefeuille de produits de l'entreprise

Attractivité du marché	Atouts de l'entreprise	
	Forts	Faibles
Forte	A	B
Faible	D	C

On place les produits A, B, C, D, constituant la ligne mise en vente par l'entreprise, dans les quadrants qui correspondent à chaque cas respectif.

Exemple

Dans le tableau 6.1 :

• A est excellent. La croissance est rapide et la part de marché élevée. Les bénéfices sont importants.

• B est un produit situé sur un marché dont la croissance est forte, mais dont la part de marché est faible. Toutefois ce produit est encore déficitaire, car les investissements qu'il exige absorbent d'importantes ressources financières.

• C semble être en mauvaise position (faible promesse de croissance, part de marché étroite, bénéfice nul, voire constatation d'une perte).

• D se trouve déjà sur un marché où la croissance est maintenant lente mais le bénéfice reste très fort.

2. L'utilisation du portefeuille

a. En phase de lancement

Un double choix s'offre aux gestionnaires :

• Une **stratégie offensive**. Le produit de la case B va passer en case A. Mais cette opération est onéreuse : elle suppose d'augmenter la capacité de production, d'étoffer l'équipe de vente, de faire de la publicité, etc. Cette stratégie exige donc de posséder – ou de pouvoir obtenir – de gros moyens financiers.

• Une **stratégie défensive**. Si l'entreprise n'a pas les ressources suffisantes, elle peut tout bonnement abandonner le marché, cesser la production du produit.

b. En phase de croissance

Il convient de s'efforcer de se maintenir dans cet état (case A). On investit encore beaucoup, afin de conserver la position acquise. En outre, on cherche à élargir le marché en trouvant de nouveaux clients.

Exemples

L'export ou la distribution en ligne peuvent permettre une ouverture des marchés.

c. En phase de maturité

Dans cette phase (case D), on ne procède plus qu'à des investissements minimes : on cherche à rationaliser la production et à empêcher les concurrents de développer leurs propres parts de marché.

d. En phase de déclin

Il ne reste guère d'autre stratégie que le désinvestissement, au terme duquel on quitte le marché plus ou moins vite.

En bref, à partir de la situation actuelle, on ne se contente pas de discerner l'évolution probable. On établit un véritable portefeuille d'objectifs que l'entreprise compare avec son portefeuille de compétences.

Au-delà de l'analyse stratégique brièvement présentée ici, et sans empiéter sur des développements qui dépasseraient le cadre du marketing – même stratégique – on aura compris que c'est tout le **diagnostic** des activités de l'entreprise qui est en jeu. Les hommes de marketing doivent s'habituer à participer à une véritable veille stratégique, c'est-à-dire à une collecte et à un traitement systématiques de toutes les informations provenant de leur environnement commercial. On établit des tableaux de bord concurrentiels dans lesquels on placera en ligne les critères marketing et en colonne les différents concurrents.

Le tableau est utilisé soit de manière verticale (un cadre de l'entreprise « se met dans la peau » d'un concurrent et joue son rôle virtuel, il devient son ombre et essaie d'anticiper ses éventuelles actions), soit de manière horizontale (on se compare sur un critère à tous les autres pour essayer de se rapprocher du concurrent qui est le plus performant dans un domaine déterminé : c'est le ***benchmarking***).

Tableau 6.2. Le tableau de bord concurrentiel

	Volvic	Évian	Vittel	Contrex	Cristaline	Salvetat	Badoit
Coût de revient							
Circuit							
Merchandisers							
Communication médias							
Communication hors médias							
Promotions							
Livraisons							

B. Les orientations stratégiques et commerciales

Le **portefeuille des objectifs**, comparé au portefeuille des produits actuels, permet à l'entreprise de dégager des orientations stratégiques (se replier, investir, moissonner, etc.) qui vont se traduire ultérieurement dans des choix commerciaux.

On distingue, en général, trois grandes orientations stratégiques possibles : la spécialisation, l'intégration, la diversification.

1. La spécialisation

C'est l'orientation la plus simple et la plus courante : la direction générale décide de mener des efforts au sein du **champ d'action actuel** de l'entreprise. On comprend aisément les avantages de cette mesure. L'action est relativement facile, rapide et peu risquée, car elle intervient dans un domaine connu et déjà maîtrisé. Le **risque** n'est pas totalement absent.

Exemple

Plusieurs firmes décident simultanément d'accroître, de manière sensible, leurs capacités de production. Le marché est alors vite saturé et les investissements difficilement rentabilisés. C'est ce qui s'est notamment passé pour l'industrie sidérurgique, pour celle de la pâte à papier ou encore pour le raffinage pétrolier.

a. La stratégie de volume

Un excellent moyen pour dominer les concurrents consiste à produire à un **coût inférieur**. Pour cela, il est indispensable de disposer d'une part de marché non négligeable afin de bénéficier des lois d'apprentissage, mais aussi de posséder une organisation sans faille.

Exemples

Les coûts inutiles sont pourchassés ; les meilleures sources d'approvisionnement, recherchées. Les investissements sont en priorité tournés vers le matériel le plus moderne. Telle est la voie retenue par de nombreuses firmes dans l'automobile, l'électroménager ou encore l'électronique comme l'atteste l'évolution du prix des écrans plats.

La voie de l'innovation technologique n'est cependant pas exempte de dangers. Ainsi, une révolution technologique peut, à tout instant, annihiler tous les bienfaits de l'expérience antérieure et exposer de plein fouet l'entreprise. De même, le prix d'une matière première indispensable peut augmenter brutalement ; le produit n'est alors plus compétitif au regard de ses concurrents.

b. La stratégie de différenciation

Elle consiste en une singularité du produit ou du service offert par la firme qui vise à créer quelque chose qui soit ressenti comme unique au niveau de l'ensemble du secteur. L'entreprise réussit à se constituer un monopole de fait qui la met à l'abri des attaques des concurrents. Le produit, par sa conception, son image, les services qu'il rend, est tel qu'il ne connaît aucun concurrent direct. Les clients sont fidèles. La part de marché n'est pas nécessairement très élevée mais tenue fermement.

Exemples

Darty et son image de bas prix, Miele et sa qualité irréprochable ou encore la luxueuse chaîne d'hôtels Four Seasons sont autant d'illustrations d'une stabilité sur le marché directement liée à la fidélité des consommateurs.

Les **risques** sont ici différents : ils tiennent aux changements de goût du consommateur qui ne repère plus, ou n'est plus intéressé par le facteur de différenciation, ou encore aux dons d'imitation des concurrents.

L'entreprise qui s'oriente vers la spécialisation pour atteindre ses objectifs n'a pas d'autres solutions. Porter l'indique clairement : « Une firme qui s'enliserait dans la voie médiane se trouverait dans une situation stratégique extrêmement médiocre »[1]. Elle perd, en effet, les clients importants attachés au prix réduit et les commandes plus personnalisées dégageant de fortes marges.

c. Le bilan de la spécialisation

Tableau 6.3. Avantages et inconvénients de la spécialisation

Avantages	Inconvénients
L'entreprise demeure sur un marché qu'elle connaît bien et qu'elle a appris à maîtriser.	Si le marché parvient à saturation, si une modification technologique ou si la mode entrave son développement, ou provoque même son déclin, l'entreprise n'a plus alors d'autre axe de développement sur lequel elle pourrait faire porter ses efforts.
Lorsque les moyens de l'entreprise sont réduits, dans une petite ou une moyenne entreprise par exemple, la spécialisation est la seule stratégie envisageable.	Cette stratégie comporte en elle-même la limite de la présence maximale supportable sur un marché par les concurrents ou par les instances de régulation. Ce fut le cas pour Microsoft aux États-Unis et en Europe.
Sur son marché, la firme peut atteindre un seuil de domination qui lui assure les plus grands bénéfices.	

2. L'intégration

Une deuxième orientation consiste à prendre place verticalement, soit vers l'amont du domaine d'activité stratégique actuel soit vers l'aval. Les avantages d'une telle politique sont nombreux, mais certains **inconvénients** doivent être gardés en mémoire :

• **Les problèmes nouveaux qui se posent sont assez différents selon que l'intégration a lieu vers l'amont ou vers l'aval.** Dans le premier cas, l'opération revient à se substituer à un fournisseur (par exemple, Renault décide de fabriquer des phares). Mais dans le second, l'entreprise se retrouve concurrente de ses propres clients (Lafarge décidant de produire des maisons préfabriquées).

1. PORTER M., *L'avantage concurrentiel*, Dunod, 2003 (rééd.).

• **Il faut ajouter que l'intégration risque de poser des problèmes techniques ou humains insurmontables.** Dans une entreprise, existent un savoir-faire, une expérience technique accumulée qui font que, à un moment donné, elle est capable de dominer une technologie déterminée. Changer de secteur peut ruiner cet avantage.

L'intégration ne s'opère pas nécessairement par le recours à des investissements directs ou des rachats d'autres entreprises. C'est ici que la **logique du partenariat** peut s'exercer avec le plus grand bonheur. L'entreprise noue des relations (du simple rapport client-fournisseur à la création de sociétés conjointes) pour prendre pied en dehors de son métier traditionnel avant, le cas échéant, d'y investir massivement.

3. La diversification

La troisième orientation pousse l'entreprise à investir dans des activités ou des marchés hétérogènes ; elle quitte le couple produit / marché actuel.

Les avantages obtenus grâce à la diversification sont importants. Ils tiennent essentiellement à une **réduction des risques**. En intervenant dans plusieurs domaines, la firme peut espérer compenser les mauvais résultats supportés éventuellement dans un secteur par la bonne performance réalisée dans d'autres. Ce point n'est d'ailleurs pas totalement évident. Il suffit que toutes les activités dépendent d'un même phénomène (la hausse du prix d'une matière première, une réglementation, etc.) pour que toutes évoluent dans le même sens, à la hausse (et c'est tant mieux), à la baisse (et la situation devient catastrophique). Dans la pratique, les problèmes posés diffèrent sensiblement lorsque la diversification s'oriente vers le produit, vers le marché ou vers les deux en même temps.

Tableau 6.4. Le degré de spécialisation selon la nature du produit/marché

Marché \ Produit	Ancien	Nouveau
Ancien	Spécialisation	Diversification du produit
Nouveau	Diversification du marché	Diversification totale

a. La stratégie de diversification du produit

Elle permet à l'entreprise de croître grâce à la vente de nouveaux produits sur le même marché. Une telle stratégie peut être réalisée grâce à deux tactiques :

– lancer purement et simplement un nouveau produit ;

– changer les caractéristiques, les attributs superficiels du produit. On augmente, par exemple, la taille de l'article ou bien, au contraire, on le rend plus petit et plus maniable.

Exemples

- Mercurochrome développe des produits de soin pour les lèvres et les mains.
- Lego lance une gamme « spéciale filles ».
- L'Oréal étend son offre aux brosses vibrantes pour la peau.

La stratégie de diversification du produit présente des avantages certains :

– la gamme des produits offerts s'élargit ;

– du côté de la production, certaines économies peuvent être réalisées en utilisant des installations ou des services communs, en standardisant des pièces, en produisant des éléments s'adaptant à l'un ou à l'autre produit ;

– du côté commercial, si le réseau de distribution est unique, la réalisation de gains de synergie est à peu près certaine.

Les inconvénients ne doivent pas être sous-estimés pour autant :

– les stocks à financer sont plus conséquents ;

– des difficultés de coordination peuvent survenir ;

– certains produits risquent de concurrencer d'autres biens de la gamme.

b. La stratégie de diversification du marché

Elle ne concerne que les produits actuels qui sont mis en vente sur de nouveaux marchés. Les tactiques qui résultent de ce choix peuvent prendre les formes suivantes :

– une expansion régionale ;

– une expansion nationale ;

– une expansion internationale ;

– l'utilisation d'un nouveau canal de distribution.

Exemples

• Easy Jet vise une clientèle d'affaires.

• Une chaîne d'hôtels ajoute la clientèle des voyages organisés à ses clients habituels.

• Fnac Éveil et Jeux – devenu Oxybul, – a été créé comme une entreprise de VPC, puis les ventes en magasins et par Internet en ont fait une entreprise multicanal.

La **stratégie de diversification** du marché présente elle aussi nombre d'avantages :

– l'entreprise échappe aux aléas qui résultent de l'exploitation d'un portefeuille de clients trop étroit ;

– la production se développe et le bénéfice des lois d'apprentissage se fait sentir ; les coûts moyens unitaires diminuent.

Parmi les inconvénients notables, il convient de mentionner les frais commerciaux supplémentaires entraînés par la conquête de nouveaux marchés – à l'exportation, par exemple – et souvent élevés. Ces derniers peuvent menacer l'équilibre financier de l'entreprise.

c. La diversification totale

Elle suppose le développement simultané de **produits et marchés nouveaux**.

Exemples

• General Electric est présente dans la production de l'énergie, les équipements médicaux, l'électroménager, les transports, les services financiers.

• 3M est un véritable conglomérat présent dans les domaines de la santé, de la signalisation, de l'isolation, des produits de bureau.

- **Avantages**

Si l'entreprise dispose d'un portefeuille d'activités bien équilibré, dans lequel les secteurs risqués côtoient des branches plus sûres, si les perspectives de rentabilité ne sont pas toutes exposées aux mêmes périls, on profite alors des gains obtenus d'une part pour compenser les pertes subies de l'autre. De même, l'entreprise capitalise les effets positifs de sa marque sur un large ensemble de produits.

- **Inconvénients**

Retenons notamment que :

- La gestion devient très complexe.
- Rares sont les opérations communes à plusieurs activités qui peuvent être menées de front. Par conséquent, les gains de synergie sont faibles.
- Les produits et les marchés sont différents et il est nécessaire, à chaque occasion, d'investir des sommes très importantes. Lorsque les inconvénients l'emportent nettement sur les avantages, on assiste à des opérations de « recentrage » vers le métier de base.

Entre ces diverses orientations stratégiques, l'entreprise se détermine en fonction de toute une série d'éléments :

– la mission ou la finalité qu'elle s'est donnée (Danone se veut une entreprise au service de la santé, par exemple) ;
– les aspirations des dirigeants ;
– les stratégies propres des concurrents.

Exemples

Avec la 608, Peugeot espérait rejoindre BMW et Mercedes sur le marché des véhicules haut de gamme ; le groupe américain Kimberly-Clark, qui possédait déjà la marque Kleenex, s'est lancé sur le marché des couches jetables en France en lançant Huggies.

Reconnaissons toutefois que les décisions peuvent relever plus du hasard que d'une stratégie réfléchie (une opportunité se présente, un client, un fournisseur est à vendre, des liens personnels unissent deux dirigeants de firmes appartenant à des secteurs différents...).

III. Les produits nouveaux et la stratégie marketing

Nous présenterons quelques généralités à propos de l'**innovation**, avant d'exposer les méthodes de créativité et d'aborder le lancement proprement dit du nouveau produit.

A. L'innovation

Dans un monde en constante évolution, l'innovation apparaît comme une nécessité, mais elle pose de multiples problèmes. Elle est difficile à promouvoir et reste toujours très risquée.

1. La nécessité

Même s'il existe des **« produits-institutions »**, appelés à ne jamais mourir – ou tout au moins dans un horizon prévisible – même s'il semble parfois infiniment plus fructueux d'être le brillant second que le leader, même s'il paraît plus facile de copier que d'inventer, les entreprises ne peuvent cependant ignorer les impératifs de l'innovation.

Innover ne consiste pas seulement à découvrir et à mettre sur le marché le transistor, le village de vacances ou l'aspirateur sans sac. C'est aussi conditionner, pour la première fois, l'eau minérale en bouteille plastique avec un matériau allégé, c'est proposer un nouveau rayon de bricolage dans un hypermarché. Enfin, c'est agir pour défricher de nouveaux segments de marché ou pour accroître la fidélité des anciens. Sur les marchés, la compétition portant sur l'innovation vient décupler la concurrence qui s'exerce sur les prix.

Les cinq piliers de l'innovation[2]

- Association : chercher vers les contours plutôt qu'au cœur.
- Questionnement : ne pas hésiter à être un rebelle.
- Observation : sortir, voyager, rencontrer les autres.
- Réseautage : la réussite passe par le collectif.
- Expérimentation : l'innovation provient souvent du hasard (principe de sérendipité).

Exemples

- Intel lutte contre ses adversaires, non pas en diminuant ses prix, mais en lançant des microprocesseurs toujours plus perfectionnés.
- Essilor lance le verre anti-buée Optifog.

Tableau 6.5. Les causes de l'échec du lancement d'un produit

Lancement : l'échec en dix leçons	Principales raisons d'échec des nouveaux produits*
1. Le positionnement inadapté.	1. Segment de marché trop petit.
2. L'insuffisance des moyens.	2. Faible adéquation avec les capacités de la firme.
3. Le packaging déficient.	3. Produit non unique sur le marché.
4. L'absence de communication.	4. Produit manquant d'avantages par rapport à la concurrence.
5. La fausse bonne idée.	5. Positionnement pauvre.
6. Le *me-too*.	6. Support inadéquat du canal.
7. Le faux *me-too*.	7. Erreur de prévision des ventes.

2. CHRISTENSEN C. *et al.*, *Le gène de l'innovateur*, Pearson, 2013.

Lancement : l'échec en dix leçons	Principales raisons d'échec des nouveaux produits*
8. Trop cher.	8. Changements dans les goûts des consommateurs ou dans l'environnement.
9. La copie du concept étranger.	9. Problèmes d'organisation du lancement.
10. L'accident.	10. Profits insuffisants.

* Adapté de URBAN et STAR, 1991, cité par DUBOIS P.-L. et JOLIBERT A.

2. Les difficultés rencontrées

On sait que les produits nouveaux connaissent un **taux d'échec élevé**. La société Booz, Allen et Hamilton, il y a plusieurs années, avait calculé que, sur cinquante-huit idées de produits nouveaux, quarante-six chutaient dès la première étape, celle de l'évaluation préliminaire ; sur les douze restantes, il en demeurait respectivement sept, trois, puis deux, après l'analyse économique, le développement et les tests. L'un des deux produits survivants disparaissait au cours de la commercialisation et finalement un seul réussissait, soit moins de 2 %. Au reste, ce sont moins les chiffres, à chaque étape, qui importent que le fait suivant : très peu de produits parviennent à parcourir l'intégralité du processus.

Les insuccès peuvent tenir :

– à des causes internes (erreurs d'appréciation de l'entreprise qui prévoit mal les coûts, potentiels du marché ou capacité insuffisante à résoudre les problèmes techniques) ;

– à des phénomènes plus généraux : extrême segmentation des marchés et raccourcissement des durées de vie.

La **segmentation** incite les entreprises à lancer des produits qui s'adressent à des cibles de plus en plus réduites, de sorte que la moindre erreur d'appréciation est fatale. La bonne tenue d'un groupe de consommateurs ne peut compenser les défaillances d'un autre. De plus, les cycles de vie des produits ont tendance à être plus brefs qu'auparavant ; les produits nouveaux rendent très vite caducs les anciens.

Exemple

Dans l'édition, alors que les ouvrages de littérature générale connaissaient traditionnellement un cycle de vie de quelques années, la durée de vie s'est, dans l'ensemble, réduite, pour tourner autour d'une année. 90 % ou 95 %, voire 100 %, des ventes interviennent dans les quelques mois qui suivent le lancement d'un roman.

C'est essentiellement parce que le nouveau produit n'est pas perçu comme tel par le consommateur que la plupart des **lancement**s échouent. Les *« me-too products »* ne trouvent plus grâce aux yeux des clients qui sont aujourd'hui beaucoup plus réfléchis et s'attendent à de véritables innovations.

On a connu le temps des innovations « faussement » révolutionnaires. Cette époque a fait place à de vraies nouveautés. On innove aujourd'hui en tout : un nouveau circuit de distribution, un service après-vente par téléphone, une offre packagée (voiture et assurance), un paiement différé... mais, surtout, des produits révolutionnaires arrivent sans cesse sur le marché.

Exemples

Les thés infusés de Carrefour, la friteuse Actifry de Seb, le sèche-mains de Dyson ou l'aspirateur iRobot Roomba illustrent autant de lancements sur des marchés déjà encombrés, mais qui ont su apporter un élément de différenciation.

Sans doute faut-il retenir que l'innovation ***market pull***, comme l'innovation ***technology push*** présentent toutes deux des avantages et des inconvénients. Seul un bon mariage entre les deux ouvre la voie du succès.

3. La mise en place de structures favorables

Pour permettre à l'innovation d'éclore dans de bonnes conditions, et surtout d'être bien administrée, pour que le taux d'échec diminue, des structures adéquates doivent être mises en place. Il n'y a pas une solution unique, préférable à toutes les autres, mais quatre familles, chacune assortie de variantes, peuvent être envisagées.

a. Le comité de développement des produits

Une première solution consiste à créer un comité spécialement chargé du développement des produits nouveaux. Le comité comprend toutes les personnes intéressées (production, finances, marketing, recherche) et un représentant de la direction générale, voire le directeur général, pour donner davantage de poids aux décisions du comité.

L'avantage correspond à celui procuré par tous les comités : l'information circule bien et les confrontations d'idées sont souvent bénéfiques ; toutefois, en contrepartie, le comité est un gros consommateur de temps. En toute hypothèse, un tel comité ne peut mener à bien l'opération du début à la fin ; il doit obligatoirement transmettre le dossier à un autre organe pour la mise en œuvre.

b. Le département des produits nouveaux

Lorsque la taille de l'entreprise et sa puissance d'innovation le permettent, il peut être avantageux de créer un département dont l'objet consiste à s'occuper spécifiquement des produits nouveaux. Ce département, de taille parfois minime – quelques personnes peuvent suffire –, est rattaché au directeur général. Sa tâche s'arrête lorsque la production en série est prête ; à ce moment, le produit nouveau est transféré à un département opérationnel qui lance la fabrication.

c. Les chefs de produits

Les entreprises qui mettent en place une organisation matricielle, avec des chefs de produits doublant les départements par fonction, ont la possibilité de confier le développement des produits nouveaux à ces chefs de produits. Ceux-ci sont alors chargés de gérer le produit pendant toute sa vie. Le chef de groupe ou le chef de marque dispose tout simplement d'un portefeuille de produits parmi lesquels il y a des produits nouveaux. Cette solution, intéressante sur plusieurs plans, ajoute malheureusement à l'inconvénient traditionnel d'une organisation comportant des chefs de produits

– ils ont la responsabilité sans l'autorité – le fait que la gestion des produits existants a de bonnes chances d'accaparer tout le temps disponible des gestionnaires.

d. Les groupes spécialisés

Ce sont les *task forces* ou encore « les équipes projets ». Pour bénéficier des avantages du comité et du département, tout en évitant leurs inconvénients, on a pensé mettre sur pied un groupe spécialisé, à durée limitée, qui a pour tâche de promouvoir un produit.

Le groupe est constitué sur les mêmes bases que les comités (représentants des départements intéressés dépendant directement du directeur général), mais les membres sont détachés de leur service d'origine et regroupés dans des locaux particuliers. Le groupe s'identifie mieux au produit ou au groupe de produits et le conduit jusqu'au lancement en série.

À ce moment, le groupe est dissous et, éventuellement, un des membres devient le chef du produit en question. Puis, lorsqu'un problème de création se pose à nouveau, un autre groupe est constitué. C'est cette forme d'organisation que les constructeurs automobiles adoptent.

Le choix entre les quatre solutions dépend du type de problème, des caractéristiques de l'entreprise, de ses habitudes, etc. L'important est de bien voir que la difficulté consiste moins à résoudre correctement les problèmes qui se posent à chaque phase qu'à faire franchir au produit nouveau toutes les étapes entre le laboratoire et la commercialisation. Bref, la question doit être considérée sous un angle aussi large que possible.

Au total, la réussite de l'innovation et l'accélération de la phase tellement cruciale du *time to market* passent par les liaisons harmonieuses et efficaces entres les équipes de R & D (recherche et développement) et celles du marketing. On sait ce qu'il ne faut pas faire : peaufiner l'idée en laboratoire avec les ingénieurs et la transmettre telle quelle au marketing pour que les spécialistes imaginent les marchés et les outils d'accès. Tout au contraire, une ingénierie simultanée (présence de chaque fonction tout au long du processus mais à des degrés divers) et une bonne interface marketing-R & D sont des gages de réussite.

De la recherche de « l'idée » jusqu'à la commercialisation, toutes les fonctions interviennent mais à des degrés divers selon l'état d'avancement du projet (figure ci-après).

Figure 6.2. Comment réduire le *time to market*

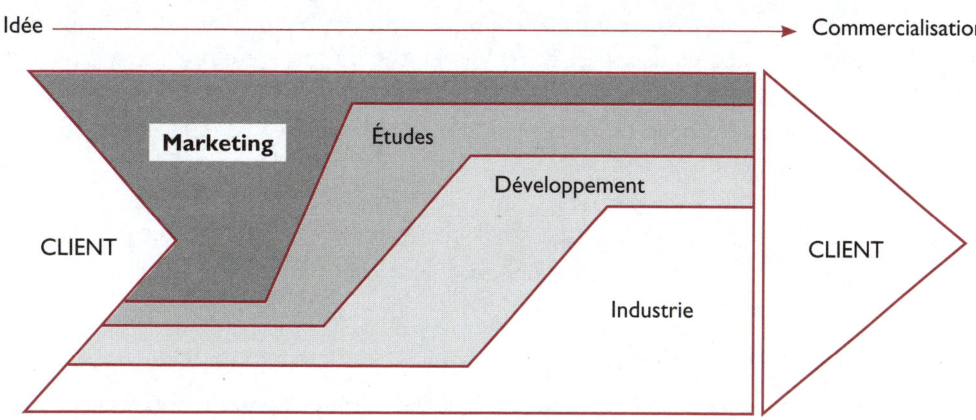

Source : société Alcatel, documentation interne, janvier 1992, citée par Mira S., thèse IAE, Lyon, 1993.

Exemples d'organisation de l'innovation

Whirlpool dispose d'un budget de R & D de 500 millions d'euros par an et les équipes d'innovation sortent des concepts avant-gardistes tous les deux ans. Par exemple, le Fireplace propose de revisiter la table de cuisson en remplaçant l'induction par une source de chaleur lumineuse. En 2011, Microsoft a lancé un concours ouvert à la communauté des hackers afin de les inciter à produire des solutions pour lutter contre les attaques susceptibles de menacer Windows avec, à la clé, une récompense de 200 000 $. Intel a récemment recruté le leader du groupe Black Eyed Peas (will.i.am) comme directeur de l'innovation créative. Il a rejoint une équipe de chercheurs et de programmeurs pour codévelopper de nouveaux moyens de communication, d'information et de divertissement. Dans le même ordre d'idées, la présidente de Yahoo! supprime le télétravail en arguant que « les individus sont plus productifs seuls mais plus créatifs ensemble ».

B. Les méthodes de créativité et de sélection du nouveau produit

La créativité, ou faculté de créer ce qui n'existait pas, n'est pas fortuite et il serait quelque peu naïf de penser que Newton, par exemple, a pu concevoir le principe de la gravitation universelle en voyant tout bonnement tomber une pomme.

Certes, les illuminations, les traits de génie fulgurants existent mais ils sont, le plus souvent, l'aboutissement d'une réflexion, d'un processus créatif patiemment construit. En outre, de nos jours, la création industrielle n'est plus l'apanage d'un individu, elle résulte d'un effort collectif.

1. Les sources d'idées de nouveaux produits

Toutes les sources d'information du marketing peuvent être sollicitées mais ici, plus particulièrement, on peut penser à deux sortes de sources.

a. Les sources internes

Le service de recherche constitue, et c'est tout naturel, la première source d'idées de produits nouveaux. Tout dépend de la taille de l'entreprise et de la stratégie qu'elle mène dans ce domaine. Le Nylon, par exemple, a été découvert dans les laboratoires Du Pont de Nemours.

Les services de production : la fabrication des produits engendre logiquement des idées novatrices et des pistes d'amélioration.

Le personnel de vente connaît les désirs exprimés par la clientèle, les offres de concurrents et, de ce fait, il peut pressentir dans quel sens orienter les développements d'un produit.

Les dirigeants, de par leurs fonctions, sont très ouverts à l'environnement qui les entoure : ils sont donc vecteurs d'innovation.

b. Les sources externes

Les clients, par définition, connaissent tous les problèmes engendrés par l'utilisation d'un produit. Or, en confrontant celui-ci avec les biens concurrents, les consommateurs sont souvent à la source d'idées de produits nouveaux.

Les concurrents poursuivent les mêmes objectifs que l'entreprise ; dès lors, un examen attentif des gammes qu'ils proposent devient une activité non dépourvue d'intérêts.

L'*open innovation* a particulièrement la cote : l'entreprise réunit des clients, des partenaires, des fournisseurs pendant un séminaire ou sous forme de travail collaboratif à distance, ou encore simplement en ouvrant un chat sur Internet. Chacun donne son opinion et les idées sont conservées, analysées, prolongées. L'expertise est partout. On parle de co-conception des nouveaux produits ou services. La documentation spécialisée, les centres de recherche interprofessionnels, les inventeurs, les cabinets d'études peuvent faire naître des idées.

Exemples

- Fiat pratique le *crowdsourcing*. L'entreprise italienne invite les internautes à proposer des idées pour un nouveau *« concept car »* : 17 000 personnes participent, générant 10 000 idées différentes.
- IBM propose une plateforme permettant à leurs clients d'entrer dans le « social business », le travail collaboratif permettant d'être plus performants grâce à l'innovation ouverte.

2. Les méthodes de créativité

Ce fut une grande découverte dans le domaine de l'invention créatrice lorsqu'on prit conscience que la créativité n'était pas corrélée avec les habituelles qualités requises de la part des gestionnaires. Bien au contraire, pour être un bon créatif, il faut plutôt posséder des traits de personnalité qui se situent à l'opposé des principes de saine gestion :

– rechercher la complexité au détriment de la simplicité ;

– refuser l'autorité, l'emprise des groupes ;

– aller le moins vite possible à l'essentiel ;

– conserver, en toute hypothèse, une grande indépendance de pensée et, si possible, le jugement le moins conventionnel qui soit.

À partir de là, il est possible de stimuler la créativité, la production d'idées, en recrutant ceux qui ont de bonnes chances de réussir et en leur offrant un cadre et des techniques propices à une amélioration de leur réflexion. Il ne s'agit pas ici d'entrer dans le détail de toutes les méthodes auxquelles les chercheurs ont accordé leur attention : seuls quelques points de repère seront posés.

a. L'analyse fonctionnelle

Elle consiste à décomposer au maximum les différentes fonctions d'un produit pour voir s'il est possible d'en supprimer ou d'en regrouper quelques-unes. C'est une méthode qui entre dans le cadre de l'analyse de la valeur.

b. Les relations forcées

Des listes d'idées sont mises au point, elles sont confrontées les unes aux autres afin d'examiner s'il est possible de trouver des combinaisons nouvelles.

c. L'analyse morphologique

La structure d'un problème est analysée et les principales dimensions qu'il comporte sont recherchées. Sur un graphique avec deux ou trois axes, on tente de repérer tous les arrangements possibles.

d. Les listes de questions

Ces listes sont utiles pour susciter la réflexion ; elles ne donnent pas elles-mêmes de solutions. On s'interroge, par exemple, pour savoir si l'on peut tourner, renverser, augmenter, réduire, etc., le produit.

e. La créativité en groupe

C'est elle qui a entraîné les développements les plus nombreux. On oppose – mais, en fait, elles sont voisines – les deux techniques que sont le *brainstorming* et la synectique.

Le *brainstorming*, conçu par Alex Osborn, réunit un petit groupe (six à dix personnes) pendant une durée limitée (une heure) ; le problème est spécifié au départ et chacun tente de formuler le plus grand nombre d'idées, en reprenant les idées des autres, sans aucune retenue. La critique est bannie. Pour libérer encore plus les participants, on utilise le *brainwriting* : les idées sont écrites de façon anonyme.

La synectique de Gordon se distingue du *brainstorming* par le fait que le problème n'est pas indiqué avec précision au départ. Gordon pensait qu'une définition trop précise du problème à résoudre est un facteur d'inhibition ; il préférait donc le dévoiler d'abord en termes généraux, puis de manière de plus en plus précise.

Les six chapeaux de la réflexion

Afin de mieux organiser la réflexion des participants lors d'une séance de créativité, chacun (ou chacun successivement) porte un chapeau de couleur différente[3] :
– un chapeau blanc (seulement les faits, les informations, la neutralité) ;
– un chapeau rouge (l'envie, le sentiment, l'intuition) ;
– un chapeau noir (les difficultés, les contraintes, les dangers) ;
– un chapeau jaune (l'optimisme, la capacité à surmonter, les avantages) ;
– un chapeau vert (l'ailleurs, la sortie du cadre, les règles bridées, la créativité) ;
– un chapeau bleu (la mise en œuvre, l'organisation, le faisable).

3. Les méthodes d'évaluation

L'idée, ou les idées, de produits nouveaux qui ont été trouvées doivent faire l'objet d'une **évaluation**, d'un **filtrage** *(screening)*. Il s'agit, dans un premier temps, d'éliminer les produits qui, de façon évidente, ne conviennent pas ou bien, lorsque deux variantes existent, d'éliminer immédiatement la moins bonne. Le processus de lancement d'un produit coûte cher en temps de gestion et d'organisation, en tests et contrôles divers. Une précaution élémentaire consiste à ne retenir que les idées qui ont les meilleures chances de succès. Après ce premier tri grossier, les idées restantes sont soumises à trois grilles différentes : technique, marketing et financière. Seules les « rescapées » seront lancées.

a. La « faisabilité » technique

On confronte chaque idée à une liste de questions ou de thèmes qui ont une grande importance sur le plan technique :

3. DE BONO E., *Les six chapeaux de la réflexion*, Eyrolles, 2005.

– Le produit utilisera-t-il la compétence de l'entreprise en matière de recherche-développement ?

– Le personnel de production est-il suffisamment qualifié ?

– Est-il nécessaire d'acquérir de nouvelles machines ?

– Faut-il se procurer des brevets ?

– Le savoir-faire technologique est-il adapté à ce nouveau produit, etc. ?

Chacun de ces points est noté sur une échelle quelconque, puis éventuellement pondéré en raison de l'importance qui lui est accordée. Par exemple, si la formation du personnel de production est considérée comme très difficile à assurer, la réponse à cette question sera fortement majorée.

b. La « faisabilité » marketing

De la même manière, d'autres questions sont abordées :

– Les perspectives de développement du marché sont-elles bonnes ?

– Sur ce marché, la fidélité des clients est-elle élevée ?

– Les concurrents sont-ils – ou seront-ils – nombreux ?

– La distribution utilise-t-elle des circuits avec lesquels l'entreprise est déjà en relation ?

– Quelle est l'image de marque de l'entreprise sur le marché, etc. ?

c. La « faisabilité » financière

Après avoir évalué les recettes et les coûts probables sur une période de deux, trois, parfois cinq années, on procède à une analyse de la capacité bénéficiaire du projet. Deux méthodes sont souvent utilisées concurremment : le point mort et le taux de rentabilité des capitaux engagés. Prenons l'exemple du lancement d'une encyclopédie multimédia chez un éditeur.

- **Le point mort**

Pour déterminer le point mort, c'est-à-dire le chiffre d'affaires ou les quantités vendues à partir desquelles le produit commence à dégager un bénéfice, il faut distinguer les coûts fixes des coûts variables :

– coûts fixes : amortissements, charges administratives, loyers, impôts, composition	100 000 €
– coûts variables par unité : impression, reliure, manutention, salaire	60 €
– prix de vente éditeur	100 €
– marge brute	40 €
Le point mort est atteint pour une vente de :	100 000/40 = **2 500 unités.**

Ce chiffre ne permet pas de dire quel sera le bénéfice de l'opération, mais il indique que, si les prévisions de coût et de prix de vente sont respectées, il faut vendre 2 500 encyclopédies avant de dégager un bénéfice.

- **La rentabilité**

Elle peut être calculée sur une ou plusieurs années.

En fin de compte, le tableau suivant est établi.

	Année 1	Année 2	Année 3
Prix de vente unitaire	100	110	120
Quantités vendues	2 300	2 600	2 800
Chiffre d'affaires	230 000	286 000	336 000
Prix de revient	172 000	190 000	210 000
Marge brute	58 000	96 000	126 000
Charges d'administration et de marketing	66 000	75 000	85 000
Bénéfice net	– 8 000	21 000	41 000
Bénéfice net cumulé	– 8 000	13 000	54 000

Le **profit net** sur trois ans est comparé à l'investissement d'origine (par exemple 200 000 €) afin de déterminer le taux de rentabilité.

Calcul du taux de rentabilité : 54 000/200 000 × 100 = 27 %.

C. Élaboration et test de concept

Une idée de nouveau produit pour l'entreprise a été retenue. Les études préalables révèlent que certains segments de clientèle semblent accorder de l'intérêt à cette innovation. La question qui se pose à ce stade est de savoir quels usages les prospects pourraient faire du nouveau produit. Le terme de concept désigne l'un des usages possibles du bien en projet.

On peut, par exemple, décliner un concept autour d'un jus de fruit.

Nouveau produit (générique)	Concept : une boisson pour...
Jus de clémentines pur	– le petit déjeuner en famille – l'apéritif (avec ou sans alcool) – se rafraîchir et se désaltérer (à consommer dans un bar) – le goûter des enfants – la sortie sportive

Pour accepter ou rejeter l'hypothèse que représente le concept, on procède à des **tests** ayant pour objet de faire réagir les consommateurs aux projets. À ce stade, le produit et toute sa conception marketing (conditionnement, marque, niveau de prix, etc.) n'existent pas encore concrètement. L'entreprise va élaborer des maquettes *(concept board)* symboliques (description écrite) ou illustrées (dessins, projet de packaging, etc.) en vue de les soumettre à l'appréciation des consommateurs visés.

On commence en général par une étude exploratoire qualitative qui peut d'ailleurs fournir d'autres concepts que ceux prévus initialement par les responsables marketing. Le concept est présenté à un groupe sous forme de photographies, d'images vidéo, les interviewés étant invités à réagir aux concepts et à leurs attributs.

Un guide d'entretien aide à préciser les questions que se posent les responsables marketing :

- Visibilité du concept ?
- Perception des attributs ?
- Nature du besoin ?
- Intérêt du concept ?
- Valeur pour les clients ?
- Mode d'utilisation du concept ?
- Fréquence d'achat ?

Cette première enquête de défrichage est suivie d'une **étude quantitative** qui a pour but de quantifier les premiers résultats. C'est à ce moment que l'on s'intéresse au positionnement. Le (ou les) concept(s) va (vont) être comparé(s) aux produits concurrents de façon à tenter d'élaborer un produit idéal. Des tests de produits (goûts, couleurs, etc.) suivis d'un *benchmarking* améliorent l'élaboration du concept.

Figure 6.3. Le *benchmarking* du concept

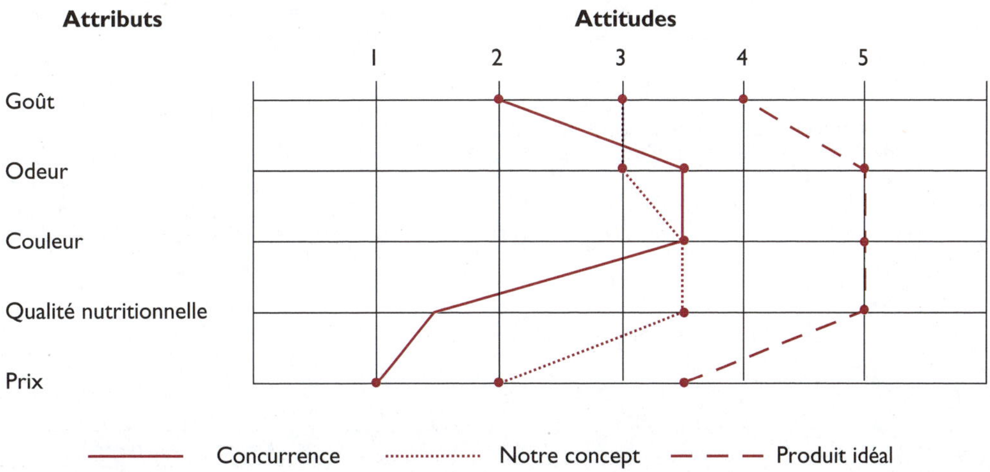

Exemple

Le *benchmarking*, technique née chez Xerox ayant pour objet d'améliorer – par comparaison avec la concurrence –, les performances de l'entreprise, permet une nette amélioration des concepts pressentis.

D. Le lancement et la pénétration du produit nouveau

1. Le lancement du produit nouveau

Les idées de produits nouveaux qui ont réussi à franchir toutes les étapes antérieures : évaluation, « faisabilités » technique, marketing et financière sont appelées à entrer dans la procédure de lancement proprement dite. En fait, cette opération consiste à définir un plan de marketing, après avoir procédé au contrôle de tous les éléments du mix.

L'ensemble du processus est bien illustré par la figure 6.4.

Figure 6.4. Le processus de lancement d'un produit

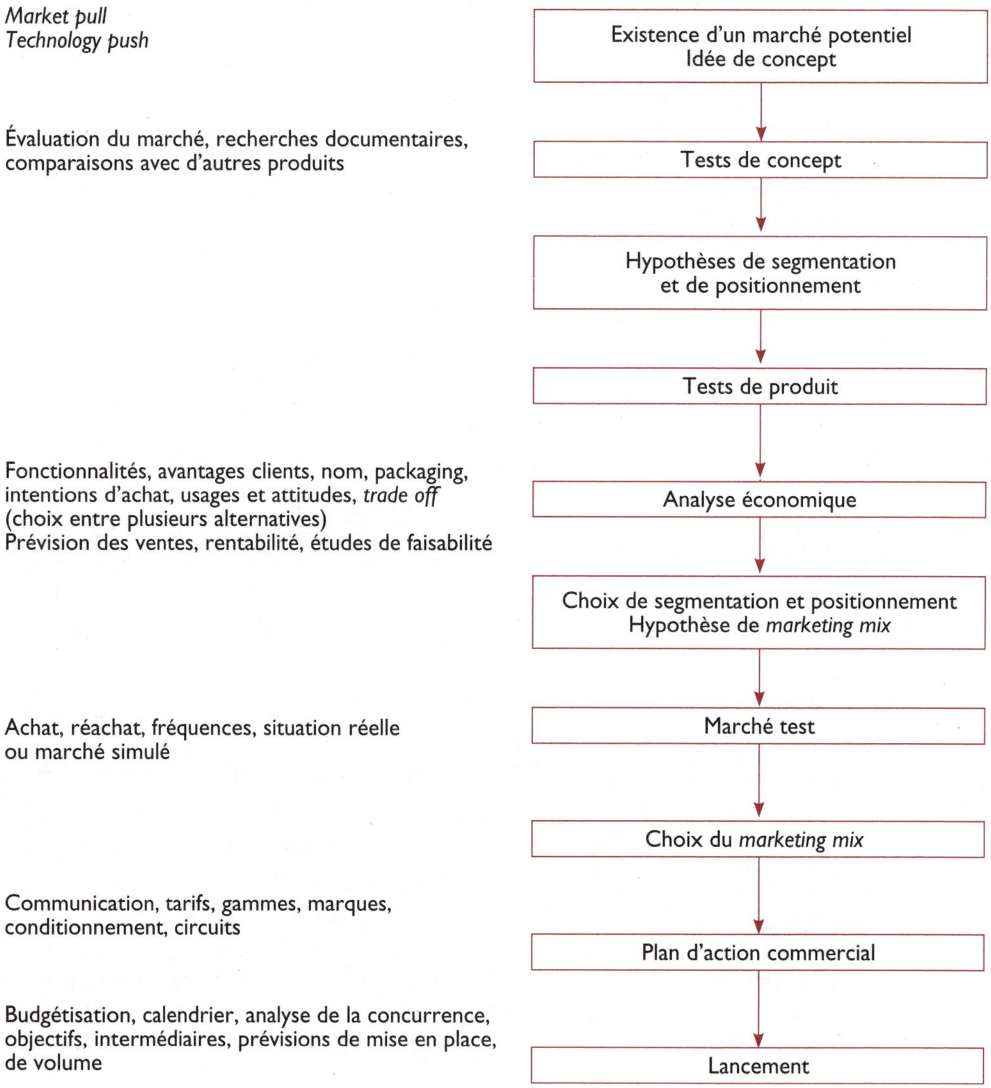

2. Les modèles de pénétration

Pour mieux analyser et prévoir l'évolution des ventes, de nombreux modèles de diffusion des produits nouveaux ont été imaginés. Plus ou moins compliqués, ils sont, en conséquence, d'une utilisation plus ou moins aisée. Ils ne font que traduire d'autres phénomènes rencontrés par ailleurs, le cycle de vie du produit notamment. Nous donnerons quelques exemples de ces modèles.

a. Le modèle de Fourt et Woodlock

C'est un modèle exponentiel avec taux de pénétration limite.

$Q_t = r \times \overline{Q} \times (1 - r)^{t-1}$.

Q_t = accroissement des ventes en pourcentages de $\overline{Q}$.

$\overline{Q}$ = marché potentiel en pourcentages du marché total.

r = taux de pénétration.

t = les périodes de temps.

Exemple

Si le marché potentiel prévu représente 40 % de l'ensemble des ménages, et si le taux de pénétration est de 30 % (à chaque période, 30 % du marché potentiel restant sont pénétrés), l'accroissement des ventes sera :

$Q_1 = 0{,}3 \times 0{,}4 \times (1 - 0{,}3)^0 = 0{,}12$, soit pénétration totale : 12 %

$Q_2 = 0{,}3 \times 0{,}4 \times (0{,}7)^1 = 0{,}084$, soit pénétration totale : 20,4 %

$Q_3 = 0{,}3 \times 0{,}4 \times (0{,}7)^2 = 0{,}0588$, soit pénétration totale : 26,28 %

$Q_4 = 0{,}3 \times 0{,}4 \times (0{,}7)^3 = 0{,}0408$, soit pénétration totale : 30,36 %

$Q_5 = 0{,}3 \times 0{,}4 \times (0{,}7)^4 = 0{,}0288$, soit pénétration totale : 33,24 %

Ce modèle est critiquable dans le sens où il ne fait, en aucun cas, intervenir les efforts marketing déployés par l'entreprise au cours du temps. Tout dépend du taux de pénétration défini au départ.

b. Le modèle de Rogers

Rogers distingue cinq groupes de consommateurs :

– les innovateurs, qui sont les premiers à essayer le produit nouveau : ils représentent 2,5 % du marché ;

– les précurseurs forment le second groupe : 13,5 % du marché ;

– la majorité devancière attend un peu plus longtemps avant de s'intéresser au produit : 34 % du marché ;

– la majorité conservatrice ne se décide que lorsque le produit a déjà fortement pénétré : 34 % du marché ;

– les retardataires : prudents, ils attendent que l'innovation vienne à maturité : 16 % du marché.

La courbe des ventes qui résulte de cette analyse est une courbe en « S ».

Figure 6.5. Le modèle de Rogers

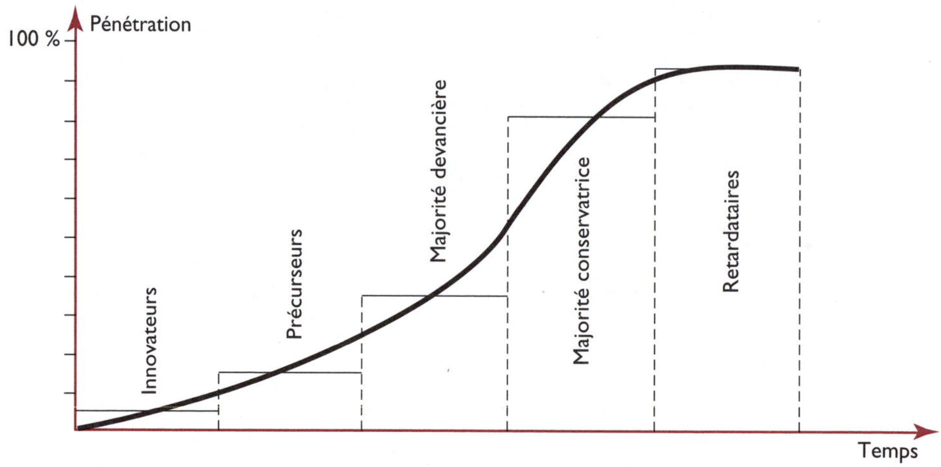

D'autres classifications existent.

Figure 6.6. Les différentes attitudes face à l'innovation

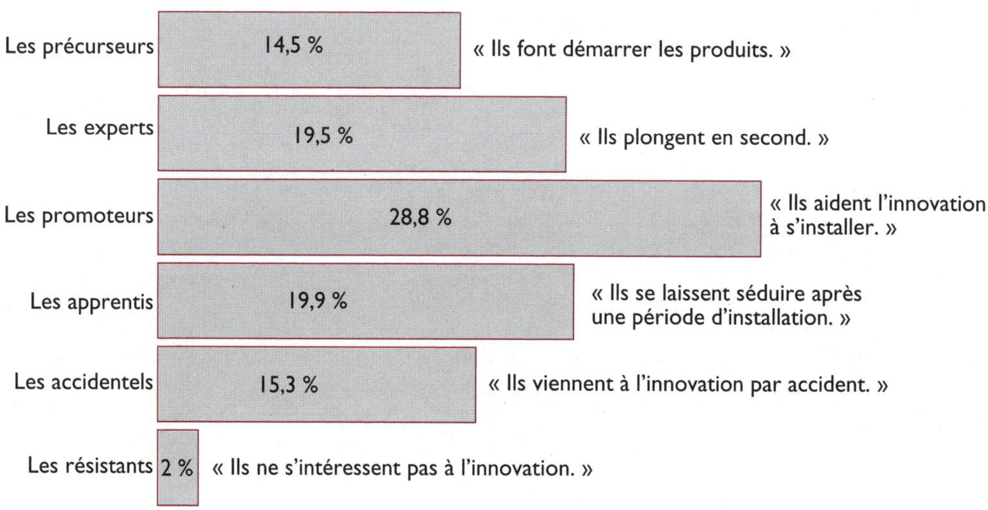

Source : Secodip-enquête SIMM.

IV. Les produits mûrs et la stratégie marketing

Les problèmes posés par les produits nouveaux sont souvent évoqués, ceux entraînés par les produits parvenus au stade de maturité le sont beaucoup moins. C'est sur ces derniers qu'il convient d'insister.

A. Les produits mûrs

1. Caractéristiques

Les produits mûrs sont ceux qui ont terminé leur phase de croissance, donc qui se trouvent, au cours du cycle, en **phase de maturité** ou en **phase de déclin**.

Il est important de bien repérer les produits atteignant ce stade, car des décisions spécifiques doivent être prises à leur égard.

Plusieurs signes permettent de se rendre compte qu'un produit est arrivé à maturité :

- **Le marché est saturé.** Les ventes plafonnent, la part de marché n'augmente plus, les taux de distribution numérique (indicateur de présence dans la distribution) atteignent leur maximum.
- **La concurrence se développe.** Les firmes offrant le même produit ou un produit voisin se sont multipliées et les batailles de prix font rage ; les marges diminuent.
- **La distribution n'est plus stimulée qu'avec une difficulté accrue.** Les mises en avant, les coupons et tous les projets de promotion rencontrent des réticences de la part des distributeurs.

2. Le rôle des produits mûrs

On oublie trop souvent que les produits mûrs assument un rôle essentiel dans les gammes de produits offerts.

Ces produits, bien connus par l'entreprise, sûrs au sens où ils ne soulèvent plus de problèmes et donc où les prévisions ont de bonnes chances de se réaliser, procurent une souplesse, une marge de manœuvre très appréciable aux responsables du marketing.

L'accent mis trop volontiers sur les produits nouveaux fait oublier que seule l'existence de produits plus anciens permet aux premiers de supporter les années de démarrage. Les produits mûrs utilisent les capacités de production, remplissent les plannings, engendrent du chiffre d'affaires et permettent de larges imputations des frais fixes, même si le profit dégagé est parfois bien proche de zéro.

Les vieux produits ne doivent pas être condamnés *a priori*. Certes, toutes les vieilles branches ne sont pas bonnes à garder et nous verrons que les souches mortes doivent être coupées sans regret, mais il faut conserver à l'esprit que l'innovation forcenée comporte autant de dangers qu'elle peut présenter d'avantages.

La longue traîne ou *long tail*

Chris Anderson a popularisé il y a plus de dix ans l'idée de l'existence d'une « longue traîne ». À côté des marchés de masse, que les entreprises se disputent, il existe des micromarchés marqués par une demande très réduite ou, tout au moins, par une demande unitaire par client très limitée (livres rares ou épuisés, objets originaux, équipements cessant d'être produits, etc.). De réelles occasions de vendre ces « produits mûrs » existent. Encore convient-il de pouvoir communiquer sur eux et de les distribuer. Internet est un passage quasi obligatoire menant à cet objectif.

B. Les stratégies possibles

Il semble que les produits mûrs puissent faire l'objet de trois stratégies.

1. L'ouverture d'un nouveau marché

Une première stratégie consiste à **innover avec l'ancien**, c'est-à-dire à découvrir une nouvelle utilisation du produit pour le relancer sur un autre marché. L'exemple le plus connu est celui du Nylon ; c'est à partir de lui que Levitt a montré comment un cycle de vie pouvait évoluer.

En une quinzaine d'années, la marque DuPont de Nemours a su ouvrir de nouveaux marchés en proposant des utilisations toujours nouvelles pour le produit : toile de parachute, bas, chemises, etc. Si un véritable nouveau marché ne peut être créé, on envisage alors de procéder à un simple repositionnement du produit, afin de relancer les ventes.

Exemples

- Leica propose un nouvel appareil photo numérique et s'ouvre vers le marché grand public.
- Le shampooing Mixa Bébé, au départ réservé aux tout-petits, s'est ensuite inscrit dans la gamme des shampooings fréquence pour adultes.

2. Les adaptations du produit

Nous avons vu que le produit comportait, d'une part, un noyau dur formé par les caractéristiques qui lui permettent de satisfaire un besoin déterminé, mais que, d'autre part, il possédait toute une série de qualités distinctives, de traits périphériques, tels que le conditionnement, l'esthétique, la présentation. Ces éléments complémentaires des premiers peuvent être modifiés et servir à donner une nouvelle vigueur au produit.

Exemples

- Avec la cocotte Acticook simply, SEB perfectionne son produit qui devient « intelligent et pratique » : il consomme moins d'air, moins d'énergie et moins d'eau.
- Pierre et Vacances lance des Centers Parcs *« mid size »*.

3. La relance

C'est plutôt à la période de déclin que convient cette stratégie. Il s'agit d'adopter une attitude défensive. Les marques sont de plus en plus nombreuses sur le marché et, éventuellement, des produits nouveaux viennent concurrencer le produit en déclin. Pour réagir contre ce double phénomène, l'entreprise adapte l'ensemble de son *marketing mix* : promotions de toutes sortes, nouvelles campagnes de publicité, nouveau conditionnement, etc.

Exemple

La Fiat 500 a connu plusieurs modèles : la Topolino en 1936, la Nuova 500 en 1957, le modèle néorétro sorti en 2007 et la 500 L Trekking en 2013.

On peut même se demander s'il n'y a pas ici une autre phase du cycle de vie qui serait sous-tendue par un marché résiduel, beaucoup moins important que le marché de maturité, constitué de consommateurs fidèles, soucieux de maintenir leurs habitudes. Cette phase serait presque infinie. En somme, il existe des retardataires dans l'abandon, comme il y avait des retardataires dans l'adoption.

Si aucune des stratégies précédemment évoquées ne réussit, l'**abandon** est décidé.

C. Les décisions d'abandon de produit

Plus ou moins tardivement survient le moment où un produit doit être abandonné. Les décisions prises à cet instant sont importantes et il faut être conscient que les erreurs coûtent cher, qu'un produit encore bon soit abandonné ou qu'un produit non désirable soit maintenu.

1. Les produits à abandonner

Tous les produits anciens ne sont pas candidats à l'élimination et certaines précautions doivent être prises. On peut reconnaître les produits douteux à plusieurs signes.

a. La marge bénéficiaire est négative

Ici se pose tout le problème de la comptabilité des coûts de revient. Selon la méthode de calcul retenue (coût complet, *direct costing*) et surtout (ceci uniquement en coût complet) selon les clés d'imputation des charges de structure, un produit peut se montrer sous des jours fort différents. Aucun conseil ne peut être donné à ce stade, sinon que les imputations doivent refléter au mieux la réalité « objective » et éviter de masquer des décisions prises en fait pour d'autres raisons.

b. Les lignes de produits sont trop longues

Dans un certain nombre de cas, les produits se sont ajoutés aux produits pour satisfaire tel segment de clientèle, puis tel autre et, en fin de compte, le *product mix* ne peut plus être géré en raison de sa lourdeur.

c. Le produit consomme beaucoup de temps, de direction et de gestion

Les séries sont courtes, les décisions d'adaptation du mix fréquentes ; les produits réclament une attention disproportionnée, eu égard à leur rendement.

2. La crainte des abandons de produit

Les responsables commerciaux éprouvent une véritable crainte lorsqu'ils envisagent de supprimer un produit.

Autant il est aisé d'ajouter des produits, autant il est dangereux d'en retirer. Une période de turbulences commence : le (ou les) chef(s) de produits est (sont) appelé(s) à d'autres fonctions, les services de fabrication voient leurs tâches se modifier, le personnel de vente est réorganisé, etc. De sorte que, souvent, de mauvaises (de « fausses bonnes ») raisons sont mises en avant pour maintenir un produit soulevant alors des problèmes.

Parmi les faux arguments fréquemment mis en avant, il est possible de citer :

– la mévente passagère liée à un *marketing mix* inadapté ;

– l'effort particulier déployé par un concurrent ;

– les effets positifs indirects provoqués sur d'autres gammes.

3. Une procédure d'abandon de produit

Plutôt que d'être mises devant un fait accompli – le produit s'éteint de lui-même – les entreprises ont tout intérêt à prévoir une procédure d'abandon des produits qui fonctionne strictement à l'inverse de celle des lancements de produits nouveaux.

Il convient de procéder à une évaluation régulière de l'ensemble du portefeuille et, pour ce faire, un comité restreint, réunissant des représentants de toutes les fonctions et de tous les départements, est créé. Ce comité, à l'aide d'un tableau de bord, apprécie l'évolution d'une série de grandeurs significatives : chiffre d'affaires, marge brute, dépenses de marketing, etc. Lorsqu'un ou plusieurs clignotants s'allument, la procédure est engagée. Des listes de questions sont posées et les réponses sont notées, pondérées, probabilisées. On reconnaît ici une méthode identique à celle retenue pour l'évaluation des produits nouveaux.

Trois voies s'offrent en dernière instance ; on peut les classer selon le degré d'urgence :

– laisser le produit mourir à petit feu ;

– concentrer les dernières forces, par exemple, en ne livrant que quelques grands distributeurs ;

– tout abandonner.

Seules de telles mesures permettent de gérer avec efficacité les derniers instants de la vie des produits.

Questions et thèmes de réflexion

Outils et concepts

1. Pourquoi le concept de cycle de vie, en dépit de ses défauts, connaît-il un grand succès chez les spécialistes de marketing ?
2. L'analyse par le portefeuille de produits est-elle plus fructueuse, pour le décideur commercial, que l'étude de la courbe de vie ?
3. Comment générer des idées de produits nouveaux en marketing industriel ?
4. Les méthodes courantes d'évaluation d'un nouveau produit vous semblent-elles adaptées au lancement d'un service ?

5. Qu'est-ce qu'un test de concept cherche à apprécier ?

6. Comment diminuer les freins qui retardent la décision d'abandon d'un produit déclinant ?

Pour aller plus loin...

1. Quels rapports doivent s'établir entre le service du marketing et le département de recherche et développement ?

2. L'innovation est-elle une véritable fonction de l'entreprise ? Si oui, comment la situer dans la structure ?

3. La réduction de la durée du cycle de vie des produits comporte-t-elle une limite ?

4. Pourquoi Mercedes avec la Classe A, Citroën avec la Xsara Picasso, Microsoft avec Xbox ou Apple avec l'iPhone 5c ont-ils annoncé les produits à venir bien avant leur mise en vente ?

5. Comment intégrer les distributeurs dans la conception des nouveaux produits ?

6. À travers des illustrations, précisez la stratégie MDD de Carrefour.

EXERCICE : DIVERSIFIER SON ACTIVITÉ

Vespir commercialise des scooters destinés à la population parisienne lassée de passer des heures dans les embouteillages du matin. Maniables et très pratiques pour se faufiler entre deux voitures, les scooters Vespir ont su séduire une population masculine âgée de 35 à 45 ans au pouvoir d'achat confortable (revenu annuel supérieur à 45 000 euros). Malgré l'engouement pour les scooters de la clientèle parisienne au début des années 2000, le PDG de Vespir s'interroge sur la pérennité de cette activité. Il rassemble les chiffres clés pour son activité « Scooters » (tableau 1), ainsi que la part de marché du principal concurrent ayant une cible similaire.

Tableau 1. Les chiffres clés

	2010	2011	2012	2013
Ventes volume de Vespir	130 000 €	128 000 €	120 000 €	115 000 €
Part de marché de Vespir	25 %	23 %	23 %	22 %
Part de marché du principal concurrent	18 %	19 %	20 %	27 %
Prix de vente aux consommateurs de Vespir	999 €	919 €	899 €	799 €
Part de ventes sous promotion de Vespir	5 %	5 %	10 %	20 %
Part de voix de Vespir	15 %	15 %	5 %	5 %

Au regard de ces données, le PDG de Vespir souhaite diversifier son activité.

Questions

1. La décision du PDG de diversifier son activité est-elle légitime ? En vous appuyant sur une analyse du cycle de vie du produit, de l'attractivité du marché et des atouts de Vespir, analysez la situation.

Le PDG de Vespir et son équipe s'interrogent sur les différents secteurs d'activité dans lesquels Vespir pourrait investir. Après différentes études de marché, Vespir est en mesure de déterminer sa part de marché potentielle après cinq ans d'activité pour chacun des secteurs considérés. Dans le tableau 2 figurent les différents secteurs d'activité convoités par Vespir et les chiffres clés pour chacune de ces activités.

Tableau 2. Les secteurs d'activité convoités par Vespir et leurs chiffres clés

Secteur d'activité	Taux de croissance du marché	Part de marché du principal concurrent	Part de marché de Vespir au bout de cinq ans d'activité
Assurances	10 %	20 %	5 %
Location de voiture	2 %	15 %	10 %
Éoliennes	5 %	15 %	10 %
Voitures électriques	5 %	10 %	2 %
Logiciels informatiques	– 1 %	6 %	8 %
Moteurs	6 %	7 %	9 %
Pneus	6 %	6 %	8 %

2. En tant que membre de l'équipe stratégique de Vespir, déterminez quels secteurs d'activité privilégier pour mener à bien la stratégie de diversification.

La stratégie de marché

Les compétences clés à acquérir :

- Connaître les principales caractéristiques qui définissent un marché (consommateurs, non-consommateurs, marché potentiel, part de marché, etc.).
- Savoir en quoi consiste la segmentation des marchés.
- Connaître les principaux critères de segmentation.
- Apprécier les différents choix stratégiques qui résultent d'une segmentation.
- Élucider la nature du positionnement d'un produit ou d'une marque.
- Savoir comment on utilise le principal outil de positionnement, à savoir une carte perceptuelle.
- Comprendre les choix stratégiques (évitement, affrontement) qui résultent d'une étude de positionnement.

Simultanément à la définition du concept de produit, il convient de rechercher la clientèle à laquelle celui-ci est susceptible de s'adresser. Cette dualité dans les décisions met bien en évidence la notion de couple produit/marché à partir de laquelle le plan de marketing sera construit. L'entreprise n'est pas confrontée à un marché mais à des marchés au sein desquels des sous-ensembles doivent encore être distingués : c'est la segmentation. Parmi les segments et les clients, tous ne sont pas nécessairement à retenir ; c'est le ciblage. De plus, l'offre qui sera proposée aux clients doit l'être au vu des produits concurrents : tel est le positionnement. C'est ce que nous aborderons successivement.

I. Les marchés de l'entreprise

Pour les gestionnaires commerciaux, un marché est composé de l'**ensemble des acheteurs** (individus, entreprises, organisations, etc.) d'un produit ou d'un service. Le marché ainsi défini appelle encore certaines précisions qui sont en rapport direct avec les caractéristiques du produit ou du service.

Exemple

La lessive liquide est-elle un bien différent de la lessive en poudre ou toutes deux font-elles partie du même marché ?

La définition du marché est tout sauf évidente et il reste en plus à calculer la position de l'entreprise sur son marché. Plusieurs indicateurs, tous procurant de bonnes informations, sont utilisés.

Le plus courant est la **part de marché** en valeur et en volume, soit le rapport entre les ventes du produit d'une entreprise et le total des ventes de tous les produits des entreprises présentes sur le secteur.

Le **taux de pénétration** représente le pourcentage des clients potentiels ayant acheté le produit de l'entreprise.

Pour les produits d'achats réguliers, on compte le nombre d'achats et le nombre d'acheteurs. Le marché global devient le produit du nombre d'acheteurs, multiplié par le nombre d'achats effectués dans la période, multiplié à son tour par la valeur moyenne d'un achat.

A. Les différents types de marchés

Il est possible de distinguer quatre grands marchés selon une **typologie classique** due à Claude Matricon :

- **Le marché principal.** C'est l'« ensemble des produits semblables et directement concurrents ».
- **Le marché environnant.** Il s'agit de l'« ensemble des produits de nature différente du produit principal, mais satisfaisant les mêmes besoins et les mêmes motivations dans les mêmes circonstances ».
- **Le marché générique.** Ce sont « tous les produits liés au genre du besoin satisfait par le produit principal ».
- **Le marché support.** C'est l'« ensemble des produits dont la présence est nécessaire à la consommation du produit étudié ».

Une telle analyse montre bien que les gestionnaires ne doivent pas se cantonner à une vision restrictive de leur marché. Les concurrents les plus redoutables peuvent surgir d'entreprises appartenant au même marché principal (qui se spécialiseraient), mais aussi d'entreprises du marché environnant (qui se diversifieraient).

B. Les types de public

Une étude du public permet de distinguer au sein du marché principal plusieurs strates de populations : les usagers réels et les consommateurs qui ne sont que potentiels.

Tableau 7.1. Quelques exemples de marchés

Marché principal	Marché environnant	Marché support	Marché générique
Voyages organisés à l'étranger	Voyages libres à l'étranger	Transports aériens, maritimes et routiers	Tourisme
Peinture	Papier peint	Revêtements muraux	Décoration
Confiserie de chocolat	Confiserie de sucre	Chocolat	Sucrerie
Abrasifs pour bricoleurs	Limes, ponceuses	Bois	Bricolage
Legging	Chaussette	Jupe, robe, pantalon	Habillement féminin
Rasoir électrique pour hommes	Rasoir à lames, rasoirs jetables	Mode de la barbe	Beauté

Les **non-consommateurs absolus**, pour la période considérée, ne peuvent pas acheter le produit ou le service pour des raisons profondes, d'ordre physique ou légal (une voiture pour un jeune, par exemple). Les **non-consommateurs relatifs** ne consomment pas à l'heure présente. Les motifs de ce frein sont cependant moins graves que dans le premier cas : peut-être ignorent-ils tout simplement l'existence du produit.

Le marché potentiel de l'entreprise est donc estimé en tenant compte :

– des non-consommateurs relatifs qu'il est possible de transformer en acheteurs effectifs ;

– des consommateurs actuels que l'on peut espérer soustraire aux concurrents.

On constate que l'élargissement du marché par l'une et/ou l'autre voie constitue un moyen de se développer, de croître, bref d'étendre la part du marché. Le **marché potentiel** est difficile à saisir concrètement, car on connaît mal les raisons d'abstention des non-consommateurs relatifs.

Dans la pratique, on fixe des objectifs de marché intermédiaires, c'est-à-dire des étapes avant d'atteindre le but idéal, mais peu précis, que constitue le marché potentiel.

Exemple

On se contente de prévoir une extension de la part du marché d'un produit de 25 % à 35 % en trois ans. Pour cela, on empiétera sur le marché occupé par les concurrents, mais on tentera aussi peut-être de conquérir de nouveaux consommateurs qui ignoraient jusqu'alors l'existence du produit. Cette seconde stratégie est souvent moins coûteuse à mettre en œuvre que la première.

On retiendra que le terme « marché » ne peut être employé seul tant sa définition est délicate. Des qualificatifs doivent toujours lui être adjoints pour lui donner sa véritable signification. Cette question n'est pas purement théorique puisque des calculs aussi importants que la part de marché dans l'analyse stratégique en résultent.

Exemples

- San Pellegrino est le leader sur le marché des eaux gazeuses, mais ce segment ne représente que 15 % des eaux en bouteille. Quelle est la part de marché significative de San Pellegrino ?
- Si, par exemple, Gillette détient 55 % du marché des crèmes à raser et 30 % de celui des mousses, faut-il faire une moyenne ?

II. La segmentation du marché

Une bonne connaissance du marché et du comportement des consommateurs constitue la première étape de la mise en place d'une politique de marché. Ensuite, ces connaissances doivent être exploitées, traitées, afin d'élaborer un plan d'action : c'est la segmentation du marché.

A. Objet et définition

La segmentation repose sur l'idée que le marché est hétérogène ; il est par conséquent capital de savoir le segmenter.

1. L'hétérogénéité des marchés

Une telle vision caractérise bien l'**optique marketing**. Le marché est composé d'une collection d'individus, qui présentent tous des besoins sensiblement différents qu'il faut néanmoins contenter aussi bien que possible.

L'entreprise peut, bien entendu, offrir un seul produit pour l'ensemble du marché. Dans ce cas, seuls sont réellement satisfaits les consommateurs qui attendent la variété proposée.

Si les préférences sont réparties – ce qui est généralement le cas –, il n'est pas nécessairement avantageux pour une entreprise d'offrir un produit moyen, standard. Tout dépend du nombre de participants. Imaginons que les consommateurs d'un produit se répartissent suivant une loi normale sur le marché (figure 7.1), l'attribut pourrait être la puissance pour une automobile ; le degré d'alcool pour un après-rasage ; le design classique ou « branché » pour un smartphone. Un premier fabricant arrivant sur le marché a évidemment intérêt à offrir un produit dont la valeur de l'attribut est V0. Il recueillera, par force, l'intégralité des clients. Un deuxième peut aussi se placer en V0 et il obtiendra 50 % du marché. Le problème se pose pour un troisième acteur qui, plutôt que d'obtenir un tiers de marché en se situant en V0, a tout intérêt à segmenter le marché et à s'imposer sur les autres segments en préférant une valeur V_1 ou V_2 de l'attribut.

Figure 7.1. La courbe de vie du produit et la segmentation

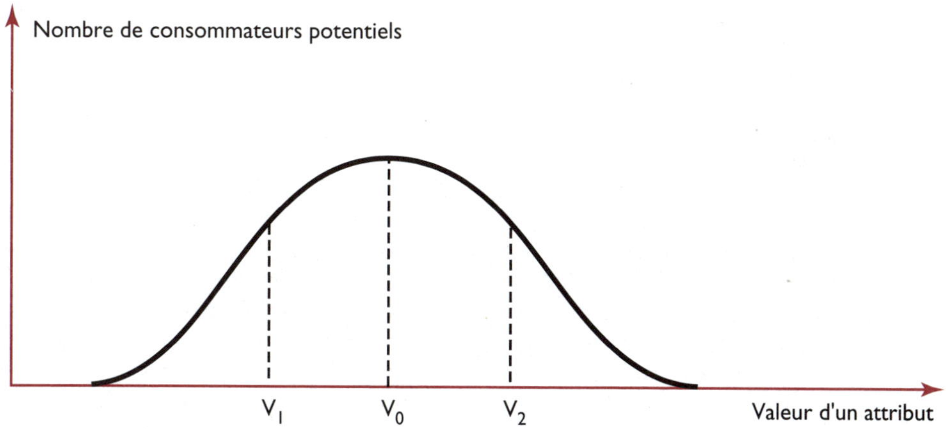

Segmenter consiste à :
– découper le marché en segments dont les caractéristiques sont différentes ;
– appliquer à chaque segment un marketing opérationnel totalement ou partiellement spécifique.

Tous les marchés ne se prêtent pas de façon identique à la segmentation car, pour certains, les préférences sont homogènes. Mais pour beaucoup d'autres marchés, les préférences sont groupées.

Exemple

Le marché des appareils photographiques est marqué par une segmentation très forte conduisant à parler de marchés différents. Il n'existe rien de comparable entre un appareil photo compact bas de gamme, aux allures de gadget, et l'appareil photo numérique Canon EOS d'une résolution de 21 megapixels.

Lorsque les préférences sont très également réparties, la segmentation est plus difficile à mettre en œuvre, mais c'est ici qu'elle peut procurer ses plus grands avantages (secteurs de l'automobile, du vêtement, du parfum, etc.).

2. Les avantages de la segmentation

Nous avons vu que la segmentation permet d'**élargir le marché** de l'entreprise. S'attaquer à un **marché étroit** constitue souvent la seule solution pour une entreprise de taille moyenne. Mais l'intérêt de la segmentation doit surtout être recherché sur un plan global : elle est bénéfique, même pour une firme qui aurait la possibilité d'inonder un marché avec un seul produit. En effet, segmenter un marché revient à appliquer à chaque segment une **politique marketing spécifique**, la rendant ainsi à la fois plus efficace et plus rentable.

a. *Un* marketing mix *plus efficace*

À partir du moment où le *marketing mix* s'adresse à une catégorie d'acheteurs, et à elle seule, son efficacité est renforcée car il correspond de façon beaucoup plus adéquate aux désirs des consommateurs.

Exemple

Il ne viendrait pas à l'idée de Colgate d'offrir un dentifrice de qualité moyenne en termes de protection contre les caries, de blancheur, de prix et de le diffuser dans tous les types de points de vente avec une campagne publicitaire unique s'adressant à tous. Un tel lancement, en souhaitant convaincre tout le monde, risquerait de ne rencontrer l'adhésion véritable de personne. Au contraire, vendre un produit en pharmacie pour les inquiets, un autre dans les grandes surfaces pour les économes, l'un protégeant les enfants contre les caries, l'autre donnant l'haleine fraîche pour ceux qui se soucient du contact avec les autres, constitue une saine politique de marché, une bonne segmentation.

Chacun trouve un produit bien adapté à son goût, dans un lieu de distribution qu'il fréquente généralement et soutenu par une campagne de publicité qui lui plaît. Non seulement les acheteurs sont plus nombreux, mais ils sont surtout plus fidèles.

b. *Un* marketing mix *plus rentable*

Moins dispersés, les investissements commerciaux bénéficient d'une plus forte **rentabilité**. En termes de marketing, dans l'ensemble de la population, seule la clientèle utile, c'est-à-dire celle qui est susceptible d'acheter, présente un intérêt. Segmenter le marché conduit à se recentrer sur cette clientèle. Le coût par client utile touché diminue. Une campagne de publicité segmentée recourt à des supports très sélectifs, qui coûtent relativement moins cher.

Exemple

Pour vendre un appareil photo de qualité moyenne, il faut recourir à des supports « grand public », qui touchent beaucoup de consommateurs. En revanche, pour lancer un Canon haut de gamme, des annonces dans le magazine *Photo* seront les bienvenues : tous les lecteurs sont des acheteurs potentiels.

3. La démarche

Il est possible de modéliser la démarche de segmentation (figure 7.2).

Figure 7.2. Les sept étapes de la démarche de segmentation

Définition du marché

⇓

Analyse du marché

⇓

Choix des unités d'analyse

⇓

Choix des critères de segmentation

⇓

Analyse quantitative et qualitative des segments

⇓

Choix des segments retenus

⇓

Adaptation du marketing opérationnel

Pour les étapes de l'analyse, des **études de clientèle**, quantitatives comme qualitatives, sont utilisées. Ces analyses vont du plus simple au plus complexe. S'il s'agit de définir des segments de clientèle en fonction du chiffre d'affaires opéré avec le client ou de l'âge et du revenu, seul le problème des seuils se pose. En revanche, si le marché est à explorer sans idée préconçue, on recourt en général à des **analyses statistiques** plus sophistiquées. Le choix de l'unité d'analyse est important : acheteurs, utilisateurs, prescripteurs, individus, ménages constituent autant d'unités possibles.

B. Les critères de segmentation

1. Le B to C : les produits de grande consommation

La segmentation concerne un « marché » et, avant de retenir le critère ou les critères qui seront utilisés pour découper le marché, encore convient-il de définir ce dernier. À défaut, on risque de confondre un critère de délimitation du marché avec un critère de segmentation.

Exemples

- Le sexe est un critère de délimitation du marché du soutien-gorge qui lui-même peut être segmenté selon l'âge, le revenu et le style de vie de la cliente.
- Si l'on estime qu'il existe un marché de la confection, le premier critère de segmentation sera le sexe ; si, au contraire, on admet qu'il existe trois marchés distincts (homme, femme et enfant), les critères de segmentation seront tout autres.

Les critères qui peuvent être retenus pour segmenter un marché sont extrêmement nombreux. Ils varient d'un produit à l'autre, d'un pays à l'autre, d'une entreprise à l'autre. Ils peuvent également être combinés. Nous les regrouperons en cinq familles.

a. Les critères sociodémographiques

- **Le critère géographique**

L'entreprise procède à un découpage par pays, par région ou par ville. Ces critères peuvent être utilisés pour des produits dont la consommation est influencée par le climat (appareils de chauffage), par des habitudes alimentaires (huile d'olive dans le Midi), par des désirs d'information (presse régionale). Les critères géographiques ont l'inconvénient d'être rarement applicables. À l'inverse, ils sont très efficaces lorsqu'ils sont adaptés car ils isolent parfaitement les segments les uns des autres.

Exemples

- Pour la très grande majorité des produits, le consommateur strasbourgeois ressemble à son homologue parisien mais aucun Parisien (sinon un Strasbourgeois émigré !) ne lit *Les Dernières Nouvelles d'Alsace*.
- Le calibre 4 (6 g) des morceaux de sucre est préféré dans le Sud de la France, alors que le calibre 5 (8 g) est davantage acheté dans le Nord.

- **Le sexe**

L'appartenance au groupe des hommes ou des femmes entraîne une différenciation importante de comportement d'achat et de consommation. C'est particulièrement vrai pour les vêtements, les cosmétiques, mais aussi pour les lieux de vacances, les appareils électroménagers, les livres, voire les scooters.

- **L'âge et la segmentation « générationnelle »**

Nous avons déjà vu que les habitudes des consommateurs différaient radicalement d'une période à l'autre de la vie. Une segmentation selon l'âge est particulièrement utile en matière de lieux de distribution ou d'attitudes vis-à-vis de la publicité.

On distingue **trois segments** qui appellent des marketings différenciés :

- **Le junior marketing (0-24 ans).** Il s'intéresse à la cible des enfants et des jeunes (marché qui pèse environ 40 milliards d'euros). Les trois quarts des marques découvertes avant l'âge de 15 ans restent parmi les favorites des consommateurs devenus adultes. Une entreprise se doit de bien connaître l'univers des jeunes en s'imprégnant de leur culture et de leurs valeurs. Il est impossible de réunir dans un seul ensemble ce marché, c'est pourquoi les spécialistes ont proposé une segmentation selon quatre tranches d'âge :

– de 0 à 3 ans, le segment « bébé-roi » ;

– de 4 à 11 ans, le segment « Barbie et Nintendo » ;

– de 12 à 17 ans, le segment « collège/lycée » ;

– de 18 à 24 ans, le segment « adulescents » (« génération kangourou » : ils vivent encore chez leurs parents pour suivre des études sans soucis matériels ou se lancent dans la vie active tout en restant dans une situation de dépendance financière).

• **Le major marketing.** Pour le *mass marketing*, la population dont l'âge est compris entre 25 et 50 ans constitue le grand public. La logique générationnelle permet de découper ce marché en deux sous- segments clés :

– les « nesters » (25-34 ans : ils construisent leur « nid ») ;

– les « managers » (35-49 ans : ils gèrent l'acquis).

• **Le senior marketing.** Aujourd'hui, le terme « senior » désigne, majoritairement, la population des 50 ans et plus. Les seniors représentent une cible de plus en plus intéressante pour les responsables marketing. Le segment des post-seniors (personnes dépendantes) est de façon inéluctable en augmentation. Des marchés nouveaux se sont ouverts : transports adaptés, équipements domestiques (systèmes d'alerte, monte-escaliers, etc.), services à la personne, maisons de retraite spécialisées.

• **La situation de famille**

Une forte augmentation du nombre des personnes vivant seules ou de ménages monoparentaux ouvre la voie à une segmentation efficace en matière de services à la personne (garde d'enfants, sites de rencontres), de packaging, par exemple.

• **Les autres critères**

Des critères tels que le niveau d'instruction (loisirs, disques, livres), la religion, la culture, l'appartenance ethnique (pour certains produits alimentaires ou encore les cosmétiques), la taille ou le poids du consommateur (vêtements, produits allégés) viennent compléter la panoplie des critères de segmentation sociodémographiques.

b. Le revenu et la profession

Les deux critères peuvent être associés car ils sont fortement corrélés. Pour un grand nombre de produits, et particulièrement ceux qui ne sont pas de première nécessité, donc ceux qui réclament d'importants efforts de marketing, le niveau de revenu et l'appartenance à une PCS (professions et catégories socioprofessionnelles de l'Insee) expliquent les différences de consommation. Les lieux d'habitation, les loisirs varient d'une classe à l'autre. Les voitures haut de gamme, les résidences secondaires, les bijoux de luxe, les vêtements de marque s'adressent à des segments très précis du marché.

Ce critère de segmentation est à l'évidence celui qui s'est d'abord imposé et qui continue de jouer un rôle primordial. Une enquête simple chez But, Conforama et Roche Bobois le même jour, dans une même ville, mettrait en évidence cette assertion. Toutefois, les années 2000 ont conduit à nuancer l'impact de ce critère. Il n'est pas rare de rencontrer un client modeste dans un grand restaurant, un cadre supérieur dans un hôtel Formule 1 ou encore un jeune médecin « raisonnable » qui casse sa tirelire pour une voiture BMW. Ainsi, le magasin Leader Price du 16e arrondissement de Paris compte parmi les meilleurs points de vente de la chaîne.

c. Les critères de personnalité et psychographiques

Puisque la personnalité de chacun présente une influence sur la consommation, on ne s'étonne pas de voir les entreprises s'intéresser à cette variable pour mieux dominer leur marché. Effectivement, selon que l'on est autoritaire ou bienveillant, impulsif ou réfléchi, les choix peuvent se porter sur des produits différents. Les acheteurs de la Peugeot 308 citadine ne sont pas ceux de la familiale 308 SW ni ceux du coupé cabriolet 308, voiture plaisir ; les acheteurs de Tonigencyl n'ont rien de commun avec ceux de Signal qui, en revanche, sont bien voisins de ceux d'Ultra Brite.

Le problème essentiel de la segmentation, à partir des critères de personnalité, s'exprime de la façon suivante : tout en sachant que l'image du produit implique qu'il est acheté en priorité par ceux qui présentent tel ou tel trait de caractère, l'entreprise n'a pas toujours la possibilité d'isoler chaque segment pour lui appliquer un *marketing mix* spécifique.

Exemple

Peugeot peut aisément produire une voiture de puissance moyenne, sportive, jeune et relativement peu onéreuse pour une clientèle urbaine, de cadres moyens et supérieurs, célibataires ou mariés sans enfants, ayant un revenu mensuel de plus de 3 500 € et étant sportifs, décontractés, amateurs de luxe, etc., mais il est difficile de les toucher dans des supports spécifiques, de leur offrir une distribution adéquate. C'est difficile, mais rarement impossible ; les sociétés qui gèrent des fichiers fournissent aisément des listes « ciblées », selon la situation de famille, la PCS, le niveau de revenu.

On a également pensé que les critères de personnalité se mêlaient à d'autres (attitudes, opinions, types de consommation) pour définir ce que l'on a appelé des « styles de vie ». Le style de vie est une manière de vivre, d'être, d'utiliser son temps et de consommer son argent. C'est lui, en raison de son caractère plural, qui expliquerait le mieux les comportements d'achat.

Les **analyses postmodernes** incitent les marketeurs à étudier le regroupement de clients potentiels, réunis par des valeurs communes autour de consommations identiques, alors même que les individus diffèrent sur un plan biologique, psychologique et social.

Plusieurs formes de segmentations sont dès lors pratiquées :

- Les tribus postmodernes sont constituées de consommateurs qui n'appartiennent pas aux mêmes catégories socioprofessionnelles ou qui ne partagent pas les mêmes styles de vie, mais qui se reconnaissent, de manière parfois temporaire, dans un groupe d'appartenance réunissant des plus petits groupes intéressés par un produit (roller) ou une marque. Ainsi, il existe une tribu Harley-Davidson faite de sous-ensembles diversifiés ; des cadres, des professeurs, des médecins côtoient, pour le plus grand bonheur de chacun, des individus louches en apparence.
- Les communautés de marques. Dans ce cas, les consommateurs se réunissent sur la base d'un attachement commun à une marque. Cette dernière n'hésite pas à créer des événements pour susciter les rencontres où se retrouvent les clients fidèles et des marketeurs d'entreprise.

Exemple

Apple organise des événements autour des possibilités et caractéristiques du produit pour renforcer la dimension tribale des utilisateurs de la marque.

Un exemple de segmentation : PersonicX®

Personicx®, segmentation proposée par la société Acxiom, permet d'adapter finement les opérations marketing et commerciales. Elle distingue, parmi les foyers français, trente-deux segments.

Figurent notamment dans Personicx® les sept segments suivants :

• Segment 1. Les *« city singles »*. Adultes seuls, ils ont construit leur vie dans l'équilibre entre travail et loisirs/plaisir dans une grande ville de province. Ils apparaissent assez mobiles, prêts à bouger. Ils profitent pleinement de leur liberté et de leurs moyens. Ouverts aux nouveautés, ils consomment néanmoins avec une certaine raison et anticipent l'avenir en économisant.

• Segment 3. Les « éco-*singles* ». Adultes seuls, de CSP modeste, ils s'inscrivent dans une dynamique de construction du foyer. Ils ont un rapport très étroit au logement, leur objectif étant de créer un nid. L'hygiène domestique et corporelle est un point d'attention particulier. Pleins d'élan et en phase de séduction, ils se sentent bloqués par leur pouvoir économique. Susceptibles, en conflit avec la société, ils peuvent avoir des comportements un peu « réactionnaires » et recherchent une plus forte reconnaissance.

• Segment 7. Les « juste-mariés ». Jeunes couples des zones rurales, déjà insérés dans la vie active, ils sont fortement inscrits dans une double dynamique de construction de foyer et d'ascension sociale. Ils sont focalisés sur leur habitat et leur véhicule. Économes en général, ils sont capables de dépenses importantes dès lors qu'ils y voient un instrument d'évolution sociale, un signe de réussite. En demande de reconnaissance, ils ont recours au sport physique ou au sport automobile pour développer leur confiance en eux.

• Segment 17. Les « éco-solos ». Adultes seules (il s'agit surtout de femmes) et/ou avec un enfant encore au foyer, urbaines, elles parviennent à dégager, grâce à des arbitrages précis, un budget loisirs conséquent. Elles sont dans la frustration par rapport à leurs envies de consommation, d'autant qu'assez proches de la retraite leurs revenus devraient plutôt diminuer dès cette période atteinte. Elles sont plutôt individualistes dans leur consommation et leurs loisirs.

• Segment 22. Les « éco-matures ». Adultes seuls ou en couple, ils aspirent à une retraite méritée. Honnêtes et travailleurs, ils apparaissent sans grand combat ni frustration, mais plutôt las. Ils aspirent à des bonheurs simples, sont d'une région comme on est d'un pays. S'ils ont un souci, c'est de maintenir leur autonomie et d'entretenir leur habitat, pour eux-mêmes et dans la perspective de le transmettre.

• Segment 26. Les « papy *cottage* ». Retraités en couple plutôt passéistes et tournés l'un vers l'autre, ils savourent une retraite tranquille, aboutissement d'une vie. Plutôt sédentaires, installés dans le cocon d'une maison dont ils sont propriétaires, prévoyants et vigilants, ils anticipent leurs achats et gèrent leur budget de manière serrée. Ils craignent de manquer et sont frileux face à la modernité et peu intéressés par la technologie. Soucieux du « qu'en-dira-t-on », ils soignent leur apparence et celle de leur maison. Leur luxe : une belle voiture neuve, choisie avec attention, quelques voyages...

• Segment 32. Les *« primary needs »*. Adultes seuls et isolés, ils sont apparemment sans attache familiale solide et vivent sous une pression financière omniprésente. Leurs préoccupations sont matérielles et presque de première nécessité : une attention toute particulière est portée à l'hygiène générale. Leurs extras sont faits de gadgets qui leur donnent une illusion de possession. Ils ont pour valeur fondamentale l'entraide. Ils rêvent et vivent une vie par procuration au travers du petit écran et des magazines.

Source : www.acxiom.fr

Une segmentation à partir des styles de vie

Kantar Media, pour le compte de l'Observatoire de la banque-assurance, analyse les tendances du marché en 2011 autour de quatre valeurs clés :

- Le purisme fondé sur des valeurs d'intégrité d'une relation initialisée (MAIF, Caisse d'épargne).
- L'altruisme fondé sur des valeurs de solidarité d'une relation humanisée (Société Générale, Crédit Agricole).
- L'optimisme fondé sur la capacité à se projeter malgré tout (HSBC).
- L'épicurisme fondé sur l'immédiateté décomplexée de la relation *via* le Web et le mobile (ING, BNP Paribas).

d. Les critères de comportement d'achat

Une dernière famille de critères de segmentation possibles rassemble tout ce qui a trait au produit lui-même.

Exemple

La plus grande différence entre deux acheteurs d'un paquet de pâtes Lustucru tient à la fréquence d'achat : la ménagère qui achète des raviolis, une fois tous les six mois, pour faire face à une invitation imprévue, n'a rien de commun avec celle qui prépare un plat de raviolis hebdomadaire.

- **L'utilisateur / le non-utilisateur**

Un premier critère sépare le client actuel de l'entreprise (ou d'un concurrent) et le non-consommateur relatif. Ils seront l'un et l'autre sensibles à des thèmes publicitaires différents.

- **La quantité achetée**

Le problème est complètement différent, chez Danone, lorsqu'il s'agit de faire passer un gros consommateur de dix à treize yaourts par semaine ou d'inciter le petit consommateur à augmenter ses achats de trois à six.

- **La fidélité à la marque**

Les clients peuvent être fidèles ou occasionnels.

Une publicité qui rassure renforce l'attitude des premiers alors qu'une campagne plus agressive rendrait peut-être les seconds moins volages.

- **Les circonstances d'usage**

Dans une galerie marchande, un restaurant devra adapter sa carte en fonction du client d'entreprise, pressé, de la semaine, et du même client en famille, décontracté, du samedi.

- **La segmentation par bénéfice**

Le bénéfice, la promesse attendus par le consommateur fournissent aussi un critère de segmentation : bijou ou fonctionnel pour une montre, énergétique ou désaltérant pour une boisson, parure ou pratique pour des sous-vêtements.

2. Le B to B : les produits industriels

Dans le domaine du *business to business*, les critères utilisés sont différents. On oppose la macro-segmentation à la micro-segmentation.

a. La macro-segmentation

- **Le secteur d'activité**

Les nomenclatures de l'Insee constituent un excellent moyen pour déterminer l'appartenance sectorielle du client. On ne vend pas un logiciel intégré comme SAP de la même façon à une entreprise textile et à une entreprise de chaudronnerie.

- **La taille**

Selon leur dimension, les entreprises n'ont ni les mêmes besoins, ni les mêmes modalités d'achat.

- **La zone géographique**

Un découpage de la clientèle par régions incite à apporter un service de proximité toujours mieux adapté.

b. La micro-segmentation

Le volume d'affaires traité se trouve être le tout premier critère de segmentation dans le domaine industriel. Dans ce secteur, toute entreprise subdivise, en priorité, sa clientèle en « grands comptes » et autres. Les premiers sont ceux avec lesquels le volume d'affaires est élevé, et on leur applique une démarche commerciale spécifique. Les petits comptes, eux, sont naturellement « travaillés » commercialement mais avec d'autres méthodes (mailing et une seule visite, par exemple).

La classification des clients chez un éditeur de logiciels

On retrouve classiquement les catégories suivantes :
- Les grands comptes. Ils font l'objet d'une visite mensuelle, d'invitations à des événements spécifiques, de parrainages par un des hauts cadres de l'entreprise.
- Les moyens comptes. Ils sont concernés par des visites semestrielles, des invitations personnelles à des expositions et autres événements culturels.
- Les petits comptes. Contacts téléphoniques et envoi de catalogues sont monnaie courante.
- Les très petits comptes. Aucune action spécifique n'est mise en place à leur égard, dans l'attente de leurs nouvelles.

- **Le type d'achat**

Selon que le client procède à un nouvel achat ou, au contraire, qu'il renouvelle un équipement, la force commerciale n'emploie pas les mêmes techniques.

- **Les avantages recherchés**

Là encore on trouve un puissant facteur de segmentation. Les clients sont subdivisés selon leurs attentes (puissance, économie, maniabilité, tarif, etc.).

- **Les caractéristiques du client**

On peut penser tout simplement à une opposition entre les entreprises privées, les entreprises publiques et les administrations.

La segmentation en matière industrielle est tout aussi importante que pour les produits de grande consommation, mais l'information est parfois plus difficile à collecter et, surtout, on prendra garde à ne pas tomber dans le travers de l'**hypersegmentation** qui consiste à offrir (à un coût prohibitif!) un produit original à chaque client. Les vendeurs sont, à cet égard, parfois de mauvais conseillers tant ils veulent que l'offre de l'entreprise s'adapte aux besoins individuels.

C. Les méthodes de segmentation

À la méthode empirique liée à l'expérience et à la connaissance pratique du marché s'oppose la **méthode analytique** étayée par des études et enquêtes fouillées.

1. La méthode empirique

Souvent les marketeurs partent de l'observation de leurs clients ou de l'étude de leurs fichiers. Sur cette base, ils reconnaissent quelques **grands traits** qui caractérisent les clients : l'âge moyen et le revenu par exemple. Ces caractéristiques communes deviennent des critères de segmentation, grâce auxquels ils découpent le marché global.

2. La méthode analytique

Plutôt que de déterminer *a priori* les critères de segmentation, il est préférable de procéder à une étude qui s'articule généralement autour de **quatre étapes principales** :

- Le **recueil des données**. Tous les outils d'études quantitatives et qualitatives sont utilisables (sondages, entretiens, réunions de groupes) pour obtenir les informations concernant les attentes de la clientèle potentielle et pour affiner les caractéristiques de différents sous-groupes.
- L'**analyse des données**. Toutes les données recueillies sont traitées par les outils de l'analyse statistique. Une analyse factorielle va mettre en lumière des dimensions jusqu'alors laissées dans l'ombre. Par exemple : il apparaîtra que l'envie de séduire est une motivation plus puissante que le désir d'hygiène et de santé, chez un groupe de seniors, clients d'une entreprise de produits de protection solaire. Ou bien encore une analyse typologique va mettre en évidence différents segments homogènes et bien différenciés. Par exemple, s'agissant de cosmétiques pour hommes, les besoins et les attentes permettent de distinguer ceux qui recherchent l'apaisement du feu du rasoir (20 %), ceux qui souhaitent avoir la peau parfumée (50 %) et ceux qui désirent avant tout protéger leur peau (30 %).
- La **reconnaissance des segments**. Le profil des segments est étudié et analysé en détail. Ainsi, on découvrira, en poussant l'analyse précédente, que le segment constitué par ceux qui veulent garder la trace d'un parfum sur leur joue souhaite associer la lotion après-rasage à l'eau de toilette et au déodorant. On baptisera alors ce segment les « chercheurs de fragrance », par exemple.
- La **segmentation par chaînage cognitif**. C'est une méthode qui, partant de la perception des attributs d'un produit (par exemple : une saveur ou un parfum), débouche, à la suite d'analyses des conséquences (par exemple : plaire à ses proches), sur une valeur fondamentale exprimée par la personne (par exemple : l'hédonisme).

D. La validité des critères de segmentation

La segmentation n'est pas une fin en soi. Elle n'a pas d'autre but que de favoriser la mise en place d'une **stratégie** de marketing efficace.

Exemple

Découvrir que les hommes blonds, dilettantes, âgés de trente à quarante ans et habitant les départements du Cantal et de la Lozère préfèrent la bière fortement houblonnée ne présente aucun intérêt pour Heineken.

Les segments qui résultent de la procédure décrite doivent être mesurables, accessibles, représenter un certain volume de ventes en puissance, et engendrer les conséquences opérationnelles adéquates si l'on veut les utiliser pratiquement.

1. La mesurabilité et l'accessibilité

Un bon critère de segmentation doit rendre facile la mesure du segment retenu ; il faut, entre autres, que le segment puisse être identifié sans peine. Les difficultés du recueil et du traitement de l'information ne doivent pas être sous-estimées. Les critères sociodémographiques ou géographiques, parce qu'ils sont quantitatifs, permettent de bien mesurer les segments. Les informations dont on dispose à leur sujet sont abondantes et de bonne qualité. Il en va autrement pour les critères de personnalité ou de comportement à l'égard du produit : ils font davantage appel à des données qualitatives et sont soumis à des contraintes de mesure plus fortes.

Exemple

Autant il est facile de savoir avec certitude que, par exemple, les familles de plus de trois enfants, dont le revenu mensuel est compris entre 2 000 € et 2 500 €, qui habitent les villes de plus de 100 000 habitants, préfèrent Renault à Citroën, autant il est difficile de mesurer le segment des « moralisateurs » adeptes de la Peugeot 308 et le segment des « ambitieux » passionnés par la Renault Mégane.

Un segment choisi doit être accessible, c'est-à-dire que le responsable du marketing doit pouvoir l'atteindre pour lui proposer un *marketing mix* qui lui soit approprié. Il serait coûteux et assez peu efficace de proposer un produit qui résulterait d'une segmentation à l'ensemble du marché, en souhaitant que seuls les consommateurs concernés le remarquent. C'est cependant parfois ce qui se passe, un **processus d'autosélection** apparaissant chez les consommateurs. Seuls les groupes pour lesquels le produit est lancé répondent favorablement aux *stimuli* publicitaires et sont réellement intéressés.

2. Le volume

Un ensemble de consommateurs défini par un critère de segmentation doit être d'une certaine ampleur pour qu'il soit rentable. Dans le cas contraire, il serait inutile de supporter les coûts qu'entraîne la mise en application d'un *marketing mix* spécifique. La volonté d'offrir du « sur-mesure » est louable, mais elle se heurte vite aux contraintes de rentabilité.

Une véritable analyse, comparable à une étude d'investissement, doit être entreprise pour définir le segment marginal auquel il est raisonnable de s'intéresser. La rentabilité ne doit pas être envisagée seulement dans l'absolu ; des effets indirects peuvent se produire et un segment agit sur un autre.

Exemple

Un fabricant de smartphones peut perdre de l'argent sur le marché de l'entrée de gamme, mais il crée ainsi chez les jeunes une habitude de marque, une fidélité qui donnera ses fruits plus tard, lorsqu'ils éprouveront la nécessité d'avoir un équipement plus perfectionné.

3. Les conséquences opérationnelles

La définition des segments ne doit pas s'arrêter au stade intellectuel de la reconnaissance d'ensembles hétérogènes parmi les clients. Lorsque, dans le secteur des biens de grande consommation, la démarche conduit au lancement d'une variété nouvelle du produit, la question des conséquences opérationnelles va – si l'on peut dire – de soi. Il peut en être autrement, par exemple, dans le domaine industriel. D'abord, la segmentation (souvent imaginée par les services du siège) doit faire l'objet d'une véritable action de communication interne pour convaincre toute la chaîne commerciale de la pertinence de l'analyse. Ensuite, les structures commerciales peuvent s'en trouver affectées : des vendeurs non spécialisés doivent préalablement être formés puis ils sont orientés vers une catégorie de clientèle précise.

Enfin, les outils de vente (argumentaires, dossiers, etc.) doivent être adaptés pour répondre aux attentes du segment visé.

Les segments des habitudes alimentaires

On en compte traditionnellement sept :

- Les célibataires campeurs. Ils sont en majorité citadins, plutôt jeunes, et consomment des plats cuisinés, des biscuits apéritifs, des chips, du chocolat, de la vodka et peu de produits frais.
- Les urbains modernes. Jeunes couples sans enfants, ils sont citadins, ont entre 30 et 35 ans. Leurs revenus, de moyens à élevés, leurs permettent de consommer des potages en brique, de la salade en sachet, des fromages préemballés ou encore du whisky.
- Les moraux domestiques. Ces familles ouvrières ou agricoles sont relativement nombreuses et consomment des produits frais du jardin, de la viande surgelée ou encore des vins et liqueurs.
- Les familiaux. Ces couples avec deux enfants aux revenus moyens ou familles monoparentales consomment beurre, yaourts aromatisés, lait et purée en flocons.
- Les bien-installés. Ces couples avec enfants en bas âge aux profils socioculturels variés consomment aussi bien du poisson frais, que des surgelés, des vins de qualité ou encore du champagne.
- Les traditionnels. Âgés, en couple ou seuls, ils consomment du jambon à la coupe, des biscottes, du café ou de la chicorée.
- Les isolés. Ce sont des personnes âgées aux revenus faibles qui se nourrissent de pâtes, de riz, de viande à la coupe et d'infusions.

Source : Crédoc et Médias.

Dans un autre ordre d'idées, la segmentation est une **démarche** résolument **dynamique** qui doit faire l'objet d'un **audit régulier** : les attentes des clients dans un segment semblent évoluer, un nouveau segment apparaissant ou une nouvelle méthode d'études se faisant jour.

E. Le ciblage

Les segments du marché ayant été préalablement définis, puis validés, il reste à l'entreprise à prendre des décisions de ciblage, autrement dit à opérer des choix de cible(s). On appelle « cible » le ou les segment(s) de clientèle visé(s). Les segments qui ne répondent pas aux conditions sont, bien entendu, éliminés, mais il n'est pas évident qu'il soit avantageux de s'aventurer sur tous les autres.

Les **critères de choix** d'une cible sont nombreux. Retenons essentiellement :

– la connaissance du marché, de son volume et de son organisation ;
– la connaissance du comportement des consommateurs ;
– l'importance des concurrents présents sur ce marché ;
– es capacités de croissance du marché ;
– l'aptitude à répondre aux attentes de la cible, tant sur le plan technologique que commercial.

Trois stratégies de ciblage différentes peuvent ainsi être envisagées.

1. La stratégie indifférenciée

L'entreprise se refuse à distinguer les différents segments et préfère mener une politique d'agrégation, de combinaison, en proposant un seul produit qui recouvre à peu près – ou tout au moins on l'espère – les désirs de l'ensemble des consommateurs. L'idée sous-jacente est que les différents segments ne s'opposent pas vraiment et que les points communs sont beaucoup plus nombreux que les différences.

Le segment le plus vaste est attaqué avec un produit qui répond également assez bien aux souhaits exprimés par les segments voisins.

Exemple

Les déodorants se répartissent selon plusieurs axes : fraîcheur, pouvoir bactéricide, pouvoir odorant. Il est possible de lancer un produit correspondant bien à chacun de ces critères car, sur le fond, ils ne s'opposent pas.

L'avantage retiré de cette stratégie tient au **phénomène d'apprentissage** au sens large ; des économies de coût sont réalisées car les séries sont plus longues, les études marketing moins nombreuses et les frais de publicité mieux répartis.

L'inconvénient résulte, par définition, de l'absence de segmentation. Le produit est combattu sur chaque segment par un autre produit concurrent mieux adapté à ce groupe précis et c'est d'autant plus vrai que les segments sont plus différenciés.

Le choix repose donc sur la **puissance de l'entreprise** : a-t-elle la force de « verrouiller » le marché pour que son attraction soit si forte que, en dépit d'un produit imparfaitement adapté, les consommateurs se dirigent quand même vers elle ?

La segmentation multicritère

Dans un club de vacances, la segmentation peut être réalisée par :

- La fidélité. On distingue les super fidèles, les très fidèles, les fidèles, les nouveaux, les occasionnels, les lointains.
- Le type de consommation. Certains préfèrent la montagne, d'autres la plage ; certains recherchent une activité unique quand d'autres sont en quête d'un cocktail d'activités.
- La destination. Chaque lieu de vacances est affecté à une zone (France, Europe, reste du monde).

2. La stratégie différenciée

L'entreprise intervient sur tous les secteurs intéressants et mène une politique de gamme étendue : chaque produit répond mieux aux désirs de chaque segment et, en conséquence, pénètre bien chez les clients choisis. On peut penser que les ventes totales augmentent. En contrepartie, les coûts s'accroissent. L'entreprise doit supporter de lourds coûts administratifs de coordination ; les séries sont plus courtes, de multiples campagnes publicitaires sont élaborées, les études de marketing se multiplient pour bien connaître chaque segment, plusieurs réseaux de distribution sont entretenus.

Il n'y a pas de réponse toute faite à ce choix stratégique. Une politique différenciée coûte plus cher, mais permet de mieux couvrir le marché : l'entreprise peut suivre le consommateur et ajuster ses offres à l'évolution des goûts.

Exemple

Les fabricants d'automobiles, tels que Renault, Fiat, Peugeot, adoptent cette stratégie. Mercedes y a été longtemps opposé, avant de se différencier également avec les classes A, B, R, etc.

3. La stratégie concentrée

Dans ce cas, l'entreprise admet la segmentation, mais décide de ne s'attaquer qu'à un seul segment ou à quelques rares segments. Ici, l'idée n'est donc pas, comme dans le cas de la stratégie indifférenciée, que les segments se ressemblent plus qu'ils ne s'opposent, mais que les forces de l'entreprise ne lui permettent pas de couvrir l'ensemble du marché. L'entreprise choisit et adapte son *marketing mix* au groupe retenu. L'avantage consiste à bien connaître le segment sur lequel la firme intervient. Dès lors, elle tente de créer – et c'est là son objectif – un **monopole de fait**. L'inconvénient provient d'un double risque : tout d'abord que le segment choisi disparaisse, ensuite qu'un concurrent très puissant intervienne sur ce segment en complément d'autres et qu'il accepte, pendant un certain temps, d'y perdre de l'argent.

Exemple

BMW pour les voitures « haut de gamme », Miele dans l'électroménager, Bic dans les produits jetables ont tous adopté une stratégie concentrée.

4. Vers un marketing individualisé (le micromarketing)

Dans certains domaines d'activité, le **marketing personnalisé** *(one to one)* a toujours existé. Ainsi, le couturier crée des modèles correspondant à la demande précise de chaque cliente. La difficulté consiste à personnaliser un marketing de masse. Internet et plus encore la réflexion créatrice en marketing permettent de satisfaire cette exigence. Par exemple, non seulement des chaînes hôtelières comme Accor, mais aussi des petits hôtels et restaurants familiaux organisés en réseaux, proposent à leurs clients de composer eux-mêmes le circuit touristique individualisé auquel chacun aspire.

De nos jours, grâce aux progrès des techniques informatiques et de communication, grâce à une gestion des stocks plus fine et surtout grâce aux programmes de gestion de la relation clientèle (le CRM), on parvient à adapter l'offre aux attentes de microsegments. Il reste alors à tenter de sélectionner les meilleurs clients (et à tout faire pour inciter les mauvais clients à se diriger vers les concurrents).

Exemple

Chez Amazon, on sait que M. Durand achète des livres de philosophie contemporaine et des romans policiers ayant pour théâtre les pays méditerranéens. Pour la rentrée 2013, on lui proposera conjointement le *Dictionnaire Martin Heidegger* et *Braquage à Marrakech*.

De fait, les clients ne se ressemblent pas. Certains sont bons payeurs, d'autres non ; certains clients nécessitent des frais d'approche commerciale élevés, d'autres sont beaucoup plus faciles à démarcher ; certains, lorsqu'ils sont acquis, demeurent fidèles, d'autres sont très volages. Il en résulte que chaque client rapporte, à court et à long terme, une marge différente et que le ciblage consiste à viser les meilleurs.

III. Le positionnement et la différenciation

L'idée de positionnement est ancienne : le simple outil de promotion (positionnement publicitaire) est devenu une dimension majeure de la **réflexion stratégique** (positionnement stratégique). Comment se situe-t-il dans le processus d'analyse marketing et quel usage en fait le gestionnaire marketing ?

A. Les raisons et la nature du positionnement

Le motif essentiel de l'emploi généralisé du positionnement n'est autre que l'encombrement, toujours plus tumultueux, des marchés, qui se concrétise par la concurrence de nouveaux, ou pseudo-nouveaux produits et par le télescopage des campagnes de promotion. Cette prolifération entraîne les produits, les marques, les entreprises dans le gouffre de l'anonymat. Pour émerger, les responsables de marketing tentent de donner à leurs créations, à leurs produits, à leurs services une personnalité originale.

Le positionnement présuppose que les acheteurs ont – ou peuvent acquérir – une perception des biens, des services, des marques, des magasins, des firmes en concurrence sur les marchés. Le positionnement constitue par conséquent un instrument de différenciation. Cependant, au lieu de s'en tenir à la différenciation par l'image, telle que peut la procurer la publicité, la pratique du positionnement vise à attribuer une place dans l'esprit du consommateur. Cette place, cette position, a une fonction bien particulière : elle correspond à un emplacement vide, à un créneau vacant qui réponde aux attentes du consommateur et qui ne soit pas occupé par les rivaux.

En bref, se positionner, c'est définir, face aux concurrents, la manière dont l'offre sera façonnée et donner au produit une image dans l'esprit des consommateurs.

Figure 7.3. Le positionnement

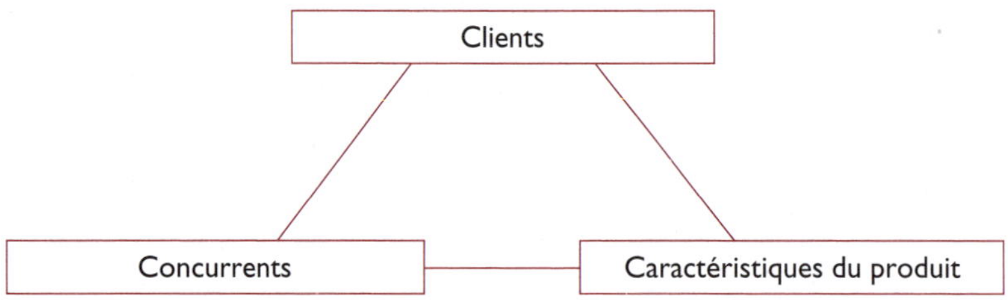

La stratégie de positionnement a pour objet d'attribuer une place nouvelle à un produit, à un service, que l'on lance ou auquel on souhaite donner une nouvelle vigueur au cours de sa vie (repositionnement). Bien entendu, une telle position ne doit pas seulement être perçue par les acheteurs potentiels, encore faut-il qu'elle corresponde à une attente effective à laquelle les concurrents n'ont pas encore répondu.

Exemple

Confrontée à la redoutable concurrence d'Apple et de Samsung, Nokia repositionne son smartphone en lançant Lumia sous Windows avec de nouvelles fonctionnalités.

Pour remédier au surencombrement des marchés, le positionnement constitue une stratégie de différenciation rendue possible grâce à l'emploi des outils statistiques d'analyse des données. Cette stratégie présuppose un **diagnostic** qui a pour double objet :

– de repérer les produits en concurrence ;

– d'observer la position de ces derniers par rapport aux croyances déterminantes des consommateurs.

Sur la base de ce diagnostic, **trois catégories de décisions** restent à prendre par le responsable du marketing :

- **Des décisions concernant le choix du concept de produit** (sélection parmi les croyances déterminantes, choix de la position sur ces croyances, etc.).

- **Des décisions relatives à la concurrence.** Il s'agit, généralement, de choisir une position d'où restent absents les rivaux (stratégie d'évitement), bien que parfois, si l'entreprise est puissante, on puisse chercher à entrer en concurrence avec les marques rivales (stratégie d'affrontement).

• **Des décisions relatives au *marketing mix*** (marque, conditionnement, etc.) et, plus particulièrement, à la communication (message adapté).

Remarquons enfin que, si le positionnement permet à l'entreprise d'atténuer les effets d'embouteillage sur le marché, cette stratégie rend aussi un service aux consommateurs : elle les aide à repérer des différences au sein d'une offre trop opaque.

Les techniques statistiques d'analyse des données permettent d'élaborer des cartes (*mappings*), lesquelles servent d'outils de décision pour le spécialiste de marketing. Ces schémas servent à représenter l'univers des produits ou des services (l'ensemble évoqué) en fonction des attentes des consommateurs et à déterminer le créneau vacant.

Figure 7.4. Les femmes et leurs implications dans l'alimentation

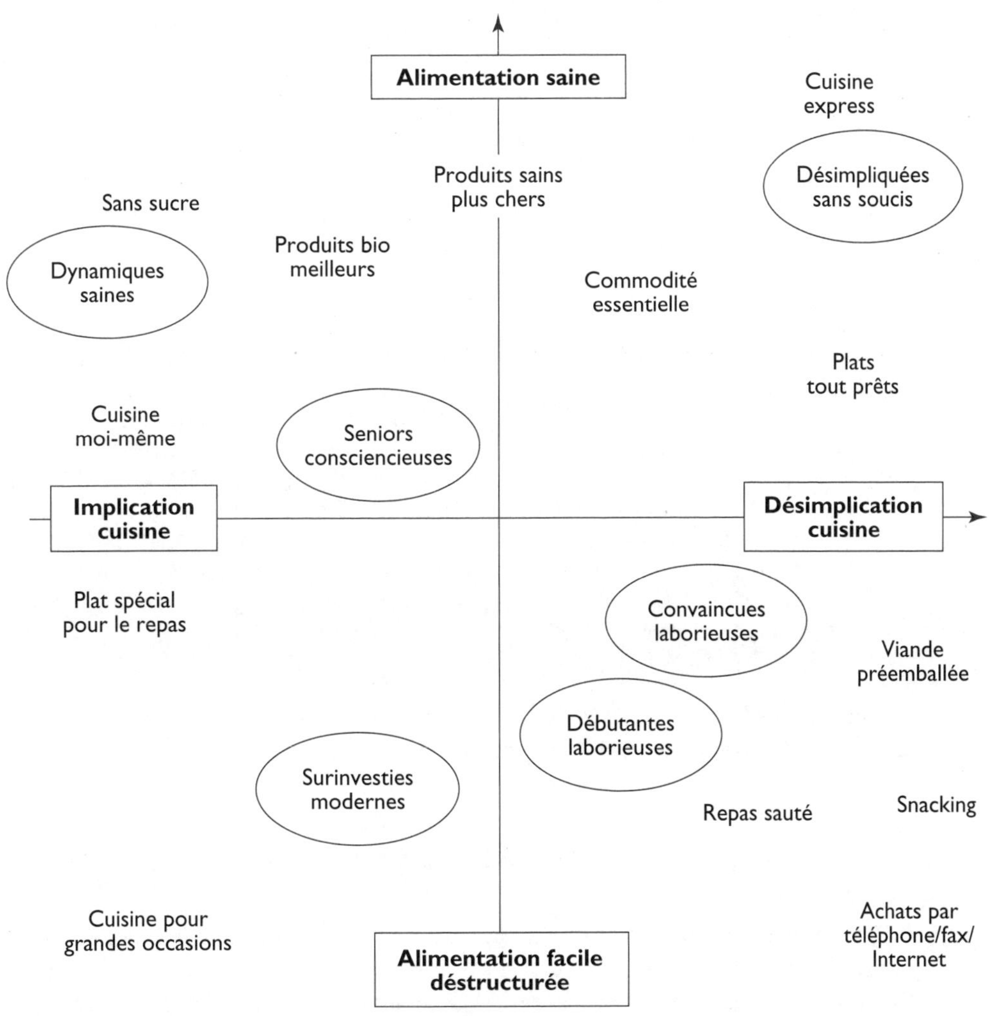

Positionnement par rapport à l'alimentation de six types de femmes déterminé par l'analyse croisée des données issues de Target-on-Line et d'Euro & Living.
Source : Marketing Magazine, *Infratest Burke.*

B. La pratique du positionnement

Quelles que soient les orientations prises, un certain nombre d'exigences sont à respecter.

1. Les axes du positionnement

Les caractéristiques des produits sont aussi nombreuses que le sont les besoins et désirs des prospects. Aussi, pour situer leurs produits par rapport aux autres marques concurrentes, les responsables de marketing adopteront-ils un ou plusieurs critères distinctifs.

Exemple

Parmi les différents critères, il est possible de citer – entre autres –, la solidité, le prestige social, l'économie, la facilité d'emploi, ou encore la protection qu'offre un produit.

Les critères pourront être associés en d'innombrables combinaisons. Cet agencement de trois, quatre, cinq... attributs forme la **personnalité du produit** et compose son **identité** telle que la perçoit le consommateur.

Bien que les positionnements puissent varier en nombre quasiment infini, il n'en reste pas moins possible de déterminer, par branche ou par secteur, des axes majeurs.

Exemple

Dans le commerce de détail, on relève quatre orientations principales permettant de positionner les enseignes :
- La valeur des produits, les consommateurs insistant tout autant sur la qualité que sur les prix. C'est, en définitive, la prise en compte du fameux rapport qualité/prix.
- Les bas prix. Il s'agit de la réponse à une demande qui se généralise de produits banals, à faible implication personnelle et, par conséquent, relativement bon marché.
- Le gain de temps. Le consommateur ne veut pas perdre de temps lorsqu'il fait ses courses. Derrière l'économie de temps, c'est l'efficacité de la transaction qui est ici mise en relief.
- Le contact. Cet axe concerne la qualité relationnelle du magasin et du climat que ses responsables parviennent à créer.

L'étude attentive des attentes de la demande aide à découvrir la lacune parmi les biens et services offerts. Encore convient-il de s'entourer de certaines précautions.

2. Les exigences en matière de choix de positionnement

Les responsables de marketing prennent leurs décisions, compte tenu du respect de quelques impératifs. Il convient notamment de :

- S'assurer que le débouché reste assez vaste pour qu'il vaille la peine de le conquérir et de mettre au point un positionnement qui lui soit bien adapté. Segmenter consiste à viser une cible limitée de clients. Mais positionner un produit destiné à un segment, par rapport à des concurrents déjà présents, constitue une sur-segmentation, à l'intérieur de cette partition déjà effectuée du marché. La sagesse impose de s'assurer qu'en dépit de cette limitation, le marché sera suffisant pour que l'investissement en coûts de production et en coûts de marketing reste rentable.

• **Rechercher la simplicité.** Une image façonnée du produit pourrait être très riche, mais aussi trop foisonnante pour être facilement comprise et retenue.

• Savoir se limiter à la mise en évidence de deux ou trois attributs distinctifs pertinents, ceux qui semblent peser le plus lourd dans la décision d'achat du client et qui présentent encore les deux dernières qualités suivantes.

• **Réaliser ce que l'on promet.** Autrement dit, il est nécessaire que le positionnement que l'on va suggérer au client soit effectif. Une fausse promesse, en dépit d'artifices de communication, se révèle souvent calamiteuse.

• **Faire preuve d'imagination pour que le cocktail que forme le positionnement soit aussi original que possible.** N'oublions jamais que se positionner a pour but de se démarquer des concurrents. Il convient donc de partir en quête de l'inédit, du neuf, du nouveau, du personnel, tout en veillant à ce que cette quête réponde à une attente des consommateurs.

Figure 7.5. Le *mapping* des principales marques du marché de la lingerie

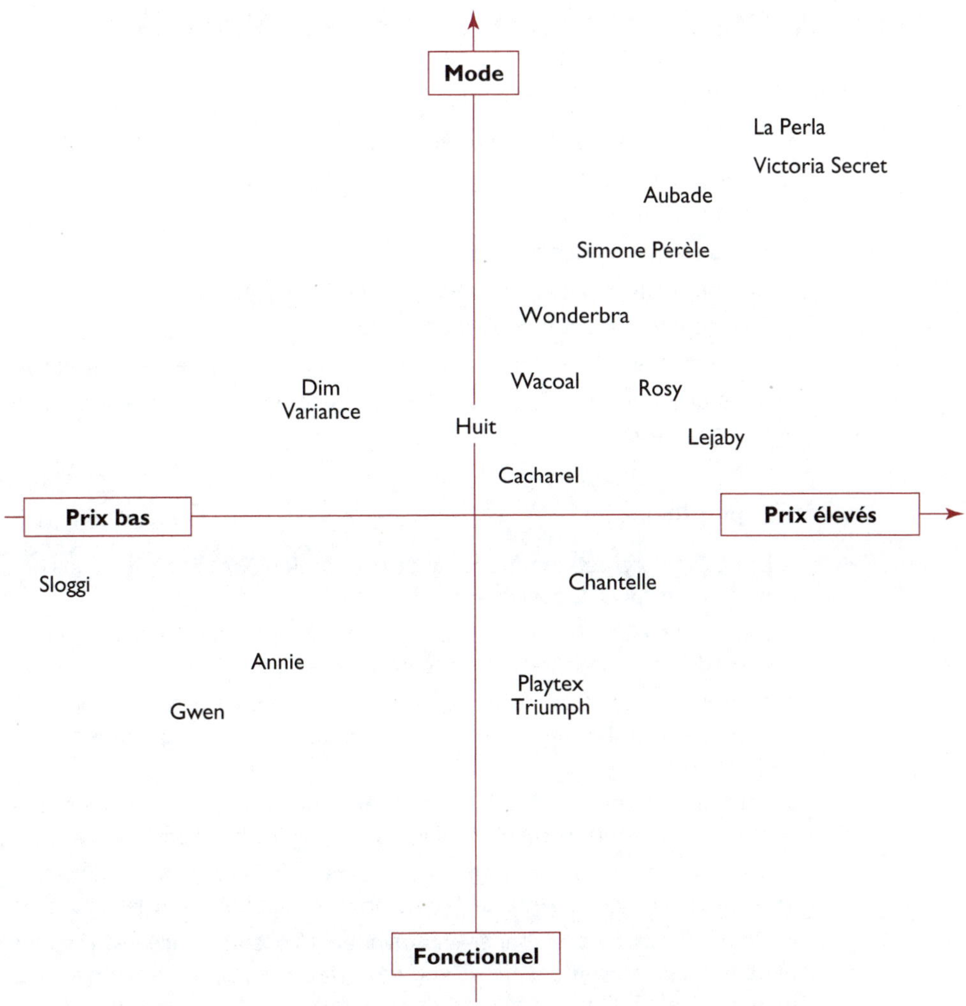

Comment éviter d'être dépassé ?

De nouvelles marques, telles que Diesel ou Miss Sixty, sont apparues sur le marché des jeans. Elles sont axées sur un positionnement « jeune et branché ». Levi's devient alors vieillot ; la citadelle Levi's est menacée. Ses responsables doivent trouver une nouvelle formule. Les GO du Club Med, comme leurs clients des années 1960, ont vieilli ! Les nouvelles clientèles ne cherchent plus un « club sympa » installé au bord de la mer, où l'on passe la journée allongé sur la plage en attendant les aventures de la soirée animée. Les prospects « bobos » souhaitent découvrir autre chose, au cours d'un séjour, que les trop fameux 3S *(Sun, Sea, Sex)*. Les clients actuels veulent faire de la randonnée, découvrir des cuisines exotiques ou se recueillir dans des églises romanes découvertes au fil des routes. Les dirigeants du Club Med sont contraints de trouver de nouveaux axes de positionnement pour répondre à de telles attentes.

Questions et thèmes de réflexion

Outils et concepts

1. Un marché potentiel est-il aisément évaluable ?
2. Quelle pourrait être une segmentation par bénéfice attendu :
– pour un shampooing ;
– pour une chaîne de pizzerias ;
– pour un magasin de chaussures destinées aux enfants ?
3. Tout segment identifié doit-il être attaqué ?
4. La segmentation a-t-elle des incidences sur la structure de l'entreprise ?
5. Dans quelle mesure le positionnement conditionne-t-il l'image ou la personnalité d'une marque ?

Pour aller plus loin…

1. Le choix d'Internet comme canal de distribution participe-t-il au positionnement d'une eau de toilette pour homme ?
2. De plus en plus nombreuses sont les voix qui proclament que la sur-segmentation conduit à la banalisation. Ce paradoxe est-il justifié ?
3. Pourquoi le concept de positionnement, d'abord utilisé comme outil par les publicitaires, est-il devenu une notion majeure en marketing, puis en management stratégique ?
4. Peut-on soutenir, comme le font certains, que tout positionnement se rapporte toujours à une option sur l'axe des prix et à une décision relative à la qualité ?
5. Il est possible de se positionner en ajoutant un service au produit. Donnez des exemples pour une tablette tactile, la grande distribution et les robots culinaires.
6. On peut aussi se positionner en provoquant l'obsolescence des produits concurrents par des innovations de divers types (technologique, usage, services supplémentaires, etc.). Illustrez ce type de stratégie.

EXERCICE : SEGMENTER LE MARCHÉ DES CÉRÉALES POUR LE PETIT DÉJEUNER

Afin de comprendre les facteurs qui influencent le choix du type de céréales pour le petit déjeuner, le cabinet d'études Fidex a été recruté. Fidex décide de mener une étude qualitative auprès de dix prospects afin de comprendre en profondeur le choix des types de céréales par les consommateurs. Plusieurs extraits d'entretien sont présentés ci-après.

Alex, 15 ans, lycéen, célibataire

« Moi, le matin, je n'ai vraiment pas la pêche. C'est vraiment dur de me sortir du lit. Du coup, mon petit déjeuner doit me donner du peps. Je prends des céréales qui sont bourrées de sucre pour que je puisse tenir toute la matinée. Je vous assure que, sans cela, je ne tiens pas deux heures dans mon cours de math. C'est sûr, je me mets à ronfler. Du coup, ouais, je prends plutôt des Crunch ou des céréales Lion. Mais il n'est pas question non plus de prendre les céréales de mon petit frère. C'est pour les gamins. Lui, il mange des Miel Pops. »

Sabrina, 35 ans, employée de bureau, mariée, deux enfants

« Aujourd'hui, avec la crise c'est plutôt dur dur. Mon mari vient de perdre son job, et donc on est assez limité pour notre petit déjeuner. On calcule tout. Je ne dois pas dépasser un budget de 150 euros par semaine pour quatre. Je peux vous assurer que c'est le parcours du combattant quand je fais mes courses. Pour le petit déjeuner des enfants, j'achète des céréales qui donnent de l'énergie, mais je prends plutôt des MDD (marques de distributeurs). C'est moins cher. Bien oui, c'est comme cela.

Pour moi, je privilégie plutôt des céréales qui me permettent de maintenir ma ligne. Vous savez des céréales avec des fruits et des fibres. À plus de 30 ans, je prends plus facilement du poids, donc je ne peux pas trop me permettre certains écarts. Je ne sais pas si ça marche vraiment. Mais, comme dit ma mère, si on y croit, ça marche forcément.

Mon mari, lui, ne déjeune pas. Il prend son café et hop, il file au boulot. Sauf qu'avec la perte de son job, il n'a plus trop le moral. Du coup, je le soupçonne de piquer le chocolat des enfants. Bah... si cela peut l'aider à avoir le moral, pourquoi pas. »

Mina, 25 ans, cadre, mariée, sans enfant

« Moi, je suis une gourmande. J'aime les céréales avec des gros morceaux de chocolat, des amandes et/ou encore des noisettes. Je sais que ce n'est pas très sain, mais c'est tellement bon. Avec mon job qui n'en finit pas de me stresser, il faut bien que je trouve des petits plaisirs ailleurs. Et ces plaisirs, pour moi, ce sont mes céréales du matin. J'alterne souvent les marques, mais j'aime bien les Country Crisp de Jordans, les Muesli. J'en raffole. »

Sylvain, 45 ans, entrepreneur, marié, un enfant

« Quand j'ai rencontré ma femme il y a dix ans, elle était adepte du yoga et il fallait manger des trucs qui purifient le corps. Au début, j'ai vraiment cru qu'elle était un peu folle, mais elle avait un côté plutôt attachant. Et puis, avec toutes ces crises alimentaires, j'ai compris qu'elle avait raison. Maintenant, je fais attention à ce que je mange. Je vérifie toujours l'origine des produits que j'achète et je suis très sensible au label de qualité qu'ils apposent sur les produits. Pour mon petit déjeuner, je ne prends que des céréales bio. Je ne les achète pas en grande surface car je n'en trouve pas forcément. Je me rends dans une petite boutique bio au coin de la rue, et je les achète là-bas. »

Josiane, 75 ans, retraitée, mariée, trois enfants
« Moi, vous savez, les céréales au petit déjeuner, je n'aime plus trop cela. Je ne les trouve pas très adaptées pour mon âge. Ça colle au dentier, ce n'est vraiment pas pratique. En plus, je dois faire attention à mon diabète et mon cholestérol. Ma fille m'a dit que la marque Quaker faisait des céréales pour réguler le cholestérol. Je vais quand même essayer cela. Ma fille m'a dit qu'elle m'en apporterait. Si cela peut m'aider à me sentir mieux. »

Nathan, 10 ans (accord parental obtenu)
« Alors, mes céréales, ce que j'aime bien, euh... J'aime bien les céréales où il y a des cadeaux. En fait, je demande toujours à maman de m'acheter les céréales qui offrent des trucs rigolos. Des fois, il y a des figurines de *Cars*, vous savez le dessin animé avec la course de voitures. Mais, c'est vrai, comme dit maman, il faut bien manger au petit déjeuner. Donc, j'ai pris l'habitude de manger des céréales. Mais pas n'importe lesquelles. Je mange plutôt des trucs bons comme les Miel Pops, des Smacks... C'est bon, c'est bien sucré. Une fois, j'ai goûté aux céréales de maman, eh bien, ce n'était vraiment pas bon. Ça manquait de sucre et tout cela. »

Questions

1. Au regard des *verbatim*, quels sont les critères de segmentation pertinents qui structurent le marché des céréales pour le petit déjeuner ?
2. Combien de segments potentiels structurent ce marché ?

La stratégie client

Les compétences clés à acquérir :

- Comprendre l'évolution du marketing transactionnel vers le marketing relationnel.
- Connaître les objectifs visés par une démarche *one to one*.
- Saisir les nouvelles possibilités d'application du *Customer Relationship Management* (CRM).
- Percevoir les nouvelles tendances du marketing orienté client.
- Savoir comment les bases de données sont utilisées.
- Mettre en place la gestion d'un portefeuille de clients.

L'emploi des technologies de l'information et de la communication (TIC) dans les entreprises permet de mieux satisfaire les attentes renouvelées des consommateurs. Le marketing relationnel s'impose comme complément indispensable à un marketing transactionnel jugé trop massif. Aussi les responsables de marketing mettent-ils en place des instruments d'analyse des portefeuilles de clientèle qui débouchent sur de nouvelles politiques.

I. Le marketing relationnel

Parmi la palette des TIC, Internet favorise la tendance à développer – par le dialogue et, si possible, par la confiance –, la **fidélité** du consommateur. Le marketing relationnel entraîne de nouvelles politiques (le *one to one*), et engendre des techniques de gestion plus fines (le CRM).

A. Les origines du marketing relationnel

Le marketing relationnel est apparu dans le cadre des réflexions portant sur le marketing des services et sur le marketing industriel. On définira le marketing relationnel comme l'ensemble des activités qui visent à développer et à maintenir des échanges, des relations fructueuses entre l'entreprise et ses clients. Il résulte du passage d'un marketing reposant sur la compétition, le conflit des intérêts entre les firmes et entre les clients, à un marketing orienté vers l'**interdépendance** et la **coopération** des parties.

L'échange est donc au cœur de l'approche relationnelle, non pas l'échange unique et instantané, tel qu'il résulte d'une seule transaction, mais le **processus stable d'échange** entre le fournisseur et le client.

Il serait naïf d'imaginer que le marketing transactionnel entre en conflit avec le marketing relationnel, l'un triomphant de l'autre. Tout au contraire, le marketing se doit de combiner, de rendre cohérents et de préserver les atouts, en gommant les inconvénients de chacune de ces approches même si, à l'heure actuelle, en raison des difficultés que les marchés connaissent, on met l'accent sur la préservation des clients actuels avant de se lancer à la poursuite de clients nouveaux [1].

Le tableau 8.1 expose les différences entre l'approche transactionnelle ancienne et le nouveau point de vue relationnel.

Tableau 8.1. Du marketing transactionnel au marketing relationnel

Caractéristiques	Point de vue transactionnel	Point de vue relationnel
Orientation	Vente isolée	Rétention du client
Contacts avec les clients	Discontinus modérés	Continus intenses
Mise en avant	Caractéristiques du produit	Valeur du produit pour le client
Échelle de temps	Court terme	Long terme
Insistance sur le service au client	Faible	Forte
Engagement à satisfaire les attentes du client	Limité	Extensif
Service préoccupé par la qualité	Production	Tous les services

Source : Payne *et al.*, 1995.

1. MEYER-WAARDEN L., *Management de la fidélisation*, Vuibert, 2012.

Le passage du marketing transactionnel au marketing relationnel s'explique non seulement par les progrès des techniques informatiques, mais aussi par le développement des services qui accompagnent une offre de plus en plus différenciée. Une autre raison s'ajoute aux deux précédentes. C'est l'émergence d'organisations en réseaux qui ne sont pas autre chose que des ensembles de relations durables.

Dès lors, on comprend mieux le **paradoxe économique apparent** selon lequel, à un moment donné, un client, dans le cadre d'une relation sur le long terme, achètera un bien ou un service de prix plus élevé chez son fournisseur permanent, alors qu'il pourrait trouver mieux chez les concurrents. Le marketing relationnel est ainsi constitué d'un maillage d'arrangements et de compromis au terme duquel chacun trouve son compte à long terme.

Exemple

Certaines entreprises utilisent chaque année des vendeurs étrangers à la firme en raison des réussites des années précédentes et de l'expérience acquise. En retour, ces firmes qui externalisent leur force de vente acceptent de payer des prix parfois plus élevés que ceux pratiqués par d'autres prestataires, parce que le fournisseur de personnel de vente a toujours donné satisfaction.

Un tel processus relationnel aboutit, en B to B, à la formation d'entreprises virtuelles (figure 8.1). La relation durable implique que, pour un même produit, les différents partenaires recevront des avantages et subiront des coûts différents.

Figure 8.1. Le cadre d'un marketing relationnel

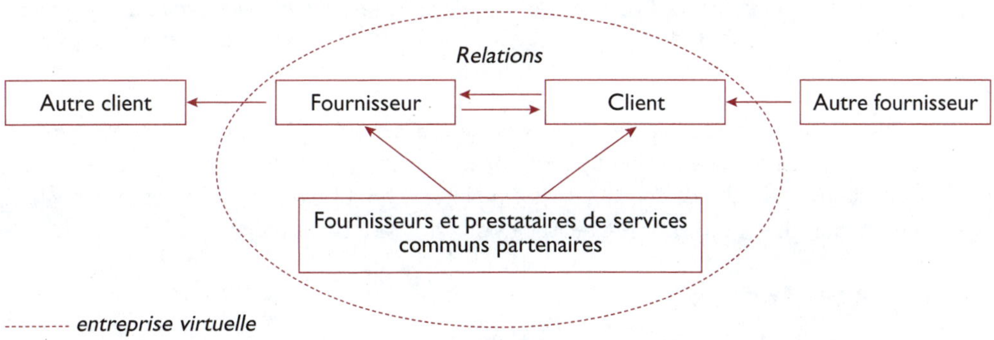

Exemple

Au moment de l'achat, un particulier qui s'équipe en panneaux photovoltaïques considérera le prix comme le critère essentiel de sa satisfaction. Mais, une fois l'installation terminée, ce sont l'assistance et le dépannage rapides qui deviennent les critères les plus appréciés par le client.

Le marketing relationnel prend en compte l'évolution au fil du temps des besoins et des préférences de chaque client. Ces principes sont au fondement du *one to one*.

B. Le *one to one*

Cette expression désigne la manière de considérer le client. Celui-ci est regardé comme une **personne** et non plus comme le clone d'un sous-segment anonyme. À partir des mines d'informations offertes par les bases de données, les responsables marketing acquièrent une connaissance précise de leurs clients. L'objectif consiste alors à mieux servir les bons clients et à ne pas hésiter à abandonner les moins bons, ceux qui ne procurent pas de valeur pour la firme.

Le *one to one* vise essentiellement la **fidélisation du consommateur**. En schématisant, on peut avancer que l'entreprise traditionnelle se propose de gagner le plus grand nombre de prospects, alors que la firme *one to one* a pour objectif de garder ses clients le plus longtemps possible. La première offre une gamme de produits différents, la seconde se dote d'un portefeuille de clients eux-mêmes différents. Pour réaliser l'ambition du *one to one*, il est nécessaire d'apprendre à connaître le client qui, petit à petit, renseigne l'entreprise sur ses multiples besoins.

Exemples

- Le supermarché Streamline, moyennant un abonnement à 30 dollars par mois, approvisionne ses clients automatiquement. Lorsqu'un consommateur signe un abonnement avec ce distributeur, un employé de Streamline vient relever, à l'aide d'un scanner, les produits utilisés par le foyer et la périodicité d'usage. Les responsables marketing établissent un plan d'approvisionnement pour le client nouveau et le livrent chaque semaine dans une boîte placée dans son garage. Le client laisse dans cette boîte les produits qui ne l'intéressent pas. La commande peut, bien entendu, être complétée.
- Procter & Gamble a créé, à la fin des années 1990, une nouvelle marque Reflect vendue exclusivement par Internet. Les acheteurs précisaient leurs caractéristiques (couleur de la peau, mode de vie, habitudes de maquillage, etc.) et le site leur proposait des produits adaptés : 50 000 combinaisons étaient possibles. Le site a cependant disparu en 2005.

La quête d'une **relation privilégiée avec le client** passe par de nombreuses méthodes qui vont du produit fabriqué spécialement pour lui à l'adaptation avant la vente (le fond de teint Estée Lauder correspondant au pH de la peau, par exemple) en passant par la transformation après la vente (la proposition d'un kit d'habillage spécifique pour la Smart, par exemple).

Exemple

Mattel a ainsi permis la personnalisation (« customisation ») en demandant à ses jeunes clientes de préciser la forme des yeux et des hanches qu'elles souhaitaient pour leur poupée.

C. Le *one to few*

Le *one to few* est un procédé qui permet de personnaliser l'offre pour répondre aux besoins d'un groupe restreint de clients exprimant des besoins similaires. Chaque segment de prospects peut être géré différemment. Le marketing *one to few* utilise la démarche marketing d'une entreprise qui choisirait de ne s'adresser qu'à quelques clients identifiés comme répondant à certains critères de segmentation porteurs.

Ce concept marketing se trouve à mi-chemin entre « l'arrosage » de masse des consommateurs *(one to many)* et la relation individuelle avec un consommateur *(one to one)*.

Exemples

- SFR montre un exemple de l'utilisation du marketing *one to few* en B to B. L'opérateur propose quatre offres différentes à quatre types d'entreprises distinctes, dont les entreprises nationales du secteur public et les grandes entreprises dites de « grands comptes ».
- Selectour vise les familles monoparentales avec des offres adaptées à leurs attentes : offre tarifaire spéciale et proposition de destinations avec des mini-clubs.

D. La gestion de la relation client (GRC/CRM)

Tout le mouvement évoqué trouve son aboutissement dans la gestion de la relation client (GRC ou CRM pour *Customer Relationship Management*) ou encore le *Prospect Relationship Management* (PRM). L'origine peut en être cherchée dans deux directions qui se sont mêlées, ou plutôt qui ont exercé l'une sur l'autre des effets salutaires :

- D'une part les entreprises, car leurs clients changeaient, ont éprouvé des besoins nouveaux.
- D'autre part les techniques ont évolué et ont rendu possibles des actions qui ne l'étaient pas auparavant.

1. L'évolution des besoins des entreprises

Les difficultés rencontrées sur de nombreux marchés au milieu des années 1990, les désirs pour les consommateurs de profiter toujours plus des produits vendus en promotion et d'assouvir un besoin croissant de recherche de variété ont conduit les entreprises à constater de manière forte que la « vraie » valeur d'un client ne se calculait pas dans l'instant, celui de sa conquête et de son premier achat, mais, au contraire, devait s'apprécier sur toute la période pendant laquelle il serait fidèle. De là est née la nécessité d'aller au-delà du marketing de conquête pour lui adjoindre un **marketing de fidélité**[2].

2. Les nouvelles possibilités techniques

Pour entretenir la fidélité d'un client il faut le connaître intimement, nouer avec lui une **relation de confiance** et lui proposer des offres nouvelles toujours mieux adaptées à ses besoins. Un système d'information marketing sans défaut est indispensable.

Pour ce faire et parce que le coût de la collecte et du traitement de l'information a chuté dans de fortes proportions, les entreprises ont créé des outils leur permettant d'atteindre leurs fins.

2. MEYER-WAARDEN, *op. cit.*

Exemples

Les bases de données, les centres d'appel collectant les demandes individuelles et proposant des offres personnalisées, le recours aux logiciels de production d'informations enrichies (*data mining*, *scoring*, systèmes experts, etc.), l'organisation des équipes de vente avec des chaînes commerciales de proximité, la commercialisation par capillarité pour aller jusqu'au plus petit client, le développement du canal électronique pour recueillir, offrir et adapter tout élément au bénéfice d'un client précis sont autant d'illustrations des efforts déployés par les entreprises.

La question qui se pose aux entreprises est de nature sensiblement différente selon que l'on se trouve dans le domaine du B to C ou du B to B. En B to C, les bases de données peuvent comporter des millions de clients mais ne comportent que des informations limitées. En B to B, le nombre de clients est plus réduit mais il faut tout savoir d'eux et les traiter en *one to one* : leurs motivations, leurs processus d'achats, les acteurs de la décision. C'est encore plus compliqué lorsque l'on vend à un client final par l'intermédiaire de distributeurs : c'est le B to B to C.

Exemple

La SNCF a lancé sa filiale iDTGV et la formule éponyme en 2004. Il s'agissait, au départ, de concurrencer avant tout les offres des compagnies aériennes à bas prix et de préparer l'arrivée de la concurrence sur le rail. Les billets sont proposés uniquement à la vente en ligne, quatre à six mois avant le départ du train. Ils sont imprimés par le client lui-même, ne peuvent faire l'objet d'un remboursement et sont échangeables sous certaines conditions. En 2006, la SNCF a développé iDTGVandCo, service de mise en relation de voyageurs complémentaire et gratuit, leur permettant de partager centres d'intérêt et loisirs. Il est également possible de choisir entre iDzap (distraction) et iDzen (tranquillité). La stratégie iDTGV a débouché sur une reconfiguration de la relation client diminuant le nombre et le coût des réclamations.

3. Les principes

Le CRM s'analyse comme un des principaux outils du marketing relationnel, car il garantit :
– la personnalisation : une relation par client ;
– l'interactivité : le client répond ;
– la durabilité : tout au long de la vie du client ;
– la continuité : tous les jours, quel que soit le canal choisi par le client.

La logique de la gestion de la relation client

La première étape de la gestion de la relation client est tout simplement l'identification et l'intégration dans la base de données des clients. La base, constituée grâce à différents modes de collecte de l'information, va ensuite être analysée dans le but de construire différents types de segmentations : en fonction des classiques variables sociodémographiques, mais aussi en fonction des comportements de consommation, de la valeur du client, etc. Grâce à ces segmentations, les responsables marketing pourront élaborer les politiques de marketing (sur les variables du mix), dans le cadre du plan d'action marketing. Les résultats de ces politiques seront bien sûr analysés, en vue de les optimiser et d'enrichir la base de données, permettant d'affiner les segmentations, etc.

Le CRM implique **toutes les fonctions de l'entreprise**, mais les ventes et le marketing sont les plus concernés, car les plus proches de la gestion de la clientèle. L'informatique, la finance, l'organisation, la gestion des personnels, la fabrication doivent elles aussi entrer dans cette dynamique. Le mouvement ne s'arrêtera pas puisque les entreprises sont toutes engagées stratégiquement dans l'amélioration de la relation avec leurs clients. On le voit, les outils du CRM sont aussi bien les bases de données que les programmes de fidélisation, et les hotlines fonctionnant 24 heures sur 24. Visant autant la conquête (il faut un début à la fidélisation) que la fidélisation pour améliorer la satisfaction et augmenter ainsi le « capital client » de la firme, le CRM s'entend comme une orientation de l'entreprise tendant à **identifier les meilleurs clients potentiels** dans les segments existants ou dans des segments nouveaux, à les attirer par une offre adaptée et à les conserver en nouant avec eux une relation gagnant/gagnant. Ainsi, les Françaises possèdent en moyenne 3,7 cartes de fidélité.

Parce qu'ils sont centrés sur les clients, ces processus incitent les marketeurs à engager de **nouvelles réflexions stratégiques**.

La carte de fidélité d'Intermarché

L'enseigne Intermarché a mis en place une carte de fidélité qui fonctionne de la façon suivante :

- À chaque passage en caisse, le client alimente une cagnotte en euros.
- Il profite d'une réduction de 5 % sur les produits sélectionnés, de 10 % sur le rayon « Bébé », de 10 % sur les produits Zigos (produits pour enfant).
- Pour les familles nombreuses, la réduction atteint 10 % sur certaines marques.

II. Les orientations stratégiques

Grâce à l'emploi de bases de données, on peut constituer des **portefeuilles de clients** à partir desquels on élaborera des stratégies appropriées. Celles-ci préfigurent des transformations profondes dans la pratique du marketing.

A. Les bases de données

On nomme « base de données » une liste de prospects rassemblés selon divers critères, par exemple selon des distributions géographiques ou sociodémographiques (sexe, âge, revenu, etc.).

La simple adresse des clients est complétée par d'autres catégories d'informations relatives aux actions spécifiques qui leur sont destinées :

– conditions de vente ;
– crédit accordé ;
– expédition de catalogue ;
– achat et réachat ;
– mode de paiement ;
– prise de rendez-vous, etc.

En d'autres termes, le contenu d'une base de données ne se limite pas au recensement des clients, il informe sur les actions menées auprès des prospects et sur leurs réactions.

Exemple

Acxiom, leader mondial du marketing interactif, possède une base de données de 6 millions de foyers (25 % des foyers français) répartis selon 600 critères. C'est la plus grande base comportementale disponible en France. Elle est alimentée par la distribution annuelle de 15 millions de questionnaires. Les outils servent non seulement à mieux connaître les consommateurs, pour leur proposer des offres spécifiques, mais encore à contrôler l'efficacité de certaines actions commerciales.

Que l'on se trouve dans le domaine du *business to business* ou dans le secteur de la grande consommation, la notion même de fichier s'étend vers le ***data warehousing***. L'entreprise doit tout savoir sur ses clients (pour les fidéliser par un marketing relationnel) et définir les caractéristiques de ses prospects pour accroître les taux de transformation des contacts (marketing de conquête).

Tableau 8.2. Des exemples d'utilisation de bases de données

Fonction commerciale	Fonction d'étude	Fonction de contrôle
– Envoi d'une proposition spécifique – Maintien d'un lien pour fidéliser – Proposition particulière et adaptée – Excuses personnalisées après une réclamation	– Construction d'une typologie de clientèle – Préparation d'actions commerciales adaptées à la typologie – Étude des profils des prospects	– Contrôle de la promotion des ventes – Évaluation de la communication directe (mailing) – Test de produits

Les clients sont ainsi connus, aussi bien dans leurs traits personnels (nom, âge, raison sociale, secteurs, contacts, sexe, hobbies, etc.) que dans l'historique des opérations commerciales déjà menées. Il en est de même avec les prospects : mieux on connaît un client potentiel, plus on est capable de lui adresser une offre adéquate.

Les opérations en multicanal

Acxiom, expert de la donnée client, de l'analytique et des services marketing, a orchestré cet été 2013 une opération marketing multicanal pour la marque d'hôtels Best Western. Objectifs : valoriser une offre promotionnelle estivale et accroître la visibilité de la marque auprès de ses publics cibles. Après avoir identifié les clients potentiels de la marque Best Western, Acxiom a déployé une campagne d'emailing (500 000 mails envoyés à des prospects « jumeaux » ayant un profil similaire aux meilleurs clients de la marque, taux d'ouverture de 12,6 %, taux de clic de 4,3 %) suivie d'actions *display* aux seuls contacts réceptifs à la première campagne (diffusion : 1 180 000 fois générant 1 032 clics) et de bannières publicitaires sur Facebook (mariage de la base de données clientèle et des utilisateurs Facebook, plus envoi à la base Facebook de 700 000 *lookalike*, 15 millions d'impression, 3 194 clics). Pour ce faire, Acxiom s'est appuyé sur ses solutions phares PersonicX®, Email to Display, et Acxiom Social Connect. Les résultats ont été à la hauteur des attentes de Best Western, qui a fortement accru sa connaissance client et amélioré l'expérience Web de ses utilisateurs. L'intervention d'Acxiom a ainsi permis d'augmenter le taux de clic de 20 % et d'élargir la visibilité des messages de la marque d'hôtels.

Les entreprises rivalisent de prouesses techniques et d'astuces pour enrichir leurs bases, les interconnecter, les « dédupliquer ». Elles recourent aux services des sociétés spécialisées capables de mettre au point des logiciels découpant la clientèle en segments toujours plus fins, pour enrichir leurs bases de données avec les informations sociales, fiscales, économiques. Enfin, elles utilisent les services de La Poste ou encore d'Optimax d'Acxiom.

Figure 8.2. L'architecture d'une base de données

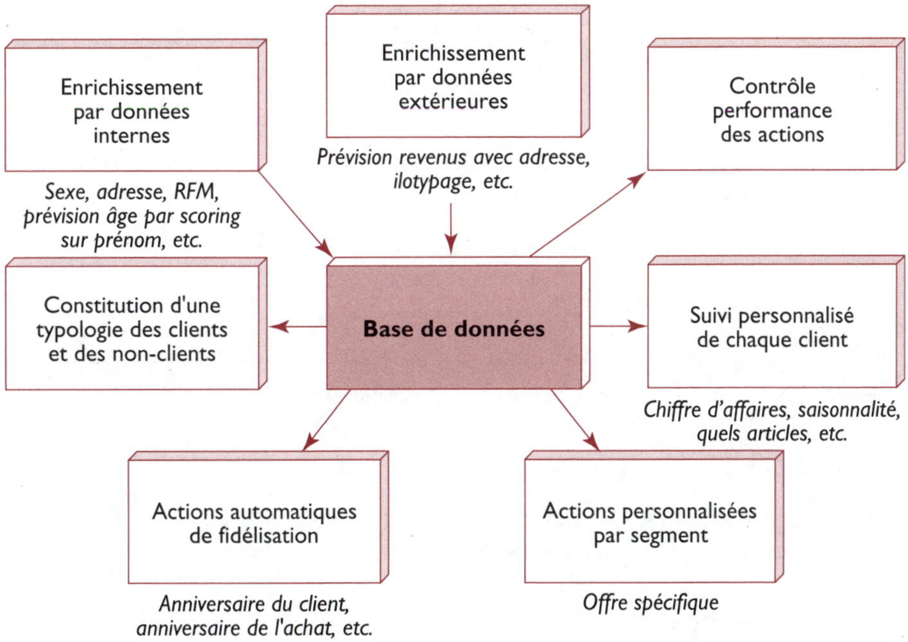

1. Les sources d'information

Les renseignements proviennent essentiellement des **contacts** établis avec la clientèle, mais la base est souvent complétée par des données issues de vendeurs, par des résultats de panels, par des statistiques disponibles ou par des données provenant d'enquêtes.

2. La taille des bases

Selon les entreprises, leur importance varie entre environ 3 000 et 100 000 enregistrements, la moyenne s'établissant à 20 000.

3. Le traitement des données

L'informatique et les méthodes d'analyse des données incitent à penser que les conditions d'exploitation des fichiers vont encore se perfectionner, favorisant de ce fait l'emploi des nouvelles méthodes de vente. Ainsi, **RFM** signifie Récence (du dernier achat), Fréquence (des achats), Montant (du dernier achat).

Les questionnaires « grande conso »

La technique du questionnaire « grande conso » se développe. Le procédé suppose la constitution d'un groupe de marques non concurrentes qui vont financer une partie d'un questionnaire adressé à des consommateurs éventuels. Ces derniers, en échange d'avantages fournis sous forme de bons de réduction, sont invités à remplir un formulaire détaillé les concernant. Une fois le répondant connu, il reçoit, en fonction de son profil, un catalogue de publicité et de produits offerts à des conditions avantageuses – il en coûte environ 0,15 € par page de publicité contre 1 € pour un mailing traditionnel. La marque, moyennant un droit d'entrée (1 200 € environ), peut exploiter toutes les données en exclusivité pendant une période donnée.

Grâce à ce type d'analyses, certains auteurs en viennent à préconiser d'élaborer une véritable **politique de clientèle**.

B. Le portefeuille de clients

L'exploitation des bases de données permet d'établir des **typologies de clients**. Les clients d'une entreprise peuvent être regroupés sous quatre rubriques.

1. Les clients potentiels

Ils correspondant aux consommateurs désirés. Des efforts commerciaux, essentiellement de prospection, commencent à leur être consacrés.

2. Les nouveaux clients

Une fois les premières négociations conclues, la difficulté consiste à rendre réguliers les rapports de ces nouveaux venus avec l'entreprise.

3. Les clients acquis

Ils sont, depuis un certain temps déjà, fidèles à l'entreprise.

Cependant deux cas sont à considérer :

– les clients spéciaux, pour diverses raisons (volume des ventes ou prestige, par exemple), exigent une grande attention et consomment des ressources importantes en communication et en services rendus ;

– les clients ordinaires entretiennent toujours de bonnes relations avec la firme, mais leur importance paraît moindre que celle du cas précédent. Par conséquent, l'effort marketing qui leur est consacré n'atteint pas le niveau requis par les clients spéciaux.

4. Les clients déclinants

Ils ne contribuent plus que de manière épisodique et marginale aux ventes de l'entreprise. On doit donc s'interroger sur ce qu'ils rapportent encore à la firme.

C. Les logiciels de CRM/GRC

Le CRM/GRC, pour être correctement mis en place, au-delà d'une véritable culture pour les personnels de marketing et de vente, recourt à des logiciels de traitement sophistiqués.

Les outils informatiques de CRM/GRC concernent trois axes de l'activité de l'entreprise : marketing, commercial et service client. Les fournisseurs de solutions CRM/GRC proposent généralement des modules indépendants, reposant tous sur la même base de données.

L'**automatisation des activités de marketing** de l'entreprise (ou *Enterprise Marketing Automation* – EMA) permet la planification et la systémisation des campagnes de prospection ou de fidélisation. Les modules EMA proposés permettent de générer automatiquement une action personnalisée déclenchée par un événement (ex. : envoi d'un courriel de bienvenue faisant suite à un abonnement) ou en fonction d'une action programmée (ex. : relance téléphonique après une campagne). L'application est capable de gérer des règles complexes, afin d'**optimiser l'efficacité des interactions** avec le client (ex. : nombre maximum de sollicitations sur une période donnée, génération d'échantillons de population test ou témoin, etc.).

L'**automatisation de la prise en charge commerciale** du client (ou *Sales Force Automation*) apporte aux équipes commerciales toute l'information pertinente pour répondre aux besoins des clients en temps réel (ex. : exposition aux campagnes, réactions, historique de commande, etc.).

Si les termes GRC/CRM sont parfois employés pour désigner les progiciels permettant de gérer les données relatives à cette démarche, la gestion de la relation client ne peut être réduite à cet aspect.

Les solutions informatiques intégrées de GRC/CRM proposent un **service de support client** *(Client Service Support)* permettant de rassembler et de croiser les informations relatives aux clients contenues dans la base de données (produits achetés, historique des réclamations, etc.), ainsi que des modules capables de modéliser ces mêmes informations (segmentation, etc.) pour mener des études plus fines.

Le CRM/GRC est un **élément essentiel de la création de valeur** dans l'entreprise. Il améliore la fidélisation des clients et l'accroissement de la valeur du client.

Exemples

Les logiciels de gestion de la relation clients facilitent la segmentation, le *scoring*, une « vision à 360° », l'automatisation des forces de vente ou encore la prévision de la demande.

L'organisation de Géoconcept constitue une bonne illustration des apports du CRM/GRC (figure 8.3).

Figure 8.3. Le CRM/GRC au cœur du système d'information de l'entreprise

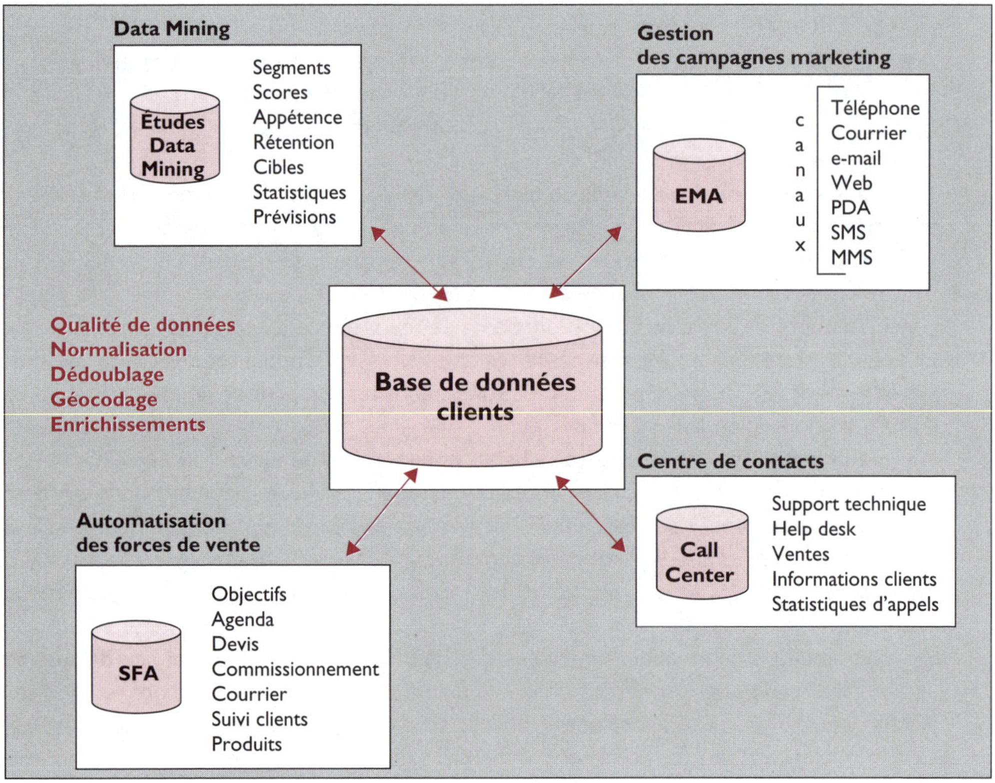

1. La base de données clients/prospects

Elle contient l'**ensemble des informations nécessaires**, permettant d'exploiter au mieux le « capital client » de l'entreprise : des données nominatives aux données d'usage et de contact, en passant par les données comportementales.

Des traitements doivent être opérés dans le **référentiel clients** afin de fiabiliser les informations et de les enrichir.

Exemples

La normalisation des adresses ou encore le « dédoublonnage » des contacts font partie des traitements courants permettant de rendre les informations plus fiables. De même, le géocodage ou l'intégration de méga-bases permettent d'enrichir ces mêmes informations.

C'est ce référentiel qui alimente à la fois les bases d'étude et opérationnelles (pour les fonctions marketing). Cette exploitation se fait au travers des différents outils d'analyses de données : c'est le *data mining*.

L'extraction de données clients éparpillées dans le système d'information de l'entreprise, leur centralisation et l'analyse permettent à une société de comprendre le comportement de sa clientèle, d'optimiser ses actions marketing et de générer du chiffre d'affaires supplémentaire.

Les données que peut recueillir une entreprise sont abondantes et leurs sources multiples. Informatisées, elles arrivent en flot continu (courriers et courriels, informations issues de centres d'appels ou du site Web) et sous des formes variées (textes, images, sons). Ce flot de données est difficile à maîtriser.

a. Le data mining

Le stockage dans un *data warehouse* client (littéralement un entrepôt de données client) nécessite la mise en cohérence des différentes sources et la constitution d'un référentiel commun.

Véritable capital client de l'entreprise, le ***data warehouse*** est exploité par différents outils d'analyses de données (le *data mining*), qui vont permettre de répondre à des questions comme :

- « Quelle est la valeur de ce client ? »
- « À qui dois-je faire cette offre personnalisée ? »
- « Pourquoi ce client répond-il bien à cette campagne ou à cette promotion ? »
- « À qui dois-je envoyer ce mailing pour maximiser mon taux de retour ? »
- « Puis-je prévoir si ce client va passer à la concurrence et quand ? »

Des logiciels spécifiques de *data mining* analysent alors les données de l'entreprise afin de segmenter les clients et d'estimer la valeur de chacun d'eux. Cela permet non seulement d'augmenter la **valeur** et la **durée de vie des clients** existants, de surveiller les clients à risques ou de diminuer les départs vers la concurrence, mais aussi d'identifier les « meilleurs » clients et prospects, afin de cibler et de conquérir ces profils à fort potentiel. Finalement, l'entreprise concentre ses efforts marketing sur les segments de clientèle les plus rentables, les alimente en informations pertinentes et accroît l'efficacité de ses campagnes de communication grâce à un **meilleur ciblage**.

b. Les outils de gestion de campagnes marketing (EMA)

Ils permettent d'élaborer les offres, de cibler les clients/prospects, de construire le plan de campagne et de distribuer le travail aux différents acteurs du marketing et aux différents canaux de relations avec le client/prospect.

Le contenu, les cibles et les caractéristiques des campagnes sont gérés et stockés au sein d'un outil qui constitue le véritable référentiel des campagnes, permettant ainsi l'**analyse des performances** et les **comparaisons**. De même, ce « moteur CRM » active les actions vers les clients/prospects et recueille, lors de chaque contact, des informations précieuses pour la gestion de la relation client.

Les bénéfices de l'EMA consistent essentiellement en :

– la simplification et automatisation des processus marketing ;

– l'augmentation des ventes croisées *(cross-selling)* et des ventes additionnelles *(up-selling)* ;

– la coordination des actions marketing (programmes, campagnes) ;

– l'enrichissement du « mix-média ».

c. L'automatisation des forces de vente (SFA)

L'automatisation des forces de vente (SFA, pour *Sales Force Automation*) recouvre l'ensemble des outils nécessaires aux services commerciaux d'une entreprise pour le pilotage de l'activité :

– assistance à la gestion des contacts clients ;
– élaboration et suivi des commandes ;
– gestion des affaires (depuis la proposition jusqu'au contrat) ;
– suivi des clients (description des actions effectuées et à réaliser, comptes rendus d'entretien, requêtes clients/produits, alertes et relances, gestion de planning commercial) ;
– plans d'action ;
– saisie des objectifs et prévisions (pour chaque acteur commercial) ;
– analyse des ventes (tableaux de bord).

Les bénéfices du SFA :

– optimisation de la gestion des portefeuilles clients ;
– simplification de la gestion commerciale (territoires, actions, *reporting*) ;
– coordination de la gestion commerciale ;
– gains de productivité.

d. Les centres de contacts

Issus des centres d'appels téléphoniques, les centres de contacts intègrent tous les canaux de communication d'une entreprise avec ses clients/prospects : courrier, téléphone, courriel, Web, tchat, SMS.

Grâce au lien avec le système d'information de l'entreprise (*via* le couplage téléphonie-informatique ou CTI, qui fait remonter la fiche d'identité de l'interlocuteur et les informations utiles au traitement de la demande), l'entreprise bénéficie d'une vision complète du client/prospect et enrichit sa relation indépendamment du média (mise à jour de données et réalimentation du système d'information).

Des fonctions de transferts de charges entre téléopérateurs améliorent la qualité de service (assurance d'obtenir, dans x % des cas, une réponse avant n secondes, optimisation des pôles de compétences). Par ailleurs, les technologies Internet permettent de s'affranchir des distances et de la localisation des équipes (centres de contacts virtuels ou multi-sites, par exemple).

Les bénéfices des centres de contacts sont multiples :

– maîtrise de la relation client ;
– enrichissement des informations clients/prospects ;
– optimisation des campagnes d'appels entrants/sortants ;
– amélioration de la qualité et du service client.

2. La valeur du client

Les bases de données permettant de connaître infiniment mieux le client, la logique consiste à aller vers la détermination de la valeur de ce client tout au long de sa vie comme client de l'entreprise.

Deux principales méthodes sont exploitées pour segmenter les clients (la méthode RFM) et estimer leur valeur (calcul de la ***lifetime value***). Nous passons en revue chacune des deux méthodes ci-après.

a. La méthode RFM (Récence, Fréquence, Montant)

Elle vise à attribuer un score à chaque client en fonction de **trois critères spécifiques** :

– la **récence (R)**, qui mesure le délai écoulé depuis le dernier achat ;

– la **fréquence (F)**, qui dépend du nombre d'achats réalisés par le client sur une période déterminée « A » ;

– le **montant (M)**, qui mesure la somme des achats réalisés sur la même période « A ».

L'application de la méthode RFM se déroule en six étapes.

- **La définition de la périodicité**

Il s'agit de déterminer si l'on raisonne par trimestre, semestre ou en année ; l'unité de temps choisie sera tributaire du type d'activité de l'entreprise. Il est souvent recommandé d'avoir un historique d'au moins quatre périodes. Si on opte pour une activité annuelle, les quatre périodes en question seront nommées respectivement : (A – 1), (A – 2), (A – 3), (A – 4). L'historique client est étudié sur quatre années consécutives.

- **La définition du vecteur d'activité**

Pour chacune des quatre périodes considérées, la note de 0 ou 1 sera donnée au client, avec 0 signifiant qu'aucun achat n'est recensé durant la période et 1 signifiant qu'un achat a été réalisé durant cette même période.

Ce vecteur d'activité est défini pour chacun des clients de la base.

Exemple

Si le client X se voit attribuer le vecteur [0101], cela signifie qu'il a réalisé des achats uniquement au cours des périodes (A – 2) et (A – 4).

- **Le calcul des indices récence (R) et fréquence (F)**

Une fois le vecteur d'activité défini pour chacun des clients, il devient aisé de connaître l'indice de récence et de fréquence. La récence mesure le nombre de périodes sans achats depuis le dernier achat. La fréquence évalue le nombre de fois où le client a acheté pendant toute la durée étudiée. Les notes R et F varient donc de 0 à 4.

Exemple

Le client X avec le vecteur [0101] obtient les indices suivants : R = 1 et F = 2.

- **Le calcul du score RF (Récence-Fréquence)**

Pour obtenir le score RF, la méthode binaire, selon laquelle on pondère les achats réalisés par le client en fonction de la période étudiée, est la plus utilisée. L'hypothèse sous-jacente consiste à supposer que les achats les plus récents sont plus importants que ceux effectués il y a plus longtemps. On attribue un score RF unique pour chaque client. Un codage binaire du vecteur d'activité s'écrit de la façon suivante :

$RF = 2^{3*}(A - 1) + 2^{2*}(A - 2) + 2^{1*}(A - 3) + 2^{0*}(A - 4)$

Si l'on reprend l'exemple du client X avec le vecteur [0101], l'indice RF obtenu est :

$RF = 2^{3*}(0) + 2^{2*}(1) + 2^{1*}(0) + 2^{0*}(1) = 5$

- **Le calcul du score RFM (Récence-Fréquence-Montant)**

Le score RFM est obtenu en pondérant les montants par le score binaire. Le score RFM s'écrit donc :

$RFM = 2^{3*}(A - 1)^*(M - 1) + 2^{2*}(A - 2)^*(M - 2) + 2^{1*}(A - 3)^*(M - 3) + 2^{0*}(A - 4)^*(M - 4)$ avec (M_{-a} ; avariant de 1 à 4) le montant des dépenses sur une période déterminée.

Exemple

Nous savons que le client X a dépensé 500 € en période (A – 2) et 100 € en période (A – 4) ; le score RFM du client X s'obtient de la façon suivante : $RF = 2^{3*}(0)^*0 + 2^{2*}(1)^*500 + 2^{1*}(0)^*0 + 20^*(1)^*100 = 2\ 100$

- **Le classement et la segmentation des clients**

En fonction du score RFM obtenu, il devient possible de classer les clients. On distinguera les très bons clients des bons clients ou des clients inactifs. Une **politique marketing adaptée** à chaque segment de clientèle pourra être mise en œuvre.

b. La valeur actuelle nette d'un client (VANC) (lifetime value)

Tout au long de sa vie, un client doit engendrer du profit pour l'entreprise. Les responsables marketing sont conduits à calculer le bénéfice prévisionnel dégagé sur une longue période afin de déterminer l'investissement qu'ils consacreront à ce client. Un segment de clientèle doit au minimum dégager une marge égale au coût du programme marketing qui lui est consacré pour être exploitable. Le calcul s'effectuera de la manière suivante :

VANC = Ventes du segment – Coût du programme marketing

Exemple de valeur à vie des clients

En faisant l'hypothèse qu'une machine à laver le linge, en monnaie constante, vaut environ 500 € et que sa durée de vie moyenne est de 7 ans, la valeur à vie d'un acheteur de machine à laver le linge est de l'ordre de 3 500 € (sur 50 ans, entre 25 ans [départ du foyer familial] et 75 ans [espérance de vie], 7 renouvellements × 500 €).
Dans le domaine automobile, la valeur à vie est de l'ordre de 150 000 €.

Pour les produits d'achats courants en hypermarchés et supermarchés, la valeur à vie est supérieure à 300 000 € : panier moyen hebdomadaire de 120 € × 50 semaines × 50 ans.

Ce classement des clients *via* les méthodes RFM et VANC débouche sur des analyses comparables à celles du cycle de vie, comme le met en évidence le tableau ci-après.

Tableau 8.3. Le classement des clients

Catégorie de clients / Critère de jugement	Potentiels	Nouveaux	Acquis		Déclinants
			Spéciaux	Ordinaires	
Valeur des ventes	–	Basse	Élevée	Moyenne/Élevé	Basse
Coût des efforts de marketing	Bas/Moyen	Moyen/Élevé	Très élevé	Moyen	Bas
Nature de la relation	–	Récente	À consolider	Consolidée	Ancienne
Pourcentage des clients privilégiés		Faible	Très élevé	Élevé/Moyen	Faible
Rendement du groupe de clients	–	Bas	Élevé	Moyen	Bas

Sur la base d'une telle étude, il devient possible de fonder la **prévision des investissements commerciaux** que l'on est en droit de consacrer à chaque catégorie de clients (voir le tableau 8.4).

Tableau 8.4. L'investissement commercial par catégorie de clients

Catégorie	Nombre de clients	Pourcentage des ventes	Pourcentage des budgets de marketing
Nouveaux	7	1	37
Spéciaux	2	43	38
Ordinaires	38	44	23
Déclinants	75	12	2
	122	100	100

L'observation du tableau montre que les **coûts de marketing** évoluent moins vite, pour les trois dernières catégories de clients, que les ventes. Par conséquent, la marge brute augmente, surtout s'agissant des clients « spéciaux » et « ordinaires ».

Dès lors, l'ampleur du retour sur investissement en marketing dépend de la durée de vie des clients « acquis ». C'est pourquoi les responsables de marketing s'accordent à penser qu'il est plus rentable de conserver les clients fidélisés – les « acquis » – que de tenter d'étendre le nombre de prospects.

Un tel mode de gestion suppose cependant que l'on mette en place un système de calcul des coûts par client, afin d'éliminer, dès le début de la relation, les prospects qui n'offrent qu'un potentiel de vente limité. Enfin, il convient de concentrer ces efforts sur les « bons » clients.

D. Les stratégies

Diverses options sont envisageables :

– une première stratégie consiste à offrir aux clients d'autres produits ou d'autres services qui correspondent à leurs attentes ;

– une autre orientation a pour but de conserver le client aussi longtemps que possible.

Ces stratégies ne sont pas exclusives, mais complémentaires. Elles correspondent à la poursuite des objectifs suivants, qui eux-mêmes contribuent à augmenter le retour sur les investissements en marketing.

Figure 8.4. Les objectifs du marketing orienté client

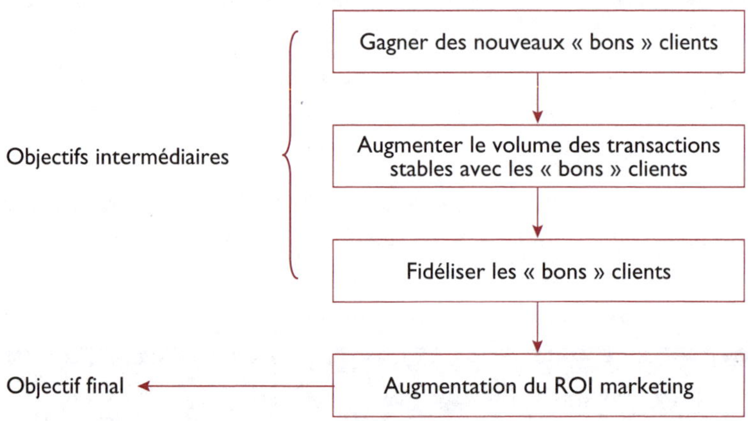

Toutefois, en dépit de tous ces avantages recherchés, le marketing relationnel n'est pas la panacée.

E. Les limites du marketing relationnel

Les marketeurs qui ont mis en place ces techniques s'avouent parfois peu satisfaits des résultats. Ainsi, il est difficile de mesurer les gains effectifs provenant de l'emploi d'un CRM ou d'une base de données, surtout lorsque de tels outils se révèlent compliqués à manier, rigides et coûteux. Les **investissements** en matériel informatique, en logiciel, en personnels compétents restent élevés et ne paraissent pas adaptés à l'achat de certains types de produits : par exemple, ceux que l'on acquiert très rarement (les meubles « lourds »), ceux dont le prix de vente reste très bas (la quincaillerie) ou ceux qui exigent une lourde procédure d'acquisition des informations.

En outre, il reste difficile d'impliquer toutes les **ressources humaines** de l'entreprise dans une telle réorganisation. Il faut procéder à des réformes structurelles et engager des coûts de formation.

Enfin, certains clients refusent d'être importunés par des sollicitations trop fréquentes provenant des entreprises. Ils craignent aussi que l'on viole et même que l'on dévoile leur vie personnelle.

Si le marketing relationnel convient bien aux entreprises de B to B, en revanche, dans le domaine du B to C, pour les produits dont les clients n'attendent que peu de contacts directs et restent peu fidèles aux marques, ce lourd appareillage apparaît peu utile. Mais ce n'est pas pour autant que la tendance orientée vers le client doit être rejetée. Elle doit seulement être pratiquée avec discernement et adaptée aux différents types d'attentes.

En conclusion, le marketing sur les relations des entreprises ne conduisent pas à abandonner les outils classiques tels que le *marketing mix* et ses fameux 4 P (produit, prix, promotion, point de vente). C'est bien davantage de **complémentarité** qu'il convient de parler. Ainsi aux 4 P on peut ajouter les 4 C (figure 8.5)[3].

Figure 8.5. Les 4 C

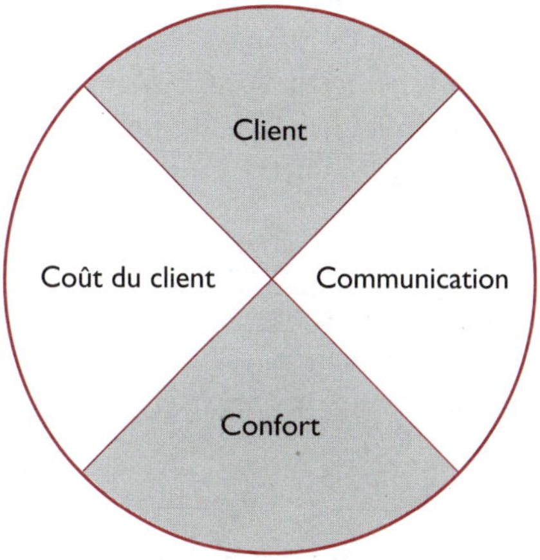

Le marketing opérationnel, dont les principaux chapitres restent les **4 P**, conserve toute sa force car ces quatre variables constituent la structure essentielle de toute question commerciale :

- Que vendre ? Quel produit/service ?
- À quel prix ?
- Comment le faire connaître ?
- Par quel chemin l'amener auprès des prospects ?

Toutefois, l'effort qui consiste à personnaliser la relation durable avec le client dans une perspective de rentabilité ne peut pas être rejeté, parce qu'il ne serait qu'une manifestation de ces engouements périssables qui agitent parfois le monde des marketeurs. Pour répondre aux évolutions de la société – et donc pour mieux satisfaire les attentes des clients –, les responsables commerciaux tentent de mettre en place des stratégies qui répondent aux désirs collectifs.

Quelques exemples de marketing de **complément** au marketing classique, et non de substitution, montrent les directions poursuivies.

1. Le marketing expérientiel

Pour remédier à la banalisation technique du monde, pour illuminer sa grisaille, on va tenter de faire vivre aux consommateurs des moments de plaisir qui dépassent le strict instant de la consommation.[4]

3. Lefébure R., Venture G., Gestion de la relation clients, *Eyrolles, 2009.*
4. Giboreau A., Body L., *Marketing sensoriel*, Vuibert, 2012.

Exemple

La séduction exercée par un packaging ou encore une amphore pour vendre de l'huile d'olive stimule les sens visuels, tactiles et pourquoi pas olfactifs, de manière à faire voyager par l'esprit le client au pays des dieux.

Dans le prolongement de ce projet, certains distributeurs vont jusqu'à prétendre **réenchanter l'acte d'achat** au terme de *shopping experiences*. Par l'architecture, par la décoration des magasins, par les étalages, par la composition de l'assortiment, par la tenue des vendeurs, par l'atmosphère un marchand de fruits et légumes haut de gamme va reconstituer l'ambiance d'un marché de Provence. Pas même le chant des cigales enregistré sur CD ne manquera à cet effort de « réenchantement stratégique », puisqu'on considérera que l'expérience offerte au client est plus importante que les qualités inhérentes aux produits.

2. Le marketing communautaire

Le marketing relationnel – on l'a compris –, vise à personnaliser la relation avec le client. Mais, dans une société où l'on craint l'isolement et l'anonymat, les spécialistes du marketing vont parfois tenter de renforcer des liens sociaux qui se distendent. Dès lors, ils s'adresseront à des groupes particuliers fortement unis.

Exemple

Casanis fait des campagnes publicitaires spécifiques pour les Corses, très différentes de celles destinées aux Provençaux.

3. Le marketing tribal

En poussant à l'extrême la logique de communautarisme, on aboutit à l'intention – que nous avons déjà relevée –, de s'adresser à des tribus, c'est-à-dire à des groupes composés d'individus qui ne présentent pas de nombreux traits communs, mais qui partagent des **expériences communes**[5].

Le marketing tribal fait la promotion de produits et de services auprès d'une ou de plusieurs tribus. Il arrive qu'une marque devienne le lien identitaire (« tribus » Apple, Harley Davidson, etc.). Mais le plus souvent, la tribu existe indépendamment des marques qui la ciblent (« tribu » des écologistes, « tribu » des rollers, etc.) et les membres peuvent migrer d'une tribu à une autre.

Lorsque l'entreprise utilise le marketing tribal, c'est elle qui est fidèle à ses clients et non plus l'inverse. Elle doit alors bien comprendre les valeurs et les rites de la tribu ciblée et ne jamais perdre de vue la relation qui la lie à son client.

5. COVA B. et COVA V., *Alternatives Marketing*, Dunod, 2003.

Questions et thèmes de réflexion

Outils et concepts

1. Un éditeur de livres scolaires dispose d'un fichier des principaux lycées français. Il souhaite l'enrichir. Comment doit-il s'y prendre ?

2. Quel intérêt la création d'une base de données des clients particuliers représente-t-elle pour le groupe EDF ?

3. Donnez au directeur d'une très petite entreprise (TPE) du bâtiment un exemple chiffré de la mesure de la rentabilité d'un de ses clients.

4. Proposez un système de *data mining* à un acteur de la grande distribution qui, comme Carrefour, possède d'immenses bases de données.

Pour aller plus loin...

1. Peut-on envisager un marketing *one to one* chez un tour opérateur ? Que préconisez-vous ?

2. Proposez un programme de « réenchantement de l'offre » pour les hypermarchés É. Leclerc.

3. Une chaîne commercialisant des vêtements de sport en ligne hésite entre le marketing communautaire et le marketing tribal. Aidez les marketeurs à se décider.

EXERCICE : ÉVALUER LA VALEUR DU CLIENT

La société VerrePec[6] a été créée en 1920. Elle est spécialisée dans la vente de bocaux en verre pour les industriels de l'agroalimentaire. Ces conditionnements sont utilisés pour les yaourts. La société VerrePec a connu une forte croissance jusque dans les années 2000, période à partir de laquelle la concurrence s'est intensifiée. Avec un chiffre d'affaires de 2,7 millions d'euros en 2013, VerrePec cherche avant tout aujourd'hui à maintenir sa position concurrentielle en France, tout en prospectant de nouveaux marchés prometteurs en Europe et notamment en Allemagne, afin de poursuivre sa croissance à l'échelle européenne.

VerrePec compte aujourd'hui, dans son portefeuille, cent clients. La direction sait pertinemment que chaque client n'a pas la même valeur pour l'entreprise et que l'on ne peut pas traiter tous les clients de la même façon : ce serait bien trop coûteux ! Néanmoins, le marché étant de plus en plus concurrentiel, VerrePec a pris l'initiative de mieux connaître ses clients et d'identifier parmi eux les « gros clients » et les clients « déclinants » afin de mener des actions marketing adaptées à chaque profil. VerrePec détient un certain nombre de données concernant ses clients, parmi lesquelles l'adresse du siège social du client, le nom de l'acheteur, l'ancienneté, la fréquence et le montant des ventes au cours des cinq dernières années. Le directeur marketing est chargé de mener à bien cette mission. Parmi les cent clients, il a identifié les dix clients types de la société. Les données de ventes relatives à ces dix clients sont rassemblées dans le tableau ci-après. Pour simplifier le tableau, les clients types de VerrePec sont numérotés de C1 à C10 (tableau 1). Le directeur marketing a également réussi à collecter des données complémentaires concernant la durée de vie estimée du client type ainsi que son coût d'acquisition (tableau 2).

Tableau 1. Un historique des ventes des dix clients types

Clients	C1	C2	C3	C4	C5	C6	C7	C8	C9	C10
Dépenses en 2013	40*	0	30	10	20	50	0	40	50	0
Dépenses en 2012	30	0	50	10	20	20	0	30	0	0
Dépenses en 2011	0	0	30	10	20	10	30	20	0	10
Dépenses en 2010	0	20	10	10	20	0	0	10	0	10
Dépenses en 2009	0	30	10	10	20	0	10	10	0	10

* Les dépenses sont exprimées en milliers d'euros.

6. Les données sont fictives.

Tableau 2. Le coût d'acquisition et la durée de vie des dix clients types

Clients	C1	C2	C3	C4	C5	C6	C7	C8	C9	C10
Coût d'acquisition (€)	5*	3	3	2	4	4	2	3	5	2
Durée de vie (ans)	10	5	20	20	17	13	9	15	10	6

* Les coûts sont exprimés en milliers d'euros.

Le directeur marketing, qui a sollicité votre aide en tant que spécialiste GRC/CRM de l'entreprise, vous demande une analyse fine du portefeuille de clients.

Questions

1. En utilisant la méthode RFM (Récence, Fréquence, Montant), déterminez qui sont les gros clients et les poids morts.
2. Sachant que le taux de marge moyen de VerrePec est de 13 %, calculez la *lifetime value* pour chaque client type et comparez les résultats obtenus avec ceux obtenus par la méthode RFM.
3. Quelles actions commerciales est-il possible de proposer aux deux catégories de clients identifiés ?

Y-a-t-il une place pour un nouvel entrant sur le marché du jouet en France ?

Le marché du jouet français

Le marché français du jouet et des jeux (hors jeux vidéo) a atteint pour l'année 2012 près de 3 175 millions d'euros, malgré un léger recul de 2 % par rapport à 2011, ce qui classe la France au deuxième rang parmi les cinq premiers marchés européens (Royaume-Uni : 30 %, France : 28 %, Italie : 11 %, Espagne : 8 %) [1]. 232 millions de jouets ont été vendus en 2012 sur le territoire français, soit un panier moyen par an et par enfant (0-14 ans) qui s'établit autour de 245 euros.

Au niveau européen, les perspectives de croissance du marché du jouet pour les cinq prochaines années sont prometteuses, avec une croissance annuelle moyenne du marché européen de 2,5 % entre 2012 et 2017 [2].

Prévision de croissance du marché européen du jouet, 2012-2017

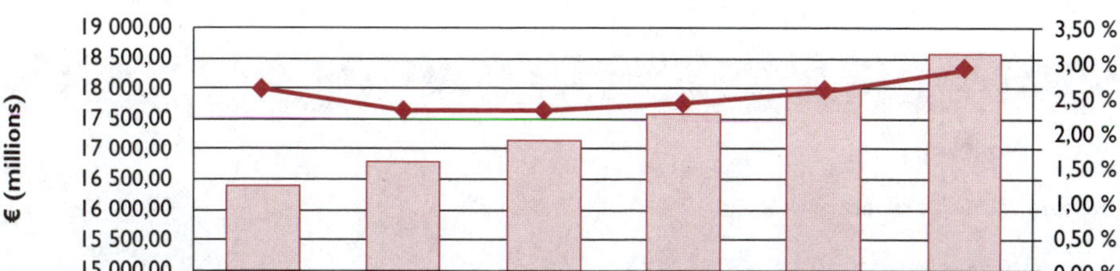

	2012	2013	2014	2015	2016	2017
€ (millions)	16 407,60	16 783,70	17 171,00	17 584,30	18 042,80	18 563,60
% Croissance	2,60 %	2,30 %	2,30 %	2,40 %	2,60 %	2,90 %

Le marché se compose de différentes catégories de jouets parmi lesquelles :

– les jouets premier âge ;

– les poupées ;

– les jeux de construction.

Le marché est cependant dominé par les jouets premiers âge (24 % du marché en 2012) comme l'atteste le tableau ci-après [3] :

1. NPD Panel Consommateurs, *Mémento statistique*, Fédération française des industries jouet-puériculture (FJP).
2. « *Toys & Games Europe* », MarketLine Industry Profile, Décembre 2012.
3. *Chiffres clés du marché des jouets 2012*, Fédération française des industries jouet-puériculture (FJP), 2012.

TOTAL	100 %
Premier âge	24 %
Poupées	13,4 %
Jeux et puzzles	12,4 %
Plein air et jouets sportifs	10,2 %
Jeux de construction	8,6 %
Véhicules	8,1 %
Activités artistiques	6,7 %
Jeux d'action et accessoires	5,5 %
Autres jouets	5,2 %
Peluches	3,7 %
Jeux électroniques	2,2 %

La distribution de jouets reste dominée par des enseignes spécialistes qui conservent leur position de leader dans la commercialisation et la distribution des jouets (45,6 % de part de marché contre 36 % pour la grande distribution). Internet demeure un canal de distribution marginal sur ce marché[4] et jouit d'une mauvaise presse (risques de la contrefaçon...) comme en témoigne le tableau ci-après[5] :

TOTAL	100 %
Spécialistes jouet	45,6 %
Hypermarchés et supermarchés	36 %
Internet *(pure players)*	9,6 %
Autres distributeurs	5,5 %
Bazars, discount, solderies	2 %
Grands magasins	1,1 %
VPC	1,1 %

4. *Chiffres clés du marché des jouets*, Fédération française des industries jouet-puériculture (FJP), 2012.
5. NPD Panel Consommateurs, 2013.

Les attentes des consommateurs en termes de jouets

Le marché du jouet reste insensible à la crise, la demande restant forte. Selon la Fédération française des industries jouet-puériculture (FJP), le jouet, avec 62 % des souhaits de cadeau exprimés par les enfants dans les listes (pic de 82 % pour les 3-5 ans, 68 % chez les 6-8 ans et 32 % chez les 9-12 ans[6]), reste le cadeau le plus demandé à Noël.

Le jouet est porteur de valeurs de plaisir et de bonheur. Outre les motivations affectives liées à l'achat du jouet, la valeur éducative est particulièrement recherchée pour les jouets visant les 3-5 ans. Forte de cette connaissance des motivations à l'achat du jouet, la marque Fisher-Price et son agence de communication, Young & Rubicam (Y&R), ont mené une réflexion sur les valeurs de la marque, sa mission, son identité et sur la manière de communiquer sur ces différents éléments. Une réflexion qui a amené Fisher-Price à adopter une nouvelle signature : « Jouer, rire, grandir »[7]. S'appuyant sur les études de l'institut ABC ainsi que sur les observations de la pédopsychiatre Edwige Antier, la marque souligne que « les parents déclarent à 51 % qu'un jouet doit d'abord donner du plaisir, avant de développer l'imaginaire (24 %) ».« Aujourd'hui, les pères sont émerveillés devant un canard de bain, raconte Edwige Antier. À la différence de la génération précédente, qui ne jurait que par les jeux d'éveil, les nouveaux parents retombent en enfance. La recherche du plaisir l'emporte sur le souci de stimuler. »[8]

Par ailleurs, les psychologues attestent que les filles ne recherchent pas les mêmes choses dans le jeu que les garçons. On est donc passé de la tendance à proposer des produits asexués au *gender marketing*. Celui-ci s'est fortement développé sur ce marché comme en témoigne la stratégie développée par Lego depuis 2012. Lego a en effet rompu avec son marketing asexué fondé sur un produit unique visant aussi bien les filles que les garçons. La marque danoise a ainsi décidé de lancer, en janvier 2012, dans la gamme « Lego Friends », un nouveau monde pour les filles. La « HeartLake City », ville imaginaire de jouets Lego créée pour les filles, consiste en un univers ludique et coloré. Le principe : cinq amies s'adonnent à des activités qu'elles adorent par-dessus tout (décorer leur maison, aller chez le coiffeur, préparer à manger ou encore exercer le métier de vétérinaire, de médecin ou de professeur de karaté). Stéphane Knapp, directeur Marketing de Lego France, indique en substance que les nuances dans la conception de la gamme s'expliquent par des attentes différentes des petites filles et de leurs mères : « Nous avons interrogé les petites filles et appris que, pour elles, l'expérience commence dès le début de la construction, avec des envies différentes des garçons : personnaliser un univers, créer elles-mêmes des variations de la construction [...] Les figurines sont un peu plus grandes, plus proches de la réalité, toujours à construire mais conçues pour plaire aux filles, qui ne se retrouvaient pas dans les figurines destinées aux garçons. Les figurines sont des personnages dont les petites filles sont invitées à découvrir l'histoire, la personnalité, l'univers et, bien sûr, l'amitié qui les lie les unes aux autres. Les intérieurs sont également plus développés et plus détaillés, pour pouvoir jouer "dans la maison". Il y a plus d'accessoires, beaucoup plus d'accessoires vestimentaires et de jeu que ce que l'on propose chez les garçons. Enfin, nous avons cherché à varier les thèmes, sans entrer dans le cliché avec, par exemple, la scientifique et son laboratoire [...]. Pour leur plaire, les jeux doivent permettre aux filles de s'y retrouver. Ainsi,

6. Étude « Cadeaux de Noël », NPD Group, www.npdgroup.fr, novembre 2013.
7. Rita MAZZOLI, *Marketing Magazine*, n° 82, 1er décembre 2003.
8. « Fisher-Price, le plaisir de jouer avant tout », *Stratégies Magazine*, n° 1299, 2003.

le “café” est important car c’est, par excellence, l’espace pour se retrouver et échanger entre filles. »[9]

Selon le Crioc[10], les consommations sont différentes par pays. Ainsi, les Japonais exigent des jouets électroniques, tandis que les autres consommateurs asiatiques préfèrent les jouets éducatifs, les Européens ont un penchant pour les jouets traditionnels et les petits Américains aiment, par-dessus tout, les jouets inspirés de films ou de feuilletons télévisés. Les jouets sous licence, plus particulièrement, ne cessent de croître et représentaient 23 % du marché du jouet français en 2012 (source FJP).

Les principaux acteurs du marché

Le marché du jouet est fortement concurrentiel. Outre des distributeurs qui peuvent commercialiser des jouets sous leur propre marque, de nombreux industriels sont présents. Parmi ces industriels, trois grands acteurs dominent le marché.

Hasbro

En 2012, Hasbro détenait une part de marché de 10,6 %[11]. Il est également le premier investisseur du marché – tous médias, avec 17 % de part de voix[12].

Historique et développement de la marque[13]

En 1923, deux frères polonais, Henry et Helal Hassenfeld, fondent aux États-Unis la société Hassenfeld Brothers. La petite entreprise de Providence (Rhode Island) fabrique des boîtes de crayons et commercialise des vêtements de fin de série. La société, qui se développe rapidement, se spécialise bientôt dans les fournitures scolaires. En 1939, son chiffre d’affaires atteint les 500 000 dollars. En 1943, Merrill Hassenfeld, l’un des fils d’Henry, prend à 24 ans la présidence de Hassenfeld Brothers Inc. Sous son impulsion, l’entreprise se diversifie et connaît un développement très rapide. À la fin des années 1940, elle commercialise, en plus des fournitures scolaires, des panoplies de docteur et d’infirmière, et réalise un chiffre d’affaires supérieur à 3 millions de dollars.

L’expansion se poursuit avec l’arrivée de nouveaux produits, fruits de l’imagination des membres de la famille Hassenfeld. En 1952, « Mr. Potato Head » (M. Patate) est le premier jouet au monde à faire l’objet d’une campagne publicitaire télévisée.

En 1964, la société rebaptisée Hasbro lance le jouet qui va la propulser dans le peloton de tête des intervenants du marché : GI Joe, la première figurine pour garçon. Le succès est foudroyant aux États-Unis puis en Europe. Hasbro continue à innover année après année, en négociant des droits d’exploitation dans le monde entier et en se diversifiant. Hasbro Industries Inc. entre en bourse en 1971. En 1979, son chiffre d’affaires est supérieur à 100 millions de dollars.

Depuis les années 1980-1990, fort d’une croissance soutenue, Hasbro a développé une stratégie d’acquisition. Son objectif : disposer d’un portefeuille équilibré de gammes dans tous les secteurs porteurs du marché. À titre d’exemple, le groupe acquiert en 1983 la société

9. http://www.juniorsandco.com/actus/quand-lego-se-lance-sur-le-marche-des-filles-juniors/
10. VANDERCAMMEN M., MEIRSMAN A., « Le marché du jouet », Crioc, 2004.
11. Panels distributeurs, mensuels et hebdomadaires, total marché, valeur, 2012.
12. Panel Kantar Media.
13. L’historique de la marque Hasbro est tiré du site Internet du groupe : http://www.hasbro.com/fr_FR/corporate/about/history.cfm

Knickerbocker Toy Company, ce qui lui permet d'investir le créneau des jouets en peluche. En 1996, le rachat de la société espagnole Mediterraneo Group, spécialisée dans les jeux artistiques et éducatifs, permet à Hasbro d'étoffer et de compléter sa gamme de jeux de création. Le groupe étend ainsi la distribution des produits Mediterraneo à l'ensemble de l'Europe. En 2008, Cranium Inc., société éditrice de jeux, est également rachetée par Hasbro.

L'univers Hasbro[14]

Afin d'asseoir puis de conforter sa position sur le marché dynamique du jouet, Hasbro a su développer trois univers nettement différenciés.

– Les jeux de construction

Hasbro s'est lancé sur un nouveau segment pour le groupe, celui des jeux de construction, avec la création de la marque Kre-O, gamme de figurines « Transformers » à construire pour les garçons de 6-14 ans.

Avec une licence « Transformers » en position de force (près de 25 % des ventes de figurines garçons), un avantage produit « deux-en-un » motivant (construction à la fois du robot et de sa voiture), Hasbro s'est donné toutes les chances d'obtenir une part de marché de 10 à 20 % à la fin de l'année 2012 sur un marché porteur en progression annuelle moyenne de 14 %.

Construire, transformer, jouer... avec Kre-O, l'enfant manipule, fixe sa concentration, développe son imagination dans un monde à sa mesure puisque tous les robots font entre 13, 17, 22 et 28 cm. Sous couvert du jeu, Kre-O aide l'enfant à grandir. De quoi plaire aux parents qui, toujours soucieux d'allier le ludique à l'éducatif, recherchent des jouets qui sollicitent l'intellect mais aussi la concentration et la dextérité. Mission réussie pour Kre-O, qui allie plaisir du jeu tout en développant l'imagination et l'art de la construction.

– Les figurines d'action et les toupies pour les garçons

Les garçons pourront bien entendu jouer avec les héros de l'année que sont les Transformers, Star Wars, Spiderman et autres super héros. Produit phare chez Hasbro, les toupies Beyblade (100 millions d'exemplaires écoulés dans le monde depuis août 2010 – soit plus de 32 % de la part de marché moyenne en France chez les 4-10 ans) seront encore à l'honneur en 2011. Hasbro a amplifié le phénomène avec le lancement des toupies radiocommandées (toupies RC) et l'organisation d'un championnat de France dans le cadre du salon Kidexpo en 2011, préfigurant le championnat du monde de Toronto en 2012.

– Les jeux de société

Les jeux de société, troisième segment de marché derrière le premier âge et les poupées, est un marché qui résiste, malgré les assauts des jeux vidéo. En effet, il comporte une dimension de sociabilité, de partage et d'échange entre les générations, et offre une très large variété de marques/produits où se côtoient nouveautés et références classiques.

Largement leader sur ce marché, Hasbro a ajouté, pour Noël 2011, la nouvelle technologie Live à deux de ses produits emblématiques : le Monopoly et Battleship. Cette nouvelle technologie renouvelle la façon de jouer (nouvelles règles, nouvelle durée) et accroît l'intérêt pour le jeu.

14. La description de l'univers d'Hasbro est inspirée du site Internet du groupe : http://www.hasbro.com/fr_FR/corporate/about/about-hasbro-toys.cfm

Pour s'amuser en famille ou entre amis, il reste l'incontournable Cranium et le Bop It, le tout dernier-né de la marque, qui rend les joueurs, paraît-il, totalement accros.

– Playskool, un univers de copains pour grandir
L'aventure de Noël commence dès le plus jeune âge et pour les plus petits par la découverte de produits cultes tels que M. Patate, les Weebles et la pâte à modeler Play-Doh, mais aussi par la rencontre avec de nouveaux venus comme Alphie ou Elefun.
Depuis toujours le plaisir de jouer et d'apprendre est au cœur de la marque Playskool. Ce plaisir passe par la découverte, l'amusement, mais aussi par le lien affectif que l'enfant crée avec ses jouets. Ainsi, à chaque âge et à chaque étape de son développement, Playskool propose à l'enfant un personnage emblématique qui participe à son identification/développement. Ainsi, avec Elefun Aéroballes, l'éléphant de la gamme Poppin'Park (dès 9 mois), l'enfant développe sa motricité, son agilité et commence à comprendre la relation de cause à effet. Avec les Weebles (dès 12 mois), il perfectionne son sens de la préhension et commence à développer son raisonnement. Les Heroes Transformers (dès 3 ans) contribuent à façonner son imaginaire. Enfin, grâce à Alphie, le copain-robot, il peut, dès la maternelle, découvrir le monde et réaliser ses premiers vrais apprentissages.

– Les univers des petites filles
Chez les filles, la coquetterie entre dans l'histoire. Pour certaines, elle prend même des allures de contes de fées. Les petites filles peuvent, par exemple, pouponner, dorloter ou choyer leurs idoles : que ce soit Charlotte aux Fraises, My Little Pony, Baby Alive ou encore les incontournables PetShop, elles sauront inventer de belles histoires. Depuis 2005, les Littlest PetShop ont vocation à devenir les meilleurs amis des petites filles de 4 à 10 ans. Ces drôles de personnages, hauts de 7 cm, dotés d'une grosse tête qui bouge et d'un mini-corps, ont envahi les rayons. Le succès s'explique avant tout par le côté attachant de ces drôles de petits animaux. Les fillettes les adoptent instantanément. Ces nouveaux amis, elles les emportent partout. Elles jouent des heures avec, seules ou en groupe. Près de sept ans après leur lancement, ces petits animaux figurent toujours dans le top 3 des jouets préférés des filles de 4-10 ans[15]. Doux par leurs formes, forts par leur taille, faciles à manipuler et à transporter, les Littlest PetShop répondent aux attentes des petites filles. Et si les fillettes aiment en posséder plusieurs, ce n'est pas pour les aligner tels des trophées sur une étagère, c'est pour mieux jouer. Elles recréent ainsi leur famille, leurs groupes d'amis et leur font vivre ou revivre leur journée. Elles recréent également des scènes du quotidien qui les ont marquées. Avec eux, la fillette développe son imaginaire et prend confiance en la vie, car « jouer, c'est le travail de l'enfant », comme l'affirme le psychosociologue Jean Epstein. Jouer est indispensable à la construction de l'enfant et à son intégration dans la société. Le jeu est un prétexte pour l'acquisition des apprentissages fondamentaux.

Mattel

Mattel est l'un des fabricants de jouets de premier plan dans le monde. La société offre une large gamme de produits destinés aux enfants de tous âges.

15. Ipsos.

L'histoire de Mattel

Mattel, provenant de la contraction du nom de ses deux cofondateurs (Harold « Matt » Matson et Elliot Handler), a vu le jour en 1945 et concevait à l'origine des accessoires pour poupées. C'est en 1959 que Mattel lance la poupée Barbie. La société connaît dès lors un développement commercial prodigieux. Elle s'est ensuite développée en diversifiant son portefeuille d'activités par le rachat d'importantes marques dans les années 1990, telles que Fisher-Price et Tyco.

L'univers Mattel[16]

La groupe développe et commercialise ses produits à travers trois divisions commerciales : Mattel Girls & Boys, Fisher-Price et les marques d'American Girl.

– Mattel Girls & Boys

La division Mattel Girls & Boys comprend certaines des marques mondiales clés de l'entreprise telles que Barbie et Wheels. Barbie englobant à son tour des marques comme Barbie, Polly Pocket, Little Mommy, Classiques Disney et Monster High. Wheels comprend des marques comme Hot Wheels, Matchbox et les véhicules Tyco R/C, CARS, Radica, Toy Story, Max Steel, WWE Wrestling, les franchises Batman et Superman, ainsi que des jeux et des puzzles.

L'année 2013 fut une année riche en actions marketing autour de ces marques phares. En 2013, Barbie invitait les filles à découvrir son monde. Avec un coup de projecteur sur la « Dreamhouse » (maison de rêve) de Barbie, la campagne de communication mondiale a été soutenue par de vastes lancements de produits, des publicités télévisées, des événements et une expérience numérique pour les filles et les fans de la marque (www.dreamhouse.barbie.com). De nouveaux produits furent présentés à l'appui du lancement de trois longs métrages d'animation : *Barbie in the Pink Shoes* au printemps 2013, *Barbie Mariposa et la Princesse Féerique* à l'automne 2013, *Barbie & her Sisters in a Pony Tale* à l'hiver 2013. En outre, les « Web-épisodes » de la vie de Barbie au sein de la « Dreamhouse » se sont multipliés. Monster High s'est également vu affublé de nouveaux personnages et produits, ainsi que de divertissements télévisés et de « Web-épisodes » tout au long de l'année tandis que Hot Wheels entreprenait une campagne de marque globale autour du thème « le meilleur pilote du monde ». Hot Wheels a notamment introduit de nouvelles lignes de produits tels que SpinShotz. Ce dernier permet aux enfants de personnaliser leurs propres véhicules. En 2013, de nouveaux produits ont aussi été présentés à l'appui d'une toute nouvelle série télé, *Max Steel*, lancée au printemps. Pour les jeux et les puzzles, Mattel a continué à offrir les produits existants : Uno, Phase 10, Skip Bo, ainsi que des jeux pour enfant inspirés d'Angry Birds.

– Fisher-Price

Véritable marque ombrelle, Fisher-Price regroupe Little People, Imaginext, Dora l'exploratrice, Bubble Guppies, Thomas & Friends, Mike The Knight, Octonautes, Mickey Mouse Clubhouse, Power Wheels et, bien sûr, Fisher-Price. La marque poursuit sa campagne publicitaire autour du thème « le plaisir d'apprendre ». Celle-ci est soutenue par des lancements de produits innovants destinés aux tout-petits. De nouveaux microsites Fisher-Price proposant aussi bien des Web-épisodes que des jeux ont été lancés en 2013. La gamme mise

16. Rapport d'activité de Mattel, www.mattel.com, 2012.

sur un apprentissage ludique pour bébé allant du tapis-piano à la table d'apprentissage bilingue. Dans la catégorie d'âge préscolaire, la marque Little People a été renouvelée et offre de nouveaux produits très variés à l'image du Disney Princess KlipKlop Stable.

– American Girl

Le segment American Girl, principalement commercialisé aux États-Unis, est un éditeur pour enfants et le distributeur des marques phares du groupe Mattel. American Girl publie également des cahiers d'activités.

Lego

Entreprise familiale depuis 1932, basée à Billund (Danemark), le groupe Lego s'est engagé à développer la créativité des enfants grâce au jeu et à l'apprentissage. Arrivée sur le marché du jouet en 1958 avec la brique de renommée mondiale, l'entreprise fournit aujourd'hui des jouets, des expériences et des supports d'apprentissage dans plus de 130 pays. Le groupe compte environ 10 000 employés ; c'est le troisième plus grand fabricant de jouets au monde.

L'histoire de Lego [17]

Le nom Lego est une abréviation de deux mots danois « *leggodt* », qui signifient « bien jouer ». L'entreprise a été fondée en 1932 par Ole Kirk Kristiansen puis transmis de père en fils. L'entreprise a beaucoup changé au cours des quatre-vingt dernières années : le petit atelier de menuiserie est devenu une entreprise internationale moderne qui est, aujourd'hui, en termes de ventes, le troisième plus grand fabricant mondial de jouets. La brique Lego reste le produit phare du groupe. Le principe d'emboîtement avec ses tenons, éléments d'assemblage, la rend unique et offre des possibilités de construction illimitées comme en témoigne la vitrine qu'est le Lego Museum de Prague, par exemple.

L'univers de Lego [18]

– Les jeux

Le groupe Lego offre aussi bien des jeux de construction pour les tout-petits sous la marque Lego-Duplo que pour les plus grands, en mettant en scène des univers complets et complexes (les pompiers, la ferme, la base de loisirs, etc.).

– Lego Education

Lego Education comprend des produits spécialement conçus pour le secteur éducatif visant aussi bien les enseignants que les élèves. Ceux-ci ont notamment la possibilité de faire leurs propres recherches sur la façon dont la cause et l'effet sont liés, ce qui stimule le développement cognitif.

– LegoMindstorms NXT

LegoMindstorms NXT permet de concevoir ses propres robots. Par l'intermédiaire d'un logiciel, les robots sont programmés pour effectuer différentes opérations. Le robot est muni de capteurs qui contrôlent les moteurs et réagissent à la lumière, au son et au toucher.

17. Propos recueillis sur le site Internet de Lego (http://aboutus.lego.com/fr-fr/lego-group/the_lego_history).
18. Propos recueillis sur le site Internet de Lego (http://aboutus.lego.com/fr-fr/lego-group/the_lego_history).

Les interrogations d'un nouvel entrant sur le marché du jouet

Basée à Osaka (Japon), la marque PlayBrand, leader sur le marché japonais et coréen, souhaite commercialiser en Europe, en commençant par la France, une nouvelle gamme de jouets pour les tout-petits.

Questions

Après étude du dossier, le dirigeant de PlayBrand vous demande de l'aider à prendre une décision sur l'opportunité de se lancer sur le marché français :

1. Quelles sont les opportunités et les menaces pour le marché du jouet en France ?

2. Quelle est la segmentation client du marché du jouet aujourd'hui ?

3. Quel est le positionnement voulu par les principales marques concurrentes que sont PlaySkool, Fisher-Price et Lego-Duplo sur le segment des jouets premier âge ?

4. Quelles recommandations pouvez-vous formuler pour le marketing stratégique de PlayBrand : quel segment de population faut-il cibler précisément, et avec quel positionnement ?

Troisième partie

Le marketing opérationnel

Une fois le marché cible défini et le positionnement retenu, il reste à sélectionner les moyens les mieux adaptés pour atteindre les objectifs. Les moyens sont les composantes du *marketing mix*, c'est-à-dire du plan commercial. Les décisions, dans ce domaine, sont en étroite interdépendance et fortement contraintes par les environnements qui enserrent l'entreprise.

La politique de produit

Les compétences clés à acquérir :

- Connaître les typologies de produit qui aident le marketeur à repérer les principales variables sur lesquelles il peut agir.
- Envisager les actions qu'il convient de mener pour qu'une gamme de produits soit équilibrée.
- Apprécier le rôle fondamental que jouent les décisions concernant :
  - la marque ;
  - le conditionnement ;
  - la qualité ;
  - les services joints.
- Savoir que les décisions en matière de politique de produit constituent le prolongement direct des choix de marketing stratégique (segmentation, positionnement).

Nous sommes ici dans le domaine du plus court terme. Il s'agit de mettre en œuvre la stratégie retenue. Un produit, au sens marketing du terme, va bien au-delà des simples aspects techniques. Ces aspects multiples doivent toujours être présents dans l'esprit du responsable marketing. Les consommateurs n'ont pas besoin de voiture mais de se déplacer confortablement, sans contrainte et en famille. La marque, la publicité, par exemple, ne sont pas extérieures au produit ; elles s'y incorporent au même titre que les dépenses de fabrication. Le produit comporte des aspects :

– techniques : sa qualité intrinsèque, sa matière, sa résistance, etc. ;

– psychologiques : l'intérêt spécifique pour une personne, la possibilité de se réaliser, les valeurs, le sens acquis ;

– sociaux : l'image qu'il véhicule auprès des autres. Les classifications de produits sont extrêmement nombreuses ; on oppose les produits selon leur nature économique (complémentaires, substituables), selon leur place dans le processus de production (biens de production, biens de consommation), selon leur durée d'utilisation, selon les besoins satisfaits (primaires ou superflus), selon l'effort qu'ils réclament pour leur achat (biens de commodité ou *convenience goods*, biens de concurrence ou *shopping goods*, biens de spécialité ou *speciality goods*). Toutes ces classifications n'ont pas le même pouvoir opérationnel.

I. La politique de gamme

A. Les caractéristiques de la gamme

La gamme de produits est constituée par toutes les variétés de produits fabriqués et vendus par une entreprise. Le mot « entreprise » doit être pris dans un **sens commercial**.

Exemple

On ne peut parler d'une seule gamme pour l'ensemble du groupe Peugeot. Il serait inutile de regrouper les automobiles avec les cycles et l'outillage. Au contraire, trois gammes différentes traduisent l'existence de trois activités commerciales bien différentes les unes des autres.

En fait, chaque entreprise possède son **propre vocabulaire**. Dans le domaine industriel, pour une entreprise on utilise souvent le terme catalogue qui se décline en familles de produits ; elles-mêmes se subdivisent en gammes à l'intérieur desquelles on trouve des modèles.

La gamme des produits offerte par une entreprise possède deux dimensions : la **largeur** et la **profondeur**.

La largeur est mesurée par le nombre de lignes de produits proposés, c'est-à-dire le nombre de groupes de produits qui tentent de satisfaire les consommateurs, en fonction de leurs goûts, besoins propres et pouvoir d'achat. La profondeur correspond au nombre moyen d'articles par ligne de produits.

Figure 9.1. La gamme d'un fabricant d'articles de sport

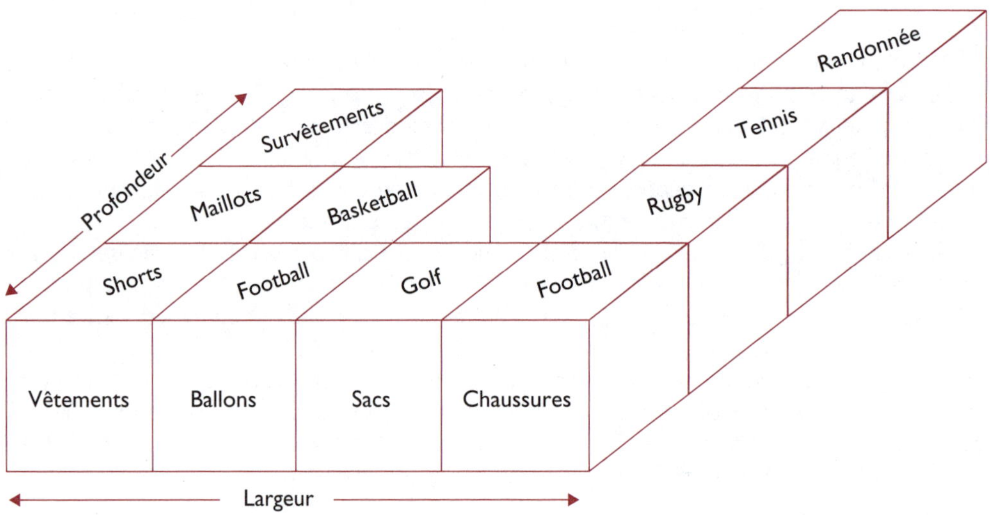

Exemple

Dans la gamme « shampooing » de Procter & Gamble, on trouve notamment :
- Largeur : Pantène Pro-V. La promesse réside dans l'affirmation de son style grâce à des cheveux éclatants. Ainsi, Head and Shoulders élimine les pellicules.
- Profondeur : Head and Shoulders est un classique pour homme visant des cheveux propres et sans pellicule, un cuir chevelu sec, un volume extra quand Ocean experience vise à redonner de la vitalité.

Les appellations ne sont pas nécessairement parfaitement homogènes d'un fabricant à un autre ; les appellations retenues n'ont, au total, pas une très grande importance. En revanche, les deux dimensions (largeur et profondeur) de l'offre de produits doivent être bien maîtrisées.

Exemples

- Badoit propose Badoit verte, finement pétillante, et Badoit rouge, intensément pétillante (profondeur).
- Hewlett Packard lance le portable convertible en tablette (largeur).
- Aubade s'ouvre au parfum et aux sous-vêtements pour homme.
- Unilever se lance dans les soins haut de gamme avec Ioma.

B. La gestion de la gamme

De manière continue, la **composition** et l'**étendue** de la gamme sont appelées à évoluer.

1. L'expansion

Le fait d'avoir une **gamme large**, un mix très étendu, offre à l'entreprise toute une série d'avantages. La vulnérabilité est réduite, car la firme dispose d'atouts mieux répartis ; les consommateurs sont plus fidèles, car ils trouvent plus aisément un produit qui les comble. Toutefois, des inconvénients risquent d'apparaître : dispersion des efforts commerciaux, lourdes dépenses d'organisation et d'administration. Le désir d'expansion de la gamme résulte de la balance entre tous ces aspects, auxquels il faut ajouter prioritairement la **volonté de croissance** de l'entreprise.

a. La largeur

L'augmentation de la largeur de la gamme procure des avantages évidents. En effet, lorsque de nouvelles lignes de produits sont adjointes aux anciennes, l'entreprise s'appuie sur ses points forts et réalise ainsi des gains de synergie.

Exemples

- Coca-Cola étend sa gamme avec l'eau minérale Dasani.
- Lego lance des produits plus particulièrement destinés aux filles avec de nouveaux thèmes (clinique vétérinaire, piscine) et des poupées qui changent de coiffure.

b. La profondeur

L'entreprise souhaite offrir le choix le plus vaste possible à ses clients en multipliant les articles à l'intérieur de chaque ligne.

Exemples

- Kérastase de L'Oréal propose six lignes : Nutritive, Reflection, Deano-calm, Résistance, Spécifique, Soleil.
- Coca-Cola innove avec Coca Life à la stévia, édulcorant d'origine naturelle.

2. La contraction

Une gamme courte offre à l'entreprise une situation inverse de celle de la gamme large. La vulnérabilité augmente, car si une ligne de produits ne réussit pas, c'est toute l'entreprise qui est alors menacée. En revanche, le bénéfice des **lois d'apprentissage** peut permettre de faire baisser les coûts.

Tableau 9.1. Un exemple de gamme : Colgate

Hygiène bucco-dentaire
Dentifrices – Colgate Total® – Colgate MaxFresh® – Colgate MaxWhite® – Colgate Ultra Protection Caries – Colgate Oxygen – Colgate Sensation Blancheur – Colgate Herbal Blancheur – Colgate Chlorophylle – Colgate Ultra Brite **Brosses à dents** – Colgate 360°® Classique – Colgate 360°® Sensitive – Colgate 360°® Deep Clean – Colgate 360°® microSonic – Colgate Total Professional – Colgate Massager – Colgate MaxFresh – Colgate Zig Zag – Colgate Extra Clean – Colgate Actibrush MultiAction support & recharges **Produits pour enfants** – Colgate Smiles brosses à dents manuelles – Colgate Smiles dentifrice – Colgate Shrek brosse à dents à pile **Bains de bouche** – Colgate Plax® Original – Colgate Plax® Sensitive – Colgate Plax® Menthe Douce – Colgate Plax® Nuit – Colgate Plax® Blancheur – Colgate Fluor Actif

Source : http://www.colgate.fr

La volonté de réduire l'étendue de la gamme se manifeste surtout dans les périodes de difficultés. Il devient alors urgent de regrouper toutes les forces vives autour des produits leaders. Toutes les lignes ou toutes les variétés qui n'offrent ni perspectives de développement, ni avantages indirects pour d'autres produits sont supprimées ; telle est l'opération dite de « dégraissage de catalogue ».

Exemple

Accor abandonne la marque Etap Hotel pour renforcer Ibis avec Ibis Budget, Ibis Classic et Ibis Styles.

II. La politique de marque

A. Définition et rôle de la marque

1. La définition

« La marque est une trace, un symbole, un nom, un signe ou tout autre attribut qui a pour fonction de repérer et distinguer les produits et les services d'une organisation. Plus globalement, la marque est un objet social défini par un système de valeurs qui apporte du sens à différents acteurs sociaux (consommateurs, citoyens, salariés, acteurs financiers, etc. » [1]

Cette définition montre bien la **variété des représentations** que peut prendre une marque.

Exemple

Carrefour est, tout à la fois, un élément prononcé, mais avec un certain graphisme et associé à un logotype : un « C » inséré entre deux flèches de sens opposé.

2. Le rôle

La marque sert avant tout à **identifier**, à **différencier**. Elle a pour but d'indiquer au consommateur que tel produit a telle origine et donc que des garanties définies existent à son sujet. Elle est un moyen d'expression, une signature donnant des indications nombreuses, lorsque l'image de marque est riche, dans le minimum d'espace. Elle est un vecteur de valeurs renforçant un sentiment d'appartenance à une communauté pour ceux qui en sont les clients.

Les marques peuvent être issues du nom d'une famille ou d'une entreprise sans aucun changement (Peugeot, Lajaunie) ou quelque peu altéré (Ripolin de Monsieur Riep et de sa femme Pauline), d'une expression comportant une signification (les protections hygiéniques Always, les lessives Maison Verte) ou encore ne pas avoir de signification particulière (Omo).

Les grandes marques représentent un capital considérable qui s'accroît avec le temps, d'où l'intérêt de les conserver au fil des années.

1. Chaire Marques et Valeurs, http://chaire.marquesetvaleurs.org/

Le choix d'une marque est particulièrement important, en raison des **investissements** qui seront ultérieurement engagés pour l'exploiter : les erreurs commises au départ se rattrapent difficilement. Pour avoir des chances de réussir, une marque doit être :

- **Lisible, audible, facilement prononçable et mémorisable**, et cela dans toutes les langues des pays où les produits seront lancés.

Exemples

- Twingo, ciblée « jeunes qui bougent », rythme et danse, est née de la confrontation entre twist, salsa, swing et tango.
- Les mots les plus courts, comportant un minimum de syllabes, paraissent les plus adéquats : Ariel, Omo, Paic, Tide, Dash, Mir, Lenor.

- **Évocatrice.** Lorsque la marque peut, par elle-même, évoquer une caractéristique essentielle du produit, la mémorisation et l'acceptation sont favorisées.

Exemples

Les noms Brise, Vénus de Gillette, Weight Watchers font sens avec les produits.

- **Distinctive.** L'emploi de termes tels que « nouveau », « national » ou encore « mondial » est à proscrire car ils ne véhiculent pas intrinsèquement l'originalité de la marque.
- **Aisément déclinable.** L'idéal est de pouvoir, si le besoin s'en fait sentir, rattacher une particule de la marque à plusieurs produits.

Exemple

Danone se décline en Danette, Dany, Danao, Danino.

- **Disponible.** Le dépôt et l'utilisation des marques répondent à une législation sévère : la protection s'opère à la fois au plan national (auprès de l'Institut national de la propriété industrielle – INPI) et au plan international.

B. Les consommateurs face aux marques

Faciliter le choix du consommateur, tel est le rôle joué par la marque. Or, le lien, plus ou moins solide, plus ou moins favorable, qui s'établit entre un consommateur et une marque et dont dépendra la décision d'achat ou son refus résulte de plusieurs composantes :

- **La notoriété de la marque.** C'est le fait qu'elle soit connue avantageusement autant qu'il est possible. On distingue deux cas de figure :

– la notoriété spontanée : elle est mesurée par le pourcentage des citations spontanées de la marque ;

Exemple

« Quand vous pensez à un dentifrice, quel nom de marque vous vient à l'esprit ? » Réponse : « Colgate Total. »

– la notoriété assistée : c'est la part des personnes qui reconnaissent une marque à partir d'une liste présentée au préalable.

Exemple

Sur une liste comprenant plusieurs noms, la personne interrogée répond que « 51 » est une marque de pastis.

• **La sensibilité aux marques.** Un client éventuel est sensible aux marques s'il cherche des informations sur la marque et si cette dernière joue un rôle important dans la formation de ses choix.

• **La fidélité aux marques.** Il s'agit de l'attachement plus ou moins exclusif à une ou plusieurs marques au cours d'achats qui se succèdent.

• **Le caractère de l'achat.** Selon le cas, il peut être exigeant et méthodique ou, à l'inverse, irréfléchi et impulsif.

Kapferer et Laurent[2], rapprochant certaines de ces composantes et le comportement des consommateurs, montrent par exemple qu'il n'existerait pas de lien direct entre la sensibilité et la fidélité. Cependant, neuf scénarios d'achat résument les observations effectuées.

Tableau 9.2. Les neuf scénarios de sensibilité aux marques

		Pourcentage des observations	Exemples
Scénarios de réachat d'une seule marque	La fidélité réfléchie	18	Soutien-gorge Shampooing
	La fixation	12	Café, eau minérale
	La pseudo-fidélité	5	Collant, liquide vaisselle
Scénarios de panachage entre quelques marques	L'attachement partagé	11	Chocolat Matelas Pâtes alimentaires
	Le panachage réfléchi	15	
	L'insensibilité réfléchie	13	
	Le détachement partiel	9	
Scénarios de versatilité	Le safari au modèle	8	Robe
	Le détachement total	8	Pile, yaourt

2. Kapferer J.-N., Laurent G., *La sensibilité aux marques*, Éditions d'Organisation, 1992.

S'agissant du scénario de **« pseudo-fidélité »**, le fait que le client n'achète qu'une seule marque résulte d'une faible implication de la personne à l'égard du produit, celui-ci l'ayant déjà suffisamment satisfait pour qu'il ne se pose pas de question. Au fond, acheter toujours le même produit de marque lui simplifie la vie.

Au contraire, le scénario « safari au modèle » représente le cas d'un consommateur exigeant qui passe du temps à chercher un type de produit particulier, sans trop se soucier de la marque ; par exemple, une robe nouvelle qui peut provenir indifféremment de chez H & M, Gap ou Zara.

La fidélité à une marque proviendrait ainsi :

– soit d'une très forte sensibilité et d'une implication maximale ;

– soit d'une sensibilité au contraire très médiocre, résultant d'une attitude de désintérêt et de faible perception des différences entre les produits.

Il importe, pour tout gestionnaire de produit, de connaître les raisons de la fidélité aux marques, et toute la question est de savoir si les marques, les grandes, les marques nationales, les **« mega-brands »** parviennent à justifier l'écart de prix observé avec les marques des distributeurs. À n'en pas douter, les motivations d'achat évoluent, le consommateur est davantage attentif à la variable prix, donc corrélativement il ne peut l'être que moins, ou autrement, à la variable marque. C'est en innovant sans trêve, en lançant de nouvelles variétés de qualité, en communiquant habilement que les grandes marques légitiment leur « prime ».

Figure 9.2. La fidélité et la sensibilité moyenne par produit

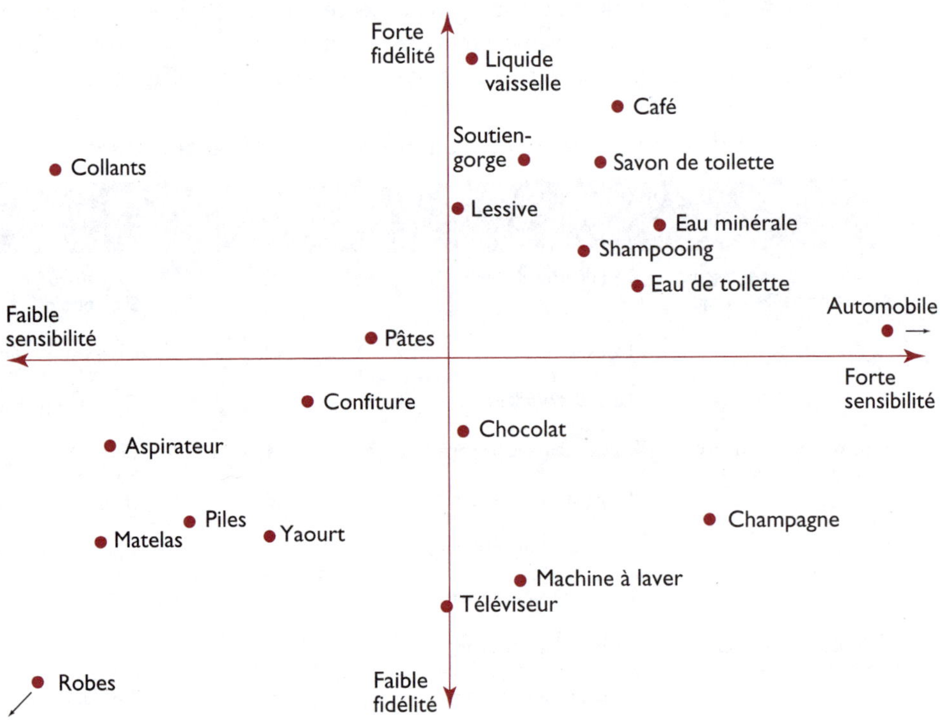

Source : KAPFERER J.-N. et THOENIG J.-Cl., *La Marque*, McGraw Hill, 1989.

Les marques, pour être appréciées par le client, doivent apporter du sens, être relationnelles[3]. Elles doivent être « légitimes » aux yeux de l'acheteur, ce que l'on fait en recourant au *storytelling*.

Exemples

Elles font vivre un personnage (Monsieur Lindt), elles révèlent un lieu (États-Unis pour McCain), elles procurent un bienfait physique (la santé pour Danone), elles s'inscrivent dans un trait comportemental (le dépassement de soi pour Nike). Ainsi, Breitling, qui mise sur l'authenticité, et Tag Heuer, associé au discours sportif, dépassent toutes deux Rolex, qui propose une valeur de statut aujourd'hui dépassée.

Si le prix proposé et le sens sont en adéquation, tout va bien. Si la marque est peu chère pour le sens offert, elle peut accroître son prix ; si elle donne peu de sens pour les prix pratiqués, elle doit soit baisser son prix et viser le volume, soit reconstruire un sens fort.

C. La stratégie de marques

Les entreprises sont à la tête d'un véritable **capital marque** qu'elles doivent entretenir et protéger. Une marque, pour maintenir sa valeur, doit protéger son image et répondre aux attentes des clients.

La stratégie de la marque dépend de la stratégie de marketing, de la nature des produits et de l'attitude des consommateurs. Gérer une marque est une activité coûteuse. Il faut donc que les avantages qui en sont tirés soient substantiels. Si ce cas est vérifié, plusieurs solutions sont envisageables.

1. Une ou plusieurs marque(s)

a. Une même marque pour tous les produits : la marque institutionnelle (marque corporate*)*

L'avantage est de pouvoir transmettre, sans effort, tout le prestige d'une entreprise et de sa notoriété à l'ensemble de la gamme et donc de bénéficier de certaines économies d'échelle. En contrepartie, le **risque** est de voir la mauvaise qualité d'un seul produit dégrader l'image de toute la marque.

Exemples

C'est la solution adoptée par Peugeot, par Bic ou par Procter & Gamble.

b. Une marque générique avec un complément par produit : la marque ombrelle

Une même marque couvre une gamme de produits. La notoriété de cette ombrelle, parfois confondue avec la marque institutionnelle, est suffisamment forte pour que tous les produits donnent bien l'impression d'appartenir à une même famille.

3. Degon R., *La Marque relationnelle*, Vuibert, 2000.

Exemples

C'est le cas de Johnson ou de Gillette avec Gillette Sensor, Gillette Mach 3 Turbo, Gillette Mach 3 Power, Gillette Fusion ou encore Gillette Fusion Proglide.

c. Une marque par produit : la marque produit

Cette stratégie est adoptée lorsque l'entreprise souhaite que chaque produit ait sa vie propre et qu'éventuellement il reste en concurrence avec les autres biens fabriqués.

Exemples

- Lion, Kit Kat, Butter Finger, Bigturk et Crunch sont toutes des marques de barres chocolatées de Nestlé.
- La société de création de marque Nalian a imaginé le nom de marque Clipso pour Seb, pour sa gamme d'autocuiseurs.

Dans les grandes entreprises, toutes ces marques se recouvrent les unes les autres et constituent parfois des architectures compliquées.

Exemple

La marque institutionnelle Nestlé couvre la marque ombrelle Nescafé, qui elle-même couvre des marques de produits (Spécial filtre, Alta Rica, Cap Colombie).

2. La stratégie de la marque

Parce que l'environnement change, parce que le comportement des consommateurs évolue, parce que de nouveaux concurrents apparaissent, les gestionnaires sont amenés à prendre des **décisions** concernant chacune des marques en matière de :

- **Relance.** C'est la mesure la plus simple qui se limite parfois à une modification de la composition du produit ou au changement de conditionnement.
- **Élargissement.** Cette action consiste en une simple adjonction de produits très proches des produits initiaux dans la gamme. À une gamme de crèmes glacées au chocolat, on ajoutera des crèmes à la vanille.
- **Repositionnement.** Il s'agit d'une stratégie visant la conquête d'un nouveau segment de clientèle. Cette mesure peut apporter de grandes modifications à la marque initiale.

Exemple

La Clio de Renault de 2013 n'a plus aucun point commun avec les premiers modèles sortis dans les années 1990.

- **Extension de marque.** Cette opération amène de plus grandes modifications que le simple élargissement. Elle consiste à ajouter de nouveaux produits à ceux déjà couverts par la marque. On profite de la notoriété et de la bonne image de la marque ancienne et l'on économise les coûts de lancement d'une marque nouvelle. Les marques de produits de luxe, Hermès par exemple, comprennent aussi bien des sacs que des foulards ou des parfums.

3. La recherche d'une identité pour la marque

On a longtemps identifié les marques par leur positionnement, en recherchant des **attributs distinctifs** par rapport aux concurrents et séducteurs aux yeux du segment visé. Or le positionnement, aussi fine soit l'analyse, ne permet pas toujours de distinguer des marques de produits trop proches les unes des autres *(Me-too)*.

a. Le prisme d'identité de la marque

L'analyse connue sous le nom de **recherche du prisme d'identité**, outil suggéré par Jean-Noël Kapferer dans ses différents ouvrages, consiste à décomposer la marque en plusieurs dimensions, de façon à donner un contenu précis au concept trop flou d'image de marque.

C'est par l'ajustement de ces différentes facettes en un véritable prisme que l'on construit la personnalité de la marque et que l'on donne cohérence au message exprimé. L'élaboration d'une charte de marque constitue par conséquent un outil de gestion à moyen terme où l'on puisera les matériaux ou la copy stratégie (cible, promesse, média, contenu et forme de la campagne publicitaire).

Figure 9.3. Le prisme d'identité de la marque selon Kapferer

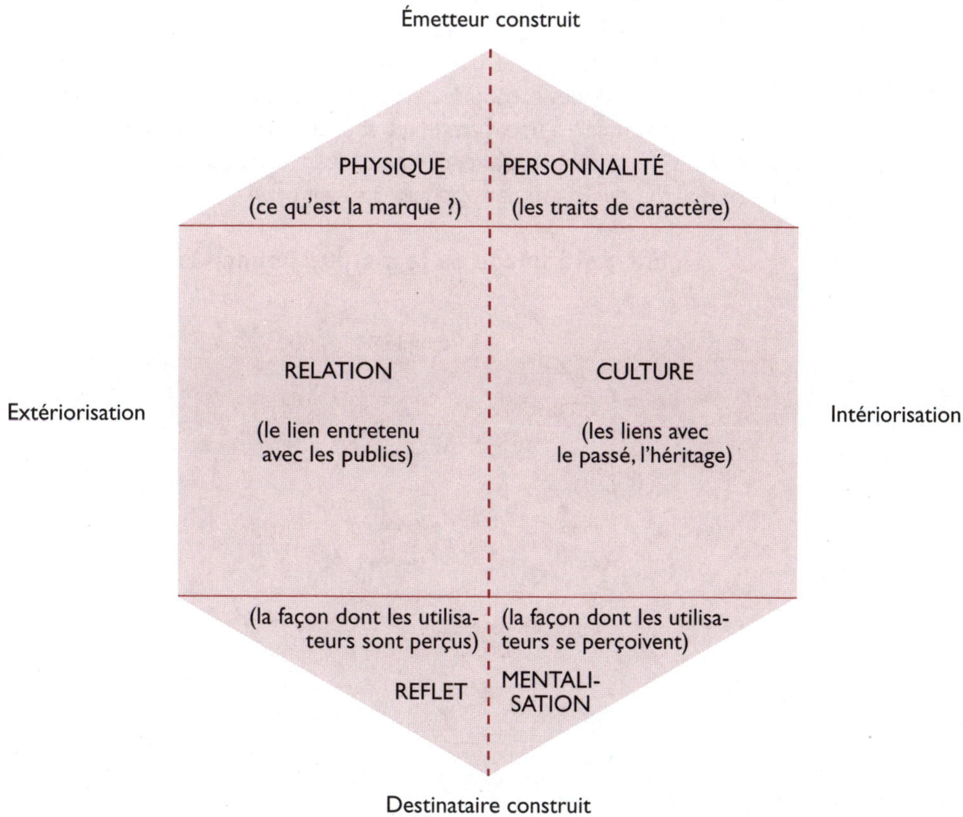

Source : Michel G., Fleck N., *Management transversal de la marque*, Dunod, 2013.

Figure 9.3 bis. Le prisme d'identité de la marque Lacoste

Source : MICHEL G., FLECK N., *op. cit.*

b. La théorie du noyau central

L'image d'une marque est composée d'un noyau central (les éléments fondamentaux constituant les valeurs que la majorité des consommateurs perçoivent) et d'un système périphérique (les éléments concrets). Il est conseillé à une marque qui souhaite faire évoluer son image de préserver le noyau central alors que le système périphérique peut, quant à lui, connaître des changements sans que le client ne se détache de l'image dans laquelle il se retrouve.

Figure 9.4. L'image de la marque Bonne Maman

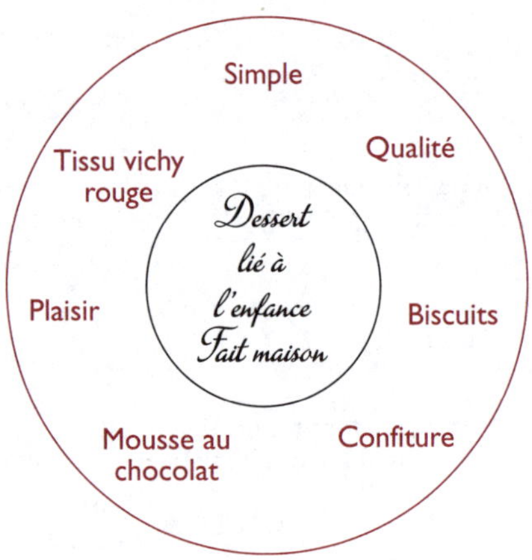

4. Les marques de distributeur (MDD)

Les marques de distributeur (MDD) sont des produits fabriqués et vendus sous le nom des enseignes du grand commerce. Elles viennent en **concurrence directe** affronter les marques nationales avec des standards de qualité et d'innovation légèrement inférieurs mais à des niveaux de prix plus bas. Le consommateur y trouve des produits de bonne qualité préservant son pouvoir d'achat. Le distributeur élargit la gamme de produits offerts avec une signature qui renforce sa propre image et devrait améliorer la fidélisation de sa clientèle. Les années récentes montrent un tassement de l'évolution des MDD. Ce sont les marques économiques qui souffrent le plus. Les consommateurs semblent avoir retrouvé confiance dans les marques nationales.

Pour les fournisseurs de marques nationales, la présence des MDD représente une **menace de fragilisation**. En considérant que l'arbitrage du consommateur vise à trouver le produit qui lui permet de réaliser des économies, cela accroît le danger pour les fabricants. En plus de la gestion difficile des prix de leurs produits, les industriels ne seraient-ils plus les décideurs en termes de segmentation des marchés ?

Figure 9.5. Le poids en valeur des marques de distributeur et de leurs sous-catégories (2010-2013) en hypermarchés et supermarchés

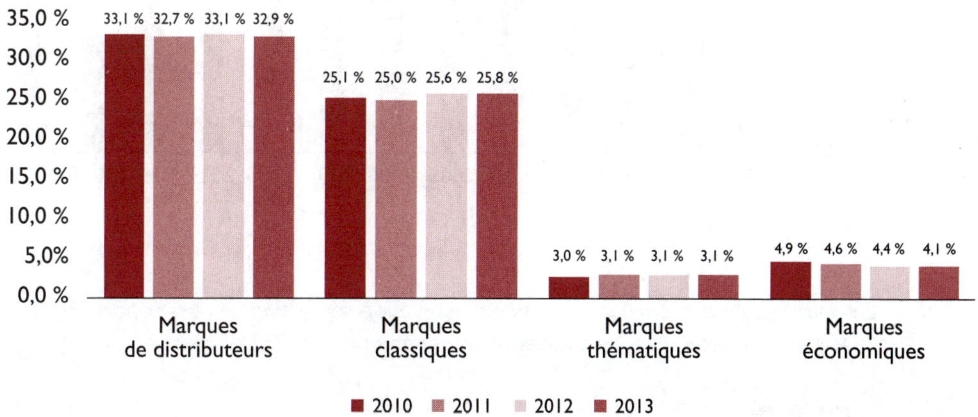

Source : www.pointdevente.fr d'après Kantar Worldpanel, 4e trimestre 2013.

Le moyen de pression est très fort sur les producteurs. Les grandes enseignes du commerce de détail peuvent (dans une certaine mesure) se passer des marques nationales.

Exemples

En 2011, Lactalis avec ses marques Lactel, Président a abandonné É. Leclerc. Chacun a souffert mais est demeuré sur ses positions. Début 2012, un accord a finalement été trouvé.

Les marques de distributeur, selon les produits (plus pour la crémerie, moins pour l'entretien), atteignent une part de marché de l'ordre de 25 à 30 %. La question se complique encore avec l'apparition des marques dites « premier prix » (non signées par un distributeur mais que l'on peut assimiler à des MDD). Il est évident que les marques des distributeur ont su progresser en faisant valoir que, tout en demeurant à un niveau de prix inférieur à celui des marques nationales, elles offraient à présent une qualité très améliorée. Au fil des années, le positionnement des MDD a considérablement évolué. D'abord conçues comme des copies des marques nationales, elles ont su devenir de véritables marques qui apportent une différence.

Figure 9.6. L'évolution de la part de marché des MDD en HM/SM depuis 2000

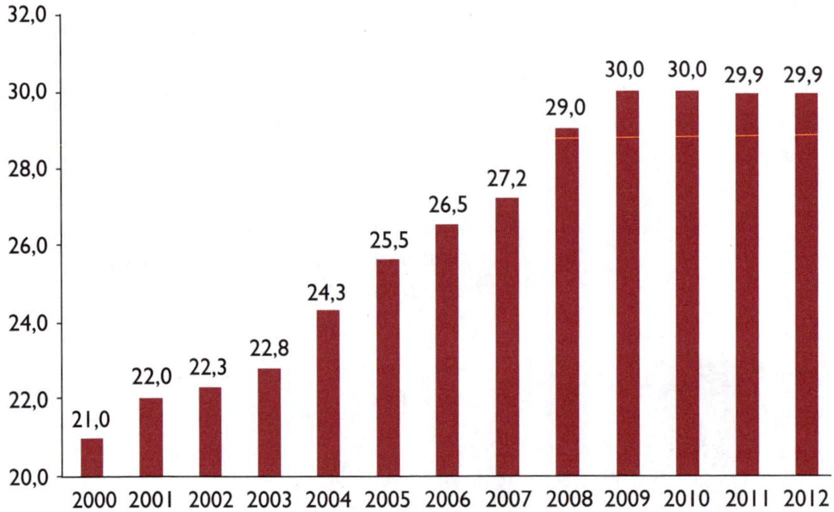

Source : Baromètre IRI/Symphony, *Marketing Magazine*, 4 mars 2013.

Les marques de distributeur de troisième génération sont devenues des concurrentes « nobles » des marques nationales. Elles visent des **positionnements très spécifiques**.

Exemples

Les MDD se positionnent sur les produits du terroir, le bio ou encore les produits ethniques. Dans le domaine des lessives liquides, c'est une MDD, McDrive, qui a innové avant d'être suivie par Procter et Unilever (dosettes).

Les rapports entre fabricants et distributeurs ne manqueront pas d'évoluer encore. Le développement du ***trade marketing*** (marketing de partenariat entre le producteur et les grandes enseignes de distribution) s'inscrit dans cette logique.

Portrait d'une marque de whisky (marque réelle anonymée)

• Le produit : le whisky « x » est un whisky originaire d'Écosse.

• Catégorie : c'est un whisky *blended* (mélange de whiskies) de moins de 12 ans d'âge.

• Distributeur : « N ».

• Place sur le marché : x^e^ marque sur le marché mondial de whisky derrière J. Walker.

• X^e^ marque du marché français (7,1 % de part de marché).

• Prix : le whisky le plus cher de sa catégorie.

• Cible : urbaine, noctambule, masculine, 19/40 ans. Catégorie socioprofessionnelle (CSP) : A et B.

• Circuit de distribution : grandes et moyennes surfaces (GMS), discothèques, bar-café-hôtel-restaurant (BCHR).

• Ventes : 5 570 000 litres.

• Caractéristiques : whisky haut de gamme et international, de qualité reconnue, avec une pénétration importante et une emblématique forte.

• Positionnement marque : élégance, modernité, nuit, universalité, cosmopolitisme.

• Positionnement produit : le whisky à la mode des gens qui sortent.

• Points forts de la marque : son logo très mémorisable.

• Le marquage (découpe originale de l'étiquette).

• La notoriété (17 % de notoriété spontanée).

5. La dynamique des marques

Les marques ne sont pas des ensembles statiques. Elles vivent au quotidien ou presque. Les entreprises, grâce aux moyens de communication les plus divers, font évoluer leur image tout en préservant leur capital-marque, demeurent au plus près de leur clientèle tout en cherchant à séduire de nouveaux segments de consommateurs.

On a observé précédemment que les marques se contractent (on abandonne une marque trop lourde à porter ou éloignée des attentes des clients), s'étendent vers le haut (un produit plus « chic » entre dans la ligne), vers le bas (un produit est offert « by » la grande marque), horizontalement (de nouveaux produits).

Tableau 9.4. Les différents statuts de la marque

Statuts de la marque	Rôles de la marque	Exemples
Marque produit	La marque signe un seul produit.	Ariel, Vizir de Procter & Gamble
Marque gamme	Un même nom, plusieurs produits proposant la même promesse.	Coca Cola avec Coca light, Coca diet...
Marque ombrelle	Plusieurs produits associés à différentes promesses sur différents marchés mais avec recherche d'un dénominateur commun.	La « robustesse » de Caterpillar pour les travaux publics, les chaussures et les vêtements
Marque caution	Plusieurs produits avec des marques filles.	Renault avec Koleos, Clio, Duster

Source : Michel G., Fleck N., *Management transversal de la marque*, Dunod, 2013.

On constate, depuis quelques années, que les marques ne vivent plus seules : les **alliances de marque** ou le ***co-branding*** se développent. Dans un univers économique et culturel très mouvant, une marque peut également s'associer avec d'autres marques. Les **alliances entre marques** revêtent différentes formes selon le type de collaboration défini entre les marques (tableau 9.5).

Tableau 9.5. Les stratégies d'alliance de marques

Formes de partenariats \ Court terme/long terme	Produits en série limitée	Produits permanents
Fontionnel Stratégie de marque qui consiste à lancer un nouveau produit ou service bénéficiant des ingrédients ou du savoir-faire de la marque invitée	Collection de marques de luxe pour H&M (Sonia Rykiel, Karl Lagerfeld, Lanvin)	Le café Nespresso (Nespresso/Magimix/Krups) Le rasoir Philips Nivea Les ordinateurs (Sony/Intel ; Samsung/Intel ; Toshiba/Intel)
Symbolique Stratégie de marque qui consiste à lancer un nouveau produit ou service bénéficiant des dimensions symboliques de la marque invitée	Téléphones portables (LG/Prada ; Motorola/Dolce & Gabbana) Les modèles automobiles (Renault/Miss Sixty ; Peugeot/Roland Garros) Les packagings aux couleurs des créateurs (Coca-Cola/Karl Lagerfeld ; Orangina/Kookaï)	

Source : Chaire Marques et Valeurs, http://chaire.marquesetvaleurs.org/

D'une manière générale, le *co-branding* a pour objectif de cumuler les bénéfices d'image et de notoriété de deux marques. Il en résulte :

– un gain de clients supplémentaires ;

– un partage des coûts de conception. Toutefois, des inconvénients doivent être relevés.

Exemple

La cannibalisation d'un produit par un des partenaires ou le brouillage des images de marque. Ainsi, le logo « Intel Inside » a été retiré sur les ordinateurs par certains fabricants de crainte que le fabricant de microprocesseurs ne passe, aux yeux des consommateurs, pour le seul créateur de la performance.

Parce que les marketeurs, dans certains domaines, investissent des sommes considérables pour la promotion de leurs marques, on en vient à penser que celles-ci constituent un **véritable capital** qu'il convient de gérer avec soin. D'ailleurs, même si la comptabilité reste quasi muette au sujet de la valeur des marques, on voit cependant souvent la Bourse réagir favorablement aux incitations concernant le management des marques.

Dès lors, on considère que la valeur du capital marque est évaluable à deux niveaux (figure 9.6) :

– celui des consommateurs ;

– celui de l'entreprise.

Figure 9.7. Le capital marque

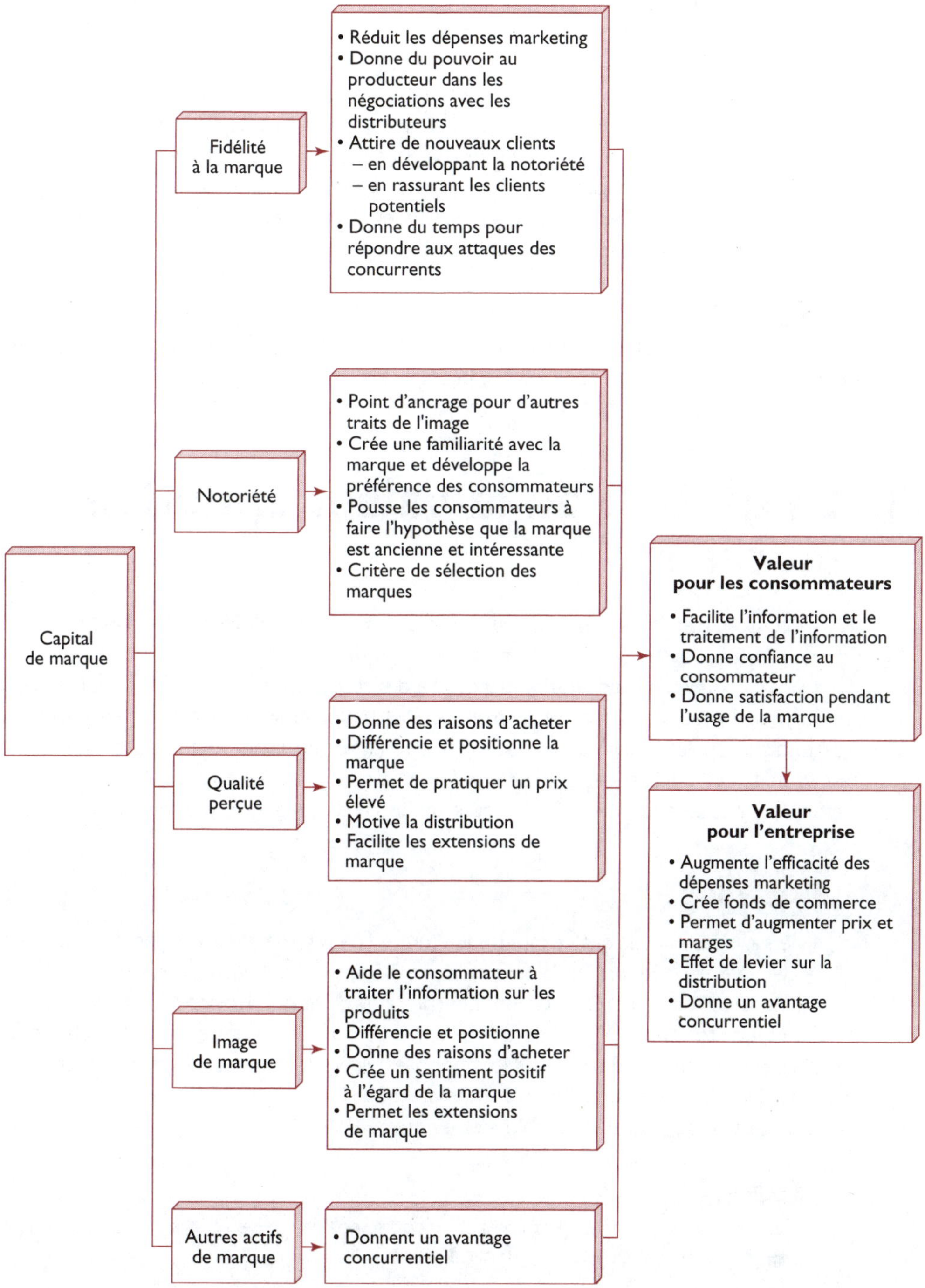

Source : AAKER D., LENDREVIE J., *Management du capital marque*, Dalloz, 1997.

En définitive, si une marque engendre de la **valeur** pour une entreprise, c'est parce qu'elle acquiert de la valeur aux yeux des clients. Tout l'art du marketing consiste, par conséquent, à agir avec pertinence sur toutes les variables constitutives d'un tel capital.

Internet, les forums, les réseaux sociaux, les *widgets* (outils permettant d'accéder directement et en temps réel à certaines informations : météo, calendrier, horloge, notes, etc.), l'*advergaming* (jeux) sont autant de moyens pour faire vivre la marque en créant du **buzz**. L'objectif final est de laisser au grand public, c'est-à-dire aux clients, le soin de parler eux-mêmes de la marque pour la faire entrer dans un univers de complicité avec le plus grand nombre. La valeur d'une marque se compte en millions de *followers* sur Twitter et de fans sur Facebook. La part de voix médiatique est remplacée par la part de présence dans la buzzosphère/blogosphère.

Exemple

Les UGC *(users generated contents)* sont préférés au discours provenant de la seule entreprise. Rien ne vaut un commentaire positif « posté » par un client satisfait. TripAdvisor est là pour l'attester dans le domaine hôtelier.

III. La gestion de la valeur apportée au client

Le consommateur n'achète pas seulement un produit mais également une assurance de qualité et une assistance avant, pendant et après l'achat.

Dans la logique de la **fidélisation** nécessaire des clients évoquée à plusieurs reprises, l'entreprise se doit de gérer au mieux son capital marque pour renforcer son capital client en lui apportant une réelle valeur supplémentaire. Si le capital marque[4] (la fidélité, la notoriété, la qualité perçue, l'image) est élevé, la valeur fournie au client se renforce, sa satisfaction s'élève et l'entreprise en perçoit les retombées positives (un client fidèle coûte moins cher et rapporte plus qu'un client occasionnel).

A. La qualité

Il ne s'agit pas ici de la qualité intrinsèque (entrée de gamme, milieu de gamme, haut de gamme) qui a déjà été décidée lors de la segmentation et du positionnement, mais de tous les éléments supplémentaires dont la présence vient enrichir un produit et l'absence le faire dépérir.

La **régularité** dans le niveau de qualité annoncé par le fabricant est un objectif prioritaire. De nombreux changements de marques (automobiles, vidéo, stylos, tout l'électroménager) s'expliquent par une déception que connaît le consommateur.

Une gestion de la qualité doit alors être entamée.

Exemples

Le contrôle des matières premières et les contrôles aléatoires en cours de fabrication ou lors de la finition garantissent un bon niveau de qualité.

4. Au sens de AAKER D., LENDREVIE J., *ibid.*

Dans le domaine industriel, les fabricants sont amenés à signer des contrats « zéro défaut » avec leurs clients. Ne pas s'y tenir conduit l'entreprise à sa perte.

La qualité se reconnaît aussi à tous les accessoires qui entourent le produit.

Exemple

Le cas de l'automobile est éclairant : peinture métallisée, jantes alliage, GPS, radar de freinage en ville, détecteur d'angles morts, aide au stationnement automatique sont autant d'options qui sont ou non incluses dans le prix.

Tableau 9.6. Les composantes de la qualité d'un produit

La performance fonctionnelle	La capacité d'exercer sa fonction de base.
Les fonctions complémentaires	Autres avantages du produit.
La conformité	Le respect des normes.
La fiabilité	L'absence de panne.
La longévité	La durée de vie utile du produit.
Les services	L'étendue, la rapidité et l'efficacité des services fournis avant, pendant et après l'achat.
L'esthétique	Le design, le « look », la couleur, le goût, etc., du produit.
La perception de la qualité	La réputation, l'image perçue du produit.

Source : modèle de Zeithaml, Parasuraman et Berry.

B. Le service

Livraison, installation, garantie, après-vente, crédit, réparation sont les services qu'une clientèle attend avec force de la part du fabricant. Celui-ci dispose toutefois du choix entre « faire » et « faire faire ». Beaucoup de producteurs préfèrent sous-traiter soit à des spécialistes, soit à leurs distributeurs. L'inconvénient est alors pour eux de s'éloigner de la clientèle avec tous les risques encourus.

C'est bien la **satisfaction du client** qui est recherchée en priorité. Le maître mot consiste à fidéliser la clientèle actuelle avant d'entamer les actions de combat destinées à conquérir de nouveaux clients. L'après-vente acquiert toutes ses lettres de noblesse, les produits sont eux-mêmes conçus pour que l'infidélité soit pénalisante. Le client est questionné tout au long de sa vie d'utilisateur pour savoir s'il conserve les bonnes dispositions qu'il a exprimées lors de l'achat. On met en place des **baromètres**. Pour ce faire, toute l'entreprise est tendue vers la gestion de la valeur donnée au client. Ce n'est en aucun cas la qualité intrinsèque qui donnera au client l'envie d'acheter et, le cas échéant, de réacheter, mais la qualité qu'il perçoit, d'où des efforts inlassables.

Dans le domaine industriel prioritairement (et bientôt pour les services), les entreprises recherchent une **certification qualité**. La démarche est longue et coûteuse et comporte plusieurs stades : normes ISO 9004 (normes pour l'amélioration du système de management), ISO 9001 (exigences pour traiter la satisfaction du client), ISO 14000 (management environnemental), ISO 26000 pour la responsabilité sociale. Les dernières englobent naturellement les premières. Sur de nombreux marchés, ne pas être certifié équivaut tout simplement à renoncer à toute forme de compétition commerciale.

Tableau 9.7. Les composantes de la qualité d'un service

Compétence	Professionnalisme de l'organisation et du personnel en contact.
Fiabilité	Performances régulières, sûres et d'un niveau constant.
Réactivité	Les membres de l'organisation répondent rapidement, en tout temps et en tout lieu, aux demandes du client.
Accessibilité	Accessibilité physique et psychologique.
Compréhension	L'organisation s'efforce de comprendre les besoins spécifiques du client et de s'adapter.
Communication	L'organisation veille à garder les clients informés du contenu précis de l'offre de service, et cela dans un langage compréhensible et adapté au type de clients.
Crédibilité	Cette caractéristique met en cause la notoriété de l'organisation, sa réputation, sa garantie de sérieux, son honnêteté.
Sécurité	Les clients sont à l'abri de tout risque, qu'il s'agisse de risque physique, financier ou moral.
Courtoisie	Tout le personnel en contact entretient vis-à-vis des clients des relations empreintes de cordialité, de politesse et de considération.
Tangibilité	L'organisation s'efforce de matérialiser les services offerts en créant des substituts à la politique des services offerts.

Source : modèle de ZEITHAML, PARASURAMAN et BERRY.

IV. La politique de conditionnement

L'aspect extérieur du produit, sur des marchés encombrés de mille concurrents, a pris une importance stratégique, tout particulièrement pour les produits diffusés dans les grandes surfaces.

A. Le design

Situé à l'interface entre la R & D et le marketing, le **design** dépasse son seul souci ergonomique pour atteindre les rivages de la communication-produit. On n'imagine pas une nouvelle ligne de produits lancée sans l'aval (et la participation active) du designer ; dans une gamme, une harmonie de formes est nécessaire ; c'est l'œuvre du designer.

Le premier point d'appui de celui-ci est le **logo** qui servira de signature à la marque sur tous les produits. On suit sans surprise l'évolution des logos (forme, couleur, graphisme) des grandes entreprises, mais nous sommes ici plus spécifiquement dans le domaine de la communication.

Les formes évoluent, se démodent, doivent être renouvelées (vêtements, voitures, mobilier, appareils électroménagers).

Exemples

- Le célèbre et « rustique » couteau Laguiole a connu un extraordinaire redémarrage après le renouveau d'une fabrication locale – il est vrai –, mais aussi par de nouveaux dessins dus au célèbre designer Starck.
- Paris dispose de 10 000 nouvelles corbeilles dessinées par le cabinet Wilmotte & Associés : pratiques pour le vidage des sacs, plus solides, elles sont équipées d'éteignoirs de cigarettes.

B. La nature du conditionnement

Il s'agit d'une importante application du design.

Le conditionnement a d'abord une **visée pratique** : les produits doivent être vendus dans des quantités déterminées ; ils doivent, en outre, être protégés avant de parvenir chez le consommateur final. De surcroît, le conditionnement a un rôle de communication : c'est lui, inséparable du produit qu'il contient, qui est repéré par le consommateur. Le conditionnement tient le rôle, a-t-on pu dire, d'un vendeur muet.

Conditionnement et emballage ne sont pas synonymes. Le conditionnement d'un produit présenté à la vente visuelle dépasse le simple rôle de protection. De ce fait, par sa forme, par son matériau, par son graphisme, par son aspect pratique ou par son attrait visuel, le conditionnement a pour rôle de mettre en valeur le produit, consciemment ou inconsciemment, dans l'esprit du consommateur. Il constitue un instrument d'action commerciale fort efficace à la disposition des producteurs.

Le conditionnement demeure bien l'**effort commercial** qui, dans les dix dernières secondes, incite le client à acheter ou à ne pas acheter.

La question est complexe : le packaging doit en même temps répondre aux attentes des consommateurs (facilité d'emploi, etc.) et aux soucis des distributeurs (possibilités de gerbage, lutte contre le vol, limitation des manutentions, etc.).

Le conditionnement participe aussi au **positionnemen**t du produit. La moutarde présentée dans un pot de grès évoque un condiment préparé à l'ancienne. De même, le conditionnement aide à segmenter le marché, grâce à l'emploi de couleurs et de graphismes différents pour chaque groupe de clients.

Enfin, cet outil améliore la **productivité** lorsqu'il est conçu avec ingéniosité.

Exemple

Un nouveau conditionnement de yaourt a permis, par exemple, de réaliser 20 % de ventes supplémentaires.

C. La gestion du conditionnement

Elle est devenue extrêmement importante car, pour tous les produits vendus en libre-service, c'est d'elle que dépend le premier contact entre le produit et le consommateur. Le conditionnement constitue un élément essentiel d'unification des articles d'une même marque et, partant, il est le premier support de la publicité. Les décisions à prendre touchent **trois aspects** :

- **La nature du conditionnement.** L'utilisation de nouvelles matières a modifié la technique de la vente de certains produits : matière plastique au lieu du verre ou de l'aluminium ; films plastiques rétractables pour grouper les unités, etc.
- **La forme du conditionnement.** Certaines formes plus pratiques ou plus esthétiques jouent un grand rôle dans la réussite d'un produit : le « blister » ou étui permettant de voir le produit, tout en atténuant les risques de vol dans les magasins en libre-service, est un bon exemple.
- **La quantité vendue.** Elle joue un grand rôle dans les incitations à la consommation : baril familial de lessive, groupement par pack de trois, six, puis douze bouteilles de bière. Parfois l'innovation concerne les trois domaines ; c'est le règne du « design » évoqué précédemment.

Exemples

- Les eaux minérales. À la fin des années quatre-vingt-dix, le passage du PVC au PET a permis aux industriels de réduire d'environ un tiers le poids total de la bouteille. Progressivement, la maîtrise du PET a permis d'alléger l'emballage : entre 1997 et 2006, la bouteille en plastique de 1,5 litre, qui représente 85 % du marché de l'eau minérale, est passée de 38,8 grammes à 35,2 grammes. Et cette même bouteille ne pèse plus que 30 grammes aujourd'hui ! (d'après www.eaumineralenaturelle.fr)
- La bouteille de Ricard change de look. D'après *Marketing Magazine*, « le cartouche est présent sur les deux faces latérales, la base devient rectangulaire... C'est une bouteille originale, inimitable, une prouesse technologique en raison de la complexité de la nouvelle forme ».
- Unilever innove pour la lessive ultra-concentrée Skip avec un flacon plus ergonomique et qui comporte, bien visible, une boule doseuse facile à utiliser (auparavant les utilisateurs ne savaient pas comment procéder avec une lessive ultra-concentrée).

Le choix d'un nouvel habillage ne se fait pas de manière arbitraire, mais selon un ordre rigoureux :

– il convient tout d'abord de définir avec précision les objectifs techniques et commerciaux assignés au conditionnement ;

– on prépare ensuite une maquette, après s'être mis d'accord sur les matériaux, sur la forme, sur le texte et sur le graphisme adapté à l'objet ;

– enfin, on vérifie le bien-fondé des options prises.

Pour effectuer ce travail, les gestionnaires commerciaux ont recours aux **techniques de créativité** et aux **tests** auprès de consommateurs ou de commerçants. Cependant, ce serait une illusion d'imaginer que de bons conditionnements garantissent le succès de produits même médiocres.

Questions et thèmes de réflexion

Outils et concepts

1. La politique de gamme présente-t-elle des liens avec les choix en matière de segmentation et de positionnement ?
2. Définissez et illustrez par des exemples la profondeur et la largeur d'une gamme.
3. Doit-on incorporer un supplément de qualité et de service dans un produit d'appel ?
4. Pour satisfaire les exigences de rentabilité du linéaire, les fabricants doivent-ils impérativement proposer des conditionnements rectangulaires ? Comment innover, tout en prenant en compte les contraintes des points de vente ?

Pour aller plus loin...

1. Les grandes marques nationales ont-elles de l'avenir ?
2. Les grandes enseignes de distribution ont-elles eu raison de référencer des produits « premiers prix » ?
3. Pourquoi la grande distribution (Carrefour, É. Leclerc, etc.) s'est-elle tournée vers la fabrication de marques de distributeurs premiums ?
4. Qu'évoque pour vous le concept de « marque relationnelle » ?

EXERCICE : NOMMER LE PRODUIT ET L'HABILLER

Hélène C. est chef de produit pour une très grande entreprise de cosmétiques[5]. Elle est chargée du lancement d'un nouveau parfum pour femme qu'elle souhaite baptiser Candeur. Ce parfum vise les femmes actives qui veulent s'imposer professionnellement et socialement dans un monde qu'elles considèrent dominé par les hommes. Le profil psychologique de cette cible souligne également sa volonté d'exprimer sa féminité à travers le parfum qu'elle porte. L'arôme du parfum est un mélange d'odeurs d'amandes amères, de zestes d'orange caramélisés, d'arôme de cuir de velours, et de fleurs de jasmin.

La senteur du parfum a été pré-testée auprès d'un échantillon représentatif de la population cible qui a trouvé le parfum exaltant (75 % des femmes interrogées), mettant en exergue la sensualité de la femme (80 %) ainsi que sa force de caractère (75 %). Forte de ces résultats, Hélène C. est chargée d'étudier le packaging et le nom de marque sous lequel le parfum sera commercialisé.

Le directeur marketing lui demande de lui faire une première proposition de packaging et de nom de marque pour ce nouveau parfum. Après de nombreux allers et retours avec le département Design et Production, Hélène C. propose le flacon suivant au directeur marketing (première proposition).

Première proposition

Le directeur marketing trouve le packaging et le nom de marque intéressants. Il demande à Hélène C. de s'assurer que les consommatrices cibles apprécient le packaging et le nom de marque. Il lui rappelle que le packaging est la vitrine la plus importante pour un parfum : « Un packaging qui ne correspond pas aux attentes des consommatrices cibles : c'est l'échec assuré ! » Hélène C. a bien conscience de l'enjeu. Elle décide de mener des études complémentaires. Elle sollicite une société d'études KafProject, spécialisée dans les tests projectifs. Cette société d'études convoque successivement 50 femmes correspondant au profil de la clientèle cible décrite par Hélène C. Une seule question leur est posée : « Décrivez-moi la femme qui pourrait porter le parfum Candeur (le visuel du packaging a été fourni aux femmes interviewées). » Les *verbatim* les plus cités par les personnes sollicitées sont les suivants : « une femme ingénue », « une femme classique », « une femme démodée au goût

5. Les données et les noms sont fictifs.

vestimentaire douteux », « une femme soumise et effacée ». Une explication *a posteriori* de la description fournie par les personnes interrogées a mis le doigt sur un élément négatif : le nom de marque (Candeur).

Hélène C., convaincue que sa première proposition de nom de marque et de packaging est la bonne, reste dubitative concernant la validité des résultats de KafProject. Néanmoins, étant donné l'enjeu, elle décide de faire une deuxième proposition et de tester, cette fois quantitativement, le packaging et le nom de marque le mieux approprié. La seconde proposition est présentée sous la marque Assurance. Cette proposition tient compte des résultats établis par KafProject soulignant l'inadéquation du nom de marque au regard des perceptions de la population cible.

Seconde proposition

Une nouvelle société d'études, Experiment, a été sollicitée. Elle est spécialisée dans la conduite d'études quantitatives fondées sur des expérimentations. Sa mission est d'évaluer la perception des deux packagings et noms de marque auprès de deux groupes différents de femmes ayant le même profil et correspondant au descriptif de la population cible. Deux groupes de 100 femmes chacun ont été formés et nommés respectivement groupe 1 et groupe 2. Le groupe 1 a été exposé à la première proposition et le groupe 2 à la seconde proposition. Une fois les visuels étudiés, les femmes des deux groupes ont répondu au même questionnaire. Le questionnaire se compose de sept affirmations évaluées au moyen d'une échelle de Likert en cinq points allant de « pas du tout d'accord » (noté 1) à « tout à fait d'accord » (noté 5). Les moyennes des réponses aux sept affirmations du questionnaire selon le groupe étudié sont rassemblées dans le tableau ci-après.

Différences de perception du packaging et du nom de marque

	Moyenne Groupe 1*	Moyenne Groupe 2	p**
Packaging et personnalité de la femme qui le porte			
La femme qui porterait le parfum présenté précédemment est effacée	4,1	1,3	0,000
La femme qui porterait le parfum présenté précédemment est plutôt une femme classique	4,3	2,1	0,001
La femme qui porterait le parfum présenté précédemment est plutôt une femme sans une forte personnalité	4,7	2,3	0,003
Attitude face à la marque			
La marque du parfum présenté précédemment m'attire	2,6	4,1	0,001
La marque du parfum présenté précédemment me correspond bien	1,8	4,5	0,000
Intention d'achat de la marque			
J'aurai envie d'acheter le parfum	2,1	4,4	0,001

* indique la moyenne obtenue à l'affirmation proposée. Par exemple, les femmes du groupe 1 ($m = 4,1$) estiment davantage que le parfum auquel elles ont été exposées (première proposition) pourrait être porté par une femme effacée que les femmes du groupe 2 ($m = 1,3$).
** p indique si le test de comparaison de moyennes est significatif. $p < 0,05$ signifie que pour une affirmation donnée, les femmes du groupe 1 réagissent différemment des femmes du groupe 2.

Questions

1. Au regard des résultats obtenus, que pouvez-vous conseiller à Hélène C. ?
2. Quelle fonction essentielle le packaging joue-t-il dans la promotion d'un parfum ?
3. Discutez l'intérêt des pré-tests lors du développement d'un nouveau produit.

La politique de prix

Les compétences clés à acquérir :

- Apprécier les objectifs poursuivis par les gestionnaires lorsqu'ils fixent les prix.
- Évaluer les avantages et les inconvénients des différentes méthodes de fixation des prix.
- Savoir déterminer un prix psychologique.
- Connaître les choix stratégiques (écrémage, pénétration) en matière de prix qui président au lancement d'un nouveau produit.
- Savoir comment s'établit un barème d'écarts à partir du prix catalogue.
- Calculer les prix de vente et les marges dans le commerce de détail.

L'action commerciale menée à partir du prix présente un poids considérable au sein du *marketing mix*. La crise économique, l'extension du chômage et la baisse du pouvoir d'achat renforcent encore cette caractéristique. Des guerres de prix font rage dans de nombreux secteurs et le client a pris l'habitude non plus de rechercher le meilleur rapport qualité/prix mais d'exiger la meilleure qualité pour le prix le plus bas. D'où la pratique de plus en plus fréquente du low cost dans des secteurs aussi différents que les transports (aériens ou ferroviaires) et l'automobile (Logan). Enfin, Internet procure aux consommateurs la possibilité d'effectuer des comparaisons de prix. Après une étude des techniques de fixation des prix, nous examinerons les différentes stratégies et tactiques commerciales permettant d'agir sur les prix.

I. Les méthodes de fixation des prix

Selon les enseignements de l'**analyse économique**, les prix des biens et des services se forment sur des marchés où s'exercent une offre et une demande. Autrement dit, l'établissement du prix est soumis à l'influence de l'offre et à celle de la demande. La fixation des prix devient dès lors une prise de décision complexe où différents points de vue doivent être pris en considération : les objectifs assignés au prix par la direction générale, les contraintes imposées par les coûts subis par l'entreprise, le positionnement souhaité pour le produit, enfin les attentes (en termes de prix) de la part des consommateurs.

Les gestionnaires chargés de fixer les prix de leurs produits ne peuvent négliger l'ensemble de ces influences. En pratique, le regard des responsables marketing est fixé sur les coûts, sur les attentes des clients (la demande) et sur les offres des concurrents.

Figure 10.1. Le prix : une prise de décision complexe

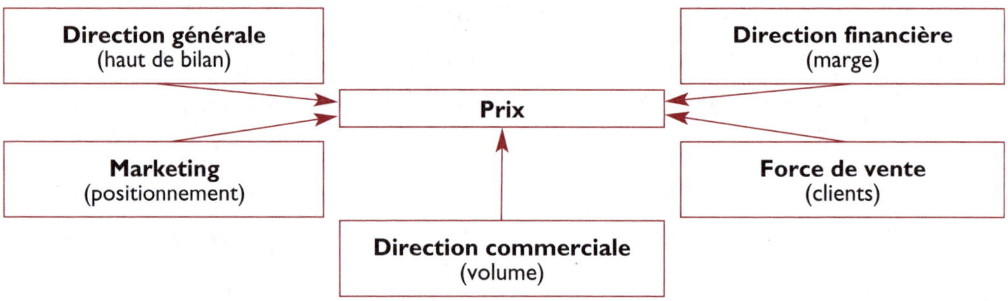

Source : SIMON, KUCHER et PARTNERS, *Les Échos*, 25 avril 2002.

A. La fixation des prix à partir des coûts

Dans son principe, la méthode est simple : aux coûts est ajoutée une marge. Cependant, il existe plusieurs procédures qui correspondent à diverses techniques de prise en compte des coûts.

1. Les catégories de coûts

Rappelons ici les principales distinctions établies par les praticiens.

Figure 10.2. La structure d'un prix de vente

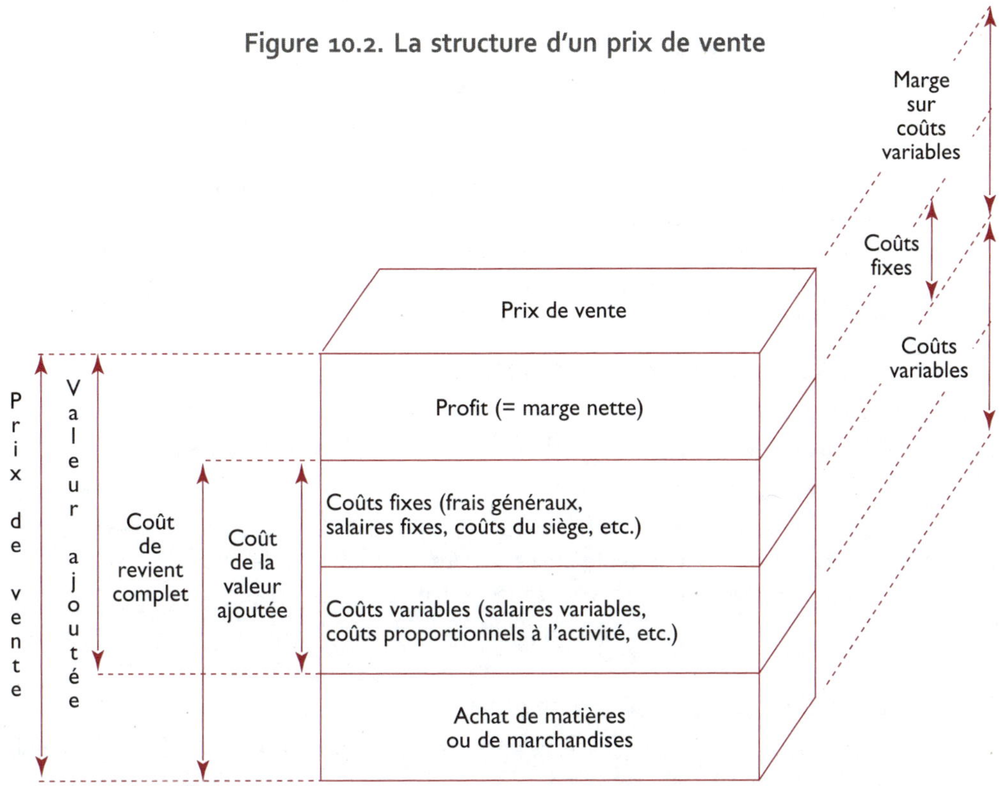

a. Les coûts fixes et les coûts variables

On peut classer les coûts en étudiant leur comportement en fonction de la quantité produite.

- **Les coûts fixes**

Ils restent insensibles aux variations de la production. On les nomme parfois **coûts de structure**.

Exemples

Les loyers ou les coûts des services de comptabilité constituent des coûts fixes liées à la structure.

- **Les coûts variables**

Contrairement aux coûts fixes, ils sont sensibles aux fluctuations de la production. On les qualifie parfois d'opérationnels et l'on distingue :

– les coûts semi-variables, qui comportent une partie fixe et une partie variable, par exemple les frais de personnel ;

– les coûts proportionnels, tels les achats de marchandise ou les taxes sur le chiffre d'affaires, qui augmentent ou diminuent en relation directe avec les variations de production.

Toutes ces définitions ne s'appliquent que dans les limites d'une période assez brève ; à plus long terme, en effet, lorsque la production d'un bien double de volume, par exemple, tous les coûts sont variables.

b. Les coûts directs et les coûts indirects

Lorsqu'on veut mesurer le **prix de revient** d'un produit, on peut opposer :

– les coûts directs attribués à la production de ce bien et de lui seul (les coûts des matières premières, par exemple) ;

– les coûts indirects – ou communs – exposés pour produire plusieurs biens (par exemple, le coût du service de R & D).

Sans qu'ils soient tout à fait assimilables les uns aux autres, notons cependant qu'un rapprochement peut être fait entre les coûts directs et les coûts variables d'une part et les coûts indirects et les coûts fixes d'autre part.

c. Le coût moyen et le coût marginal

- **Le coût moyen**

Il est obtenu en divisant le coût total par le nombre d'unités produites.

- **Le coût marginal**

Il est défini comme le coût d'une unité supplémentaire de production. Fréquemment utilisé par les économistes, ce coût présente moins d'intérêt pratique pour les gestionnaires.

À chaque catégorie de coût correspond une méthode de calcul.

2. Le calcul des coûts

a. La méthode du coût complet

C'est la technique la plus simple, celle qui consiste à calculer un coût de revient complet. On additionne tout simplement la totalité des coûts directs et indirects exposés pour produire et pour vendre le bien puis on ajoute une marge. La méthode est utilisée lorsque l'on fabrique un seul type d'article ou lorsque la production est peu diversifiée.

Exemple

Soit une entreprise qui fabrique 100 000 produits identiques : le coût total (charges opérationnelles + charges de structure) atteint 2 100 000 euros. Par conséquent, le coût unitaire moyen total (CM) est :

$$CM = \frac{2\ 100\ 000}{100\ 000} = 21$$

Le **coût complet** présente l'inconvénient de ne pas tenir compte des variations possibles, des aléas de la production.

Exemple

Ainsi, dans l'exemple que nous avons donné, si par malchance nous ne produisons que 70 000 unités, le coût unitaire moyen ne sera plus 21 € mais :

$$CM' = \frac{2\ 100\ 000}{100\ 000} = 30$$

b. La méthode des coûts partiels

Pour éviter les inconvénients de la méthode que nous venons d'évoquer, on sépare les coûts en deux groupes : les **charges fixes** et les charges variables. On considère que les coûts fixes doivent être supportés, quel que soit le niveau d'activité. On ne répartit donc pas ces frais sur le volume de la production de tous les produits, c'est-à-dire qu'on les traite comme des « pertes » *a priori*. Pour obtenir le **prix de vente**, on ajoute une marge au coût variable unitaire de chaque produit, de façon à couvrir les frais de structure (les coûts fixes) irréversibles.

La somme de toutes les marges doit dépasser les coûts fixes pour réaliser un bénéfice. Le principe est ici que les produits contribuent différemment (en fonction de leur situation concurrentielle) à la couverture des charges fixes. Si cette technique est simple à utiliser, elle ne tient pas compte de l'effet du prix sur le volume de ventes. Cette méthode est donc souvent combinée avec le calcul du point mort.

c. La méthode du point mort

Le point mort, technique très souvent exploitée par les praticiens, est le **niveau d'activité minimum** à partir duquel l'entreprise couvre les coûts fixes et variables de l'exercice. Le point mort peut s'exprimer en volume de ventes, en chiffre d'affaires à réaliser ou en mois d'activité. Le point mort est obtenu au moyen de l'équation suivante :

$$\text{Point mort} = \frac{\text{Coûts fixes}}{\text{Marge unitaire}}$$

Avec une marge unitaire elle-même obtenue en soustrayant le coût variable unitaire du prix.

Exemple

Supposons que les frais fixes de l'entreprise s'élèvent à 150 000 € et que le prix de vente d'un produit donné soit fixé à 12 €. Les coûts variables de production et de commercialisation de ce produit s'élèvent à 5 €. Le point mort sera donc :

$$\text{Point mort} = \frac{150\,000}{(12-5)} = 21\ 429 \text{ unités.}$$

Au-delà d'une production de 21 429 unités, l'entreprise commencera à faire des profits.

Si ce calcul a le mérite de définir le **niveau d'activité** à partir duquel l'entreprise dégage des bénéfices, il n'indique pas directement le prix à pratiquer. Cependant, cette technique est très courante car elle permet d'établir différentes hypothèses de prix et de calculer les pertes ou les bénéfices attendus en fonction des réactions du marché. Plus les charges de structure sont relativement élevées, plus les écarts finaux par rapport au point mort engendreront des bénéfices (cas favorable) ou des pertes (cas défavorable) importants.

d. Une critique des méthodes de détermination des prix à partir des coûts

Toutes les pratiques fondées sur les coûts en vue de déterminer le prix présentent, on s'en doute, des avantages et des inconvénients.

- **Avantages**

Si parfois, pendant un certain temps, un produit supporte un prix inférieur à son coût, une telle situation ne peut cependant pas persister trop longtemps. Autrement dit, à long terme, le prix de vente doit toujours couvrir le coût de revient. Si celui-ci est trop élevé, l'entreprise devra abandonner sa production, sous peine de disparaître.

Lorsque les prix du marché sont mal connus (produit très innovant ou marché de niche), le responsable de marketing ne peut guère prévoir quelles quantités peuvent être écoulées en fonction de différents prix de vente possibles. En revanche, il connaît souvent mieux ses coûts, grâce aux renseignements fournis par le contrôle de gestion.

- **Inconvénients**

À vrai dire, il n'existe pas, de manière systématique, de lien rigide entre le coût et la demande. En d'autres termes, ces méthodes ne garantissent pas que les consommateurs accepteront les prix ainsi calculés. Peut-être ces derniers sont-ils trop élevés, peut-être au contraire sont-ils trop bas ; ils n'indiquent, en définitive, qu'un niveau au-dessous duquel, dans des conditions normales d'exploitation, vendre devient risqué.

B. La fixation des prix à partir de l'étude de la demande

On doit à l'analyse économique d'avoir mis en évidence toute l'**importance de la demande**, lorsqu'il s'agit de fixer le prix d'un produit. Même si les enseignements de l'analyse traditionnelle ne sont guère directement utilisables par les gestionnaires, ils permettent cependant d'éclairer les décisions prises dans l'entreprise.

1. L'analyse économique de la demande

La demande ne se confond pas avec l'achat ni avec la consommation. Au sens strict, il s'agit d'une relation entre la quantité qu'un sujet économique est disposé à acheter (son désir d'achat) et qu'il est capable de payer (son pouvoir d'achat), et le prix possible du produit considéré. Autrement dit, la demande est le résultat d'une confrontation entre des prix et des quantités potentielles de vente.

a. La courbe de la demande ou la relation prix-quantité

Une série de prix possibles, à un moment donné, peut être rapprochée des quantités susceptibles d'être achetées aux différents niveaux de prix.

Ainsi, au prix p_1, les clients sont disposés à acheter q_1 ;

– au prix p_2, les clients sont disposés à acheter q_2 ;

– au prix p_n, les clients sont disposés à acheter q_n.

Si l'on adopte une représentation graphique, on obtient :

Figure 10.3. La courbe de la demande

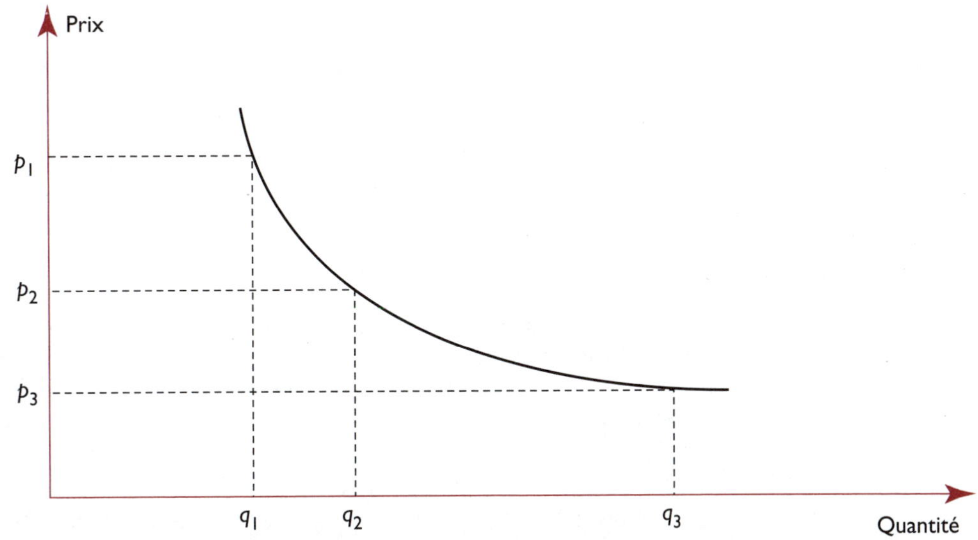

On observe que la demande est, en général, une fonction décroissante du prix : plus le prix diminue, plus la demande augmente. Or, quels sont les modes d'une telle décroissance ?

b. L'élasticité de la demande

Une demande peut être plus ou moins sensible, plus ou moins élastique aux variations du prix. On appelle élasticité (ε) de la demande, en un point de la courbe, le rapport des variations relatives des quantités aux variations relatives des prix, soit :

$$\varepsilon = \frac{\text{\% de variation des quantités}}{\text{\% de variation des prix}} = \frac{\dfrac{\Delta Q}{Q}}{\dfrac{\Delta P}{P}}$$

Par exemple, pour une baisse du prix de 10 % et une augmentation corrélative de la demande de 20 %, on a :

$$\varepsilon = \frac{+20\%}{-10\%} = -2$$

Ce résultat étant supérieur à l'unité en valeur absolue, la demande est ici dite élastique en ce point. L'élasticité peut être nulle, positive ou négative :

$\varepsilon = 0$: la demande est constante quelles que soient les variations de prix. C'est le cas des produits de première nécessité comme le pain, dont la consommation est maintenue même lors d'une hausse de son prix.

$\varepsilon < 0$: cela signifie que la demande varie en sens inverse du prix. Lorsque le prix augmente, la demande diminue et réciproquement.

$\varepsilon > 0$: la demande augmente en fonction du prix. Ce phénomène intervient, par exemple, pour les produits de luxe.

Les gestionnaires ont parfois recours également au calcul de l'élasticité croisée qui exprime l'effet de la variation du prix d'un produit sur les ventes d'un autre produit de la même gamme ou d'un produit concurrent.

$$\text{Élasticité croisée entre les biens X et Y} = \frac{\text{Variation en \% de la quantité demandée du bien X}}{\text{Variation en \% du prix du bien Y}}$$

Exemple

Si une baisse de prix de 10 % du produit Y engendre une baisse du volume des ventes de 20 % pour le produit X, l'élasticité croisée entre X et Y est de 2 (– 20 / – 10). En d'autres termes, les produits X et Y sont substituables, car la variation du prix de Y modifie la demande pour le produit X.

Toutefois, rares sont les gestionnaires qui ont les moyens d'établir une véritable courbe de demande du produit ou qui sont capables d'apprécier, ne serait-ce qu'approximativement, les variations de ventes obtenues à la suite d'une variation de prix. Ils procèdent alors à des **expérimentations** moins abstraites que celle-ci. Une méthode consiste à faire varier les prix sur différents marchés tests (différents magasins, régions, groupes de consommateurs) et à relever les niveaux de demande correspondant à chaque variation de prix. Sur Internet, cette méthodologie peut également être pratiquée en faisant varier de manière aléatoire, dans le temps, le prix avec une mesure des achats correspondant à chaque niveau de prix.

On observe très généralement que :

– l'intérêt du consommateur pour les prix est élevé ;

– la connaissance des prix est cependant peu précise, même pour un achat récent ;

– l'intérêt porté aux prix diminue au fur et à mesure que le statut socio-économique du consommateur s'élève ;

– plus le consommateur achète un produit fréquemment, mieux il en connaît le prix.

2. Les études des prix vendables

D'un point de vue pratique, le responsable commercial va rechercher les prix vendables, les prix « marketing » comme on les nomme aussi parfois, quitte à comparer ensuite le prix vendable retenu et le coût de revient, afin de fixer le prix de vente définitif.

On détermine généralement un prix ou plutôt des zones de prix acceptables par le plus grand nombre de consommateurs.

a. La démarche

On commence par constituer un échantillon représentatif du marché du nouveau produit : une petite voiture urbaine, par exemple.

Chaque personne interrogée est invitée à indiquer la fourchette de prix à l'intérieur de laquelle elle situe le prix du produit étudié. Deux questions sont généralement posées :

– au-dessus de quel prix n'achèteriez-vous pas cette voiture, car vous la jugeriez trop chère ? (Question a)

– au-dessous de quel prix n'achèteriez-vous pas cette voiture, car vous penseriez qu'elle n'est pas de bonne qualité ? (Question b)

Ces renseignements sont d'abord rassemblés dans deux tableaux (10.1 et 10.2).

Tableau 10.1. Les données concernant les prix

Groupes socioprofessionnels	Prix donné en réponse à la question a	Prix donné en réponse à la question b	Nombre de réponses
Retraité	11 500	12 500	252
Ouvrier	12 500	14 000	379
Employé	13 000	14 000	210
Professions intermédiaires	12 500	14 000	631
Professions libérales	11 500	13 000	1 052
Chef d'entreprise	12 000	12 500	1 682
Total	**73 000**	**80 000**	**4 206**

Dans ces tableaux figure le nombre de ménages correspondant à chaque prix.

Tableau 10.2. Le nombre de ménages susceptibles d'acheter une voiture en fonction du prix

Prix / Groupes socio-professionnels	11 500	12 000	12 500	13 000	13 500	14 000
Retraité	252	252	252			
Ouvrier			379	379	379	379
Employé				210	210	210
Professions intermédiaires			631	631	631	631
Professions libérales	1 052	1 052	1 052	1 052		
Chef d'entreprise		1 682	1 682			
Total	1 304	2 986	3 996	2 272	1 220	1 220

Puis les résultats sont représentés sous la forme d'un histogramme (figure 10.4).

Figure 10.4. Le nombre de ménages en fonction du prix (histogramme)

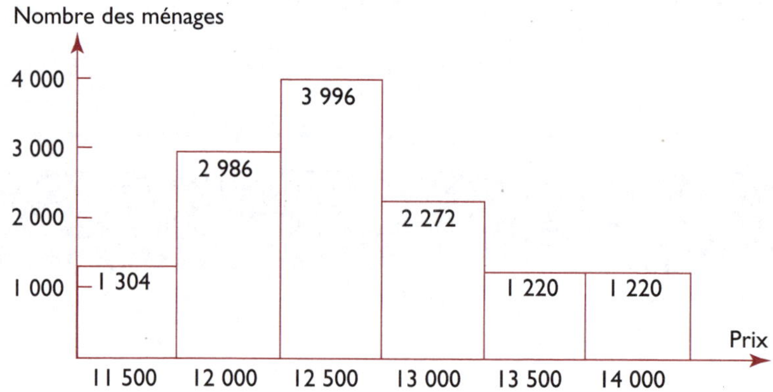

L'observation de ce graphique laisse apparaître que les trois meilleurs prix sont, dans l'ordre : 12 500 €, 12 000 € et 13 000 €.

On peut également recourir aux **courbes fuseaux**.

Tableau 10.3. Le tableau des réponses

Prix	Q1	Q1 en cumul (prix)	Q2	Q2 en cumul (qualité)	Marché (total – ensemble des cumuls)
11 000	0	0	1 304	4 206	0
11 500	0	0	1 682	2 902	1 304
12 000	0	0	1 010	1 220	2 986
12 500	0	0	210	210	3 996
13 000	1 934	1 934	0	0	2 272
13 500	1 052	2 986	0	0	1 220
14 000	0	2 986	0	0	1 220
14 500	1 220	4 206	0	0	0

Sur la base de telles informations, le responsable commercial détermine sa **politique de prix**. Il peut choisir, après comparaison, les zones de prix où il n'a pas de concurrent. Mais il peut aussi choisir le **prix psychologique optimal** – ici, 12 500 € –, celui pour lequel les consommateurs sont les plus nombreux.

Figure 10.5. Les courbes fuseaux

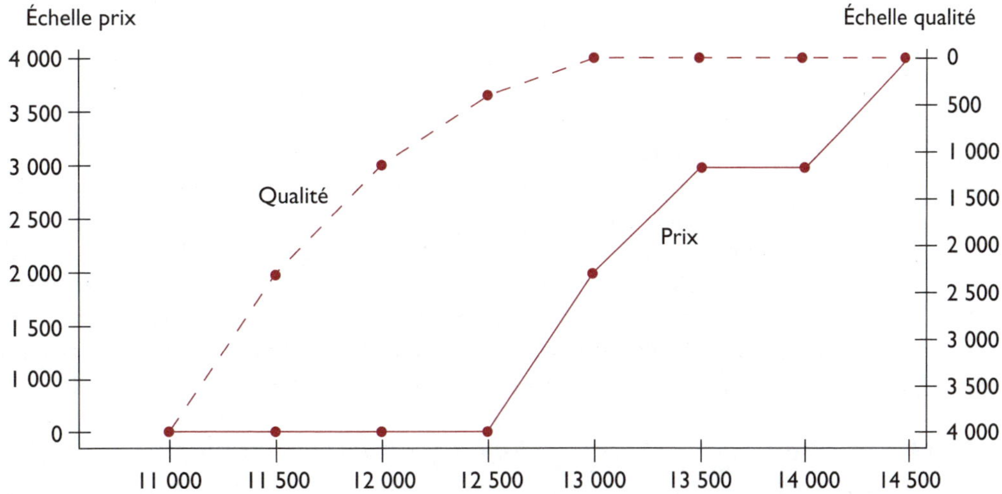

b. Les limites de la démarche

À vrai dire, une telle étude ne peut convenir qu'à certains produits : aux biens peu familiers, pour lesquels le prix n'est pas déjà bien inscrit dans l'esprit du consommateur.

Pour de nombreux produits on sait que le consommateur a en tête un **prix de référence**. Dans ce cas, questionner le client potentiel sur ses réactions à l'égard d'un prix proposé revient à le solliciter sur sa connaissance du prix de référence. Le prix de référence est le prix que les prospects utilisent comme élément de comparaison pour évaluer le prix d'un produit. Le prix de référence peut être un prix fixé dans la mémoire de l'acheteur. Il peut aussi s'agir du prix d'un produit comparable, connu par le consommateur.

En outre, même lorsque l'étude des prix vendables permet d'obtenir des informations de qualité, elle conserve un inconvénient : celui d'être sans rapport avec le coût. Un **prix psychologique** a pu être trouvé, toutefois il n'est optimal que pour les consommateurs. Bref, nous retrouvons le défaut inverse de celui que nous avions relevé en étudiant les méthodes de calcul des prix fondées sur les coûts.

C. La fixation des prix par confrontation de la demande et des coûts

Nous venons d'observer que les deux modes précédents de fixation des prix présentent de sérieux inconvénients :

– les techniques fondées sur la seule étude des coûts peuvent conduire à l'établissement de prix que les consommateurs refusent ;

– les méthodes fondées sur l'estimation de la demande risquent de faire choisir un niveau de prix insuffisant pour couvrir les coûts exposés.

Aussi la prise en considération du coût et de la demande paraît-elle constituer la meilleure démarche, la moins risquée, la mieux adaptée, parce qu'elle oblige à considérer les deux éléments indissociables du problème. Or, dans ce dernier cas, c'est l'**analyse marginale** qui procure le modèle idéal de calcul.

1. L'analyse marginale

Le principe est simple. Un responsable de marketing, qui souhaite rendre maxima les profits réalisés, doit baisser le prix de vente du produit, tant que les recettes additionnelles, obtenues grâce aux réductions de prix, sont supérieures aux coûts supplémentaires qui résultent de l'augmentation des ventes. En d'autres termes, on peut envisager de réduire le prix aussi longtemps que la recette marginale excède le coût marginal.

Par conséquent, le prix le plus rentable, pour l'entreprise, est celui que l'on obtient lorsque la recette marginale est égale – ou tout juste supérieure – au coût marginal.

Il faut cependant convenir que, dans la pratique, la méthode résultant de cette analyse est rarement utilisée, car elle suppose une connaissance des réactions de la demande et une connaissance de l'évolution des coûts que les responsables de marketing n'ont pas. Néanmoins, il est toujours possible d'émettre des hypothèses concernant la demande et les coûts et de raisonner à partir de celles-ci afin de rendre la fixation des prix plus rationnelle.

2. Les coûts cibles (*target costing* ou *design costing*)

Cette technique consiste à effectuer des prévisions concernant les quantités que l'on pourrait vendre à certains niveaux du prix. On évalue ensuite les coûts complets qui correspondent aux différentes hypothèses. Enfin, on choisit tout à la fois le coût de revient, le prix de vente et la quantité qui entraînent le profit le plus grand pour l'entreprise. Pour ce faire, on mène parfois une « analyse de la valeur » afin de réduire les fonctions offertes par le produit et le coût de revient.

D. La fixation des prix à partir des prix du marché

Lorsque l'on utilise les procédés de calcul des prix fondés sur les coûts, on ignore la répartition des forces en présence sur les marchés. Or, dans certains cas, les responsables commerciaux peuvent être contraints de tenir compte de la concurrence, voire d'aligner les prix de leurs produits sur ceux des rivaux. Deux méthodes sont pratiquées.

1. La fixation du prix au niveau du prix moyen du marché

Il s'agit de la situation où s'établit un prix moyen du marché, au terme d'un consensus implicite ou au contraire explicite. Les différents intervenants ont alors tendance à fixer leurs prix à des niveaux très voisins de celui-ci.

Les avantages de cette technique se manifestent surtout dans les situations suivantes :

– lorsque les coûts sont difficiles à mesurer, quand par exemple il n'est pas commode de répartir certains coûts fixes entre plusieurs produits (des dépenses de R & D, par exemple) ;

– lorsque le prix moyen pratiqué dans la branche procure une rentabilité jugée suffisante ;

– lorsque l'on craint les concurrents et leurs réactions face à une variation de prix.

Cette technique se rencontre généralement sur deux types de marché :

– ceux dans lesquels la concurrence est très vive. Dans ce cas, les produits sont très facilement comparables ; en outre, les producteurs et leurs clients sont très bien informés des prix. Aucune entreprise n'a intérêt à bouleverser l'équilibre réalisé ;

– ceux dominés par un petit nombre d'entreprises importantes. Une entreprise de taille moyenne qui entre dans la branche n'a pas intérêt à déclencher une guerre des prix avec les concurrents. Nous savons qu'il est alors préférable de s'en tenir prudemment au prix pratiqué par les leaders.

2. La fixation du prix au-dessous ou au-dessus du prix du marché

Les deux possibilités sont à considérer, le choix de l'une ou l'autre étant dicté par le positionnement voulu du produit sur le marché.

a. Un prix de vente inférieur au prix du marché

C'est ainsi que procèdent les hard-discounters dans le commerce de détail. Les services qu'ils offrent aux clients sont moins nombreux que ceux procurés par les commerçants spécialisés, mais leurs prix sont inférieurs de 10 % à 30 % à ceux des concurrents.

b. Un prix de vente supérieur au prix du marché

Ce cas est plus rare que le précédent. Ainsi agissent les producteurs ou les détaillants qui vendent des produits de luxe et qui possèdent une image de marque prestigieuse.

Exemple

Des griffes comme Cartier, Guerlain ou Hermès peuvent se permettre d'afficher des prix bien au-dessus du marché.

Sur Internet, les enchères se développent et s'appliquent à la vente des produits de B to B (des produits pétroliers ou du bétail) et de B to C (des voitures d'occasion). On distingue **deux procédures** :

- **Les enchères ascendantes.** Plusieurs vendeurs et plusieurs acheteurs interviennent. Elles s'appliquent aux produits d'occasion.
- **Les enchères descendantes.** Elles mettent en contact un seul vendeur ou un seul acheteur et de nombreux partenaires. Le vendeur commence par annoncer un prix élevé et le baisse petit à petit, jusqu'au moment où un acquéreur se présente. L'acheteur annonce son intention d'acquérir un produit. Les vendeurs se présentent et baissent leur prix jusqu'au moment où l'acheteur accepte la dernière proposition.

II. Stratégies et tactiques de prix

Une fois les objectifs concernant les prix fixés, une stratégie et une tactique appropriées doivent être définies. De nombreuses possibilités s'offrent aux responsables commerciaux. Pour la clarté de l'exposé, nous distinguerons ici les problèmes pratiques rencontrés dans une firme de production de biens ou de services de ceux observés dans une entreprise du secteur de la distribution.

A. Stratégies et tactiques de prix du fabricant

L'un des principaux problèmes que doit résoudre un chef de produit consiste à déterminer quel prix de base convient à un bien nouveau ou à un service.

1. Le prix de base du nouveau produit ou service

Le choix du prix dépend de la politique de produit projetée.

a. Le prix et la politique de produit

L'étude des courbes de vie des produits nous enseigne qu'un bien qui vient d'apparaître ne touche pas immédiatement une grande masse de consommateurs. En effet, le nouveau produit doit d'abord faire l'objet d'une publicité et d'une promotion des ventes, l'une et l'autre vigoureuses. Il n'existe que deux partis possibles : l'**écrémage de la demande** ou la **pénétration** aussi vive que possible du marché.

- **La politique d'écrémage**

Elle consiste à fixer un prix relativement élevé de manière à ne toucher au début de l'opération de lancement qu'une clientèle limitée, quitte à baisser le prix à un stade ultérieur.

Exemples

Les écrans TV LCD et plasma se sont vendus à des prix très élevés (plusieurs milliers d'euros). On trouve maintenant des TV LCD à quelques centaines d'euros.

Avantages

L'écrémage se fonde sur l'observation selon laquelle les ventes sont moins sensibles au prix pendant la phase de lancement qu'elles ne le deviendront quand le produit arrivera à maturité et que l'imitation aura eu tout loisir de se réaliser. C'est la période pendant laquelle tous les efforts de dynamique commerciale (promotion des ventes, publicité, stimulation de l'équipe de vendeurs, etc.) présentent le plus grand effet sur le chiffre d'affaires.

L'écrémage permet de profiter d'un segment du marché acceptant des prix élevés, avant qu'on ne tente d'exploiter d'autres groupes de consommateurs plus sensibles aux niveaux des prix. Autrement dit, on obtient au début un supplément de ventes chez ceux qui ne se préoccupent guère des prix, tandis qu'on acquiert de l'expérience afin d'atteindre un marché plus étendu grâce à des niveaux de prix plus séduisants.

Par ce moyen, les gestionnaires commerciaux responsables du produit sondent la demande. En effet, il paraît plus judicieux de commencer par un prix élevé et de le baisser plus tard quand le premier segment de marché a été totalement prospecté que de commencer à offrir un prix bas et de l'élever ensuite pour couvrir des coûts inattendus.

Des prix élevés pour une demande qui en tout état de cause est favorable au produit entraînent un plus grand volume de vente en phase de lancement et de développement que ne le ferait une politique de bas prix.

Pour résumer, la politique d'écrémage est appropriée dans le cas d'une production restreinte. Elle convient aussi lorsque les ressources financières de l'entreprise sont modestes ; l'investissement commercial (équipe de vente, publicité, promotion des ventes, etc.) reste, de ce fait, limité. Les bénéfices, qui proviennent de marges élevées réalisées au cours de la période de lancement, permettent d'accroître la production et de grossir le volume des investissements commerciaux par autofinancement.

Inconvénients

Une telle politique freine l'augmentation des ventes. En outre, elle incite les concurrents, attirés par l'espérance de marges substantielles, à investir le marché.

- **La politique de pénétration**

Elle consiste à conquérir rapidement une part importante d'un vaste marché, grâce à un bas prix alléchant, mais à l'aide aussi d'une publicité intense et d'une politique de distribution de masse.

Le choix d'une telle politique est préférable à la première dans **quatre cas** :

- Lorsque le **volume des ventes** est **très sensible au prix**, même en période de lancement.
- Quand on peut réaliser des **économies sur les coûts unitaires** de production et de distribution en lançant des grandes quantités.
- Lorsqu'on sait que le produit sera immédiatement menacé par une **vive concurrence** dès le lancement.
- Quand il n'existe **pas de marché d'élite**, autrement dit de segments de clientèle qui acceptent de payer un prix très élevé pour acquérir la dernière nouveauté.

Avantages

Par ce choix, on élève des **barrières** face aux rivaux potentiels ; la perspective de faible profit, voire de perte temporaire, a de bonnes chances de freiner l'arrivée de concurrents ou même de les décourager définitivement. De plus, l'entreprise acquiert sur le marché une telle position de force qu'elle sera en mesure d'utiliser sa puissance, lorsque le besoin s'en fera sentir.

Inconvénients

La politique de pénétration est **coûteuse** : elle exige de gros investissements pour produire ; elle suppose l'existence d'un volume de stock important.

Exemples

Les montres Swatch, originales dans leur design, ont été lancées à grande échelle à un prix uniforme relativement bas pour occuper rapidement une place prépondérante sur ce nouveau marché. La liseuse Kindle d'Amazon a été lancée à un prix inférieur à 100 €.

En définitive, la vitesse et l'aisance avec lesquelles les principaux concurrents répondront en offrant des produits identiques ou de substitution constituent, sans nul doute, la raison la plus décisive pour choisir entre écrémage et pénétration au moment du lancement d'un nouveau produit. Par conséquent, les décisions d'une **stratégie de prix** ne peuvent que se fonder sur une étude très attentive de la situation concurrentielle.

Les prix d'une ligne de produits

La plupart des firmes fabriquent des produits différents, voire des gammes, des lignes bien assorties de produits différents.

Exemples

On trouve chez Procter & Gamble :
- Des shampooings : Petrol Hahn, Vidal Sassoon, Pantène.
- Des lessives : Ariel, Bonux, etc.
- Des produits d'hygiène : Pampers, Always.

Comment, dès lors, établir le prix des différents articles à l'intérieur d'une gamme donnée? On se reporte aux objectifs concernant la politique des produits *(product mix)*, lorsque les buts à atteindre ont été formulés explicitement, pour répondre à la question. Aucune solution générale ne peut être ici proposée, car les produits sont entre eux, selon les cas, complémentaires, indépendants ou concurrents, et la nature de la relation présente une influence évidente sur les choix effectués dans ce domaine.

Dans la pratique, avant d'élargir sa gamme de produits, un responsable de marketing ne manque pas de se poser un certain nombre de questions:

- Quel va être l'effet de prix différents sur les ventes de la nouvelle gamme de produits?
- Doit-on modifier le prix des anciens produits?
- Quel est le gain espéré?
- Le lancement du produit, au prix prévu, permet-il d'améliorer la position de la firme par rapport à celle des concurrents?, etc.

Des modèles ont été construits pour tenter de déterminer rationnellement les prix d'une **ligne de produits**.

Toutefois, il faut admettre que le problème est très difficile à résoudre, dans la pratique, essentiellement pour **trois raisons**:

– les **possibilités d'interactions** concernant la demande et les coûts entre les divers produits sont fort nombreuses;

– il existe maintes **possibilités de concurrence** entre les produits;

– il est nécessaire de connaître les **élasticités** de la demande aux différents prix de vente.

Au surplus, il faut encore tenir compte de la **politique de distribution** adoptée.

Comme le responsable fait appel, pour la détermination du prix, à plusieurs acteurs – ce qui complique l'opération –, il est très souhaitable de confier sa gestion à un coordinateur chargé d'harmoniser les politiques tarifaires entre les gammes, à l'intérieur d'une gamme, avec les attentes des clients, avec les contraintes concurrentielles et de fabrication. Faute d'une telle prise en compte, le prix est dominé par une logique purement comptable.

Exemples

Chez General Electric, un responsable des prix rapporte directement au PDG. Renault a mis en place une formule voisine.

b. Le prix et la politique de distribution

Une entreprise de production ne peut pas négliger les contraintes rencontrées à l'intérieur d'un **canal de distribution**, lorsqu'elle fixe son prix.

Exemple

Le responsable commercial doit s'interroger sur la politique de prix des divers détaillants clients: ceux-ci, à l'instar des magasins de vente en discount, offrent-ils des articles aux prix peu élevés, avec de faibles marges brutes, ou bien, au contraire, recherchent-ils le haut de gamme et les forts taux de marque? Trouve-t-on aisément les produits disponibles sur le Web?

S'il est puissant, on peut supposer que le producteur détermine et impose au détaillant le prix de vente aux consommateurs en tenant compte de ses propres coûts et de l'image qu'il souhaite donner à son produit. Cette politique, dite du prix imposé, est interdite en France. Néanmoins, des dérogations sont possibles. Par conséquent, différents modes de relation entre les producteurs et les commerçants peuvent être envisagés.

Si le producteur est puissant, le commerçant est contraint de présenter le produit. Il accepte un prix indirectement imposé, le prix conseillé, et se voit alors obligé d'appliquer une marge brute fixée autoritairement par le producteur.

Certains distributeurs, qui disposent d'un pouvoir plus grand, n'acceptent pas les conditions d'achat et de revente que souhaite imposer le producteur. Dans ce cas, le fabricant va adopter une autre solution : celle d'une **politique de prix discriminatoire selon les canaux de distribution**.

Exemples

Les commerçants traditionnels, les grands magasins ou grandes surfaces, la vente directe en ligne sont autant de canaux différents pouvant justifier des politiques de prix dédiées.

Cette pratique discriminatoire, bien qu'interdite, est fréquente, car les producteurs ne veulent pas se priver des commandes importantes de gros clients comme les grossistes ou les centrales d'achat.

Enfin, il convient surtout de ne pas oublier que les consommateurs réagissent aux prix.

c. Les prix et les réactions des consommateurs

Le **niveau des prix** et leurs écarts les uns par rapport aux autres agissent sur l'image que les consommateurs se font des produits et de la marque. Aussi est-il parfois utile, pour des motifs psychologiques, d'avoir des articles à bas prix. Ces biens servent de référence flatteuse, lorsque la clientèle compare les prix des différents produits.

En outre, nous savons que les consommateurs établissent des échelles de prix. Dans l'esprit des clients, certains prix se regroupent autour d'une zone cible, et, au contraire, l'échelle des prix s'allonge pour certaines valeurs.

Il apparaît ainsi que certains prix exercent un pouvoir d'attraction et servent de point d'ancrage.

2. Les modifications de prix

Quelle communication est opérée autour de ces changements de prix parfois délicats ?

Elles jouent vers le bas, comme vers le haut.

a. La baisse des prix

Diverses causes motivent une telle décision.

- **Les causes externes**

Si un concurrent jugé redoutable prend l'initiative de baisser son prix ou de lancer un article comparable à ceux déjà offerts à un prix inférieur, la question d'une modification de prix se pose. Mais il faut alors savoir si la baisse du prix du concurrent est temporaire – ainsi, il peut liquider son stock pour améliorer sa trésorerie – ou définitive.

La riposte

Dans le premier cas, si les consommateurs ne sont pas trop sensibles aux variations de prix, la réaction semble moins urgente que dans la seconde hypothèse. Mais si cette dernière éventualité est confirmée, un autre problème surgit. Doit-on s'aligner sur le prix du concurrent ? Doit-on diminuer le prix tout en restant à un niveau supérieur au rival ? Doit-on enfin entamer une véritable guerre des prix en se situant au-dessous de la valeur fixée par l'attaquant ? Aucune réponse univoque ne peut être ici donnée. De fait, la décision dépend en partie de la nature du produit :

- Lorsque les deux **biens** sont **homogènes**, facilement comparables par les clients éventuels, il semble préférable, si l'opération est encore rentable, de s'aligner sur le prix de la concurrence.
- En revanche, quand les **produits** sont **quelque peu différents**, lorsque les consommateurs ne semblent pas trop attentifs au niveau de prix, quand la notoriété de la marque est grande, on peut alors ne pas suivre le concurrent.

La guerre des prix

Bien que les diminutions de prix semblent faciles à pratiquer ou à imiter, elles sont toutefois dangereuses pour les entreprises de production. En effet, de telles décisions provoquent souvent une surenchère ; elles diminuent toujours la rentabilité des firmes et conduisent certaines d'entre elles à la ruine. Seules les entreprises du commerce de détail et les consommateurs profitent de ces rivalités et se partagent le bénéfice de l'opération. Par conséquent, on recourt rarement à cette arme. Il est cependant des occasions où, pour conquérir un nouveau marché ou encore pour provoquer la disparition d'un concurrent, cette stratégie est adoptée.

Depuis quelques années, depuis que les gestionnaires commerciaux ont perçu la sensibilité accrue que les consommateurs manifestent pour obtenir des articles de premier prix, se développe la pratique de l'**EDLP** (*Every Day Low Price* : des prix bas toute l'année) inaugurée par Procter & Gamble. Elle consiste à présenter des produits nouveaux de plus bas prix dans les gammes en lançant fréquemment de nouveaux produits à bas prix, comme l'a fait Nestlé avec les petits plats de Findus. Le développement du *trade marketing* favorise l'EDLP.

Exemple

Procter & Gamble a mis au point un tel programme de collaboration avec le géant américain du commerce de masse : Wal-Mart. La technique consiste aussi à éviter la surenchère des promotions diverses pour, au contraire, assurer le client d'un prix régulier et toujours le plus bas.

Nouvelles technologies et guerre des prix

• Microsoft a lancé Xbox, sa console de jeu, au prix de 479 euros, ce qui se rapprochait du prix de lancement de la Play Station PS2 de Sony en fin 2000, mais était très éloigné du prix actuel de 299 euros. Deux mois après le lancement, le prix de la Xbox était ramené à 299 euros. Les ventes s'envolent. Sony décide de baisser de 17 % le prix de sa console, la ramenant à 249 euros. Quelque temps après, Microsoft s'attaque à Nintendo. Alors que la Game Cube éprouvait des difficultés, le prix de la Xbox est ramené à 199 euros..., le prix de la Game Cube. Le même processus se renouvelle aujourd'hui avec la Xbox One et la 3DS.

• Sur le marché du téléphone mobile, France Telecom fut d'abord l'unique opérateur avec Radiocom 2000. Les prix étaient extrêmement élevés. Puis avec Itinéris, devenu Orange, France Telecom continua à être seul jusqu'à l'apparition de SFR. À ce moment, les deux entreprises s'observaient mais maintenaient une politique de prix relativement élevés. Puis Bouygues entra sur le marché – avec une offre réduite à une zone mais un prix attractif.

• SFR se lança dans une guerre de prix pour conquérir des parts de marché. France Telecom dut suivre et se rattrapa ensuite avec des offres particulièrement alléchantes. Cette tactique de course poursuite entre les trois (puis quatre avec Free) opérateurs continue. Le champ du combat se diversifie avec les opérateurs virtuels. Début 2012, Orange et Bouygues anticipent l'arrivée de Free avec le lancement d'offres low cost sous les marques Sosh et B&You. Free, fidèle à sa réputation d'entreprise rebelle, attaque avec un forfait à 19,99 €. Virgin Mobile précède avec exactement le même prix. Bouygues répond avec deux forfaits phares à 9,99 € et 19,99 €. Le lancement de la 4G s'est inscrit dans le même rythme. Le 3 décembre 2013, fidèle à son habitude, Free dégaine le premier en annonçant une 4G sans surcoût. Deux semaines à peine plus tard, Sosh (Orange) et B&You (Bouygues) s'alignaient après avoir pourtant déclaré peu de jours avant que « l'attaque d'un opérateur sans réseau ne modifierait pas leurs politiques de prix ».

• Apple et son iPad constituent un contre-exemple : le produit est à 499 $ aux États-Unis (à peu de choses près le même prix en euros !) et l'arrivée en force de Samsung avec Galaxy Tab à 413 € ne modifie en rien la politique de prix de la marque à la pomme.

• **Les causes internes**

La diminution des coûts

Lorsque les coûts, grâce au **progrès technique**, diminuent, on peut maintenir le niveau du prix et réaliser un profit plus élevé. Mais on peut aussi répercuter la baisse du prix de revient sur le prix de vente, comme l'ont fait, au cours de ces dernières années, les fabricants d'écrans plats ou de voitures.

Toutefois, un certain nombre de précautions doivent être prises. Il ne faut pas que la baisse du prix inquiète les consommateurs et les conduise à douter de la qualité du produit. Cette **stratégie** ne peut être mise en œuvre qu'à une condition : lorsque le produit est largement répandu, lorsqu'il est devenu familier.

Une action promotionnelle

Une telle opération peut être à l'origine d'une baisse du prix. Dans ce cas d'ailleurs, la mesure est limitée dans le temps : au terme de la promotion, le prix est remis au niveau d'origine.

Exemple

Canal+ fait régulièrement des offres d'abonnement comprenant des prix réduits sur quelques mois avec l'installation gratuite.

On ne saurait trop insister, en conclusion, sur la « myopie » qui consiste à se féliciter de l'augmentation des ventes due à une baisse de prix en oubliant le redoutable effet mécanique de la chute consécutive de la marge unitaire.

b. La hausse des prix

Trois types de facteurs peuvent expliquer une telle mesure.

- **La hausse des coûts**

Cette éventualité conduit les responsables commerciaux à se demander s'il convient de répercuter – en partie ou en totalité – l'augmentation des charges sur le prix de vente. Là encore, la réponse à cette question dépend de la nature du produit, de la sensibilité de la clientèle aux variations de prix et des décisions des concurrents. Si ces derniers constatent que leur taux de profit diminue, peut-être alors vont-ils réagir et augmenter leur prix de vente en conséquence. Dès lors, il est possible de suivre et de pratiquer les mêmes prix rectifiés.

Figure 10.6. Le processus de fixation du prix

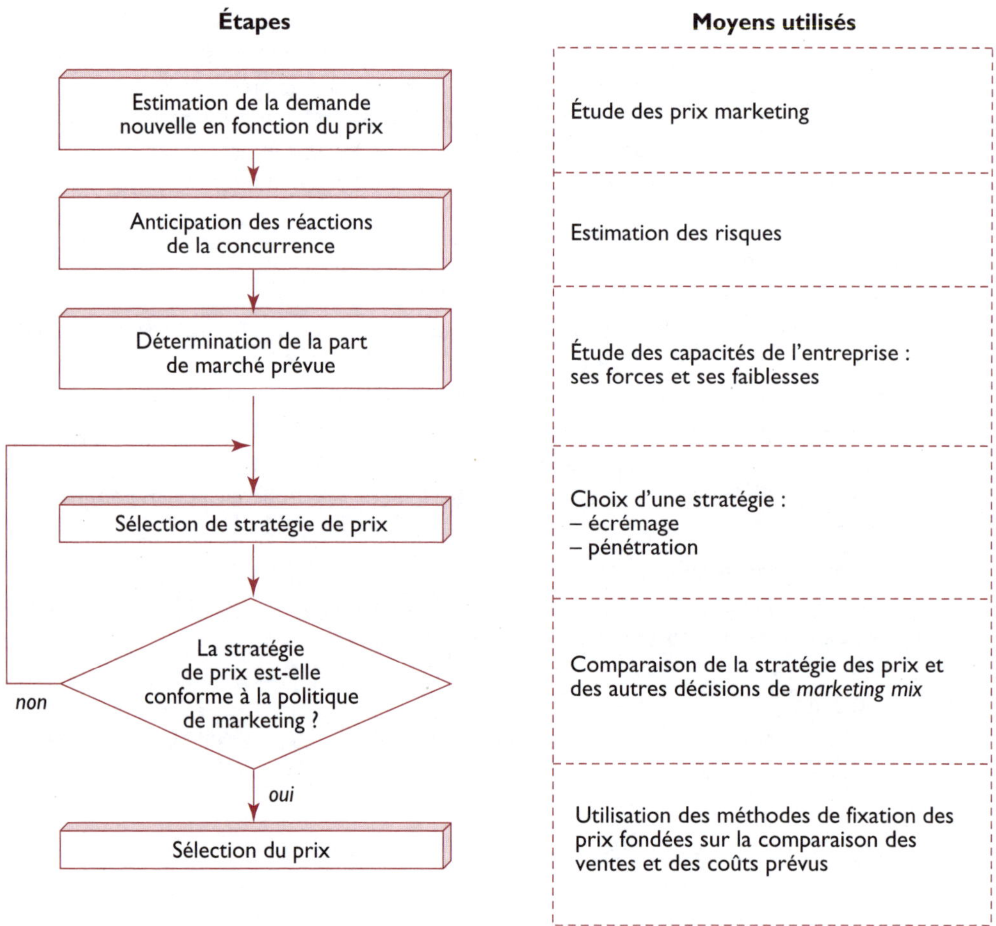

- **La décision d'améliorer la rentabilité**

Le cas est plus rare. Il peut cependant être observé lorsqu'une firme détient un élément de monopole efficace et durable. Il faut cependant s'assurer que la demande reste peu sensible aux variations de prix. De même, il convient de vérifier qu'aucun bien de substitution plus ou moins proche n'existe.

- **La volonté de modifier l'image du bien ou du service**

Si l'on souhaite rendre plus prestigieuse l'image du produit, il est possible, voire recommandé dans certains cas, d'augmenter le prix. Toutefois, des précautions doivent être prises, afin que les consommateurs acceptent sans réticence ce changement.

On devra, par exemple, modifier quelques qualités distinctives du produit : sa couleur, sa forme ou son conditionnement. Ainsi a procédé un fabricant de crèmes glacées dont l'image de marque ne correspondait pas à la clientèle nouvelle que les responsables souhaitaient toucher : on a modifié la présentation et le conditionnement des sorbets.

3. L'établissement du barème d'écarts

Une fois la **valeur de base** inscrite au catalogue, on va établir une véritable gamme de prix en fonction d'un certain nombre de critères.

a. Les réductions accordées

On distingue ordinairement **trois catégories de réduction** accordées par le producteur à ses clients :

- Le rabais correspond à une **baisse de prix exceptionnelle** qui sert, par exemple, à écouler des articles défraîchis ou de vente lente.
- La ristourne est évaluée en **pourcentage du montant des commandes** de la période : ainsi 2 % des achats annuels viennent récompenser la fidélité d'un client.
- La remise consiste en une **réduction** attribuée pour différents motifs **à partir du prix de base**.

- **La remise du fait des quantités achetées**

Il s'agit d'une **réduction accordée par le fournisseur**, afin de répercuter, chez le client, l'économie réalisée sur les coûts de vente (frais de prospection, d'emballage, de stockage, de livraison, etc.). De tels calculs doivent être effectués avec précision, à partir des informations internes.

- **Les réductions pour rapidité de paiement**

Lorsque le **règlement à crédit** des factures est de coutume, des escomptes sont prévus en cas de règlement rapide.

- **Les remises concédées selon les clients**

Lorsque les représentants d'un producteur rencontrent leurs clients – les acheteurs des entreprises de détail ou de gros – les prix sont débattus à partir des valeurs de base inscrites sur le catalogue du fournisseur. La mission de l'acheteur consiste, comme on l'imagine, à tenter de faire baisser la valeur annoncée. Aussi le producteur peut-il être contraint d'accepter les conditions du marchandage pour enlever une grosse commande.

- **Les remises destinées à rémunérer des services**

Elles peuvent avoir pour origine divers services rendus par les clients au fournisseur. Citons le stockage des marchandises, l'étalement des livraisons, l'organisation d'une promotion, etc.

Exemples

L'enseigne X achète à une grande entreprise du secteur alimentaire le lot de quatre yaourts 0,22 €, prix de catalogue. Sur la facture, le fournisseur accorde :
– une première remise de 12 % calculée en fonction de la quantité que prévoit d'acheter le magasin ;
– à cette réduction s'ajoutent deux autres remises, des « primes » et une ristourne :
• une « prime » trimestrielle de 3 % récompense la régularité des commandes, passées tous les trois jours par exemple ;
• une « prime » de coopération de 6,5 % a pour but d'aider le distributeur à promouvoir les produits ;
• une ristourne de fin d'année de 1,5 % est calculée en fonction du total des achats. C'est une incitation à rester fidèle.
Le total atteint 23 %. Autrement dit, le lot de yaourts coûte effectivement au magasin X, déduction faite de toutes les réductions, 0,17 € au lieu de 0,22 €.

- **Les « primes de référencement »**

Exemples

Quand telle grande marque de café a voulu être inscrite sur le fichier des fournisseurs de X, son directeur commercial a accepté de verser 75 000 € pour payer un véritable droit d'entrée dans les magasins à l'enseigne X.
Il existe aussi des « primes de promotion » limitées dans le temps. Ainsi, à titre exceptionnel et pour une durée de six mois, ce fournisseur de pâtes va consentir à accorder une remise de 10 % sur toutes les commandes passées pendant ce temps. En bref, Édouard Leclerc estime qu'en ajoutant les unes aux autres toutes ces réductions, elles arrivent à représenter une diminution de 30 % du prix de base.

b. Les barèmes de prix établis selon la distance

Plusieurs solutions sont envisagées par les praticiens.

- **Le prix départ usine**

La valeur qui figure au catalogue ne tient pas compte des frais de transport et d'assurance, qui sont à la charge du client.

Avantages

Le calcul du prix est plus facile. En outre, la valeur qui figure au catalogue exclut les coûts de transport et est réduite d'autant ; d'aucuns prétendent que l'effet psychologique sur le client ne manque pas d'être positif.

Inconvénients

Le prix payé par les consommateurs risque de varier selon la localisation des clients. Plus on s'éloigne du lieu de production, moins les produits seront compétitifs avec ceux des concurrents mieux situés.

- **Le prix franco**

Dans ce cas, les coûts du transport et de l'assurance sont incorporés dans le prix de base.

Avantages

Le client connaît immédiatement ce qu'il doit payer. De plus, le fournisseur craint moins la concurrence lointaine. Enfin, on peut utiliser comme argument promotionnel le fait selon lequel le prix est le même sur tout le marché national.

Inconvénient

Les acheteurs les plus proches supportent les frais de transport qui devraient, en toute logique, être à la charge des clients éloignés.

- **Le prix de zone**

Pour atténuer les inconvénients des deux solutions opposées précédentes, on a cherché une solution moyenne, un compromis. On divise le territoire en plusieurs zones. À l'intérieur de chacune d'entre elles, le prix est fixe, mais il varie lorsqu'on change de zone.

En bref, pour les produits de faible poids et lorsque les frais de livraison sont peu élevés, le prix franco semble constituer la solution la plus simple. En revanche, lorsqu'il s'agit de produits pondéreux, entraînant des coûts de transport élevés, la méthode du prix de zone permet d'atténuer les différences de prix trop importantes par rapport aux concurrents.

c. Les barèmes de prix par période

Les tarifs peuvent aussi varier dans le temps. Les prix sont alors fixés à un niveau élevé, lorsque la demande est forte ; puis on les diminue au moment où le nombre de clients habituels baisse afin de gagner de nouveaux consommateurs.

Exemples

- British Airways et Delta Airlines, sur la ligne Londres-New York, baissent leurs tarifs du mois d'octobre au mois d'avril et relèvent les prix en été, quand les avions sont remplis.
- Les hôtels modulent le prix de leurs chambres selon la saison (hôtels plutôt touristiques) et/ou le jour de la semaine (hôtels plutôt de passage pour professionnels, moins chers le week-end).

Toutes ces possibilités étendent la marge de liberté de l'entreprise et augmentent ses chances lors de la **négociation** avec le client.

4. Le *yield management*

Ce terme s'applique aux entreprises auxquelles se posent des problèmes de capacité de remplissage.

Exemples

Les secteurs de l'aviation, de l'hôtellerie et du tourisme en général ont recours au *yield management*.

Il se caractérise par une gestion fondée sur le revenu engendré par les clients. L'objectif du *yield management* consiste à **maximiser le revenu** que l'on considère comme la résultante de facteurs antagonistes (le chiffre d'affaires et le taux d'occupation).

{ Chiffre d'affaires maximum
{ Taux d'occupation maximum → Revenu maximum

Si l'on voulait n'agir que sur un seul facteur, on perdrait sur l'autre. Si l'on maximisait le taux d'occupation, on braderait les places et on perdrait du chiffre d'affaires. De même, si l'on souhaitait encaisser le chiffre d'affaires le plus élevé, on risquerait de n'obtenir qu'un taux d'occupation insuffisant. Le *yield management* consiste à rechercher une solution intermédiaire, sous contrainte d'améliorer le profit. Il convient d'agir sur la gestion de la capacité et sur la fixation du prix. Une condition s'impose : la clientèle visée doit être composée de segments possédant des élasticités différentes aux prix et aux services attendus. Au lieu de déterminer *a priori* le prix et le nombre de places offertes, le *yield* alloue les places, sur le moment, en fonction des clients qui se présentent et à des prix différents. Ainsi, dans une compagnie aérienne, on ne fixera pas à l'avance le nombre de places en classe « voyageurs », « premium » ou « affaires », on décidera, peu de temps avant le vol, de la répartition entre les deux classes en fonction du nombre effectif de clients de chaque classe qui se présentent et en fonction de la concurrence dont l'offre pourrait apparaître plus alléchante.

Le ***yield management*** consiste en une **gestion interactive de l'offre** supposant :

- Sur le plan technique, la mise en place d'un système d'information capable de prendre en compte instantanément les **modifications de prix** et les **disponibilités**.
- Une **demande amplement segmentable** et qui permette qu'une même prestation soit offerte à des prix très différents, selon le moment ou selon le point de vente du billet.

L'adoption du *yield* est un choix important pour une entreprise de services. Cette mesure implique en effet des changements. Le personnel de vente voit ses responsabilités diminuer car il ne peut plus négocier les tarifs. De plus, il est difficile d'appliquer un système de stimulation des vendeurs fondé sur des objectifs de chiffres d'affaires fluctuants. Enfin, les consommateurs sont en droit de contester et de refuser ce mode de fixation des prix qui viole un principe d'égalité envers chacun. Dès lors, ils risquent de se retourner vers la concurrence et d'abandonner l'entreprise.

Tableau10.4. Un bilan du *yield management*

Avantages	Inconvénients
Maximisation du profit	Coût informatique du système
Réalisation d'un chiffre d'affaires élevé	Mécontentement des consommateurs
Remplissage satisfaisant	Difficulté de gestion de la force de vente

La technique du *yield management* est proche des méthodes dites du *Hi-Lo*. Il s'agit d'une politique consistant à faire varier le prix tantôt vers le haut, tantôt vers le bas, dans le but d'accroître soit les ventes, soit la marge bénéficiaire. Toutefois, pour parvenir à cette fin, les responsables marketing usent, dans ce cas, de promotions. Le *Hi-Lo* concerne davantage des **produits de grande consommation** et s'apparente, tout en s'en distinguant, au EDLP *(Every Day Low Price)* qui consiste en des réductions de prix pratiquées quotidiennement par un producteur ou plus encore par un distributeur, afin de maintenir la part de marché tout en cessant la course aux promotions coûteuses.

B. Stratégies et tactiques de prix du détaillant

Dans le commerce, la décision porte d'une part sur le prix de vente au consommateur, d'autre part sur le prix d'achat de la marchandise.

1. Le calcul de la marge brute moyenne

En l'absence de contraintes s'imposant au commerçant (prix imposé, taxation, obligation d'utiliser une marge en valeur absolue, etc.), la technique la plus couramment utilisée par le détaillant consiste à ajouter au prix d'achat une marge brute unitaire. Un exemple va nous permettre de faire apparaître les données de ce problème fondamental et sa solution pratique.

Exemple

Un magasin établit les prévisions suivantes en euros :

• Le chiffre d'affaires	5 000 000	
• Le bénéfice net d'exploitation	100 000	
• Les dotations aux amortissements	100 000	
• Les coûts de structure		
(Coûts d'exploitation autres que les achats de marchandise)	800 000	
• Taxes sur le chiffre d'affaires	750 000	
• Total	1 750 000	5 000 000

Le total de 1 750 000 € représente la marge brute totale nécessaire pour réaliser les objectifs de chiffre d'affaires, de profit et de couverture des coûts de structure.
Le budget d'achat disponible sera donc égal à :
5 000 000 – 1 750 000 = 3 250 000 €.

À partir de ces données, le commerçant peut calculer ses **prix de vente**. Pour cela, il utilise deux outils.

a. Le taux de marque

Il mesure en pourcentage le rapport de la marge brute au chiffre d'affaires, soit :

$$\text{Taux de marque} = \frac{\text{Marge brute}}{\text{Chiffre d'affaires}} \times 100$$

Notons que l'on calcule de la même façon le taux de marque unitaire :

$$\text{Taux de marque unitaire} = \frac{(\text{Prix de vente unitaire} - \text{Coût d'achat unitaire})}{\text{Prix de vente unitaire}} \times 100$$

$$= \frac{\text{Marge brute}}{\text{Prix de vente unitaire}} \times 100$$

b. Le coefficient multiplicateur

Également dénommé multiplicateur, il sert à déterminer le prix de vente en effectuant le produit du coefficient par le coût d'achat pour obtenir un taux de marque donné, soit :
Prix de vente = Multiplicateur × Coût d'achat,

et exprimé par rapport aux taux de marque.

$$\text{Multiplicateur} = \frac{100}{100 - \text{Taux de marque}}$$

Revenons à notre exemple. Ici, le taux de marque atteint :

$$\frac{1\ 750\ 000 \times 100}{5\ 000\ 000} = 35\ \%\ \text{des ventes,}$$

et le multiplicateur vaut :

$$m = \frac{100}{100 - 35} = 100/65 = 1{,}54.$$

Par conséquent, lorsque le commerçant achète un produit, 100 € à son fournisseur, il peut le revendre :

$$100 \times 1{,}54 = 154\ €.$$

Dans la pratique, les calculs s'effectuent souvent en prenant en compte la TVA :

MBTTC = PVTTC – PAHT,
TMTTC = MBTTC × 100.
PVTTC

Tels sont le **taux de marque moyen**, le **taux de marque de base** et son multiplicateur, à partir desquels, ou plutôt autour desquels le gestionnaire va calculer les prix de tous les articles de son **assortiment**.

Le coefficient retenu par le commerçant dépend de nombreux facteurs : importance de ses charges (emplacement, horaires d'ouverture, services rendus, etc.), nature et diversité de son assortiment, nombre moyen de clients, ticket moyen, proximité de la concurrence, image de marque. Les coefficients peuvent aller de 1,25 (alimentation en GMS) à 2 ou 3 (vêtements), voire beaucoup plus (négoce de petit matériel électrique).

2. La fixation des prix et des marges des différents articles

On sait qu'un commerçant doit généralement présenter un choix important pour satisfaire les désirs de la clientèle. Aussi le responsable du magasin ou du rayon constitue-t-il des échelles de prix de vente, de telle façon que l'assortiment d'un article donné puisse répondre aux exigences de la clientèle, tant vers le haut que vers le bas de la gamme.

a. Les échelles de prix de vente

- **La détermination d'une ligne de prix**

Relevons par exemple les prix des cravates dans un grand magasin. On ne trouve que six valeurs différentes : 30 €, 32,50 €, 35 €, 37,50 €, 40 € et 45 €. L'emploi de ces lignes de prix repose sur l'hypothèse selon laquelle les clients se feraient une certaine idée de la hiérarchie des prix et des qualités d'un article donné.

Avantages

Ce procédé simplifie le travail du vendeur; il évite de remettre continuellement en question l'échelle des prix. En outre, il permet de diminuer les stocks, car de nombreux prix intermédiaires sont supprimés. Enfin, pour le client, les comparaisons deviennent plus faciles et les achats plus rapides.

Inconvénient

Les consommateurs peuvent trouver le choix proposé insuffisant.

- **La détermination pratique des échelles de prix**

Exemple

Dans un groupement d'indépendants spécialisés en textile, on commence par choisir un prix-cible, celui où les clients sont les plus nombreux: 60 € par exemple pour des pull-overs. Autrement dit, le prix-cible est confondu avec la médiane, tandis que les bornes supérieures et inférieures sont équidistantes autour de cette médiane. Pour un prix-cible de 60 €, le prix minimal de l'échelle est fixé à:

$\frac{60}{2} = 30$ et le prix maximal à $60 \times 2 = 120$ €.

Il ne reste plus qu'à choisir les prix intermédiaires, ce qui donne:

(30) | 39 | 45 | [60] | 69 | 79 | 95 | (120)

↑ Prix-cible

Si les prévisions de vente sont faibles, les prix intermédiaires seront moins nombreux.

(30) | 45 | [60] | 80 | (120)

↑ Prix-cible

À partir de ces déterminations, on évalue les quantités que l'on prévoit de vendre pour chaque prix, ainsi que le suggère la figure ci-après.

- **Les prix rompus**

Parfois les prix ronds (30 €, 60 €, 120 €) sont légèrement modifiés pour se conformer à un **prix dit psychologique** (29,90 €, 59,90 €, 119 €).

Exemple

On suppose que le client, en voyant 119 € au lieu de 120 €, sera favorablement impressionné et achètera l'article qui paraît meilleur marché qu'au prix rond.

Cependant, les consommateurs sont rarement dupes de ces subterfuges. Des études ont été menées: elles ont montré que la clientèle achète aussi bien au prix rond qu'au prix rompu, quand l'écart de l'un à l'autre est très faible.

Figure 10.7. La prévision des ventes par niveau de prix

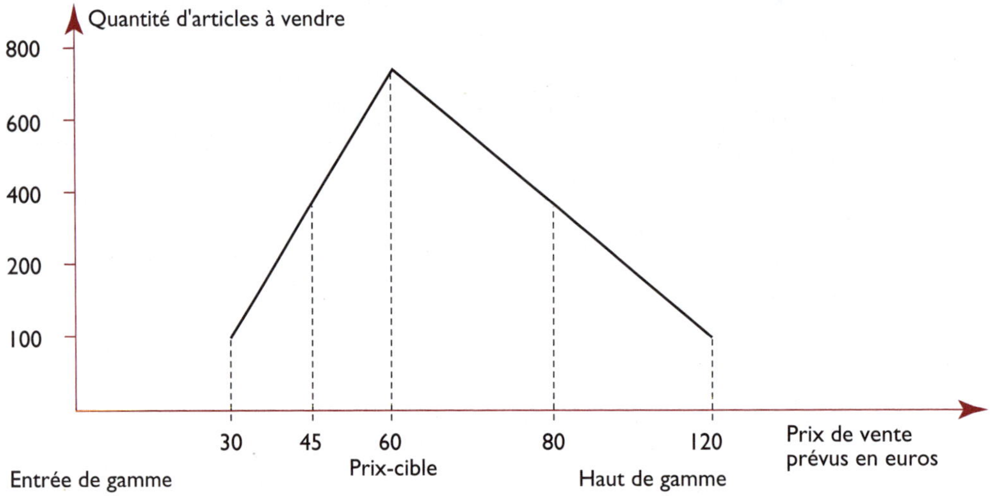

Historiquement, les **prix rompus** ont une cause. À l'inverse de ce que recherchent les responsables des entreprises de distribution contemporaines, les anciens commerçants tentaient de ralentir le service à la clientèle pour permettre au chef de magasin d'observer que le personnel rendait bien la monnaie à partir du tiroir-caisse, au lieu de mettre en secret dans sa poche la somme correspondant au prix de l'achat effectué.

- **Les prix d'appel**

La plupart des commerçants considèrent les **prix d'appel** comme ne faisant pas partie de l'échelle courante des prix. De fait, il s'agit de **prix promotionnels** dont les valeurs sont fixées le plus bas possible, dans le but d'attirer les clients, afin que ces derniers achètent ensuite, consciemment ou par impulsion, les autres produits dont les marges sont plus élevées que celles des produits d'appel.

La **vente à perte** – au-dessous du prix de revient – est interdite, mais nombreux sont cependant les magasins de vente au rabais ou les grandes surfaces qui vendent leurs produits d'appel sans marge. Ceux-ci constituent bien, selon le slogan fameux, « l'îlot de perte dans l'océan de profit ». Le choix des prix d'appel dépend de la nature de l'assortiment et de la concurrence. Souvent, cependant, ce sont les produits de marque bien connus des consommateurs qui sont retenus.

Exemple

Le litre de pastis Ricard et la bouteille d'huile de tournesol Lesieur sont des candidats parfaits pour des prix d'appel.

Dans les hypermarchés, il n'est pas rare de trouver environ 300 articles vendus au prix coûtant (prix d'achat auquel s'ajoutent éventuellement les frais de transport) tout au long de l'année. La tendance actuelle consiste à limiter, réglementairement, les **marges arrière**. Les centrales d'achat seraient autorisées à négocier davantage le montant des marges avant, ce qui automatiquement abaisserait le seuil de la vente à perte et permettrait d'offrir au client final des baisses de prix.

Avantages

Les prix d'appel constituent un puissant moyen de lutter contre la concurrence. Ils servent à façonner l'**image de marque** des distributeurs qui souhaitent être renommés pour leurs bas prix. Enfin, parce qu'ils contribuent à augmenter le chiffre d'affaires, ils permettent aux responsables du magasin de réduire le taux de marque global, car l'augmentation des coûts d'exploitation n'est pas toujours liée aux quantités supplémentaires de produits d'appel vendus.

Inconvénients

Ils peuvent conduire à la guerre des prix et entraîner le déficit de certains points de vente. Toutes ces opérations sur les prix obligent à **bien gérer les marges**. Par ailleurs, la pratique des prix d'appel est rarement appréciée des producteurs qui ne souhaitent pas voir leurs produits bradés.

b. Le problème de la fixation des marges : les marges compensées

Jadis, les commerçants appliquaient couramment le même taux de marque coutumier à tous les articles de l'assortiment. On imagine aisément que ce procédé fruste n'est plus guère employé de nos jours. L'utilisation des techniques de fixation des prix de vente que nous venons de décrire (constitution d'une échelle de prix et pratique des prix d'appel) oblige les gestionnaires à manipuler les marges dans le but de garantir la rentabilité de l'entreprise. Autrement dit, il convient d'apprendre à équilibrer les marges brutes unitaires par rapport à la marge brute globale moyenne. Si les marges de certains articles sont inférieures à la moyenne, il est alors nécessaire de combler cette perte en élevant les marges d'autres produits. Telle est la technique dite des marges compensées, qui peut s'appliquer de deux façons différentes :

- Deux articles ont le **même prix d'achat** mais ils ne s'intègrent pas dans la même gamme de prix de vente.

Exemple

Deux jupes sont achetées au même prix de 100 €. L'une est un modèle classique, sans relief, mais doit répondre, dans l'assortiment, à la demande d'une clientèle âgée : elle peut être vendue 200 €. En revanche, le second modèle, plus fantaisie, est inspiré par les tendances de la mode la plus récente ; son évaluation permet de penser que la clientèle l'acceptera à 240 €.

- Deux articles sont vendus au même prix bien que leurs **prix d'achat** soient **différents**.

Exemple

Une jupe a été achetée 86 € au confectionneur ; elle est suffisamment représentative des nouvelles tendances de la mode pour supporter un prix de vente de 200 €. En revanche, la jupe classique, nécessaire mais terne, achetée 98 €, ne pourra pas dépasser 200 €.

Une telle technique oblige le commerçant à effectuer des calculs fréquents, afin de vérifier si la marge brute globale réalisée est bien conforme à la marge prévue. Cependant, le jeu des marges compensées permet d'adapter les prix aux désirs des consommateurs et aux stratégies des concurrents. Parfois, l'évolution inattendue du marché oblige le concurrent à diminuer ses prix en cours d'exercice. L'important, pour le responsable du magasin ou du rayon, est de dégager la **marge prévue**, quels que soient les articles qui le permettent.

Figure 10.8. Le fonctionnement de Système U

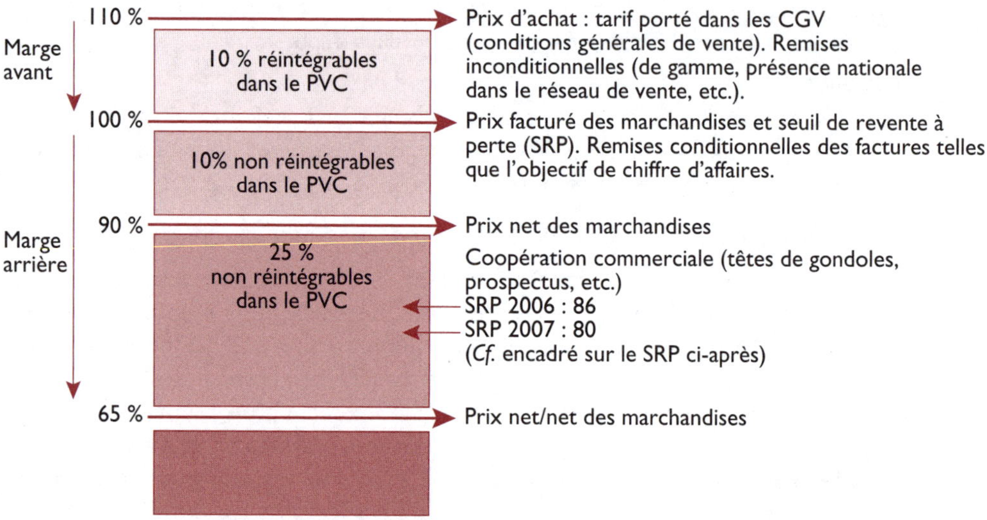

Source : Système U.

Le seuil de revente à perte (SRP)

Le seuil de revente à perte est le prix unitaire figurant sur la facture d'achat, majoré des taxes sur le chiffre d'affaires, des taxes spécifiques afférentes à cette revente et du prix du transport et minoré du montant de l'ensemble des autres avantages financiers consentis par le vendeur exprimé en pourcentages du prix unitaire net du produit (Code de commerce, article L. 442-2). Cette définition, qui se veut très précise, réglemente les relations entre producteurs et distributeurs. La revente à perte est interdite et toute la difficulté est de savoir ce qui rentre dans le calcul du seuil. Le débat porte sur ce que l'on nomme les marges arrière. Ce sont des commissions versées par les producteurs aux distributeurs en fin d'année (en arrière des ventes) en fonction du volume d'affaires traité pendant la période. Si elles sont incluses (en moins) dans le SRP, celui-ci est minoré d'autant et les distributeurs peuvent baisser leur prix. Si elles sont exclues, le seuil augmente et protège mieux les « petits commerçants » dans leur lutte au quotidien contre les grandes enseignes. On observe ainsi que le niveau du prix n'est pas aussi simple à définir. Souvent, par commodité de langage, on oppose dans la distribution :

- Le prix net. C'est le prix-tarif déduction faite des remises (en fonction des quantités achetées, des conditions de livraison, etc.).
- Le prix net-net. Il s'agit du prix net auquel on retranche les remises de fin d'année (marges arrière) et les participations aux animations (têtes de gondole, etc.).
- Le prix net-net-net. C'est le prix net-net moins les primes de référencement et les participations aux dépenses de publicité.

3. Les démarques

a. Définition et nature des démarques

Deux types de démarques sont distingués par les praticiens.

- **La démarque connue**

Elle mesure la dépréciation que l'on doit appliquer au prix de vente des articles pour faciliter leur écoulement et pour épurer les stocks des articles vieillis ou défraîchis. La démarque connue constitue un outil commercial efficace entre les mains du commerçant qui, par ce biais, a toute latitude de diminuer certains prix de vente sans risquer de détériorer sa marge brute globale.

En général, la démarque connue est évaluée en pourcentage du chiffre d'affaires : ce taux sera ainsi plus faible dans les rayons de conserves alimentaires (0,5 % des ventes dans un hypermarché) que dans les secteurs où joue la mode (7 % du chiffre d'affaires en confection féminine au Printemps).

Plus les risques sont élevés (produits périssables, articles de mode), plus la proportion de démarque devra être importante, donc plus le taux de marque devra être corrélativement élevé pour obtenir une même marge brute finale, une fois les démarques enregistrées par la comptabilité.

Les soldes sont l'exemple emblématique, et fortement réglementé, d'opérations de démarque connue.

- **La démarque inconnue**

Elle est mesurée par la différence entre l'**inventaire théorique** (les entrées moins les sorties, telles que les enregistre la comptabilité) et l'**inventaire physique** où l'on compte les produits effectivement stockés en rayon et en réserve. Une telle différence, qui varie en général entre 0,50 % et 2 % du chiffre d'affaires, résulte du vol des clients ou des employés, mais elle provient aussi d'erreurs qui peuvent se produire :

– pendant le comptage, lors des livraisons ;
– au moment de l'étiquetage ;
– au cours des enregistrements comptables ;
– lors du paiement d'un client ;
– lorsque les changements de prix – la démarque connue – ne sont pas communiqués au service de la comptabilité.

Pour agir sur les prix de vente et stimuler l'écoulement des articles de vente lente (démarque connue) et pour se prémunir contre les erreurs ou les disparitions (démarque inconnue), les commerçants constituent donc des **provisions**, grâce auxquelles la marge brute globale prévue n'est pas entamée.

b. La prévision des démarques et le calcul des prix

Un exemple de calcul devrait préciser la méthode et exposer son déroulement.

Exemple

Pour un magasin, les prévisions suivantes sont établies :
– chiffre d'affaires : 100 € ;
– bénéfice net d'exploitation : 7 € ;
– dotations : 2 € ;
– coûts de structure : 30 € ;

– taxes sur le chiffre d'affaires : 17 € ;
– total : 56 €.

Ce total de 56 € représente la marge brute nécessaire pour réaliser les objectifs de chiffre d'affaires, de profit et de couverture des coûts de structure.

Le coût d'achat disponible est donc égal à 100 € – 56 € = 44 €.

Le taux de marque est alors : $\frac{56 \times 100}{100} = 56\,\%$, et le multiplicateur : $\frac{100}{44} = 2{,}27$.

Mais si l'on se limitait à ce simple calcul, on n'aurait alors pas pris en compte les démarques. Aussi allons-nous tenir le raisonnement suivant : cette marge brute est une marge brute finale que l'on ne peut atteindre qu'après la vente conclue. Pour réaliser ces objectifs de vente, il sera nécessaire :

– de diminuer certains prix (démarque connue) pour une valeur de 4 € ;
– de constater des disparitions ou des erreurs (démarque inconnue) de 1 €.

Le total sera donc de 5 €.

Donc, pour vendre 100 €, il faut prévoir un supplément de marge de sécurité, tel qu'il aurait permis d'atteindre
100 € + 5 € = 105 €.

Pour trouver le nouveau taux de marque, on peut donc dire :

– pour 100 € de chiffre d'affaires réalisé, la marge brute doit être 56 € et le coût d'achat disponible ne peut dépasser :
100 € – 56 € = 44 € ;
– or, ces articles achetés 44 € devraient être initialement marqués à un prix de vente moyen, non pas de 100 €, mais de 105 €, afin de réaliser un chiffre d'affaires de 100 €.

Donc il faut prévoir une marge de départ plus importante et le taux de marque peut alors s'exprimer de la façon suivante :

Taux de marque initial = $\frac{105\text{–}44 \times 100}{105} = 58{,}09\,\%$.

Quant au multiplicateur, il est égal à : $\frac{105}{44} = 2{,}386$.

Questions et thèmes de réflexion

Outils et concepts

1. Le prix constitue-t-il un indice du niveau de la qualité d'un produit ?
2. Existe-t-il des catégories de produits qui connaissent une courbe de demande atypique, par exemple des produits dont les ventes augmenteraient à la suite de hausses de prix ?
3. Pourquoi une étude portant sur les prix psychologiques peut-elle aider à positionner un produit ?
4. Expliquez la relation entre prix d'écrémage, prix de pénétration et stratégie de gamme.
5. Expliquez la relation entre prix d'écrémage, prix de pénétration et stratégie de distribution.
6. La guerre des prix est-elle toujours ruineuse ? Justifiez votre réponse.

7. La technique des marges compensées est-elle équitable, selon les points de vue :
– du détaillant ;
– du fournisseur ;
– du client ?

Pour aller plus loin…

1. En quoi Internet peut-il avoir un effet sur la politique de prix des entreprises ?

2. Trouvez sur Internet des offres de *yield management* et calculez les écarts entre le prix le plus haut et le prix le plus bas.

3. Comment rendre cohérente une politique de prix dans le cas de ventes multicanal : Internet, catalogue papier et magasin ?

EXERCICE : TROUVER CHAUSSURE À SON PIED

La marque Fadéo [1] commercialise des chaussures de sport dans de grandes surfaces spécialisées comme Decathlon. Fadéo souhaite mettre sur le marché une nouvelle référence de chaussure de sport pour le golf afin de compléter sa gamme actuellement constituée de chaussures de football, de course à pied et de randonnée. Le directeur marketing de Fadéo se pose la question du prix de vente approprié pour ce nouveau modèle de chaussure de golf. Il sait que le coût de revient de la chaussure est de 30 euros. Par ailleurs, le positionnement de la référence a déjà été déterminé : il s'agit d'un article pour débutant au bon rapport qualité/prix. Le directeur marketing s'adresse à une société d'études chargée de déterminer le prix optimum de vente. La société d'études a décidé de mener une enquête d'attitude dite de prix psychologique. Elle interroge 1 000 personnes représentatives de la cible entre janvier et mars N. Les répondants ont été soumis aux deux questions suivantes :

- Au prix indiqué, considérez-vous que le produit sera de mauvaise qualité ?
- Au prix indiqué, considérez-vous que le produit est trop cher ?

Les réponses ont été synthétisées dans un tableau qui indique, pour chaque niveau de prix public TTC, le nombre de personnes qui ont déclaré être prêtes à acheter l'article au prix plancher de *x* euros et le nombre de personnes qui ont déclaré ne plus être prêtes à acheter ce même article à partir du seuil de *y* euros.

Prix public TTC en euros	Nombre de réponses Prix minimum	Nombre de réponses Prix maximum
50	5	0
55	36	0
60	180	28
65	189	56
70	124	113
75	166	116
80	120	197
85	11	151
90	78	114
95	45	87
100	31	56
105	9	35
110	6	28
110 et plus	0	19

1. Les marques et données sont fictives.

Questions

1. Déterminez le prix public TTC qui maximise le nombre d'acheteurs potentiels.
2. Déterminez le(s) prix public(s) TTC qui maximise(nt) le chiffre d'affaires et la marge.
3. Quel prix public TTC recommanderiez-vous au directeur marketing de Fadéo ?

Le directeur marketing de Fadéo souhaite disposer d'un autre éclairage sur le futur prix de vente. Il décide de mener une enquête de comportement sous la forme d'un test de marché pendant les mois d'avril, mai, juin N, dans une série de quatre magasins spécialisés d'Orléans. Afin de mesurer les comportements des consommateurs en fonction du prix, la chaussure de golf a été présentée pendant les trois mois du test à un prix différent (65, 70, ou 75 euros), en concurrence avec les modèles Golfa et Passion. Un même prix était conservé pendant un mois, et chacun des quatre magasins spécialisés décidait de la succession des prix pendant les trois mois de test. Par exemple, le magasin spécialisé 1 (MGS 1) propose la chaussure de golf Fadéo au prix de 75 euros pendant le mois d'avril, de 65 euros pendant le mois de mai et de 70 euros pendant le mois de juin.
La force de vente de ces quatre magasins spécialisés soumis au test a été alertée. L'équipe a veillé à ce que la mise en avant et la visibilité de la chaussure de golf Fadéo soient identiques dans les quatre magasins spécialisés. La chaussure de Golf Fadéo a été placée près de ces deux marques concurrentes, Golfa et Passion.
Les résultats des ventes réalisées dans les quatre magasins spécialisés du marché test sont rassemblés dans le tableau ci-après. Il est à noter que les prix en euros indiqués dans le tableau respectent l'ordre chronologique dans lequel ils ont été testés dans chaque magasin pour chacun des trois mois.

MGS	Prix public Fadéo	Ventes Fadéo	Ventes Golfa	Ventes Passion
MGS 1	75	6	28	23
	65	12	24	18
	70	15	23	19
MGS 2	70	13	23	18
	65	11	18	14
	75	5	22	24
MGS 3	65	12	19	11
	70	12	20	13
	75	8	26	19
MGS 4	65	16	24	22
	70	18	28	29
	75	11	31	31

Questions

4. Analysez les tests de marché. Quel prix maximise les ventes de Fadéo et pendant quel mois les ventes sont-elles les plus fortes ? Quelles sont les implications pour le *marketing mix* des chaussures de golf Fadéo ?

5. Calculez l'élasticité prix de Fadéo et l'élasticité croisée de la demande par rapport aux marques concurrentes (Golfa et Passion) lorsque le prix passe de 70 à 75 euros. Qu'en concluez-vous ?

6. Quel prix public TTC recommanderiez-vous à Fadéo pour sa nouvelle chaussure de golf ?

La promotion des ventes

Les compétences clés à acquérir :

- Comprendre que le poids de la promotion des ventes s'accentue dans les politiques de communication externe.
- Connaître la nature de chacune des techniques employées.
- Savoir en quelles circonstances il est préférable de recourir à une technique plutôt qu'aux autres.

Le domaine de la promotion des ventes doit être défini avec beaucoup de précaution. L'expression ne recouvre pas toujours la même réalité. Dans certains ouvrages, la promotion des ventes, au même titre que la vente personnelle *(personal selling)*, c'est-à-dire la force de vente, et la publicité média font partie d'un ensemble plus vaste, celui de la promotion au sens où ce dernier terme est employé dans l'expression « 4 P » *(Price, Place, Product, Promotion)*. Nous distinguerons quant à nous nettement la publicité et la promotion des ventes. Après avoir défini la promotion des ventes, nous étudierons les méthodes utilisées à l'égard des consommateurs puis des intermédiaires pour conclure sur les mises en avant et la PLV.

I. Qu'est-ce que la promotion des ventes ?

A. Définition

Une définition par les caractéristiques est possible : « La promotion des ventes est un ensemble de techniques provoquant une augmentation rapide, mais provisoire, des ventes d'un bien, par l'attribution d'un avantage exceptionnel aux consommateurs et aux intermédiaires. »[1]

Analysons cette définition :

- **L'augmentation rapide et provisoire des ventes.** La promotion des ventes, contrairement à la publicité, s'intéresse aux ventes et aux ventes seules ; elle n'a rien à voir avec l'image de marque, la notoriété, etc. C'est une augmentation rapide et provisoire ; en d'autres termes, la promotion n'est pas de mise pour le long terme. Une promotion présente un effet immédiat, mais, lorsqu'elle cesse, l'effet disparaît. Une promotion n'échoue pas, si les ventes reviennent à leur niveau antérieur ; rien n'empêche cependant d'espérer conserver un marché résiduel.
- **Les ventes d'un bien.** La promotion s'adresse à un bien et non à une gamme complète. Il n'est pas concevable de promouvoir l'ensemble des produits d'une firme au même moment.
- **L'avantage exceptionnel consenti aux distributeurs ou aux consommateurs.** Un « plus » est accordé à tous ceux qui ont une influence sur les ventes.

On dit parfois que la **publicité** tire le consommateur vers le produit *(pull)* alors que la promotion des ventes pousse le produit vers le consommateur *(push)*.

B. La promotion

La promotion des ventes est un élément important de la **dynamique commerciale** et les charges qu'elle représente peuvent aller de 30 % à 50 % de l'ensemble du budget de communication. Ces chiffres sont d'ailleurs très variables d'un produit à l'autre. L'existence de la promotion des ventes s'explique par quatre raisons :

- Dans notre économie, les produits offerts au public restent très proches les uns des autres ; aussi un phénomène de **banalisation** ne manque-t-il pas de se manifester. Les lois de la concurrence imposent aux entreprises d'adopter des *marketing mixes* assez voisins. La promotion des ventes procure alors des moyens supplémentaires de **différenciation** qui facilitent les choix du consommateur.
- La deuxième raison tient aux **médias**. Ceux-ci, pour certains, sont, par leur nature, des moyens de communication de masse, extrêmement lourds à manipuler. Les délais de mise en œuvre sont longs et ils n'accompagnent pas le consommateur jusque sur le lieu d'achat. Un bon complément est offert par la promotion des ventes, qui assure l'harmonie de la politique de communication et suit le consommateur jusqu'à la décision finale.
- L'**évolution des rapports** entre les distributeurs et les producteurs constitue une troisième raison. Les distributeurs exercent une puissance réelle dans les canaux de distribution et ils assurent les ventes en fonction de leurs objectifs propres. La distribution n'est pas seulement un écran entre le producteur et le consommateur, elle peut constituer une menace. Si, par exemple, le producteur

1. ALBERTINI Th., HELFER J.-P., ORSONI J., *Dictionnaire du marketing*, 3e édition, Vuibert, 2008.

souhaite abaisser son prix public, alors que le distributeur juge que cette diminution lui serait nuisible, il ne l'appliquera pas. La promotion des ventes, par les multiples techniques qu'elle offre, est un excellent moyen pour résoudre les différends qui peuvent s'élever entre les producteurs et les distributeurs.

• Enfin, le **comportement des consommateurs** a évolué et chacun, particulièrement attentif à ses achats, se fait un devoir d'acheter les seuls produits soutenus par une promotion.

Lorsque les objectifs de la promotion des ventes ont été fixés, un plan est établi. Il se compose des budgets, des techniques employées et de la programmation dans le temps. Cette dernière est particulièrement importante, car la promotion des ventes accompagne souvent d'autres actions de communication et doit donc être pratiquée au bon moment. La **logistique** est lourde à assurer dans les magasins physiques.

Exemple

Mettre en place, simultanément dans une centaine de magasins, un nouveau présentoir comportant un produit spécialement conditionné avec un coupon, à un prix d'appel constitue un véritable tour de force.

En revanche, sur Internet, une promotion sur un produit est instantanée.

La promotion des ventes est soumise à une **réglementation stricte**: les concours et jeux, les ventes jumelées, les ventes avec primes, les réductions de prix obéissent à des prescriptions sévères.

Exemples

Un concours n'est pas licite s'il fait reposer la détermination des gagnants sur le hasard: il deviendrait, en effet, une loterie.

Les ventes avec primes sont interdites, sauf si le montant de la prime est modeste (en fonction du prix du produit).

Lorsqu'un rabais est annoncé, il ne peut pas faire référence à un prix fictif.

Nous envisageons d'abord la promotion des ventes telle qu'elle peut s'exercer à l'égard des consommateurs, avant d'étudier la manière dont elle agit sur les intermédiaires.

II. La promotion des ventes auprès des consommateurs

A. Les techniques promotionnelles

1. Les réductions de prix

C'est la première forme de promotion à laquelle on peut penser: le produit est offert à un prix temporairement inférieur au prix habituel. Les réductions de prix sont simples, rapides et efficaces. On les utilise au moment du lancement pour attacher la clientèle au produit ou, plus tard, pour répondre à l'attaque d'un concurrent, pour développer la consommation, etc. La réduction de prix constitue souvent l'argument d'une campagne publicitaire ; ce peut être parfois son unique objet.

Les techniques utilisées paraissent nombreuses ; en voici la liste établie par l'Union des annonceurs (UDA)[2] :

– réduction en pourcentage et en valeur absolue ;
– vente avec lot (même objet) et vente jumelée (objet différent) ;
– gratuité d'une unité dans un ensemble ;
– soldes (cas de distributeurs) ;
– vente à l'américaine (réduction progressive jusqu'à ce que le stock soit épuisé – cas des distributeurs) ;
– crédit gratuit ;
– escompte à la caisse ;
– marchandises supplémentaires (« treize à la douzaine ») ;
– couponnage : remise d'un bon de réduction ;
– offre de remboursement en cas d'achats en grande quantité ;
– colis-épargne ;
– reprise d'un article ancien sous condition de l'achat d'un neuf.

2. Le couponnage ou *couponing*

Le coupon est un bon de réduction qui, lorsqu'il est présenté à la caisse du détaillant, permet au client de bénéficier d'un prix plus avantageux : réduction de 20 % à 40 % du prix marqué.

Le coupon est remis au consommateur par différents canaux :

– voie postale : les taux de remontée (utilisation par le destinataire) sont alors élevés, 20 % à 30 % ;
– boîtes aux lettres individuelles ;
– le produit lui-même ou un autre produit de la marque : le coupon est agrafé ou collé :
– presse : le coupon est inséré dans un magazine ou un quotidien et peut être découpé ;
– édité directement à la caisse du point de vente, pour de futurs achats. C'est le *couponing* électronique. À partir des produits achetés par le consommateur, on peut émettre une offre concurrente (une réduction sur de l'eau d'Évian pour un acheteur de Vittel) ou une proposition visant à faire essayer un autre produit de la gamme (un nouveau chocolat, par exemple) ;
– Internet, sur les sites de commerce en ligne.

Les opérations de couponnage rencontrent une certaine réticence chez les distributeurs ; ceux-ci assurent la gestion de l'opération en collectant les coupons et en se les faisant rembourser par le producteur ensuite.

Le couponnage n'apporte au détaillant aucun avantage et lui fait subir quelques désagréments : comptabilité des coupons, collecte aux caisses, etc.

En pratique, les producteurs versent une rémunération aux détaillants pour les inciter à participer à l'opération.

L'usage des coupons est très développé aux États-Unis ; en France, leur importance est moindre. La différence entre les deux pays s'explique par les habitudes des consommateurs ; aux États-Unis, les coupons sont diffusés dans la presse et les clients, très couramment, règlent leurs achats chez

2. http://www.uda.fr/

les détaillants, partie en coupons, partie en argent liquide ou avec des cartes de crédit. La pratique du couponnage électronique (édition automatique à la caisse du magasin de coupons en fonction des produits et marques présents dans le chariot) évite nombre des inconvénients du système. La société Catalina Marketing est le leader de la méthode en France.

3. Les primes

Ce sont de petits objets remis à l'acheteur en sus du produit principal.

La prime peut être une partie du produit lui-même (treize à la douzaine) ou un autre produit (aftershave avec mousse à raser). Les primes dites autopayantes, c'est-à-dire la possibilité d'acheter ultérieurement à tarif réduit un autre produit en faisant la preuve d'achats précédents, sont en principe interdites.

La réglementation est devenue de plus en plus sévère au cours des dernières années. Les praticiens en ont subi les conséquences.

La prime offerte est un élément particulièrement motivant : le produit se présente avec un avantage évident ; quelquefois, les promotions sont croisées et la prime est alors utilisée comme moyen de distribution d'échantillons de nouveaux produits.

Le montant des primes

Réglementation	Exemples
1. Si le prix net de l'objet vendu est inférieur ou égal à 80 euros : • le montant maximum de l'objet donné en prime est égal à 7 % du prix net.	Prix de l'objet vendu : 50 euros. → Prime maximum : 3,50 euros.
2. Si le prix net de l'objet vendu est supérieur à 80 euros : • le montant maximum de l'objet donné en prime est égal à 5 euros + 1 % du prix net, avec un montant maximum limité à 60 euros.	Prix de l'objet vendu : 750 euros. → Prime maximum : 12,50 euros. Prix de l'objet vendu : 6 000 euros. → Prime maximum : 60 euros.
3. Les objets doivent être marqués (sigles, logos, marques, etc.) de façon apparente et indélébile.	Valeur de la prime : TTC, départ production ou franco dédouané pour les objets importés.

Source : DGCCRF.

4. Les jeux et concours

Par leur caractère de divertissement, ils constituent un excellent moyen de promotion. Pour attirer l'attention sur un produit, pour en développer les ventes, rien de tel qu'un concours ou un jeu.

Le concours résout tous les problèmes de communication : il est facilement original et motivant, et le problème de création publicitaire est résolu : il suffit d'annoncer le concours.

Un concours ou un jeu se préparent avec le plus grand soin : choix des dates, des modalités, des questions à poser et des prix. Il faut que ces derniers soient attractifs. Une importante question est de connaître le profil psychologique de ceux qui jouent ou répondent; les personnes non actives semblent plus disposées à participer que les autres.

Les concours prennent des tournures très diverses : hasard pur (mais alors il n'est pas nécessaire d'acheter pour pouvoir jouer) ; réponse à des questions ; confection de slogans ou de dessins.

L'intérêt des jeux pour à la fois renforcer la capacité à attirer les consommateurs et entrer dans un univers ludique stimulant est aisément compris : c'est le développement du ***gaming***. Sur Internet, le jeu-concours constitue un moyen évident de collecter des adresses, voire l'intégralité des profils des internautes. Ces renseignements sont demandés pour pouvoir participer au concours et accumuler des chances supplémentaires de gagner. La communication publicitaire visant proximité et convivialité y recourt : c'est l'***advergaming***.

La loi réglemente strictement les jeux et concours afin de protéger le consommateur (achats non raisonnés) contre l'organisateur (en cas de litige). Si le jeu est payant, le hasard pur ne doit pas intervenir pour désigner les gagnants. Ce serait alors une loterie. Les gains peuvent être des bons d'achat mais non des bons de réduction.

5. Les distributions d'échantillons

Le client potentiel reçoit gratuitement un exemplaire du produit. L'échantillon reçu ne correspond pas au produit réel trouvé dans la distribution. C'est un conditionnement spécial, comportant une quantité moindre.

La remise d'échantillons est un excellent moyen pour faire connaître un produit. Elle ne se prête pas à tous les produits. Les produits d'entretien, les lessives et les cosmétiques, certains produits d'alimentation sont particulièrement indiqués. Les distributions ont lieu :

- par voie postale, lorsqu'il existe un fichier d'adresses ;
- dans la rue, dans un magasin ;
- par le canal d'un autre produit : l'échantillon est ajouté à un autre produit.

Aux échantillons s'apparentent les petits objets, les services gratuits (gonflage des pneus dans une station-service). Les cadeaux ne doivent pas être conditionnés par l'achat d'un produit. Cette méthode de promotion est onéreuse ; pour qu'elle soit efficace, les échantillons doivent être diffusés sur une grande échelle. Pour certains produits (poudres à laver, adoucisseurs, etc.), la distribution de dix millions d'échantillons, lors du lancement, apparaît nécessaire.

Si l'échantillon ne peut être diffusé pour des raisons matérielles (automobiles, appareils électroménagers, etc.), la technique est remplacée par celle de l'essai gratuit ou de la démonstration à domicile, dans une foire, sur le lieu d'achat.

B. Le choix des techniques promotionnelles

Selon les objectifs assignés à la promotion des ventes, certaines techniques promotionnelles paraissent plus pertinentes que d'autres. Les techniques ne sont pas interchangeables. Chacune d'entre elles permet d'atteindre des **objectifs bien spécifiques**, comme on le constate dans le tableau 11.1.

Tableau 11.1. Les familles de techniques promotionnelles

Primes directes	Menus objets obtenus par l'achat d'un produit à l'occasion d'un acte d'achat.
Cadeaux différés	Différents mécanismes permettant d'obtenir des objets sur demande et de façon différée par rapport à l'achat ou à l'offre.
Produit en plus	Quantité de produit supplémentaire obtenue à l'occasion de l'achat d'un article.
Réductions de prix	Baisse immédiate et sans condition du prix consommateur de l'article.
Lots	Ventes groupées dans un conditionnement commun de deux ou plusieurs articles, identiques ou différents.
Ventes liées	Offres de ventes conjointes de deux ou plusieurs articles, souvent complémentaires, à un prix exceptionnel.
Offres de remboursement (ODR)	Remboursement total ou partiel d'un ou de plusieurs articles, à la demande du consommateur et sur la base de preuves d'achat.
Bons de réduction (BR)	Titres donnant droit à une réduction en caisse sur un ou plusieurs articles déterminés.
Bons d'achat	Titres donnant droit à une réduction en caisse sur des achats faits dans le magasin émetteur.
Essais gratuits	Techniques faisant essayer le produit sans débours financiers pour le consommateur.
Jeux et concours	Compétitions à caractère ludique fondées sur l'espérance de gains importants.
Offres sur carte	Offres réservées aux porteurs de cartes émises par des enseignes.
Offres diverses	Offres n'utilisant pas de technique mais participant à une démarche promotionnelle.

Source : www.cles-promo.com

Les trois principaux objectifs assignés à la promotion des ventes sont la **stimulation des ventes**, l'**essai** et la **fidélisation** du consommateur.

1. Stimuler les ventes à court terme

Cet objectif est atteint au moyen de techniques de réductions de prix qui prennent souvent la forme d'offres spéciales ou de lots. On s'accorde généralement à penser qu'un effet promotionnel reposant sur une technique de prix comporte une certaine dynamique qu'il conviendra d'analyser avant toute décision intempestive : une promotion comporte en elle-même un effet d'annonce et peut, dans certains cas, nuire à l'image globale ultérieure du produit ou du service. C'est **l'effet global** qui compte. Avant la promotion, on peut observer un effet d'attente chez les clients, puis les ventes réagissent brutalement lorsque la promotion se met en place, avant de chuter en fin de période.

Figure 11.1. Les effets de la promotion des ventes

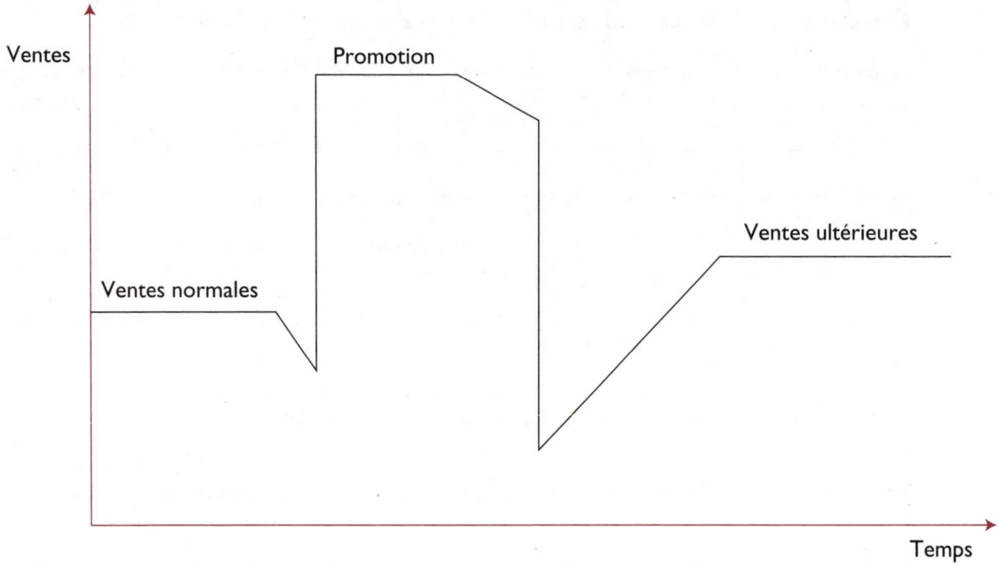

2. Stimuler l'essai du produit

Pousser les consommateurs à essayer un produit est obtenu par le recours à des échantillons gratuits qui peuvent être directement envoyés au consommateur par voie postale, en accompagnement d'un autre produit. L'échantillon peut aussi être distribué dans le point de vente. Dans le cadre de la promotion de nouveaux produits, l'essai est également favorisé au moyen de séances de dégustation, de techniques de couponnage et, dans une moindre mesure, de primes.

3. Fidéliser

Pour fidéliser les consommateurs, l'outil le plus utilisé reste les **techniques de prime**. Il arrive également qu'une marque souhaite faire découvrir d'autres produits de sa gamme et accroître ainsi la fidélité des consommateurs à la marque pour différentes catégories de produits. Dans ce cas, la marque favorisera les promotions croisées qui peuvent prendre la forme de coupons de réduction valables pour le produit *X*, attaché au produit *Y* habituellement acheté par le consommateur.

C. L'efficacité des techniques promotionnelles

Trois méthodes sont principalement utilisées pour mesurer l'efficacité d'une opération promotionnelle.

1. La mesure des ventes ou de la part de marché

Si l'objectif assigné aux techniques promotionnelles est de stimuler les ventes, il convient de s'assurer que ces techniques ont favorisé le développement des ventes. À l'aide des données d'un panel de distributeurs, on compare le niveau des ventes avant, pendant et après l'opération promotionnelle, en s'assurant qu'une croissance significative des ventes à court terme a bien été obtenue. Cette analyse pourra être plus finement menée en analysant l'efficacité de la promotion en fonction du profil des consommateurs ayant acheté en promotion : on opposera les nouveaux clients de la marque aux consommateurs ayant déjà acheté au moins une fois un produit ou service de la marque.

Il est important de souligner qu'une croissance des ventes due à l'exploitation d'une technique promotionnelle n'est pas toujours suivie d'une rentabilité financière de l'opération. L'examen des **coûts générés** par l'opération permet d'établir son degré de rentabilité.

2. La mesure du taux de remontée

Un des indicateurs souvent exploités est le taux de remontée de l'opération promotionnelle. Il correspond à la part des acheteurs profitant de l'offre promotionnelle. Le taux de remontée d'une promotion se mesure habituellement en comparant le nombre de coupons ou d'offres distribués au nombre de coupons réellement utilisés ou de demandes de remboursement effectuées.

3. Les enquêtes consommateurs

Les enquêtes consommateurs sont très utiles pour déterminer si la promotion des ventes a permis d'accroître la notoriété de la marque et comment elle a influencé les attitudes et les comportements d'achat des consommateurs selon leur degré de fidélité à la marque.

Afin d'aider les industriels à évaluer l'efficacité de la promotion des ventes, certaines sociétés d'études développent des **programmes et outils spécifiques**.

Exemple

Scan Pro Promo de Nielsen analyse l'efficacité et la rentabilité financière des promotions et donne aux responsables marketing des recommandations opérationnelles.

Les principaux apports de Scan Pro Promo

Pour les décideurs marketing, Scan Pro Promo de Nielsen permet d'obtenir des informations sur les points suivants :

– Déterminer les combinaisons promotionnelles les plus efficaces au niveau :

- de la référence ;
- de la marque ;
- de la catégorie.

Autrement dit, quels types de promotion et avec quel soutien apporté au distributeur ?

– En termes de marque / gamme :

- Mesurer précisément les volumes supplémentaires générés par mes promotions.
- Contrôler l'impact de mes promotions sur mes ventes de base.
- Optimiser l'allocation de mes ressources entre mes produits et types de promotion en vue de maximiser le chiffre d'affaires de ma gamme.

– En termes de concurrence / marché :

- Comparer les performances de mes promotions par rapport à celles de mes concurrents.
- Identifier les attaques des actions promotionnelles concurrentes sur ma gamme.
- Publicité : quels sont son efficacité, sa rentabilité, son diagnostic ?
- Quel est le mix marketing optimal pour ma marque ou pour la catégorie ?
- Structuration du marché : quelle analyse peut-on faire des transferts entre marques, entre segments, entre enseignes, entre circuits de distribution ?

Source : http://nielsen.com.

L'effet d'une promotion est très différent selon la méthode utilisée. De plus, la source des accroissements doit être connue. Si le seul effet d'une promotion est d'inciter le consommateur à décaler son achat, le résultat est médiocre.

III. La promotion des ventes auprès des intermédiaires

Nous considérons que les représentants, les merchandisers, les agents commerciaux, les vendeurs font partie des intermédiaires au même titre que les distributeurs.

A. La promotion auprès de la force de vente

Les méthodes de promotion entrent dans le cadre de la rémunération de la force de vente que nous verrons dans un chapitre particulier, mais quelques indications peuvent être données ici.

1. La réunion de stimulation

Toutes les entreprises ont l'habitude de rassembler régulièrement leurs vendeurs pour mieux les stimuler. Le plus souvent dans un endroit agréable (château, station balnéaire, station de sports d'hiver, à l'étranger, etc.), les membres de la force de vente sont réunis pour être informés et recevoir des directives. Ces réunions sont notamment l'occasion de mettre au point les actions à venir et, de décider des produits dont les ventes sont à pousser en priorité.

2. Les concours

Dans certaines entreprises, l'animation de l'équipe de vente ressemble au Tour de France cycliste : maillot jaune du meilleur vendeur toutes catégories confondues ; maillot vert des meilleurs classements aux points ; maillot à pois du meilleur vendeur de produits difficiles ; maillot blanc du meilleur jeune vendeur, avec en plus des *« rushs »* en cours d'année, des courses contre la montre (les quotas de vente) par équipe ou individuelles. On n'en finit pas d'imaginer de multiples aiguillons ; les récompenses sont honorifiques (une médaille) ou se font en nature (un voyage, un cadeau) ou en espèces.

B. La promotion auprès des distributeurs

1. Les remises et primes

En toute occasion importante, les producteurs consentent des **réductions temporaires de prix**.

Exemples

Les lancements de produits, assauts de la concurrence ou encore relance de produits dont les ventes s'essoufflent peuvent constituer autant d'occasions de proposer des prix réduits.

La réduction prend des formes diverses :
– pourcentage sur le montant dépensé ;
– réduction progressive selon les quantités achetées ;
– treize à la douzaine.

En fin de période, des **remises** sont accordées au distributeur ; en fonction des quantités achetées, des primes sont versées en espèces ou sous forme d'achats gratuits. Cela incite le détaillant à reconstituer son stock. Tous les moyens sont bons pour pousser le détaillant à accorder plus d'attention aux produits de la marque qu'à ceux des concurrents.

2. Les concours et aides diverses

Les concours se pratiquent dans les mêmes conditions que ceux destinés à la force de vente. Les meilleurs détaillants reçoivent des cadeaux en espèces ou en nature. Parallèlement à toutes ces actions, des aides diverses sont accordées aux détaillants : journaux de liaison, conseils financiers, facilités pour l'agencement du magasin, participation financière à l'édition de dépliants et de prospectus distribués en magasin.

Le lancement d'un nouveau modèle de voiture

Le plan de promotion peut se décliner ainsi :

• Opérations journalistes. Un week-end à Marrakech avec show, présentation du véhicule, essais sur route et remise de cadeaux personnalisés provenant d'une grande marque de luxe.

• Opérations concessionnaires. Réunion de tous les concessionnaires à Monte-Carlo pour une journée et une soirée, présentation du modèle, essais, soirée de gala : chacun repart avec un véhicule et un cadeau personnalisé.

• Opérations consommateurs. Jeu gratuit avec bons de participation à retirer chez les concessionnaires (10 voitures à gagner plus une gamme de cadeaux : home cinéma, Caméscopes numériques, articles de maroquinerie griffés au nom du constructeur).

• Opérations équipes de vente. Convention à Paris au Carrousel du Louvre, présentation par une animatrice TV connue, spectacles, vidéos, jeux et concours sur place.

Voici quelques exemples concrets des déclinaisons possibles du plan de promotion :

• Une régie publicitaire américaine (Doubleclick) réunit et motive sa force de vente commerciale internationale avec un voyage de cinq jours à Orlando (Floride).

• Un hôtel entier est réservé pour la recevoir. Des cours de vente et de psychologie (jeux de rôles et mises en situation) ainsi que des discours *corporate* (*« I believe in Doubleclik »*) émaillent le séjour.

• La société organise la remise des diplômes des trois meilleurs vendeurs mondiaux (primes à l'appui), distribue des *goodies* à tous (sac à dos Timberland, bloc-notes en métal), donne l'accès libre à toutes les activités proposées par l'hôtel (salles de gym, open bar et boîte de nuit à volonté tous les soirs).

• Une soirée « James Bond » clôture le séminaire. Les 600 personnes sont invitées à un barbecue autour de la piscine. Chaque homme reçoit une boîte de cigares contenant cinq cigares cubains et les femmes sont invitées à choisir la couleur de leur boa de plumes. Un mini-film, produit par le comité de direction et dans lequel les dirigeants ont inventé une intrigue et jouent eux-mêmes les personnages de 007, est diffusé sur écran géant. Un cocktail, un barbecue gigantesque et... quelques chutes dans la piscine achèvent une soirée mémorable.

IV. La mise en avant et la publicité sur les lieux de vente

Pour stimuler la vente, dans les magasins en libre-service surtout, il existe un moyen de promotion supplémentaire : la mise en avant (MEA). Il ne s'agit pas à proprement parler d'un avantage accordé au distributeur ou au consommateur. Les mises en avant, comme leur nom l'indique, sont toutes les techniques qui valorisent la **présentation du produit sur le lieu de la vente**.

Un produit qui, immuablement, demeurerait à la même place sur le linéaire, sans autre pouvoir d'attraction que son conditionnement, serait peu favorisé. Dès lors, les producteurs tentent de faire accorder à leurs produits des faveurs spéciales qui se traduisent par des **mises en avant**.

Exemples

Les présentoirs, conditionnements spéciaux, têtes de gondole sont accompagnés d'une publicité sur les lieux de vente (PLV), qui informe le consommateur en lui rappelant les campagnes publicitaires auxquelles il a pu être exposé.

Toutes les méthodes que nous venons de voir sont des instruments indispensables et puissants pour aller à la rencontre du client. Celui-ci n'accepte plus de payer un prix « normal » et ne décide d'un achat que si l'offre commerciale est soutenue par une promotion. Cet état de fait rejoint la préoccupation du fabricant qui craint par-dessus tout, s'il menait exclusivement une politique de bas prix, de tomber dans la « trappe du prix bas » dont il ne peut ressortir, alors que le côté multifacette de la promotion procure une souplesse incomparable.

Figure 11.2. L'impact d'une promotion

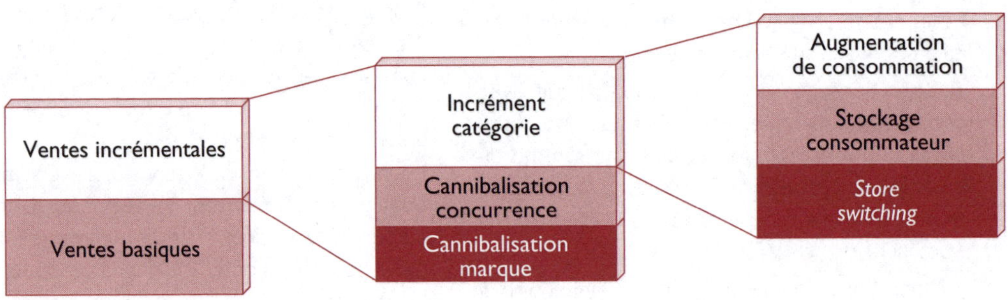

Figure 11.3. L'impact direct des promotions sur le marché des whiskies

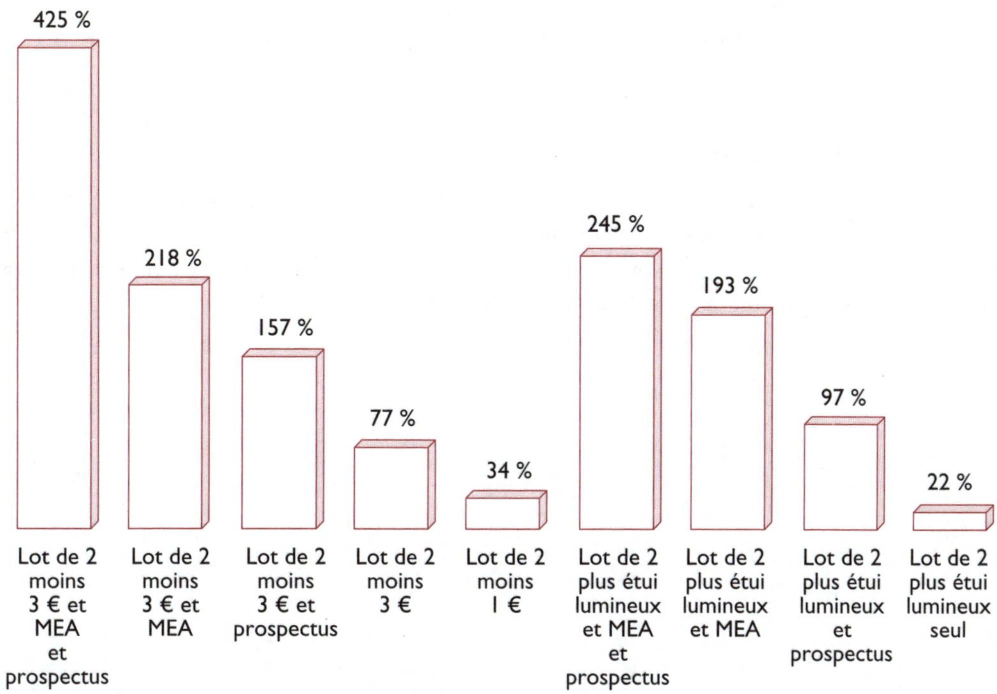

Source : Nielsen.

L'entreprise se protégera contre **deux écueils** :

- D'une part, celui de mener des **actions promotionnelles trop compliquées** alors que le consommateur attend des offres simples.
- D'autre part, de concentrer les efforts sur **une seule famille de méthodes** alors que, par exemple, les jeux sur Internet, la réduction financière avec un coupon et les avantages reçus en magasin sont de parfaits compléments.

Questions et thèmes de réflexion

Outils et concepts

1. Une promotion des ventes peut-elle avoir des effets à long terme ? Dans quels cas ?
2. Quels moyens de promotion peut-on employer au cours des différentes phases de vie d'un produit ?
3. La promotion des ventes aide-t-elle à fidéliser le client ? Pourquoi ?
4. La promotion des ventes à outrance ne comporte-t-elle pas en elle-même ses limites ?

5. Peut-on dire que promotion des ventes et publicité sont exclusives l'une de l'autre ?

6. Quelles précautions prendre pour contrôler l'efficacité de la promotion des ventes ?

Pour aller plus loin...

1. Quelles actions de promotion des ventes proposeriez-vous pour le lancement d'un nouveau plat cuisiné ?

2. À partir d'exemples précis, montrez comment la promotion des ventes s'est adaptée aux évolutions de la société.

EXERCICE : MENER DES ACTIONS DE PROMOTION DES VENTES

Chocolatine[3] est une marque qui produit des tablettes de chocolat vendues en grande surface (hypermarchés et supermarchés). La distribution numérique (DN) et la distribution valeur (DV) de la marque de ces deux canaux atteignent respectivement 70 % et 75 %.

La cible de la marque Chocolatine est la suivante : les enfants de 9 à 12 ans qui aiment déguster quelques carrés de chocolat pour le goûter, afin d'avoir un apport énergétique suffisant jusqu'au dîner.

Le chef de produit responsable de la marque Chocolatine a conscience que le marché des tablettes de chocolat est un marché morose, en phase de maturité. Chocolatine a connu une stabilité de ses ventes jusqu'en N – 2. Depuis N – 2, sa part de marché est passée de 4 % à 5 % sur le marché des tablettes de chocolat pour enfants. Le chef de produit décide donc de réagir et propose de mener une campagne promotionnelle qui vise deux objectifs majeurs :

– augmenter les ventes de Chocolatine de 20 % pendant les trois mois qui suivent la campagne promotionnelle ;

– faciliter le référencement de la marque dans un nombre plus important de points de vente, l'objectif étant d'augmenter de 10 points la DN et la DV.

La promotion des ventes prévue par le chef de produit consiste en un bon de réduction immédiate de 30 centimes pour chaque tablette de chocolat achetée, la réduction étant immédiatement accordée au passage en caisse. La tablette de Chocolatine d'un poids de 170 grammes est vendue en moyenne 1,95 euro en hypermarché et 2,05 euros en supermarché. Cette promotion a eu lieu la semaine allant du 12 au 18 mars N. Pour des raisons de coûts, aucune mise en avant (MEA) spécifique du produit en promotion sur le point de vente n'a été négociée (tête de gondole). De la même façon, la promotion des ventes du produit Chocolatine n'a pas été accompagnée d'une communication par prospectus dans les points de vente participant à l'opération. Le directeur marketing n'a pas voulu augmenter trop fortement le budget des promotions *trade* (promotions à l'attention des distributeurs) pour l'année N. Selon ce dernier, l'augmentation du budget *trade* pour l'année N devrait viser l'aide au référencement de la marque Chocolatine dans de nouveaux points de vente. L'augmentation du référencement de la marque a été effective à partir du 5 mars N. Trois mois après la semaine promotionnelle, le chef de produit décide de faire le point sur l'efficacité de la campagne (tableaux 1 et 2).

Tableau 1. Les données de panels distributeur (hypermarchés + supermarchés) – N

	Ventes volume en millier d'euros	DN	DV
13 au 19 février	13,43	70	75
20 au 26 février	16,39	70	76
27 février au 4 mars	17,74	70	75

3. La marque et les données sont fictives.

	Ventes volume en millier d'euros	DN	DV
5 au 11 mars	14,38	73	79
12 au 18 mars	38,12	78	86
19 au 25 mars	5,63	78	86
26 mars au 1er avril	6,30	78	87
2 au 8 avril	7,70	78	86
9 au 15 avril	18,43	78	86
16 au 22 avril	17,38	78	86
23 au 29 avril	19,75	78	86
30 avril au 6 mai	19,18	78	89
7 au 13 mai	18,5	78	86
14 au 20 mai	17,39	78	87
21 au 27 mai	17,72	78	86
28 mai au 3 juin	18,45	78	85
4 au 10 juin	18,41	78	89

Tableau 2. Les données de panels consommateur – N

	Taux de pénétration absolue	QA/NA
13 au 19 février	5,43	1,2
20 au 26 février	6,21	1,4
27 février au 4 mars	6,34	1,4
5 au 11 mars	8,15	1,2
12 au 18 mars	9,76	3,1
19 au 25 mars	5,63	0,5
26 mars au 1er avril	5,78	0,6
2 au 8 avril	6,02	1,2
9 au 15 avril	7,43	1,1
16 au 22 avril	7,01	1,5
23 au 29 avril	6,75	1,4

	Taux de pénétration absolue	QA/NA
30 avril au 6 mai	6,11	1,3
7 au 13 mai	7,83	1,2
14 au 20 mai	6,41	1,1
21 au 27 mai	7,72	1,1
28 mai au 3 juin	7,25	1,4
4 au 10 juin	6,91	1,5

Questions

1. Comment expliquez-vous la baisse des ventes les trois semaines qui suivent la promotion des ventes ?
2. La promotion des ventes a-t-elle été efficace ? Expliquez pourquoi.

La politique de communication

Les compétences clés à acquérir :

- Connaître les principaux objectifs poursuivis lorsque l'on élabore une politique publicitaire.
- Situer les rapports entre l'annonceur, l'agence et les médias.
- Savoir comment s'élabore une campagne.
- Comprendre comment on choisit les (meilleurs) médias.
- Juger les principaux outils de contrôle de l'action publicitaire.
- Comprendre pourquoi le poids de la communication hors médias s'accentue dans les politiques de communication externe.
- Connaître la nature de chacune des techniques employées.
- Savoir quand il est préférable de recourir à une technique plutôt qu'à une autre.
- Tracer les principales lignes d'un *communication mix*.

La communication dépasse la simple information. Le maître mot est celui de communication intégrée ou « communication 360° » qui vise à construire une image cohérente et unifiée de l'entreprise quel que soit le support de communication emprunté et quelles que soient les cibles visées. La panoplie du responsable de la communication s'est considérablement élargie. Aux côtés de la classique publicité médias, il convient d'ajouter les actions de mécénat et de sponsoring, les relations publiques, le lobbying, la gestion du « réseau », l'identité visuelle, l'accueil, la publicité sur les lieux de vente, etc. Une communication intégrée a pour objectif de tirer parti de la complémentarité et des synergies de ces différents leviers. L'entreprise doit définir la meilleure combinaison, celle qui a le plus de chances de lui permettre d'atteindre ses objectifs. Le choix entre la publicité, le recours aux réseaux sociaux, la promotion des ventes, les relations publiques, la publicité sur les lieux de vente dépend de deux facteurs :

– la nature du produit. Une distinction doit être opérée entre les biens de consommation et les biens industriels ; les premiers font beaucoup plus appel à la publicité qui utilise les grands médias que les seconds. La vente de biens industriels est davantage sensible aux relations publiques et à l'action de la force de vente ;

– la nature du marché. Selon que les clients sont dispersés ou regroupés géographiquement ou socialement, selon qu'ils sont des particuliers ou des entreprises, le mix adopté sera différent.

I. La communication médias

La publicité est l'**instrument privilégié** de la communication. Honnie ou vantée, elle ne laisse pas indifférent.

Fidèle au projet, qui consiste à examiner en priorité l'aspect décisionnel dans l'entreprise – tel est bien l'objet du marketing – nous laisserons de côté les querelles et nous nous consacrerons à la résolution des problèmes posés aux annonceurs par les campagnes publicitaires.

A. Généralités

1. Définition

La publicité est constituée de tous les moyens destinés à **informer une cible** et à la **convaincre** d'acheter un produit ou un service.

Au-delà de la définition, voyons ce que la publicité est ou n'est pas :

- Elle n'est pas une forme de communication mais un **processus**. Le langage courant utilise le même terme pour l'action (faire une campagne publicitaire) et le résultat de l'action (le message publicitaire).
- Elle est **payante**. Les Anglo-Saxons utilisent le terme *advertising* pour la publicité payante et le terme *publicity* pour la non-payante (un article rédactionnel dans une revue).
- Elle est **signée**, c'est-à-dire que l'émetteur est identifié en tant que tel par le récepteur.
- Elle n'est **pas seulement informative**, elle cherche à convaincre par tous les moyens et elle procure des informations, si cela est jugé utile par le publicitaire dans la poursuite de son objectif prioritaire.
- Elle ne se confond pas avec les relations publiques ni avec la propagande car elle comporte un **aspect commercial**.

2. Le secteur publicitaire

Le secteur économique de la publicité repose sur une série de liaisons entre plusieurs catégories d'entreprises : les sociétés d'études, de production et les agences médias d'une part ; les annonceurs, les agences, les régies publicitaires et les supports, d'autre part (figure 12.1). Le rôle et l'organisation de chaque catégorie d'entreprises sont détaillés ci-après.

Figure 12.1. Le secteur de la publicité

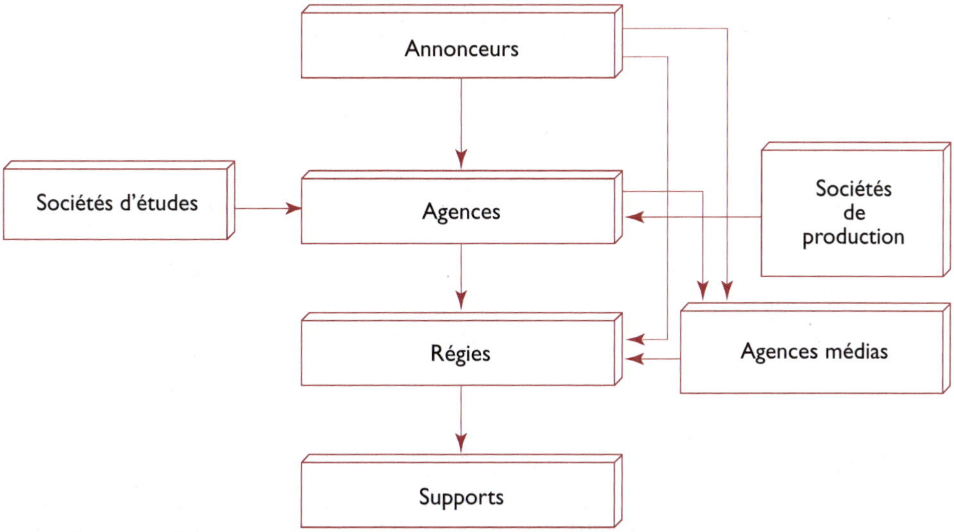

a. Les annonceurs

« Annonceur » est le terme consacré pour désigner l'entreprise qui vend un bien matériel ou un service et qui souhaite attirer l'attention sur son produit. En France, tous les annonceurs sont regroupés au sein d'un syndicat patronal : l'Union des annonceurs (UDA), organisme d'étude, de promotion, de défense et de négociation avec toutes les instances compétentes.

b. Les agences de communication

L'annonceur s'adresse à une agence de publicité pour l'accompagner dans la définition et la mise en œuvre de sa politique de communication.

- **Le choix d'une agence**

La durée moyenne de collaboration entre un annonceur et son agence est de trois à cinq ans. En deçà de cette durée, de bonnes relations n'ont pas le temps de se nouer ; au-delà, les sources d'inspiration créative ont tendance à s'épuiser. Ces chiffres constituent une moyenne.

Lorsqu'un besoin de changement se fait sentir, une compétition est ouverte entre plusieurs agences, dont l'ancienne agence bien souvent. Au reste, l'ensemble des budgets publicitaires d'un annonceur change rarement de mains au même moment car les grands annonceurs sont, en général, en relation avec plusieurs agences, qui s'occupent chacune d'un produit ou d'un groupe de produits ou encore d'un outil spécifique (relations publiques, Internet, etc.).

Les investissements hors médias représentent les deux tiers des investissements en communication.

Tableau 12.1. Les investissements en communication des annonceurs en 2012

	en M€	Part de marché	Évolution 2012/2011
Total presse	3 097	28,0 %	– 7,4 %
quotidiens nationaux	*190*	*1,7 %*	*– 7,8 %*
quotidiens régionaux	*667*	*6,0 %*	*– 6,7 %*
hebdomadaires régionaux	*79*	*0,7 %*	*+ 1,3 %*
magazines	*1 172*	*10,6 %*	*– 5,5 %*
presse professionnelle	*320*	*2,9 %*	*– 5,6 %*
presse gratuite d'annonces	*293*	*2,7 %*	*– 23,7 %*
presse gratuite d'information	*184*	*1,7 %*	*– 2,5 %*
presse collectivités locales	*193*	*1,7 %*	*0,0 %*
Radio	877	7,9 %	– 1,1 %
Télévision	3 973	35,9 %	– 3,7 %
Publicité extérieure	1 342	12,1 %	– 2,1 %
grand format	*492*	*4,5 %*	*– 6,6 %*
transport	*357*	*3,2 %*	*+ 0,8 %*
mobilier urbain	*386*	*3,5 %*	*+2,4 %*
Cinéma	159	1,4 %	+ 1,3 %
Internet	1 608	14,5 %	+ 6,0 %
achat d'espace	*631*	*5,7 %*	*+ 4,5 %*
liens sponsorisés	*977*	*8,8 %*	*+7,0 %*
Total média	**11 506**	**100,0 %**	**– 3,0 %**
Annuaires imprimés et sur l'internet	1 105	5,5 %	– 4,8 %
Marketing direct	9 189	46,0 %	– 1,3 %
mailings et e-mailings	*4 226*	*21,2 %*	*– 4,4 %*
imprimés sans adresse	*2 991*	*15,0 %*	*+ 1,2 %*
Promotion	5 209	26,1 %	+ 1,0 %
PLV	*1 145*	*5,7 %*	*– 2,6 %*
publicité par l'objet	*1 372*	*6,9 %*	*– 2,0 %*
Salons – foires	1 515	7,6 %	+ 0,8 %
Parrainage	830	4,2 %	+ 1,2 %
Mécénat (hors foundations)	318	1,6 %	0,0 %
Relations publiques	1 797	9,0 %	+ 3,4 %
Total hors-média	**19 963**	**100 %**	**– 0,2 %**
Total marché	**31 019**		**– 1,3 %**

Source : France Pub-Irep, 2013.

Figure 12.2. Les quinze premiers annonceurs plurimédias en 2012

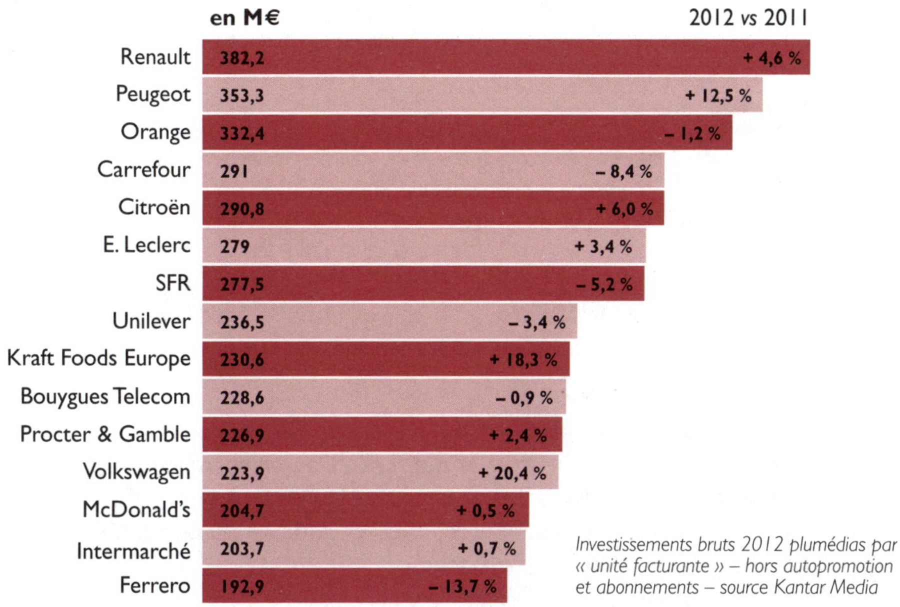

Source : « Les chiffres clés des annonceurs » (édition 2013), Union des annonceurs (UDA).

Figure 12.3. Les dix premières marques par réseau social en France

Facebook		Twitter		YouTube		Google+	
	Fans		Followers		Téléchargements vidéo		Followers
Coca-Cola	3 186 567	Yves Saint Laurent	1 332 278	Warner	92 909 935	Gameloft	1 643 660
Oasis Be Fruit	2 615 550	Jean-Paul Gaultier	320 811	Electronic Arts	54 726 228	Chanel	558 730
Nutella	2 324 652	Air France	236 716	Naïve	45 324 922	PlayStation	65 148
M&M's	2 324 587	Les Restos du cœur	178 349	Metropolitan Films	33 119 828	L'Oréal Paris	64 400
Red Bull	2 170 504	Greenpeace	163 202	L'Oréal Paris	27 830 195	LDLC.com	50 843
Samsung	1 598 816	WWF	144 771	Samsung Mobile	26 763 780	Orange	49 154
Disney	1 550 154	Croix-Rouge	132 345	EA Sports	26 449 568	Samsung Mobile	43 607
Danette	1 537 692	Balenciaga	106 948	Oasis Be Fruit	21 630 668	Bouygues Telecom	18 968
Ferrero Rocher	1 490 951	Warner Bros	93 546	Contrex	20 986 515	Joe Mobile	16 836
Dragibus	1 485 148	Red Bull	72 376	Paco Rabanne	16 379 965	Air France	14 018

Source : UDA, 2013.

• **La rémunération des agences**

Les agences sont rémunérées par des honoraires. Ils sont souvent fixés au prorata du budget d'achat d'espace mais sans qu'il y ait une automaticité stricte.

Exemples

Pour un petit budget (1 million d'euros), l'agence offrant un service complet touchera 15 % ; pour un budget important, le pourcentage tombera à 10 % ; pour un simple conseil médias, il sera encore inférieur.

De grands annonceurs, tels Procter & Gamble ou Danone, ont dépassé cette étape pour inclure dans la rémunération une proportion liée à l'évolution des parts de marché des produits vantés.

• **L'organisation des agences**

Les agences de publicité sont ordinairement (ce n'est pas toujours le cas) des entreprises indépendantes à la fois de l'annonceur et des régies. Elles offrent, selon leur taille, un service plus ou moins complet à leurs clients. Les agences constituent un exemple d'organisation matricielle, c'est-à-dire d'organisation dans laquelle des chefs de produits ou de projets sont adjoints à une structure fonctionnelle centralisée traditionnelle.

On peut la résumer avec le tableau ci-après.

Tableau 12.2. Les agences, un exemple d'organisation matricielle

Chefs de projets / Services	Directeur de clientèle 1	Directeur de clientèle 2	Directeur de clientèle 3
Création			
Médias			
Études			
Services généraux			

En général, **quatre départements fonctionnels** existent :

• Création : conception et exécution des annonces par les directeurs artistiques (partie visuelle) et les concepteurs rédacteurs (slogans, textes).

• Médias : choix du plan média (répartition du budget entre les médias et supports), négociation et achat de l'espace.

• Études : recherches sur tout ce qui est utile avant, pendant et après la campagne, notamment des tests.

• Services généraux : administration, comptabilité, etc.

En ce qui concerne les projets, il appartient aux directeurs de clientèle d'effectuer tout le travail commercial de contact avec la clientèle, c'est-à-dire avec l'annonceur. Le chef de groupe agit exactement comme un chef de produit dans une entreprise industrielle ; il a la responsabilité d'un ou de plusieurs budgets d'annonceurs.

Les grands groupes publicitaires dans le monde rassemblent dans leur giron une myriade d'agences.

Exemples

WPP, le premier groupe mondial, regroupe Grey, Ogilvy et Mather, Young & Rubicam, Wunderman. Chez Havas, le premier groupe français, on trouve notamment Euro RSCG.

Des agences indépendantes sont naturellement présentes sur le marché. Ainsi, Fred et Farid, société créée en 2006, atteint 200 collaborateurs.

c. Les agences médias

À l'origine, ces sociétés avaient pour rôle d'acheter de l'espace aux supports « en gros » et de le revendre à bon compte aux annonceurs et aux agences. Aujourd'hui, leur fonction est centrée sur l'**expertise** et le **conseil** dans les plans médias.

d. Les sociétés d'études et de production

Ces deux types de sociétés sont celles qui interviennent le plus souvent, en tant que sous-traitants, dans le processus.

- **Les sociétés d'études**

On recourt à elles pour mener des études de marché, rechercher un positionnement, déceler les motivations des consommateurs, tester un projet d'annonce (tout cela avant la campagne). Après la campagne, les sociétés d'études procèdent aux différents contrôles pour mesurer dans quel sens ont évolué les grandeurs significatives.

- **Les sociétés de production**

Cette famille de sociétés est très variée et va de l'entreprise importante qui produit un grand nombre de films publicitaires pour la télévision à la petite société comportant un seul ou quelques photographe(s).

Les frais de production recouvrent une gamme très large : une simple photographie pour une affiche banale coûte quelques centaines d'euros, un film de télévision de vingt secondes revient à 50 000 € ou 150 000 € ; ce chiffre étant largement dépassé lorsqu'il est fait appel à des techniques particulières ou à des prises de vue originales.

e. Les régies publicitaires

Ce sont des entreprises qui, *a priori*, émanent des supports. Elles sont chargées de vendre l'espace publicitaire des supports dont elles ont la responsabilité.

Une régie peut ne s'occuper que d'un seul support ou en gérer plusieurs.

Exemple

France Télévision Publicité gère l'espace de France 2, France 3, France 4 et France 5.

f. Les supports

Ce sont les organes individuels de transmission des annonces : TF1, RTL, JC Decaux, *Le Figaro*, *L'Express* ont des supports. Un média est un ensemble de supports qui utilisent un même canal : la télévision, la radio, la presse, etc.

3. La réglementation de la publicité

La publicité ne vit pas sous un régime de liberté totale. Bien au contraire, elle est sévèrement réglementée. Au surplus, les annonceurs et les agences pratiquent d'eux-mêmes une autocensure. À peu près tous les organismes s'intéressant de près ou de loin à la publicité ont édicté des codes de pratiques loyales : c'est le cas de l'Union des annonceurs (UDA), de l'Association des agences et conseils en communication (AACC) et de l'ARPP (Autorité de régulation professionnelle de la publicité). Cette dernière regroupe des représentants d'organisations publicitaires les plus diverses ; elle émet des recommandations et a la possibilité d'agir en justice.

La publicité fait l'objet d'abord d'une **réglementation générale**. La publicité mensongère est interdite depuis une loi de 1905 qui proscrit la publicité trompeuse et équivoque. Elle est définie en ces termes : « Toute publicité faite, reçue ou perçue en France, comportant des allégations, indications, présentations fausses ou de nature à induire en erreur. »

Exemple

Dans la pratique, les affaires judiciaires sont rares. Déontologie, souci du respect d'une éthique, crainte de mouvements d'opinion guident prioritairement les annonceurs : Benetton n'a pas poursuivi ses campagnes provocatrices. Cependant, certains cas vont jusqu'au procès. Monsanto, pour son produit Round Up, a été condamné pour sa publicité le vantant comme « biodégradable ». L'Oréal s'est vu interdire une publicité en Angleterre pour un fond de teint censé « recréer l'aura d'une peau parfaite » avec une photographie de l'actrice Julia Roberts.

La publicité est également soumise à une **réglementation particulière** :

- **Réglementation des médias.** L'affichage n'est pas libre, le nombre de mètres carrés des panneaux, la proximité des bâtiments historiques, des routes nationales sont réglementés. La publicité télévisée est soumise à de nombreuses limites quantitatives (pas de publicité sur les chaînes publiques après 20 heures) et qualitatives (les thèmes abordés doivent respecter certaines conditions, ne pas être vulgaires, par exemple). Certains produits ou services sont interdits (tabac, alcool, etc.).

- **Réglementation de certains produits.** Les produits pharmaceutiques, certaines boissons alcoolisées font l'objet d'une réglementation.

- **Réglementation des thèmes.** La question essentielle est celle de la publicité comparative. Après avoir été pendant longtemps soumise à une interdiction totale, elle est aujourd'hui autorisée mais uniquement si elle est légale et véridique, si elle n'est pas de nature à induire le consommateur en erreur et si elle porte sur une comparaison objective de caractéristiques essentielles et significatives des produits entre eux.

B. Les finalités de la publicité

1. Les différents types de publicité

On ne peut guère parler de la publicité ; au contraire, on devrait évoquer les publicités. On oppose deux grandes catégories.

a. La publicité corporate

On la trouve encore sous l'appellation publicité institutionnelle. Elle a le plus souvent pour objet de modifier une image d'entreprise ou tout simplement d'en créer une. Elle s'adresse non seulement aux acheteurs potentiels, mais aussi à l'opinion publique, aux revendeurs.

Exemples

- Hyundai *« live brilliant »*.
- Coca Cola « ouvre du bonheur ».
- Tag Heuer s'interroge : *« What are you made of? »*

b. La publicité pour les produits et marques

C'est le cas le plus fréquent. Un annonceur veut lancer un produit ou une gamme, soutenir les ventes d'un produit ou d'une marque, le repositionner, faire évoluer son image, etc.

Exemples

- Chanel dit « une goutte de N° 5 et rien d'autre ».
- Nespresso est « le café corps et âme », *« what else ? »*.
- Action contre la faim ose : « Bonne nouvelle : la faim est plus facile à combattre qu'à regarder. »

2. Les objectifs de la publicité

Il convient de distinguer les objectifs commerciaux (les ventes) et les objectifs spécifiquement publicitaires (les objectifs de communication).

a. Les objectifs commerciaux

Sans aucun doute, le but ultime de la publicité est d'influencer la part de marché, le chiffre d'affaires et le profit. Ce sont les ventes du produit ou du service qui témoignent de l'efficacité des campagnes.

b. Les objectifs de communication

Les objectifs commerciaux étant souvent un peu lointains, par souci d'efficacité on adopte des objectifs de communication, plus aisément mesurables par :

- L'exposition à un message. Le but d'une campagne est d'obtenir une audience déterminée.
- La mémorisation d'un message. Les consommateurs doivent se souvenir du message.
- L'attitude. Le prospect doit manifester une attitude favorable à l'égard du produit.

La détermination des objectifs est très étroitement liée au positionnement marketing et publicitaire retenu et aux segments de clientèle visés.

C. Le budget publicitaire

Une première décision à prendre concerne le montant du budget de publicité.

1. Les méthodes empiriques

Compte tenu des difficultés déjà évoquées, il va sans dire que les méthodes empiriques, pour critiquables qu'elles soient en théorie, restent couramment utilisées.

a. La méthode du pourcentage des ventes

C'est une **méthode traditionnelle**. Le budget publicitaire d'une année est égal à un pourcentage fixe du chiffre d'affaires de l'année précédente ou de façon plus réaliste à un pourcentage des ventes prévues. La méthode demeure mécanique et n'accorde aucune attention aux besoins réels du produit en matière de communication.

b. La méthode de l'alignement sur les concurrents

Peut prévaloir, dans une profession, l'idée selon laquelle il existe un montant « normal » à consacrer à une publicité pour vendre les produits. L'idée, fondée ou non, est assez répandue.

De même, et ce motif est essentiel, la **part de marché publicitaire** *(share of voice)* est une notion importante. Dans les secteurs des biens de consommation très courants (lessives, cosmétiques, produits alimentaires), il est de mise de postuler qu'un lien direct existe entre la part de marché publicitaire et la part de marché en chiffre d'affaires. Un produit qui détient 15 % du marché se doit d'être présent partout à 15 % : sur les ondes, dans la presse, à la télévision mais aussi sur les linéaires des hypermarchés.

2. La méthode analytique (objectifs/moyens) : les GRP

Une autre famille de méthodes pour déterminer le montant du budget consiste à analyser les **besoins du marché** et les **caractéristiques du produit**, à assigner des **objectifs** aux campagnes, puis à évaluer le coût qu'il faudra supporter pour atteindre ces objectifs, et enfin à se procurer les moyens en retenant le budget adéquat. Il s'agit d'une méthode de gestion rigoureuse. L'objectif est souvent fixé en termes de GRP *(Gross Rating Point)* qui correspond à une occasion de voir (ODV) ou d'entendre (ODE) auprès de 1 % de la cible visée. On estime en général que, pour un produit de grande consommation, la publicité d'entretien souhaitable est de l'ordre de 680 GRP par mois, soit 8 ODV pour 85 % de la cible.

Selon que le marché est concentré ou dispersé, que le produit est jeune ou mûr, que les distributeurs sont acquis ou non au produit, des objectifs différents sont fixés et l'entreprise détermine la dépense nécessaire.

Le **GRP** se calcule de deux manières :

- GRP = (nombre total de contacts utiles/population cible) × 100.
- GRP = (nombre total d'individus cibles touchés/population cible) × répétition moyenne.

Il synthétise deux des principales sources d'efficacité : le nombre de personnes touchées (l'**étendue**) et le nombre de fois où chacun sera touché (la **répétition**).

D. Les médias

Lorsque le montant du budget a été choisi, la décision ultérieure consiste à ventiler ce budget entre les différents médias et supports.

1. Les différents médias

On distingue six médias : presse, télévision, Internet, radio, affichage et cinéma. Tous ces médias n'ont pas, et de loin, la même importance sur le plan publicitaire.

a. La presse

Si elle reste le média le plus utilisé, elle masque une extrême diversité.

- **La presse quotidienne**

Elle couvre presque l'ensemble du pays.

Dans cette presse quotidienne, **trois familles** doivent être distinguées :

- **La presse nationale (ou parisienne).** Elle bénéficie d'une sélectivité assez bonne selon les classes sociales (le lecteur du *Parisien* n'est pas celui du *Figaro* ou du *Monde*) et constitue un moyen privilégié pour les leaders d'opinion nationaux.

Exemple

Une page en quatre couleurs coûte 39 800 € dans *Femme Actuelle* ; 47 500 € dans *Le Monde*.

- **La presse régionale.** Les quotidiens régionaux, florissants pour certains d'entre eux (*Ouest-France* est le premier quotidien national), détiennent parfois un quasi-monopole dans leur région. Leur sélectivité repose sur un seul critère, mais il est absolu : la localisation géographique.
- **La presse gratuite.** 87 % des foyers français reçoivent au moins un gratuit chaque semaine ; le support est peu « valorisant » mais constitue un outil complémentaire dont l'audience est mal connue.
- **La presse périodique**

Ce sont les magazines généralistes ou spécialisés. Ils jouissent d'une sélectivité très variable. Certains sont très peu sélectifs *(Paris Match)*, d'autres recherchent une sélectivité selon le style de vie, selon le sport, les loisirs pratiqués ou encore selon la catégorie socioprofessionnelle *(Le Point)*. La qualité de la reproduction est bonne, voire excellente : les annonces dans les magazines s'accompagnent parfois de véritables photographies d'art. Le coût reste cependant relativement élevé.

b. La télévision

La publicité télévisée demeure le média indispensable pour certaines catégories de produits. Lorsqu'il faut faire appel à une démonstration afin de prouver l'intérêt d'un produit ou lorsqu'il est nécessaire de toucher une large audience, seule la télévision le permet.

Exemple

Un aspirateur sans sac, une colle puissante ou encore un hachoir à viande n'ont pas de meilleur vecteur de vente qu'une démonstration d'utilisation.

La multiplication des chaînes, au-delà des quelques grands réseaux, engendre à la fois des difficultés (comment être certain d'atteindre la bonne cible ?) et des avantages (les chaînes thématiques s'adressent à des segments de clientèle bien définis).

Exemples

Tarifs pour une diffusion d'un spot de 30 secondes sur TF1 :
- Mardi, 7 heures 55 : 3 000 €.
- Dimanche, 20 heures 30 : 88 000 €.

c. Internet

Le Web transmet une image, un son, un texte et apparaît comme un média pertinent dans de nombreuses situations. Le contrôle de l'efficacité de la communication est aisé. Il est facile de compter les visites du site, le nombre de pages consultées (totalement téléchargées), les bandeaux vus, les clics ou les taux de réponse.

La publicité *on-line* prend plusieurs formes :

- Des bannières. Ce sont des images, du texte ou des vidéos figurant sur un site Web et qui réorientent par un simple clic l'internaute vers un autre site. C'est la méthode la plus utilisée ; son prix varie selon le format et donc le poids en kilo octets de la bannière (environ 10 centimes d'euro le clic).

Exemple

Une bannière au format normal créant 10 millions de contacts se vend environ 20 000 €.

- Des fenêtres ou *pop ups*. L'internaute est entré sur un site et, pendant le téléchargement, une fenêtre (vidéo, image) vantant un produit ou un service s'affiche puis disparaît.
- Des liens sponsorisés. Ce sont des mots clés qui figurent sur un moteur de recherche et qui orientent automatiquement l'internaute vers un site dédié.

Les deux premières méthodes relèvent de ce que l'on appelle le *display* ; la troisième est le *search*. La rémunération des sites ou moteurs de recherche s'opère en relevant plusieurs critères : le CPC (coût par clic), le CPM (coût pour mille affichages), CPF (coût par fan obtenu), CPV (coût par vente réussie). Le taux moyen de clic est de 0,5 %, c'est-à-dire que sur 1 000 annonces vues, les internautes cliquent en moyenne cinq fois.

Exemple

Perrier lance une campagne mondiale en ligne. La campagne, baptisée « Le Club », est interactive et se décline sur YouTube et I-Ad. Six volets présentent des situations dans lesquelles il fait de plus en plus chaud. La campagne se déroule simultanément en France, aux États-Unis et au Canada. Le septième rendez-vous a lieu dans le monde réel à New York.

Internet : les médias POE

Ce sont :
- Les *payed media*. Il s'agit des espaces achetés par l'annonceur (bannières, référencement, etc.).
- Les *owned media*. Ce sont les espaces possédés par l'annonceur (compte Twitter, site Internet, page Facebook, etc.).
- Les *earned media*. Ils consistent en des messages, des contenus et autres avis propagés par Internet et que l'annonceur ne contrôle pas (réseaux sociaux, forums, etc.).

d. La radio

L'écoute de la radio est le plus souvent distraite. Ce média constitue facilement un bruit de fond qui accompagne d'autres activités. À certaines heures, la radio est très peu sélective. Ainsi, entre 7 heures 30 et 8 heures 30, tout le monde écoute la radio, alors qu'à 9 heures 30 ou à 15 heures 30, l'audience est surtout composée de non-actifs. La radio ne peut néanmoins transmettre tous les thèmes : par nature, les évocations visuelles lui sont interdites.

Ce média présente des avantages certains :

- Une **utilisation très souple**. Une annonce est vite élaborée et la programmation du temps d'antenne est autrement plus aisée qu'à la télévision. Le développement des Podcasts (téléchargement automatique et gratuit d'émissions *via* les sites Internet des radios) offre encore plus de souplesse et de possibilités de répétition à ce média.
- Un **coût relativement faible**. Il autorise des campagnes massives et à répétition.

Exemple

Tarif de diffusion d'une séquence de 1 à 30 secondes sur Europe 1 : le lundi à 6 heures du matin : 4 580 € ; le vendredi à 7 heures du matin : 20 580 €.

e. L'affichage

Il bénéficie d'une grande audience. On peut apposer des affiches sur les supports les plus divers et dans les endroits les plus reculés. Mais cette audience est fort peu sélective, si ce n'est sur le plan géographique. L'affiche constitue le support privilégié de la création : elle touche un prospect distrait et doit, dans un minimum d'espace, choquer pour attirer l'attention, plaire et donner des informations. On peut opposer :

– l'affichage permanent et l'affichage temporaire : un panneau lumineux installé pour plusieurs années ne s'achète pas comme un affichage sur abribus pour huit jours ;

– l'affichage mobile et l'affichage immobile : les flancs de bus et l'affichage mural ne répondent pas aux mêmes besoins ;

– affichage pour prospect mobile ou immobile : un panneau routier n'a pas les mêmes caractéristiques qu'un emplacement sur les quais du métro. Les panneaux sont vus dans des circonstances multiples.

Exemple

Tarif JC Decaux (56 agglomérations de plus de 100 000 habitants, 2 980 panneaux, 7 jours : 1 011 000 €) ; Caddies dans 629 hypermarchés, 21 jours : 328 000 €.

f. Le cinéma

En tant que média exclusif, il perd de l'importance, mais il peut rendre de grands services comme média complémentaire. Plus simple que la télévision (pas de réglementation), il fait preuve d'une sélectivité assez réduite, avec cependant une tendance à toucher les citadins et les jeunes, mais, en fait, tout dépend de la nature du film présenté.

Exemple

Pour un spot de 30 secondes dans 1 450 salles de grandes villes : 198 k€ par semaine (Médiavision).

2. Le choix des médias et des supports

a. Le recueil des informations

Pour bien choisir, entre les médias d'abord, entre les supports ensuite, il faut disposer d'informations abondantes sur la composition quantitative et qualitative de leur audience.

Les sources d'information sont très diversifiées. Les instituts privés donnent toutes sortes de renseignements sur l'utilisation des médias (piges publicitaires) ou sur certaines caractéristiques d'audience. Les syndicats professionnels ou des centres spécialisés calculent et diffusent des taux de fréquentation.

Les indications dont disposent les responsables du choix des médias (les *media planners*) sont donc très complètes. Elles ne sont pas pour autant à l'abri des critiques et, par exemple, on reproche aux experts de trop s'attacher à des critères quantitatifs (« Avez-vous vu : oui-non ? ») et de négliger le qualitatif (« Vous l'avez vu dans quelles conditions ? Que faisiez-vous en même temps ? Combien de minutes y avez-vous consacré ? Avez-vous été dérangé ? »).

b. Le choix des médias

La stratégie média commence pour l'annonceur par un briefing média donné à l'agence de publicité. Il s'agit d'offrir aux décideurs toutes les données nécessaires quantitativement et qualitativement pour leur permettre d'opérer leurs choix en toute connaissance de cause. Les responsables de la création sont naturellement associés à cette phase. La cible média est définie (avec les critères classiques de la segmentation) et les objectifs à atteindre sur cette cible sont indiqués : s'agit-il de donner des informations sur l'existence d'un nouveau produit, d'inciter à l'achat ou au réachat, d'augmenter les quantités achetées, de maintenir la fidélité, d'annoncer une promotion, etc. ?

Comme il est, le plus souvent, impossible d'atteindre tous les objectifs avec un seul média, il convient d'opérer un choix, de faire un mix média et de décider de la pression publicitaire allouée à chacun ainsi que de la cadence et des périodes.

En général, **trois types de considérations** doivent être pris en compte :

- **La nature du produit.** Certains produits sont mieux annoncés par un média que par un autre. Les parfums s'accommodent bien des magazines de luxe ; la lessive et l'alimentation courante, de la télévision.
- **La nature de la clientèle.** Il est inutile d'utiliser la télévision pour toucher les jeunes de vingt-cinq ans : ils la regardent peu. En revanche, pour ce même public, il est difficile d'éviter le cinéma.
- **La nature du média.** Les médias se différencient par leur couverture et le degré d'attention moyen du prospect. Le téléspectateur moyen est assez « attentif » : si l'on estime qu'avec 8 ODV, il assimilera les caractéristiques du produit ; si l'on veut couvrir 70 % de la cible, on recherchera 560 GRP en télévision. L'auditeur de la radio est davantage « distrait » ; 30 ODE sont nécessaires, mais la couverture tombe à 50 %, 1 500 GRP étant souhaitables.

Une fois que ces trois critères ont été respectés, il reste à ajuster le choix en fonction du budget et des objectifs.

Exemples

Une campagne d'image de marque ne nécessite pas l'emploi du même média qu'une annonce de réduction de prix ; un budget de 3 millions d'euros autorise un choix plus souple qu'un budget de 500 000 €.

Dans la pratique, un problème important se pose : celui de la complémentarité des médias. La télévision fait connaître, la presse fait apprécier, Internet fait commenter, la radio et l'affichage font acheter.

Figure 12.4. Les différentes cibles

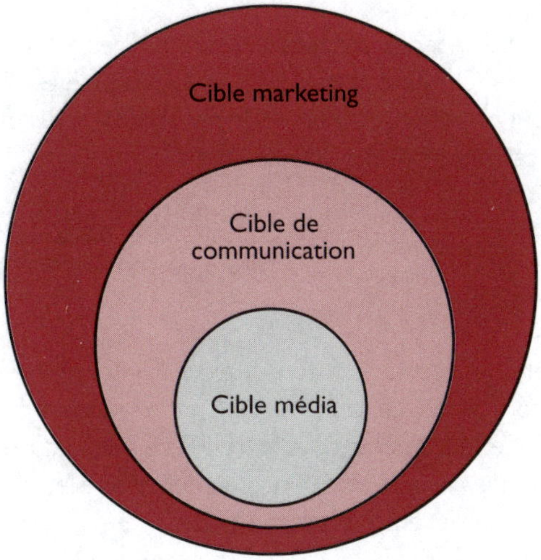

c. Le choix des supports

À partir de l'ensemble des caractéristiques tant quantitatives que qualitatives de tous les supports relevant des médias choisis et bien évidemment des objectifs médias ainsi que des budgets disponibles, il convient à présent de retenir avec précision le meilleur support.

Exemples

Pour la télévision et la radio, un créneau d'un jour déterminé à un horaire déterminé constitue un support, pour Internet des bannières sur une série de sites sont une autre forme de support.

- **Les critères quantitatifs**

Trois échelles sont utilisées; elles ne conduisent pas à un véritable choix (celui-ci relève de la direction marketing) mais donnent toutes indications pour l'opérer dans les meilleures conditions.

L'échelle de puissance

Un support (ou un plan média) se caractérise d'abord par sa puissance, c'est-à-dire par le produit de deux éléments: la couverture utile et la répétition moyenne. La couverture utile exprime soit en volume, soit en pourcentage les individus qui ont une « chance » d'être en contact avec le message. Par exemple, pour le lancement d'un produit de grande consommation s'adressant aux 17 millions de ménagères, un plan touchant 12 millions de ménagères a un taux de couverture de 70 %. La répétition moyenne est le rapport entre le nombre total de contacts utiles délivrés et la cible touchée. Dans notre exemple, si le plan média (en cumul) touche 72 millions de ménagères, la répétition moyenne est de $\frac{72}{12} = 6$. Intervient ici le GRP précédemment étudié. Le plan se caractérise par: $70\,\% \times 6 = 420$ GRP.

L'échelle d'économie

Un autre élément à prendre en compte est le budget moyen qu'il faut consentir pour obtenir une puissance donnée. On peut le calculer de deux manières différentes. Le coût au GRP est le rapport entre le coût de l'espace acheté et le nombre de GRP obtenus. Le CPM (coût pour mille contacts utiles) se calcule de la manière suivante:

$$\text{CPM} = \frac{\text{Budget total}}{\text{Milliers de contacts utiles}}$$

L'échelle d'affinité

Lorsqu'on achète de l'espace dans un support, on acquiert des contacts utiles (la cible) et des contacts inutiles (hors cible). Le taux d'affinité est le rapport entre l'audience utile et l'audience totale d'un support. Cette troisième échelle trouve déjà sa traduction dans le CPM utile: un support très en marge de la cible verra son CPM augmenter. Mais elle est utile pour vérifier la proximité, ne serait-ce que rédactionnelle, entre support et cible.

De l'objectif général de la campagne dépend le chiffre minimum de messages auxquels la cible doit être exposée pour qu'un effet se fasse sentir. La duplication des audiences pose problème: l'auditeur de RMC regarde France 2 le soir et lit *L'Express* et *Le Provençal*. La couverture nette est le nombre de personnes exposées au moins une fois au message.

Figure 12.5. L'audience utile

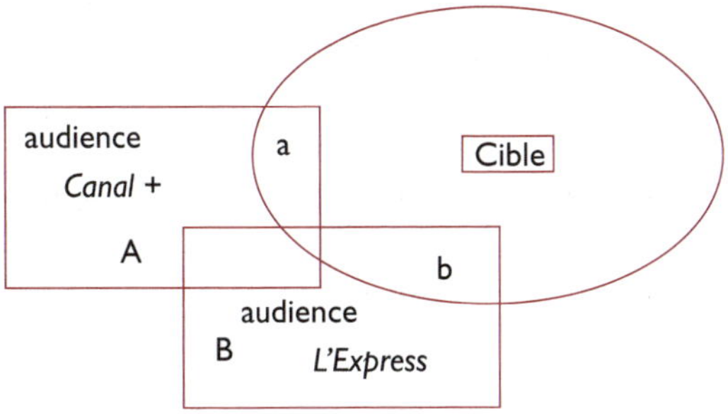

- **Les critères qualitatifs**

Outre la puissance et l'économie, de nombreux facteurs interviennent pour définir l'environnement de la réception des messages. Ils ne sont pas toujours quantifiables et, comme tels, laissés le plus souvent à l'appréciation personnelle de l'expert, au-delà des éléments de coût qui, selon le cas, en tiennent compte ou pas.

Parmi ces facteurs, il convient de mentionner :

- La qualité technique du support (quadrichromie bien ou mal acceptée, par exemple).
- L'environnement du contact (le prospect a-t-il une autre activité lorsqu'il reçoit le message ?).
- L'image du support (certains sont plus valorisants que d'autres).
- L'affinité entre le contenu rédactionnel et la cible.
- La souplesse lors des négociations (achat, report).

E. La création publicitaire

La création publicitaire relève, en concertation avec l'annonceur, du domaine exclusif des cellules créatives dans les agences.

Ici, intervient le **brief**, document écrit, puis présenté oralement, comportant toute la **stratégie de l'annonceur** et destiné à l'agence. Rien ne doit manquer : les caractéristiques du marché, les catégories de clients, les concurrents, les objectifs précis de l'entreprise, sa situation concurrentielle actuelle, les valeurs qui sont les siennes, ce qu'elle souhaite, les forces et faiblesses du produit, les budgets envisagés.

Il est très délicat de vouloir analyser ou découper rationnellement un processus de création qui, par essence, fait appel à l'imagination, au non-conformisme, à l'intuition, à l'esthétique.

À partir du moment où la stratégie publicitaire a été définie, **trois niveaux** sont étroitement imbriqués :

- **La promesse.** Il s'agit du bénéfice proposé au consommateur s'il se décide à acheter ; la promesse est de nature fonctionnelle (une crème plus fluide), d'utilisation (sécurité renforcée) ou psychologique (rester jeune).

- **La justification.** C'est la caractéristique qui explique que la promesse est certaine : présence d'un airbag, composition de la crème avec du liposome.

• **Le ton et le style.** L'annonce se déroule dans un climat, une ambiance générale devant renforcer le pouvoir d'attraction et la crédibilité du message : élégance, humour, technicité, beauté, etc. Il reste alors à produire l'annonce ; les coûts sont élevés : de quelques centaines de milliers d'euros en télévision à près de 10 millions.

Dans la pratique, pour stimuler et canaliser la création, les agences ont mis au point des documents d'aide à la création, des *copy platform* ou ***copy strategy***. On y trouve des cadres qu'il faut remplir, avec des questions diverses :

- Quels sont les faits : produit, marque, etc. ?
- Quelle est la cible ?
- Quel est le besoin à satisfaire ?
- Quel est le problème à résoudre ?
- Quel est l'objectif de la publicité ?
- Quels sont les concurrents ?
- Quelle est la promesse ?
- Quelle est la justification de la promesse ?
- Quels sont les médias, les supports ?

Figure 12.6. Le processus d'élaboration d'une campagne

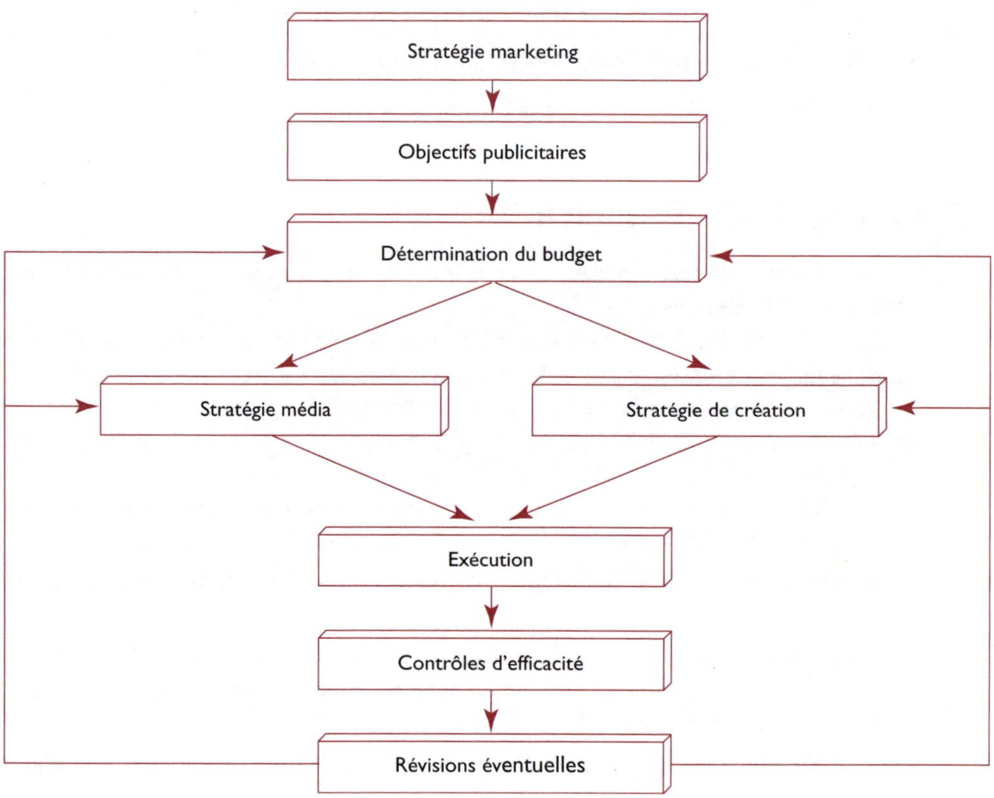

Campagne « L'invitation au voyage » de Louis Vuitton

- Au crépuscule un ballon se pose sur la place Saint-Marc à Venise.
- Arizona Muse découvre David Bowie au clavecin dans une atmosphère de bal vénitien décadent.
- 250 figurants.
- Cachet probable de David Bowie : 7 millions de dollars.
- 33 millions de vues sur YouTube.
- Augmentation des ventes du sac Vivienne : plus 17 % en 10 jours.

D'après *Stratégies*, n° 1749.

F. Le plan de campagne

Le montant du budget est fixé, les supports choisis, les annonces élaborées, trois décisions doivent encore être prises ; elles concernent la répartition dans le temps de la campagne : il faut prévoir les dates de parution (problème de la saisonnalité), la taille des messages et leur cadence.

1. La saisonnalité

Les dépenses publicitaires marquent une très forte saisonnalité qui s'explique par une double raison :

– les ventes sont elles-mêmes saisonnières et le publicitaire ne peut que prendre acte du fait que les lave-vaisselle s'achètent en octobre et les voitures en mai ;

– la fréquentation des médias est saisonnière et l'audience des deux mois d'été est réduite.

2. La taille des messages

Un budget de cinq millions d'euros répartis entre Internet, la radio, la télévision et la presse peut comporter une infinité de combinaisons entre les solutions suivantes :

- Radio : 5", 10", 15", 20", 30", 45", 60".
- Télé : 8", 15", 20", 30", 45", 60".
- Presse : 1/6 de page, 1/3 de page, 2/3 de page, une page, une double-page.
- Internet : des bannières sur 5, 10 ou 50 sites.

Le choix, dans ce domaine, relève de l'habitude et des contrôles empiriques. On sait qu'une page complète est nécessaire pour une annonce d'ambiance dans la presse, et qu'un tiers de page suffit pour un rappel d'action promotionnelle. Tout dépend des objectifs de la campagne.

Exemples

Faire la démonstration d'un nouvel aspirateur-balais pour moquette, à la télévision, nécessite une minute ; porter à la connaissance des jeunes le fait qu'une nouvelle gamme Studio Line est lancée ne prend que huit secondes.

3. La cadence des messages

Le problème des effets de répétition est ici posé. Est-il préférable de diffuser une annonce par mois pendant un an ou une annonce par semaine pendant douze semaines ?

La **mémorisation**, mesurée à la fin de l'année, est bien meilleure si les annonces sont réparties tout au long de la période que si elles sont concentrées dans les premiers mois. Les travaux dans ce domaine sont dus en France à Morgensztern[1].

Il a proposé une **loi de démémorisation** : $S_n = 1 - (1 - \beta)^n$.

Avec : S_n, souvenir de la publicité après un certain nombre de contacts.

β, pourcentage de personnes mémorisant le message initial. À noter que ce coefficient est différent selon les médias : de l'ordre de 15 % pour la télévision, il passe à 10 % pour les magazines et à 5 % pour la radio.

II. La communication hors médias

La publicité demeure l'outil principal de la **communication commerciale** mais, à ses côtés, se sont développées toutes sortes d'actions qui n'utilisent pas le canal des médias : on les nomme actions *« below the line »*. Bien menées, elles sont d'une efficacité redoutable.

La plupart du temps, ces actions jouent le rôle de complément de la publicité. La communication forme un tout que l'on ne peut dissocier et on veillera plus particulièrement à la cohérence, d'une part, de tous les moyens utilisés et, d'autre part, de leur programmation dans le temps.

A. Les relations publiques

On parle de relations publiques pour exprimer que ce sont des relations à destination de divers publics.

Ne représentant pour l'heure qu'à peine **10 % des investissements publicitaires**, les relations publiques se définissent comme « l'ensemble des techniques d'information et de communication pour créer ou entretenir des relations de bonne intelligence, de compréhension et de sympathie avec les groupes environnant l'entreprise et ceux qui la constituent (publics, clientèle, fournisseurs, milieux professionnels, banquiers, prescripteurs et formateurs d'opinion, collectivités locales et régionales, enseignants, personnel, direction[2]) ».

Toutes les occasions sont bonnes : lancement d'un produit, anniversaire, fusion de sociétés, changement de direction, début d'une exportation, attaque des consommateurs, introduction en Bourse, mais aussi patient façonnage d'une image d'entreprise, ou rajeunissement d'une image vieillie.

Longtemps considérées comme futiles, inutiles, les relations publiques ont acquis leurs titres de noblesse et sont partie intégrante de la politique de communication.

De nombreux moyens (qui doivent être impérativement coordonnés) sont à la disposition de l'entreprise : visites d'entreprises (au siège ou sur les lieux de fabrication) ; visites de chantier,

1. MORGENSZTERN A., *Démémorisation, durée de vie des campagnes*, étude n° 31 de l'Irep, Paris.
2. Voir le *Dictionnaire de l'Académie des sciences commerciales*.

conférences de presse, communiqués de presse, interviews du dirigeant dans la presse, simples envois de lettres, cocktails, déjeuners ou petits déjeuners de presse, etc.

Des agences spécialisées prennent en charge ces problèmes et leur créativité est sans limite.

Exemple

« Engagée depuis cinq ans derrière les arbitres de football, rugby, handball et basket-ball, La Poste a fait de cette communication son territoire d'expression dans le sport. Carat Sport a développé des outils d'activation externes et internes, en ligne et hors ligne. Avec un triple objectif : fédérer ses 265 000 postiers derrière cet engagement, démontrer aux élus et institutionnels de la fonction sociétale de l'entreprise et mettre en avant, aux yeux du grand public, la performance et l'engagement utile de l'établissement. »

Source : *Stratégies*, n° 1655.

On n'imagine pas aujourd'hui un lancement de produit non accompagné d'une action de **relations publiques** afin de stimuler tout à la fois le personnel, les vendeurs, voire quelques gros clients, et en plus accélérer l'efficacité de la campagne grands médias.

Au sein des relations publiques en général, les **relations presse** tiennent une place à part et sont certainement les plus reconnues comme fonction de communication à part entière. Le poids des médias et la crédibilité de la « publicité rédactionnelle » expliquent cet état de fait. Un solide dossier de presse coûte entre 10 000 € et 20 000 €. Un budget total modeste tourne autour de 40 000 €, la moyenne avoisinant les 200 000 €[3].

Quelques conseils pour une campagne de presse réussie

- Ne faire reposer l'opération que sur un événement ou un lancement apportant une nouveauté véritable.
- Ne pas hésiter (si le poste n'est pas dans l'entreprise) à embaucher pour l'opération un attaché de presse qui apportera le professionnalisme absolument indispensable.
- Bien cibler les supports et donc les journalistes à contacter.
- N'organiser une conférence de presse que si toutes les conditions sont réunies pour sa réussite.
- Soigner le dossier de presse mais en restant fidèle à la culture de l'entreprise : le trop luxueux peut paraître élitiste.
- Assurer un suivi et un contrôle sans faille pour mesurer l'impact de l'opération.

Le **lobbying**, en passe d'être véritablement reconnu en France, fait partie des relations publiques. Il s'agit ici d'engager des actions destinées à faire pression sur les décideurs pour les amener à adopter des attitudes et des comportements favorables à une entreprise ou à un secteur professionnel.

3. *Médias*, n° 139, p. 14.

Exemple

Les 15 et 16 juin 2013, LVMH a ouvert ses portes et reçu quelque 120 000 personnes dans une quarantaine de lieux de prestige ou emblématiques de la société (France, Écosse, Espagne...) : maisons de création, vignobles, ateliers de fabrication. L'objectif était de mobiliser les équipes internes mais aussi les étudiants et toutes les personnes intéressées par les activités du groupe.

B. Le sponsoring et le mécénat

Intéressant quelque **600 annonceurs**, le sponsoring représente un budget de l'ordre de 2 milliards. Son développement est intervenu pour **plusieurs raisons** :

- Une **réglementation stricte** en matière de publicité qui interdit l'accès de certains produits aux grands médias : tabac à la TV.
- Une **diminution certaine de l'efficacité de la publicité traditionnelle** due à la saturation des supports et aux habitudes des consommateurs. Les annonceurs trouvent dans le sponsoring une communication plus douce, moins strictement commerciale, sympathique, conviviale qui répond bien à leurs attentes. En termes de dépenses, le phénomène demeure toutefois marginal, même si quelques opérations spectaculaires tiennent le devant de la scène. Le mécénat dont l'objet n'est pas strictement commercial, parfois non signé ou très discrètement, ne doit pas être confondu avec le sponsoring.

Aujourd'hui, mécénat et sponsoring sont avant tout des **opérations d'image**.

Exemples

Total a financé la restauration de la galerie d'Apollon du Louvre, Vinci a fait de même pour la galerie des Glaces à Versailles.

Un nouvel attrait du sponsoring

Compte tenu de la suppression, depuis janvier 2009, de la publicité à partir d'une certaine heure sur les chaînes publiques, le sponsoring reste le seul moyen d'apparaître sur ces chaînes en *prime time*.

Exemple de sponsoring : la Société Générale est par excellence la banque du golf, sport de précision comme en témoigne ce texte extrait de son site Web :

« Le golf exige endurance, technicité et force mentale. Spontanément associé à un environnement naturel et calme, il se démocratise de plus en plus grâce aux actions de la Fédération française de golf (FFGolf) et aux nombreuses opérations menées avec le soutien de la Société Générale. Sensibles à l'idée d'initier de nouveaux pratiquants, nous nous engageons dans des opérations nationales en direction des jeunes et des étudiants. Avec « Tous au golf » et « Tous trop golf », nous offrons l'occasion de se familiariser avec les bases du jeu et de découvrir de nouvelles sensations. Dans le même esprit, la Société Générale est partenaire d'Handigolf, pour promouvoir cette pratique sportive par les personnes handicapées. Fait remarquable : le golf est le seul sport qui peut être pratiqué avec les valides sans en modifier les règles. Actions de promotion du plus grand nombre, mais également partenaire d'événements internationaux tel l'Évian Masters, la Société Générale se positionne aujourd'hui comme la banque du golf en France. »

Source : http://www.societegenerale.com

C. Le marketing direct

Le *mailing*, l'*e-mailing*, le *phoning*, les *e-news* sont devenus des techniques de communication (et de vente) très performantes. Tout repose sur la savante utilisation d'un fichier. Les techniques de *scoring* permettent de choisir les prospects, en fonction de leurs caractéristiques et de leurs habitudes d'achat, si elles sont connues, qui auront le plus de chances de réagir favorablement. Le marketing direct croît en raison de sa très grande **souplesse d'utilisation** et, surtout, des possibilités immédiates de calcul des rendements.

La communication de crise

Aucune entreprise n'est à l'abri d'une tempête médiatique comme en témoigne les dossiers « BP et la pollution dans le golfe du Mexique » ; la « Société Générale et l'affaire Kerviel » ou, plus récemment, « Spanghero et la viande de cheval ». Quelques conseils :

- Se préparer à l'avance en créant une cellule de communication de crise et en ayant recours à une société spécialisée (souvent filiale d'une agence de communication).
- Éviter l'affolement et profiter du court répit intervenant entre l'événement, sa vérification et sa médiatisation.
- Informer le personnel qui doit faire bloc et qui, en toute hypothèse, sera présent après la crise.
- Réagir rapidement et complètement.
- Tenter de faire preuve de créativité commerciale (offrir un avantage exceptionnel) en transformant l'événement négatif en points d'image positifs.

D. La promotion des ventes

La promotion des ventes représentait **16,8 % des dépenses de communication des annonceurs** en 2012 et constituait le second poste de dépenses de communication des annonceurs après le marketing direct. Le recours à la promotion des ventes s'est particulièrement développé au cours des dernières années. Les raisons de ce phénomène sont nombreuses, qu'il s'agisse de la pression concurrentielle de plus en plus forte sur les marques, ou bien encore d'une sensibilité aux prix plus importante des consommateurs plus attirés par les marques de distributeurs et le hard-discount, ou enfin de la capacité limitée de la communication publicitaire à développer les ventes des marques.

Les professionnels voient dans la promotion des ventes un outil de communication efficace permettant d'accroître les ventes à court et moyen termes de la marque en offrant aux consommateurs et aux distributeurs un avantage temporaire, par exemple une réduction monétaire ou une prime. La promotion des ventes permet non seulement de capter de nouveaux clients, de les fidéliser[4] et d'augmenter le panier moyen des clients actuels de la marque, mais c'est également le meilleur outil pour faciliter le référencement de la marque en grande distribution pour favoriser sa visibilité en rayon et pour augmenter le montant des commandes.

4. Sur la question de la fidélisation, voir notamment MEYER-WAARDEN L., *Management de la fidélisation*, Vuibert, 2012.

E. Les autres moyens de communication

1. La publicité sur le lieu de vente (PLV)

La PLV est mal cernée car elle peut comporter des aspects proches du conditionnement (un groupage de produits sur un présentoir spécial) ou de la promotion des ventes (une affichette indiquant une promotion). Au sens large, elle rassemblera toutes les informations données par l'annonceur sur le lieu de vente. Son rôle est d'informer mais aussi de rappeler un message publicitaire pour déclencher l'achat.

Les prospectus et dépliants, qu'ils soient diffusés dans la rue, dans une galerie marchande ou à domicile, entrent dans le mix de la communication. C'est surtout dans le domaine des services (restauration, voyages, réparations, etc.) qu'ils sont utilisés.

Le réseau de vendeurs, les hôtesses d'accueil, la flotte de véhicules, le logo, le siège social, les agences, la plaquette destinée aux actionnaires, la charte graphique (papier à lettre, etc.), les interviews du président sont autant de moyens de communication (que l'on peut classer dans la PLV) dont la diversité accroît la performance si elle est gérée avec cohérence.

2. Le bouche-à-oreille et les réseaux sociaux

Forme de communication interpersonnelle et généralement spontanée, le bouche-à-oreille dit classique est un **phénomène de recommandation orale** d'un produit, d'un service ou d'une entreprise au sein de la population. Le bouche à oreille est généralement positif (effet de recommandation), mais il peut également être négatif (mise en garde). Il s'agit dans certains cas d'un mouvement de promotion (ou de dénigrement) très puissant.

Les responsables marketing s'efforcent d'exploiter les phénomènes de bouche-à-oreille permettant de promouvoir une marque ou une offre commerciale. Les systèmes de parrainage mis en place par les divers clubs ou les banques délivrant des cartes de fidélité, le bouche-à-oreille prend une nouvelle dimension, au sens où le réseau, autrefois limité dans l'espace, connaît un développement exponentiel. Le consommateur peut non seulement communiquer et échanger des informations avec des personnes de sa sphère de connaissance, mais aussi avec des personnes qui lui sont totalement inconnues. Il a à sa disposition de nombreux moyens d'expression : e-mails, discussions avec des centaines ou des milliers de personnes grâce aux réseaux sociaux et aux forums. Il peut créer ses propres lieux d'expression, ses propres éléments de communication, comme le ferait une marque, sa propre mailing-list, son propre forum, etc.

Le Web 2.0 permet des formes de communication de marque qui sont intermédiaires entre la communication médias et la communication hors médias. Les internautes sont très demandeurs d'informations relatives à leur marque préférée. Ils aiment partager leurs avis entre eux. Les professionnels ont compris le rôle joué par les réseaux sociaux en faveur du développement de la notoriété et de la réputation de la marque (la e-réputation). Dans les grandes entreprises, les *community managers* gèrent les **communautés virtuelles** en sélectionnant les informations qui seront fournies aux internautes et en répondant aux questions et aux remarques de ces derniers.

Exemples

Des entreprises comme Nike, Calvin Klein ou Victoria's Secret utilisent les sites comme Myspace ou YouTube pour diffuser des publicités, des vidéos sur la marque et pour créer une interactivité avec leurs consommateurs en demandant leurs avis et commentaires par rapport aux informations postées. Cette stratégie n'est cependant pas sans risque car le discours des consommateurs est difficilement contrôlable et un avis négatif sur la marque peut se propager rapidement sur la Toile si aucune réponse appropriée de l'entreprise n'est donnée. Ainsi, à la suite d'une vidéo postée sur la page Facebook de Kit Kat critiquant l'utilisation de l'huile de palme et face à des réponses vives de la part de Nestlé, les opinions négatives à l'égard de la marque se sont rapidement multipliées sur la Toile.

Le mot d'ordre est **« SoLoMo »** pour « social, local, mobile ». Les réseaux sociaux, en général, aussi utiles qu'ils puissent être, risquent de ne pas atteindre le consommateur dans sa relation avec la marque et l'entreprise. Si les efforts sont dirigés vers le « social » (tous les réseaux de Facebook à YouTube et Flickr), le « local » (qui privilégie le consommateur proche géographiquement ou culturellement) et le « mobile » (le client repéré dans ses déplacements grâce à sa géolocalisation rendue possible avec une application sur son smartphone), alors et alors seulement la marque se rapproche des clients qu'elle veut séduire. Ainsi, un client peut obtenir un apéritif gratuit dans un restaurant s'il a été vu en train de se promener près de ce restaurant et s'il s'est fait connaître en y entrant.

Exemple

BMW France a réellement innové en utilisant Passbook, la nouvelle fonctionnalité SoLoMo de Facebook, pour inviter les fans à découvrir son stand sur le Mondial de l'Automobile. Dans un premier temps, des notifications *push* personnalisées sur l'application mobile BMW ont incité les utilisateurs d'iPhone à s'inscrire à Passbook pour bénéficier d'un accueil privilégié sur le stand de la marque. Une fois inscrit, chaque consommateur a reçu sur son smartphone et dans son Passbook une invitation personnalisée. Sur le salon, lorsque qu'un consommateur passait à proximité du stand BMW, une invitation en *push* s'affichait automatiquement sur son smartphone et l'encourageait à venir découvrir en exclusivité les premières voitures électriques signées BMW.

Cette pratique d'un **bouche-à-oreille électronique** repose sur une communication écrite qu'il est possible de garder en mémoire et qui permet ainsi de diffuser la parole d'un consommateur et non plus seulement une parole médiatique ou publicitaire. Les fans (ceux qui ont cliqué sur le bouton « j'aime » de Facebook) et les *followers* (Twitter), sont des personnes appartenant à une communauté proche (ou simplement plus proche que le consommateur « moyen ») de la marque. L'entreprise doit gérer, à travers une veille active, les innombrables échanges qui la concernent sur les divers blogs, forums et réseaux sociaux.

La **sphère d'influence** de chacun s'en trouve grandement augmentée et les effets du bouche-à-oreille sont démultipliés.

3. Le marketing viral

Le marketing viral consiste, pour les entreprises, à encourager la propagation sur le Web (comme un virus !) d'idées, d'informations, de photographies. La communauté des internautes, friande de faire connaître à tous ce que chacun trouve intéressant, est capable de multiplier à l'infini la diffusion d'une information sciemment masquée ou parfaitement lisible.

Exemple

La courte vidéo réalisée par une agence américaine pour vanter d'une manière humoristique la vente du saumon grâce à une séquence « irrésistible » sur la pêche de ce poisson par des ours a fait le tour du monde.

On se gardera bien d'ajouter foi aux rumeurs (les *hoaxes*) sans précaution. Le Web est infesté d'informations fausses (virus informatiques, etc.) émises volontairement par des sources dont les objectifs sont douteux (voir www.hoaxesbuster.com).

4. Le *buzz marketing*

Proche du **marketing viral**, il en diffère cependant par la non-maîtrise du contenu du message publicitaire.

Le buzz (« bourdonnement ») est une technique marketing consistant, comme son nom l'indique, à faire du bruit autour d'un nouveau produit ou d'une offre.

Ce mode de diffusion permet une propagation démultipliée des messages, à des rythmes élevés et à de faibles coûts. La diffusion d'un message à un premier groupe cible suffit au buzz pour se créer, si l'information est suffisamment répercutée.

Le *buzz marketing* n'utilise pas un média spécifique, il occupe **tous les canaux de communication** afin d'arriver à faire parler d'un objet. C'est une sorte de publicité sauvage qui passe par le consommateur et le fait devenir vecteur du message. Il s'inscrit dans une stratégie de diffusion à budgets modestes, utilisant des modes de diffusion souvent novateurs. Il repose sur un principe de surprise puisque les moyens utilisés doivent être sans cesse renouvelés pour faire sensation et donc faire parler.

Cependant, par son **mode de diffusion anarchique**, le buzz peut être un outil de marketing dangereux. En effet, ce sont les consommateurs qui s'emparent du message et, comme souvent dans le cas d'une rumeur, peuvent le modifier, le détourner contre le produit ou l'entreprise, contrairement au marketing viral dans lequel seule la diffusion est laissée entre les mains du consommateur (le message publicitaire reste inchangé).

Questions et thèmes de réflexion

Outils et concepts

1. Quelles sont les décisions stratégiques qu'un directeur de marketing doit prendre lorsqu'il envisage de bâtir un plan de campagne publicitaire ?
2. Définissez le rôle des différents acteurs du secteur publicitaire.
3. Quelle est la signification des sigles et acronymes : GRP, ODV, ODE ?
4. Qu'est-ce qu'un axe psychologique ?
5. Quelles décisions doit-on prendre à la suite de pré-tests ?
6. Comment contrôler la *copy strategy* d'une part, la *media strategy* d'autre part ?
7. Comment contrôler l'efficacité des différents outils de communication hors médias ?
8. Quand une entreprise peut-elle envisager des opérations de « communication par l'événement » ?

Pour aller plus loin...

1. Indiquez l'ordre des variables (connaissance, attitude, achat) que vous retiendriez pour bâtir la campagne de promotion : d'un dentifrice, d'une tablette tactile, d'un maillot de bain, d'une voiture de 5 CV, d'un tapis oriental ?
2. Comment mesurer l'efficacité d'une bannière sur le site Yahoo.com ?
3. Donnez des exemples de stratégies de relations publiques visant à valoriser le tourisme dans une région.
4. Avec l'essor des réseaux sociaux, peut-on dire que les sites Internet sont voués à la disparition ?
5. Préparez une newsletter destinée à des professeurs d'université à l'occasion du lancement d'une encyclopédie de gestion.
6. Bâtissez les grandes lignes d'un plan de communication hors médias annuel pour :
   - une entreprise de production de charcuterie régionale ;
   - une technopole en projet, située dans le Massif central ;
   - un producteur de Caddies et de meubles de vente pour grandes surfaces.
7. La publicité sur Internet prend de nombreuses formes : bandeau (un panneau publicitaire), *pop-up*, etc. Consultez des sites Internet et recensez les différentes formes rencontrées. Analysez leur fréquence et établissez un bilan des avantages et inconvénients pour chaque forme identifiée.
8. Recherchez des exemples de marketing viral.

EXERCICE 1 : COMMUNIQUER

Densensible est une marque de dentifrice bio pour dents sensibles vendue en pharmacie. Le cœur de cible de la marque est composé de femmes et d'hommes âgés de 30 à 55 ans et disposant d'un revenu mensuel supérieur à 3 000 euros. Le tableau 1 indique le profil de la cible de Densensible.

Tableau 1. Le profil des utilisateurs de Densensible

		Part d'utilisateur
Sexe	Homme	54
	Femme	46
Âge	15-20	10
	21-30	12
	31-45	25
	46-55	38
	56 et +	15
Revenus mensuels	< 1 000	15
	1 000-3 000	20
	> 3 000	65
Bénéfices recherchés (plusieurs possibles par utilisateur)	Naturalité – Bio	70
	Soin	60
	Rapport qualité/prix	20

Face à un univers fortement concurrentiel aussi bien dans les grandes surfaces qu'en pharmacie (Sensodyne, Fluocaril, etc.) et à une baisse régulière de sa part de marché au cours des cinq dernières années (– 10 points), les responsables marketing de Densensible souhaitent lancer une nouvelle campagne publicitaire afin d'atteindre les objectifs suivants :

– augmenter la notoriété de la marque atteignant des taux *top of mind* et de rappel qui dépassent le seuil de 50 % de la population cible ;

– susciter une attitude positive pour la marque auprès d'au moins 80 % de la population cible ;

– renforcer certaines associations vis-à-vis de la marque : les bénéfices de soins et de naturel doivent être associés à la marque Densensible par plus de 50 % de la population cible ;

– augmenter de cinq points la part de marché au cours des quatre mois qui suivent le lancement de la campagne de communication.

Les responsables marketing souhaitent mettre en place une campagne de publicité en février N qui permettrait d'atteindre les objectifs précédemment cités, tout en se démarquant de leurs concurrents directs et indirects.

Après quelques recherches, ils ont constaté que les campagnes de communication média des marques de dentifrices pour dents sensibles tournent toutes autour de l'idée selon laquelle les dentifrices pour dents sensibles permettent de consommer à nouveau des produits comme les glaces qui accentuent la sensibilité des dents. Pour se démarquer des concurrents, ils ont opté pour une campagne qui vise à communiquer sur les deux bénéfices conjoints du produit : la dimension naturelle (produit bio) et soin.

Se pose ensuite la question du choix des médias à exploiter. Après un rapide tour d'horizon, ils élaborent le tableau suivant, permettant d'identifier les objectifs stratégiques assignés à chaque média ainsi que l'affinité de l'audience par rapport à la cible visée par la marque (tableau 2).

Tableau 2. Les objectifs stratégiques des médias et leur affinité par rapport à la population cible

		Télévision	Radio	Magazines	Internet	Affichage
Objectifs stratégiques (note de 1 à 5)	Construction et développement d'image	5*	1	4	1	3
	Développement de la notoriété	5	4	4	1	3
	Argumentation et quantité d'information	1	2	4	5	2
	Possibilité d'avoir un ciblage fin	1	4	5	5	4
Affinité (indice)		88	97	107	123	99

Remarque : une note de 5 signifie que l'objectif stratégique a une forte probabilité d'être atteint par un média donné, alors qu'une note de 1 indique qu'un média spécifique ne permet pas d'atteindre l'objectif stratégique déterminé.

Forts de cette analyse, les marketeurs décident de communiquer dans deux grands médias : la télévision et l'affichage pour une durée de quatre mois à compter de février N. Le budget alloué est de 500 000 euros. Les tableaux 3 et 4 rassemblent les résultats obtenus à la suite du lancement de la campagne publicitaire.

Tableau 3. L'évolution des ventes de Densensible au cours des quatre mois suivant le lancement de la campagne

Janvier N	100
Février N	101

Mars N	103
Avril N	110
Mai N	112

Remarque : l'indice 100 correspond au volume des ventes juste avant le lancement de la campagne en février N.

Tableau 4. Les post-tests associés à la campagne publicitaire de Densensible (panel représentatif)

Pourcentage d'individus se rappelant avoir vu la campagne publicitaire dans la semaine suivant leur exposition à l'annonce	40 %
Pourcentage d'individus citant Densensible en premier parmi les marques de dentifrices connues *(Top of Mind)*	25 %
Pourcentage d'individus ayant manifesté une attitude positive vis-à-vis de la publicité	60 %
Pourcentage d'individus d'accord avec l'affirmation selon laquelle « Densensible est un dentifrice pour le soin des dents sensibles »	70 %
Pourcentage d'individus d'accord avec l'affirmation selon laquelle « Densensible est un dentifrice bio »	65 %

Questions

1. La campagne publicitaire de Densensible a-t-elle été efficace ? Pourquoi ?
2. Les choix de médias comme la télévision et l'affichage ont-ils été judicieux ? Justifiez votre réponse. Quelle pourrait être la solution alternative ?

EXERCICE 2 : QUAND LES RÉSEAUX SOCIAUX S'EMBALLENT

Samir M. est gérant d'une formule de restauration rapide, KebabKing[5]. L'enseigne propose à sa clientèle une panoplie de kebabs mariant différentes saveurs venant d'horizons lointains et exotiques.

KebabKing, une formule de restauration prometteuse

La gamme de kebabs est large : parmi les kebabs plébiscités par la clientèle, on retrouve notamment le kebab « indien », le kebab « marocain », et le kebab « turc ». La spécificité du restaurant consiste à proposer de la viande halal. Pour se différencier de ses nombreux concurrents, Samir M. a misé sur un positionnement haut de gamme : la qualité et l'origine de la viande sont strictement contrôlées et certifiées par plusieurs instances reconnues.

Ce positionnement haut de gamme se décline dans les salles de restauration à l'architecture et à la décoration sophistiquées. Le restaurant se compose de trois univers, fondés sur un marketing sensoriel différencié :

- L'univers maghrébin. Il est caractérisé par des poufs marocains et des théières qui diffusent une odeur de menthe.
- L'univers indien. Il est très coloré et parsemé de pétales de rose.
- L'univers turc. Il propose différentes chichas aux clients avec un mobilier turc adapté.

Ce positionnement se retrouve également dans la politique tarifaire : le prix moyen d'un menu est de 9,90 euros, quand les concurrents proposent un menu autour de 7 euros.

KebabKing est très réputé sur la place parisienne. Il sert en moyenne quotidiennement 800 kebabs avec un chiffre d'affaires annuel de près de 2,5 millions d'euros. Samir M. n'est pas peu fier de montrer qu'il a une communauté de fans sur Facebook. Depuis l'ouverture de son compte Facebook, en novembre 2012, KebabKing recense plus de 7 500 amis dont 5 000 fans de l'enseigne. Samir M. s'est également improvisé *community manager*, en sus de ses activités de gestionnaire. Il aime prolonger le contact client *via* les réseaux sociaux. Samir M. le sait très bien : la force de son restaurant réside dans la fidélité de ses clients qui reviennent jour après jour et qui sont sources d'un bouche-à-oreille positif.

Un incident qui fait tout basculer ?

Le 16 janvier 2014, Sylvain T., fidèle client du restaurant KebabKing, est mécontent. Un serveur, qu'il connaît depuis deux ans, n'est plus aussi cordial qu'auparavant. Excédé après quarante-cinq minutes d'attente, Sylvain T. prend son smartphone et filme le serveur. La vidéo montre le serveur au cours de ses différents contacts avec les clients et prouve notamment que le serveur, agacé par les sollicitations d'un client, a craché dans son kebab de manière discrète. Face à cette attitude inadmissible, Sylvain T. est très en colère et décide d'en informer les autres clients.

De retour chez lui, il poste la vidéo sur YouTube et relaie l'information sur la page Facebook de KebabKing, indiquant : « Si c'est cela toute la considération de KebabKing envers ces clients, c'est beau ! On n'hésite plus à souiller nos kebabs. Faites l'expérience par vous-même

5. Le restaurant ainsi que les données sont fictifs.

en cliquant sur ce lien YouTube. » Les commentaires s'enchaînent alors très rapidement *via* Facebook et Twitter.

Samir M. se devait de réagir très rapidement. Le 20 janvier, il poste une vidéo sur YouTube relayée sur sa page Facebook indiquant : « Je vous prie très sincèrement de m'excuser pour cet incident, et je remercie les membres de la communauté en ligne de m'avoir alerté, me permettant ainsi de prendre des mesures immédiates et irrévocables. J'ai pris cet événement très au sérieux. Le serveur en question a été convoqué et congédié. Nous allons mettre en place une nouvelle politique de recrutement, basée sur les valeurs et la culture de notre restaurant, afin d'éviter d'autres incidents. Je vous invite à me retrouver et à échanger le 25 janvier dans mon restaurant, où un repas sera offert à tous ceux qui le souhaiteront. »

Formé au *community management*, Samir M. a décidé de se procurer, *via* différentes agences spécialisées, des données précises sur les mouvements générés par son annonce sur les réseaux sociaux. Il obtient les résultats suivants :

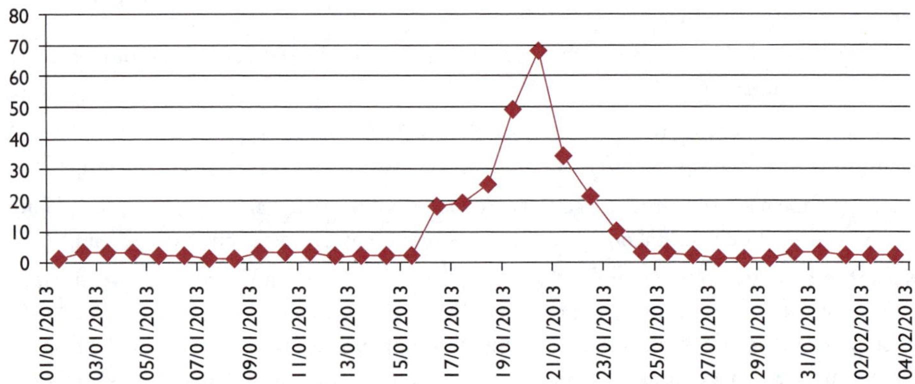

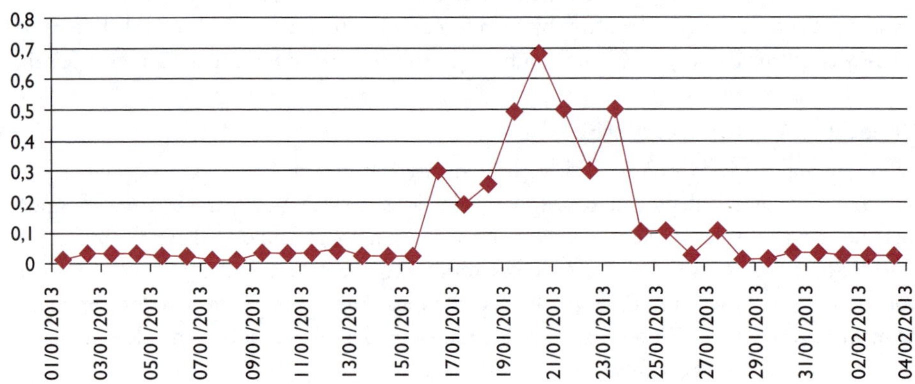

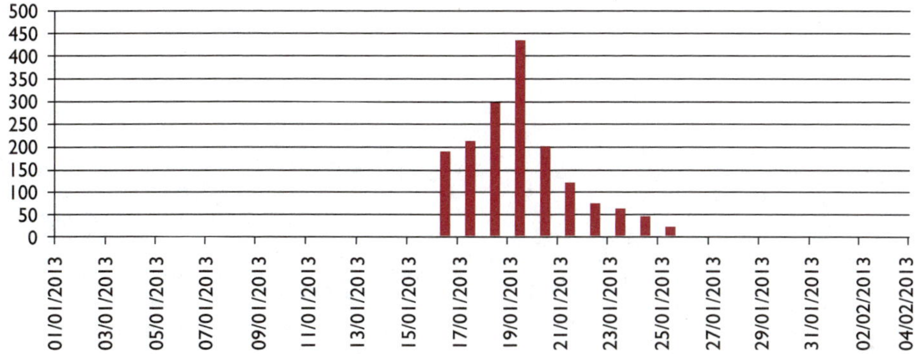

Questions

1. Que pensez-vous de la campagne de communication de crise lancée par Samir M. ? A-t-elle été efficace selon vous ?
2. Qu'auriez-vous pu proposer d'autre ?
3. Discutez l'intérêt et les limites des réseaux sociaux en marketing.

La politique de distribution

Les compétences clés à acquérir :

- Saisir l'importance des choix de distribution.
- Mesurer les contraintes qui pèsent sur ces choix.
- Connaître les différentes options stratégiques qu'un producteur peut prendre.
- Choisir un canal plutôt qu'un autre.
- Opérer des choix tactiques en matière de logistique ou de *trade marketing*.

On a coutume de souligner que les décisions relatives à la distribution de ses produits sont cruciales pour un fabricant. D'elles dépendent la croissance et le profit de l'entreprise car elles conditionnent à long terme la politique de gamme, les niveaux de qualité des produits, les quantités mises en chantier, les conditions de prix, le plan de communication, la taille de l'équipe de vente, c'est-à-dire l'ensemble des variables d'action marketing. Or la politique de distribution dépend elle-même de choix stratégiques antérieurs : la segmentation et le positionnement. Maints exemples illustrent les relations entre la segmentation et le choix du canal.

Figure 13.1. La distribution au cœur du système de *marketing mix*

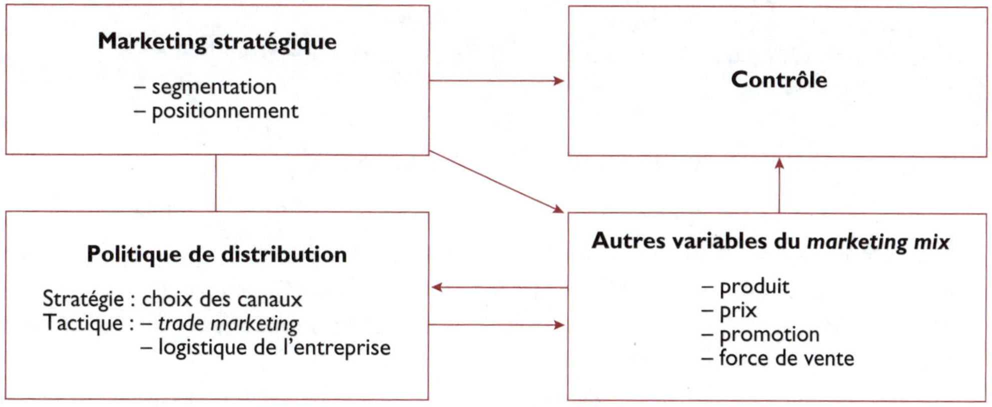

I. Les problèmes posés par la distribution

A. L'objet de la distribution

1. Son rôle

La distribution consiste à **rapprocher** et à **ajuster offre et demande**, dans des conditions où chacun des partenaires trouve son compte.

Exemple

La distribution permet aux consommateurs de se procurer aisément les biens dont ils ont besoin, avec un choix suffisant, tout en évitant de parcourir de longues distances.

La distribution consiste en la production de services, matériels pour certains d'entre eux (le transport, par exemple), immatériels pour d'autres (la constitution d'un bon assortiment). Elle est reconnue comme une **activité productive**, c'est-à-dire **créatrice de valeur**. Ainsi, un producteur délègue certaines opérations de distribution à des intermédiaires lorsque ceux-ci sont en mesure d'effectuer les tâches à un moindre coût et avec une efficacité plus grande que ce fabricant, compte tenu du niveau attendu par le consommateur.

Quand prendre des décisions de distribution

Plusieurs moments de la vie de l'entreprise, de la gamme ou du produit peuvent imposer de nouvelles orientations ou des choix stratégiques en matière de distribution :

- Le lancement d'un nouveau produit.
- Les nouvelles étapes du cycle de vie.
- Le repositionnement d'un ancien produit.
- L'extension d'une marque.
- L'apparition d'une nouvelle formule de vente.
- Le développement de la concurrence.
- Le changement de politique marketing des distributeurs.
- La saturation des distributeurs clients.

2. Les fonctions principales de la distribution

Il est possible de distinguer **cinq fonctions principales** dans l'activité de distribution :

- **Le transport.** Il fait passer les produits du centre de production au lieu de consommation.
- **Le fractionnement.** Chez les producteurs, les marchandises sont produites en grandes quantités. Il convient de fractionner ces lots en portions plus réduites qui correspondent aux besoins de chaque client, grossiste ou détaillant.
- **L'assortiment.** On doit réunir, dans un même point de vente, plusieurs types ou plusieurs modèles d'un produit particulier, de manière à présenter un choix satisfaisant et adapté aux besoins des consommateurs.
- **Le stockage.** Il permet de rectifier le décalage entre la période de production de la marchandise et le moment de son utilisation. Il s'agit là d'une forme de transport dans le temps qui augmente les

coûts (des locaux où l'on stocke et d'entretien des produits par exemple), aussi bien que les risques de voir la marchandise se détériorer ou tout simplement passer de mode.

• **L'information.** Il s'agit précisément de l'information donnée aux utilisateurs par la publicité du commerçant. Elle porte sur la nature du produit, sur son prix et sur l'endroit où il est disponible. Ce sont souvent les distributeurs qui transmettent aux fabricants les souhaits et les désirs de leurs clients.

3. Les services annexes

Les entreprises de distribution ajoutent des services aux objets matériels qu'elles vendent.

Exemples

Il peut s'agir de la proximité du magasin par rapport au domicile, des larges horaires d'ouverture, des possibilités de livraison et d'installation des articles, de l'entretien, des garanties et de la courtoisie du personnel.

La grande distribution, notamment les hypermarchés, est en perpétuelle **recherche d'identité**. Les clients d'aujourd'hui sont soucieux de proximité, d'engagement (bio, développement durable, etc.), de services personnalisés et de confort (courses en ligne) : ce sont autant de défis que la grande distribution doit relever. Internet et le multicanal sont omniprésents : le nombre de *drives* (commandes en ligne à retirer dans un entrepôt) attestent du croisement toujours plus fort entre les différentes formes de commerce.

B. Les canaux de distribution

1. Définitions

Un produit franchit plusieurs stades entre le moment où il quitte le secteur de la production et celui où il parvient au consommateur final.

Un canal de distribution est une succession d'intermédiaires.

Les fruits et les légumes, par exemple, sont acheminés par plusieurs voies des lieux de production jusqu'aux consommateurs. Différents **intermédiaires** interviennent :

• Les **ramasseurs** prennent possession des produits dans les propriétés agricoles. Ils les vendent ensuite aux expéditeurs, après les avoir transportés dans les centres d'expédition.

• Les **expéditeurs** achètent soit aux producteurs, soit aux ramasseurs. Ils fractionnent les marchandises en quantités plus petites, proportionnelles aux besoins de leurs clients. Ils conditionnent les marchandises et les expédient.

• Les **coopératives de production** remplissent les mêmes fonctions que les expéditeurs.

• Les **grossistes de marché** vendent sur les marchés, où ils sont en concurrence avec d'autres grossistes.

• Les **grossistes-livreurs** ou demi-grossistes achètent et livrent les marchandises aux détaillants.

• Les **détaillants**, en fin de chaîne, servent les consommateurs.

Figure 13.2. Les canaux de distribution des fruits et légumes

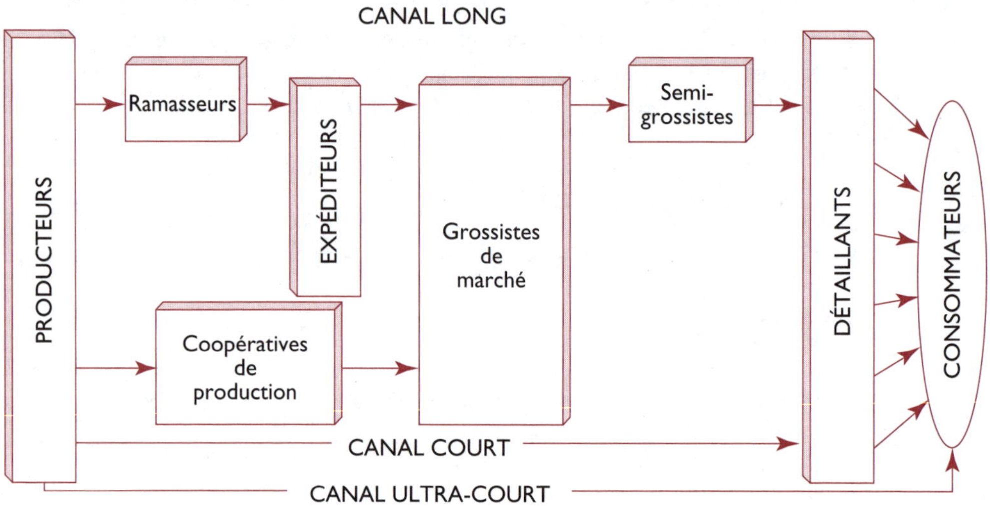

2. Les différents types de canaux

Plusieurs critères servent à classer les canaux.

a. La longueur des canaux

La plus ou moins grande dimension d'un canal, déterminée à partir du nombre d'intermédiaires s'intercalant entre le producteur et l'acheteur, permet de distinguer :

Figure 13.3. Les différents canaux

- Le **canal direct** (pas d'intermédiaire)

  x producteur → x acheteur

- Le **canal court** (un intermédiaire)

  x producteur → x détaillant → x acheteur

- Le **canal long** (deux intermédiaires)

  x producteur → x grossiste → x détaillant → x acheteur

- Le **canal extra-long** (*n* intermédiaires)

  x producteur → x courtier → x grossiste → x demi-grossiste → x détaillant → x acheteur

Ce classement, très fréquemment cité, a pour origine l'idée selon laquelle plus le canal est court, moins il est onéreux puisque, les coûts des transactions étant réduits, les prix payés par l'acheteur devraient en principe être moins élevés. Or, cette hypothèse ne se vérifie pas toujours car l'entreprise qui domine le canal, au terme d'un raccourcissement de celui-ci, peut très bien conserver le supplément de profit sans pour autant répercuter la baisse du coût sur l'acheteur.

b. Les formules de vente et le commerce électronique

Depuis cinquante ans, les formules de vente au détail ont beaucoup évolué. Ainsi, dans le domaine alimentaire, la vente en libre-service a supplanté la vente traditionnelle. De nouvelles méthodes d'exploitation des points de vente et de nouveaux types de magasins sont apparus. On appelle **formule de distribution** chaque système de vente au détail qui possède des caractéristiques propres et significatives.

Exemples

La taille du magasin, la technologie de vente choisie, le lieu d'implantation ou encore l'assortiment composent la formule de distribution.

Le tableau 13.1 établit le **profil** des principales formules de magasins.

Tableau 13.1. Le profil des principales formules de magasins

	Création (en France)	Assortiment	Surface	Implantation	Quelques enseignes
Hypermarché	1963	Généraliste alimentaire + non alimentaire	+ de 2 500 m²	Périphérie Centre commercial	Carrefour Auchan Leclerc
Supermarché	1958	Alimentaire + non alimentaire basique	400 à 2 500 m²	Périphérie Centre commercial	Intermarché Super U Champion Shopi
Magasin populaire	1929	Généraliste alimentaire + non alimentaire	En moyenne 1 500 m²	Ville	Monoprix
Hard-discounter	1975	Alimentation générale	Environ 600 m²	Ville	Aldi Ed/Europa Discount Dia %
Supérette	1948	Alimentation générale	120 à 400 m²	Ville	Huit à Huit Casino Comod
Spécialiste alimentaire	–	Spécialisation par produit (ex. : boucher, poissonnier)	En moyenne 20 m²	Ville	–

	Création (en France)	Assortiment	Surface	Implantation	Quelques enseignes
Grand magasin	1852	Généraliste, non alimentaire	En moyenne 5 700 m²	Ville Centre commercial	Printemps Galeries Lafayette BHV
Grande surface spécialisée	Années 1960 à 1970	Spécialiste ou multi-spécialiste produit	Très variable : souvent de 1 000 à 3 000 m²	Variable	Castorama C & A Darty Ikea
VPC (pas de surface de vente)	Années 1950	Multispécialiste			La Redoute Les 3 Suisses FNAC.com Vente-privées.com
Drives	2006	Idem hypermarchés	Solo, adossé, *picking*		Enseignes d'hypermarchés
Boutique spécialisée, non alimentaire	–	Spécialiste par produit (ex. : chaussures)	Moins de 300 m²	Ville Centre commercial	Benetton André Afflelou Yves Rocher

D'après DUCROCQ C. *et al.*, *La distribution*, Vuibert, 2005.

Le **développement du commerce électronique** est une évolution majeure. Celui-ci concerne aussi bien la vente (par une entreprise) de biens et de services aux particuliers (B to C) que les ventes de biens et services entre entreprises (B to B) ou entre consommateurs (C to C, à l'image d'eBay). Le commerce électronique ne se limite pas à la seule vente de produits en ligne. Il comprend également toutes formes de transactions électroniques qui s'effectuent *via* les smartphones et les tablettes. On parle dans ce cas de m-commerce *(mobile commerce)*.

Le commerce électronique connaît un développement rapide. Il représente en moyenne près de 10 % du volume du commerce de détail en France. Cependant, de grandes variations sont enregistrées :

– seulement 3 % dans l'alimentation ;
– plus de 20 % pour les produits culturels ;
– près de 40 % de téléphones mobiles.

Cette progression est moins vive dans le domaine de l'habillement où les ventes en ligne représentent 9 % du total. En effet, voilà un secteur où le client aime essayer le modèle et où les marques, telles Zara ou H & M, sont peu présentes.

Le nombre de cyberacheteurs en France atteint 32,7 millions en 2013 selon la Fevad, soit une hausse de 5,3 % par rapport à la même période l'année précédente. Les sommes dépensées sont proches de 50 milliards d'euros pour l'année. Toujours selon la Fevad, les catégories de produits les plus achetées en 2010 étaient les prestations de tourisme, les produits techniques, les services, les produits culturels et l'habillement.

En matière de commerce électronique, les **stratégies** diffèrent selon les acteurs. On distingue :

• Les **entreprises 100 % Internet ou *pure players***. La vente des biens et services de l'entreprise se fait exclusivement sur le Net, elle ne possède pas de points de vente physiques. C'est le cas notamment d'Amazon ou d'eBay.

• Les **entreprises qui ajoutent Internet à leurs canaux de distribution traditionnels** ou les entreprises appelées ***click and mortar***. Aujourd'hui, de nombreux acteurs ont opté pour Internet comme canal de distribution complémentaire.

Exemples

La Fnac ou Sephora vendent une partie ou parfois la totalité de leurs gammes en ligne en complément de leurs points de vente physiques. Une telle stratégie de distribution a permis d'accéder à de nouveaux marchés sur le plan géographique et d'atteindre une partie de la cible non conquise *via* les circuits de distribution traditionnels.

Les magasins en ligne (les *drives*) connaissent une croissance exceptionnelle. Ils sont les accélérateurs du développement des grandes enseignes de distribution. Les clients achètent en ligne à des prix identiques à ceux pratiqués dans la grande surface et retirent les produits (emballés) dans un lieu proche du magasin. Cette formule est préférée à la livraison à domicile.

3. Les négociants et leur statut juridique

S'agissant de produits industriels, on se fonde souvent sur le statut de l'entreprise qui prend en charge la distribution et l'on distinguera **plusieurs types de négociants** :

• **Le commissionnaire.** Il est indépendant (il a le statut juridique de commerçant) et intervient pour un producteur – le commettant – dont il recevra une commission pour payer une transaction.

Exemples

Il s'agit notamment des commissionnaires de transport, de douane, à l'exportation.

• **Le courtier.** Comme le commissionnaire il est indépendant du producteur. Son rôle consiste à rapprocher deux cocontractants éventuels, sans traiter pour lui-même.

Exemples

Il existe des courtiers en marchandise, en vin.

• **L'agent commercial.** C'est un mandataire qui négocie, achète, vend, loue des services pour le compte d'un producteur ou d'un distributeur. Indépendant de l'entreprise, il entretient cependant des liens durables avec son mandant.

Exemples

L'agent d'exportation ou d'importation ou encore un concessionnaire sont des mandataires.

C. Les intermédiaires composant le canal

1. La typologie

On rencontre quatre familles d'opérateurs possibles à l'intérieur d'un canal, chacune d'elles ayant le choix entre divers modes d'action commerciale. Le tableau ci-après propose une vue synoptique de ces entreprises et de leurs **méthodes d'action commerciale**.

Tableau 13.2. La typologie des entreprises formant le canal

Types d'opérateurs	Types d'action commerciale
Producteur	– Force de vente (représentants) – Réseau de vente propre – Vente directe (téléphone, correspondance, Internet)
Commerce de gros	– Négociants en gros à service complet – Négociants en gros à service limité (*rack jobbers, cash and carry*) – Coopératives de détaillants – Autres types de grossistes (transformateurs, etc.)
Négociant (intermédiaire occasionnel)	– Commissionnaires – Courtiers – Agents
Détaillant	– Vente en magasins : • Magasins spécialisés • Grands magasins et magasins populaires • Grandes surfaces spécialisées • Grandes surfaces en libre-service
	– Vente sans magasins : • Vente personnelle : - par téléphone - à domicile • Vente impersonnelle : - par correspondance - par Internet - par distributeurs automatiques

On peut se demander si tous ces agents économiques, et plus particulièrement les grossistes, sont vraiment indispensables.

2. Le rôle des intermédiaires

a. Les données du problème

En général, la présence d'intermédiaires dans un canal de distribution permet de réduire le nombre de transactions, comme l'illustre la figure ci-après.

Figure 13.4. Les nombres d'intermédiaires

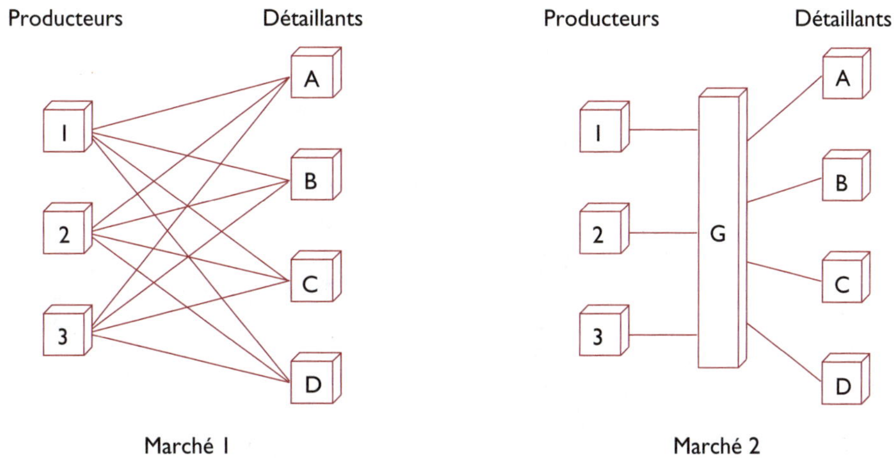

– Sur le marché 1, trois fabricants entretiennent des relations avec quatre points de vente ; ils sont contraints d'effectuer 3 × 4 = 12 contacts.

– Sur le marché 2, la présence du grossiste limite le nombre à 3 + 4 = 7 relations.

b. Les effets de la présence d'intermédiaires

- **Les effets positifs**

Les réductions de coûts de transaction sont certes appréciables, mais elles ne résument pas à elles seules les résultats de la présence d'intermédiaires.

Ainsi, ajoutera-t-on à cette première catégorie d'avantages les **effets positifs** suivants :

- Des **économies d'échelle** dues à la puissance qu'acquièrent certains intermédiaires. Les coûts d'achats, les coûts de logistique et les coûts d'exploitation d'une grande chaîne, comme Auchan ou Carrefour, sont très inférieurs à ceux de commerçants indépendants.
- Des **assortiments mieux ajustés.** La gamme offerte par un producteur est conditionnée par son savoir-faire technique alors que la qualité de l'assortiment d'un grossiste ou d'un détaillant dépend d'une manière directe de la demande des clients et de la variété des fournisseurs de l'intermédiaire.
- Des **services** qui correspondent bien aux attentes des « prospects », car l'intermédiaire est en contact direct avec la clientèle.

- **Les effets négatifs**

Les intermédiaires, comme toute entreprise, peuvent être de bons ou de mauvais gestionnaires qui, dans le dernier cas, alourdissent par leur présence un maillage complexe. On observe alors que le consommateur paye un prix trop élevé, car celui-ci est grevé de marges trop fortes au regard du service rendu.

Figure 13.5. Le cycle de vie des formules

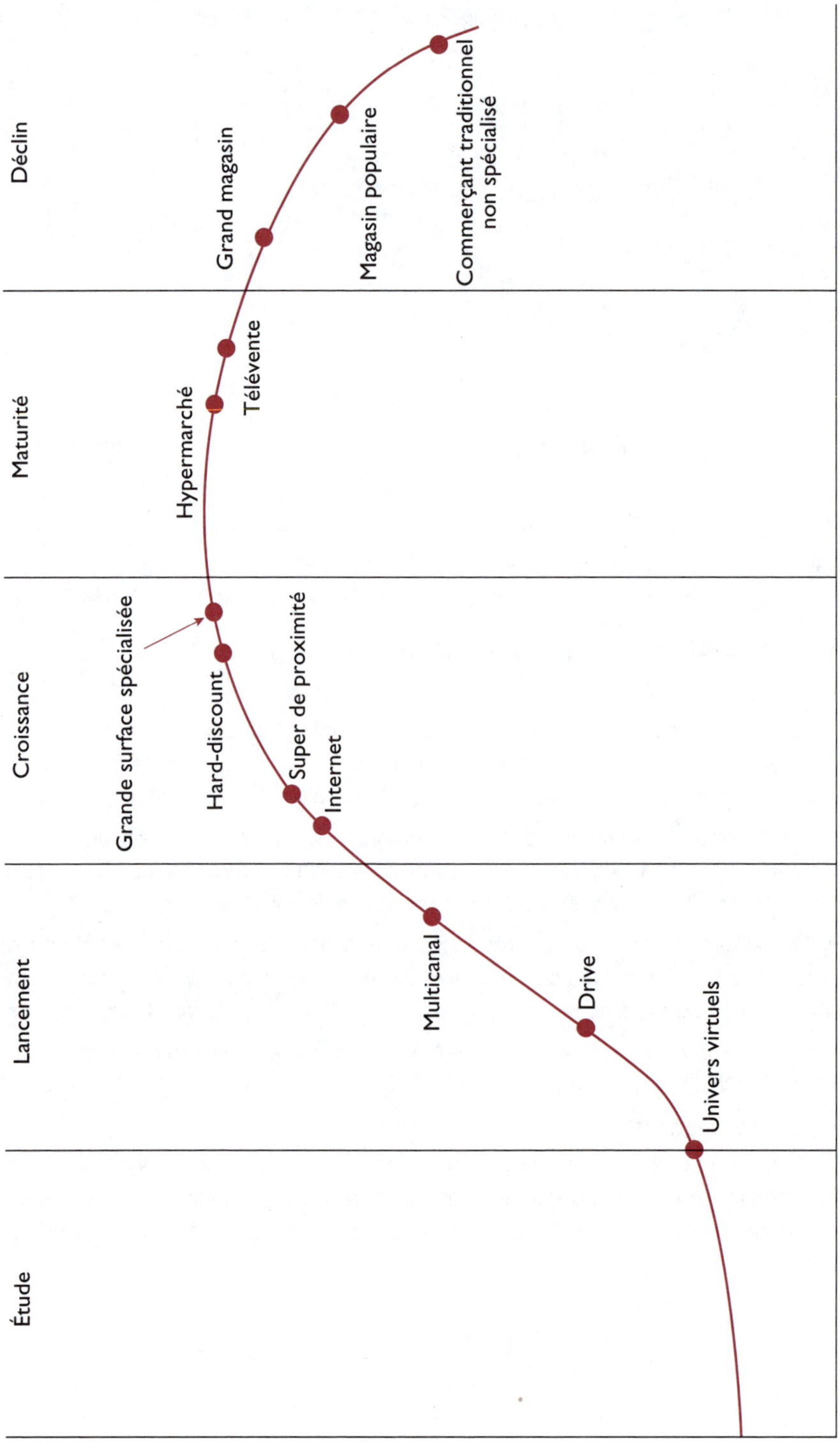

Enfin, l'intervention d'intermédiaires, parce qu'elle éloigne le producteur du consommateur, fait perdre au fabricant une partie de la maîtrise de son projet commercial, son *marketing mix* risquant d'être déformé par la stratégie et les plans propres aux intermédiaires. On ne doit donc pas s'étonner que les canaux connaissent une **véritable métamorphose**.

Exemple

Apple souhaite renforcer sa proximité avec le client final, en concentrant tous ses efforts sur quelques Apple Stores parfaitement maîtrisés.

Dès lors, on comprend que les décisions de distribution méritent une grande attention. On distingue, au sommet de la pyramide, les options stratégiques des choix plus banals et, somme toute, plus techniques.

II. La stratégie de distribution du producteur

La quasi-totalité des producteurs sont incapables d'acheminer les produits jusqu'à l'ensemble des prospects. Ils sont donc obligés de recourir à des intermédiaires, au risque de perdre le contrôle d'une partie du processus de commercialisation, dont ils sous-traitent certaines opérations. Mais les canaux possibles sont multiples, comme sont variées les formules de distribution.

On ne s'étonne pas de constater que les responsables de marketing de l'entreprise de production recourent, de manière simultanée, à différents canaux. **Plusieurs raisons** motivent cette pratique :

- Le désir de **toucher des segments de clientèles** qui ne fréquentent pas les mêmes formules de magasins.
- La **volonté des gros producteurs de susciter de la concurrence** entre les canaux pour les stimuler.
- Le **souhait**, toujours des gros producteurs, **de contrôler**, autant que faire se peut, **les intermédiaires**. Afin de dominer ceux-ci au cours des négociations et de briser l'écran que les distributeurs élèvent entre le marketing du producteur et les consommateurs.
- Le désir d'**éviter les conflits** possibles avec certains distributeurs.

En bref, deux questions se posent au producteur :

- Quelle part de la distribution peut-il prendre en charge ?
- Quels canaux veut-il utiliser ?

Figure 13.6. Les questions posées au producteur

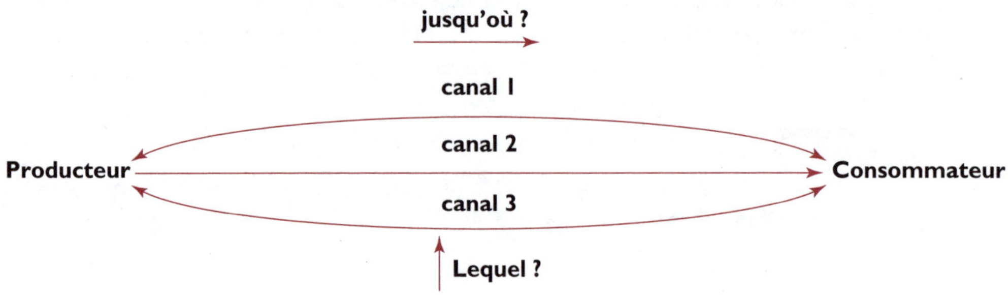

A. La participation du producteur à la distribution

Encadrée par des contraintes, l'intervention du producteur dans le système de distribution comprend aussi des marges de liberté.

1. Le dilemme

Les interventions de l'entreprise de production dans le processus de distribution, aussi diverses soient-elles, sont limitées entre deux cas extrêmes : sous-traiter les opérations d'un côté, s'intégrer vers l'aval de l'autre.

Figure 13.7. Le dilemme du producteur

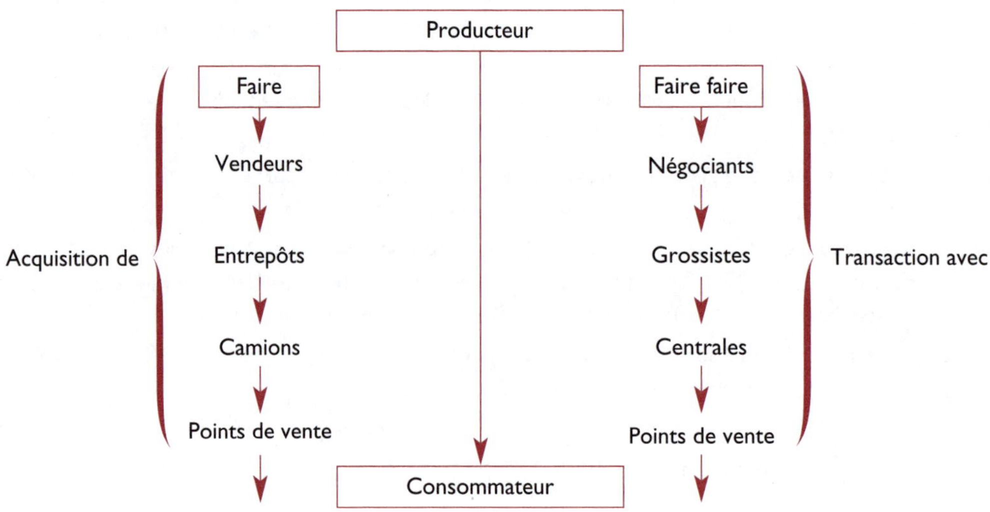

Il est évident que la prise en charge de la distribution est un investissement tributaire de maintes contraintes mais dépend aussi de la volonté du producteur et de ses choix stratégiques.

2. Les contraintes

a. Les contraintes financières

Éviter de recourir aux intermédiaires exige de grosses dépenses, afin de remplacer les services que rendaient les grossistes. Le fabricant doit alors posséder des ressources importantes pour financer les investissements (achat de camions, construction d'entrepôts, etc.).

b. Les contraintes légales

Le refus de vente est interdit ; en d'autres termes, un producteur ne peut pas refuser *a priori* de livrer un grossiste ou un détaillant qui a passé une commande. De plus, la pratique des conditions discriminatoires de vente et des différences abusives de prix appliquées d'un client à un autre est prohibée. Enfin, quelques circuits sont obligatoires pour certains biens : les produits pharmaceutiques par exemple.

c. Les contraintes liées à la clientèle

Lorsque la clientèle est fort dispersée, il est difficile de faire l'économie des grossistes. À l'inverse, si l'on compte peu de clients, les vendeurs du fabricant peuvent négocier directement avec les détaillants, sans intermédiaire.

d. Les contraintes liées à la nature des produits

Les qualités inhérentes aux marchandises produites influencent les choix de distribution. Ainsi :

- Les produits périssables exigent que l'on sélectionne des canaux où la circulation des marchandises s'effectue aussi rapidement que possible.
- Les produits volumineux supposent que l'on réduise les opérations de transport dans le but de diminuer les coûts.
- Les biens techniquement raffinés sont de préférence vendus directement, parce que les intermédiaires compétents restent rares et que la majorité d'entre eux se révèlent incapables de rendre les services attendus par les clients.
- L'image du produit ou de la marque, lorsque son poids est décisif, conditionne le choix d'un circuit adapté à l'image recherchée.

Les produits de luxe sont généralement distribués par les magasins franchisés, sur lesquels le producteur exerce un contrôle pointilleux.

Exemples

Must de Cartier, les chaussures Weston ou encore les vêtements Hugo Boss sont majoritairement disponibles dans des magasins franchisés.

3. La volonté stratégique

Les choix de distribution sont dépendants du type d'intermédiaire que l'on veut choisir. Ces options dépendent aussi de la stratégie de communication que l'on entend mettre en œuvre.

a. La distribution et les types d'intermédiaires

Évaluer le nombre d'intermédiaires que l'on veut toucher pour obtenir un taux de pénétration conforme aux objectifs de parts de marché dépend tout à la fois de la structure de distribution et de la nature des biens produits. L'entreprise a le choix entre trois possibilités.

- **Une distribution intensive**

Ce mode de commercialisation convient essentiellement aux biens banals, aux produits de consommation courante que les consommateurs doivent trouver, à tout moment, dans le plus grand nombre possible de points de vente. Toutes les catégories de détaillants sont susceptibles de présenter ces articles, qu'il s'agisse de grandes surfaces ou de petits détaillants. Cette politique exige, par conséquent, qu'existent de nombreux entrepôts qui servent à stocker les marchandises sur l'ensemble du territoire. En outre, le fabricant ne peut éviter d'effectuer de gros efforts de dynamique commerciale, de manière à pré-vendre son produit chez le détaillant.

- **Une distribution sélective**

S'agissant de biens animaux ou de produits industriels que le consommateur choisit avec soin, ou de biens difficiles à vendre en raison de leurs caractéristiques techniques ou d'articles de mode, le producteur va sélectionner des détaillants spécialisés, en qui il a confiance. Le grossiste est alors généralement absent ; le fabricant concentre tous ses efforts sur le détaillant. En contrepartie d'ailleurs, le producteur ne manque pas d'être plus exigeant, pointilleux même avec les détaillants, auxquels il demande de mettre correctement en valeur ses propres marques.

- **Une distribution exclusive**

Le fabricant accorde uniquement à quelques détaillants la possibilité d'écouler ses produits ou se charge lui-même de la distribution.

Exemples

Apple ou encore la marque Christian Louboutin sont très sélectifs en matière de distribution.

Chacun y trouve des avantages. Le fabricant suit bien la vente de ses produits, enregistre les commandes plus régulièrement. Quant au commerçant, aidé par le fabricant, il est satisfait de ne pas risquer de voir les prix chuter en raison de la concurrence, et il dispose d'un certain monopole dans une aire géographique déterminée. Toutefois, la formule présente aussi des inconvénients. Le fabricant ne trouve pas toujours les commerçants compétents qu'il souhaite toucher. En outre, son développement est limité. Le détaillant, de son côté, dépend très étroitement du producteur ; il doit satisfaire à ses exigences (respecter les quotas de vente, un stock minimum, voire une politique commerciale très stricte). Cette stratégie s'accompagne souvent d'**accords de franchise** entre le producteur et le distributeur.

Les options que l'on vient d'observer ne sont pas fixées définitivement. Elles évoluent parallèlement au vieillissement des biens. Une distribution limitée, sélective au moment du lancement, s'élargit souvent en phase de croissance pour différents motifs :

- infidélité à la marque des premiers clients ;
- épuisement des capacités d'achat du premier segment de clientèle ;
- demande très vive provenant d'autres segments, etc.

Une formule particulière : la franchise

Le principe

Deux parties sont en présence. Le franchiseur est un producteur ou parfois un détaillant, propriétaire d'une marque ou d'une enseigne connue ; il concède son nom et ses services à un détaillant indépendant, le franchisé.

Quelques exemples d'activité en franchise :

– alimentation : La Croissanterie, Comtesse du Barry, Carrefour ;

– hôtellerie et restauration : MacDonald's, Novotel, Courte-Paille, Buffalo Grill ;

– services : L'Onglerie, Jacques Dessange ;

– automobile : Europcar, Midas ;

– équipement de la personne : Etam, Pronuptia, Phildar ;

– équipement de la maison : Descamps.

Les effets

Cette formule présente un double intérêt :

• Le franchiseur étend le nombre de ses clients. Ceux-ci effectuent leurs achats chez lui. Sa production grossit, elle devient plus régulière, tandis que la renommée de ses marques s'étend. En plus d'un droit d'entrée lors de la signature du contrat de franchise, le franchiseur exige une commission calculée au prorata des ventes, afin de rémunérer les services qu'il accorde au franchisé.

• Le franchisé s'approvisionne chez un seul fabricant dont les marques sont connues. Il bénéficie d'un tarif avantageux. Des conseils lui sont fournis, tandis que d'importantes campagnes de publicité sont organisées par le fournisseur. De plus, ce dernier aide souvent financièrement les commerçants débutants en se portant caution de leurs emprunts.

Le fonctionnement

Un contrat de franchise lie les deux parties et accorde l'exclusivité territoriale au franchisé. En échange, celui-ci doit acheter une quantité minimale chez le franchiseur. Les services fournis par le franchiseur sont comparables aux services apportés par les chaînes volontaires ou par les centrales d'achat : promotion, conseils de gestion, aide à la modernisation, éventuellement formation, etc. En revanche, il semble qu'avec le système de la franchise les détaillants restent moins libres ; ils lient leur destin commercial à celui du franchiseur. Cependant, la formule assure généralement au franchisé une rentabilité supérieure à celle des magasins totalement indépendants : entre 20 % et 40 % selon les cas. De plus, on constate qu'il y a environ dix fois moins de commerçants franchisés qui ferment leurs portes que d'indépendants. Cet avantage tient certainement au fait que des études sérieuses précèdent souvent l'ouverture d'un point de vente et que de plus l'assortiment est étudié avec soin.

b. La distribution et la stratégie de communication

Selon les options de marketing stratégique, selon les choix en matière de distribution et selon les moyens financiers dont dispose le producteur, deux voies s'offrent au responsable marketing :

• La stratégie *push* a pour objectif de pousser le produit efficacement dans le canal. Pour le producteur, le rôle de l'intermédiaire consiste à faire une bonne promotion du produit. Pour cela, le fabricant va stimuler son réseau de détaillants en offrant de bonnes conditions d'achat (remises, ristournes, etc.) et/ou une assistance technique (du merchandising par exemple).

• La stratégie *pull* contourne en quelque sorte l'intermédiaire et vise à tirer la vente du produit par la demande du consommateur. En face de cette exigence, on postule que le détaillant ne peut pas ne pas référencer le produit. Une telle politique suppose que de gros efforts de communication soient consentis afin de toucher la cible.

Il est bien évident que ces deux stratégies ne sont jamais exclusives. Seule une dominante peut marquer la stratégie effective. D'une manière générale, à un produit complexe ou à un produit nouveau conviendra davantage l'orientation *push*.

Exemple

Les fabricants de produits surgelés mettent en place gratuitement des meubles de stockage chez les détaillants pour les inciter à vendre une nouveauté.

En revanche, la stratégie *pull* sera plus fréquemment pratiquée lorsque, en phase de vie avancée, une marque aura acquis la notoriété et lorsque son image sera perçue par les consommateurs.

Figure 13.8. Les stratégies *push* et *pull*

B. Le choix d'un système de distribution

La plupart des producteurs utilisent différents canaux, plus ou moins complémentaires les uns avec les autres. C'est pourquoi on emploie le terme de système, considéré comme un ensemble de voies conduisant, aussi efficacement que possible, les produits jusqu'au consommateur.

Compte tenu des engagements stratégiques déjà pris et des contraintes rencontrées, une méthode de décision peut être assortie d'outils adéquats destinés à sélectionner de nouveaux canaux.

1. Le processus de sélection d'un canal de distribution

Formalisons l'enchaînement des étapes d'un processus de choix, qui en lui-même ne présente pas d'originalité particulière.

Figure 13.9. Le processus de choix d'un système de distribution

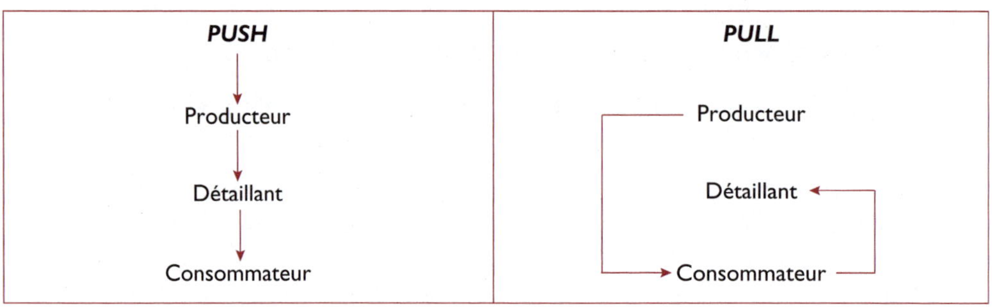

On observe que les objectifs de distribution conditionnés par les attentes des consommateurs, les caractéristiques des produits, les options de marketing stratégique et les contraintes orientent vers un ensemble de solutions.

2. La vente en multicanal

Compte tenu de l'évolution des canaux de commercialisation, se pose la question non plus du choix d'un canal mais de la combinaison optimale entre plusieurs canaux. Les modes d'accès aux consommateurs sont diversifiés et chacun présente des avantages comme des inconvénients. On peut joindre le client par téléphone, par Internet, par courrier, en face-à-face, en lui envoyant des SMS. Le client lui aussi peut se rendre sur un lieu de vente, consulter un site Internet, utiliser son smartphone ou sa tablette pour se rendre sur un site Internet après avoir lu un « flash code » grâce à une application particulière. Par l'ensemble de ces canaux peuvent circuler des informations, des prises de commande, de l'assistance.

Du multicanal au *cross-canal*

Le premier consiste à juxtaposer information, diffusion et accompagnement par divers canaux simultanément. Le second va plus loin : il s'agit de marier harmonieusement l'ensemble des canaux en utilisant les particularités de chacun pour faire vivre au client une « expérience » unique et homogène. Un pas de plus consiste à permettre au client d'entrer dans n'importe quel canal à partir de n'importe quel équipement (PC, tablette, smartphone...).

Les entreprises comprennent tout l'intérêt que leurs clients trouvent à une multiplication des canaux de contact, même si la cohérence nécessaire entre toutes les voies d'accès est bien délicate à mettre en œuvre.

Exemple

La volonté du groupe est clairement d'être « la première enseigne multiformat et multiconnectée », ainsi s'exprime Michel Édouard Leclerc. La poursuite du développement des *drives* (actuellement 2,8 % du chiffre d'affaires mais avec une augmentation de 123 % en un an), le souhait de vendre en ligne des médicaments, des services de tourisme, des biens culturels sont autant de signaux allant dans ce sens.

Source : *Les Échos*, 13 février 2013.

3. Le choix des clients intermédiaires

À l'intérieur de chaque canal, il convient de sélectionner les intermédiaires qui paraissent le mieux convenir aux objectifs marketing et aux intérêts du producteur.

De multiples méthodes sont utilisables pour effectuer les choix ; l'analyse multicritère conserve le **double avantage** de la rigueur et de la souplesse, compte tenu des critères.

L'observation du tableau 13.3 suggère que c'est le distributeur 2 que le producteur va contacter en priorité pour lui faire une proposition de vente. On utilise divers critères pour chaque dimension, notés de 1 à 20. La note finale est exprimée en pourcentage.

Tableau 13.3. Un exemple de notation de deux distributeurs par un producteur

Activité du client pour l'entreprise	Distributeur 1		Distributeur 2	
Situation globale du client	18	61 %	15	67 %
Chiffre d'affaires de la catégorie chez le client	16		13	
Développement du client pour les produits intéressants	8		14	
Pression sur les prix (plus elle est élevée, plus la note est basse)	4		10	
Organisation du client	15		15	
Position de l'entreprise chez le client				
Part dans les achats de la catégorie	12	46 %	16	70 %
Développement du chiffre d'affaires	12		12	
Position vis-à-vis de la concurrence	11		17	
Attitude vis-à-vis de nos produits	7		15	
Contribution à la marge	4		10	

Source : ZEYL A., *Le trade marketing*, Vuibert, 1997.

4. La gestion du système (canaux + intermédiaires)

Une fois les intermédiaires sélectionnés, plusieurs questions se posent aux gestionnaires. La première porte sur les engagements des différents partenaires.

a. Les conditions de collaboration

Aux obligations contractuelles éventuelles s'ajoutent souvent des prestations réciproques.

• Les différents membres du circuit se lient, dans de nombreux cas, par contrat, pour garantir la bonne suite donnée aux accords initiaux. En général, les engagements portent sur les territoires, sur les quantités et sur les prix, soit plus précisément sur :

– les conditions de vente : on délimite les zones d'exclusivité des distributeurs, mais réciproquement ceux-ci se voient fixer des quotas de vente ou des niveaux de stock minimum ;

– les prix : à partir du prix de catalogue, sont calculées les remises et les ristournes éventuelles ;

– les conditions de paiement et des garanties.

• Ces liens juridiques sont complétés par des accords relatifs aux services rendus par les uns et par les autres, particulièrement en matière d'information. Ainsi, le producteur fournit les renseignements techniques ; parfois même il organise des séances de formation destinées aux collaborateurs du distributeur, tandis que ce dernier s'engage à informer son fournisseur sur l'évolution de la demande, sur les réactions de la clientèle ou sur la politique observée chez les concurrents. Mais pour entretenir la qualité des rapports et des services mutuels, le producteur est contraint de motiver les distributeurs.

b. L'animation des intermédiaires

Tout d'abord, des techniques traditionnelles de promotion des ventes sont bien entendu utilisables :

– remises de référencement ;
– remises sur quantités ;
– prix spécial « hors saison » ;
– primes sur quotas ;
– concours ;
– animation des lieux de vente avec la publicité sur site (PLV) ;
– échantillons, etc.

Mais d'autres modes de soutien visent encore à stimuler les distributeurs. Il peut s'agir :

– d'une aide financière ;
– d'une assistance technique, telle l'implantation de magasins ;
– de voyages d'étude ;
– de séminaires de perfectionnement, etc.

c. L'atténuation des conflits à l'intérieur des canaux

Les producteurs souhaitent généralement diminuer les occasions de discordes avec les intermédiaires car, quelle qu'en soit l'issue, l'antagonisme ne manque pas d'entraîner des pertes de temps et en définitive des coûts supplémentaires. Pour réduire ces divers inconvénients :

• Il est tout d'abord important d'élargir le nombre d'intermédiaires, de manière à ne pas être prisonnier de quelques gros clients qui, au fil du temps, mesurant leur puissance, en viennent à imposer des conditions léonines.

• Par les armes de la communication, grâce à l'extension de la notoriété de la marque, par exemple auprès des consommateurs, il est possible de contraindre les intermédiaires à présenter les articles du producteur dans leurs assortiments puisque les clients les réclament (stratégie *pull*). On évite ainsi les risques de boycott des distributeurs.

• Enfin, la différenciation des gammes, des marques, voire des conditionnements permet d'atténuer la concurrence entre plusieurs canaux d'un même circuit.

C. La distribution industrielle

La distribution de produits industriels comporte un certain nombre de particularités qu'il convient de mentionner.

1. Les modalités de l'achat

Le fabricant n'est pas confronté à un acheteur/client/utilisateur/payeur mais à une chaîne, que nous avons déjà observée mais qui, pour faire simple, peut opposer les prescripteurs et les acheteurs. Dans son choix de distribution le fabricant veillera ainsi à mener une véritable politique de communication à l'égard des prescripteurs de son produit (les bureaux d'études et les architectes dans le bâtiment par exemple) avant de le distribuer auprès des acheteurs.

2. Le choix proprement dit

Deux grandes formules sont envisageables, la distribution directe d'une part et la distribution indirecte d'autre part. Elles ne s'appliquent pas dans les mêmes conditions.

a. La distribution directe

Elle est plutôt indiquée lorsque les conditions suivantes sont réunies :

- Les clients sont peu nombreux.
- L'entreprise a une bonne connaissance du marché.
- Elle souhaite une grande rapidité de réponse aux demandes des clients.
- Elle veut assurer une animation de son réseau.
- Elle estime utile de limiter les marges des intermédiaires.

Il est clair qu'une telle formule s'applique plutôt dans le cas des ventes d'équipements spécialisés et complexes.

b. La distribution indirecte

Elle appelle les conditions sensiblement inverses :

- L'entreprise a un portefeuille abondant de clients.
- Le ratio CA/client est faible.
- La clientèle est dispersée sur le plan géographique.
- La clientèle est très fidèle à un réseau.
- L'entreprise ne dispose que d'une connaissance réduite de sa clientèle.

Dans ce cas, plusieurs formes de distribution indirecte peuvent être utilisées :

– le négoce (achat et revente) par un intermédiaire ;
– la concession (exclusive ou non) selon que l'on veut protéger ou non ses intermédiaires ;
– la franchise, par exemple, pour des produits de marque : chaudières, mobilier de bureau ;
– l'agent commercial, indépendant, qui mène sa propre politique.

3. Le suivi des ventes

Le produit une fois vendu, il reste à en assurer le service après-vente et, là encore, plusieurs solutions sont possibles pour assurer la maintenance.

Les opérations d'après-vente, de maintenance peuvent être :

– réactives : l'entreprise n'intervient que lorsqu'une panne survient ;
– préventives : régulièrement les pièces défectueuses ou en voie de l'être sont changées ;
– prédictives : statistiquement, on sait que telle ou telle pièce nécessitera un remplacement.

Toutes les opérations peuvent être menées par :

– l'entreprise elle-même ;
– un sous-traitant exclusif ;
– une société spécialisée.

On voit clairement que chaque formule présente des avantages et des inconvénients. Si l'entreprise assure elle-même cette activité, la maintenance constitue pour elle :

– une source d'information ;

– un facteur de différenciation au regard des concurrents ;
– un élément de fidélisation de ses clients.

Elle est d'ailleurs le plus souvent incluse dans l'appel d'offre.

III. Les choix tactiques de distribution du producteur

Les opérations de distribution physiques impliquent, on l'a remarqué, qu'un certain nombre de tâches matérielles, logistiques soient effectuées (transport, manutention, stockage, livraison, etc.). L'entreprise de production s'efforce, lorsqu'elle en a les moyens, de prendre en charge certaines de ces activités, car la logistique constitue un service fondamental fourni aux clients intermédiaires, ce service pouvant se transformer en avantage concurrentiel décisif.

Exemple

Si Danone est en mesure de servir en moins de douze heures tous les points de vente situés en France et si son concurrent n'assure ses livraisons qu'en vingt-quatre heures, il est vraisemblable que tous les chefs de rayons s'adresseront à Danone, à prix et service comparables, car grâce à la logistique de Danone les entreprises de détail multiplieront par deux la vitesse de rotation de leur stock de yaourts.

Depuis quelques années, un tel souci de développer les avantages concurrentiels sur le terrain commercial a d'ailleurs conduit les producteurs à proposer aux détaillants des formules de partenariat aux contours de plus en plus étendus : c'est le *trade marketing*.

A. La logistique

1. Définition

On définit la logistique commerciale comme le choix des moyens qui permettent de mettre en œuvre, dans les meilleures conditions possibles, toutes les activités matérielles de distribution. Cette fonction consiste à prévoir, puis ensuite à contrôler les flux de biens, depuis les centres de production jusqu'aux points de vente, sous la contrainte d'un montant de coût acceptable et d'un service suffisant rendu au client.

Les opérations de logistique intéressent les spécialistes du marketing qui considèrent qu'on peut réaliser, en les améliorant, d'importants gains de productivité, et qui voient surtout, dans certains cas, la possibilité de se doter d'un véritable avantage compétitif par la maîtrise des flux reçus des fournisseurs et expédiés vers les clients.

Pour toutes ces raisons la logistique est considérée comme une fonction de première importance, parente du marketing. L'étape suivante consiste à mettre en œuvre un ***supply chain management***. Dans ces conditions, le système logistique est envisagé dans son ensemble : tous les acteurs sont guidés par la recherche du meilleur taux de service au moindre coût.

Tableau 13.4. La part des dépenses logistiques dans le chiffre d'affaires par branche

Branche	%
Industrie agro-alimentaire	14
Bien d'équipement ménager	9
Automobile	12
Bien de consommation courante	10

Source : PACHÉ G., *La logistique, enjeux stratégiques*, Vuibert, 3e édition, 2004.

La logistique qui, au demeurant, peut être sous-traitée à des partenaires extérieurs de qualité offre une vaste panoplie de services depuis le transport jusqu'aux opérations de réapprovisionnement et de conditionnement effectuées dans des établissements spécialisés (les plateformes logistiques).

Trois avantages caractérisent la performance logistique d'une entreprise :
- le développement de l'étendue et de la qualité du service ;
- une meilleure gestion des stocks ;
- la minimisation des coûts directs de circulation physique.

Lorsqu'on rapproche cette triple analyse des décisions antérieures de politique commerciale, il devient possible de coordonner les décisions de *marketing mix* et les choix de logistique.

On estime que les coûts globaux de logistique se répartissent pour un peu plus de la moitié en coûts de transports (en augmentation), en coûts d'entreposage (tendance à la diminution) et en coûts administratifs (en augmentation).

Figure 13.10. Les gains fournis par la logistique

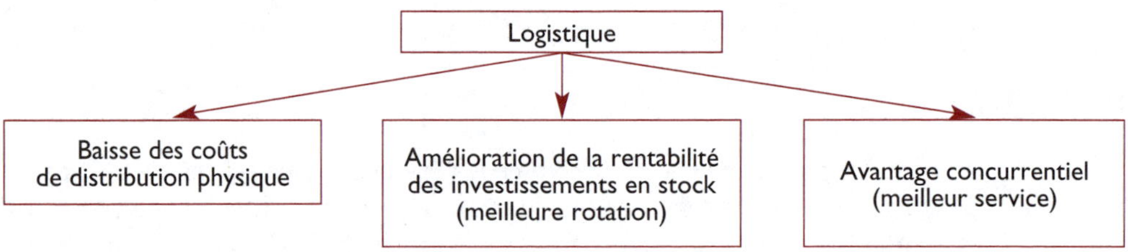

2. Les activités logistiques

On peut reconnaître, parmi les opérations de logistique commerciale, plusieurs activités particulières.

- Les activités liées aux livraisons :
  - regroupement des commandes ;
  - gestion de la flotte de transport ;
  - gestion du personnel ;
  - établissement des programmes de livraison.

- La manutention :
  - déchargement des marchandises reçues ;
  - préparation des commandes ;
  - chargement des commandes.
- L'entreposage :
  - localisation et aménagement des entrepôts ;
  - disposition des produits dans les entrepôts.
- Les stocks :
  - calcul du coût des stocks ;
  - méthodes de réapprovisionnement.

Toutes ces activités ont un coût qu'il faut rendre minimum : c'est aux différents stades des opérations logistiques que des efforts de rationalisation sont entrepris.

a. L'entreposage

Lorsque les responsables décident de réunir les produits sur plusieurs aires de stockage, de façon à éviter que les usines ne consacrent une place excessive aux réserves, la question se pose de savoir combien d'entrepôts sont nécessaires.

- **Nombre d'entrepôts et localisation**

Ces choix dépendent de plusieurs facteurs :

– la nature du marché de l'entreprise (sa taille, la densité des points de vente servis, leur situation, etc.) ;

– la nature des produits (leur origine, leur poids, leur volume, etc.) ;

– les coûts et, par conséquent, les capacités financières de l'entreprise.

- **Fonctionnement des entrepôts**

On étudie avec soin la disposition et l'organisation de ces lieux de stockage, car il convient de diminuer autant qu'il est possible le coût d'exploitation de l'établissement et le temps de préparation des commandes.

Les techniques de rangement des articles améliorent sensiblement la productivité de ces établissements. Tel est le cas du « stockage dynamique » dont le principe est fort simple : les colis sont disposés sur des meubles de rangement mobiles qui diminuent les surfaces nécessaires et réduisent les distances à parcourir.

b. Les coûts de transport

On distingue les coûts de transport de l'usine aux entrepôts des coûts de livraison aux clients proprement dits. Un schéma simple nous permet de comprendre que les seconds coûts sont généralement beaucoup plus lourds que les premiers.

Figure 13.11. Le schéma d'une organisation des transports

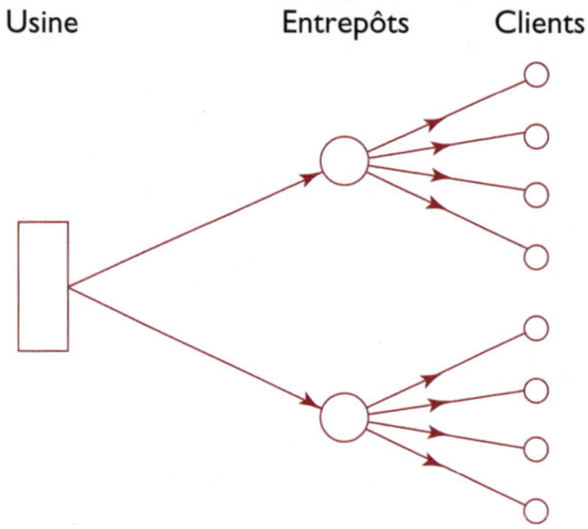

Deux cas sont à distinguer :

– le circuit unique desservant tous les clients

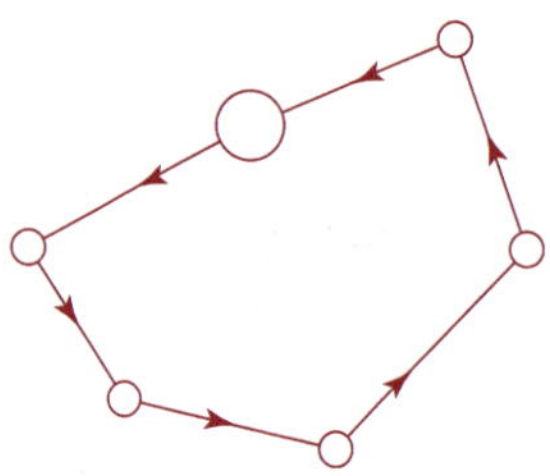

– le circuit en « feuille de trèfle »

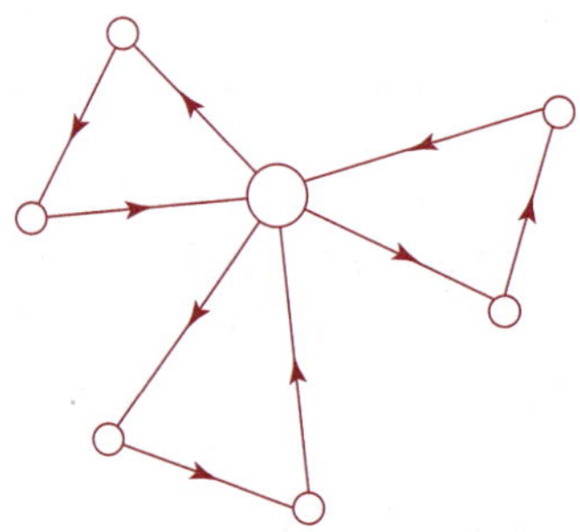

Le problème du mode d'approvisionnement des magasins à partir des entrepôts est l'un des plus courants qu'il convient de résoudre en matière de logistique. Il va s'agir d'une part de prévoir l'itinéraire, de calculer d'autre part le nombre de camions nécessaires pour livrer les points de vente.

On imagine bien, d'ailleurs, qu'ordinairement les livraisons ne s'effectuent pas selon la figure que nous venons de tracer. De fait, les camions vont choisir des circuits qui passent par l'entrepôt et par certains points de vente.

c. Les coûts de stockage

Un stock insuffisant de matières premières ralentit la production ; il fait perdre des ventes lorsqu'il s'agit de produits finis que l'on ne peut pas fournir. Mais un stock surabondant est tout autant dommageable ; il entraîne des coûts inutiles : des frais de commande et des charges de stockage.

La gestion des stocks est partie intégrante de la gestion de production et, comme telle, elle fait davantage appel aux calculs de « l'ingénieur » qu'aux compétences du responsable de marketing.

La concentration des grandes entreprises de distribution entraîne de profondes mutations en matière de partage de la fonction logistique entre les producteurs et les détaillants. Ces derniers se sont en effet dotés, nous le verrons dans le chapitre suivant, de dépôts centraux, de plateformes de distribution et de véhicules afin de mieux contrôler les opérations de logistique. Cette tendance incite les producteurs à coopérer activement avec les distributeurs.

B. Le *trade marketing*

Les producteurs ont bien conscience que leurs premiers clients ne sont pas les consommateurs, mais les détaillants. Tous les partenariats possibles reposent sur une idée simple.

Exemple

Pour Danone, qui propose ses yaourts à É. Leclerc, il est normal de créer avec le distributeur des coopérations pour augmenter la vente de yaourts en général (la marque Danone en profite, comme les autres marques) plutôt que de se contenter de mener une guerre aux autres marques de yaourts pour augmenter sa part de marché sur une catégorie, les yaourts, dont les ventes resteraient stables.

1. La nature du *trade marketing*

L'expression désigne le **partenariat entre le fabricant et le distributeur détaillant**. Cette tendance à la coopération est la conséquence de l'évolution de la négociation qui porte d'abord sur les prix puis s'étend à d'autres variables du *marketing mix*. La pratique du *trade* a débuté aux États-Unis par un accord signé entre Procter & Gamble et Wal-Mart, la coopération portant à ses débuts sur la logistique et sur la gestion informatisée des commandes grâce à l'EDI (échange de données informatisées). En effet, les entreprises de production et de distribution peuvent se transmettre réciproquement des informations à un coût modéré de façon à mieux répondre aux besoins du consommateur : c'est l'ECR *(Efficient Consumer Response)*.

Du point de vue du producteur, le *trade marketing* a pour objet de **satisfaire aux exigences du client détaillant**, tout en s'efforçant de garder une maîtrise relative sur son action commerciale.

Figure 13.12. Les objectifs du producteur

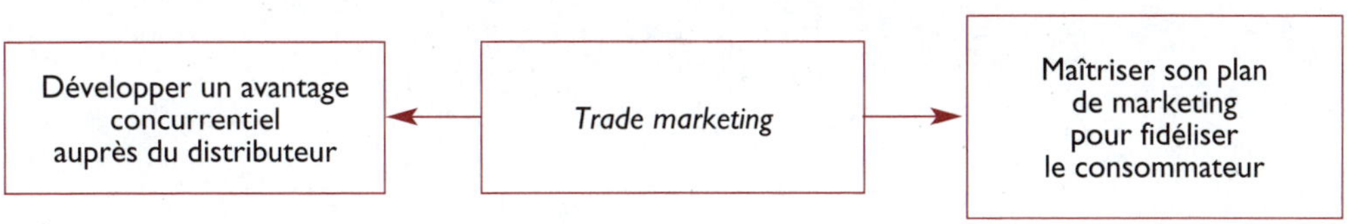

2. Les domaines d'application du *trade marketing*

Le champ du *trade marketing* est très vaste.

a. La logistique

Puisque les deux partenaires sont conduits à participer aux opérations de distribution, le producteur et le distributeur sont conduits à rechercher toutes les solutions susceptibles de diminuer le coût de distribution et/ou le service réciproque. Ces efforts communs portent sur le conditionnement, l'emballage, le stockage, les livraisons, etc.

b. L'approvisionnement des points de vente

Grâce à l'EDI, on échange rapidement entre les ordinateurs du distributeur et les ordinateurs du producteur les commandes, les bons de livraison, les factures, etc. Ces flux de transactions, dans un sens et dans l'autre, facilitent les réassortiments des points de vente et réduisent les risques de rupture de stock. Cette procédure limite aussi le *lead time* (temps nécessaire à la préparation de la commande) et aide à diminuer les stocks des deux partenaires.

c. La création de produits nouveaux

Les responsables marketing du producteur, les chefs de produits par exemple, et les *category managers* (responsables de la gestion d'une famille d'articles chez le distributeur) échangent des informations sur les connaissances qu'ils ont du marché. Des tests rapides peuvent en outre être effectués dans les magasins pour améliorer un conditionnement, par exemple.

d. La communication

L'action publicitaire ou promotionnelle se prête aussi à la collaboration. Des actions personnalisées de *co-branding* accroissent la fidélisation sans engendrer les effets négatifs de diminution des prix pour l'image du produit.

Exemples

Nestlé et É. Leclerc ont mis en place de telles actions autour du chocolat.

Dans d'autres cas, ce sont au contraire des opérations de discount qui sont menées conjointement.

e. Le merchandising

Les producteurs s'efforcent toujours d'intervenir pour que leurs produits soient mieux présentés dans les magasins. Lorsqu'ils en ont les moyens, ils utilisent des spécialistes *ad hoc* (des merchandiseurs) qui proposent aux responsables de magasin des modèles d'implantation des produits.

Questions et thèmes de réflexion

Outils et concepts

1. Pour quelle raison la présentation des canaux selon leur longueur est-elle si fréquente dans les analyses de marketing ?

2. Quels sont les services rendus par un grossiste ?

3. Quelles sont les principales causes des conflits actuels entre les opérateurs de la distribution ?

4. Les TIC (scanning, EDI, ECR) modifient-t-elles toujours les critères de choix d'un canal par les marketeurs ?

5. La pratique du multicanal est-elle identique pour la distribution de jouets, de services bancaires, de prises électriques pour le marché B to B ?

6. Existe-t-il des liens entre les stratégies *push* et *pull* et les politiques d'écrémage/pénétration ?

7. Le *trade marketing* peut-il conduire à un partenariat plus large entre producteurs et distributeurs ?

Pour aller plus loin...

1. Les choix de distribution sont-ils liés à la politique de gamme ? à la politique de prix ? Donnez des exemples.

2. Les coûts de transaction d'un producteur peuvent-ils varier selon les choix qu'il effectue parmi les canaux accessibles ? Donnez des exemples concrets.

3. Comment une petite entreprise peut-elle tenter de maîtriser sa distribution ?

4. Quels critères vous semblent pertinents pour sélectionner des canaux destinés à écouler les produits suivants :

– bières ;

– tondeuses à gazon ;

– caméscope ;

– huiles essentielles ?

EXERCICE : ÉTENDRE SON RÉSEAU DE DISTRIBUTION

Jean M. est un producteur de lait frais bio dans la région Centre qui a connu une véritable expansion. Profitant de la tendance du bio et du retour aux produits vrais vendus directement sur le lieu de production, Jean M. réalise un chiffre d'affaires s'élevant à vingt mille euros avec la vente de bouteilles d'un litre de lait de vache bio. Le prix de vente moyen d'un litre de lait de vache bio au consommateur est de 1,20 euro.

Pour poursuivre la croissance de son entreprise familiale, Jean M. s'interroge sur la possibilité d'étendre son réseau de distribution. Son objectif est de doubler le chiffre d'affaires avec un taux de rendement du canal de distribution choisi d'au moins de 150 %.

Il hésite entre deux options :

– être vendu dans les supermarchés de la région Centre ;

– être référencé dans les magasins indépendants spécialisés dans la vente de « produits bio » de la région Centre. Jean M. sait qu'il doit choisir l'une ou l'autre option, car il n'aura pas la capacité financière pour assumer le référencement dans les deux canaux de distribution.

Le référencement en supermarché et son coût

Contrairement aux grands industriels, qui possèdent une force de vente appropriée et une équipe de *category managers* chargée de gérer la logistique et le référencement des produits sur les points de vente, les petits producteurs, tels que Jean M., sollicitent le plus souvent des courtiers chargés de négocier les prix et coûts avec les centrales d'achat et les distributeurs. Les services fournis par ces courtiers s'élèvent en moyenne à 12 % des ventes de l'industriel ou du producteur. Jean M. sait également qu'au prix de cession de son litre de lait, les centrales d'achat ainsi que les distributeurs appliquent un coefficient de distribution, c'est-à-dire un coefficient multiplicateur correspondant à la marge brute des différents intermédiaires et détaillants. Ce coefficient pour le réseau des supermarchés est de 1,65. En d'autres termes, lorsque Jean M. cède au distributeur un litre de lait frais bio au prix de 1 euro, ce dernier sera vendu au consommateur final au prix de 1,65 euro. Par ailleurs, Jean M. a conscience qu'il doit céder des marges avant et arrière permettant de couvrir les frais de stockage, de référencement et de collaboration commerciale. En moyenne, pour un litre de lait frais bio, ces marges avant et arrière s'élèvent à 30 centimes d'euro. En d'autres termes, pour un litre de lait vendu par Jean M. à un supermarché, le prix net qui sera à la base du calcul de son chiffre d'affaires n'est plus de 1 euro mais de 0,70 euro.

Le marché du lait frais bio dans les supermarchés de la région Centre s'élève à 800 000 litres vendus par an, soit un chiffre d'affaires de 1,5 million d'euros, chiffres publiés par les panels distributeurs. Pour l'année 2013, on attend une croissance de ce marché de 4 %. Jean M. est conscient qu'il ne pourra pas être référencé dans tous les supermarchés de la région Centre : les courtiers contactés lui assurent qu'il pourra être présent, en un an, dans 50 % de ces supermarchés et que ces supermarchés représentent une DV de 65 %. Après de nombreuses études de marché, Jean M. est convaincu qu'il pourra atteindre une part de marché de 2,5 % au bout d'un an dans les points de vente où il est référencé.

Le référencement en magasin indépendant spécialisé bio et son coût

Les prix appliqués par les magasins indépendants sont supérieurs à ceux des supermarchés. Le coefficient de distribution dans ce canal s'élève à 1,87. Deux explications sont souvent fournies pour rendre compte de ce différentiel de prix de vente consommateur entre les deux canaux de distribution. D'une part, le nombre d'intermédiaires intervenant dans le processus de distribution, dans le canal des magasins indépendants, est important. D'autre part, les dirigeants des magasins indépendants bio ont conscience que leurs clients possèdent une sensibilité aux prix inférieure à ceux des supermarchés. Leurs clients recherchent des produits de qualité et sont prêts à y mettre le prix. Dans ce contexte, les magasins indépendants peuvent pratiquer des prix de vente aux consommateurs plus élevés qu'en supermarché sans risquer de voir la demande baisser. En revanche, le montant des marges avant et arrière est sensiblement moins élevé dans ce canal de distribution en raison de frais de collaboration commerciale moins développés. Ces marges avant et arrière s'élèvent à 0,20 euro pour un litre de lait frais bio. Jean M. maintient le même prix de cession de son litre de lait à 1 euro dans les magasins indépendants et dans les supermarchés, si un tel canal est choisi.

Jean M. vise à être référencé dans l'ensemble des magasins indépendants. À nouveau, le courtier lui promet une couverture de 100 % du réseau des indépendants bio, moyennant une rémunération de ses services qui s'élève à 10 % des ventes du producteur.

Concernant la vente du lait frais bio *via* les magasins indépendants, la taille du marché estimé est de 400 000 litres vendus par an, soit un chiffre d'affaires de 850 000 euros. Pour l'année 2013, la croissance du marché est estimée à 3 %. Selon les études menées, Jean M. pense obtenir une part de marché de 4,9 %.

Question

Quelle option recommanderiez-vous à Jean M. ?

Le merchandising

Les compétences clés à acquérir :

- Savoir choisir les emplacements d'un point de vente.
- Calculer une zone de chalandise, en vue d'établir un compte de résultat prévisionnel pour un magasin à créer.
- Connaître les caractéristiques d'un assortiment.
- Évaluer les principales méthodes de vente au détail.
- Tracer les grandes lignes d'une politique de merchandising : détermination de l'emplacement des rayons, allocation du linéaire de vente aux différents produits.
- Apprécier les avantages et les inconvénients des différentes organisations possibles de la fonction achat dans le commerce de détail.

Ce chapitre est consacré aux espaces de vente comportant des magasins. Il existe de nombreux espaces de vente qui ne sont que virtuels, qui recourent à Internet (chapitre 15).

Les distributeurs accordent au moins autant d'importance à leur marketing stratégique qu'à leur marketing opérationnel. Les principales options stratégiques – celles qui mobilisent durablement la vie de l'entreprise –, se situent sur deux plans :

– l'organisation des points de contact avec la clientèle : la localisation du front de vente, les formules exploitées, les segments visés, le positionnement ;

– l'organisation des achats et des approvisionnements des magasins.

Quant au *marketing mix (retailing mix)*, il porte sur l'assortiment, sur les prix, sur le merchandising[1], sur la communication, etc.

Ce chapitre est consacré aux spécificités du marketing du commerce de détail. L'analyse est centrée sur :

– le choix des emplacements des points de vente ;
– le *retailing mix* ;
– la gestion des sites marchands ;
– la politique d'achat du commerçant dont dépendent les ventes des producteurs.

1. Au sens strict, le merchandising concerne l'agencement des rayons. On utilise ici le terme dans son acception extensive.

Figure 14.1. Le marketing du commerçant de détail

I. La localisation du point de vente

Le choix d'un **emplacement** *(store location)* constitue la première décision stratégique lorsque la formule de vente est définie. C'est toute l'activité future du magasin qui dépend de cette option, à une époque où les espaces commerciaux deviennent plus rares, où la concurrence dans les grands groupes de distribution se renforce et où les pouvoirs publics tendent à multiplier les dispositions visant à restreindre la création des grandes surfaces.

Il existe de très nombreuses **méthodes d'aide à la décision** pour améliorer la localisation. On se préoccupe ainsi de localisations différentielles, de façon à mieux apprécier la zone où résident les prospects : c'est le **géomarketing**.

Quelles que soient les techniques utilisées, la question de la localisation d'un point de vente débute par une **analyse spatiale du marché** et se conclut par une **prévision des ventes**.

A. L'étude du marché

Dans un premier temps, on apprécie la **zone de chalandise**, c'est-à-dire le territoire sur lequel habitent les clients potentiels du futur magasin. Imaginons le cas de l'ouverture d'un hypermarché à la périphérie d'une grande ville.

Il convient de mesurer le temps nécessaire pour se rendre en voiture au magasin en tenant compte des facilités d'accès (autoroute, par exemple) ou des obstacles (rues étroites, passage à niveau, ponts, etc.). De la même façon que dans le cas précédent, on trace sur une carte des courbes isochrones[2], ayant pour centre le site du magasin, et qui correspondent à différents délais

2. Isochrone : lieu géométrique d'accès des temps identiques d'accès au site du magasin.

de trajet : cinq, dix, quinze, vingt minutes. Bien évidemment, le pourcentage de clients potentiels par rapport à la population totale de chaque territoire diminue en fonction de la distance séparant le magasin des immeubles d'habitation.

C'est ce qui conduit à remplacer les isochrones par des zones classées.

Exemple

Dans la zone I, 75 à 100 % des habitants seront des clients ; dans la zone II, 50 à 75 % seront clients ; dans la zone III, 30 à 50 % seront clients ; dans la zone IV, moins de 40 % seront clients.

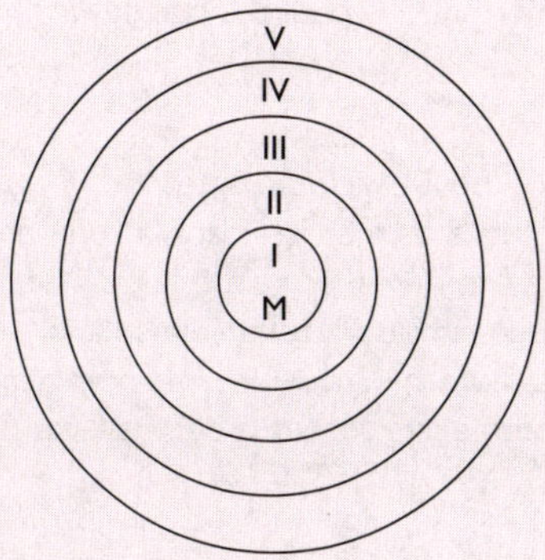

Un modèle de choix d'emplacement

Le modèle de Huff fait dépendre le choix de l'emplacement du calcul de la probabilité qu'a un client de se rendre dans le magasin (P_{ij}). Elle dépend du temps de trajet supporté par le client (T_{ij}) et de l'attractivité du magasin – mesurée par la surface de vente (SJ).

$$P_{ij} = \frac{SJ/(T_{ij})^2}{\sum_{i}^{n} SJ/(T_{ij})^2}$$

Exemple : trois enseignes sont présentes dans une ville et on veut connaître la probabilité pour un consommateur de se rendre dans chacune.

Enseigne	Surface	Temps d'accès	Probabilité
Carrefour	6 000	20'	19,4 %
Auchan	5 000	15'	28,7 %
Intermarché	1 000	5'	51,8 %

Calcul pour Carrefour

$$\text{Probabilité} = \left(\frac{6\,000/20^2}{6\,000/20^2 + 5\,000/15^2 + 1\,000/5^2}\right) \times 100 = 19,4\%$$

B. La prévision des ventes du futur magasin

On procède généralement en deux temps : on commence par évaluer la demande à l'intérieur de la zone de chalandise, puis on prévoit les ventes du magasin.

1. Les prévisions de vente de la zone de chalandise

a. Les méthodes globales

Lorsque le nombre de clients potentiels est déterminé, leurs revenus et leurs consommations sont évalués grâce aux statistiques de l'Insee qui effectue des enquêtes sur les dépenses des ménages ou grâce aux informations publiées par des institutions privées.

Exemple

La méthode de calcul peut être la suivante :
• On recense le nombre de ménages dans la zone de chalandise.
• Dans les brochures de l'Insee, on relève le montant des dépenses moyennes par ménage et par an pour chaque famille d'articles (alimentation, entretien, hygiène, etc.).
• En multipliant ces montants moyens par le nombre de ménages recensés, on trouvera le montant global prévisible des dépenses des ménages pour chaque poste de consommation.

b. L'indice de richesse vive

La Richesse Vive® est un indicateur économique permettant d'évaluer le potentiel de consommation par zone géographique et par famille de produits. La Richesse Vive® traduit la dépense des ménages localement pour un ou plusieurs postes de dépenses. La Richesse Vive® est élaborée et diffusée exclusivement par Proscop depuis plus de trente-cinq ans et actualisée chaque année.

La Richesse Vive® est construite d'après l'analyse des caractéristiques socio-économiques des consommateurs pour les principaux types de produits et services composant leur univers de consommation, issues de différents panels et enquêtes externes ou spécifiques Proscop. Actuellement, Proscop suit la consommation de plus de 500 produits ou familles de produits composant l'ensemble des postes de consommation de la population française.

Les données de Richesse Vive® sont diffusées sur tout ou partie des postes de consommation des ménages et selon différents niveaux d'agrégation en fonction des besoins. En plus de ces données standards, Proscop peut construire la Richesse Vive® spécifique à certains produits propres à une entreprise.

La Richesse Vive® Grand Public est disponible à tous les niveaux géographiques :

- Administratif : département (96), arrondissement (348), unité urbaine (1 995), canton (3 705), quartiers, îlots.
- Économique : zone de chalandise des villes (848), zone de chalandise des hypermarchés et centres commerciaux (1 200).
- Spécifique : secteurs de vente, territoire d'agence, etc.
- Sélection : par exemple, les communes de plus 10 000 habitants, etc.

La Richesse Vive® est centrée sur une moyenne France = 1 et permet donc de comparer le niveau de consommation de différentes zones géographiques (département, canton, agglomération, zone de chalandise, commune, etc.).

Exemples

• Une commune avec une Richesse Vive®, tous produits, de 0,8 présente un niveau de consommation par habitant de 20 % inférieur à la moyenne nationale. À l'inverse, une commune avec une Richesse Vive®, tous produits, de 1,3 présente un niveau de consommation par habitant de 30 % supérieur à la moyenne nationale.
• Une commune de 60 000 habitants avec une Richesse Vive®, tous produits, de 0,8 présente le même niveau de consommation qu'une commune de 30 000 habitants ayant une Richesse Vive® tous produits de 1,6.

Dans les deux cas, la consommation globale des deux zones est identique ; elle correspond à une consommation de 48 000 Français moyens (60 000 × 0,8 = 30 000 × 1,6).

La Richesse Vive® s'exprime donc en indice (moyenne France = 1), en habitants équivalents (équivalents français moyens), en poids relatif du total France (% sur base France = 100), mais également valorisée en euros (on parlera alors de potentiel de vente).

Tableau 14.1. La zone de chalandise et la Richesse Vive®

Code Chalandise	Nom de la zone de chalandise	Population globale de la zone de chalandise	Richesse Vive® Globale	Indice de Richesse Vive®
101	AMBERIEU-EN-BUGEY	39 655	36 498	0,9204
103	BELLEGARDE-SUR-VALSERINE	24 392	22 511	0,9229
110	CHATILLON-SUR-CHALARONNE	26 036	22 604	0,8682
115	HAUTEVILLE-LOMPNES	8 448	7 769	0,9196
119	MEXIMIEUX	21 629	20 269	0,9371
122	NANTUA	17 266	16 976	0,9832
126	PONT-DE-VAUX	12 200	9 952	0,8157
131	SEYSSEL	9 248	7 600	0,8218
134	TREVOUX	36 082	36 133	1,0014
198	OYONNAX	37 427	43 303	1,1570
199	BOURG-EN-BRESSE	125 907	120 430	0,9565
01	TOTAL DÉPARTEMENT DE L'AIN	358 290	344 045	0,960

Source : http://proscop.fr

Un exemple de calcul de Richesse Vive®

Richesse Vive® grand public : produit X					
Numéro département	Nom département	Population actualisée	IRV par habitant	1 000 habitants équivalent	Dix-millièmes du total
01	Ain	497 135	0,90	447,42	77,10
02	Aisne	513 819	0,80	435,05	74,97
03	Allier	357 487	0,85	303,86	53,37
...	...	...	...	...	...

L'Aisne a un niveau de consommation par habitant pour le produit X de 0,8, ce qui est 20 % inférieur à la moyenne nationale de 1.

L'Ain, avec 497 135 habitants, a un niveau de consommation pour le produit X équivalent à 447,42 milliers d'habitants.

Le niveau de Richesse Vive® de l'Aisne représente 74,97 dix-millièmes de la richesse vive totale française du produit X.

Source : http://proscop.ifrance.com/proscop/irvgp.html

La Richesse Vive® s'utilise de la manière suivante :

– on part des dépenses commercialisables de la zone ;

– on relève dans l'indicateur Proscop l'indice de richesse vive de la commune étudiée et l'on applique ce rapport au montant actualisé des dépenses moyennes de consommation par habitant ;

– on multiplie ce nouveau montant par le nombre d'habitants de la zone considérée, afin d'obtenir le potentiel économique de la zone ;

– enfin, on applique à ce potentiel les coefficients budgétaires[3] pour préciser la valeur des différentes dépenses commercialisables de la zone.

2. Les prévisions de vente du magasin

Nous venons de mesurer le chiffre d'affaires extrême que le point de vente pourrait espérer réaliser, s'il était sans rivaux. De fait, ce cas est rarissime et il est bien évident que seule une fraction du marché potentiel peut se transformer en marché réel : cela dépend de la force de l'entreprise comparée à celle de ses concurrents.

a. L'étude de la concurrence

La technique la plus courante consiste à établir la liste de tous les magasins concurrents de la zone de chalandise, puis à évaluer la surface de vente de chaque rival. On peut alors estimer le

3. C'est la part des dépenses totales de consommation des ménages affectées à l'achat d'un bien.

chiffre d'affaires des concurrents en se référant à deux normes qui servent fréquemment d'échelle de mesure :

– le chiffre d'affaires moyen par mètre carré de surface de vente ;
– le chiffre d'affaires moyen réalisé par magasin.

Ces ratios sont régulièrement publiés par la presse professionnelle.

L'addition de toutes ces estimations de ventes procure approximativement le montant en euros du marché de la concurrence.

b. Le marché potentiel du magasin

Si l'on retranche le montant du marché de la concurrence du montant du marché théorique de la zone de chalandise, tel qu'il a été calculé précédemment, on obtient le marché potentiel de l'entreprise exprimé en euros. Cette valeur sert de référence pour fixer les objectifs de marketing : la part du marché que l'on espère atteindre et les prévisions des ventes futures. Le taux d'emprise est la part de marché du magasin sur sa zone de chalandise.

Si le chiffre d'affaires estimé est suffisant pour couvrir les coûts d'exploitation prévisionnels et pour dégager un résultat bénéficiaire satisfaisant, l'entreprise peut alors acheter – ou louer – le terrain du futur point de vente.

Il reste à déterminer comment l'on va vendre les produits aux clients.

L'établissement d'un compte de résultat prévisionnel (supermarché)

Tableau 14.2. Première étape – Prévision du chiffre d'affaires et de la marge brute par rayon Compte de produits – ventilation du taux de marque initial

Rayons	% de CA	CA en €	Taux de marque initial en % HT	Marge	Marge bénéficiaire pour 100 € de CA
Boucherie-charcuterie	14,0	5 234 600	20,0	1 046 920	2,62
Traiteur	7,5	2 804 250	21,0	588 890	1,47
Volailles	3,5	1 308 650	15,0	196 290	0,49
Total viandes	25,0	9 347 500	19,61	1 832 100	4,58
Crémerie	16,0	5 982 400	12,0	717 890	1,79
Fruits et légumes	14,0	5 234 600	19,0	994 570	2,50
Surgelés	2,0	747 800	24,0	179 470	0,45
Boulangerie	2,0	747 800	14,0	104 690	0,26
Total produits frais	59,0	22 060 100	17,35	3 828 720	9,56
Épicerie sèche	25,0	9 347 500	13,0	1 215 170	3,03

Rayons	% de CA	CA en €	Taux de marque initial en % HT	Marge	Marge bénéficiaire pour 100 € de CA
Liquides	16,0	5 982 400	11,25	673 020	1,68
Total alimentaire	100,0	37 390 000	15,29	5 716 910	14,29
Non-alimentaire	7,0	2 610 000	27,0	704 700	1,76
Total général	107,0	40 000 000	16,05	6 421 610	16,05

Tableau 14.3. Deuxième étape – Prévision des coûts de structure

	Montant	%
Foncier et mobilier	510 000	
Frais financiers	71 000	
Amortissements	520 000	2,75 %
	1 101 000	2,57 %
Frais de fonctionnement	1 030 000	
Total frais fixes	**2 130 000**	**5,32 %** **sur CA = 40 000 000 €**

Tableau 14.4. Troisième étape – Établissement du compte de résultat

	Montant	%
Chiffre d'affaires (HT)	40 000 000	100,00
Marge brute des rayons	6 421 610	16,05
Prévision démarque inconnue	400 000	1,00
Produit brut d'exploitation	6 021 610	15,05
Charges fixes	2 130 000	5,32
Charges variables	2 680 000	6,70
Total charges	4 810 000	12,02
Résultat avant impôt	**1 211 610**	**3,03**

II. Le *retailing mix*

Distinguons trois types de choix : d'abord ceux qui concernent l'assortiment, puis ceux qui intéressent les techniques de vente à proprement parler et, enfin, les choix de merchandising, c'est-à-dire les options relatives à l'aménagement du magasin et à la présentation des produits.

Les grandes tendances du commerce de demain.

Quatre grands traits sont en train de s'imposer :

- La recherche du prix bas (supermarché ou hard-discount).
- Faire gagner du temps (le *drive*, l'e-commerce).
- La quête de sens (le durable, l'équitable, le bio – Kbane l'habitat durable, The Kooples complicité homme-femme).
- L'interaction (l'association des clients au choix des produits).

Source : Ducrocq C., *LSA*, n° 2117.

A. L'assortiment

L'ensemble des articles qu'offre un magasin à sa clientèle constitue l'assortiment. Le verbe « assortir » comporte en effet l'idée d'une réunion mais il indique aussi l'harmonie au sein d'un arrangement. En un mot, il implique une organisation bien agencée.

1. Les caractères d'un assortiment

a. La largeur

La largeur de l'assortiment exprime le **nombre de modèles différents**, pour une famille ou un produit donné, mis en vente dans un point de vente. Par exemple, s'agissant de pantalons, on distinguera des modèles de ville toutes saisons, des modèles de ville d'été, des pantalons en velours, des jeans, des pantalons en coton très légers, etc.

b. La profondeur

La profondeur de l'assortiment dépend du **nombre de séries par modèle** et du **nombre de pièces par série**. Un assortiment profond indique donc que, pour chaque modèle, il existe un choix riche en coloris et motifs et abondant en tailles.

2. La politique du commerçant

a. Les combinaisons possibles

De nombreuses combinaisons sont réalisables dans l'assortiment. Examinons les cas les plus fréquents.

Chaque rayon d'un grand magasin offre un assortiment aussi profond que celui d'un spécialiste.

- **Un assortiment profond et étroit**

Figure 14.3. Le cas d'une chemiserie

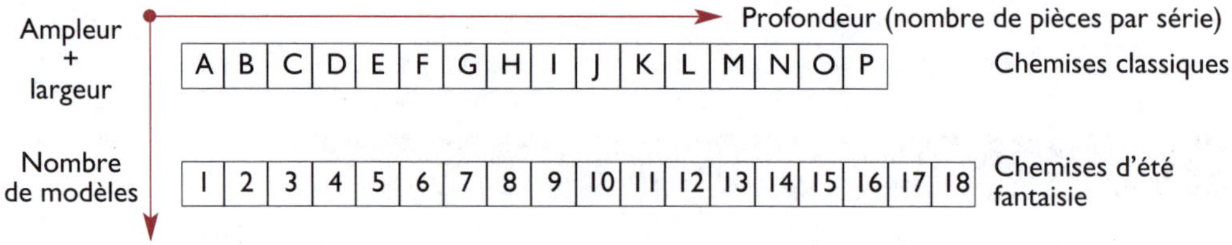

On rencontre ce genre d'assortiment dans les magasins très spécialisés : chemiserie, librairie, magasin de chaussures, magasin d'appareils photographiques.

Exemple

Les magasins Virgin proposent un assortiment profond et étroit.

- **Un assortiment mince et large**

Figure 14.4. Le cas d'une grande surface

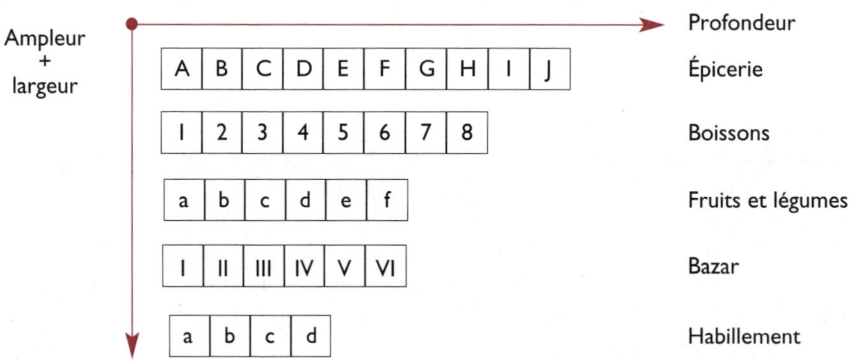

Les supermarchés et hypermarchés pratiquent une telle politique. En effet, ces entreprises ne cherchent pas à atteindre une clientèle composée de spécialistes ; elles visent, au contraire, la consommation de masse.

b. Les décisions marketing du commerçant

L'étude de marché conduit à effectuer des choix qui concernent la largeur de l'assortiment (détermination des familles de produits et des modèles par segment de clientèle).

Ces décisions commandent l'activité du magasin pour une période longue, qui dépasse le temps de l'année.

En revanche, les choix relatifs à la profondeur sont révisés une ou deux fois par an. En effet, les résultats passés, le volume des stocks en cours, les caprices du temps ou de la mode imposent des ajustements fréquents.

3. Le plan d'assortiment

C'est une **description détaillée des gammes** proposées à la clientèle pendant une période donnée.

a. La durée du plan d'assortiment

Elle varie selon la nature des marchandises et selon l'organisation de l'entreprise. Mais, bien souvent, les plans d'assortiment demeurent saisonniers, même si les ventes des biens ne sont pas soumises à des fluctuations importantes au cours du temps.

Ainsi, dans la plupart des grandes entreprises du commerce de détail, on compose des plans d'assortiment semestriels découpés de la façon suivante :

– saison printemps-été : février-juillet ;
– saison automne-hiver : août-janvier.

Pour certaines familles de produits très saisonniers (jouets, rentrée des classes, etc.) ou à l'occasion de promotions très importantes (le blanc de janvier, la fête des mères, etc.), un plan d'assortiment spécial est conçu qui couvre la période de vente limitée mais intense.

Pour d'autres catégories de biens dont la demande reste constante (eaux minérales, conserves de légumes, gâteaux secs, etc.), on ne modifie pas complètement l'assortiment initialement prévu, mais on le façonne et on l'adapte en procédant à une révision trimestrielle ou semestrielle, par exemple.

b. Le contenu du plan

Le plan d'assortiment présente, famille par famille, le nombre de références par modèle et le nombre d'articles par référence que l'on envisage de proposer au public. Les prix de vente de chacune des références sont généralement prévus. Pour les articles dont la durée de vente est réduite, on indique la période de mise à disposition des articles. Le tableau ci-après donne un exemple d'un tel document.

c. Le plan d'assortiment pour les chaînes de magasins

Les dimensions de l'assortiment dépendent de la taille des points de vente et de leur formule commerciale. Aussi, dans une entreprise qui possède de nombreuses succursales de surfaces différentes est-on obligé de prévoir des assortiments de base que l'on étend au fur et à mesure que l'on prévoit les gammes des plus grandes unités de vente (assortiment « gigogne »).

Parfois, au contraire, c'est à partir de l'assortiment le plus vaste, le plus complet, celui d'un grand magasin par exemple, que l'on travaille. Et l'on diminue le nombre de références ou des modèles à proportion lorsque la taille du magasin décroît. Cependant, une telle politique présente certains risques ; la demande de chaque zone de chalandise étant spécifique, la décision décentralisée, au niveau du point de vente, est souvent préférable.

Tableau 14.5. Un plan d'assortiment

Rayon de maroquinerie **Famille :** sacs de ville pour femme				**Saison :** printemps-été			
Modèles	**Prix de vente prévus**	**Nombre de références**		**Quantités**	**Date de la première livraison**	**Observations**	**Prix d'achat**
		Précédent	**Prévu**				
Sacs de cuir pour la fête des mères	60-80 €	5	4	500	15 avril	sans réassort	30-34 €
Sacs de ville en cuir toute saison	80-135 €	8	8	1 500	15 février	jamais manquants	34-57 €
Sacs d'été en toile	30-50 €	3	4	900	1er avril	sans réassort	20-34 €

Dans la grande distribution, les assortiments doivent regrouper **deux types de produits** :

• **Les produits de marques nationales.** Cette première catégorie d'articles est nécessaire, particulièrement dans les rayons d'alimentation ou de DPH (droguerie, parfumerie, hygiène). Les grands producteurs innovent fréquemment et attirent (stratégie « pull ») les consommateurs vers les points de vente. En outre, les distributeurs exigent des droits d'entrée considérables de leurs fournisseurs pour référencer les produits de ces derniers. Pour chacune des références, les acheteurs de la centrale négocient avec les vendeurs des fabricants des prix variables selon le volume des ventes espéré. Mais les budgets de référencement des grands producteurs peuvent atteindre plusieurs centaines de milliers d'euros.

Les budgets de référencement

Un fabricant pourra être conduit à payer 200 euros pour être référencé dans un supermarché et 1 000 euros dans un hypermarché.

Pour présenter dix produits dans mille supermarchés et deux cents hypermarchés, le budget de référencement s'élève à trois millions d'euros.

Cependant, on constate que les acheteurs référencent avec de plus en plus de réticence les marques nationales en dépit des gains financiers qu'ils obtiennent. Deux raisons motivent cette désaffection :

– les linéaires sont saturés. Au cours des dix dernières années, le nombre moyen de références en grande surface a augmenté de plus de 35 %. Chaque année, douze mille produits nouveaux sont présentés aux détaillants ;

– les marques nationales servent de produits d'appel, car elles sont facilement identifiables par les consommateurs. Aussi les distributeurs cherchent-ils d'autres solutions.

• **Les marques de distributeur (MDD).** Elles constituent un phénomène international qui a connu un essor rapide depuis leur lancement sur le marché au début des années 1990.

Tableau 14.6. Les résultats des MDD par rayon en 2012

	Part de marché	Évolution (points)
Total PGC – FL5	**29,9**	**0,0**
DPH	**21,7**	**0,2**
Entretien	23,2	0,3
Hygiène	21,0	0,2
Épicerie	**25,8**	**0,1**
Épicerie salée	30,5	0,2
Épicerie sucrée	21,8	0,2
Liquides	**19,0**	**0,3**
BRSA et eaux	25,6	1,3
Bières et cidres	7,6	0,3
Alcools	16,3	– 0,6
FL5 poids fixes	**41,6**	**– 0,3**
Surgelés – glaces	47,0	– 0,8
Crèmerie	37,4	0,3
Frais non laitiers LS	45,0	– 0,8

Source : Symphony IRI, *Marketing Magazine*, 4 mars 2013.

Les produits premiers prix, apparus avec le développement du hard-discount, au faible taux de marque, 7 % en moyenne, atteignent environ 10 % des ventes totales des MDD. Cette **réorientation des assortiments** incite les acheteurs des entreprises de distribution à rechercher un portefeuille de fournisseurs plus diversifié qu'auparavant.

B. Le merchandising

Il regroupe « les techniques marchandes permettant de présenter sur le lieu de vente à l'acquéreur éventuel, dans les meilleures conditions matérielles et psychologiques, le produit ou le service à vendre »[4].

Le merchandising doit permettre de tirer le meilleur parti possible de la surface de vente, ce bien entendu surtout dans le cas du libre-service.

Cette opération comporte deux étapes :
– l'agencement des rayons ;
– la mise en place des produits sur les meubles de vente.

4. Albertini Th., Helfer J.-P. et Orsoni J., *Dictionnaire du marketing*, Vuibert, 2008.

1. L'agencement des rayons

a. Le problème posé

L'objectif consiste ici à trouver la disposition qui produira les plus fortes ventes et/ou les plus gros bénéfices. Il s'agit donc de faire circuler les consommateurs dans le plus grand nombre de rayons possible, tout en simplifiant le processus d'achat du client et en réduisant les manutentions des employés.

S'agissant des déplacements de la clientèle dans le magasin, on illustre souvent ce problème de la façon suivante : sur une surface de vente donnée, on peut observer deux territoires, une « zone chaude » de circulation spontanée et une « zone froide », où l'on s'aventure avec réticence. Il s'agit donc d'inciter les clients à parcourir aussi bien la **zone froide** que la **zone chaude**.

Figure 14.5. Le courant de circulation dans un magasin

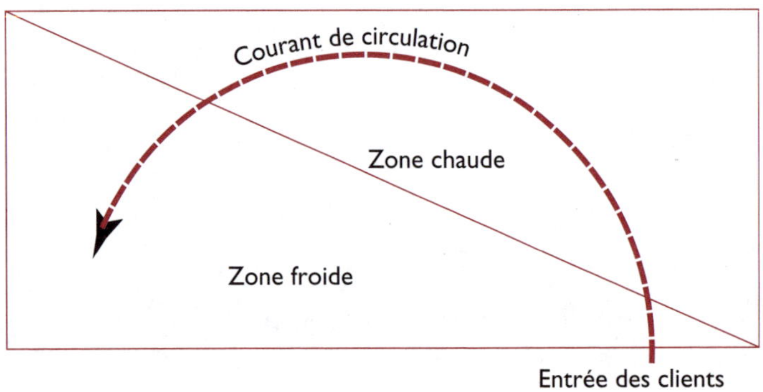

b. La méthode

Il convient de tenir compte de plusieurs séries de contraintes :

- Les obligations techniques, telles celles qui dépendent de la forme de la surface de vente ou de l'emplacement des réserves et des chambres froides.
- La prise en compte des comportements des clients, qui dans certains cas planifient leurs achats ou qui laissent libre cours à leurs désirs et se laissent guider pat l'impulsion qu'ils ressentent face à certains produits.
- La limitation des coûts qui impose de rapprocher les rayons en vente traditionnelle (boucherie, charcuterie à la coupe, poissonnerie, fromage à la coupe, etc.) pour qu'un personnel polyvalent puisse assurer les ventes.
- La surveillance de la clientèle là où le risque de vol est élevé, par exemple à proximité des caisses où il est nécessaire d'exercer un contrôle discret.

Certes, le **pragmatisme** est nécessaire, cependant les responsables de magasin font souvent la distinction entre plusieurs familles de produits. Ainsi, dans un supermarché, on reconnaîtra :

– les produits d'appel, c'est-à-dire les articles très demandés, aux faibles marges brutes (la crèmerie, par exemple) ;

– les produits courants et bien connus des clients, dont les marges brutes sont moyennes (les fruits et légumes) ;

– les articles moins banals qui peuvent s'acheter par impulsion et dont les marges sont les plus élevées (les épices).

Dans la surface de vente, on va commencer par fixer l'emplacement de la première catégorie d'articles, ceux qui sont les plus recherchés par les clients. Ces rayons, dits d'appel, sont disposés de façon à attirer les clients au fond du magasin et vers la zone froide.

Puis on détermine l'emplacement des rayons que l'on fréquente souvent, essentiellement d'ailleurs les rayons de produits frais (boucherie, crèmerie, poissonnerie, fruits, légumes, etc.).

Enfin, on remplit les interstices avec les articles moins courants, à forte marge et que l'on suppose achetés par impulsion. Ils sont ordinairement placés à côté de produits parents. Ainsi les épices sont-elles disposées à proximité des huiles végétales et du vinaigre.

c. Comment allouer l'espace entre les rayons ?

La démarche[5] consiste à utiliser les informations de l'étude de marché prévisionnelle (qui fournit les données relatives aux chiffres d'affaires globaux et par rayon) et les normes de rendement (chiffres d'affaires par mètre carré de surface de vente ou par mètre linéaire).

Par exemple, si la répartition en pourcentage du chiffre d'affaires global de 4 millions d'euros prévue dans un supermarché de 700 m^2, et si les normes de rendement de la profession fournies par rayon sont les suivantes, l'allocation de l'espace se fera comme indiqué dans le tableau ci-après, en agrandissant ou réduisant au besoin certains rayons en fonction de l'assortiment proposé et de la méthode de vente mise en place (préemballage intégral ou pas, par exemple).

Tableau 14.7. La répartition des ventes par rayons

Rayon	% du chiffre d'affaires prévu	Chiffre d'affaires en euros	Normes de rendement (Ca/m^2 en euros)	Surface nécessaire (m^2)
Épicerie	25	1 000 000	4 500	220
Liquides	14	560 000	5 000	112
Boucherie Charcuterie Traiteur	20	800 000	20 000	40
Crémerie Surgelés	15	600 000	7 000	85
Boulangerie Pâtisserie	3	120 000	4 500	26
Fruits et légumes	11	440 000	7 000	62
Bazar courant	7	280 000	3 000	93
Textile courant	5	200 000	2 000	100
	100	**4 000 000**	**5 714**	**738**

5. Voir Fady A., Renaudin V., Vyt D., *Merchandising*, Vuibert, 2012.

Principalement pour la partie non alimentaire des magasins, on implante les rayons en les regroupant dans des univers : la personne, la maison, culture-loisirs. Cela assure des rapprochements plus pertinents entre les produits.

Exemple

Les albums de photographies sont aujourd'hui plutôt rattachés à l'univers « photo » alors qu'ils étaient autrefois rattachés à celui du matériel de bureau.

2. La place des produits sur les meubles de vente

a. Le problème à résoudre

Comment répartir l'espace entre les produits sur le linéaire[6] une fois la place du rayon dans le magasin déterminée ? De multiples réponses sont données à cette question, sans qu'aucune règle d'implantation n'ait réussi à s'imposer.

En effet, plusieurs facteurs doivent être considérés :

– l'esthétique, l'ordre du rangement harmonieux des marchandises ;
– éviter la rupture ou l'excédent de stock ;
– la commodité d'achat pour les consommateurs ;
– le travail du personnel de vente ;
– la recherche de la rentabilité ; chaque mètre de linéaire représente en effet un investissement.

Aussi la **répartition de l'espace de vente** peut-elle viser des objectifs différents les uns des autres, voire contradictoires entre eux :

- Développer l'esthétique et le confort du magasin.
- Minimiser le coût des opérations de réapprovisionnement.
- Exposer à la vue de la clientèle un nombre de *facings*[7] suffisant pour éveiller son attention.
- Maximiser certains résultats, ou se contenter d'un niveau satisfaisant. Il s'agit, par exemple, d'atteindre le chiffre d'affaires le plus élevé, ou la marge brute la plus forte, ou encore le profit net le plus important par mètre linéaire.

b. Les méthodes classiques

Dans la pratique, de nombreuses méthodes de répartition du linéaire sont utilisées : elles dépendent des objectifs fixés. Les premiers procédés, les plus simples, sont fondés sur la considération de critères qu'il est facile de connaître : les ventes ou la marge brute des articles. Les secondes approches, plus complexes, reposent sur l'observation du comportement des consommateurs.

- **Les méthodes fondées sur les résultats commerciaux bruts**

On peut chercher à développer les ventes ou la marge brute totale d'une famille d'articles. On peut encore s'efforcer de minimiser le coût du stock.

---

6. Selon le *Dictionnaire de l'Académie des sciences commerciales*, le linéaire est le périmètre constitué par les faces avant des rayonnages, gondoles et meubles de présentation d'un magasin de détail au niveau du sol (linéaire au sol) et au niveau de l'ensemble des étagères (linéaire développé).

7. Le terme *facing* désigne une unité de produits présentée sur la première rangée en façade. Le nombre de *facings* est donc égal au nombre de conditionnements (boîtes, paquets ou bouteilles) d'un même article vus de face.

Si l'on considère le critère des ventes, les articles ou les groupes de produits vont disposer d'un espace proportionnel aux ventes réalisées. Si une référence donnée (le sirop de framboises Teisseire, par exemple) représente 10 % des ventes de la famille des sirops, on lui accordera 10 % de l'espace attribué à cette catégorie d'articles.

Parfois, on tiendra compte des parts de marché obtenues par chaque produit.

Exemple

Si les résultats d'un panel de distribution indiquent que Choco-BN représente 15 % du marché, on accordera à cette marque 15 % du linéaire total des biscuits.

- **La marge brute**

Elle sert fréquemment de **critère de répartition de l'espace** ; le linéaire est alors alloué, dans le cas le plus simple, au prorata des marges obtenues par la vente des articles. Des modèles sont construits dans le but d'optimiser la répartition du linéaire.

Très souvent, on calcule l'indice de sensibilité à la marge brute pour une marque, afin de vérifier s'il y a correspondance entre la place attribuée à un produit en linéaire et sa contribution à la marge du rayon. Cet indicateur est obtenu comme suit :

$$\text{Indice de sensibilité à la marge brute} = \frac{\text{Part du produit dans la marge brute}}{\text{Part du linéaire occupée par le produit en mètres linéaires développés}}$$

Le **mètre linéaire développé** est la mesure du rayon au sol que l'on multiplie par le nombre de niveaux. Par exemple, si un rayon mesure 2 mètres de long et se compose de quatre niveaux, le mètre linéaire développé du rayon est de 8 (2 × 4).

La valeur « optimale théorique » de l'indice de sensibilité à la marge brute est 1 : elle correspond à la situation selon laquelle une référence occupe une place en linéaire proportionnelle à sa contribution en termes de marge. Si l'indice de sensibilité à la marge brute est supérieur à 1, la place accordée à la marque en rayon est moins que proportionnelle à sa contribution.

En complément de cet indicateur, un second ratio est souvent calculé : le mètre linéaire développé optimal. Il s'obtient comme suit :

$$\text{Mètre linéaire développé optimal} = \frac{\text{Part de marge générée}}{\text{Taille totale du linéaire}}$$

Cet indicateur mesure la **taille du linéaire** qu'il faudrait attribuer à une marque pour que sa présence soit proportionnelle à sa contribution. Cet indicateur est souvent exploité afin d'appuyer un argumentaire pour une plus grande place en rayon de la marque.

- **Le profit direct par produit (PDP)**

Cet **outil de calcul des performances** est une méthode de comptabilité analytique qui vise à mieux connaître les coûts directs de distribution d'un produit (coût de stockage, coût de manutention, etc.). Ces coûts directs sont ensuite retranchés de la marge brute, ce qui permet de calculer une marge « semi-nette », le PDP, pour chaque référence. La figure ci-après illustre la méthode de calcul.

Figure 14.6. Le calcul du PDP

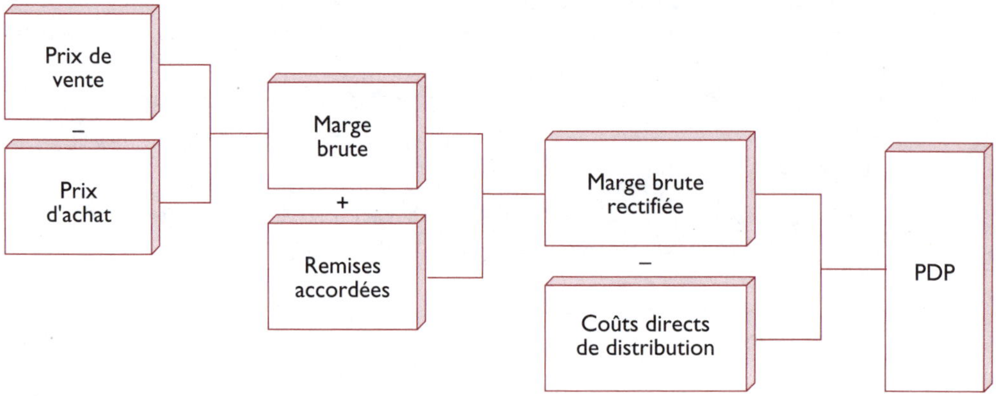

Figure 14.7. Les stratégies du PDP

	Chiffre d'affaires faible	Chiffre d'affaires fort
Fort PDP	**Produit contributeur** • Augmenter l'espace accordé • Faire une politique de promotion	**Produit gagnant** • Augmenter l'espace accordé
Faible PDP	**Produit à problème** • Réduire l'espace accordé • Tenter d'augmenter le prix de vente	**Produit d'appel** • Réduire l'espace accordé • Réduire les coûts d'achat et de gestion

Le calcul du PDP aide à **analyser le merchandising**.

Exemple

On peut mettre en relation le PDP et le volume des ventes de façon à classer les produits et à leur allouer un linéaire conforme à leurs performances. Toutefois, le calcul du PDP pour toutes les références d'un assortiment conduit à une somme de travail que certains détaillants jugent trop coûteuse, si on la compare aux avantages qu'elle procure. En tout état de cause, la méthode ne peut que reposer sur un excellent contrôle de gestion, efficace et bien adapté à la nature des questions soulevées.

- **Les méthodes fondées sur le comportement des consommateurs**

Le client, dans le magasin, est soumis à de multiples sollicitations visuelles. Il ne peut pas accorder à chacune la même importance. Pourtant, le travail du merchandiser consiste à rendre son rayon aussi « visible » que possible. En dessous d'un linéaire minimum (25 cm dans un supermarché, 50 cm dans un hypermarché) comportant un nombre de *facings* donné, le produit a peu de chance d'être remarqué par le client.

Par ailleurs, l'**observation des consommateurs** enseigne qu'au-delà d'un certain linéaire, l'augmentation de l'espace n'est pas utile pour permettre une progression des ventes. Le linéaire accordé doit se situer entre ce plancher et ce plafond.

Figure 14.8. L'élasticité du linéaire

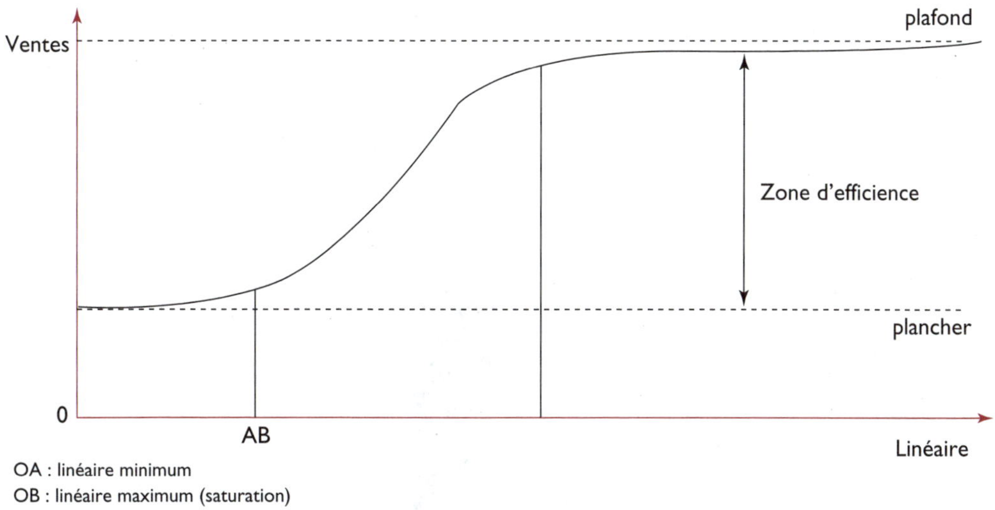

Figure 14.9. Le plan d'un hypermarché

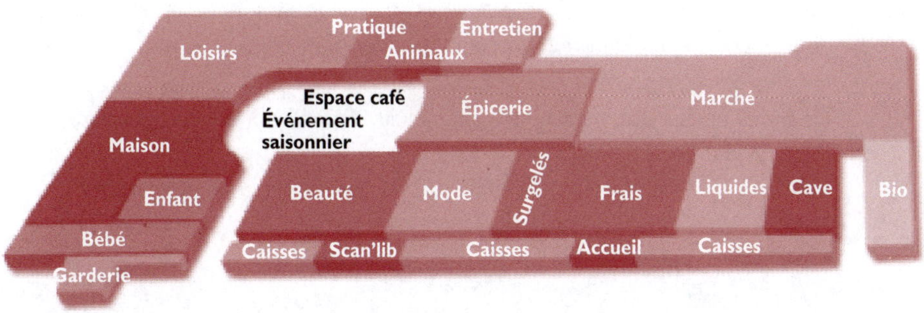

Source : d'après www.carrefour.com

c. Les solutions pratiques

L'attribution des emplacements des produits sur les gondoles dépend des **qualités** verticales et horizontales des tablettes constituant le linéaire :

- **Les qualités verticales.** Une gondole est constituée de différents niveaux de tablettes (de quatre à six niveaux). Chaque niveau n'a pas la même valeur marchande. Le meilleur niveau est le trois : celui à la hauteur des mains.

Le niveau deux, à la hauteur des yeux, est lui aussi de bonne qualité marchande. Le niveau un, en hauteur, et les niveaux quatre et cinq, situés en bas de la gondole, donnent des résultats plus médiocres.

- **Les qualités horizontales.** Tout au long de l'allée, le linéaire présente des zones froides et des zones chaudes. On distingue :

– l'entrée de linéaire où figurent des produits qui attirent le consommateur ;

– le centre du linéaire où sont alternés des produits très demandés et les produits d'achat d'impulsion ;

– la sortie du linéaire qui rassemble les articles attractifs pour entraîner les clients vers le bout de la gondole.

Figure 14.10. Le profil d'une gondole

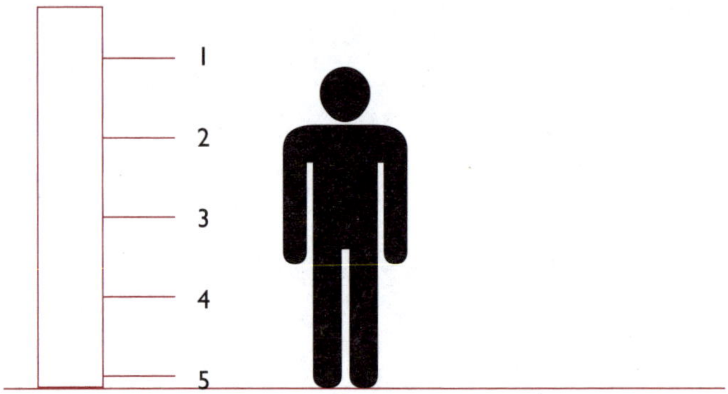

Tout l'art du merchandising consiste à combiner les qualités verticales et les qualités horizontales pour obtenir une bonne implantation conforme aux objectifs poursuivis.

Quelques principes doivent être respectés :

– les zones froides sont réservées aux produits d'appel, aux articles de marques nationales très demandées, aux premiers prix ;

– les MDD sont situées au cœur du rayon, sur les meilleurs emplacements ;

– on alterne des produits d'achat prémédité et des produits d'achat d'impulsion ;

– les produits lourds sont déposés sur les tablettes basses.

Figure 14.11. Le sens de circulation de la clientèle et le choix des zones

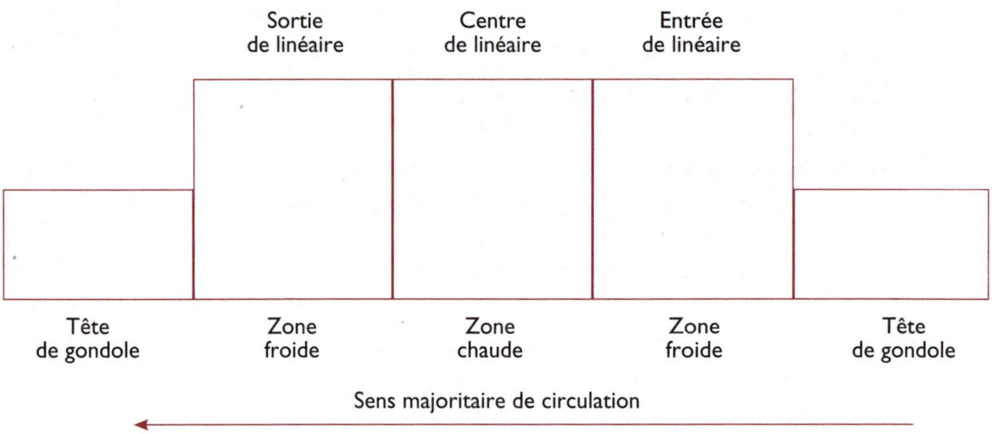

3. L'ambiance du magasin

L'ambiance désigne l'atmosphère, créée par les responsables du magasin, qui environne les clients. Un climat agréable séduit les visiteurs ; déplaisant, il les rebute.

L'ambiance résulte d'une alchimie compliquée où se mêlent des éléments visuels et sonores multiples. Parmi les plus importants, on relève :

– l'architecture de la surface de vente, la matière et la couleur du sol (moquette ou dalles), la couleur du mur et du plafond ;
– le design des meubles de vente (comptoirs, gondoles, tringles, bacs à froid, etc.) ;
– le pancartage plus ou moins apparent ;
– les étalages qui exposent des nouveautés ;
– le niveau sonore de la musique ;
– le caractère audible des annonces ;
– les odeurs plus ou moins bien choisies.

L'ambiance devient un instrument de gestion fort efficace :

• Sur un plan stratégique : lorsque la concurrence se multiplie et se renforce, l'originalité de l'ambiance devient la meilleure arme de différenciation. Au premier coup d'œil, le client reconnaît ce qui sépare un rayon Ikea d'un espace de vente Conforama.

• Le style donné aux éléments constitutifs de l'ambiance matérialise les axes de positionnement de l'enseigne et contribue à former l'image du magasin.

• Enfin, d'un point de vue opérationnel, l'ambiance aide à fidéliser le client en suscitant l'envie de fréquenter le magasin et d'y rester. Il suffit que la température s'élève de quelques degrés pour que les clients se sentent mal à l'aise et visitent moins les points de vente.

Exemple

L'enseigne de vêtements Abercrombie & Fitch, aux États-Unis, par l'agencement, la musique, les effets de lumière, l'allure des vendeuses et des vendeurs procure une tonalité « ado et jeunes branchés » sans équivalent chez Banana Republic ou Gap.

C. Les merchandiseurs du producteur

Pour accompagner son produit le plus loin possible en direction du consommateur et pour gagner des mètres de linéaire, le fournisseur des magasins a tout intérêt à tenter d'intervenir, lors de l'implantation des produits, sur les meubles de vente. On crée alors un corps de spécialistes (merchandiseurs) qui visitent les magasins et conseillent les responsables de rayons en ce qui concerne, par exemple :

– l'élaboration de l'assortiment (nombre de références par famille) ;
– le volume de stock optimal ;
– la place des produits ;
– la promotion sur le lieu de vente (PLV) ;
– le contrôle du merchandising, etc.

Dans une structure de *category management*, leurs actions sont étroitement enserrées dans l'utilisation des logiciels de réalisation des plans merchandising.

Figure 14.12. Un exemple d'allocation du linéaire

Marques nationales	Marques nationales MDD	Marques nationales
Premiers prix	Marques nationales (produits lourds)	Premiers prix

Nielsen donne aux fabricants des arguments lors des négociations avec les grandes surfaces. Les modèles fournissent des mesures d'élasticité des ventes par rapport à l'espace alloué et au nombre de références présentes sur les rayons. On peut ainsi connaître les effets de toute modification du linéaire, abstraction faite de changements de prix, des promotions, de l'emplacement, de la période. Les effets se décomposent en répercussions d'une part sur la vente du produit et d'autre part sur les ventes des produits voisins : c'est la **cannibalisation**.

III. Le *retailing* amont : achats et approvisionnement

La compétitivité d'une entreprise de détail dépend, pour l'essentiel, de la maîtrise des achats et de l'approvisionnement des magasins. Dans les entreprises de grandes dimensions c'est le rôle de la centrale d'achat, dont la fonction consiste à prospecter et à sélectionner les fournisseurs qui paraissent les plus aptes à répondre aux exigences de l'assortiment[8].

A. Les centrales d'achat

De nombreux motifs incitent les dirigeants des grandes entreprises du commerce de détail à adopter une telle organisation.

1. Des assortiments mieux équilibrés

Lorsqu'une entreprise possède de nombreux points de vente, le risque existe que les responsables de chacun des magasins composent leur propre assortiment, sans se consulter ni coordonner leurs choix. Il en résulterait, au bout d'un certain laps de temps, une grande disparité des gammes qui nuirait à l'image que l'entreprise souhaite offrir au public. C'est pourquoi la direction générale impose alors que les assortiments soient composés de manière identique et qu'ils s'intègrent dans une **politique de marketing commune**.

C'est dans cette direction que l'on peut noter la mise en place d'assortiments gigognes dont l'assortiment de base de la plus petite surface servira à construire les modules suivants.

8. Le lecteur pourra notamment se référer à DORIOL D. et SAUVAGE T., *Management des achats et de la supply chain*, Vuibert, 2012.

Exemple

Chez Casino, on trouve trois modules en Petit Casino (supérette), trois modules en Casino (supermarché) et trois modules en Géant (hypermarché). Les modules peuvent être déterminés en fonction de la surface globale du magasin ou de la situation du magasin. Un supermarché de centre-ville pourra accéder au plus grand module pour les produits frais et au module le plus petit pour l'épicerie. À l'inverse, un supermarché « rural » se positionnera en grand module pour le textile et en module intermédiaire pour les produits surgelés.

2. La réduction des coûts d'achat

Un autre avantage de la centralisation réside dans le groupement des achats de toutes les unités de vente. L'importance des commandes permet d'obtenir des remises et des ristournes. De plus, l'acheteur acquiert une grande puissance pour obtenir des fournisseurs, à prix réduit, les améliorations souhaitées des produits qu'il se propose de référencer.

La clarification de l'offre se fait de plus en plus en employant le leader national (référent du marché et investisseur publicitaire pour la catégorie), la marque distributeur et le premier prix. Si le marché le permet, le challenger vient jouer le jeu de « dynamiseur » du marché par sa capacité promotionnelle. Sur de nombreux marché, les marques nationales, les MDD et les premiers prix comblent, à eux tous, 90 % des attentes des consommateurs et permettent de satisfaire tous les créneaux de prix.

Lors de la mise en place d'un *category captain* (leader de la catégorie), il est attendu de l'industriel qu'il puisse proposer des produits spécifiques adaptés au marketing de l'enseigne, ou des offres promotionnelles particulières ou en avant-première, afin de renforcer la différenciation de l'enseigne par rapport à la concurrence.

3. Les spécialisations de l'acheteur et/ou du *category manager*

La centralisation favorise la spécialisation du personnel d'achat. L'acheteur ou mieux le *category manager*, avec l'expérience, connaît parfaitement les produits de la branche où il opère. Il définit les normes de qualité ou les détails de style, ce qui facilite l'achat proprement dit et le contrôle qui en résulte.

En outre, l'acheteur peut étudier avec soin l'équipement de chacun des fabricants : connaissant les capacités des industriels, il est en mesure de sélectionner ses fournisseurs sur des bases rationnelles.

4. La diminution du stock moyen

La centralisation des commandes aide à diminuer le volume du stock car, si chaque magasin possède les mêmes références, un système de compensation aide à déstocker certains points de vente et à réapprovisionner d'autres magasins.

Par la mise en œuvre de la **GPA** (gestion partagée des approvisionnements), les stocks sont réduits au maximum. La mise en place d'une logistique « flux tendus » permet de répondre aux besoins des magasins en limitant les stocks entrepôts « distributeurs ».

L'échange de données issues des caisses munies d'un scanner permet aux industriels de modéliser leur production et de répondre précisément aux besoins de leurs clients.

5. La rationalisation de la fonction d'achat

Lorsqu'on centralise, on peut étudier les procédures et choisir celles qui paraissent les mieux adaptées aux besoins de l'entreprise. Dès lors, on diminue les coûts et on rend les contrôles plus aisés. Par exemple, on diminue le nombre des commandes, le nombre des livraisons et le nombre des factures à vérifier.

La mise en place de l'**ECR** *(efficient consumer response)* permet d'améliorer la productivité logistique en réduisant les coûts grâce au passage de commandes par un échange de données informatisées, à la dématérialisation des factures et au réapprovisionnement automatique.

La fonction Achat est subdivisée, dans de nombreuses entreprises, en deux sous-fonctions : le référencement et l'acquisition (la commande). De manière plus précise, l'opération d'achat s'effectue à **deux niveaux** :

• Dans les **centrales de référencement**, de manière centralisée, on rencontre les fournisseurs, on sélectionne les articles les mieux adaptés aux exigences de la politique marketing, on négocie les conditions de base avec les fournisseurs, enfin on établit des plans d'assortiment indicatifs.

• Dans les **centrales d'achat à proprement parler**, les responsables des magasins prennent la décision d'achat : ils retiennent ou refusent l'article référencé et décident des quantités à commander.

Figure 14.13. Les principes de structure d'achat à deux niveaux (référencement et achat)

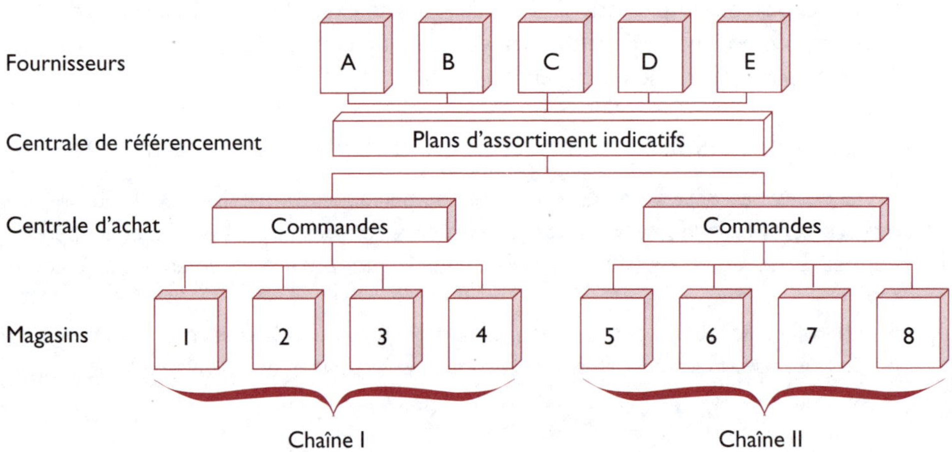

B. Le *category management*

La gestion par catégorie traduit une préoccupation permanente des détaillants. Pour satisfaire les clients, il convient de supprimer le regroupement, dans les magasins, des produits par genre (les jupes, les robes, les ensembles, les chemisiers, etc.), pour offrir des présentations établies sur les situations d'usage du produit (des vêtements pour aller au bureau, des tenues de soirée, des vêtements de plage, etc.).

Le *category management* correspond à la deuxième branche de l'alternative. C'est un **mode d'organisation** d'achat et du merchandising qui reprend les enseignements du marketing situationnel. Dans le cadre des programmes ECR, les distributeurs et les producteurs s'efforcent, au terme de partenariats de *trade marketing*, de fournir des produits et des services répondant aux attentes des consommateurs.

Exemple

Il peut s'agir d'un espace « week-end » dans un magasin de sport, où le client trouvera aussi bien des vêtements que des chaussures de sport, la canne pour marcher en montagne, voire la boisson énergétique que l'on se doit d'emporter si l'on veut éviter la fringale et l'épuisement.

Les acheteurs traditionnels des grandes enseignes deviennent donc des *category managers* spécialistes d'un univers de consommation.

Figure 14.14. Un exemple de référencement en GMS

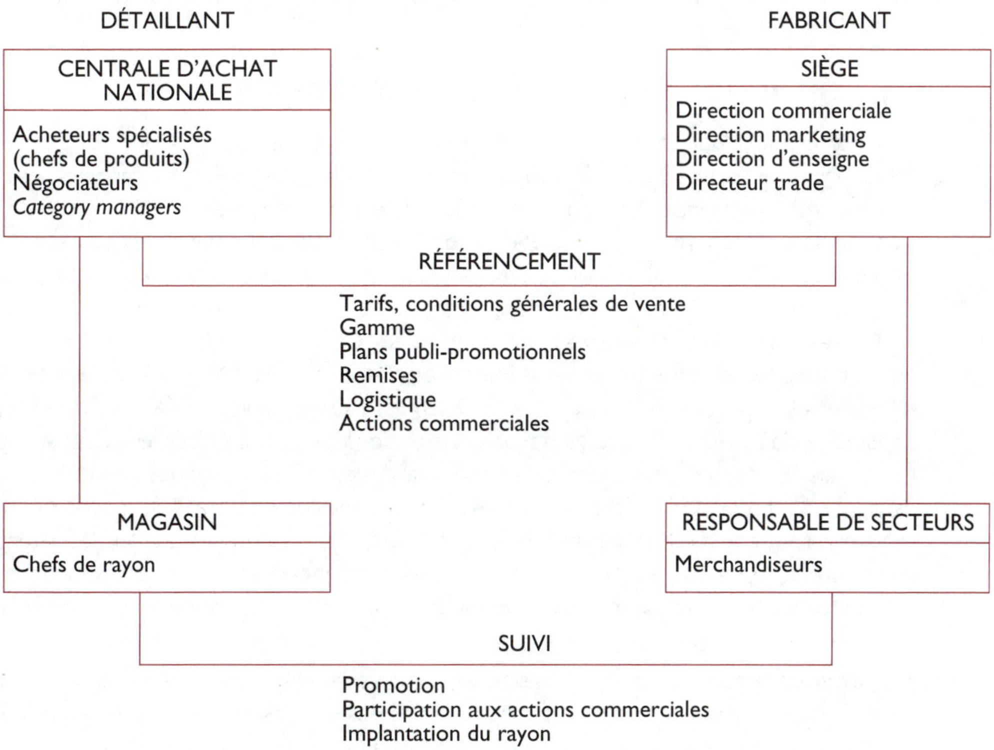

Les rayons sont agencés en **pôles** : une large allée centrale, des couleurs apaisantes, des éclairages de qualité, en un mot une ambiance nouvelle sont les traits qui caractérisent le magasin. Les producteurs s'efforcent de prendre en compte cette modification.

Exemple

Nestlé s'intéresse à la fois à un « univers petit-déjeuner » et à un « univers café » bien différenciés.

Le souci des situations d'achat conduit à opérer de **profondes modifications de l'organisation**. Dans la distribution, le *category manager* doit être tout à la fois acheteur et merchandiser, ce qui remet en question la fameuse distinction entre la fonction d'achat et la fonction de vente. Dans les entreprises de production, le *category manager* porte une double casquette : celle de directeur marketing et de directeur des ventes.

Exemple

De grosses entreprises comme Procter & Gamble ont, depuis longtemps, mêlé les deux fonctions.

Ces bouleversements sont souvent complexes à mettre en œuvre en raison des freins rencontrés, tant sur le plan organisationnel que du point de vue de la répartition du pouvoir.

C. La politique d'approvisionnement

L'expression « politique d'approvisionnement » désigne les options que vont prendre les gestionnaires de l'entreprise de détail pour répondre à la question suivante : par quel chemin faire parvenir les marchandises du fournisseur (producteur ou grossiste) jusqu'au point de vente ? Comme souvent en gestion, les solutions concrètes s'étalent sur une ligne située entre deux extrêmes : l'abandon, par le détaillant, des activités d'approvisionnement aux soins du fournisseur ou, parfois, d'un intermédiaire ; et la prise en charge complète, par le distributeur, de ces opérations.

Le **choix d'un système intégré** correspondant au deuxième cas n'est bien entendu accessible qu'aux entreprises disposant de moyens importants. Cependant, la tendance à préférer l'intégration du processus d'approvisionnement est essentiellement causée par le désir de rationaliser la gestion des stocks, d'en diminuer les coûts d'acquisition et de détention, de livrer les points de vente de façon à améliorer leur fonctionnement. Il convient également de noter que ce système convient davantage à l'approvisionnement des marchandises volumineuses ou pondéreuses, aux rythmes de vente réguliers, comme les boissons ou l'épicerie, qu'à d'autres produits qui, tels les vêtements, la viande ou les légumes, ne supposent pas les mêmes contraintes de production et de stockage.

Par conséquent, on observe **trois méthodes principales d'approvisionnement** qu'illustre la figure 14.15 :

- La **livraison directe** consiste à approvisionner les points de vente à partir des usines ou des entrepôts des fournisseurs. La solution est simple, mais aussi onéreuse. Elle est de moins en moins utilisée.
- La **livraison à partir d'un entrepôt appartenant à la firme de distribution** est pratique lorsque cette méthode permet d'abaisser le coût d'achat et d'améliorer l'approvisionnement des points de vente. Cette solution est adoptée pour certains types de produits : les marchandises importées, les produits volumineux, les achats en grandes quantités, les stocks spéculatifs, par exemple.
- La **création de plateformes** constitue une méthode intermédiaire entre les deux précédentes.

Figure 14.15. Les principales méthodes d'approvisionnement des magasins

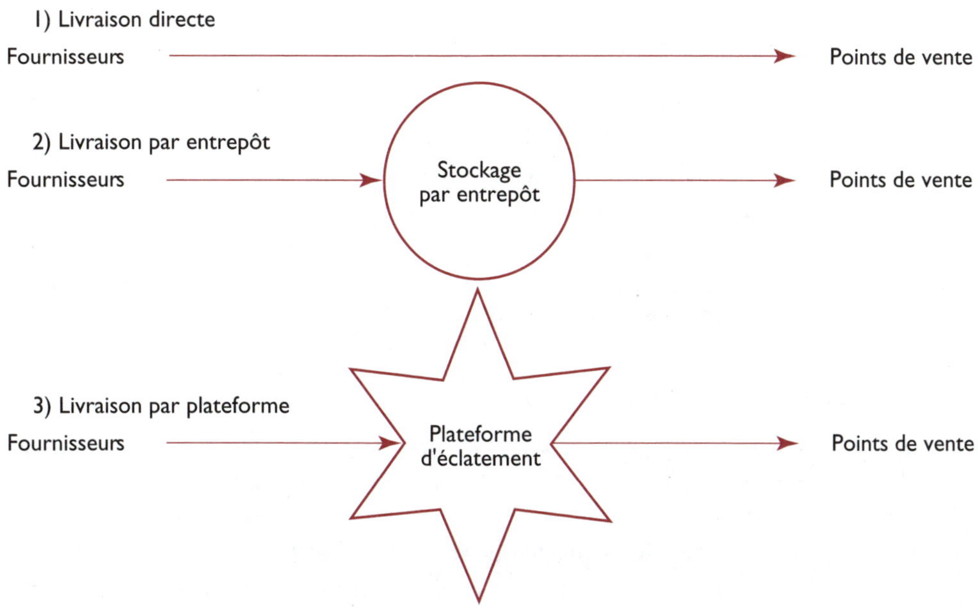

Une plateforme n'est pas, comme un entrepôt, un lieu de stockage, c'est un **centre d'éclatement** qui reçoit les marchandises des fournisseurs par unité de livraison, par exemple un camion, ou deux wagons, et qui redistribue en quelques heures les produits aux points de vente selon d'autres modalités d'expédition adaptées au volume requis de livraison ou à sa fréquence.

Il convient de noter ici que les gestionnaires des entreprises de distribution sous-traitent parfois ces opérations à des spécialistes de la logistique ou à des transporteurs spécialisés.

L'organisation logistique chez Intermarché

Pour stocker et transporter au moindre coût, et pour livrer les points de vente tous les jours, les Mousquetaires ont créé leur propre logistique.

Elle est constituée :

- De plateformes régionales pour les produits frais : situées en bordure des grands axes routiers, et souvent dans les zones de production agricole, elles sont aisément accessibles aux camions et approvisionnent tous les jours les magasins en produits frais.
- De camions qui permettent aux magasins de disposer de matériels correspondant exactement à leurs besoins et d'optimiser la gestion de leurs approvisionnements.
- D'une puissance informatique qui optimise le transport des marchandises.

Elle représente aujourd'hui :

- 46 bases logistiques (produits frais, secs, mixtes, et marchandises générales).
- 1,3 million de m^2 de stockage.
- 10 millions de tonnes de marchandises stockées et transportées par an.
- 2 300 semi-remorques.
- 800 millions de colis alimentaires par an.
- 50 millions de colis de marchandises générales par an.
- 10 000 collaborateurs.

Questions et thèmes de réflexion

Outils et concepts

1. L'assortiment d'un détaillant se gère-t-il comme la gamme d'un producteur ?

2. Quels sont les rayons d'appel dans :

– une grande surface spécialisée dans la vente de livres ;

– un magasin de bricolage ;

– un magasin de surgelés ?

3. La centralisation des achats ne risque-t-elle pas de démotiver les vendeurs en magasin ? Comment y remédier ?

Pour aller plus loin...

1. Comment implanteriez-vous un rayon de fruits et légumes dans un supermarché ? Faites un plan détaillé de la répartition des produits sur les meubles de vente.

2. Comment l'hypermarché du futur se profile-t-il ?

3. En quoi l'organisation d'un magasin par univers de consommation est-elle plus efficace ?

4. Quelles transformations logistiques le développement de l'e-commerce implique-t-il ?

5. Un client expert est mieux informé. Doit-on pour autant modifier les techniques de merchandising ?

6. Les enseignes de distribution redoublent d'efforts pour améliorer l'ambiance et la convivialité dans les magasins. Donnez quelques exemples en France et à l'étranger.

EXERCICE 1 : OPTIMISER LE LINÉAIRE DES EAUX MINÉRALES

Vous êtes responsable du référencement et de la gestion de la marque Eau Méga, marque d'eau minérale en bouteille. Sur le marché des eaux minérales, vous êtes en concurrence avec quatre autres marques nommées respectivement Eau claire, Eau pétillante, Eau à bulles et Eau profonde. La part de linéaire attribuée aux eaux minérales est de 8,3 mètres.
Votre directeur commercial vous demande d'accroître la performance de votre marque dans le réseau des hypermarchés Hypertop. Il vous indique par ailleurs que l'accroissement de la performance de la marque en magasin passe, entre autres, par une meilleure visibilité de la marque en rayon. Vous prenez donc l'initiative d'analyser la performance de la marque en rayon afin de bâtir un argumentaire à l'attention des hypermarchés. Il s'agit d'accroître votre part de linéaire et donc la visibilité de votre marque. Pour ce faire, vous réunissez les chiffres clés suivants en prenant l'exemple d'un rayon d'un hypermarché type (tableau 1).

Tableau 1. Le cas d'un rayon d'un hypermarché type en N

	CA en euros	Quantité vendue	Marge brute en euros	Mètre linéaire développé
Eau Méga	800	1 333	550	1,1
Eau claire	400	1 000	180	1,6
Eau pétillante	675	1 350	419	2,2
Eau à bulles	289	723	169	1,6
Eau profonde	579	827	190	1,8
Total	2 743	5 233	1 508	8,3

Questions

1. Établissez un argumentaire pour justifier la prétention à une plus grande part de linéaire en rayon, en vous appuyant sur le cas du rayon d'un hypermarché type. On recommande de calculer le taux de marque ainsi que les indices de sensibilité à la marge brute et de mètre linéaire développé optimal.

Pour faire suite à cet argumentaire, les hypermarchés Hypertop ont accepté de doubler la taille du linéaire attribué à la marque Eau Méga à compter du 1er janvier N. Un an plus tard, le chef de rayon de l'hypermarché type étudié fait le point sur la situation. Celui-ci nous livre les chiffres suivants :

Tableau 2. Le cas d'un rayon d'un hypermarché type en N + 1

	CA en euros	Quantité vendue	Marge brute en euros	Mètre linéaire développé
Eau Méga	1 075	1 792	690	2,2
Eau claire	390	975	185	1,6
Eau pétillante	656	1 312	413	2,2
Eau à bulles	270	675	159	1,1
Eau profonde	517	739	176	1,2
Total	2 908	5 492	1 623	8,3

2. L'accroissement de la taille du linéaire pour la marque Hypertop profite-t-elle à la catégorie de produit dans son ensemble ?

En tant que commercial(e) pour la marque Eau Méga, vous êtes convaincu(e) que l'accroissement de la taille de linéaire attribué à votre marque va être dommageable pour votre concurrent direct Eau pétillante, étant donné que cette marque concurrente ne s'est pas vu attribuer une plus grande part de linéaire entre les années N et N + 1. Aucune autre action commerciale n'a eu lieu au bénéfice des deux marques (Eau Méga et Eau pétillante) entre les deux années d'étude.

3. La marque concurrente Eau pétillante a-t-elle souffert de l'accroissement de la taille du linéaire d'Eau Méga ? Il est possible de calculer l'élasticité croisée de la demande de la marque concurrente (Eau pétillante) lorsque la taille du linéaire d'Eau Méga passe de 1,1 mètre à 2,2 mètres.

EXERCICE 2 : UNE LEÇON DE MERCHANDISING ?

Abercrombie & Fitch Co. (A & F) est un détaillant qui vend des vêtements de sport, des produits de soins personnels et des accessoires. A & F possède des boutiques aussi bien en Amérique du Nord, en Europe, qu'en Asie. Son siège social se trouve à New Albany (Ohio), aux États-Unis, où il emploie en 2013 [9] plus de 98 000 collaborateurs à travers le monde. Au cours de l'exercice 2013, la société affiche des revenus de 4 517 millions de dollars.

Le positionnement d'A & F

Le positionnement de la marque est distinctif. A & F est un réseau de boutiques « branchées » incontournables pour habiller toute la famille. L'association à la marque que souhaite développer le groupe est le luxe décontracté faisant l'apologie du culte du corps. A & F a élargi sa gamme pour proposer des lignes de vêtement pour hommes, femmes et enfants. La société possède quatre marques, à savoir Abercrombie & Fitch, Abercrombie Kids, Hollister, et Gilly Hicks, qui proposent des vêtements de sport, des produits de soin et des accessoires pour homme, femme et enfant. Bien que chacune de ces marques ait une personnalité et une image propres, elles partagent une tradition commune ancrée sur la culture américaine. A & F propose bien plus que des marques, elle propose un mode de vie. Chacune de ces quatre marques se définit par une cible spécifique : les jeunes pour la marque Abercrombie & Fitch ; les enfants pour Abercrombie Kids ; les adolescents pour Hollister qui propose des vêtements « casual » inspirés de la culture des surfeurs américains ; et tout particulièrement les jeunes femmes pour Gilly Hicks.

Le merchandising pour principal atout

A & F exploite un grand nombre de magasins sous ses marques. À la fin 2013 [10], l'entreprise possède 285 magasins Abercrombie & Fitch, 150 magasins Abercrombie Kids, 589 magasins Hollister et 27 points de vente Gilly Hicks.

Abercrombie & Fitch a conçu un marketing bien spécifique : il mise sur le marketing sensoriel. Dans son *flagship*, sa boutique amirale, sur la 5e Avenue à New York, le point de vente ressemble plus à « une boîte de nuit » qu'à une boutique de vêtements. La lumière est tamisée, des vendeurs au physique attrayant se trémoussent, la musique est très rythmée. De l'extérieur, le lieu ne ressemble pas à une boutique de vêtement. « Il faut y entrer pour le vivre », peut-on lire dans le magazine *Stratégies* [11] :

« [...] Pour en savoir plus, il faut entrer dans le magasin. La porte est gardée par deux adolescents en jean et polo bleu marine. Un bar à jeans est installé de chaque côté de l'entrée, l'un pour les filles, l'autre pour les garçons. Les denims vieillis et déteints sont présentés sous verre. Derrière, on a installé le long des murs des piles de jeans dans plus de vingt lavages différents. Le client poursuit son chemin pour trouver tee-shirts et polos à 50-60 dollars, manteaux et cabans courts à 240 dollars, gilets à capuche siglés Abercrombie & Fitch, blousons, pulls en cachemire et même parfums posés tout près des caisses en bois. L'ambiance a presque un côté vieillot.

9. « Abercrombie & Fitch, SWOT Analysis », *MarketLine*, octobre 2013, p. 1-8.

10. *Op. cit.*

11. « À New York, le magasin qui ressemble à un night-club », Strategies.fr, 16 octobre 2008.

Un escalier en verre fumé au centre de l'édifice conduit vers les étages. Des colonnes en chêne, fauteuils en cuir et grosses lampes donnent du poids au lieu, tandis que des peintures murales représentant des jeunes gens escaladant l'immeuble rappellent les origines de la marque, à savoir la première boutique (1892) ayant ouvert ses portes, consacrée à la chasse, à la pêche et au camping. »

Dans le droit fil de sa stratégie d'expansion à l'international, en mai 2011, Abercrombie & Fitch ouvre une nouvelle boutique sur les Champs-Élysées. Le concept américain est décliné en France. Le marketing sensoriel est employé et joue sur tous les sens. Pour émerveiller la vue, les vendeurs et vendeuses sont attractifs, légèrement vêtus, dansant sur des podiums installés près des portants. La boutique est également plongée dans l'obscurité, avec quelques spots lumineux dirigés vers les piles de vêtements. Pour stimuler l'ouïe, une musique forte et rythmée électrise les clients. Le répertoire musical se compose de musiques « dance » et électro. Le toucher est facilité, car les clients sont invités à essayer et à palper la qualité des vêtements. Pour éveiller l'odorat, des diffuseurs de parfum sont installés.

Une remise en cause du concept ?

Malgré un bénéfice de 11,4 millions de dollar, au niveau mondial, pour le troisième trimestre 2013, le résultat est en recul d'où une baisse du cours de l'action du groupe de 18 %[12]. 135 fermetures de magasins sont prévues d'ici 2015. Plusieurs raisons sont invoquées :

• Baisse du pouvoir d'achat des jeunes, qui constituent le cœur de cible.

• Pour les spécialistes du secteur, les prix proposés sont élevés, les collections ne sont pas franchement renouvelées d'une année sur l'autre, et on assiste au déclin prononcé pour les vêtements ornés de logos massifs dont les marques Abercrombie & Fitch et Hollister sont coutumières.

• Une image de marque mise à mal en raison de propos discriminatoires formulés par le PDG de la société, Mike Jeffries, remontant à 2006, dans lesquels il revendiquait le fait de recruter « des gens beaux » parce qu'ils attirent « d'autres gens beaux »[13]. A & F serait également accusé de mettre en place une politique discriminatoire de recrutement de ces vendeurs excluant les candidats ne correspondant pas aux canons de beauté de la marque.

Questions

1. Que pensez-vous de la politique d'implantation dans les différentes villes des boutiques Abercrombie & Fitch ?

2. Le merchandising et le marketing sensoriel d'Arbercrombie & Fitch sont-ils, selon vous, en harmonie avec le positionnement de la marque et son ciblage ?

3. Faut-il repenser le positionnement d'Abercombrie & Fitch ainsi que le *concept-store* ? Si oui, faites des propositions.

12. « Abercrombie & Fitch voit ses ventes baisser : le récent bad-buzz lui a porté préjudice », NouvelObs.com, 23 août 2013.
13. « Le défenseur des droits va enquêter sur Abercrombie », NouvelObs.com, 25 juillet 2013.

Le marketing direct et l'e-marketing

Les compétences clés à acquérir :

- Connaître en détail les différentes techniques de marketing direct.
- Pouvoir comparer les avantages et les inconvénients de chacune.
- Déterminer la méthode la plus appropriée pour résoudre un problème commercial précis.
- Recenser les applications commerciales en e-marketing.
- Savoir gérer un site Web.
- Élaborer une politique de client en e-marketing.

Le marketing direct occupe une place importante dans l'arsenal des moyens propres au marketing. Avec une croissance de plus de 40 % par an, l'e-marketing ou marketing digital a créé un véritable séisme et durablement transformé la relation client. À travers les réseaux sociaux notamment (Facebook, Twitter, etc.), le client est devenu un véritable acteur de la relation, allant même parfois jusqu'à décider de la vie ou de la mort d'un produit (marketing inversé, *Pinko marketing*).

I. Le marketing direct

On oppose deux types de marketing direct : le **marketing direct transactionnel** et le **marketing direct relationnel**. Ces deux types de marketings directs empruntent différents moyens de communication.

A. Les marketings directs transactionnel et relationnel

1. Le marketing direct transactionnel

Il a pour but de susciter une réponse de nature comportementale. Le plus souvent, le but recherché est la vente d'un produit ou la souscription à un service. À l'origine, le marketing direct a été dominé par la vente par correspondance (VPC) ou vente à distance (VAD).

La VAD est une technique de vente ancienne. Elle remonte au XIXe siècle, au moment où la poste et les chemins de fer sont apparus. Parfois, ce sont des producteurs qui décident de vendre eux-mêmes leur fabrication. Dans d'autres cas, de grandes entreprises comme La Redoute ou Les Trois Suisses se sont spécialisées dans ce secteur.

En France, la **vente par catalogue**, après avoir régulièrement progressé, connaît une période de stagnation, certaines entreprises licenciant même massivement. Elle permet un choix réfléchi et libre, en famille, sans se déplacer. Ce sont surtout les produits textiles qui constituent la part importante des assortiments présentés dans les catalogues.

Exemple

L'habillement et la bonneterie représentent près de la moitié des ventes par correspondance.

Cette formule pose des problèmes de gestion difficiles à résoudre. Elle suppose la constitution d'un énorme **fichier de clients** : 7 000 000 d'adresses sont conservées dans les plus grandes entreprises. Une partie d'un tel fichier peut d'ailleurs être vendue à d'autres entreprises, ce qui diminue d'autant le coût d'établissement et de mise à jour de cet outil. L'assortiment est très vaste et il est nécessaire d'avoir tous les articles du catalogue en stock. Par ailleurs, les clients peuvent constamment bénéficier de prix en baisse en se connectant sur le site de l'entreprise qui peut, quant à lui, être mis à jour quotidiennement.

Pour toutes ces raisons, les entreprises de VAD sont tenues d'effectuer un **double effort de rationalisation**, afin d'exécuter rapidement un très grand nombre de commandes, et de **diversification** en recourant au multicanal.

2. Le marketing direct relationnel

Il vise à établir des relations entre l'entreprise et sa cible. L'objectif est moins de susciter un comportement d'achat auprès de sa cible que de développer un suivi des clients, de les fidéliser et de prospecter des clients potentiels.

Les chiffres clés 2013 de la vente à distance (VAD)

Le marché e-commerce et vente à distance

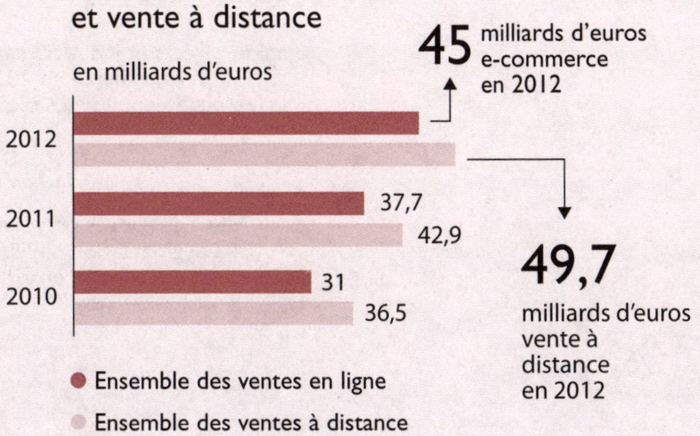

Vente à distance de produits

(y compris e-commerce)

en milliards d'euros

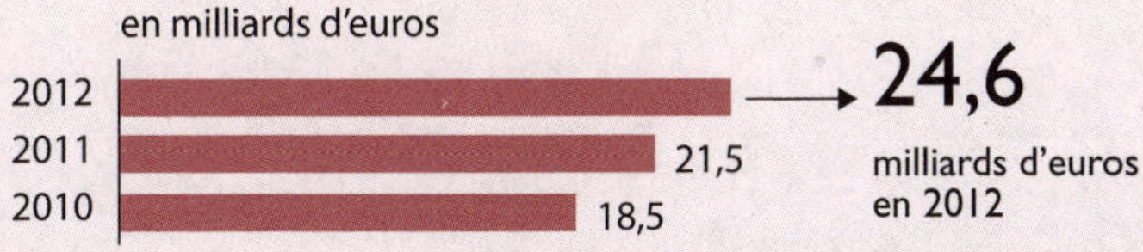

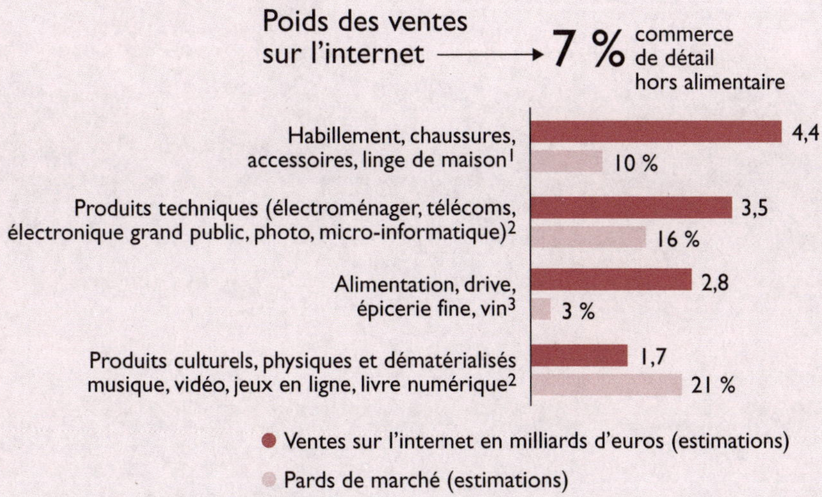

1. IFM et la Fédération Française de la Chaussure. 2. GfK. 3. Kantar Worldpanel.

L'E-COMMERCE ET L'EMPLOI

Acheteurs à distance **69 %**

des Français achètent à distance

(internet, catalogue, téléphone)

75 000

emplois directs et indirects dans l'e-commerce en 2012 (en équivalents temps plein)

86 %

des entreprises prévoient une augmentation de leurs effectifs en 2013

97 %

d'acheteurs satisfaits de leurs achats sur l'internet au cours des 6 derniers mois

Source : Fevad, Chiffres clés vente à distance et e-commerce, 2013.

B. Les outils de communication du marketing direct

Différents outils sur supports numérique et papier sont exploités par le marketing direct.

Figure 15.1. Les caractéristiques des ventes en ligne

Modes de livraison choisis par les acheteurs

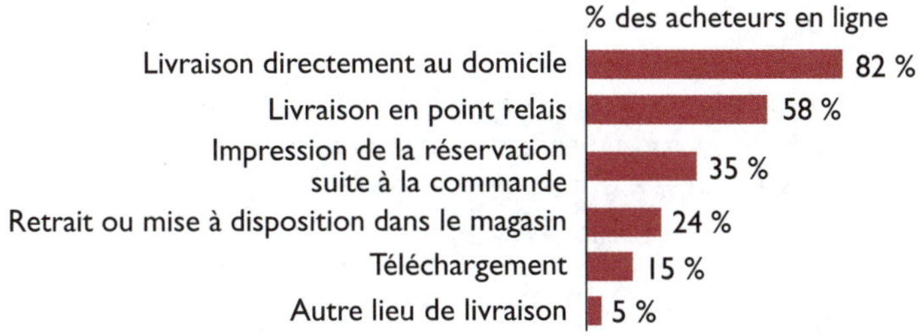

Les principaux services de paiement utilisés

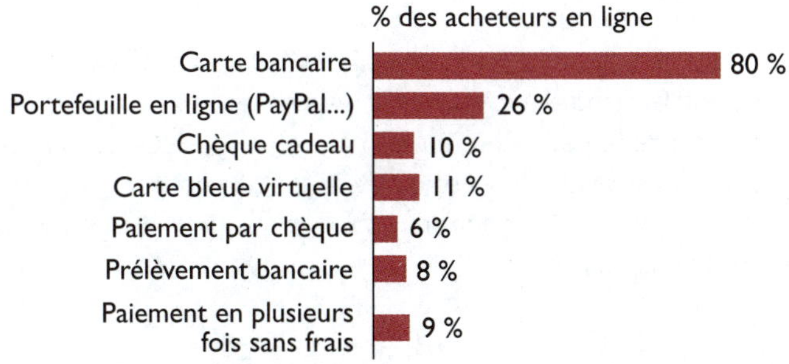

VENTE ENTRE INTERNAUTES

48 % des internautes ont acheté ou vendu sur des sites de vente entre particuliers au cours des 6 derniers mois (produits neufs ou d'occasion).

Source : baromètre Fevad/Médiamétrie/NetRatings, juin 2013.

1. Les sites Internet et les réseaux sociaux

Les sites Internet constituent un puissant moyen de **marketing direct**. Que l'on souhaite vendre au travers d'un site marchand ou que l'on désire communiquer avec des cibles diverses, le recours à Internet s'impose. Les sites marchands impliquent, pour ce qui est des biens, la maîtrise d'une longue chaîne d'acteurs allant de la disponibilité des produits à la livraison en passant par le paiement. En ce qui concerne les services, le processus n'est pas nécessairement plus simple car il peut reposer sur un grand nombre de fournisseurs qui s'associent pour procurer le service final : quand il y a comparaison d'offres, par exemple. Outre les questions normalement maîtrisées de ce média se pose la difficile question du **multicanal** ou de l'**omnicanal** lorsque l'entreprise distribue ses produits par Internet, par voie postale et en magasin.

Exemple

En ouvrant une boutique à Paris, l'entreprise CDiscount est passée de l'omnicanal (Internet) au multicanal.

Dès lors que l'entreprise accepte de ne pas contrôler l'intégralité des messages qui la concernent, les réseaux sociaux constituent des relais d'information, d'échanges, de communication qui, tout à la fois, créent du trafic sur les sites Internet et représentent des **communautés virtuelles** révélant des caractéristiques particulières.

Exemples

Parmi les communautés créées, on peut notamment distinguer ceux qui aiment la marque, ceux qui adorent participer aux événements de la marque ou encore ceux qui souhaitent montrer à leurs amis qu'ils sont fans de la marque.

Avec les fans de la marque sur Facebook, les *followers* sur Twitter et les participants aux forums mis en place par la marque, de puissantes vagues de buzz peuvent déferler sur la planète Web.

On se gardera de se réjouir du seul comptage de tous ces visiteurs du site, de tous ces *followers* et fans pour s'intéresser aux données qualitatives : qui sont-ils ? Pourquoi sont-ils venus là ? Quelles sont leurs attentes ? Comment peut-on recourir à eux pour développer l'e-réputation de la marque ou les ventes d'un produit ?

2. Le mailing papier

Il s'agit d'une offre de vente adressée aux clients potentiels par voie postale. La sollicitation comporte plusieurs éléments :

- Une enveloppe qui de prime abord a pour objet d'attirer l'attention du prospect.
- Une lettre, parfois longue, qui semble rédigée pour une personne bien individualisée. On utilise, pour obtenir cet effet, différents artifices (bandeaux soulignant une proposition, nom et prénom de la personne, annotations manuscrites, etc.).
- Un dépliant qui constitue le corps même de l'offre et qui a pour but de décrire le produit, de mettre en valeur ses qualités, d'exposer ses différents emplois, de souligner enfin les garanties proposées.
- Un bon de commande accompagné souvent d'une enveloppe pour la réponse.

Chaque année, plus de 300 millions de publipostages sont envoyés en France. C'est le livre qui, dans le monde, est le produit le plus largement distribué par ce canal. Dans notre pays, un livre sur quatre fait l'objet d'une vente directe.

Figure 15.2. Les statistiques du m-commerce

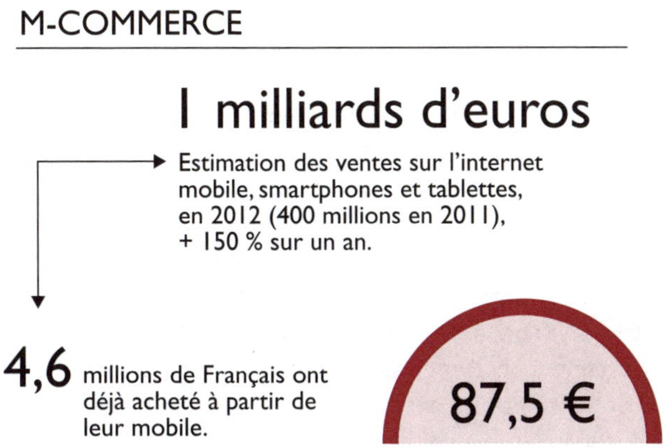

Tableau 15.1. Les avantages et les inconvénients du publipostage

Avantages	Inconvénients
• Personnalisation du contact	• Rendements faibles (0,5 à 3 % de retours)
• Laisse une trace écrite	• Effets de saturation
• Contrôle d'efficacité facile	• Lourdeurs administratives de La Poste

Tableau 15.2. Les investissements en marketing direct et relationnel en 2010

Mailing papier	31,5 %
Imprimé sans adresse	21,5 %
Internet	8,3 %
E-mailing	1,1 %
Autres	37,6 %

Source : *Les Échos*, 19 septembre 2011

3. La presse

Le développement des magazines a favorisé l'essor des ventes par annonce. Pour le gestionnaire, se pose la question de savoir quelle forme donner à l'annonce. Celle-ci porte un titre accrocheur pour capter l'attention du prospect. Une photographie est la bienvenue pour illustrer l'offre qui doit être exprimée avec force et clarté. Un texte descriptif simple développe les arguments ; enfin, un bon à découper (avec des pointillés et des cases à cocher) assez grand permet l'achat. On peut ajouter une incitation pour déclencher l'envie : toute forme de cadeau est excellente. Au surplus, on choisira avec attention l'emplacement de l'annonce dans le magazine : les pages de droite sont plus efficaces que les pages de gauche et, *a fortiori*, dans la première partie. L'ajout de **QR codes** (*quick* *response codes* ou encore *flash codes*) permet au lecteur qui possède l'application adéquate sur son smartphone d'accéder automatiquement au site Internet du fabricant.

4. La vente par téléphone

Le démarchage par téléphone, encore appelé *phoning*, est de plus en plus exploité car il permet d'entrer en contact avec la cible *via* l'envoi de SMS ou à partir d'une plateforme : un *call center*. Le téléphone comme outil de marketing direct permet de réaliser un nombre conséquent de **ventes en B to B**.

Même la distribution de produits industriels s'effectue de plus en plus par ce canal. Il en résulte une amélioration de la rentabilité, parce que le temps consacré au client est diminué des durées de déplacement. On a calculé ainsi qu'en vingt ans, le temps qu'un vendeur de produits industriels consacre en moyenne à un client a baissé de plus d'une demi-heure. On estime que la visite à un client dans son entreprise coûte entre 150 € et 250 € selon les cas. En ce qui concerne les biens de consommation courante, si une équipe de représentants visite au maximum 500 clients par semaine, une équipe de télévendeurs pourra contacter, dans le même temps, 3 000 prospects.

Pour ce qui concerne la vente aux particuliers, les syndicats des entreprises de vente par correspondance recommandent de respecter des règles [1] :

– laisser au consommateur la faculté de retourner l'article dans un délai raisonnable ;
– bannir les « fausses enquêtes » qui serviraient de prétexte à la prise de contact ;
– éviter l'agressivité envers le client potentiel ;
– concentrer les heures d'appel entre 19 heures et 20 heures 30, sauf le dimanche et les jours fériés ;
– ne pas accepter les commandes des enfants sans l'accord des parents ;
– radier des fichiers les noms des personnes qui en font la demande en conformité avec la loi informatique et libertés.

Tableau 15.3. Les avantages et les inconvénients du *phoning*

Avantages	Inconvénients
• Contacts personnels	• Instruments aveugles
• Possibilité d'adapter l'argumentation	• Pas de trace écrite
• Coûts plus faibles qu'une visite	• Entretien très bref
• Bons taux de pénétration	

5. L'imprimé sans adresse (ISA)

Cette catégorie regroupe tous les supports (catalogues, dépliants, annonces promotionnelles, etc.) distribués directement dans les boîtes aux lettres par La Poste ou d'autres entreprises.

Bien que le document ne précise pas le nom du destinataire, le ciblage de l'opération peut être assez précis dans la mesure où la tournée du facteur est connue. On considère que chaque foyer reçoit en moyenne treize ISA par semaine, dont près de la moitié ont pour origine la grande distribution.

1. Voir XARDEL D., *Stratégies Marketing Direct*, Ediscience, 2003.

Tableau 15.4. Les médias de marketing direct

	Courrier	Téléphone	Mail	Presse/ encarts	Imprimé sans adresse	Asile colis	N° vert TV	Sites Internet
Caractéristiques	à domicile avec nom	à domicile avec nom	B to B B to C	annonces avec coupon ou non	distribué sans nom	annonce sur une facture	annonce avec possibilité d'appel	site avec possibilité de commande
Capacité à segmenter	forte	forte si fichier quantifié	forte	faible	faible sauf géographique	faible	faible	faible
Possibilité de contrôle	forte	forte	forte	forte	faible	faible	forte	forte
Puissance	forte	faible	faible	forte	forte	faible	forte	forte
Diversité d'utilisation	forte	forte	faible	forte	faible	faible	faible	forte
Coût par contact	1 à 3 €	5 à 10 €	1 €	dépend de la revue	0,3 €	0,3 €	dépend coût écran	dépend coût gestion du site

C. L'efficacité des campagnes de marketing direct

Comme toute action marketing, les campagnes de marketing direct font l'objet d'une évaluation de leur efficacité. Pour le marketing direct, on mesure le rendement et la rentabilité de la campagne.

1. Le rendement d'une campagne de marketing direct

On procède le plus souvent au calcul du taux de remontée qui s'exprime par le ratio suivant :

$$\text{Taux de remontée} : \frac{\text{Nombre de prospects acquis}}{\text{Nombre de prospects contactés}}$$

Généralement, les taux de remontée sont très faibles et n'excèdent pas 5 %.

Outre le calcul du taux de remontée, lors d'une campagne de recrutement de nouveaux clients, le rendement peut également se calculer en rapportant le nombre de nouveaux clients acquis au coût total de l'opération de marketing direct. Les coûts de marketing direct regroupent, entre autres, les frais de constitution de la base de données ou, le cas échéant, les frais d'obtention des adresses, les coûts de gestion informatique du fichier, la conception des messages et les frais inhérents à leurs envois.

À la suite de chaque campagne de marketing direct, les bases de données sont mises à jour.

Exemples

Les adresses de courriel erronées, les NPAI (« N'habite pas à l'adresse indiquée ») sont relevés et supprimés.

Il est également possible de calculer le taux de fiabilité du fichier exploité en rapportant le nombre d'adresses valides au nombre de contacts contenus dans le fichier.

2. La rentabilité d'une campagne de marketing direct

Lors d'une campagne de recrutement de prospects, la mesure de la rentabilité de la campagne met en relation le coût d'acquisition du nouveau client et les recettes attendues. La campagne de marketing direct est rentable si le coût d'acquisition du prospect est inférieur aux recettes probables générées par ce dernier.

II. L'e-marketing ou marketing digital

Ce terme recouvre le vaste domaine du marketing utilisant les technologies de communication électroniques : Internet, e-mail, bases de données, téléphone portable, tablettes tactiles. C'est un terme plus général que celui de cybermarketing, qui est lié à l'emploi d'Internet.

Il concerne aussi bien la commercialisation de services que la vente de produits de grande consommation comme les biens industriels.

A. Les caractéristiques du marketing digital

Nombreuses sont les raisons qui conduisent à recourir à Internet.

1. Les avantages procurés par Internet

Ils concernent aussi bien l'entreprise que ses clients qui entrent en relation interactive.

• Pour l'entreprise, Internet permet :

– de se doter d'un nouveau média peu onéreux qui diffuse l'information dans le monde entier ;

– d'expérimenter de nouvelles actions marketing : un nouveau produit, un nouveau service par exemple, à moindres frais ;

– de réagir vite. Il est plus facile de modifier un assortiment visuel que de corriger un catalogue de VAD ;

– de toucher de nouveaux segments de clientèles que l'on ne pouvait atteindre jusqu'alors ;

– de disposer d'un seul outil aux fonctions diverses : la communication, la distribution, la transaction, l'après-vente, etc. ;

– d'entrer en dialogue avec le client et de mieux le connaître.

• Pour le consommateur, le Net offre aussi des possibilités nouvelles :

– des offres diversifiées acheminées chez soi et qui portent aussi bien sur une liqueur chinoise que sur un livre épuisé chez l'éditeur ;

– un contact personnalisé avec l'entreprise au travers des *web call centers* répondant aux soucis des cyberacheteurs ;

– la réalisation d'achats groupés ;

– la capacité de faire des comparaisons de prix, un moteur de recherche courant à travers le réseau pour trouver des produits au meilleur prix ;

– la création des aubaines : par l'organisation de ventes aux enchères par exemple.

Exemple

Avec le *permission marketing*, le consommateur donne à une entreprise le droit d'entretenir avec lui une relation suivie et, le cas échéant, de transmettre ses coordonnées à d'autres entreprises. Tout internaute visitant un site peut autoriser le marchand à lui envoyer des propositions *(opt-in)* ou au contraire lui indiquer qu'il ne souhaite recevoir aucune proposition commerciale de sa part *(opt-out)*. C'est le contraire du *spaming* qui consiste, pour une entreprise, à adresser des messages par Internet à des prospects qui n'ont rien sollicité et dont l'adresse a été trouvée par ailleurs.

Les comportements des cyberacheteurs

Les produits et services achetés en ligne

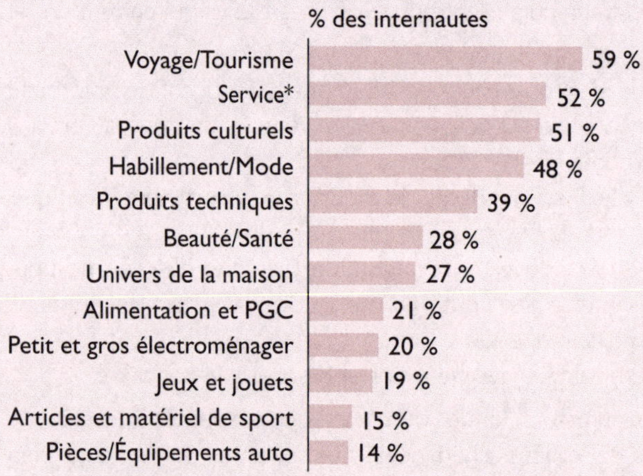

* Billetterie, développements photos, abonnements en ligne, souscriptions téléphone, Internet...

Taux d'acheteurs par cible parmi la population internaute

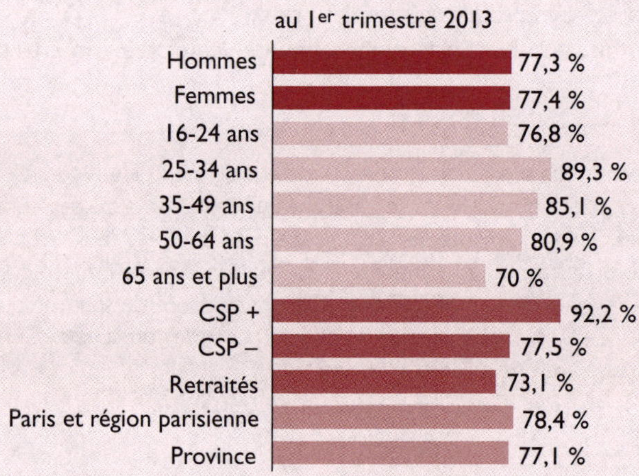

Moyenne de 77,4 %

2. Des difficultés spécifiques

a. Pour l'entreprise

Internet est **coûteux en logistique**. L'écran d'un site Web, en dépit de son modernisme, cache le travail très traditionnel effectué en ***back office***. Ainsi, Amazon a dû recruter des milliers de manutentionnaires et construit des entrepôts géants.

b. Pour le consommateur

Les livraisons restent parfois longues. L'avertissement « le temps indiqué ne tient pas compte du délai de traitement de votre commande » (qui peut dépasser cinq jours) est monnaie courante. S'efforcer de livrer sur tout le territoire en moins de 48 heures, malgré la performance logistique, n'est pas très alléchant pour un client de produits frais !

Enfin et surtout, les clients redoutent le paiement en ligne, notamment du fait du risque de détournement de leurs coordonnées bancaires. L'habitude aidant, les acheteurs veillent à se protéger. Les moyens de paiement adaptés (PayPal, la filiale d'e-Bay) et les sites sécurisés rassurent les e-clients.

Tableau 15.5. Les avantages et les inconvénients d'Internet

Avantages	Inconvénients
– Média mondialisé peu coûteux. – Facilité pour atteindre de nouveaux segments. – Association immédiate de la communication et de la vente. – Interactivité avec le client. – Souplesse d'utilisation.	– Nécessité d'engager des coûts de logistique très élevés. – Maniement parfois mal maîtrisé. – Réticence des consommateurs en ce qui concerne la sécurité du paiement et de la livraison.

Tableau 15.6. Top 15 des sites « e-commerce » les plus visités en France

		Visiteurs uniques moyens par mois	Visiteurs uniques moyens par jour
1	Amazon	14 449 000	1 599 000
2	Cdiscount	11 054 000	944 000
3	FNAC	9 030 000	725 000
4	eBay	8 871 000	1 306 000
5	Price Minister	7 492 000	686 000
6	La Redoute	7 300 000	551 000
7	Voyages-Sncf.com	7 083 000	525 000
8	Carrefour	6 086 000	406 000
9	Rue du Commerce	5 758 000	385 000
10	Groupon	5 649 000	569 000

		Visiteurs uniques moyens par mois	**Visiteurs uniques** moyens par jour
11	Vente-privee.com	5 271 000	1 023 000
12	Darty	4 294 000	280 000
13	Leroy Merlin	4 250 000	282 000
14	3 Suisses	4 134 000	281 000
15	Zalando	3 958 000	282 000

Source : Médiamétrie // NetRatings - Catégories créées spécialement pour la Fevad - France - Tous lieux de connexion - Moyenne mensuelle des mois de janvier, février, mars 2013 - Applications Internet exclues

B. Le management d'un site Web

Toutes les entreprises, grandes et petites, ont recours à Internet. Toutefois, le marketing sur le Web pose des problèmes à la fois **stratégiques** et **opérationnels**.

1. Sur le plan stratégique

L'ouverture d'un site oblige à redéfinir la segmentation. L'internaute, cette cible que l'on rencontre sans toujours la rechercher, risque de ne pas correspondre aux cibles que l'entreprise visait avant de proposer son offre sur Internet. D'une manière générale, l'internaute est relativement jeune, quelle que soit son origine ; il possède un niveau d'éducation assez élevé et une culture internationale. Il convient donc de s'interroger sur les attentes de ce consommateur afin d'adapter l'offre à ses attentes. Ainsi, un couple d'internautes habitant à Sydney désirera savoir à quelle occasion on peut déguster du foie gras des Landes. De pareilles rencontres avec de nouveaux consommateurs, sur de nouveaux marchés, imposent de trouver autant que possible des positionnements adaptés (produits du terroir, achat rapide, personnalisation des achats, etc.).

Le choix d'un système logistique dont les tâches sont multiples est également au cœur de la stratégie en termes de :

- stockage ;
- groupage des commandes ;
- transport ;
- opérations de douane ;
- suivi des colis ;
- réclamations, etc.

Ces fonctions peuvent être assurées par l'entreprise elle-même ou être sous-traitées (cas le plus courant). Le choix d'un bon logisticien conditionne le succès de la nouvelle activité en e-commerce. Sur le terrain, gestionnaires des sites marchands et logisticiens coopèrent pour ajuster les livraisons aux commandes.

2. Sur le plan opérationnel

Une fois que l'assortiment correspondant aux attentes présumées de la cible est constitué, il est encore nécessaire de donner une vie à cette gamme, car l'outil informatique développe entre l'entreprise et ses prospects internautes des relations de dialogue. C'est une communication interactive qui est mise en place pour répondre aux demandes des consommateurs qui, d'ailleurs, peuvent employer diverses langues. Le recours aux réseaux sociaux pour créer du trafic sur le site relève de l'évidence. Les *community managers* en ont la charge dans les entreprises.

Le **marketing situationnel** devient, dans ce cas, prépondérant puisque le client risque de poser des questions concernant l'emploi du produit ou les circonstances d'achat.

Exemple

Un site vendant des vins mettra en ligne une encyclopédie œnologique offrant la possibilité de bénéficier sous vingt-quatre heures des conseils personnalisés d'un sommelier.

La **communication interactive** impose, au fil des ventes, de remodeler la gamme de produits offerts et de réviser le prix pour ne pas déséquilibrer les prévisions de marge.

L'e-commerce mène à la composition d'une **nouvelle offre**. Une telle opération ne se décrète pas *a priori* ; elle se construit au fur et à mesure que l'entreprise élargit le cercle de ses clients et emmagasine de l'expérience.

Enfin, la création d'un site ne se réduit pas à un graphisme agréable. Elle débute par une réflexion marketing rigoureuse, centrée sur le client.

Vente-Privée en quelques chiffres

Vente-Privée c'est 75 000 colis par jour, 12 plateformes logistiques dont 8 en France, 16 millions de clients en Europe, 5 000 nouveaux recrutés par jour, 4 350 ventes évènementielles pour 1 500 marques par an, plus d'un milliard de chiffre d'affaires.

C. Le design du site Web

Fidéliser l'internaute constitue la finalité première du **marketing digital**. On a pu calculer que le panier moyen des clients fidèles atteint un montant double de celui des non-fidèles.

1. Les moyens au service de la fidélisation

La fidélisation de l'internaute s'obtient grâce à la **combinaison de divers moyens** :

- Des **moyens techniques** au service d'un site séducteur et ergonomique (facilité de navigation).
- Une **offre commerciale** séduisante, fiable (notamment en termes de délais de livraison) et surtout personnalisée, dans la logique du marketing relationnel *(one to one)*. Une telle recherche du contact individualisé ne s'effectue pas seulement à partir de la page d'accueil du site mais aussi grâce à l'emploi d'e-mailings de relance.

- Des **options et rubriques « avancées »**. L'abonnement à des newsletters destinées à informer le client des promotions et des nouveautés. Pour ne pas importuner le prospect, dans le respect de la réglementation, il est nécessaire de lui laisser la faculté de se désabonner. Des jeux accompagnés de questionnaires ont pour objectif d'enrichir les bases de données concernant la clientèle. Des points cadeaux obtenus à chaque visite, en fonction du montant des achats ou des suites données aux enquêtes de satisfaction, inciteront aussi à fréquenter le site avec davantage d'assiduité.

2. L'attractivité d'un site

Pour rendre l'e-proposition crédible et séduisante, **cinq qualités** sont incontournables :

- **Une page d'accueil soignée.** C'est la porte d'entrée du site, sa vitrine. Elle doit refléter les valeurs et l'univers de la marque et comporter une arborescence claire pour mener efficacement l'internaute aux différentes rubriques susceptibles de l'intéresser.
- **L'ergonomie.** Une navigation efficace se fait avec un nombre réduit de clics. Les internautes doivent être incités à passer commande par un accès rapide aux différentes pages (menus simples et intuitifs), une présentation claire des produits (fiche article) et du panier, l'emploi de graphismes et de couleurs adaptés à l'univers de la marque.
- **Un contenu intelligent.** Si l'internaute doit avoir rapidement accès aux produits qu'il recherche, il est également souhaitable de lui faire connaître l'ensemble de la gamme à travers des suggestions d'achat (« Les internautes qui ont acheté de produit X ont également acheté les produits Y et Z », « C'est joli avec... »). Il semble dès lors difficile de faire l'économie d'une réflexion sur l'e-merchandising (largeur et profondeur de l'assortiment, mise en scène des produits, réorientation vers des familles de produits connexes).
- **Des services adaptés.** Tout d'abord, il convient de constituer une grappe de services de base (assistance téléphonique, livraisons, sécurité et modes de paiement possibles). À cette offre nécessaire s'ajoutent des services adaptés à chaque type de produit. Par exemple, Alapage.com ou Fnac.com permettent d'écouter des extraits sonores des produits audio proposés.
- **Un processus de commande perfectionné.** La sélection/désélection des produits doit être aisée, le montant total de la commande doit être mis à jour au fur et à mesure des achats, les modes de paiement et de livraison doivent être variés et sécurisés et les informations doivent être claires (délais de livraison, conditions d'échange/remboursement, emballages cadeau et personnalisation de l'envoi, etc.).

D. Le Web 2.0 : un marketing interactif

Le Web 2.0 permet aux personnes de collaborer et de partager de l'information. Il offre l'opportunité de créer des sites plus interactifs.

1. Un outil au service de l'interactivité

C'est un outil qui permet la réappropriation par l'utilisateur d'un instrument auparavant réservé aux seuls spécialistes. Le Web 2.0 pousse l'implication de l'internaute à son maximum. Le consommateur devient acteur : il écrit, publie, commente et fait connaître ses choix autour de lui. Les divers forums, blogs ou encore Wikipedia, encyclopédie universelle et multilingue écrite de manière collaborative, en sont des exemples flagrants. D'où des succès commerciaux rapides et impressionnants :

– YouTube (100 millions de clips référencés, 20 millions de visiteurs par mois) ;

– MySpace (99 millions de membres, 500 000 nouveaux par semaine) ;

– Wikipedia (4,6 millions d'articles, 200 langues d'édition, 1,3 million d'articles en anglais, parmi le top 20 des sites les plus visités).

D'un point de vue marketing, le Web participatif est intéressant à plus d'un titre : il a des répercussions indéniables sur l'étude du produit ou les stratégies publicitaires.

Exemples

La société Hasbro a lancé un sondage en ligne pour choisir le lieu d'une édition du célèbre Monopoly. Danette a proposé de voter en ligne pour élire la prochaine saveur du produit.

2. Un marketing inversé

Avec le Web 2.0 et bientôt le Web 3.0, on assiste à un véritable marketing inversé puisque, plus que jamais, le client est en situation de rechercher des offres susceptibles de répondre à son besoin.

De plus, le Web 2.0 fait apparaître de nouvelles formes de marketing comme le ***Pinko marketing*** ou encore le ***crowdsourcing***.

Pinko marketing et *crowdsourcing*

Le *Pinko marketing* est un concept développé par Tara Hunt de la Citizen Agency, jeune « marketeuse 2.0 ». Le *Pinko marketing* repose sur l'idée principale selon laquelle le consommateur décide désormais de la vie ou de la mort d'un produit. Avec ce type de stratégie, une marque est en contact constant avec sa clientèle et les produits proposés sont tout à fait en adéquation avec les attentes des utilisateurs du produit puisqu'ils en sont eux-mêmes les créateurs.

Le *crowdsourcing* (littéralement « approvisionnement par la foule ») est, quant à lui, un processus dérivé de l'*outsourcing* (sous-traitance). On ne fait plus travailler des prestataires extérieurs coûteux, mais des internautes amateurs et prêts à être peu rémunérés. On en vient à penser qu'un grand nombre d'enthousiastes peut être plus performant qu'un petit nombre d'experts. En France, la plateforme Wilogo propose à ses adhérents de réaliser des logos pour les entreprises. En moyenne, le nombre de propositions pour un client s'élève à 80. Le graphiste choisi reçoit un chèque d'environ 300 euros, une somme suffisamment importante pour attirer un amateur.

Les réseaux sociaux (Facebook, Twitter, LinkedIn), certes difficilement contrôlables par les entreprises, sont cependant en passe de surmonter la logique contraignante des sites Web. Forums, blogs, tchats, microblogs – peut-être en vertu de leur supposée crédibilité accrue auprès des consommateurs –, sont devenus des sources majeures d'information pour les consommateurs tout comme des moyens de mieux connaître les clients pour l'entreprise.

Questions et thèmes de réflexion

Outils et concepts

1. Pourquoi le marketing direct a-t-il tant d'importance comparé à la publicité classique ?

2. Quels produits le téléachat vend-il avec succès ?

3. Que peut-on penser de l'avenir du commerce électronique ? En B to B ? En B to C ?

4. Internet a-t-il modifié le métier de vendeur ?

Pour aller plus loin...

1. Rédigez une lettre envoyée par une succursale de Renault aux clients ayant acheté une Clio il y a deux ans pour les inviter à venir essayer les nouveaux modèles.

2. Identifiez les grandes lignes d'une opération de *phone-marketing* menée par Orange pour placer des abonnements auprès d'une cible d'artisans et de professions libérales.

3. Chez Dell, le client définit lui-même son produit *on-line*. Recherchez d'autres exemples dans lesquels le client peut devenir le déclencheur d'une production personnalisée.

4. Bâtissez la page d'accueil d'un site d'e-commerce commercialisant :
– des produits financiers destinés aux hauts revenus ;
– des jeux éducatifs pour enfants de 8 à 12 ans ;
– des prêts pour financer les études ;
– des croisières à thèmes pour les seniors.

5. Comment fidéliser des clients qui veulent télécharger des MP3 sur un site marchand ?

6. Le *Pinko marketing* a-t-il des applications en marketing international ?

EXERCICE : COMMENT FAIRE DU DIGITAL UN LEVIER DE DIFFÉRENCIATION SUR LE MARCHÉ DE LA COLORATION CAPILLAIRE À DOMICILE ?

Le marché de la coloration capillaire à domicile

Le marché des produits de coloration capillaire à domicile vendus en GMS (grandes et moyennes surfaces) s'essouffle depuis plusieurs années. Il a néanmoins connu un léger regain en 2013. En effet, selon les chiffres établis par Nielsen, le marché en valeur de la coloration à domicile s'élève à 281 millions d'euros (cumul année mobile à fin février 2013), soit une croissance de 4,3 % par rapport à la même période un an plus tôt[2].

Cette croissance inopinée est due aux innovations de rupture que ce marché a connues depuis deux ans. Garnier a notamment lancé Olia, une coloration sans ammoniaque à base d'huile (technologie *Oil Delivery System*), qui séduit des consommatrices attirées par la dimension de soin ainsi que par la qualité exceptionnelle de la couleur. L'Oréal Paris et Schwarzkopf ont embrayé en tout début d'année 2013 avec des mousses prêtes à l'emploi et à des multi-applications. « *Les femmes ont aimé le côté réutilisable qui faisait partie de leurs attentes. C'est très positif de voir que le marché intègre bien les nouveautés* », commente Raphaëlle Sabran-Égasse, directrice marketing de L'Oréal Paris[3]. Ces lancements ont été soutenus par une campagne pluri-médias dominée par la PLV : box aux couleurs des marques, mâts, posters, *roll-up* et animations sur le lieu de vente.

La stratégie d'un nouvel acteur : Capi+

Capi+ est une marque de colorations spécialisées avant tout destinées aux coiffeurs, mais parfois revendues aux consommateurs dans les salons. Fort d'une expertise de plus de dix ans, Capi+ lorgne sur le marché de la coloration à domicile (B to C). Contrairement au marché de la coloration professionnelle (B to B), dans lequel les clientes sont conseillées par leur coiffeur, aucun conseil personnalisé n'est disponible en GMS. Une étude qualitative, menée de janvier à mars 2013 et fondée sur des entretiens semi-directifs auprès de vingt femmes parisiennes, révèle ces défaillances :

- Annie : « Avant de trouver la bonne teinte, j'essaie plusieurs colorations. J'ai mis plus d'un an avant de comprendre que la couleur qui me convient est la teinte marron glacé. »
- Sandra : « C'est vrai que lorsque je fais mes courses, je suis un peu perdue. Quand je cherche ma couleur, je suis confrontée à une offre pléthorique. Je ne vois pas la différence entre les colorations en mousse et les autres. »
- Lili : « Je ne comprends pas très bien les différences entre les différents types de colorations. Je suis brune aux cheveux frisés, quelle coloration je dois choisir : avec ou sans ammoniaque ? C'est du chinois pour moi. »

Persuadés qu'il y a une place à prendre sur le marché de la coloration à domicile, les dirigeants de la marque Capi+ souhaitent lancer une gamme composée de trois produits. Si les concurrents directs sont nombreux et jouissent d'une forte notoriété, l'axe de différenciation mis en avant par Capi+ est le marketing digital et les services différenciant proposés aux clientes. Avec l'aide d'une société spécialisée dans le digital, la marque met

2. « La coloration, une nouvelle locomotive pour les capillaires », *LSA*, 18 avril 2013.
3. Idem.

en place une stratégie digitale visant à répondre aux mécontentements des consommatrices actuelles de coloration capillaire à domicile.
La stratégie digitale de Capi+ se décline comme suit :
• Convaincue de l'importance de la digitalisation, la marque a développé un site Internet consultable sur smartphone et des applications spécifiques (simulation de coloration, conseils personnalisés, services additionnels dont une liste actualisée des magasins référençant les produits Capi+). Le site mobile et ses applications ont pour ambition de se substituer à un véritable conseil de coiffeur. Capi+ pourra ainsi collecter de l'information concernant les caractéristiques des clientes (nom, âge, habitudes de consommation, etc.) afin d'améliorer les campagnes de marketing direct en proposant notamment des promotions adaptées aux différents profils et une documentation ciblée. Enfin, le site proposera des liens vers les réseaux sociaux (Facebook et Twitter).
• Le packaging des colorations Capi+ comprend un QR code à scanner afin de connaître la composition détaillée des produits, d'en comparer les bénéfices et de mieux cerner le type de cheveux auquel chacun des produits est destiné.
• Une application nommée « Trouver la coloration qui me sied » a également été lancée. Les consommatrices pourront notamment envoyer une photo afin de se faire conseiller sur le choix de la teinte de coloration et de bénéficier d'une simulation gratuite. Des conseils supplémentaires pourront être délivrés (gamme de maquillage assortie, relooking, etc.).

Questions

1. La stratégie digitale de Capi+ répond-elle aux attentes des consommatrices de coloration à domicile ? Quel est le risque impliqué par cette stratégie pour Capi+ sur le marché de la coloration professionnelle ?
2. À l'avenir, comment améliorer la stratégie digitale de Capi+ ? Quels services additionnels proposer ?
3. Selon vous, la marque Capi+ doit-elle développer le m-commerce ?

Le management de la force de vente

Les compétences clés à acquérir :

- Calculer la taille d'une équipe de vente.
- Organiser le travail des vendeurs.
- Découper les secteurs de vente.
- Savoir comment recruter, former et animer une équipe de vente.
- Mettre en place un système de contrôle et de rémunération des vendeurs.

Les questions relatives à la force de vente (*sales forces* ou *personal selling*) ne sont pas toujours traitées avec le soin qui devrait leur revenir, en raison de leur importance dans la réussite ou l'échec des produits. La force de vente entre en action au terme du processus commercial ; c'est elle qui est en relation avec les acheteurs. En un mot, la réalisation du chiffre d'affaires de l'entreprise dépend de sa compétence. La notion de force de vente recouvre des qualités très différentes selon le type d'entreprise : les équipes commerciales de Thalès ne sont pas celles de Ricard ; celles d'UPS ne ressemblent pas non plus à celles de Citroën. Après quelques généralités sur la force de vente, nous étudierons successivement les principales problématiques et les décisions qui doivent être prises en termes d'organisation, de recrutement, de formation, de contrôle et de rémunération.

I. Le rôle de la force de vente

A. Définition et taille

1. Définition

La force de vente est constituée par l'ensemble du personnel commercial chargé de la vente et de la stimulation de la demande. Les appellations sont variables. C'est ainsi que l'on trouve parfois les expressions « équipe de vente » ou « réseau de vente ». En tout état de cause, les questions concernant cette variable sont liées au choix du mix de la communication. Dans certains cas, une alternative se présente : il convient alors de choisir entre davantage de publicité et de promotion ou davantage de représentants. Sur le plan budgétaire, la force de vente dépasse (et de très loin) les autres moyens de communication. Le budget accordé à la force de vente peut se monter à 15 % (salaires, matériels, frais de déplacements, etc.).

Toute la force de vente n'exerce pas son activité à l'extérieur de l'entreprise. Les vendeurs, les promoteurs, les inspecteurs, centrés sur le contact avec la clientèle ou le contrôle, exercent leur activité en dehors de l'entreprise ; mais le directeur commercial, les fonctions support travaillent en interne.

2. La taille

Quelle est la taille optimale de la force de vente ? Pour tenter de répondre à cette épineuse question, plusieurs modèles ont été proposés. On peut les regrouper autour des deux axes principaux que constituent l'analyse marginale et l'appréciation de la capacité de travail des vendeurs.

a. L'analyse marginale

D'après les principes habituels du raisonnement marginal, l'entreprise recrute des vendeurs jusqu'au moment où le dernier représentant recruté coûte plus cher qu'il ne rapporte. Bien entendu, cela impose de suivre avec précision l'évolution du coût et l'évolution du bénéfice. Imaginons que le tableau suivant puisse être élaboré.

Tableau 16.1. Le calcul du nombre de vendeurs

Nombre de vendeurs	Coût de la force de vente		Bénéfice brut		Bénéfice net
	Total	Marginal	Total	Marginal	
1	35 000		70 000		
2	50 000	15 000	95 000	25 000	10 000
3	67 000	17 000	115 000	20 000	3 000
4	79 000	12 000	127 000	12 000	0
5	96 000	17 000	144 000	17 000	0
6	113 000	17 000	156 000	12 000	– 5 000

On constate, à la lecture du tableau, qu'à partir du quatrième vendeur, le profit net est nul. L'entreprise doit donc embaucher trois vendeurs. Si elle recrute quatre ou cinq vendeurs, le bénéfice net n'augmentera pas, mais le poids commercial et les parts de marché seront accrus. Il peut donc être judicieux d'embaucher des vendeurs qui, au début, ne rapporteront rien, mais qui, une fois formés, connaîtront bien leurs territoires et auront un rendement croissant.

b. La capacité du vendeur

Une formule très simple consiste à déterminer :

– le nombre de visites nécessaires par période pour chaque catégorie de clients ;

– le nombre de visites que peut effectuer un vendeur par période.

En adaptant ce raisonnement, on peut calculer le nombre de vendeurs à embaucher.

Si l'on nomme :

N : le nombre de vendeurs.

V : le nombre de visites nécessaires par période.

C : le nombre de clients par catégorie.

K : le nombre de visites que peut faire un vendeur.

i : les catégories de clients.

On obtient :

$$N = \sum_{i=1}^{n} \frac{V_i C_i}{K}$$

Si le marché est constitué de 1 000 détaillants, de 200 grossistes et de 50 clients directs ; si les détaillants doivent être visités vingt-quatre fois par an, les grossistes douze fois et les clients directs six fois et si un vendeur effectue 700 visites par an, on recrute :

$$N = \frac{1}{700}[(24 \times 1000) + (12 \times 200) + (6 \times 50)] \approx 38, \text{ soit 38 vendeurs.}$$

B. Les objectifs et la composition de l'équipe de vente

1. Les activités à mener

La force de vente est souvent, pour le client, le seul élément visible de l'entreprise. Le supermarché ne connaît de Henkel que *son* merchandiseur ; le concessionnaire Renault à Orléans est surtout en relation avec le chef des ventes de la région Centre... D'où toute l'importance qu'il convient d'accorder aux multiples décisions en la matière.

Les vendeurs appartiennent à une profession très diversifiée.

Exemples

Autant le directeur financier de Procter & Gamble ressemble à celui des Galeries Lafayette, autant le merchandiseur d'Unilever n'a rien à voir avec le représentant de Volvo qui visite les constructeurs automobiles. De la même façon, l'animatrice Tupperware ne s'apparente en rien à l'inspecteur des ventes du *Point*. Et, pourtant, ils font le même métier.

La force de vente assure le rôle de transmission d'informations dans un double sens. D'une part, elle met le client au courant des modifications de produits, de l'évolution de l'activité de l'entreprise ; d'autre part, elle recueille les désirs des clients, leurs réclamations et les achemine vers les services concernés.

a. La prospection

Les prospecteurs ont pour tâche de découvrir de nouveaux clients. Leur activité est ardue et ils doivent posséder une grande compétence. Leur rôle est primordial surtout pour les biens industriels ; dans ce cas, ils possèdent, en plus de leurs aptitudes commerciales, un bagage technique pour montrer aux futurs clients comment les produits leur permettent de résoudre des problèmes multiples.

Exemples

Le prospecteur d'une société de service en informatique, en fonction des besoins des clients, propose la meilleure configuration possible à la fois pour le matériel et pour le logiciel. Un grossiste en fruits et légumes n'a pas les mêmes impératifs qu'une entreprise de mécanique...

b. La vente

L'activité du preneur d'ordre paraît plus mécanique, plus régulière, aussi la compétence exigée est-elle d'un autre ordre. À la limite, il n'est même pas nécessaire de connaître parfaitement le (ou les) produit(s) vendu(s). Un représentant peut avoir sur son catalogue plusieurs dizaines, voire plusieurs centaines de produits. Naturellement, le vendeur maîtrise son portefeuille de clients et, s'il est responsable d'un ou de plusieurs grands comptes, il connaît avec précision leurs caractéristiques et leurs attentes.

c. Le service

Une troisième catégorie de tâches est constituée par l'ensemble des services que le vendeur rend à son client avant, pendant et après l'achat. Les « promoteurs » ont pour rôle d'entretenir la demande à long terme. Ce sont, par exemple, les responsables du service après-vente dans une entreprise de biens de production. Le moyen le plus efficace pour gagner la fidélité d'un client est de lui assurer un service après-vente de bonne qualité. Pour tous les équipements sujets à des pannes sans gravité mais qui bloquent la production, l'entretien est primordial. Dans le domaine des biens de grande consommation, les merchandiseurs luttent pour obtenir de bons emplacements sur les linéaires des hypermarchés, tant il est nécessaire d'être toujours présent en rendant aux distributeurs de multiples services.

Exemples

L'agencement des rayons, les conseils de gestion, les aides de toutes sortes, voire le marquage des produits et le remplissage des rayons, rendent d'énormes services aux distributeurs.

Il serait erroné de penser que dans toutes les entreprises trois personnes différentes assurent respectivement les trois tâches décrites ici. Si une telle spécialisation se rencontre parfois, il est de nombreux secteurs dans lesquels une seule et même personne est en même temps prospecteur, vendeur et promoteur ou simplement prospecteur-vendeur. Des cas très divers se présentent.

2. L'évolution des activités

En ce qui concerne les biens de consommation, les détaillants adhèrent à des centrales d'achat qui assurent la recherche des fournisseurs, la négociation d'achat et l'achat. Il suffit donc, chez le producteur, de quelques personnes placées à un haut niveau dans la hiérarchie pour réaliser les ventes avec les centrales d'achat et celles-ci comptent pour 60 % ou 70 % de l'ensemble du chiffre d'affaires. Auprès des détaillants, il ne s'agit plus de vendre mais de conseiller et de promouvoir. C'est le rôle des merchandiseurs. À vrai dire, tout cela s'applique surtout aux grands produits alimentaires et beaucoup moins aux drogueries, à la confection, à la papeterie, etc.

Pour ce qui est du B to B, et également pour une grande partie des services, la chaîne de vente recourt aux centres d'appel, pour se concentrer sur les comptes clés. Elle met en place une gestion fine de la relation client : le *Customer Relationship Management* (CRM ou GRC en français). Le métier de vendeur en est profondément transformé.

De manière générale, nombre d'entreprises se trouvent confrontées au problème du passage par des canaux multiples, aussi bien pour la communication avec les clients que pour la vente proprement dite : réseaux sociaux, sites Internet, lettres électroniques, blogs, catalogues, magasins, face-à-face. Une cohérence doit être savamment entretenue entre tous ces canaux.

On ajoutera à cette description que les clients surinformés grâce à Internet et aux réseaux divers collectent et comparent quantité d'informations avant la prise de contact avec un vendeur. Cela impose aux équipes de vente de concentrer leurs activités davantage sur des réponses aux questions que sur des argumentaires trop stricts, que le client maîtrise presque aussi bien que le vendeur.

3. La composition de la force de vente

On distingue trois catégories ; elles sont d'inégale importance.

a. Les représentants indépendants de l'entreprise

Ce sont les agents commerciaux, les commissionnaires et les courtiers. Ils présentent entre eux quelques différences. Les commissionnaires agissent en leur nom, alors que les agents agissent au nom de l'entreprise mandante ; les courtiers ont un rôle parfaitement occasionnel et mettent en rapport un offreur et un demandeur. Aucun d'eux n'est salarié de l'entreprise productrice. Les représentants indépendants sont plutôt en diminution, mais demeurent puissants dans certains secteurs, par exemple : les courtiers en assurance.

b. Les VRP

Les voyageurs-représentants-placiers (VRP) sont nombreux. Ce sont des salariés d'une ou de plusieurs entreprises dans certains cas ; ils sont alors multicartes. En général, on les rémunère à la commission.

Les relations entre l'employeur ou les employeurs et les VRP sont très sévèrement réglementées, en raison des risques entraînés par le lien particulier qui les unit. Le VRP n'est pas un salarié comme les autres ; il est en même temps plus dépendant et plus indépendant de son employeur. Dépendant, car la clientèle qu'il démarche revient, en définitive, au producteur ; indépendant, car c'est lui qui, au premier chef, a le contact avec les clients.

La législation a voulu protéger chacune des parties des exactions de l'autre et surtout empêcher l'entreprise de licencier le VRP pour récupérer gratuitement sa clientèle. En contrepartie, il est interdit au représentant d'accepter n'importe quelle carte ; par exemple, de vendre des produits concurrents. Le VRP bénéficie d'une protection et des indemnités peuvent lui être versées si l'employeur rompt le contrat. En somme, il dispose d'un véritable droit sur sa clientèle.

Il est admis que la gestion des VRP est une opération délicate. Indépendants, soucieux de percevoir une rémunération maximale, ils ont facilement tendance à préférer la prise des commandes au détriment de la prospection, à occuper des territoires de vente trop grands, à accepter un trop grand nombre de cartes, à refuser les tâches de formation et d'information.

Néanmoins, dans des cas bien précis, le recours aux VRP se révèle indispensable : lorsque la clientèle est très dispersée, lorsque l'entreprise n'a aucune connaissance du marché et qu'elle souhaite le pénétrer rapidement.

c. Les agents salariés exclusifs

Devant la lourdeur de la gestion des VRP, les entreprises, quand elles le peuvent, préfèrent utiliser les services de salariés exclusifs. Ceux-ci sont des employés à part entière d'une seule entreprise. Les avantages qu'ils présentent sur les VRP s'apprécient facilement : la stimulation, le contrôle, l'organisation, la rémunération d'une équipe de vendeurs salariés sont autrement plus simples. À l'inverse, on peut penser qu'ils sont peut-être moins motivés mais, en fait, l'efficacité dépend du système de rémunération adopté.

II. L'organisation de la force de vente

Le marché de l'entreprise ne peut être abordé comme un bloc homogène. Des subdivisions doivent être opérées. C'est le problème des secteurs. Nous verrons d'abord les critères possibles de découpage, puis les questions qui se posent à propos de la taille et de la forme des secteurs, avant de nous interroger sur le point de savoir s'il existe des normes en matière de visites des clients.

A. Le découpage en secteurs

Plusieurs critères peuvent être retenus avec de nombreuses combinaisons.

1. Les secteurs géographiques

L'organisation géographique de la force de vente est la plus simple et la plus fréquemment rencontrée.

C'est d'ailleurs le premier critère que l'on utilise, quitte à en ajouter un second à un autre niveau.

Le découpage géographique présente l'avantage d'être clair et d'éviter les problèmes de frontière qui pourraient se poser. Le vendeur est le représentant exclusif de l'entreprise sur un territoire et il peut personnaliser sa fonction. Un autre avantage tient à la réduction des frais de déplacement. Mais les découpages géographiques ne conviennent pas dans tous les cas. Si les clients ou les produits vendus sont très hétérogènes, il est difficile de trouver des représentants compétents dans tous les domaines.

Exemple

Une entreprise vendant des peintures et des vernis a pour clients des grossistes, des détaillants et quelques clients finaux (entreprises du bâtiment, carrossiers automobiles, etc.). Or, un même vendeur ne peut s'intéresser aux trois catégories de clients.

2. Les secteurs par produits

Si les produits proposés sont très différents et requièrent chacun des compétences techniques propres, le découpage par produits est tout indiqué. Chaque vendeur est spécialisé dans un groupe de produits, pour l'ensemble du territoire.

Exemple

Une entreprise du secteur du bâtiment qui produit des fenêtres et des aménagements d'intérieur spécialise ses vendeurs par gammes de produits car les caractéristiques techniques des produits et les critères de choix sont différents dans chaque cas.

3. Les secteurs par clients

Lorsque les clients ont des caractéristiques ou des besoins différents, le marché est découpé par catégories de clientèle : particuliers, grossistes, détaillants ou encore petits comptes, moyens comptes et grands comptes ou comptes clés. Le vendeur connaît alors bien ses clients et il leur propose tout ce que l'entreprise produit. Les problèmes se manifestent quand les produits vendus sont hétérogènes ou quand les secteurs sont mal délimités.

Exemple

Une entreprise de photocopieurs et de systèmes d'impression divise sa force de vente en PME, grandes entreprises, administrations et collectivités territoriales.

B. La taille et la forme des secteurs

1. La taille des secteurs

La taille des secteurs, quel que soit le critère de découpage utilisé, dépend du nombre de vendeurs présents dans l'entreprise, mais il est important que deux contraintes soient respectées.

a. L'égalité des potentiels de ventes

Chaque secteur doit présenter le même potentiel de ventes que ses voisins, pour que les rémunérations attendues par les vendeurs soient de niveaux comparables. La rémunération réelle de chaque vendeur est alors en relation directe avec la compétence et les efforts de l'intéressé : elle n'est pas due à des raisons sur lesquelles il n'aurait aucune prise.

b. L'égalité de la charge de travail

Le découpage des secteurs doit faire en sorte que chaque segment entraîne sensiblement la même charge de travail pour les vendeurs. Dans le cas contraire, des rémunérations semblables seraient acquises au prix d'efforts non comparables.

On remarquera aisément que ces deux contraintes sont, le plus souvent, antinomiques en raison de l'hétérogénéité des secteurs. Il n'est, en effet, guère possible de combiner des potentiels de ventes et des charges de travail identiques.

Exemple

Pour la vente de traitements d'archives, le potentiel du quartier de La Défense, avec de nombreux sièges sociaux d'entreprises, est aussi élevé que ceux de plusieurs départements de province additionnés.

Plus généralement, la répartition géographique de la clientèle est presque toujours hétérogène et les secteurs à forte densité requièrent une charge de travail réduite.

La solution pratique consiste à retenir, prioritairement, une des deux conditions, à former des secteurs en conséquence, puis à réduire les inégalités flagrantes au moyen de variables supplémentaires.

Les **variables** alors prises en compte sont de divers ordres :

- **Une différenciation des commissions selon les secteurs.** Les vendeurs des secteurs difficiles, des secteurs à potentiel plus faible ou charges de travail plus lourdes perçoivent des commissions majorées ou des frais de déplacement plus largement comptés.

- **L'instauration d'une hiérarchie dans les secteurs.** Certains secteurs sont plus rémunérateurs que d'autres et un avancement des vendeurs est prévu en fonction de leurs résultats. Les meilleurs secteurs sont réservés aux vendeurs les plus efficaces ou aux vendeurs les plus anciens. Le danger d'une telle méthode est réel. Les jeunes vendeurs sont peu motivés car, quels que soient les efforts déployés, leur rémunération se trouve bloquée en raison du potentiel réduit de leur secteur. Au surplus, on peut se demander s'il est sain d'accepter une rotation trop fréquente des vendeurs, alors qu'il faut plusieurs années pour qu'un représentant acquière le maximum de son efficacité.

2. La forme des secteurs

Cette question est en relation avec la précédente : la forme dépend de la taille. Néanmoins, quelques problèmes spécifiques se posent pour le découpage géographique.

Sur le plan théorique, les secteurs peuvent être divisés à l'aide d'une règle et d'un compas. On peut ainsi imaginer des territoires en forme de :

– rectangles : aucun avantage particulier, sinon d'être simples ;

– cercles : le vendeur réside au centre et limite ses déplacements ;

– triangles : une grande ville et sa périphérie sont découpées en triangles ; chaque vendeur dispose d'une partie de la ville et de la périphérie.

Figure 16.1. Le découpage de la zone de vente

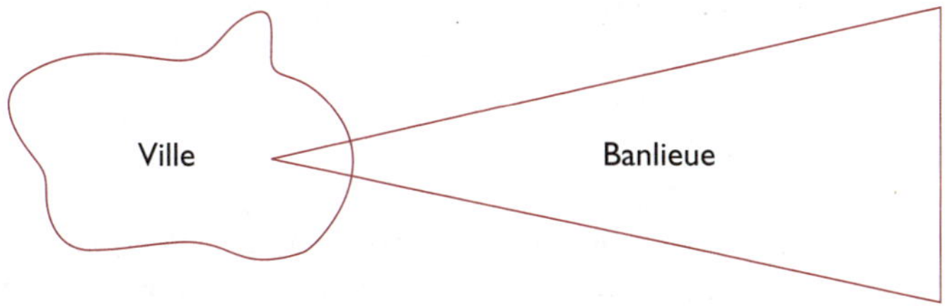

Dans la pratique, il en va tout autrement et bien d'autres contraintes sont respectées :

– les autres critères de découpage (client, produit), lorsque le facteur géographique n'est pas le seul pris en compte ;

– la nécessité d'avoir des potentiels de vente et des charges de travail à peu près semblables ;

– les barrières naturelles : montagnes, voies d'eau ;

– les découpages administratifs : départements, régions ;

– les contraintes diverses : existence d'entrepôts régionaux, découpage géographique des sociétés de panels (Nielsen).

En somme, la contrainte de forme se résume à la volonté de réduire au minimum les durées et les frais de déplacement.

En toute hypothèse, les données sur lesquelles sont fondés les découpages sectoriels évoluent :

– implantation de nouveaux magasins ;

– accroissement de la population ;

– implantation d'usines ou de sièges sociaux.

Le responsable de la force de vente essaie de rechercher une organisation optimale, sous la puissante contrainte de maintenir quand même une certaine stabilité. Les vendeurs, attachés à leur secteur, sont rarement favorables aux modifications trop fréquentes.

C. Les normes de visite

Lorsque le secteur est déterminé, une certaine liberté est laissée au vendeur ; à lui d'organiser son temps pour atteindre au mieux les objectifs qui lui sont assignés. Deux questions cependant peuvent faire l'objet de calculs généraux : le nombre de visites à assurer, tant auprès des clients anciens qu'auprès des clients potentiels.

1. Les visites aux clients anciens

Le gestionnaire doit faire en sorte que les représentants se gardent de deux dangers :

– visiter trop souvent un client qui finit par coûter plus cher qu'il ne rapporte ;

– voir trop peu souvent un client qui pourrait rapporter davantage pour un coût de contact marginal à peine augmenté.

Exemple

Si un client passe régulièrement pour 30 000 € de commande par an et si le bénéfice réalisé (avant les frais de visite) est 10 %, soit 3 000 €, le nombre limite de visites à ne pas dépasser est 20 par an, si une visite coûte 150 €.

Il s'agit de déterminer si des visites moins fréquentes diminuent ou non le chiffre d'affaires et si une augmentation des visites l'accroît, et dans quelles proportions. Autrement dit, la réponse ne peut être donnée que si une fonction de sensibilité des ventes aux visites est connue. On peut imaginer qu'une telle fonction soit représentée par une courbe en « S » (voir figure ci-après).

Figure 16.2. Le calcul du nombre de visites des vendeurs

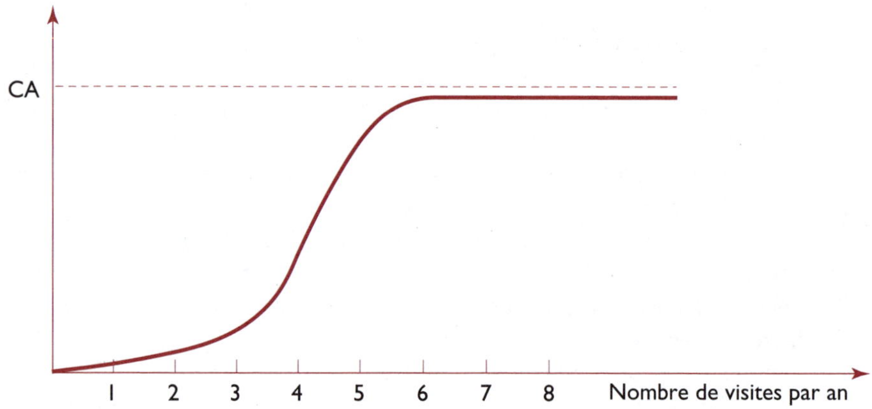

Deux visites par an sont notoirement insuffisantes pour qu'une relation de confiance s'établisse et, à partir de six visites, le chiffre d'affaires réalisé atteint un seuil de saturation. Dans cet exemple, il serait donc judicieux de ne pas dépasser six visites annuelles et de consacrer le temps disponible restant à d'autres clients ou à la recherche d'une clientèle nouvelle.

La forme de cette courbe dépend de **très nombreux facteurs** :

- **Le produit.** Certains biens ne nécessitent aucune explication ; une visite de politesse annuelle et des relances téléphoniques pour annoncer les envois par courrier des prises de commandes sont amplement suffisantes. D'autres produits subissent continuellement des innovations et doivent être régulièrement montrés aux clients.

- **Le client.** Certains acheteurs aiment être sollicités et auraient l'impression d'être délaissés si le représentant ne les visitait pas fréquemment, même sans prendre de commandes. D'autres estiment que la fonction d'approvisionnement est une tâche astreignante, qu'il faut assurer dans les meilleures conditions ; ils sont vite importunés par les vendeurs qui accaparent inutilement leur temps.

- **Le vendeur.** Certains vendeurs savent établir un tel climat dans leurs relations avec les acheteurs que ceux-ci deviennent actifs et sollicitent eux-mêmes l'entreprise. D'autres, moins heureux, ne réussissent la vente qu'en manifestant une forte présence chez le client.

• **Les concurrents.** Si les rivaux adoptent le principe d'une fréquence élevée des visites, il serait maladroit d'être moins présent qu'eux.

• **L'organisation générale de la vente.** Un centre d'appels, une newsletter ou encore un site Internet diminuent le nombre de visites nécessaires.

2. Les visites aux clients potentiels (prospects)

Lorsqu'une même personne accomplit le travail de prospection et de vente, un risque existe, celui de voir délaisser la fonction de prospection, qui ne rapporte aucun avantage immédiat, au détriment de la vente.

Dans ce cas, des normes de visites sont calculées et imposées aux représentants.

On fixe des coefficients : un client potentiel est visité pour quatre clients anciens par exemple. Le problème se ramène à la recherche d'un partage optimum du temps consacré aux uns et aux autres. Des techniques de recherche opérationnelle sont utilisées : maximisation du chiffre d'affaires sous la contrainte du coût des types de visites.

Dans d'autres cas, on détermine le nombre de visites maximum qu'il faut consacrer à un client potentiel pour que, compte tenu des probabilités de transition de l'état de client potentiel à la situation du client réel, il ait une chance de devenir un véritable client.

La question peut également être abordée comme un plan d'investissement : un client coûte en visites et rapporte en chiffre d'affaires.

Si l'on nomme :

V : la valeur actuelle d'un client futur.

M : la marge brute réalisée sur les ventes avec ce client.

C : le coût d'entretien annuel du client.

I : l'investissement de départ, c'est-à-dire le coût des visites nécessaires pour que les achats commencent.

n : le nombre d'années de relations commerciales avec ce client.

i : le taux d'actualisation.

On obtient :

$$V = \sum_{t=1}^{n} \frac{M - C}{(1+i)^t - I.}$$

Les paramètres de cette formule ne sont pas toujours aisés à déterminer.

III. Le recrutement et la formation de la force de vente

Un personnel incompétent dans un département quelconque de l'entreprise est certes une source de difficulté, mais une force de vente inefficace conduit aux plus graves ennuis. La force de vente constitue le dernier maillon de la chaîne ; elle est en contact avec la clientèle et elle approche les concurrents. Elle doit, par conséquent, être de la meilleure qualité possible, d'où l'importance du recrutement et de la formation.

A. Le recrutement

1. Les qualités d'un bon vendeur

Au même titre que les autres membres du personnel de l'entreprise, le vendeur doit posséder des qualités d'intelligence, une bonne formation, de la volonté, etc., mais, en outre, il doit faire preuve de **traits de caractère tout à fait originaux** :

- **Le goût du contact.** Un vendeur ne peut assurer sa tâche en estimant que les contacts avec les autres sont une corvée à laquelle il faut s'astreindre ; il doit manifester une certaine forme d'extra-version.
- **L'empathie.** Le vendeur doit avoir le don de « se mettre à la place de son interlocuteur » ; c'est le meilleur moyen pour réussir une vente.
- **La non-susceptibilité.** Le vendeur ne doit pas considérer un refus comme une attaque personnelle, mais simplement comme une opération non couronnée de succès dans l'immédiat.
- **Une grande confiance en soi.** Pour oser faire des propositions en toutes circonstances.
- **Une faculté d'autonomie.** Le vendeur ne peut être contrôlé très étroitement en raison de ses déplacements et il doit pouvoir prendre seul de nombreuses décisions.
- **Une grande énergie** pour mener à bien les négociations les plus difficiles.
- **Une grande intégrité.** Le vendeur est parfois soumis à des pressions de la part des clients pour obtenir des avantages au détriment de l'entreprise. Il fixe lui-même le montant des frais de déplacement ; pour faire face à ces tentations, sa probité professionnelle doit être exemplaire.
- **Un rapport à l'argent « stimulant ».** Un bon vendeur fait sienne la relation efforts fournis/ performance/ rémunération.
- **Le goût des déplacements.** Le vendeur doit accepter de sacrifier quelque peu sa vie familiale ; les contraintes horaires sont parfois lourdes à supporter.

En pratique, personne ne peut posséder parfaitement ni complètement l'ensemble de ces caractéristiques. C'est donc une combinaison harmonieuse de tous ces traits qu'il convient de rechercher et les candidats vendeurs peuvent se rassurer : les combinaisons les plus variées et les plus étonnantes ne manquent pas de réussir.

2. Les méthodes de recrutement

a. L'origine des candidats

Les futurs vendeurs ont des profils très variés. Ils peuvent être :

- **Titulaires ou non d'un diplôme spécifique.** On s'interroge beaucoup sur le point de savoir si un niveau d'études déterminé est souhaitable pour faire carrière dans la vente. Tout dépend des produits vendus, des clients et du niveau de responsabilité. Même si la personnalité a une grande importance, il n'en demeure pas moins que, pour des produits quelque peu techniques, il est préférable d'avoir des candidats possédant une solide culture.
- **Issus de la concurrence.** Le milieu des commerciaux est très fluctuant et les cas de « débauchage » sont nombreux. Une recherche directe auprès de la concurrence permet de recruter des vendeurs immédiatement opérationnels et informés du marché. L'intégration dans une équipe rivale il y a peu peut se révéler difficile.

• **Issus d'autres départements de l'entreprise.** Un ingénieur ou un technicien, voire un agent administratif, connaissant bien le produit et correctement motivés, peuvent devenir d'excellents vendeurs.

b. La sélection

Pour les vendeurs, encore plus que pour les autres catégories du personnel, la sélection s'opère sur la base d'entretiens individuels et/ou de groupes. La personnalité du candidat joue un rôle de première importance et elle doit être cernée avec beaucoup de précision. L'environnement social et le milieu familial du candidat ne peuvent pas être ignorés : la vie familiale, les loisirs, les amitiés constituent autant de facteurs à prendre en compte.

En tout état de cause, une période d'essai de quelques mois constitue bien le meilleur test d'embauche, puisqu'il place le candidat dans les conditions réelles d'exercice du métier.

Tableau 16.2. Les principales phases de l'entretien de vente

	Part dans l'activité totale
Le contact	5 %
L'identification des désirs du client	40 %
L'argumentation	35 %
La réplique aux objections	
La conclusion	15 %
La fin de discussion et la prise de congé	5 %

B. La formation

La formation des vendeurs est une nécessité, non seulement lors de leur entrée dans l'entreprise, mais aussi en cours de carrière. Les représentants sont à l'extérieur de l'entreprise ; ils n'y reviennent que pour les réunions régulières de remise de rapports ou de discussion des objectifs. Pour accroître la productivité de la force de vente, il est bon de mettre en place des **programmes de formation**.

1. Le contenu

La formation porte sur trois domaines : les produits vendus, l'entreprise et le marché, les techniques de vente.

a. Les produits vendus

Le vendeur doit être tenu informé régulièrement de l'évolution de la gamme offerte. Les modifications techniques envisagées, les améliorations sur le plan de l'utilisation, les nouveaux procédés doivent être connus de chacun.

Figure 16.3. La typologie des clients

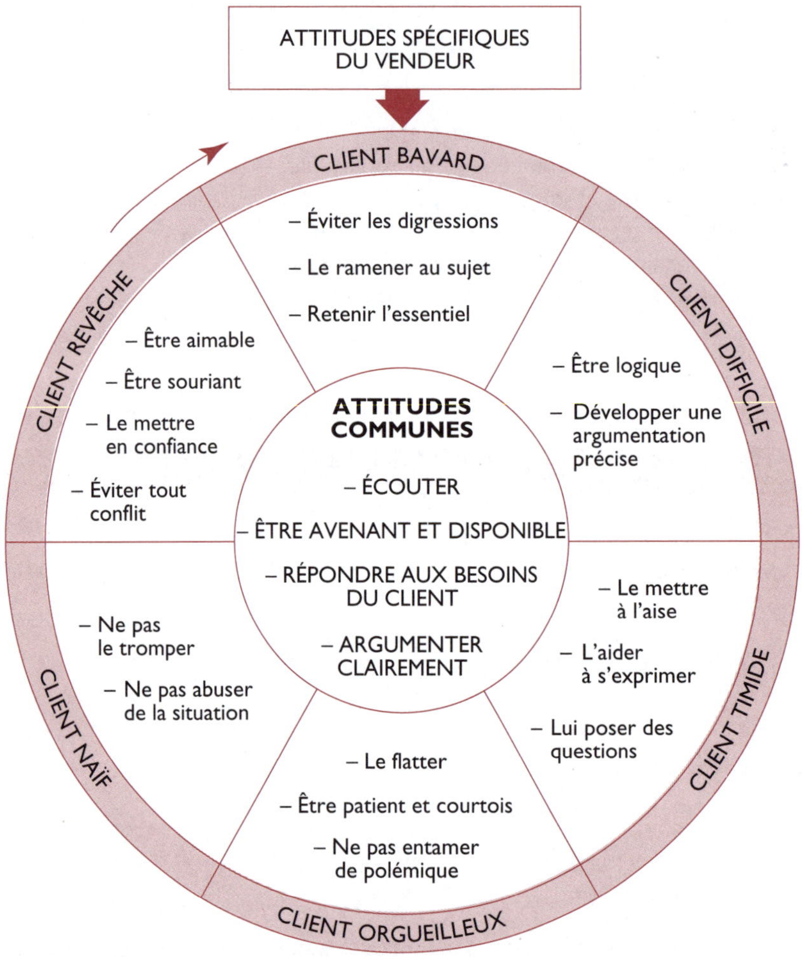

b. L'entreprise et le marché

Tous les renseignements généraux sur l'activité de l'entreprise, ses prévisions de développement sur les concurrents, les clients et leurs souhaits à long terme sont utiles. Le représentant efficace sait replacer dans un cadre plus large toutes les informations qu'il a glanées au cours de ses tournées.

c. Les techniques de vente

Il existe de nombreuses techniques pour réussir une vente. D'une façon générale, on peut considérer la vente comme un processus de communication, dont il faut réussir les diverses étapes. Un modèle AIDA (Attention, Intérêt, Désir, Achat) complété peut être imaginé.

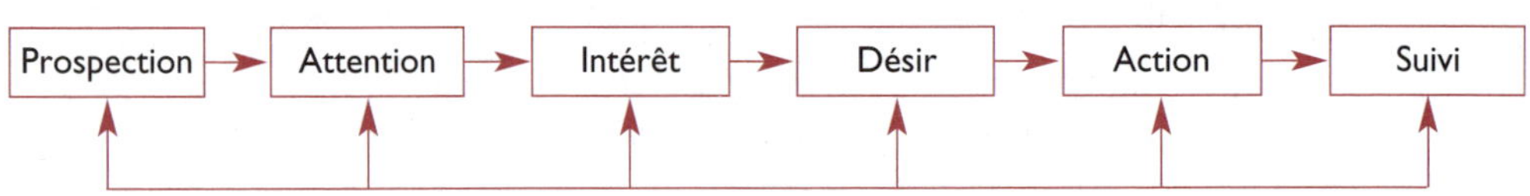

Le vendeur recherche de nouveaux clients, attire leur attention, suscite leur intérêt ; provoque leur désir qui entraînera l'action ; enfin, il s'assure que l'achat procure toute satisfaction à l'acheteur.

2. Les méthodes

Les conférences traditionnelles sont utilisées mais, pour l'apprentissage des techniques de vente, les méthodes plus dynamiques et modernes sont préférables.

Exemples

Les *serious games*, jeux de rôles, les sociodrames et psychodrames sont autant d'outils motivants au service de la formation.

Les vendeurs jouent parfois de véritables pièces de théâtre, dans lesquelles ils occupent, tour à tour, la situation de vendeur et d'acheteur. Cela permet d'apprendre à utiliser le matériel de démonstration, à répondre aux objections, à savoir bien utiliser ses propres arguments.

Toute la question est de savoir s'il est véritablement possible d'« apprendre » la vente. Il est aujourd'hui admis que certains réflexes fondamentaux ou des bonnes pratiques simples peuvent être, sans réelle difficulté, communiqués par celui qui sait, le vendeur confirmé, à celui qui apprend, le néophyte.

Un bon vendeur sait écouter, s'exprimer (communiquer) et convaincre (négocier).

IV. Le contrôle et la rémunération de la force de vente

A. La fixation des quotas

Les quotas représentent les objectifs de vente assignés à chaque vendeur, ou chaque groupe de vendeurs. Leur détermination réclame une grande attention.

1. Les particularités de la profession

Les vendeurs font le plus souvent preuve d'une mentalité profondément entachée d'individualisme et ils acquièrent des habitudes de liberté et de responsabilité. Le représentant peut être assimilé au membre d'une profession libérale attaché à l'existence d'un lien direct entre les efforts fournis et la rémunération. C'est pourquoi les quotas, plus que les objectifs des autres catégories du personnel, doivent être fixés dans un esprit d'étroite collaboration. Dans le cas contraire, le quota pourrait perdre l'effet stimulant qu'il est censé présenter. Ainsi, une augmentation de quota, décidée unilatéralement par la direction afin de faire pression sur le vendeur, peut entraîner des conséquences fort différentes :

- Le vendeur augmente son chiffre d'affaires, mais au détriment de la prospection des nouveaux clients.

- Le vendeur accroît ses ventes, mais en exerçant une telle pression sur l'acheteur que celui-ci se voit contraint à un stockage excessif ; les ventes ultérieures souffriront dès lors du mauvais état des relations.
- Le vendeur diminue ses efforts simplement pour prouver à la direction que le quota était trop élevé, que c'est lui qui décide, etc.
- Le vendeur augmente les ventes sans contrepartie négative ; c'est la solution idéale.

2. Les méthodes

La question n'est pas ici celle de l'objectif général de chiffre d'affaires ; cette décision ne concerne pas la force de vente et se prend au niveau de la direction commerciale ou de la direction générale. Le problème consiste à répartir l'objectif global entre les quotas attribués à chacun. Deux familles de méthodes, compatibles d'ailleurs, sont utilisées.

a. La méthode du pourcentage

L'**objectif général de vente**, en valeur ou en quantité, est réparti en pourcentages entre les membres de l'équipe de vente. Le chiffre de référence est bien souvent celui de l'année précédente et les quotas à réaliser sont donnés moins en valeurs absolues qu'en points d'augmentation d'une année sur l'autre. Cette méthode a le mérite de la simplicité.

Exemple

Dupont, sur le secteur 1, se voit imposer un quota de + 17 % par rapport aux ventes de la période précédente ; Durand, sur le secteur 2, + 22 % ; Dubois, sur le secteur 3, + 12 %, etc.

b. La méthode des points

C'est une méthode beaucoup plus souple qui autorise une gestion plus fine.

Une correspondance, en nombre de points, est établie entre tous les produits vendus. Le **classement** dépend des difficultés qu'entraîne la vente, de la marge de contribution réalisée, des nécessités de l'entreprise, etc.

Exemple

Dans une entreprise d'outillage, les clés anglaises valent cinq points ; les clés à pipes, trois points ; les marteaux, deux points ; les pinces à découper, sept points, etc., et le quota de chaque vendeur est de 1 000 000 de points.

Chaque vendeur organise son temps pour atteindre l'objectif. Cette procédure présente l'avantage de faire naître une stimulation différenciée : pour inciter les vendeurs à relancer un produit, il suffit de majorer le nombre de points attribués à ce produit.

B. L'évaluation des résultats

Les vendeurs sont encadrés par des inspecteurs, des contrôleurs, des chefs de vente, des responsables de zone qui jugent l'activité de chacun. Les informations transmises à la direction commerciale sont nombreuses, trop nombreuses se plaignent certains.

Elles ont trait :

– au nombre de visites ;
– au détail des trajets ;
– au détail des frais de déplacement ;
– au nombre de prises de commande, etc.

En définitive, la grille d'évaluation fait appel aussi bien à des critères quantitatifs qu'à des critères qualitatifs.

1. Les critères quantitatifs

La première base d'évaluation des résultats est chiffrée. On procède à une série de relevés sur des faits facilement mesurables et on tente ainsi d'évaluer la réussite de chaque représentant. Toutefois, de tels renseignements ne permettent pas d'éclairer complètement la situation. Les ventes peuvent augmenter, non pas en raison de la performance du vendeur, mais parce que les concurrents traversent une mauvaise passe sur le même secteur. L'inverse est également possible.

2. Les critères qualitatifs

Un excellent chiffre d'affaires peut masquer des difficultés prononcées. Une bonne réussite du point de vue des quantités vendues peut être accompagnée d'un mauvais sens des responsabilités : ventes mal suivies, acquises à l'arraché, prospection non assurée, etc.

C'est pourquoi des critères qualitatifs sont également pris en compte. Ils sont plus difficiles à mettre en œuvre, car ils visent à apprécier le sens des responsabilités, l'esprit de coopération, l'aptitude au commandement, etc. Ces critères, même s'ils ne peuvent être employés directement pour le calcul de la rémunération, servent dans le choix des promotions.

C. La rémunération

Le premier problème est de définir une **politique générale d'entreprise** concernant la rémunération de la force de vente. Une enveloppe globale est alors fixée. Les vendeurs doivent percevoir des rémunérations voisines de celles versées par les entreprises concurrentes à leurs propres équipes.

Les représentants se connaissent bien d'une entreprise à l'autre. Le métier est parfaitement transparent : chacun connaît fréquemment les quotas et les niveaux de rémunération des autres. Une différence défavorable, même si elle reste minime, peut inciter les meilleurs vendeurs à changer d'entreprise.

La rémunération accordée ne l'est pas seulement sous forme monétaire. D'innombrables concours et jeux trouvent leur récompense sous forme de voyages et de cadeaux divers.

Exemple

Pour stimuler ses 10 000 commerciaux en Europe, Canon organise un challenge annuel. Les plus performants des commerciaux sont évalués sur plusieurs critères dont leur productivité (pourcentage de dépassement des quotas). Les 100 meilleurs commerciaux et les 20 meilleurs managers sont conviés avec les conjoint(e)s pour un week-end d'exception (Abu Dhabi en 2013) ; chacun monte sur scène pour être félicité puis franchit une haie d'honneur organisée par tous les dirigeants de l'entreprise avant de recevoir un somptueux cadeau.

Au surplus, par ce moyen, l'entreprise aura soin de maintenir une bonne ambiance et de promouvoir une **image flatteuse** de l'équipe de vente, pour que chacun s'y sente intégré avec fierté.

Sur le plan monétaire, trois solutions de rémunération peuvent être envisagées : une partie fixe, une partie variable et un système mixte.

1. La partie fixe

La rémunération sur une base fixe consiste à verser au vendeur une **somme déterminée à intervalles réguliers**. Cette somme est indépendante des résultats obtenus. L'avantage d'un tel système tient d'abord à sa simplicité ; il n'engendre ni difficulté de calcul, ni contestation. Il permet également au vendeur de ne pas être soumis aux fluctuations du marché et lui apporte une sécurité appréciable. De plus, à partir du moment où le lien entre chiffre d'affaires et rémunération est rompu, le vendeur accepte beaucoup plus aisément les réorganisations, les redécoupages des secteurs ou le passage d'un secteur à un autre. La gestion, dans ce cas, est certes plus souple mais, et c'est la contrepartie, les vendeurs qui souhaitent obtenir de fortes rémunérations pour juste récompense de leurs efforts sont mécontents, démoralisés.

2. La partie variable

Il s'agit d'un **pourcentage**, fixe ou variable, du montant des ventes versé au vendeur. La situation est strictement inverse de la précédente. La rémunération semble très stimulante et, par exemple, il n'est plus nécessaire de mettre en place des procédures de contrôle trop strictes. Il suffit de faire varier le taux des commissions pour orienter les ventes vers tel ou tel produit. L'inconvénient tient à la difficulté de gestion ; les représentants sont obnubilés par leur chiffre : ils ne s'attachent à rien d'autre : prospection, formation, etc. De plus, l'irrégularité des revenus peut décourager des vendeurs qui sont pourtant consciencieux et très compétents.

Aux commissions (en pourcentages) sont souvent adjointes des primes diverses, qui viennent majorer la rémunération en fonction d'éléments variés versés à la discrétion de la direction :

- prime de respect de quota ;
- prime de lancement d'un nouveau produit ;
- prime de prospection ;
- prime de respect du budget des frais de vente, etc.

3. Le système mixte

C'est la **méthode la plus couramment utilisée**.

Le jugement que l'on peut porter à son encontre dépend de l'importance relative du fixe et de la commission. Plus le premier est élevé, plus le système se rapproche d'une rémunération fixe, en général, atténuée seulement par une clause de bonus/malus. Une proportion fréquente est : 70 % de fixe et 30 % de part variable.

La rémunération mixte a pour but de réunir les avantages des deux méthodes précédentes tout en éliminant leurs inconvénients. Certes le risque existe que le contraire se produise et que la méthode cumule les inconvénients de ne pas être assez stimulante d'une part et d'être trop peu souple d'autre part.

Questions et thèmes de réflexion

Outils et concepts

1. Faites le portrait d'un « bon » et d'un « mauvais » vendeur.
2. Établissez la liste des tâches et des conseils à donner à un vendeur d'ouvrages universitaires de gestion pour se faire référencer chez Carrefour.
3. Élaborez un système de rémunération susceptible de convenir à la fois à des vendeurs chevronnés et à des débutants.
4. Quelles sont les qualités requises par un vendeur de « grands contrats » à l'étranger ?
5. Pourquoi faut-il imposer des normes de visite aux vendeurs ?
6. Exposez les principes d'une rémunération motivante pour un vendeur de véhicules neufs dans une concession automobile.

Pour aller plus loin…

1. Quelles catégories de vendeurs (ou quelles combinaisons des activités de base) sont nécessaires pour vendre :
   - des bijoux à un détaillant de luxe ;
   - du vin AOC chez É. Leclerc ;
   - des écrous, des boulons, des vis, au service d'entretien de la SNCF ;
   - une encyclopédie d'économie à des cadres supérieurs ?
2. Vous recrutez un merchandiseur pour Ricard. Établissez le guide d'entretien pour le spécialiste du service recrutement qui recevra les candidats.
3. Rédigez la lettre d'une campagne de publi-reportage, destinée à vendre les services d'une garderie d'enfants qui fonctionne au-delà des heures d'ouverture des crèches. Quel fichier pouvez-vous utiliser dans une ville de la taille de Nantes ou de Toulouse ?
4. Établissez l'agenda fictif d'une semaine normale d'un vendeur de photocopieurs haut de gamme.
5. Imaginez de nouveaux modes de vente pour des produits financiers.
6. Comment transformer des vendeurs en intrapreneurs ?

EXERCICE : REDIMENSIONNER SA FORCE DE VENTE

Gérard L. est directeur d'une société offrant des solutions de télécommunication aux entreprises. Son portefeuille est constitué d'une centaine de clients, très différents les uns des autres selon leur secteur d'activité : depuis l'industrie lourde jusqu'aux entreprises de service. Son chiffre d'affaires en 2013 est de 2,5 millions d'euros. En l'espace d'une dizaine d'années, la société de Gérard L. est passée de 5 à 103 clients. Le nombre de commerciaux, passant de un à quatre, n'a cependant pas crû dans les mêmes proportions. Face à l'expansion de la clientèle, les vendeurs soulignent leur difficulté croissante à visiter les clients actuels et à se consacrer aux prospects.

Gérard L. connaît bien le métier : il sait que les gros clients, qui génèrent beaucoup de chiffre d'affaires, ont besoin de plus d'égards que les autres. Ils exigent notamment des visites plus nombreuses et des solutions personnalisées à leur problème. Les normes de visite établies deux ans plus tôt sont pourtant claires et prévoient un nombre annuel de visites différent en fonction du chiffre d'affaires réalisé par le client. Les normes de visite sont présentées dans le tableau ci-après.

Gérard L. sait également qu'il ne peut dépasser un coût pour sa force de vente supérieur à 10 % du chiffre d'affaires annuel. Par ailleurs, il note que le recrutement d'un commercial entraîne de nombreux frais. Aux 1 700 euros de salaire mensuel versé, il faut ajouter les primes qui correspondent en moyenne à 20 % du salaire annuel et des charges sociales équivalentes à 50 % des salaires et primes. Des charges professionnelles sont également engagées afin de couvrir les indemnités kilométriques et les frais de déplacement. Ces charges professionnelles versées sur 10 mois représentent un montant mensuel moyen de 300 euros. À toutes ces charges s'ajoutent les frais de structure (location de locaux, téléphone, etc.) qui s'élèvent à 45 000 euros par an.

Type de client	Nombre de clients	Norme annuelle de visite par client
CA de 0 à 5 000 euros	24	2
CA de 5 000 euros à 10 000 euros	38	3
CA de 10 000 euros à 50 000 euros	24	5
CA > 50 000 euros	17	7

Lors du recrutement des commerciaux, il leur a été spécifié que leur temps de travail, qui correspond à 220 jours ouvrés, se compose de trois activités majeures : 30 % de leur temps de travail est consacré aux visites et à la vente ; 40 % aux tâches administratives et à l'après-vente et 30 % aux activités de prospection.

Questions

1. Quelle est la capacité de visite de la force de vente de Gérard L. ?
2. Cette capacité de visite permet-elle, selon vous, de couvrir l'ensemble des besoins en visites des clients ?
3. Le recrutement de nouveaux commerciaux est-il envisageable ?
4. Que faire si le recrutement ne permet pas de couvrir les besoins en visite ?

L'iPhone 5s crée-t-il de la valeur pour le consommateur ?

Le marché du smartphone

Sur le marché du matériel informatique[1], plus de 712 millions de smartphones ont été vendus dans le monde en 2012, avec une progression de plus de 45 % par rapport à 2011. Sur le marché français plus spécifiquement, 13,7 millions de smartphones ont été vendus en 2012. Les ventes élevées recensées sur le marché français s'expliquent par le développement des offres de télécommunication low cost poussant les consommateurs à acheter des smartphones d'entrée de gamme sans subvention de l'opérateur.

Vente de smartphones dans le monde

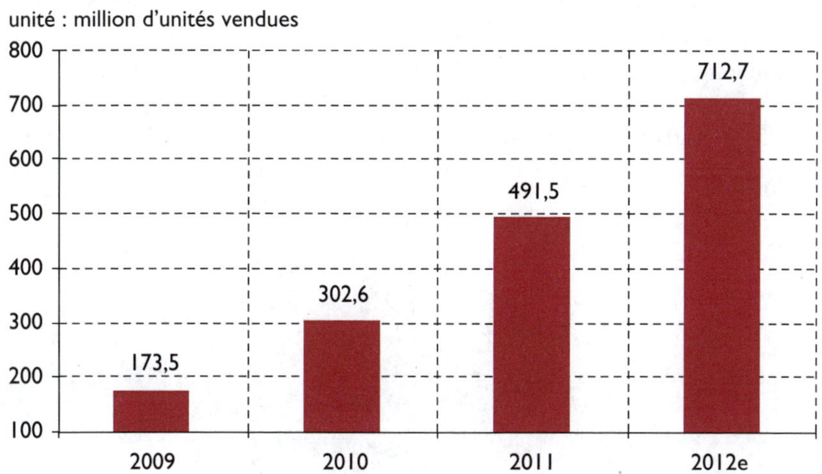

Estimation Xerfi / Source : IDC

Vente de smartphones en France

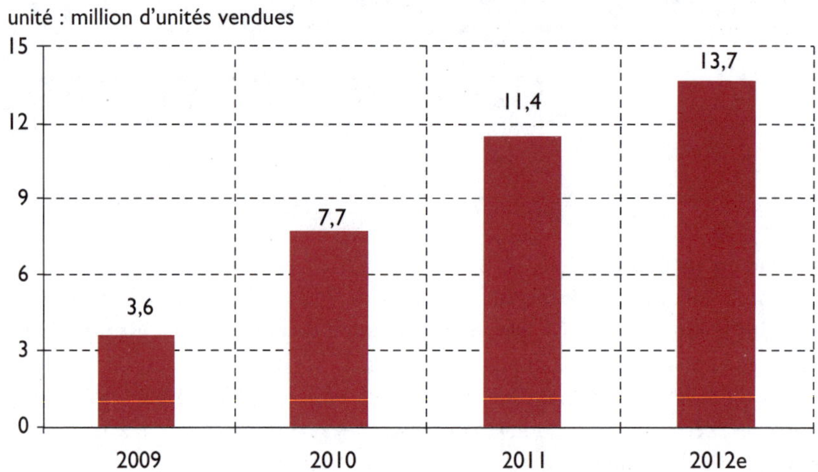

Estimation Xerfi / Source : IDC

Le marché de la commercialisation des smartphones est principalement dominé par Samsung et Apple qui occupent près de 50 % du marché mondial. En France, le marché reste largement dominé par Samsung comme l'attestent les graphiques ci-dessous.

Part de marché des constructeurs de smartphones dans le monde sur les 9 premiers de 2012

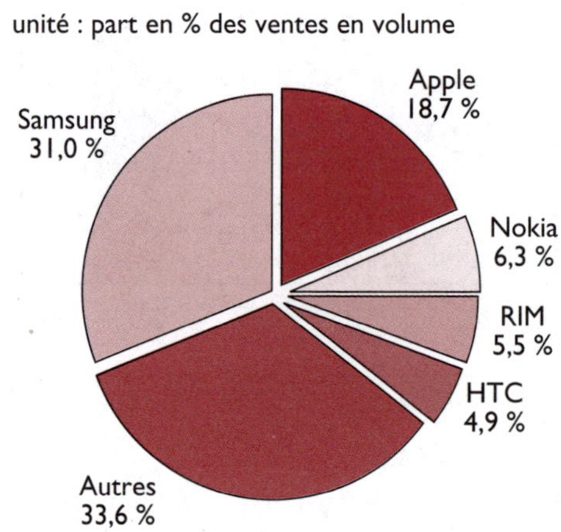

Traitement Xerfi / Source : IDC

1. Étude Xerfi, « Le marché du matériel informatique », février 2013.

Part de marché des constructeurs de smartphones en France au 3e trimestre 2012

unité : part en % des ventes en volume

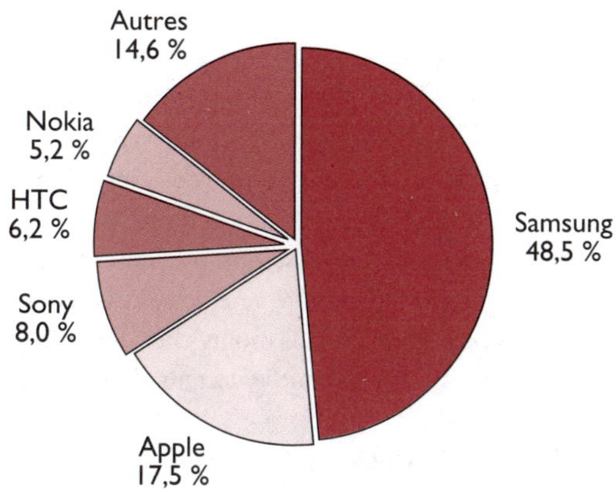

Estimation Xerfi / Source : Strategy Analytics

Les attentes et usages des smartphones

Les études révèlent plusieurs attentes relatives à l'usage des smartphones[2]. S'appuyant sur l'infographie réalisée par l'équipe XCubelabs à partir notamment des données de juin 2011 du cabinet Nielsen et le *« Smartphone user study shows mobile movement is under way »* réalisé par Google en avril 2011, on observe que les smartphones répondent à des attentes d'*« infortainment »*. Les smartphones sont à la fois un outil pour s'informer et se divertir. Selon les personnes interrogées par ces études[3] :

• Les smartphones sont utilisés pour naviguer sur le Web (81 %), chercher de l'information (77 %), utiliser une application (68 %) et lire des vidéos (48 %).

• 93 % des utilisateurs se servent de leur smartphone à la maison, 39 % alors qu'ils sont dans la salle de bain, 33 % devant la télé et 22 % alors qu'ils ont un journal dans les mains.

• 79 % des détenteurs l'utilisent pour le shopping. La moitié d'entre eux s'en servent pour comparer les prix ou utiliser des coupons de réduction.

• Parmi les applications installées, les jeux sont les plus appréciés (64 %), devant les applications de météo (60 %) et les réseaux sociaux (56 %). À ce propos, on peut noter que les détenteurs d'iPhone passent presque deux fois plus de temps à jouer sur leur appareil que les joueurs ayant d'autres smartphones.

Ces résultats et cette attente d'*« infortainment »* des smartphones ont également été notés chez les consommateurs chinois[4]. Pour les consommateurs chinois, le smartphone est un « mini-ordinateur » qui leur permet de se connecter et de communiquer avec des amis, rechercher et partager l'information, télécharger des logiciels et des jeux, et travailler de

2. PIRES T., « Les attentes des mobinautes et les usages de smartphones et tablettes », http://marketing-webmobile.fr, 2 janvier 2012.

3. *Idem*.

4. CHEN L. et D., *« Chinese consumers' perceptions toward smartphone and marketing communication on smartphone »*, *International Journal of Mobile Marketing*, Vol. 8, Issue 1, 2013, p. 38-45.

n'importe où et à tout moment. Leurs activités sont multiples, elles vont des activités de téléphonie mobile traditionnelles (appels téléphoniques, messages, écouter de la musique, prendre des photos, etc.) aux fonctions « intelligentes » telles que le *micro-blogging*, l'enregistrement de vidéo, la lecture de livres et l'achat et la vente d'actions.

Le *marketing mix*, le cas de l'iPhone 5s

Un an après le lancement de l'iPhone 5, Apple a proposé au public, le 20 septembre 2013, deux nouvelles versions de l'iPhone 5 (l'iPhone 5s et l'iPhone 5c) permettant d'étendre la gamme des iPhones. L'iPhone 5s et l'iPhone 5c ont deux positionnements distincts pour éviter toute cannibalisation. L'iPhone 5s a été conçu pour répondre à un positionnement haut de gamme qui inclut toutes les dernières innovations du constructeur américain. L'iPhone 5c, en revanche, se positionne comme une version améliorée de l'iPhone 5, et se distingue par ses coques colorées. S'il est un peu moins cher que le 5s, il n'en possède pas les avancées techniques prisées par les fans, comme le lecteur d'empreintes digitales Touch ID ou le nouvel appareil photo.

Le *marketing mix* de l'iPhone 5s développé par Apple est décrit ci-dessous.

La politique de produit[5]

L'iPhone 5s succède au lancement de l'iPhone 5 (un an après) pour proposer un produit plus innovant que son prédécesseur.

L'iPhone 5s regroupe de nombreuses fonctionnalités : une puce avec architecture 64 bits ; un capteur d'identité par empreinte digitale ; un appareil photo amélioré et plus rapide ; un système d'exploitation conçu spécifiquement pour le 64 bits.

Le design est également minutieusement étudié. Les ingénieurs et designers Apple ont réussi à faire tenir leurs technologies inédites dans un boîtier de 7,6 millimètres d'épaisseur, pour un poids plume de 112 grammes. Trois couleurs au choix sont proposées : argent, gris sidéral et or.

L'iPhone 5s propose une panoplie d'applications intégrées : possibilité de s'enregistrer sur un vol aérien, création d'un film à partir de plusieurs vidéos, sans compter celles qui peuvent être téléchargées gratuitement ou achetées sur l'Apple Store.

La politique de prix

L'iPhone 5s existe en trois capacités de stockage : 16, 32 et 64 Go. Le prix public d'achat varie en fonction de cette capacité, depuis 709 euros pour le 16 Go jusqu'à 917 euros pour le 64 Go.

La politique de distribution

La stratégie de distribution consiste en une stratégie multicanal. Elle comprend la vente en ligne sur le site Internet de la marque Apple ainsi que dans les points de vente physiques Apple. Une liste des Apple Stores est consultable sur le site marchand de la marque.

5. http://www.apple.com/fr/iphone-5s/

La politique de communication

La stratégie de communication de l'iPhone 5 débute par une campagne de relations publiques relayée par une communication interpersonnelle, le bouche-à-oreille. Tout débute le 12 septembre 2012, lorsque Apple convie les médias américains à participer à une conférence de presse. Le carton d'invitation, envoyé quelques jours plus tôt, portait la mention « Il est presque là » suivie d'un 12 reflétant une ombre laissant entrevoir un 5. La rumeur de la sortie de l'iPhone 5 est dès lors créée. La stratégie de communication d'Apple repose sur le mystère malgré les fuites qui peuvent filtrer.

En raison de l'effervescence liée à la mise en vente de l'iPhone 5, diffusée sur les différents médias sociaux, certaines marques ont développé des stratégies de communication opportunistes, notamment une stratégie d'*ambush marketing*. L'*ambush marketing* est l'ensemble des techniques marketing utilisé par une marque ou une entreprise pour se rendre visible, lors d'un événement de manière intrusive, sans payer les organisateurs pour y associer leur image. Ainsi, le constructeur automobile Smart s'est « incrusté » à l'ouverture de l'Apple Store Opéra (Paris 9e), le 21 septembre, à l'aide de l'agence CLM BBDO. Le premier acheteur français de l'iPhone 5, portant un tee-shirt à l'effigie de la marque avec l'inscription « Il y a des rendez-vous à ne pas manquer, garez-vous à l'heure en Smart », a été filmé montant dans sa Fortwo blanche par de nombreuses télévisions françaises et européennes[6].

Les concurrents directs d'Apple ont d'ailleurs voulu répondre à l'offensive médiatique de l'iPhone 5. Avec le même message[7], « la prochaine révolution est déjà là », Samsung compare les caractéristiques techniques de l'iPhone 5 et de son Galaxy S III. Le Finlandais Nokia a riposté *via* Twitter, au moyen duquel il a diffusé trois visuels soulignant les lacunes de l'iPhone 5, notamment avec le message « Certains annoncent de nouveaux câbles, d'autres s'en affranchissent ».

Le lancement de l'iPhone 5s s'inscrit dans la même stratégie de communication. Une conférence de presse est donnée alors même que tous les Apple Stores sont fermés empêchant d'y découvrir le ou les dernier(s) produit(s) phare(s) d'Apple. La stratégie de la rareté a également été déclinée en proposant des stocks limités sur le modèle le plus haut de gamme, l'iPhone 5s. Or, « en rendant l'accès aux iPhones 5s plus difficile, Apple crée une communauté supplémentaire à l'intérieur de son pool de clients. Une sorte de carré VIP, de club privé de gens qui ont su comment se le procurer. Comme s'il fallait être bien informé pour avoir le droit de faire partie du groupe. »[8]

Les critiques adressées à l'iPhone 5s

La résistance des consommateurs

Les vidéos parodiques des publicités d'iPhone 5 et ses variantes se développent sur YouTube. En près d'un an, la parodie « *A taller change* » a été vue par 10 millions d'internautes. Cette parodie critique les caractéristiques techniques de l'iPhone 5, notamment sa taille.

Les critiques de la Cnil

La Commission nationale de l'informatique et des libertés (Cnil) et l'institut de recherche en informatique (Inria) se sont penchés sur le « traçage » des données personnelles des

6. « Les concurrents d'Apple se greffent sur le buzz de l'iPhone 5 », Stratégies.fr, 21 septembre 2012.
7. *Idem*.
8. « iPhone 5s "Gold" d'Apple : pénurie ou pas, c'est un beau coup de com' », *Le Nouvel Observateur*, 26 septembre 2013.

mobinautes *via* les applications mobiles qu'ils installent. Selon les travaux de la Cnil et de l'Inria, « 46 % des applis accèdent à l'Udid, cet identifiant unique d'Apple composé d'une suite de chiffres qui ne sera plus ouverte aux développeurs d'applications à partir du 1er mai. Apple a en effet introduit sur l'I OS 6 (dernière version du système d'exploitation mobile d'Apple) de nouveaux identifiants destinés au ciblage publicitaire. Il s'agit d'une option activée par défaut, qui permet aux annonceurs d'afficher sur les iPhones des publicités ciblées selon les habitudes de navigation sur Internet ou d'utilisation des applications du mobinaute. Cette fonction repose sur un "identifiant de publicité" (IDFA). À la manière des cookies publicitaires sur un ordinateur, cet identifiant d'appareil temporaire, non personnel, utilisé par les applications, stocke les habitudes de l'utilisateur »[9].

Les critiques de la presse

Avant la sortie de l'iPhone 5s et de l'iPhone 5c, la presse publie les premiers tests des nouveaux smartphones d'Apple[10]. Plusieurs éléments se dégagent de l'analyse comparative de l'iPhone 5s et l'iPhone 5 par la presse :

– l'autonomie de la batterie est un peu meilleure pour l'iPhone 5s ;

– le processeur A7 permet à l'iPhone 5s d'être plus performant que l'iPhone 5 rendant le téléchargement des jeux plus rapide notamment ;

– les photos souffrent moins de « bruit » en basse lumière grâce au nouveau capteur et au nouveau système de flash double LED implanté par Apple dans l'iPhone 5s ;

– le lecteur d'empreinte digitale fonctionne bien sur l'iPhone 5s. Les tests relèvent néanmoins quelques défauts, comme l'impossibilité de paramétrer le téléphone pour exiger à la fois l'empreinte et le code secret, ou l'obligation d'entrer à nouveau son mot de passe quand le téléphone n'a pas été utilisé depuis 48 heures.

Au final, la conclusion qui découle de l'analyse comparative des caractéristiques produit de l'iPhone 5s et l'iPhone 5 est résumée comme suit par *Métro* : « L'iPhone 5s est-il un excellent smartphone ? Oui. Faut-il l'acheter ? Ça se discute. » Ses confrères sont du même avis. Le *New York Times* juge que « l'iPhone n'est plus le seul smartphone qui vous comblera pendant les deux années de votre engagement avec un opérateur, mais il fait toujours partie des quelques-uns qui le feront. »

Questions

1. Le *marketing mix* de l'iPhone 5s est-il en accord avec son positionnement ?
2. L'iPhone 5s répond-il aux attentes des consommateurs de smartphones ? Comment faire évoluer la politique de produit de l'iPhone 5s pour répondre aux critiques qui lui sont adressées et créer de la valeur perçue par le consommateur ?
3. Analysez la stratégie de communication de l'iPhone 5s. Est-elle efficace ?
4. En vous appuyant notamment sur vos connaissances, identifiez d'autres exemples d'*ambush marketing*. Quels sont les risques et bénéfices associés à cette forme de marketing pour les marques qui le pratiquent ?

9. « Les applications iPhone trop intrusives pour la Cnil », Strategies.fr, 9 avril 2013.
10. KARAYAN R., « iPhone 5s : le verdict des premiers tests », L'Expansion.fr, 18 septembre 2013.

Conseils pour le traitement d'un cas de marketing

I. Généralités

Le cas a pour but de mettre l'étudiant ou le stagiaire dans une situation concrète. Celui-ci est dans la position d'un marketeur qui doit faire appel à ses connaissances et à son expertise pour apporter une solution au problème commercial exposé. Il est inutile de rechercher la solution. Elle n'existe ni *a priori* ni dans l'absolu. Elle se construit par la réflexion, pas à pas. Tout au contraire on recherche une solution dont la cohérence et le réalisme constitueront les critères de validité. La méthode des cas est une méthode pédagogique parmi d'autres, pour parvenir à maîtriser les connaissances, le vocabulaire, les concepts, les outils, les méthodes d'une discipline. Tel est l'objectif final. En somme, le cas est un moyen, essentiel certes, mais un moyen seulement. La figure ci-après, rappelant la séquence marketing dans son ensemble, constitue un guide appréciable.

A. La démarche

Les dossiers proposés sont aussi divers que le sont les situations observables dans la pratique. Mais, dans tous les cas, il faut adopter un comportement comparable à celui d'un médecin devant un patient. Cette démarche de praticien s'exécute en deux temps.

1. Le diagnostic

Il est à la fois un processus et une conclusion, c'est-à-dire qu'il consiste à identifier le mal ou l'amélioration souhaitable, après avoir mis en lumière les contraintes et les opportunités que rencontre l'entreprise, et s'achève par une véritable prise de position sur la nature et l'ampleur du problème.

2. Les remèdes

Différentes solutions sont envisageables mais toutes ne sont pas praticables. Il convient donc de proposer celle qui, après délibération, semble la mieux adaptée.

Cette démarche suppose préalablement l'acquisition des connaissances. On ne traite pas un malade dans l'ignorance. Une proposition ne peut être pertinente si elle ignore le concept qu'elle exprime. Un bagage technique préalable est nécessaire. La démarche pose en conséquence la question de la relation manuel/cas. Cette relation est étroite et continue.

B. La composition du dossier

Le cas soumis concerne aussi bien une petite qu'une grande entreprise, dans le domaine du B to B comme dans celui du B to C. Il est constitué de documents relatifs :

– à l'entreprise (fiche d'identité, personnes impliquées, marketing stratégique, marketing opérationnel) ;

– aux concurrents ;

– aux consommateurs et aux clients ;

– à l'environnement (économique, technologique, juridique).

Ces données, qualitatives ou quantitatives, provenant de sources internes ou de sources externes, sont en général incomplètes. Fournies sous forme brute, elles exigent souvent d'être traitées finement (un calcul de parts de marché par exemple) ou regroupées (évaluation du coût de marketing par exemple) et toujours d'être analysées et interprétées en vue de mieux saisir la réalité.

La situation peut être totalement reconstruite par l'auteur du cas. Elle peut être dérivée d'une situation réelle. Elle peut enfin présenter une réalité existante. De toute cette diversité il faut retenir que le cas s'inscrit dans une démarche pédagogique précise et donc que la situation a été choisie pour répondre à la nature pédagogique de la séquence d'apprentissage.

C. Un rôle de praticien

Le dossier a pour objet d'inscrire l'acteur dans un processus de décision. Celui-ci peut être un marketeur de l'entreprise qui propose une solution à son supérieur hiérarchique ou un consultant qui doit formuler des conseils. De cette position résultent des recommandations de types différents.

Exemple

Un chef de projet peut proposer un repositionnement d'une marque de dentifrice mais il ne peut pas suggérer la réorganisation des tournées des vendeurs qui sont attachés à la direction des ventes.

II. Le diagnostic : un processus et une conclusion

Il s'agit d'établir un diagnostic, quels que soient les problèmes exposés. Rares sont les dossiers où les questions sont réellement posées : proposer une refonte de la politique tarifaire par exemple. Généralement, le problème reste implicite, c'est-à-dire non formulé. C'est un des rôles pédagogiques de la méthode des cas : apprendre à formuler les problèmes par des questions précises.

Il s'agit d'analyser séquentiellement les sujets pour proposer les remèdes. Généralement, deux situations sont observables :

– l'apparition d'un mal, d'un dysfonctionnement qu'il convient de guérir ;

– la volonté d'acquérir une meilleure santé pour améliorer les performances de l'entreprise.

A. Le processus

Le schéma suivant résume les étapes du processus. Deux défauts majeurs sont à éviter :
– répéter mot pour mot le cas ou, pire, le paraphraser ;
– proposer une solution de bon sens apparent, en faisant l'économie de l'analyse conceptuelle, sur le fond, qui fait appel aux connaissances et qui implique un débat.

B. La conclusion

Pour mener le diagnostic à son terme, il convient de procéder méthodiquement. Pour y parvenir, cela suppose :

– d'extraire les données pertinentes ; une lecture attentive du texte s'impose. Elle permet de relever les données essentielles et d'éliminer celles qui paraissent moins utiles ;

– de traiter les données. Les données brutes ne parlent pas à l'esprit. Il convient de les retravailler pour qu'elles prennent du sens. De nombreux traitements sont imaginables, par exemple :

- l'agrégation de chiffres dans les tableaux ;
- le calcul de pourcentages ;
- le calcul de tendances, lissages exponentiels, par exemple ;
- des tests statistiques : le khi carré (X^2), par exemple ;
- le *benchmarking* ;
- l'analyse du contenu des attitudes identifiées.

Dans toutes les circonstances, il convient de faire appel aux connaissances acquises préalablement. Ainsi, face aux résultats d'une étude quantitative, il est nécessaire d'apprécier la validité et la fiabilité des chiffres produits et de révéler des résultats synthétiques guidant la prise de décision.

La présentation de la conclusion est essentielle. Elle doit « parler » fort et clair pour porter en elle les premières recommandations qui vont être proposées.

III. Conseils

Nous sommes ici au cœur du plan marketing ou du plan d'action commercial (PAC). Le diagnostic a permis de dégager avec clarté les maux dont souffre le patient ou les véritables raisons qui le poussent à vouloir se transformer. Il convient de lui prescrire des médicaments : que faire ? Comment ? Sur quelle durée ? Quels seront les coûts ? Quelle devrait être l'issue du traitement ? Le chemin tracé sera fort différent selon que l'entreprise observée sera mourante, souhaitera tout simplement être en meilleure forme en général, voudra se donner une avance spécifique nouvelle (un tarif, une marque, des vendeurs) ou se repositionner sur un nouveau marché. On ne reprendra du cadre général décrit ici que ce qui concerne la situation spécifique.

La démarche demeure applicable dans tous les cas.

A. La construction du PAC

1. Des objectifs stratégiques aux objectifs marketing

La politique commerciale de l'entreprise s'inscrit dans des orientations stratégiques définies par la direction générale. Ces orientations peuvent être présentes dans le cas. Si elles n'y figurent pas, il convient de les imaginer en faisant preuve du plus grand réalisme par rapport aux contextes concurrentiel et économique dans lesquels se trouve l'entreprise. Les objectifs marketing sont précis : des indications, des valeurs (absolues ou en pourcentages), des durées.

2. Du diagnostic au marketing stratégique

La phase de diagnostic débouche sur les trois grands choix du marketing stratégique : segmentation, ciblage et positionnement (SCP). Les recommandations se prononceront ainsi sur la segmentation (quels marchés), le ciblage (quels clients), le positionnement (par rapport aux attentes des clients et aux produits/ services concurrents).

3. Du marketing stratégique au marketing opérationnel

Le cœur du PAC est ici : tous les objectifs sont traduits en actions, selon un calendrier déterminé, avec des budgets à prévoir. Le document final, dans le cas d'un lancement, peut être un *business plan* : compte de résultats prévisionnels reposant sur les choix alternatifs avec plusieurs scénarios :

- Optimiste. Les ventes sont plus que satisfaisantes, les coûts sont maîtrisés ;
- Pessimiste. Soit les ventes sont moins bonnes que prévu, soit les coûts dérapent ;
- Le crash. Les ventes sont catastrophiques, les coûts ont explosé ;
- Le souhaité. Les ventes respectent les prévisions, les coûts sont normaux.
- Les orientations stratégiques : spécialisation, concentration, diversification, etc.
- Les objectifs de vente globaux par segment, par filière, par produit, par canal, par zone, etc.
- La traduction en objectifs de vente (conquête, fidélisation).
- Les actions (le plan de conquête, les moyens de fidélisation, les changements d'organisation).
- Le planning, les budgets, les contrôles.

B. La forme de la recommandation

Diverses situations peuvent se présenter.

- Le cas porte sur un élément de la séquence marketing.

– Les études : la recommandation trouve son origine soit dans l'analyse des résultats fournis dans le cas, soit dans la commande d'études supplémentaires qui viendront compléter celles qui existent.

– Le marketing stratégique : le diagnostic conduit à proposer les choix de segmentation, de ciblage et de positionnement.

– Une ou plusieurs parties du mix marketing : dans chaque cas, on rappellera les objectifs poursuivis, les décisions précises (avec leurs justifications par des calculs, des figures, des raisonnements, des comparaisons), le calendrier et les coûts, avec un souci tout particulier de réalisme.

• Le cas est transversal et porte sur un lancement de produit, une redéfinition de la politique commerciale, l'implantation dans un nouveau pays. Tous les aspects doivent être traités. On veillera particulièrement à :

– la cohérence interne : chaque action est liée aux autres ; un canal choisi implique une gamme de produits, une politique tarifaire conditionne la création publicitaire et les supports retenus, la vente en multicanal suscite une organisation spécifique des vendeurs ;

– la cohérence externe : la recommandation s'inscrit dans un environnement déterminé en termes de concurrence, de situations économiques, de technologie, de structures et d'attitudes de consommation.

En somme, les maîtres mots sont : justification, pertinence, faisabilité, cohérence, voire originalité, pour les plus déterminés. C'est en fonction de ces cinq critères majeurs que sera mesurée la qualité de traitement du cas.

Schéma général d'articulation des décisions marketing

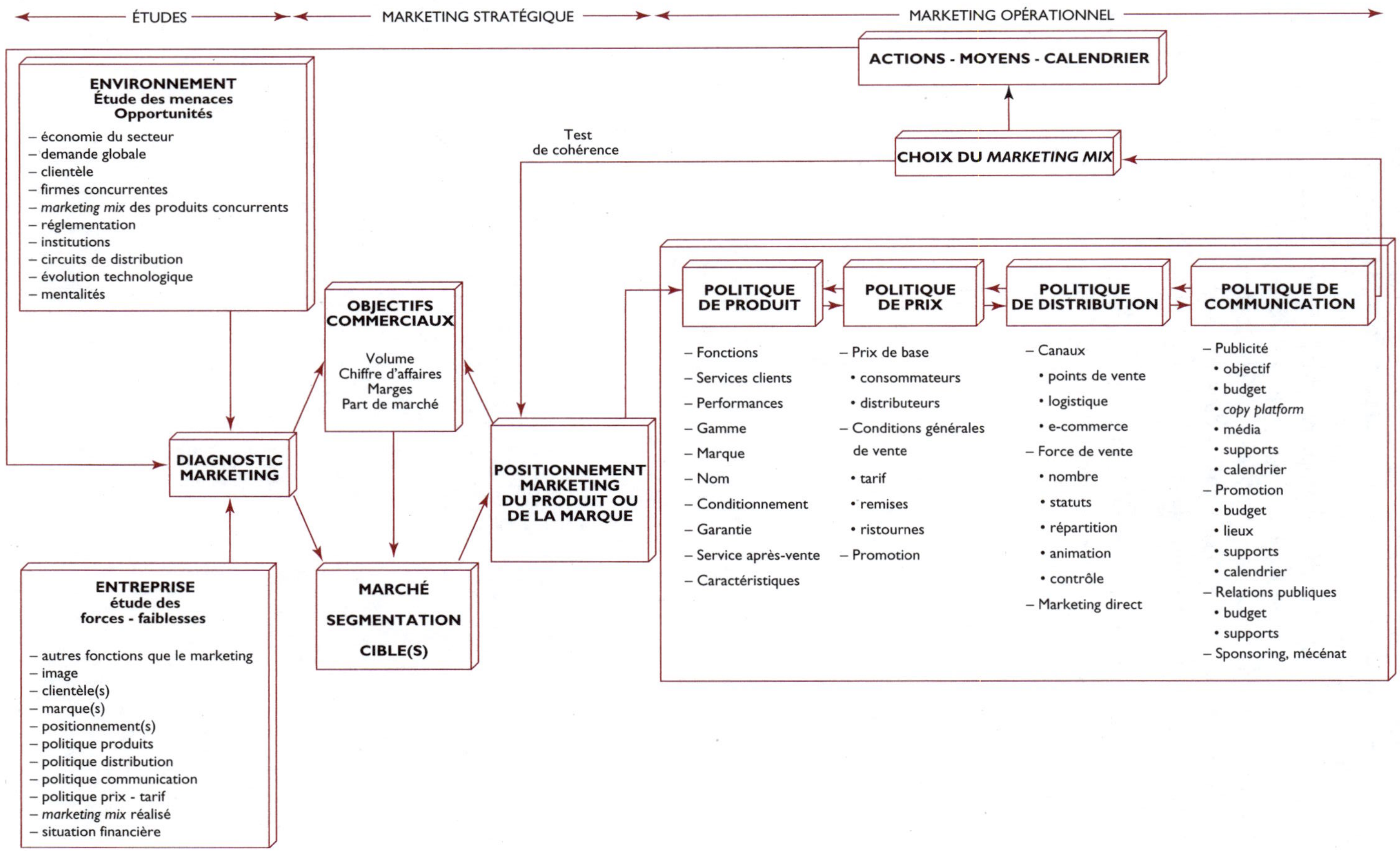

Bibliographie

ALBERTINI Th., HELFER J.-P., ORSONI J., *Dictionnaire du marketing*, 3e édition, Vuibert, 2008.

ALET C. et MOATI S., « Les métamorphoses du consommateur », *Alternatives économiques*, n° 331, janvier 2014.

BADOT O., BENOUN M., *Commerce et distribution : prospective et stratégies*, Economica, 2005.

BALAGUE C., FAYON D., *Réseaux sociaux et entreprise*, Dunod, 2011.

BASCOUL G. et MOUTOT J.-M., *Marketing et développement durable*, Dunod, 2009.

BENOUN M. et DURAND-REVILLE B., *Commerce et distribution : les chemins de la mondialisation*, L'Harmattan, 2012.

BLOCH E., *Communication de crise et médias sociaux*, Dunod, 2012.

BORJA DE MOZOTA B., *Design management*, Éditions d'Organisation, 2001.

BOURLIATAUX-LAJOINIE S., STENGER T., KOSCIUSKO-MORIZET P., *E-marketing et e-commerce*, Dunod, 2011

BOUTINEAU C., KAPFERER J.-N., *Le dirigeant et la planète consommateurs – Les réalités du marketing mondial*, Village mondial, 2005.

BRÉE J., *Le comportement du consommateur*, Dunod, 2012.

CADILHAC P.E., *L'e-marketing un atout pour le e-commerce*, Dunod, 2013.

CHAUVIN P., *Le community management*, Gualino, 2011.

CHETOCHINE G., *Le Marketing des émotions. Pourquoi Kotler est dépassé ?*, Éditions d'Organisation, 2008.

CHOURAQI E., LEROUX E., *Négociation commerciale*, Vuibert, 2011.

CLAEYSSEN Y., *L'e-mail marketing*, 3e édition, Dunod, 2008.

COVA B., *Innover en marketing*, Tec & Doc. Lavoisier, 2006.

COVA B. et BOURGNE P., *Marketing remède ou poison ? Les effets du marketing dans une société en crise*, EMS, 2013.

CROUÉ C., *Marketing international*, 5e édition, De Boeck, 2006.

DARPY D., *Comportement du consommateur*, 3e édition, Dunod, 2012.

DAVID P., *La négociation commerciale en pratique*, Eyrolles, 2013.

DÉCAUDIN J.-M., *La communication marketing : concepts, techniques, stratégies*, Economica, 2003.

DÉCAUDIN J.-M. et SAINT-MARTIN Th., *Les panels*, Pearson, 2013.

DENOIX A., *Webanalyse*, Dunod, 2013.

DERBAIX C., BRÉE J., *Comportement du consommateur*, Présentation de textes choisis, Economica, 2000.

DERBAIX C., FILSER M., *L'affectif dans les comportements d'achat et de consommation*, Economica, 2011.

DESMET P., *La promotion des ventes*, Dunod, 2007.

DESMET P., *Marketing direct : concepts et méthodes*, 3e édition, Dunod, 2005.

DE SOUSA M. et SIMON F.-X., *Management et gestion d'un point de vente*, 2e édition, Dunod, 2008.

DION D. (coord.), *À la recherche du consommateur*, Dunod, 2008.

DIVINÉ M., *Marketing B to B*, Vuibert, 2014.

DORIOL D., SAUVAGE T., *Management des achats et de la supply chain*, Vuibert, 2012.
DUBOIS P.-L. et JOLIBERT A., *Le marketing. Fondements et pratique*, 5e édition, Economica, 2013.
DUCROCQ C., *La nouvelle distribution*, 2e édition, Dunod, 2006.
DUMEZ H., *Méthodologie de la recherche qualitative*, Vuibert, 2013.
ÉVRARD Y., PRAS B. et ROUX E., *Market : études et recherches en marketing*, 3e édition, Dunod, 2003.
FADY A., RENAUDIN V., VYT D., *Merchandising*, Vuibert, 2012.
FÉTIQUE R., FAIVRE-DUBOZ T., LENDREVIE A., *Le Web marketing*, Dunod, 2011.
FILSER M., DES GARETS V. et PACHÉ G., *La distribution, organisation et stratégie*, EMS, 2012.
FLORES L., *Mesurer l'efficacité du marketing digital*, Dunod, 2012.
FOSSE-GOMEZ M.-H. (coord.), *Les paradoxes du marketing*, Eyrolles, 2011.
GIBOREAU A., BODY L., *Marketing sensoriel*, Vuibert, 2012.
HETZEL G., *Planète « conso »*, Éditions d'Organisation, 2002.
ISAAC H., VOLLE P., *E-commerce*, Pearson Education, 2014.
JOANNIS H., DE BARNIER V., *De la stratégie marketing à la création publicitaire*, Dunod, 2010.
JOLIBERT A., JOURDAN P., *Marketing research*, Dunod, 2011.
JOURDAN P., LAURENT F., PACITTO J.C., *À nouveaux consommateurs, nouveau marketing*, Dunod, 2011.
KAPFERER J.-N., *Les marques, capital de l'entreprise*, Éditions d'Organisation, 2007.
KOTLER P. *et al.*, *Marketing management*, 14e édition, Pearson Education, 2012.
KRATIROFF H., *Fonction chef de produit marketing*, 6e édition, Dunod, 2013.
LAMBIN J.-J. *et al.*, *Marketing stratégique et opérationnel : du marketing à l'orientation-marché*, 8e édition, Dunod, 2012.
LANGE M. et MOUTOT J.-M., *Mesurer la performance de la fonction commerciale*, Eyrolles, 2007.
LANNOO P., ANKRI C., *E-marketing et e-commerce*, Vuibert, 2009.
LEHU J.-M., *La publicité est dans le film*, Éditions d'Organisation, 2006.
LE NAGARD-ASSAYAG E., MANCEAU D., *Le marketing de l'innovation*, 2e édition, Dunod, 2011.
LENDREVIE J., LÉVY J., *Mercator*, Dunod, 2012.
LEWI G. et DESPREZ P.-L., *La marque*, Vuibert, 4e édition, 2012.
LINDON D. et JALLAT F., *Le marketing : études, moyens d'action, stratégie*, 6e édition, Dunod, 2010.
LOVELOCK C., WIRTZ J., LAPERT D., MUNOS A., *Marketing des services*, 6e édition, Pearson, 2008.
MALAVAL P., DÉCAUDIN J.-M. et BENAROYA C., *Pentacom*, 3e édition, Pearson, 2012.
MALAVAL P., BÉNAROYA C., *Marketing Business to Business*, Pearson Education, 2013.
MEYER-WAARDEN L., *Management de la fidélisation*, Vuibert, 2012.
MEYRONIN B., *Marketing territorial*, Vuibert, 2012.
MICHEL G. et FLECK N., *Management transversal de la marque*, Dunod, 2013.
MICHON C. (coord.), *Le marketeur. Nouveaux fondements du marketing*, 3e édition, Pearson Education France, 2010.
MOUTON D., PARIS G., *Pratique du merchandising*, 3e édition, Dunod, 2012.
NISSLE G., *Le diagnostic export*, Vuibert, 2012.
PASTOR-REISS E., *Les 7 clés du marketing durable*, Eyrolles, 2012.
PEELEN E., JALLA T., VOLLE P., *Gestion de la relation client*, 2e édition, Pearson, 2009.
PRIME N. et USUNIER J.-Cl., *Marketing international*, Pearson, 2012.
PY P., *Faire signer ses clients. Le closing*, Éditions d'Organisation, 2012.
RIEUNER S. (coord.), *Le marketing sensoriel du point de vente : créer et gérer l'ambiance des lieux commerciaux*, 4e édition, Dunod, 2013.

RUETTE-GUYOT E. et LECLERC S., *Web 2.0 : la communication « Iter-@ctive »*, Economica, 2009.
SIMON H., JACQUET F., BRAULT F., *La stratégie prix*, Dunod, 2011.
SOLOMON M., TISSIER-DESBORDES É., HEILBRUNN B., *Comportement du consommateur*, 6e édition, Pearson Education, 2005.
VERNETTE É., *Techniques d'études de marché*, 3e édition, Vuibert, 2011.
VERNETTE É., *L'essentiel du marketing*, 3e édition, Éditions d'Organisation, 2008.
VERNETTE É., GIANNELLONI J.-L., *Études de marché*, 3e édition, Vuibert, 2012.
WELTI G., *La vente*, Éditions d'Organisation, 2012.
ZEYL A., DAYAN A., BRASSIER P., *Management de la force de vente*, Pearson, 2013.

Index

Table des matières

Achevé d'mprimer en France en avril 2014 - JOUVE, 1, rue du Docteur Sauvé, 53100 MAYENNE
N° 2154338T - Dépôt légal : avril 2014
N° d'éditeur : 2014_0540